L'ordre de l'affect au Moyen Âge

Autour de l'anthropologie affective

d'Aelred de Rievaulx

Cet ouvrage a été publié avec le soutien
du Centre régional des Lettres de Basse-Normandie

ISBN : 2-902685-31-9

© Publications du CRAHM – 14032 Caen cedex – France

Damien BOQUET

L'ordre de l'affect au Moyen Âge

Autour de l'anthropologie affective
d'Aelred de Rievaulx

Préface
Paulette L'Hermite-Leclercq

Publications du CRAHM – Caen
2005

Remerciements

C E LIVRE est la version remaniée d'une thèse de doctorat d'histoire soutenue en Sorbonne le 14 décembre 2002. Au terme de ce qui fut une longue pérégrination, je tiens à exprimer en tout premier lieu ma gratitude envers Paulette L'Hermite-Leclercq, inspiratrice et directrice de cette recherche, qui m'a prodigué sans compter ses lumineux conseils et plus encore m'a accompagné durant ces années avec la générosité de son amitié qui m'est infiniment chère.

Ma dette est lourde envers Piroska Nagy qui m'a tant fait profiter de son savoir immense sur ces problématiques affectives. Aujourd'hui, nos interminables conciliabules sur les émotions médiévales me sont une nourriture essentielle. J'ai grandement bénéficié des remarques et suggestions de Barbara Rosenwein, Marsha Dutton, Alain Boureau, Jacques Verger, Brian Patrick McGuire.

Je suis particulièrement honoré qu'Anne-Marie Flambard Héricher ait accueilli ce livre dans les collections du CRAHM. Mes plus vifs remerciements vont aussi à Micaël Allainguillaume qui a édité le texte. Enfin, je suis heureux de témoigner ma reconnaissance à Clément Vauchelles, mon premier lecteur qui a accepté héroïquement de s'embarquer si loin des rivages stendhaliens, Clara Mallier dont la thèse sera un volcan, Thierry Dutour, Lode van Hecke, Bernardo Olivera, et toutes les personnes que je ne peux nommer ici, qui, par leur soutien, leur disponibilité et leur présence ont non seulement accompagné la progression de cette entreprise mais m'ont tout simplement donné la force et le goût de la mener à bien.

à Mani

Préface

Paulette L'Hermite-Leclercq

D AMIEN BOQUET a choisi comme objet de réflexion «l'ordre de l'affect». Le français du XIIᵉ siècle utilisait ce concept d'affect; il a subi ensuite une longue éclipse avant de reparaître dans la langue savante, il y a un demi-siècle, sous le costume neuf de la psychanalyse de Freud. Pourquoi avoir choisi ce mot, alors qu'il renvoie à bien d'autres notions connexes comme désir, appétit, amour ou amitié? Le choix est délibéré, explique l'auteur. De fait le repérage d'*affectus* et de sa signification ne se contente pas de sous-tendre la recherche mais définit la démarche elle-même. Ce qui a intéressé D. Boquet est que l'histoire de ce vocable n'a guère été faite et surtout que le contenu des définitions qui lui ont été données dans le temps est particulièrement labile. À la lumière d'une observation lexicographique rigoureuse, l'affect apparaît sur le long terme un protée, voire un perpétuel mutant. Ainsi l'auteur «n'entend pas faire l'histoire d'une notion préalablement dotée d'une charpente sémantique mais l'histoire d'un étrange signifiant nu de sens à vêtir progressivement avant d'en suivre les pérégrinations dans l'histoire». Est en cause, en fin de compte, une conception de l'homme et de ses rapports avec le monde.

Le sous-titre du livre précise quel a été, au départ, le terrain d'observation. Il étudie l'emploi des termes latins synonymes *affectus/affectio* (de *ad+facere*) à une époque où leur fréquence est particulièrement élevée, donc significative, le XIIᵉ siècle, et dans un corpus homogène laissé par six auteurs que beaucoup de traits rapprochent. Pour ne citer qu'eux deux, Saint Bernard (†1153) et Aelred de Rievaulx (†1167) qui écrit vers 1164-1167 un livre majeur, *L'Amitié spirituelle*, appartiennent à la fine fleur de l'Église de leur temps. Moines, ils ont donc refusé le monde; comme tant d'autres avant et après eux ils ont prononcé les vœux de «conversion des mœurs» – pauvreté, chasteté, obéissance – et de stabilité et choisi de faire pénitence en vue du salut éternel. Ces auteurs ont vécu au premier siècle de la fondation et de l'affirmation conquérante d'un ordre nouveau, Cîteaux, qui s'était voulu à la fois en rupture avec l'institution bénédictine du temps, plus fidèle à la pureté des origines du monachisme, et qui apparaît très vite passionné par la réflexion philosophique. Moines devenus abbés ils ont tous des responsabilités pédagogiques dans leur communauté; par leur culture, leur production littéraire absorbe une tradition lointaine; par leur ouverture sur l'activité intellectuelle en dehors du cloître, ils recueillent les fruits d'une réflexion extérieure et en retour leur œuvre va se répandre bien au-delà du milieu monastique qui l'a élaborée. Comment conçoivent-ils l'affect en l'homme?

On sait que ce XIIe siècle pour lequel on parle de découverte de la conscience, de socratisme chrétien, s'est nourri de culture latine, et a relu avec passion les grands auteurs, Cicéron et Sénèque notamment, qui eux aussi en leur temps avaient réfléchi à l'*affectus/affectio* dans l'âme, et aux rapports affectifs entre les hommes, particulièrement à l'amitié – Sénèque emploie *affectus* 165 fois. La démarche de D. Boquet est donc double : synchronique, parce que centrée sur l'apport des grands cisterciens du XIIe siècle, et généalogique puisqu'il s'agit de remonter aux origines d'une notion philosophique qui a d'abord beaucoup occupé les stoïciens au Ier siècle av. J.-C. et au Ier siècle ap. J.-C., qui a été ensuite reprise, réinterprétée à la lumière des valeurs nouvelles du christianisme, par les auteurs chrétiens des IIIe-Ve siècle, avant d'être réexaminée dans une conjoncture très nouvelle par plusieurs générations de penseurs chrétiens au début du deuxième millénaire. Il s'agit ainsi d'observer le cheminement d'une notion sur quelque treize siècles. L'auteur nous met en garde contre une lecture naïve de ces textes et rappelle que l'entreprise ne va pas forcément de soi.

Deux exigences de départ. Il faut d'abord qu'eût été répondu oui à la question que posait, il n'y a pas si longtemps, Lucien Febvre : l'affectivité peut-elle être objet d'Histoire et peut-on l'écrire au travers des écrits que le temps nous a laissés? Le contenu de la réponse implique ensuite, de façon plus profonde, d'avoir réfléchi à la question majeure de la nature, de la place et de la fonction des états affectifs dans l'expérience humaine, dans la double dimension de l'ontogenèse et de la phylogenèse. Au siècle dernier les points de vue ont considérablement évolué chez les philosophes et dans les disciplines plus neuves que sont les sciences humaines. Il fallait donc partir des travaux conjugués de plusieurs disciplines notamment psychologie, anthropologie, sociologie, philosophie.

Quels sont en effet les enjeux de cette histoire? Si l'on s'en tenait, par exemple, à la définition courante et la plus simple de la sensibilité – elle appartient au même champ sémantique que l'affect – comme «propriété (d'un être vivant, d'un organe) d'être informé des modifications du milieu (extérieur ou intérieur) et d'y réagir par des sensations» (*Le Robert*), l'objet visé ne concernerait que ce qu'il y a de plus individuel dans l'homme, donc de plus incommunicable. Pour affirmer que l'histoire de l'affect s'inscrivait dans l'histoire sociale il fallait s'interroger d'abord, à défaut d'avoir eu le génie de le formuler, sur toutes les implications du «Je est un Autre» de Rimbaud qui renvoyait ainsi l'individu à la société, au milieu culturel qui apparaissait comme la matrice de l'affectivité. D'autres impasses épistémologiques devaient encore être évitées. Il fallait perdre la bonne conscience de l'évolutionnisme qui concevait l'affectivité comme le substrat balbutiant de l'activité intellectuelle et aboutissait à une double hiérarchisation. D'abord celle des cultures entre elles : le Moyen Âge comme les sociétés «primitives» aujourd'hui, était encore au stade des émotions indisciplinées, non encore codifiées. Ensuite celle qui distinguait des stades successifs dans la genèse de la personne : l'affectif dominait dans l'enfance avant que la maturité ne fasse accéder le petit d'homme au rationnel. Si l'on abandonne ces postulats, l'affectif n'est pas si aisé à distinguer du cognitif et le social est premier, chaque culture ayant depuis toujours tenté d'organiser les rapports entre le subjectif, la perception «objective» du monde et la reconduction de ses valeurs.

Le point de départ de la recherche a été le XIIe siècle mais il était essentiel de remonter à la source. Indiquons les balises chronologiques qui orientent donc la démonstration selon l'axe temporel. Les philosophes antiques ont beaucoup parlé des affects, réfléchi à leur rapport avec la raison et la volonté, et montré comment, s'ils n'étaient pas réfrénés, ils pouvaient se transformer en maladies chroniques de l'âme. Les grands auteurs chrétiens du IIIe au Ve siècle, et principalement Augustin (†430), ont élaboré un nouveau système de représentation de l'homme dans le monde, de l'homme marqué par le péché originel et dont le souci majeur n'est plus la maîtrise de soi des philosophes païens mais l'analyse de la responsabilité de l'affect dans la perspective de la vie éternelle, dans l'ordre du salut ou de la damnation. Ils disposent d'un double héritage. D'une part les Écritures mais où le concept d'affect est quasiment absent. Il est normal que soit posé en tout cas très tôt que les mouvements de l'âme seront bons ou mauvais selon la codification chrétienne du Bien. D'autre part le bagage philosophique antique qui entend par affect «tout état ou réaction psychologique d'ordre émotionnel» mais qui a évolué, notamment chez Sénèque, vers une conception plus négative : l'affect n'est pas une simple inclination de l'âme ; il provoque en elle une perturbation et l'affect-passion est dévastateur. Les auteurs qui élaborent la doctrine chrétienne sur ses fondements scripturaires, les Pères de l'Église, héritent d'un système de pensée dualiste qui oppose fortement le corps et l'esprit ; ils recueillent également la théorie de la sensibilité de l'âme selon Platon qui distinguait les trois facultés raisonnable, concupiscible et irascible. Dans cette tradition Augustin a ensuite dégagé les trois puissances de l'esprit : la mémoire, la raison, la volonté. La jonction de l'âme et du corps, les facultés de l'âme et les puissances de l'esprit vont constituer les trois «points stratégiques» d'observation de D. Boquet, ceux où se jouent, se nouent et dénouent les définitions de l'affect.

La question se pose alors en ces termes : comment penser la vie affective dans un nouveau système métaphysique et moral qui depuis Augustin n'oppose plus seulement l'esprit et le corps mais l'esprit et la chair, définie d'une façon très large : «l'être tout entier, au-delà du corps terrestre, attaché au monde corruptible, autrement dit tout ce qui en l'homme est hors de Dieu et rattache l'homme au monde»? Il est exclu pour un penseur chrétien d'adopter la conception philosophique ancienne car les philosophes païens, eux les premiers, ont pensé en dehors de Dieu. Signalons d'emblée un autre caractère qui va marquer tout le discours sur l'affect y compris celui du XIIe siècle qui a été le point de départ de l'étude de D. Boquet. Ses valeurs sont celles du monde monastique et il n'est pas question d'en remettre en cause les axiomes. Dans la perspective de l'économie du salut il est bien entendu que la virginité, ou au moins la chasteté, et la fuite du monde en général dont le prince est le diable comme l'affirme l'évangile de Jean, sont infiniment supérieures en dignité au mariage et à la vie laïque en général ; la profession monastique est sans doute la seule à pouvoir faire espérer le paradis parce qu'elle est celle qui favorise le plus le dialogue avec Dieu et le travail de soi sur soi qui peut faciliter la lutte contre la corruption naturelle due au péché originel et les mauvais instincts. N'est jamais réexaminée non plus l'idée que la sensibilité et l'intelligence ont été distribuées de façon très dissymétrique selon les sexes. Héritages antique et judéo-chrétien sont d'accord : les femmes ont une faible intelligence, peu de raison et sont dominées par les pulsions, surtout des sens.

Alors comment comprendre et gérer les élans de l'âme? Sont-ils intrinsèquement mauvais, à étouffer? Quel rapport entretiennent-ils avec les autres facultés : l'intellect, la volonté? Ici des conceptions diverses se font jour. Pour Cassien, un des grands théoriciens du monachisme, très lu pendant tout le Moyen Âge, la puissance affective occupe bien le centre de l'être et l'idéal est de traquer en soi les affects, de les anéantir pour espérer la *tranquillitas mentis*. On voit Jérôme souligner l'importance de la volonté : c'est elle qui consent ou non aux affects qui assaillent l'homme, le tirent vers le charnel. Le plus pessimiste est sans conteste Augustin pour qui les affects, les émotions et les sentiments dans leur diversité, sont la conséquence du péché originel qui clive en permanence la volonté, comme le remarquait saint Paul.

Quand sort-on d'une conception aussi sombre de l'affectivité? Les choses changent aux XIe-XIIe siècles et la réflexion cistercienne a été précédée et nourrie d'une réflexion beaucoup plus sensible à l'humanité du Christ et d'un bouleversement dans la perception à la fois du monde et de soi qui aboutit à mieux asseoir la place de l'homme dans la création, à penser le monde comme accessible à la connaissance rationnelle, en même temps qu'est dégagée l'idée que l'homme est habité par Dieu et qu'il doit se connaître lui-même. D. Boquet fait une place attendue à saint Anselme qui pose «la foi en quête de l'intelligence», à Guibert de Nogent, à l'école des chanoines de Saint-Victor. Il entend montrer de quelle façon dans cette nouvelle conception de l'homme chrétien, l'affect, «cet élément lexical, a pu devenir un outil majeur de la représentation religieuse de l'homme du XIIe siècle», siècle que Jean Châtillon définissait précisément comme «le siècle des *affectus*». Saint Anselme, dans ses dernières œuvres propose en effet une tout autre conception de l'affect, de l'attachement, de l'élan sensible de l'âme que celle qui prévalait depuis l'Antiquité. Au lieu d'être mauvais en soi, toujours du côté de ·

la chair ou du vice, l'affect reçoit désormais «une légitimité». Il est d'abord naturel et neutre, en deçà de la volonté et en deçà de la raison. Il est divers et peut provenir de l'esprit, de la chair ou de la volonté. Surtout Anselme finit par estimer que si par l'affect l'homme a été rejeté dans la dissemblance, par l'affect même, avec l'appui de la grâce divine et de son libre arbitre, il peut retrouver une forme de cette ressemblance avec Dieu qui lui avait été donnée avant la Faute. Guibert de Nogent, de son côté, distingue fortement trois facultés dans l'âme : l'affect, qu'il définit comme les appétits immédiats et irrationnels, la volonté et la raison et il montre comment les deux premières sous la conduite de la troisième peuvent «se métamorphoser, se fondre en une seule puissance d'adhésion à Dieu qu'il appelle l'intellect». La conviction que l'affect qui dévore l'âme peut non seulement être rééduqué mais transformé en force d'ascension spirituelle est affirmée avec plus de force encore un peu plus tard par Richard de Saint-Victor, dans l'efflorescence du socratisme chrétien. Sans crier gare, «sans rupture ni restauration» par rapport à saint Augustin, mais par ajustements progressifs, l'affect se trouve placé maintenant au centre du processus du salut. Réhabilitation spectaculaire.

Sur ces bases, l'apport cistercien se déploie sans solution de continuité. Les auteurs retenus ne posent plus que, dans la condition du chrétien, le surna-turel et le naturel sont en combat permanent ; ils coexistent pacifiquement – apaisement qui du coup rend l'âme disponible pour des affects d'un nouveau type. Un autre défi est maintenant concevable. Si l'affectivité n'est plus ontolo-giquement mauvaise, ne peut-elle toujours se libérer que dans un rapport vertical du moine seul avec le Seul ou y a-t-il place, sur terre, au moins dans ce havre de pureté qu'est le monastère, pour des épanchements horizontaux, à l'intérieur de la communauté? Mais de quel genre ces liens? Peut-on conce-voir que sont agréables aux yeux de Dieu des inclinations qui ne seraient pas seulement de l'ordre de la *caritas* qui doit lier entre eux tous les enfants de Dieu indifféremment (y compris entre ennemis) mais qui relèveraient de la préférence individuelle, celle qui s'épanouit dans une amitié choisie en fonction de ses affinités? Mieux. Ces liens, loin d'être préjudiciables, pourraient-ils, toujours dans l'optique des fins dernières, être bien mieux que neutres et indifférents? Est-il envisageable qu'ils permettent aux amis de progresser ensemble? En un mot la sensibilité pourrait-elle offrir un pur épanouissement ici-bas en même temps qu'un outil de perfectionnement en vue de l'au-delà? C'est à quoi aboutit *L'Amitié spirituelle* d'Aelred. Amitié qui n'est concevable que pour les hommes et dans cette très mince frange socio-culturelle, aristocratie de l'âme et de l'esprit, que constituent les moines cisterciens qui ont refusé toutes les fausses valeurs du monde. Dans l'esprit d'Aelred qui écrit *La Vie de recluse,* à l'élite féminine n'est accessible, dans l'âpreté de l'absolue solitude et au prix d'une ascèse héroïque que la subli-mation des affects dans les jouissances mystiques.

Il y a donc eu au XIIᵉ siècle une certaine réhabilitation de tout ce qui touche aux sentiments et à l'émotion. Entendons-nous : il ne peut s'agir non plus et

avant très longtemps de l'art pour l'art de l'observation de soi et du culte de
l'amitié pour elle-même. Aelred n'est pas Montaigne. La bonne introspecion
doit conduire uniquement à la maîtrise et à la métamorphose des pulsions en
vue du ciel et toujours sous le regard de Dieu. On n'aurait garde d'oublier
cependant que ce siècle si inventif est désormais bifrons puisque, avec l'instrument des langues vulgaires cette fois et dans un autre milieu, il commence
à exprimer de nouvelles aspirations, des contre-valeurs, une autre sensibilité,
profanes celles-ci, largement étrangères aux valeurs chrétiennes, voire incompatibles avec elles. Ce siècle qui a fait pleurer sur les amours coupables de
Tristan et Yseult n'est-il pas crédité d'avoir inventé l'amour passion occidental?

Il restera à l'étape suivante à sortir du cloître et à observer deux mouvements : du point de vue des liens affectifs la prolifération de nouveaux réseaux
de fidèles et le succès de l'*amicitia spiritualis* et du point de vue spéculatif
les réaménagements des facultés de l'âme chez les grands penseurs scolastiques du XIIIᵉ siècle.

Le livre de D. Boquet n'a pas seulement contribué à éclairer un siècle mais
à faire comprendre, après l'examen d'un éventail impressionnant de sources
étalées sur plus d'un millénaire, ce que le XIIᵉ siècle avait conservé, abandonné,
réaménagé ou inventé par rapport à l'héritage philosophique et patristique.
Il a permis de réfuter un certain nombre d'interprétations qui ont pu séduire
ou provoquer, mais qui se sont révélées insoutenables parce que anachroniques. En particulier l'argumentation de John Boswell qui voulait lire dans
le plaidoyer vibrant d'Aelred en faveur de l'amitié masculine une revendication en faveur de la liberté des amours homosexuelles en un siècle qui aurait
été encore très tolérant.

Saluons la qualité de la réflexion méthodologique de départ qui manifeste
une ouverture très large à l'ensemble des sciences humaines, la sûreté de la
méthode, une dextérité peu commune pour troquer sans cesse le microscope
lexicographique contre la lunette de Galilée indispensable à la mise à distance
philosophico-historique. Mais réjouissons-nous au moins autant que soit si
sensible dans ces pages… l'affect, «cette inclination spontanée et douce de
l'âme elle-même» dont parle Aelred. L'affect, vous dis-je!

Paulette L'Hermite-Leclercq

Introduction

« À présent nous pouvons concevoir ce
qu'est une émotion. C'est une transformation du monde. »

Jean-Paul Sartre,
Esquisse d'une théorie des émotions.

À L'ÉPOQUE où le cistercien Aelred (1110-1167), abbé de Rievaulx dans
le Yorkshire, achève la rédaction de son traité *L'Amitié spirituelle*
vers 1164-1167[1], le monastère qu'il dirige est devenu en l'espace
de quelques décennies une gigantesque ruche où se réunissent dans
l'église abbatiale, lors des grandes célébrations, plusieurs centaines de
moines et de frères convers[2]. Dans cette assemblée, l'abbé a ses préférés,
avec qui il s'entretient plus régulièrement, à qui aussi il marque son
attachement en paroles et par gestes. Le traité sur l'amitié est censé ainsi
mettre en scène ces conversations semi-privées entre l'auteur et quelques
moines privilégiés : dans une série de dialogues répartis en trois livres,
Aelred y propose une éthique monastique de l'amitié spirituelle. Ce traité
connaît un succès immédiat. Dès la fin du XIIᵉ siècle, il est plagié par
Pierre de Blois (v. 1135-1200) qui compose *L'Amitié chrétienne* sans
préciser que les trois quarts de son ouvrage sont empruntés à Aelred[3].

1. Voir Aelred de Rievaulx, *De Spiritali amicitia*, dans *Opera omnia, 1,* A. Hoste et C.H. Talbot
(éd.), Turnhout, Brepols, 1971 (*CCCM* I), p. 279-350. Désormais abrégé en *DSA.*

2. Walter Daniel, auteur enthousiaste de la *vita* d'Aelred, parle des 140 moines de chœur et
500 frères convers qui se pressaient dans l'abbatiale comme « des abeilles dans une ruche » (*in
alveolo apes*). Voir Walter Daniel, *The Life of Ailred of Rievaulx,* texte latin traduit par F.M. Powicke,
Londres, Thomas Nelson and sons Ltd, 1950, p. 38. Désormais abrégé en *VA* (*Vita Aelredi*).

3. Voir *Un Traité de l'amour du XIIᵉ siècle : Pierre de Blois,* M.-M. Davy (éd.), Paris, de Boccard,
1932. Analyse comparée des deux traités dans Ph. Delhaye, « Deux adaptations du *De Amicitia*
de Cicéron au XIIᵉ siècle », *Recherches de théologie ancienne et médiévale,* 15 (1948), p. 304-331
et E. Vansteenberghe, « Deux théoriciens de l'amitié au XIIᵉ siècle : Pierre de Blois et Aelred de
Riéval », *Revue des sciences religieuses,* 12 (1932), p. 572-588.

Plusieurs compilations du traité d'Aelred sont également rédigées au XIIIe siècle[4] avant que Jean de Meun (v. 1230-1305) n'en propose une traduction française, aujourd'hui perdue[5].

On comprend alors aisément pourquoi *L'Amitié spirituelle* est souvent présentée par les historiens du Moyen Âge comme un parfait exemple, pour le monde claustral, de l'esprit de renaissance et d'humanisme du XIIe siècle : ces derniers évoquent ainsi le goût marqué pour les auteurs classiques, notamment Cicéron dont le traité s'inspire directement[6], l'attention portée à l'intersubjectivité[7], la définition d'un modèle de paix monastique au sein du monde féodal[8], les connivences entre amour sacré et amour profane[9], ou encore la possibilité affirmée de trouver Dieu à travers l'amour du prochain. Aelred élabore donc une forme de spiritualité dans laquelle la vie affective, au sein de l'environnement monastique masculin qui est le sien, semble tenir la première place. Comment interpréter cette dimension affective de l'amitié claustrale? Depuis quelques années, nombreux sont les spécialistes à s'être posé la question, en explorant divers champs méthodologiques, de l'histoire sociale à la psychologie historique en passant par l'histoire des idées. L'éventail des interprétations proposées s'avère pour le moins étendu. Tel universitaire voit par exemple dans Aelred le représentant au XIIe siècle d'une sous-culture homosexuelle qui possède une histoire séculaire dans l'Occident chrétien[10]. Pour tel autre, l'amitié monastique théorisée par Aelred n'exprime pas une homosexualité revendiquée mais sublimée, transcendée dans une perspective spirituelle[11]. Pour un autre encore, cette «sublime amitié» renvoie explicitement et exclusivement à une forme de sensibilité aristocratique dénuée de toute implication ou ambiguïté sexuelles[12]. Certains enfin voient dans *L'Amitié spirituelle* une forme d'affectivité religieuse qu'Aelred aurait pensée, non pas seulement pour les religieux cloîtrés, mais pour toute

---

4. Voir leur édition dans AELRED DE RIEVAULX, *Abbrevationes de Spirituali amicitia*, *CCCM* I, p. 351-634.

5. Voir L.J. FRIEDMAN, «Jean de Meun and Ethelred of Rievaulx», *Esprit créateur*, 2 (1962), p. 135-141.

6. Voir J. LE GOFF, *Saint Louis*, Paris, Gallimard, NRF, 1996 (coll. Bibliothèque des Histoires), p. 504.

7. Voir J. VERGER, *La Renaissance du XIIe siècle*, Paris, Cerf, 1996 (coll. Initiations au Moyen Âge), p. 122.

8. Voir A. BOUREAU, *La Loi du royaume. Les moines, le droit et la construction de la nation anglaise (XIe-XIIIe siècles)*, Paris, Les Belles Lettres, 2001 (coll. Histoire), p. 321, note 33.

9. Voir J.-C. SCHMITT, «La «découverte de l'individu» : une fiction historiographique?», dans ID., *Le Corps, les rites, les rêves, le temps. Essais d'anthropologie médiévale*, Paris, Gallimard, NRF, 2001 [1re édition de l'article 1989] (coll. Bibliothèque des Histoires), p. 253.

10. Voir J. BOSWELL, *Christianisme, tolérance sociale et homosexualité. Les homosexuels en Europe des débuts de l'ère chrétienne au XIVe siècle*, Paris, Gallimard, NRF, 1985 [édition américaine 1980] (coll. Bibliothèque des Histoires), p. 284-289.

11. Voir par exemple B.P. McGUIRE, *Friendship and Community. The Monastic Experience (350-1250)*, Kalamazoo, Cistercian Publications, 1988 (Cistercian Studies, n° 95), p. 296-338.

12. Voir C.S. JAEGER, *Ennobling Love. In Search of a Lost Sensibility*, Philadelphia, University of Pennsylvania Press, 1999, p. 110-114.

la société chrétienne[13]. La diversité de ces analyses montre la vigueur des études aelrédiennes ; elle prouve aussi que le champ historique des problématiques affectives est particulièrement fécond[14].

«Les émotions sont contagieuses» : par cette affirmation, L. Febvre a fait entrer, dans un célèbre article publié il y a plus de soixante ans, la vie affective dans le territoire de l'histoire sociale[15]. Selon lui, même si toutes les émotions prennent naissance dans le substrat de la vie organique, elles sont façonnées au contact d'autres expériences individuelles. De cet entrelacs a émergé «un système d'incitations interindividuelles qui s'est diversifié suivant les situations et les circonstances, en diversifiant du même coup les réactions et la sensibilité de chacun[16]». Dès lors, l'historien est légitimé à rechercher le général derrière ce qui semble l'apanage irréductible de l'individu. Néanmoins, à ce moment même où l'émotion est érigée en objet historique, elle se trouve placée en position subalterne, en servante de la vie intellectuelle. En effet, s'il est urgent pour L. Febvre de s'intéresser aux manifestations collectives de la sensibilité, c'est essentiellement parce que l'émotion représente les profondeurs de la civilisation occidentale qui s'accomplit dans l'activité intellectuelle. Aller vers l'émotion, c'est donc remonter vers la source de la mentalité collective. L'émotion et l'ensemble des phénomènes affectifs se situeraient en amont du processus de civilisation. Ils seraient dominants dans les «sociétés balbutiantes» qui s'affineraient sous l'effet de ce que L. Febvre nomme la «genèse de l'activité intellectuelle». Au Moyen Âge, on assisterait aux premiers actes de cette genèse de l'Occident, comme le pense également M. Bloch qui met l'accent sur «l'instabilité des sentiments» à l'époque féodale[17]. Une telle conception d'un lien direct entre la construction aussi bien politique que culturelle de l'Occident et la domestication de la vie émotionnelle trouve son aboutissement dans l'ouvrage de N. Elias, *La Civilisation des mœurs*, qui voit

---

13. Voir K.M. TePas, «Spiritual Friendship in Aelred of Rievaulx and Mutual Sanctification in Marriage», *Cistercian Studies*, 27 (1992), p. 63-76 et 153-165. Voir aussi P.-A. Burton, *Bibliotheca Aelrediana Secunda. Une bibliographie cumulative (1962-1996)*, Louvain-La-Neuve, Fédération Internationale des Instituts d'Études Médiévales, 1997 (Textes et Études du Moyen Âge, n° 7), p. 21-22.

14. Il faudrait aussi citer les travaux de M.L. Dutton. Nous reprenons ce dossier de l'historiographie aelrédienne de l'amitié et de l'affectivité dans le chapitre 10.

15. Voir L. Febvre, «La sensibilité et l'histoire. Comment reconstituer la vie affective d'autrefois?», *Annales ESC*, 3 (1941), p. 221-238. Cette courte présentation historiographique doit beaucoup à B.H. Rosenwein, «Worrying about Emotions in History», *American Historical Review*, 107 (juin 2002), p. 821-845 ou : http://centri.univr.it/rm/biblioteca/scaffale/r.htm#Barbara%20H.%20Rosenwein. Voir aussi Ead., «Controlling Paradigms», dans *Anger's Past. The Social Uses of an Emotion in the Middle Ages*, Ead. (éd.), Ithaca et Londres, Cornell University Press, 1998, p. 233-247.

16. L. Febvre, «La sensibilité et l'histoire», art. cité, p. 224.

17. M. Bloch, *La Société féodale*, Paris, Albin Michel, 1994 [1re édition 1939] (Bibliothèque de l'Evolution de l'Humanité), p. 116. Cité dans B.H. Rosenwein, «Controlling Paradigms», art. cité, p. 238. Voir aussi P. Rousset, «L'émotivité à l'époque romane», *Cahiers de civilisation médiévale*, 2 (1959), p. 53-67.

dans le Moyen Âge une période à l'émotivité débridée[18]. N. Elias assigne à l'homme occidental un «niveau affectif» qui s'élève à mesure que les émotions sont pacifiées, refoulées et civilisées par les codes de comportement. L'homme médiéval est encore peu capable de réfréner le flux de ses émotions. C'est pourquoi toute la société est structurée autour du spectacle brut des pulsions sexuelles et agressives.

Le projet éliassien de mise en relation de l'émotion avec les structures de la société est étroitement lié à l'essor des sciences sociales à la fin du XIXᵉ siècle et au début du XXᵉ siècle[19] et à la critique radicale de la psychologie philosophique, notamment par Ch. Darwin dans *L'Expression des émotions chez l'homme et les animaux*, publié en 1872[20]. Pour Ch. Darwin, la causalité des émotions est à rechercher à l'extérieur de l'esprit individuel, dans le passé de l'espèce. Par là, il ouvre la voie à une historicité de l'émotion, mais dans le même temps il en rappelle l'animalité originelle[21]. Un peu plus tard, la psychanalyse freudienne, par la théorie de la pulsion et du refoulement, ancre aussi l'émotion dans les profondeurs de l'être, par exemple en séparant l'énergie affective de la représentation mentale[22]. En France, le psychologue H. Wallon, ami de L. Febvre, tente par ses études sur le développement de l'enfant de concilier la psychologie comportementale avec la psychanalyse. Les enfants et les peuples «primitifs» sont à un stade de développement affectif analogue selon H. Wallon : l'émotion assure dans les deux cas la cohésion de la communauté. Ce n'est que progressivement que la personne se distingue «par des moyens plus intellectuels»[23]. L. Febvre s'inspire des études de H. Wallon[24], comme de celles de Ch. Blondel[25], dans sa réflexion épistémologique sur la sensibilité et l'histoire.

Dans les années 1960, cette conception reposant sur une subordination ontologique de la vie affective à la vie intellectuelle est remise en cause par des représentants de la psychologie cognitive qui considèrent que les émotions sont reliées aux processus permettant à l'homme d'acquérir des connaissances et donc qu'elles sont des interprétations cognitives d'un stimulus

---

18. Voir N. ELIAS, *La Civilisation des mœurs*, Paris, Calman-Lévy, Pocket, 1973 [édition allemande 1939] (coll. Agora), p. 291-299.

19. Voir par exemple M. MAUSS, «L'expression obligatoire des sentiments», *Journal de psychologie*, 18 (1921), p. 80-89.

20. Voir CH. DARWIN, *L'Expression des émotions chez l'homme et les animaux*, Paris, Rivages poche, 2001 (coll. Petite Bibliothèque).

21. Voir L. MAURY, *Les Emotions de Darwin à Freud*, Paris, PUF, 1993 (coll. Philosophies), p. 16-17.

22. Voir S. FREUD, *Métapsychologie*, Paris, Folio essais, 1968.

23. Voir H. WALLON, *Psychologie et dialectique*, Paris, Messidor, 1990, p. 140, cité dans L. MAURY, *Les Émotions de Darwin à Freud, op. cit.*, p. 88.

24. Voir L. FEBVRE, «La sensibilité et l'histoire», art. cité, p. 226. Voir aussi B.H. ROSENWEIN, «Worrying about Emotions in History», art. cité, p. 822-823, note 7.

25. Voir CH. BLONDEL, *Introduction à la psychologie collective*, Paris, Armand Colin, 1928, cité par L. FEBVRE, «La sensibilité et l'histoire», art. cité, p. 223.

physiologique[26]. Bientôt, un autre courant, qualifié de «constructivisme social[27]», défend l'idée que les phénomènes affectifs doivent être prioritairement approchés dans leur contexte social, comme n'importe quelle autre manifestation humaine[28]. Chaque société possède sa propre grammaire émotionnelle qui valorise certaines expressions affectives et en réprime d'autres. Dans cette perspective, l'émotion n'est plus appréhendée comme un en deçà de la vie intellectuelle, ni comme une causalité primitive des comportements humains, mais comme une composante intrinsèque de chaque société, en dehors de tout évolutionnisme intellectualiste. En ce sens, ce sont les règles qui façonnent l'environnement émotionnel et les conditions dans lesquelles elles sont produites qui doivent être mises au jour par le sociologue.

Dans le cadre de l'étude des sociétés du passé, la théorie de la construction sociale de la réalité s'accorde volontiers avec l'histoire des représentations, notamment lorsque cette dernière porte une attention particulière aux discours qui questionnent la place de l'émotion et sa codification dans la société. Interroger des sources religieuses, spéculatives ou dévotionnelles, qui développent une réflexion théorique sur la vie affective est une approche prometteuse car la production de schémas conceptuels et de modèles herméneutiques se situe elle-même au cœur de la représentation collective. En s'intéressant à des écrits de nature théologique, on n'opte donc pas pour la source noble qui définirait l'étalon à l'aune duquel tous les comportements devraient être mesurés, on a seulement l'assurance d'être en prise directe sur l'un des facteurs majeurs de la représentation sociale.

Revenons alors à *L'Amitié spirituelle* : à partir de quels critères définir et analyser ce qui semble ressortir de l'affectif en amitié pour le moine? Comment interpréter tel appel à la bienveillance, à la fidélité, à la dilection pour l'ami? Avant de se pencher sur la question de la pratique de l'amitié, n'est-il pas plus prudent d'en définir la nature aux yeux d'Aelred lui-même, de chercher le cœur sémantique qui irrigue l'organisme du discours monastique? On peut l'atteindre en suivant l'étymologie d'*amicitia* proposée par le cistercien :

> Aelred. Il me semble qu'ami vient d'amour et amitié (*amicitia*) d'ami.
> Or, l'amour (*amor*) est un affect (*affectus*) de l'âme rationnelle par lequel elle cherche ardemment et convoite une chose pour en jouir, par

26. Voir par exemple S. Schachter et J.E. Singer, «Cognitive, Social and Physiological Determinants of Emotional State», *Psychological Review*, 69 (1962), p. 379-399. Pour une vue d'ensemble des théories cognitives de l'émotion, voir V. Christophe, *Les Émotions. Tour d'horizon des principales théories*, Villeneuve d'Ascq, Presses Universitaires du Septentrion, 1998, p. 23-60.

27. Voir J.R. Averill, «A Constructivist View of Emotions», dans *Emotion, Theory, Research, and Experience : Theories of emotions*, R. Plutchik et H. Kellerman (éd.), vol. 1, New York, Academic Press, 1980, p. 305-340.

28. Voir *The Social Construction of Emotions*, R. Harré (éd), Oxford, Blackwell, 1986. Pour une critique, voir W.M. Reddy, «Against Constructionism. The Historical Ethnography of Emotions», *Current Anthropology*, 38/3 (1997), p. 327-351. Dans une perspective élargie aux sciences humaines, voir M.C. Nussbaum, *Upheavals of Thought. The Intelligence of Emotions*, Cambridge, Cambridge University Press, 2001.

lequel aussi elle en jouit en la savourant à l'intérieur d'elle-même, par lequel elle l'étreint et la garde une fois qu'elle l'a acquise. Dans notre *Miroir* que tu connais bien, j'ai soigneusement et le plus clairement possible parlé de cet affect et mouvement[29].

Affectus est donc cette unité lexicale et sémantique insécable à partir de laquelle l'*amicitia* comme l'*amor* sont pensés par Aelred. Le moine en donne effectivement une définition dans son traité *Le Miroir de la charité* : «l'affect (*affectus*) est une certaine inclination spontanée et douce de l'âme elle-même vers quelqu'un[30]». Dans un sermon, il reformule dans des termes presque identiques cette définition, mais en parlant cette fois d'*affectio*, supposant par là-même une synonymie entre les deux mots : «l'affect (*affectio*) est, à mon sens, une certaine inclination spontanée de l'esprit, accompagnée de délectation, vers quelqu'un[31]».

La question du sens se pose inévitablement. Cependant, ce n'est pas au sens qui relierait directement les mots aux choses que nous pensons, mais à celui qui relie les mots entre eux, qui participe de l'organisation du discours et de sa constitution *in fine* en modèle herméneutique de l'expérience. Le discours sur l'*affectus* ne donne pas accès aux sentiments jadis éprouvés par Aelred et ses contemporains, mais à une conceptualisation de la vie affective, qui doit ensuite être reliée à la trame d'un langage commun, pour déceler la représentation collective derrière le masque de la parole d'auteur.

L'ambition de ce travail est donc de mettre en lumière l'intersection entre le singulier et le collectif[32]. Comment le pôle sémantique de l'*affectus-affectio* appartient-il simultanément à des énoncés singuliers et à un discours collectif? La démarche suppose de privilégier un certain nombre d'énoncés dans lesquels *affectus* ou *affectio* jouent un rôle structurant, et d'articuler ces énoncés avec un langage partagé. Par exemple, la définition aelrédienne

---

29. AELREDUS. *Ab amore, ut mihi videtur, amicus dicitur; ab amico amicitia. Est autem amor quidam animae rationalis affectus per quem ipsa aliquid cum desiderio quaerit et appetit ad fruendum; per quem et fruitur eo cum quadam interiori suavitate, amplectitur et conservat adeptum. Cujus affectus et motus in Speculo nostro, quod satis cognitum habes, quam lucide potuimus ac diligenter expressimus.* AELRED DE RIEVAULX, *DSA*, I, 19, p. 292. Pour la traduction française, voir AELRED DE RIEVAULX, *L'Amitié spirituelle*, texte traduit par G. DE BRIEY, Abbaye de Bellefontaine, 1994 (Vie Monastique, n° 30), p. 24-25. Désormais abrégé en *AS*. Définition à comparer avec CICÉRON, *L'Amitié*, texte établi par R. COMBÈS, Paris, Les Belles Lettres, 1993, 26, p. 19 et 100, p. 60. Désormais abrégé en *DA* (*De Amicitia*).

30. *Est igitur affectus spontanea quaedam ac dulcis ipsius animi ad aliquem inclinatio.* AELRED DE RIEVAULX, *De Speculo caritatis*, CCCM I, III, 31, p. 119. Désormais abrége en *DSC*. Pour la traduction, voir AELRED DE RIEVAULX, *Le Miroir de la charité*, texte traduit par CH. DUMONT et G. DE BRIEY, Abbaye de Bellefontaine, 1992 (Vie Monastique, n° 27), p. 202. Désormais abrégé en *MC*.

31. *Affectio est, ut mihi videtur, spontanea quaedam mentis inclinatio ad aliquem cum delectatione.* AELRED DE RIEVAULX, «*Sermo in Ypapanti Domini de Diversis Moribus*», dans ID., *Sermones inediti*, C.H. TALBOT (éd.), Rome, *Series Scriptorum S. Ordinis Cisterciensis*, I, 1952, p. 48. Désormais abrégé en *SI*.

32. Voir A. BOUREAU, «Propositions pour une histoire restreinte des mentalités», *Annales ESC*, 44 (1989/6), p. 1491-1504.

d'*affectus-affectio* représente l'un de ces énoncés singuliers, qui prend la forme d'une association [affect + inclination spontanée + âme + douceur]. On peut se demander si cet énoncé se retrouve intégralement ou partiellement dans d'autres discours monastiques au XIIe siècle et s'il apparaît sous d'autres formes antérieures au XIIe siècle. Nous choisissons ainsi de mettre l'accent sur un ensemble d'énoncés isolés parce qu'on peut les confronter avec une trame collective. Certains ont la forme de propositions («l'affect, c'est-à-dire la volonté»), d'autres sont des co-occurrences (affect + intellect), d'autres encore sont déjà des expositions philosophiques (*affectus* comme traduction du grec *pathos*[33]), etc.

L'ordre de l'affect dont il est question dans cette étude concerne donc prioritairement l'analyse des règles d'organisation d'un discours religieux autour des vocables *affectus* et *affectio*, tout en sachant que cet ordre du discours sous-tend une conception ordonnée de l'homme chrétien. C'est ainsi que depuis l'ordre lexicologique nous espérons parvenir jusqu'à l'ordre de la représentation. À partir de ces deux vocables formant un pôle sémantique, nous croisons les approches synchroniques et diachroniques. Sur l'axe synchronique, nous avons élargi la base du corpus aelrédien à un ensemble d'auteurs qui appartiennent au même ordre religieux que l'abbé de Rievaulx. Nous avons ainsi retenu plusieurs cisterciens du XIIe siècle, dont les principaux sont Bernard de Clairvaux (1090-1153), Guillaume de Saint-Thierry (v. 1085-1148), Guerric d'Igny (v. 1087?-1157), Isaac de l'Étoile (v. 1110-1169) et Gilbert de Hoyland (mort en 1172). Ce choix s'explique par le rôle majeur joué par ces hommes dans l'élaboration de la pensée et de la spiritualité cisterciennes au XIIe siècle, mais aussi par la fréquence élevée des occurrences d'*affectus* et d'*affectio* dans leurs écrits. Par ailleurs, selon l'axe diachronique, l'enquête, nécessairement inscrite dans la longue durée, doit permettre de dégager les lignes de force de ce qui constitue, au XIIe siècle, le discours choral de l'*affectus-affectio* chrétien à l'intérieur duquel la voix cistercienne vient apporter sa modulation. L'enquête sera donc construite comme une généalogie, sans oublier que le discours collectif qui façonne l'héritage de la tradition culturelle n'est pas monolithique : le collectif est ce qui

---

33. On doit également considérer avec attention l'analyse d'A. GUERREAU qui affirme que « *le sens n'est pas intrinsèque à l'énoncé, mais réside dans le caractère effectif de l'acte de communication*», dans *L'Avenir d'un passé incertain. Quelle histoire du Moyen Âge au XXe siècle?*, Paris, Seuil, 2001, p. 221. C'est l'auteur qui souligne. A. Guerreau précise que l'acte de communication ne prend un sens que dans l'articulation ponctuelle entre un système de représentations (autrement dit ce que l'émetteur et le récepteur ont en commun) et une structure sociale globale (p. 221-222). Face à cet ambitieux programme, il faut préciser cependant que le système de représentations est lui-même un objet à construire historiquement. On doit dire alors que ce système n'est pas un contenant à l'intérieur duquel l'émetteur et le récepteur communiqueraient, mais le produit d'une multitude d'intersections entre des émetteurs/récepteurs singuliers et un discours collectif qui participe lui-même de l'organisation sociale globale. Nous ne cherchons donc pas un illusoire sens qui serait consubstantiel avec l'énoncé mais nous essayons de faire fonctionner la charnière entre des énoncés singuliers et un langage partagé. C'est dans cet espace intersecté que s'élabore la représentation.

informe, non ce qui fige. Ainsi, à partir d'un référentiel de sources cisterciennes structurées autour des écrits religieux d'Aelred de Rievaulx, nous entendons suivre l'élaboration sémantique de la notion d'*affectus-affectio*, dans un mouvement allant depuis l'intérieur du discours monastique jusqu'à l'extérieur de la représentation de l'expérience affective[34].

Les six personnages réunis à l'occasion de cette étude appartiennent à l'aire franco-britannique et sont tous issus de la génération du «premier ordre» de Cîteaux[35]. Cependant, ils ne sont pas de la poignée d'aventuriers qui, désireux de pratiquer une vie religieuse plus évangélique, ont suivi Robert de Molesme, en mai 1098, pour fonder le Nouveau Monastère dans un lieu reculé de la forêt s'étendant entre la Saône et Nuits-Saint-Georges. Ils font partie de la génération des bâtisseurs qui participent activement à l'extraordinaire expansion de l'ordre dans les deux premiers tiers du XIIe siècle, et à son rayonnement culturel dans tout l'Occident chrétien[36]. Dans ce groupe

---

34. La notion d'*affectus-affectio* est souvent commentée dans les études portant sur la spiritualité cistercienne, mais plus rares sont les analyses approfondies. Pour une approche générale, voir J. CHÂTILLON, «*Cor* et *cordis affectus*. Le Moyen Âge», *Dictionnaire de spiritualité*, II, col. 2288-2300. Sur l'*affectio-affectio* chez Bernard, voir en priorité J. KRISTEVA, «*Ego affectus est*. Saint Bernard : l'affect, le désir, l'amour», dans EAD., *Histoires d'amour*, Paris, Folio essais, 1983, p. 190-215, et aussi L. VAN HECKE, *Le Désir dans l'expérience religieuse. L'homme réunifié, relecture de saint Bernard*, Paris, Cerf, 1990, p. 68-95 ; J. BLANPAIN, «Langage Mystique, Expression du Désir», *Collectanea cisterciensia*, 36 (1974), p. 58-68 ; P. DELFGAAUW, *Saint Bernard. Maître de l'amour divin*, Paris, FAC-Editions, 1994, p. 75-107 ; W. HISS, *Die Anthropologie Bernhards von Clairvaux*, Berlin, 1964 (Quellen und Studien zur Geschichte der Philosophie 7), p. 99-107 ; U. KÖPF, *Religiöse Erfahrung in der Theologie Bernhards von Clairvaux*, Tubingen, 1980 (Beiträge zur historischen Theologie 61), p. 136-143 ; D. SABERSKY, «*Affectum Confessus sum, et non Negavi* : Reflexions on the Expression of Affect in the 26th Sermon on the Song of Songs of Bernard of Clairvaux», dans *The Joy of Learning and the Love of God. Studies in Honor of Jean Leclercq*, E.R. ELDER (éd.), Kalamazoo, Cistercian Publications, 1995 (Cistercian Studies, n° 160), p. 187-216 ; ID., «*Nam iteratio affectionis expressio est*. Zum Stil Bernhards von Clairvaux», *Cîteaux*, 36 (1985), p. 5-20 ; B. McGINN, *The Presence of God : A History of Western Christian Mysticism*, vol. II : *The Growth of Mysticism*, New York, The Crossroad Publishing Company, 1993, p. 194 et p. 500-501, notes 212-213. Chez Aelred de Rievaulx, voir J. Mc EVOY, «Les *affectus* et la mesure de la raison dans le livre III du *Miroir*», *Collectanea cisterciensia*, 55 (1993), p. 110-125. Pour Guillaume, voir Y.-M. BAUDELET, *L'Expérience spirituelle selon Guillaume de Saint-Thierry*, Paris, Cerf, 1986, p. 236-239 ; W. ZWINGMANN, «*Ex affectu cordis* : Über die Vollkommenheit menschlicher Handelns und menschlicher Hingabe nach Willhelm von St. Thierry» et ID. «*Affectus illuminatus amoris* : Über die Offenbarwerden der Gnade und die Erfahrung von Gottes», *Cîteaux*, 18 (1967), p. 5-37 et 193-226.

35. Nous appelons «premier ordre» de Cîteaux la phase de croissance extrêmement rapide de l'ordre dans les années 1115-1170, qui se caractérise par plus de 40 intégrations par décennie. On compte même plus de 300 fondations entre 1130 et 1153. Le rythme se ralentit légèrement entre 1180 et 1240, avec environ 25-30 fondations tous les dix ans, puis chute nettement après 1240. Voir M. PACAUT, *Les Moines blancs. Histoire de l'ordre de Cîteaux*, Paris, Fayard, 1993, p. 143-144.

36. À la mort de Bernard, en 1153, l'ordre comptait environ 350 abbayes dans tout l'Occident latin, voir R. LOCATELLI, «L'expansion de l'ordre cistercien», dans *Bernard de Clairvaux. Histoire, mentalités, spiritualité, op. cit.*, p. 103-140. Sur la naissance et l'expansion de l'ordre cistercien, voir l'intéressante révision de C. BERMAN, *The Cistercian Evolution : The Invention of a Religious Order in the Twelfth-Century Europe*, Philadelphia, University Press, 2000.

des six[37], le premier à prendre l'habit cistercien est aussi le principal artisan de cette expansion : Bernard, qui entre à Cîteaux en 1113, sous l'abbatiat d'Etienne Harding, avant de fonder Clairvaux en 1115. Guillaume de Saint-Thierry – peut-être l'aîné, à moins que ce ne soit Guerric – longtemps compagnon de route des cisterciens, intègre tardivement le monastère de Signy près de Reims, en 1135, après plus de vingt ans passés sous l'habit bénédictin. Conformément aux pratiques de l'ordre qui refuse les oblats, ces hommes sont devenus cisterciens à l'âge adulte. Aelred a vingt-quatre ans lorsqu'il pousse les portes du jeune monastère de Rievaulx au nord de York, en 1134[38]. Les deux autres moines d'origine insulaire, Gilbert de Hoyland et Isaac de l'Étoile, sont ses contemporains stricts. Gilbert est sans doute un cistercien d'incorporation : il était déjà moine d'une abbaye de la filiation de Savigny avant son rattachement à l'ordre cistercien en 1147. Guerric quant à lui a achevé son cursus scolaire lorsqu'il entre à Clairvaux. Ceux dont l'origine sociale est connue appartiennent soit à l'aristocratie seigneuriale, comme Bernard qui est apparenté aux puissantes familles bourguignonnes des Châtillon et des Montbard[39], soit aux milieux ecclésiastiques, comme Aelred

---

37. Pour aller à l'essentiel des études biographiques voir, sur Bernard de Clairvaux, E. VACANDARD, *Vie de Saint Bernard, abbé de Clairvaux*, 2 tomes, Paris, V. Lecoffre, 1895 ; *Bernard de Clairvaux. Histoire, mentalités, spiritualité*, Colloque de Lyon-Cîteaux-Dijon, Paris, Cerf, 1992 (Sources Chrétiennes, n° 380) ; *Vies et légendes de saint Bernard de Clairvaux. Création, diffusion, réception (XIIᵉ-XXᵉ siècles). Actes des rencontres de Dijon, 7-8 juin 1991*, P. ARABEYRE, J. BERLIOZ et P. POIRRIER (éd.), *Cîteaux, Commentarii Cistercienses*, 1993 ; A.H. BREDERO, *Bernard of Clairvaux. Between Cult and History*, Grand Rapids, W.B. Eerdmans Publishing Company, 1996 ; G.R. EVANS, *Bernard of Clairvaux*, New York-Oxford, Oxford University Press, 2000. Sur Aelred de Rievaulx, voir A. SQUIRE, *Aelred of Rievaulx. A Study*, Kalamazoo, Cistercian Publications, 1981 (Cistercian Studies, n° 50) ; B.P. McGUIRE, *Brother and Lover. Aelred of Rievaulx*, New York, Crossroad, 1994 et M.L. DUTTON, «Introduction», dans WALTER DANIEL, *The Life of Aelred of Rievaulx*, Kalamazoo, Cistercian Publications, 1994 (Cistercian Fathers, n° 57), p. 7-88. Sur Guillaume de Saint-Thierry, voir P. VERDEYEN, *Guillaume de Saint-Thierry. Premier auteur mystique des anciens Pays-Bas*, Turnhout, Brepols, 2003 [édition originale 2000] (coll. Témoins de notre Histoire) ; J. HOURLIER, «Introduction», dans GUILLAUME DE SAINT-THIERRY, *La Contemplation de Dieu*, Paris, Cerf, 1999 (Sources Chrétiennes, n° 61 bis), p. 7-15 (Désormais abrégé en *DCD*) ; *William, Abbot of Saint-Thierry*, colloque à l'abbaye de Saint-Thierry, Kalamazoo, Cistercian Publications, 1987 (Cistercian Studies, n° 94) ; I. GOBRY, *Guillaume de Saint-Thierry. Maître en l'art d'aimer*, Paris, François-Xavier de Guibert, 1998. Sur Guerric d'Igny, voir J. MORSON et H. COSTELLO, «Introduction», dans GUERRIC D'IGNY, *Sermons*, I, texte établi par J. MORSON et H. COSTELLO, traduit par Pl. DESEILLE (s.d.), Paris, Cerf, 1970 (Sources Chrétiennes, n° 166), p. 7-29. Sur Isaac de l'Étoile, voir G. RACITI, «Isaac de l'Étoile», *Dictionnaire de spiritualité*, VII, col. 2011-2038 ; G. SALET, «Introduction», dans ISAAC DE L'ÉTOILE, *Sermons*, I, texte établi par A. HOSTE, Paris, Cerf, 1967 (Sources Chrétiennes, n° 130), p. 7-25. Sur Gilbert de Hoyland enfin, voir E. MIKKERS, «De vita et operibus Gilberti Hoylandia», *Cîteaux*, 14 (1963), p. 33-43 et 265-279 ; H. COSTELLO, «Gilbert de Hoyland», *Cîteaux*, 27 (1976), p. 109-121 ; J. VUONG-DINH-LAM, «Gilbert de Hoyland», *Dictionnaire de spiritualité*, IV, col. 371-374 ; P.-Y. ÉMERY, «Introduction», dans GILBERT DE HOYLAND, *Sermons sur le Cantique des cantiques*, I, Abbaye Notre-Dame-du-Lac, 1994 (coll. Pain de Cîteaux, série 3, n° 6), p. 9-14.

38. Voir M.L. DUTTON, «The Conversion of Aelred of Rievaulx : a Historical Hypothesis», dans *England in the Twelfth Century*, D. WILLIAMS (éd.), Woodbridge, Boydell and Brewer, 1990, p. 31-49.

39. Voir M. PACAUT, *Les Moines blancs, op. cit.*, p. 54-56.

qui est le dernier représentant d'une lignée de prêtres fort respectés entre Durham et Hexham, à la frontière écossaise [40]. Ils ont tous acquis une solide formation intellectuelle avant de choisir la vie monastique. C'est auprès des chanoines de Saint-Vorle à Châtillon-sur-Seine que Bernard découvre Cicéron, Virgile et Ovide, tandis qu'Aelred est éduqué dans les lettres par les moines du couvent cathédral de Durham. Guillaume, Guerric ou Isaac fréquentent quant à eux les écoles urbaines alors en plein essor : Guerric à Tournai, Guillaume sans doute à Laon et Isaac peut-être à Chartres, autant de cités qui accueillent des écoles prestigieuses à la fin du xie siècle et dans la première moitié du xiie siècle, où ils ont pu croiser et suivre l'enseignement d'Anselme de Laon, de Gilbert de la Porrée, de Guillaume de Conches, voire d'Abélard. Au moins deux d'entre eux, Guerric et Isaac, ont eux-mêmes été des *magistri*.

Contemporains, ces hommes ont entretenu des relations personnelles. Au centre du groupe, on trouve Bernard qui conseille et inspire en partie les choix et la production intellectuelle de ces moines. Tous sont susceptibles d'avoir rencontré le maître. C'est évidemment le cas de Guillaume qui est très lié à Bernard ; leur relation est marquée par des échanges épistolaires et un engagement côte à côte dans les querelles contre Pierre le Vénérable ou Abélard. Bernard écrit une *Apologie à l'abbé Guillaume*, pour répondre aux critiques de l'abbé de Cluny, et Guillaume entreprend une *vita* de Bernard. Aelred connaît également Bernard : ils se sont rencontrés en 1142 alors que le moine anglais effectuait une mission auprès du pape dans le cadre de la succession conflictuelle de l'archevêque d'York, Thurstan. C'est à son retour en Angleterre que Bernard lui commande *Le Miroir de la charité* dans une lettre qui préface l'œuvre. Isaac fait un éloge de Bernard dans un sermon [41]. Guerric quant à lui a été moine à Clairvaux. Si Bernard est l'homme de ralliement, certains de ses disciples se sont également fréquentés. C'est le cas très probablement d'Aelred de Rievaulx et de Gilbert de Hoyland qui ont pu se rencontrer à Byland, non loin de Rievaulx, à Furness, ou encore dans le Lincolnshire où Aelred a vécu plusieurs années. Gilbert, apprenant la mort de l'abbé de Rievaulx, compose une lamentation qui témoigne de son admiration et s'achève sur cette phrase : «son intelligence (*intellectus*) était limpide, mais son affect (*affectio*) était puissant» [42]. N'oublions pas non plus que Signy, qui accueille Guillaume en 1135, est une fille d'Igny que Guerric dirige à partir de 1138.

Les six hommes ont exercé des responsabilités administratives et pastorales importantes. Ce ne sont pas des spirituels reclus et coupés de la société. Il n'est

---

40. Voir A. SQUIRE, *Aelred of Rievaulx, op. cit.*, p. 1-22.

41. Voir ISAAC DE L'ÉTOILE, «Sermon 52», dans ID., *Sermons*, III, texte établi par A. HOSTE et G. RACITI, traduit par G. SALET et G. RACITI, Paris, Cerf, 1987 (Sources Chrétiennes, n° 339), p. 220-236.

42. *Facilis inerat ei intellectus, sed affectio vehemens.* GILBERT DE HOYLAND, «Sermon sur le Cantique des cantiques 41», *PL* 184, col. 218 A. Désormais abrégé en *SCC* (*Sermons sur le Cantique des cantiques*).

pas nécessaire de revenir ici sur l'engagement de Bernard dans les affaires de l'Église. Soulignons seulement que tous exercent la fonction d'abbé : Bernard à Clairvaux (1113-1153), Aelred à Revesby dans le Lincolnshire (1143-1147) puis à Rievaulx (1147-1167), Guillaume à Saint-Thierry (1119-1135), Guerric à Igny (1138-1157), Gilbert à Swineshead dans le Lincolnshire (v. 1150-1172) et Isaac à l'Étoile (1147-1167?), dans le diocèse de Poitiers, et sans doute aussi dans un petit monastère sur l'île de Ré (1167?-1169?). Ils répondent alors aux obligations qui incombent à leur charge : ils administrent leur communauté et visitent le cas échéant les fondations, rendent des arbitrages, participent au chapitre d'abbés, etc. Signalons aussi que Bernard n'est pas le seul à vivre au contact des grands et des puissants. Isaac est un proche de Thomas Becket et il semble bien que cette amitié lui vaille quelques ennuis à la fin de sa vie. Aelred grandit à la cour d'Ecosse en compagnie du fils du roi David Ier, Henri, et occupe des fonctions de gestionnaire (*dispensator*) à la cour[43]. En tant qu'abbé du puissant monastère de Rievaulx, il est l'un des personnages éminents de l'Église d'Angleterre et fréquente aussi bien Gilbert Foliot, évêque de Londres et conseiller d'Henri II, que Waldef, abbé de Melrose et fils de la reine d'Écosse Mathilde[44]. D'après son biographe, Walter Daniel, Aelred aurait correspondu avec le pape, les rois d'Angleterre, d'Écosse et de France, ainsi qu'avec de nombreux évêques et archevêques[45].

Il est évident que ces responsabilités ont une influence sur l'œuvre de ces religieux, ne serait-ce que parce que leur fonction les conduit à prêcher régulièrement devant leur communauté mais aussi à l'extérieur. La production additionnée de ces six auteurs constitue alors un corpus impressionnant et diversifié qui rassemble des centaines de sermons et de lettres, des traités spéculatifs, normatifs et spirituels, ou encore des écrits historiques et hagiographiques. Même si leur engagement dans l'aventure cistercienne se traduit dans leur œuvre par des traits communs – que ce soit au niveau des thèmes spirituels, des options théologiques, des caractéristiques stylistiques ou encore des références intellectuelles –, chacun conserve néanmoins une identité singulière, liée notamment à son milieu de formation monastique ou urbain, dont il faudra tenir compte.

Au-delà du monde cistercien et monastique, la notion d'affect est étonnamment familière aux auteurs ecclésiastiques de l'Antiquité et du Moyen Âge. Ainsi, les deux vocables *affectus* et *affectio* apparaissent plus de 29000 fois dans la *Patrologia Latina Database*[46], avec environ la moitié des occurrences dans les textes

---

43. Voir F.M. Powicke, «The Dispensator of King David I», *Scottish Historical Review*, 22 (1925), p. 34-41.

44. Voir R. Roby, «Chimera of the North : the Active Life of Aelred of Rievaulx», dans *Cistercian Ideals and Reality*, J.R. Sommerfeldt (éd.), Kalamazoo, Cistercian Publications, 1978 (Cistercian Studies, n° 60), p. 152-169 et A. Stacpoole, «The Public Face of Aelred», *The Downside Review*, 85 (1967), p. 183-199 et 318-325.

45. Voir Walter Daniel, *VA*, p. 42.

46. Chadwyck-Healey (éd.), *Patrologia Latina Database*, s.l., Bell & Howell, 2000.

des XIᵉ-XIIᵉ siècles. Aucun des grands auteurs de la tradition latine n'échappe à cette abondance. Dans la très grande majorité des cas, *affectus* l'emporte largement sur *affectio*, dans un rapport en moyenne de 3 pour 1. Pour ce qui est des cisterciens qui constituent le cœur de cette étude, nous avons privilégié un corpus défini principalement à partir des œuvres saisies dans la base de données du Centre de Traitement Électronique des Documents (Cetedoc) [47]. Aux côtés des auteurs déjà cités, toujours à partir de la base du Cetedoc, nous avons inclus la très riche compilation cistercienne anonyme *L'Esprit et l'âme* (v. 1170), faussement attribuée à Alcher de Clairvaux [48]. Enfin, en marge du Cetedoc, nous intégrons la *Lettre sur l'âme* d'Isaac de l'Étoile [49], exposé essentiel pour comprendre l'anthropologie cistercienne. Nous avons ainsi rassemblé et traité 1960 occurrences cisterciennes d'*affectus* (80 %) et d'*affectio* (20 %) [50].

---

47. *Cetedoc Library of Christian Latin Texts* (*CLCLT*), Université catholique de Louvain, version 3, 1996. C'est pourquoi nous n'avons pas retenu l'intégralité des écrits connus de nos auteurs. Ainsi nous ne considérons qu'une partie des sermons d'Aelred, 46 sermons liturgiques de la première et de la deuxième collection de Clairvaux, voir *Sermones I-XLVI. Collectio Claraevallensis prima et secunda*, G. Raciti (éd.), Turnhout, Brepols, 1989 (*CCCM* IIA). Nous avons exclu aussi le *Compendium speculi caritatis* qui est un résumé du *Miroir de la charité* ainsi que les écrits historiques d'Aelred. On trouvera les références aux éditions des écrits historiques (voir essentiellement *PL* 195, col. 701-796), avec une bibliographie exhaustive dans P.-A. Burton, *Bibliotheca Aelrediana secunda, op. cit.*, p. 153-162. Les collections de sermons non incluses dans le *CLCLT* 3 sont les collections de Durham et de Lincoln, voir Aelred de Rievaulx, *Sermones XLVII-LXXXIV (Collectio Dunelmensis – Collectio Lincolnensis)*, G. Raciti (éd.), Turnhout, Brepols, 2001 (*CCCM* IIB). 24 des 32 sermons de la collection de Durham constituaient les *Sermones inediti* publiés par C.H. Talbot, *op. cit.* Il faut ajouter les 31 sermons *De Oneribus*, dans *PL* 195, col. 361-500. Signalons enfin la collection de sermons de Reading-Cluny, découverte par G. Raciti au début des années 1980, et qui doit être prochainement éditée dans le *Corpus Christianorum*. Au total, on dispose de 184 sermons liturgiques d'Aelred, dont près de la moitié est encore inédite. Son biographe Walter Daniel, *VA*, p. 42 indique que l'abbé en aurait prononcé environ deux cents. Pour la bibliographie, voir P.-A. Burton, *Bibliotheca Aelrediana secunda, op. cit.*, p. 144-152; à compléter par Ph. Nouzille, *Expérience de Dieu et théologie monastique au XIIᵉ siècle. Étude sur les sermons d'Aelred de Rievaulx*, Paris, Cerf, 1999 (coll. Philosophie & Théologie), qui est la première étude théologique à prendre en compte l'intégralité des sermons connus d'Aelred.

48. Voir Pseudo-Alcher de Clairvaux, *L'Esprit et l'âme*, dans *PL* 40, col. 779-832. Désormais abrégé en *DSAn* (*De Spiritu et anima*).

49. Voir Isaac de l'Étoile, *Lettre sur l'âme*, dans *PL* 202, col. 1083-1098. Désormais abrégé en *EDA* (*Epistola de anima*).

50. Pour le détail, on relève 683 occurrences (479 pour *affectus* et 204 pour *affectio*) chez Bernard de Clairvaux; 416 occurrences (351 pour *affectus* et 65 pour *affectio*) chez Guillaume de Saint-Thierry; 440 occurrences (402 pour *affectus* et 38 pour *affectio*) chez Aelred de Rievaulx; 248 occurrences (213 pour *affectus* et 35 pour *affectio*) chez Gilbert de Hoyland; 76 occurrences (51 pour *affectus* et 25 pour *affectio*) chez Isaac de l'Étoile; 61 occurrences (57 pour *affectus* et 4 pour *affectio*) chez Guerric d'Igny et 36 occurrences (30 pour *affectus* et 6 pour *affectio*) chez le Pseudo-Alcher. J'ai pris le parti de ne pas surcharger cette étude de données quantitatives qui sont certes indispensables en amont pour défricher et tracer les premiers sillons de l'enquête mais qui ne peuvent que préparer le terrain à l'analyse qualitative, textuelle et contextuelle. Je renvoie le lecteur intéressé par une présentation détaillée de ces relevés statistiques – prolongés vers d'autres auteurs cisterciens, Baudoin de Forde (mort en 1190) et Jean de Forde (v. 1140/1150-1214) – à la thèse qui est à l'origine de ce livre, D. Boquet, *L'Ordre de l'affect au Moyen Âge. Autour de la notion d'*affectus-affectio *dans l'anthropologie cistercienne au XIIᵉ siècle*, s.d. P. L'Hermite-Leclercq, Paris IV – Sorbonne, 2002, 2 vol. (dactyl.), p. 152-154, 630-638 et *passim*. Sur l'utilisation de la statistique

Comment traduire ces termes que nous devons justement informer séman-
tiquement? Nous avions certes la possibilité de ne pas les traduire[51]. Cela n'a
pas été notre choix. Vient alors la question de la synonymie des deux termes.
Elle est rappelée explicitement par Isaac de l'Étoile : «*affectus sive* (ou) *affectio*»
écrit-il dans un sermon[52]. Cela conforte un constat qui s'impose comme une
évidence quand on fréquente les textes, pour peu qu'on ne cherche pas à y
projeter ses propres certitudes philologiques. Il est vrai que les synonymes
purs sont rares mais c'est bien le cas ici où l'on a affaire à un concept double.
Tous les spécialistes qui se sont penchés récemment sur cette incongruité sont
parvenus à la même conclusion et nous aurons l'occasion de le vérifier à notre
tour à de nombreuses reprises[53]. Cette synonymie n'est d'ailleurs pas si étrange
qu'il y paraît, elle a son histoire avec une double paternité (Cicéron et Sénèque)
que nous mettons au jour dans notre premier chapitre. Évidemment, il arrive
parfois à tel ou tel auteur de procéder à une distinction entre *affectio* et
affectus[54], mais celle-ci s'avère alors purement fonctionnelle et sans écho dans
les pratiques discursives. Dès lors, nous avons décidé d'employer, autant qu'il
est possible, un seul mot français pour rendre les deux vocables : affect[55]. Des

comme «art des comparaisons raisonnées», et son rôle au demeurant auxiliaire par rapport à l'analyse qualitative, voir la présentation d'A. Guerreau, *L'Avenir d'un passé incertain, op. cit.*, p. 163-189.
    51. Voir par exemple l'embarras fort compréhensible de P.-G. Trudel, traducteur des sermons
liturgiques d'Aelred (collection de Durham selon l'édition de C.H. Talbot) face à *affectus*, dans
Aelred de Rievaulx, *Homélies pour l'année liturgique*, 1re partie, Abbaye Notre-Dame-du-Lac,
(coll. Voix Monastiques, n° 10), 1997, p. 187, note 30. Dans le même sens, voir M. Standaert, «Le
principe de l'ordination dans la théologie spirituelle de saint Bernard», *Collectanea cisterciensia*,
3 (1946), p. 188, note 35 et J. Blanpain, «Langage mystique, expression du désir», art. cité, p. 64.
    52. Voir Isaac de l'Étoile, «Sermon 17», SC 130, 11, p. 318.
    53. Sur la synonymie entre *affectus* et *affectio*, voir L. van Hecke, *Le Désir dans l'expérience
religieuse, op. cit.*, p. 69. É. Gilson tente de distinguer les deux termes chez Bernard mais au prix
d'une sélection extrême des textes, pour finalement en conclure que Bernard emploie fréquemment *affectio* au sens d'*affectus*, voir *La Théologie mystique de saint Bernard*, Paris, Vrin, 1986
[1re édition 1934], p. 124-125, note 4. Voir aussi P. Delfgaauw, *Saint Bernard, op. cit.*, p. 72 et 76
qui critique la démarche d'É. Gilson. B. McGinn précise que s'il arrive à Guillaume de Saint-Thierry
d'opérer une distinction entre *affectus* et *affectio*, les deux termes sont le plus souvent inter-
changeables, voir *The Growth of Mysticism, op. cit.*, p. 528, note 174. Il fait le même constat pour
Bernard, *Ibid.*, p. 194. M. Lemoine également souligne la synonymie entre *affectus* et *affectio*, voir
Guillaume de Saint-Thierry, *De Natura corporis et animae*, texte édité et traduit par M. Lemoine,
Paris, Les Belles Lettres, 1988 (coll. auteurs latins du Moyen Âge), p. 183, note 157. Désormais
abrégé en *DNCA*. Même conclusion chez Ph. Nouzille, *Expérience de Dieu et théologie monastique au XIIe siècle, op. cit.*, p. 185, note 2.
    54. C'est le cas par exemple de Guillaume de Saint-Thierry dans *La Nature et la dignité de
l'amour* où il affirme qu'*affectus* désigne une disposition durable de l'âme alors qu'*affectio*
renvoie à des états temporaires, dans *Deux Traités de l'amour de Dieu*, M.-M. Davy (éd.), Paris,
Vrin, 1953, p. 92. Désormais abrégé en *DNDA* (*De Natura et dignitate amoris*).
    55. Sur cette même question, voir l'argumentation et les propositions de L. van Hecke, *Le Désir
dans l'expérience religieuse, op. cit.*, p. 92-95 ; d'A. Demoustier, «Le sens du mot *volonté* dans la
tradition chrétienne», *Christus*, 36 (1989), p. 442 et de J. Kristeva, «*Ego affectus est*», art. cité, p. 196-
197. B. McGinn quant à lui considère qu'il est impossible de traduire systématiquement *affectus*
par le même terme, voir *The Growth of Mysticism, op. cit.*, p. 251. Alain de Libera traduit *affectus*
par amour et *affectio* par affect dans *La Mystique rhénane d'Albert le Grand à Maître Eckhart*,
Paris, Points Seuil, 1994 (coll. Sagesses), p. 34.

traductions distinctes – affect pour *affectus* et affection pour *affectio* – trace-raient une ligne de séparation d'autant plus artificielle que, dans la langue française contemporaine, les registres sémantiques d'affect et d'affection ne se superposent pas, loin s'en faut. Pourquoi le choix du décalque limité au radical? Pour éviter tout filtre interprétatif supplémentaire. Il était en outre impensable de multiplier les traductions en fonction du contexte. Cela peut se comprendre dans une perspective littéraire ou encore lorsqu'il n'y a pas d'ambiguïtés sémantiques. Or, tel est bien le risque ici. En traduisant *affectus* ou *affectio* par des termes comme affection, amour, élan sensible voire volonté ou instinct, on fuit la complexité historique du concept tout en renonçant à lui conférer une véritable cohésion sémantique. De plus, il n'est peut-être pas inutile de préciser qu'affect fut la plus ancienne traduction française du substantif *affectus*...

Il reste qu'affect peut soulever une autre objection tout à fait recevable : le terme contemporain est en effet étroitement lié à la théorie psychanalytique et donc son utilisation dans une traduction peut être considérée comme un anachronisme. En effet, l'ancien français *affect* ou *affet*, dérivé donc du latin *affectus*, qui apparaît à la fin du XIIᵉ siècle[56], tombe progressivement en désuétude à la fin du Moyen Âge en subissant l'attraction sémantique d'*affec-tion* qui traduit *affectio*[57]. En français contemporain, le terme affect ne resurgit alors que dans la première moitié du XXᵉ siècle[58] par la voie de la psychana-lyse freudienne. En allemand, le mot *Affekt*, lui aussi dérivé du latin *affectus*, appartient à la langue philosophique. Au XVIIIᵉ siècle, chez Kant, il désigne une émotion élémentaire de plaisir ou de déplaisir qui ne laisse pas parvenir le sujet à la réflexion[59]. Freud, dans le cadre de ses recherches avec Breuer sur l'hystérie dans les années 1893-1895, insuffle au terme un sens très spécifique lié à la notion de pulsion[60]. Toute pulsion selon Freud est une présentation psychique qui s'exprime d'une double manière : dans une représentation et

---

56. Voir ms du Mans 173, f° 69 v° (Exposé sur le Cantique des cantiques) : « Des quatre vertuz principals E des affectes naturals Nos fait un bel ordenement » (1180) et *Bible*, Richelieu 899, f° 250 c ; « ils trepasserent outre en affet de cuer, ce est en entalentement de cuer » (1226-1250), cité dans *Trésor de la langue française. Dictionnaire de la langue du XIXᵉ et du XXᵉ siècles*, P. Imbs (éd.), tome I, Paris, CNRS, 1971, p. 835.

57. Voir *Trésor de la langue française. Dictionnaire de la langue du XIXᵉ et du XXᵉ siècles*, op. cit., p. 835.

58. Le *Dictionnaire historique de la langue française*, A. Rey (s.d.), Paris, Le Robert, 1992, p. 47, donne la date de 1908. *Le Grand Robert de la langue française*, P. Robert (éd.), tome I, deuxième édition revue par A. Rey, Paris, Le Robert, 1992, p. 148, indique seulement avant 1942. Le *Trésor de la langue française*, op. cit., donne 1942.

59. Voir E. Kant, *Anthropologie du point de vue pragmatique*, texte traduit par M. Foucault, Paris, Vrin, 1994 [1ʳᵉ édition de la traduction 1964], III, § 73, p. 109.

60. Voir l'article « Affect », dans *L'Apport freudien : éléments pour une encyclopédie de la psycha-nalyse*, P. Kaufmann (éd), Paris, Bordas, 1993, p. 8. La notion d'affect évolue ensuite dans la pensée de Freud, puis dans la psychanalyse après Freud. La meilleure étude sur l'affect psychanalytique est celle d'A. Green, *Le Discours vivant. La conception psychanalytique de l'affect*, Paris, PUF, 2001 [1ʳᵉ édition 1973] (coll. Le fil rouge). À compléter par R. Stein, *Psychoanalytic Theories of Affect*, New York, Praeger, 1991.

dans un affect qui constitue dès lors l'investissement qualitatif de cette même représentation. Les destinées respectives de l'affect et de la représentation sont cependant bien distinctes puisque le premier peut être refoulé indépendamment de la seconde. Freud appelle alors quantum d'affect (*Affektbetrag*)[61] l'énergie pulsionnelle libérée, ainsi détachée de la représentation[62]. Importé par Freud, le mot affect en français contemporain est donc un germanisme. Pour autant, son émergence linguistique est lente. Le terme ne figure pas dans le *Littré*, ni dans le dictionnaire philosophique d'A. Lalande, dont la première édition date de 1926. Celui-ci d'ailleurs fait dériver le mot affection des deux substantifs latins *affectio* et *affectus*[63]. Le mot affect n'apparaît dans le *Petit Robert* qu'à partir de 1951 avec la définition d'état affectif élémentaire[64]. C'est donc très progressivement, au rythme de la vulgarisation des notions fondamentales de la psychanalyse et de leur diffusion dans la langue, que le terme affect a fini par désigner tout état affectif élémentaire, dans une acception proche d'émotion, renouant par là-même un lien rompu depuis plus de trois siècles avec l'affect historique. Il est donc aisé de répondre à l'objection : quand nous employons le mot affect, nous nous référons à l'affect restauré dans sa filiation étymologique originelle, et non à l'affect entendu dans son sens psychanalytique spécialisé[65].

Précisons enfin un ou deux points de vocabulaire : comment rendre compte de la connotation affective, au sens moderne de ce qui participe d'un état psychique de plaisir ou de déplaisir, d'*affectus-affectio*? Pour éviter les formulations ambiguës, nous n'emploierons le substantif affect et l'adjectif affectif, au-delà de cette introduction, que par référence aux termes latins. Pour souligner éventuellement la connotation de plaisir et/ou de déplaisir dans tel ou tel énoncé où s'insèrent *affectus* et *affectio*, nous utiliserons le terme sensible et ses dérivés. Enfin, pour caractériser la nature de cette sensibilité, nous emploierons également les termes d'émotion et de sentiment. Nous donnons alors à ces deux notions un sens large, qui peut aisément s'adapter aux catégories psychologiques posées par les auteurs médiévaux. Nous entendons par émotion une disposition affective momentanée liée à une représentation plus ou moins clairement identifiée par le sujet. Par sentiment, nous désignons

---

61. Il reste qu'en 1893 Freud lui-même traduit en français *Affektbetrag* par «valeur affective», voir A. Green, *Le Discours vivant, op. cit.*, p. 27, note 2.

62. Voir S. Freud, *Métapsychologie, op. cit.*, p. 54-55 et pour une analyse synthétique du concept d'affect chez Freud, voir P. Ricoeur, *De l'Interprétation. Essai sur Freud*, Paris, Seuil, 1995 [1re édition 1965] (coll. Points Essais), p. 153-158.

63. Voir A. Lalande, *Vocabulaire technique et critique de la philosophie*, vol. I : A-M, Paris, PUF, 1999 [1re édition 1926] (coll. Quadrige), p. 29.

64. Voir A. Green, *Le Discours vivant, op. cit.*, p. 17, note 1.

65. Concernant les traductions récentes et de qualité reconnue des textes latins cités, fondées sur des éditions scientifiques pointues, il aurait été cuistre de les ignorer. C'est pourquoi, lorsqu'elles existaient, je les ai reprises en les modifiant parfois, ce que j'indique uniquement si ces modifications concernent d'autres éléments que la traduction d'*affectus-affectio*, rendue systématiquement par affect. Les traductions dépourvues de référence sont miennes.

une disposition affective durable inscrite dans une expérience à laquelle le sujet donne un sens[66].

La définition aelrédienne de l'affect a été le point de départ de la recherche et tout au long de l'étude, les écrits d'Aelred de Rievaulx seront le principal point d'ancrage. En amont, nous avons tout d'abord cherché à comprendre comment s'était construit historiquement le discours chrétien autour de la notion d'affect. C'est pourquoi une enquête généalogique constitue le premier moment. Même si les résultats sont présentés selon l'ordre chronologique, nous avons mené les investigations à rebours, en partant de l'affect des cisterciens et en essayant de mesurer en quoi ce discours était le produit d'un processus culturel inscrit dans la longue durée. Il faut donc considérer cette présentation comme une mise en perspective à partir du prisme cistercien, non comme une appréhension globale de l'histoire intellectuelle de l'affect. Ainsi, certains moments se sont avérés structurants, tout spécialement la période allant du Iᵉʳ siècle av. J.-C. au début du Vᵉ siècle ap. J.-C. L'affect chrétien qui irrigue la pensée cistercienne s'enracine dans le substrat de la morale stoïcienne de l'époque impériale, même s'il en modifie parfois radicalement les présupposés. Nous suivons le parcours d'émancipation de l'affect chrétien par rapport à la culture païenne, en montrant l'importance de la période allant des années 370 aux années 430. Une seconde phase d'infléchissement notable est par la suite identifiée : elle commence au milieu du XIᵉ siècle et se prolonge jusqu'au discours cistercien.

Le deuxième moment circonscrit, dans le champ de l'anthropologie religieuse, les caractéristiques de cet affect cistercien. Nous nous plaçons alors en trois points stratégiques de la conception cistercienne de l'homme en quête de son salut : à la jonction de l'âme et du corps, puis du côté de la théorie de la sensibilité de l'âme, approchée à travers la division d'origine platonicienne des facultés raisonnante, concupiscible et irascible, et enfin depuis la division d'inspiration augustinienne de l'esprit en trois puissances, mémoire, raison, volonté. Nous en venons alors à l'approche aelrédienne de la notion d'affect pour préciser comment elle s'intègre à sa théorie psychologique de l'amour. On voit que le principe de spontanéité contenu dans la définition de l'affect porte en puissance les éléments d'une impossible révolution, qui conduirait à dépasser la dialectique de la chair et de l'esprit, conséquence du péché originel.

---

66. Donner une définition technique n'aurait pas de sens tant les conceptions contemporaines des notions d'émotion et de sentiment sont différentes selon l'endroit où l'on se place sur l'organigramme des disciplines scientifiques : médecine, psychanalyse, philosophie, psychologie, etc. On peut consulter avec intérêt J. Cosnier, *Psychologie des émotions et des sentiments*, Paris, Retz, 1994, qui passe en revue un grand nombre des définitions spécialisées du vocabulaire affectif depuis quarante ans, avant de proposer ses vues personnelles. Il donne ainsi pour affect une définition qui nous semble englober un grand nombre d'acceptions actuelles : « éprouvé subjectif qualifiant une représentation, une situation, une relation ou un état mental et/ou corporel. Pris dans un sens général, les affects comprennent les émotions, les sentiments et les humeurs » (p. 160).

La distorsion est trop importante entre ce discours singulier et le cadre collectif : on suit donc, dans une troisième et dernière étape, le développement des stratégies personnelles et collectives d'évitement de cette révolution. Celles-ci permettent d'éclairer la représentation de l'homme religieux et de son ordination spirituelle par l'affect, ou encore la conception masculine de la femme perçue comme un être affectif. Enfin, on montre comment la théorie de l'amitié spirituelle selon Aelred de Rievaulx, érigée en modèle de vie communautaire, agit comme un outil de pacification de l'affect.

Tout au long de ce cheminement, nous traitons donc simultanément de l'ordre de l'affect selon un triple mode : celui de l'organisation lexicologique des vocables *affectus* et *affectio* dans le discours anthropologique ; celui des stratégies discursives de contrôle et de régulation de la spontanéité affective ; celui de l'émergence d'une représentation originale de l'homme chrétien au XIIe siècle.

Première partie

Généalogie de l'affect cistercien

« N'est-ce pas bon et grand que la langue ne possède qu'un mot pour tout ce que l'on peut comprendre sous ce mot, depuis le sentiment le plus pieux jusqu'au désir de la chair ? Cette équivoque est donc parfaitement "univoque", car l'amour le plus pieux ne peut être immatériel, ni ne peut manquer de piété. Sous son aspect le plus charnel, il reste toujours lui-même, qu'il soit joie de vivre ou passion suprême, il est la sympathie pour l'organique, l'étreinte touchante et voluptueuse de ce qui est voué à la décomposition. Il y a de la charité jusque dans la passion la plus admirable ou la plus effrayante. Un sens vacillant ? Eh bien, qu'on laisse donc vaciller le sens du "amour". Ce vacillement, c'est la vie de l'humanité, et ce serait faire preuve d'un manque assez désespérant de malice que de s'en inquiéter. »

THOMAS MANN, *La Montagne magique*

UNE HISTOIRE de l'affect chrétien est-elle possible ? Poser une telle question peut sembler étonnant au moment où nous nous préparons à embrasser plus d'un millénaire de pratique discursive des mots *affectus* et *affectio*. Cependant elle mérite d'être envisagée, ne serait-ce que pour préciser ce que cette enquête généalogique n'est pas. Qui voudrait faire l'histoire de l'affect, devrait en effet préciser d'abord si son intention est de faire l'histoire d'une notion préalablement dotée d'une charpente sémantique, ou bien alors l'histoire d'un étrange signifiant, nu de sens, et qu'il faudrait vêtir progressivement avant d'en suivre les pérégrinations dans la grande narration des sources, siècle après siècle. La première voie s'annonce particulièrement périlleuse : selon quels critères constituer l'ossature d'un concept érigé en nouvel objet historique ? Ne risque-t-on pas de trouver au terme de l'enquête les présupposés mêmes qu'on a définis au départ ? La seconde voie paraît plus assurée, mais pour aller où ? Car *affectus* et *affectio* ne sont pas des vocables rares dont on pourrait assez aisément circonscrire l'usage dans les sources. Au contraire, pendant plus de mille ans, ces termes sont extrêmement familiers aux auteurs issus de l'élite cléricale. De surcroît, puisque les mots n'ont de brillance que dans l'écrin des discours qui les accueillent, l'historien se trouve confronté à un immense territoire à explorer, parcouru d'une multitude d'iti-néraires : lesquels est-il est alors plus légitime ou souhaitable d'emprunter ?

La démarche généalogique permet de définir avec cohérence un champ d'investigation restreint. Il s'agit de rendre visible dans leur profondeur chrono-logique les lignes de force qui innervent le discours cistercien sur l'affect. Le choix de se pencher plus attentivement sur tel auteur ou sur telle période se justifie au regard des parties saillantes du concept cistercien d'affect. Il y a certes le risque de doter hâtivement la notion d'une identité pour ensuite la replacer dans une lignée imaginaire. À l'opposé, qu'on se garde du mirage d'une reconstitution *ex nihilo*. Face à ces deux difficultés, les points d'appuis les plus sûrs sont à rechercher dans les éléments du lexique cistercien qui sont fréquemment associés à *affectus* et *affectio*, comme par exemple les termes ou locutions de volonté (*voluntas*) et de raison (*ratio*), de mouvement spontané (*motus spontaneus*), d'amour (*amor*), etc.

Puisque l'objectif est de comprendre comment, et selon quelles modalités, s'est constituée la pratique cistercienne des vocables *affectus* et *affectio*, l'accent a été mis dans cette enquête généalogique sur les phases de genèse et d'infléchissement sémantiques. À l'inverse, des périodes parfois longues où la notion d'affect apparaît stable sur un plan sémantique sont plus rapidement évoquées.

Ainsi, on isole trois périodes déterminantes. La première s'étend du milieu du Ier siècle av. J.-C. jusqu'au début du IIe siècle ap. J.-C : durant cette phase, les substantifs *affectus* et *affectio* sont, d'une certaine façon, prélevés par les penseurs latins dans un vocabulaire générique pour être mis au service d'une langue philosophique. Transmise aux premiers théologiens occidentaux, la notion d'affect est progressivement intégrée, dans un deuxième temps, à la doctrine chrétienne, jusqu'à ce qu'Augustin en fixe les contours sémantiques au début du Ve siècle, et l'insère dans un cadre qui ne sera pas modifié jusqu'au milieu du XIe siècle. C'est alors que commence la troisième phase où la pratique chrétienne des mots *affectus* et *affectio* connaît de nouveaux infléchissements. Dès lors, pour les auteurs cisterciens qui emploient à leur tour ces vocables au XIIe siècle, cette longue histoire culturelle représente le langage commun de la tradition.

1.

L'AFFECT PAÏEN

Il y a plus de vingt ans, dans sa préface à la traduction française de *Genèse de l'Antiquité tardive* de P. Brown, P. Veyne célébrait non sans enthousiasme la fin de la décadence de l'empire romain[1]. Les mutations du monde romain pendant l'Antiquité tardive avaient peu à voir avec cette fausse dialectique, issue d'une «projection d'idéologies» et d'une «explication causale inutile[2]», du déclin de l'empire païen et du triomphe du christianisme. P. Brown montrait, disait-il, que la véritable innovation du christianisme résidait dans l'invention de nouveaux discours, avant d'ajouter, sans doute pour souligner l'importance de la rupture épistémologique : «j'ai sur mon bureau le manuscrit du livre de Foucault sur l'amour antique[3], où les éthiques sexuelles sont définies comme des styles[4]». Le fait que les discours ne sont pas des filtres posés sur une réalité attendant d'être éclaircie, mais qu'ils sont dans leurs règles mêmes l'objet de l'enquête historique était alors une idée neuve. Il était question de mettre au jour des *«styles* d'échanges sociaux[5]» ou encore des «pratiques de soi[6]» durant les derniers siècles de l'Antiquité. Ce sont alors les frontières que la causalité historique avait tracées entre paganisme et christianisme qui ont volé en éclat, dévoilant des formes complexes de problématisations éthiques. Cette étude autour de la notion d'affect participe de la même démarche. En effet, lorsque les premiers théologiens latins utilisent les termes *affectus* et *affectio*, ils se

---

1. Voir P. VEYNE, «Préface», dans P. BROWN, *Genèse de l'Antiquité tardive*, Paris, Gallimard, NRF, 1983 [édition originale 1978] (coll. Bibliothèque des Histoires), p. vii-xxii.
2. *Ibid.*
3. Voir M. FOUCAULT, *Histoire de la sexualité, II. L'usage des plaisirs*, Paris, Gallimard, TEL, 1997 [1re édition 1984].
4. P. VEYNE, «Préface», dans P. BROWN, *Genèse de l'Antiquité tardive, op. cit.*, p. xix-xx.
5. P. BROWN, *Genèse de l'Antiquité tardive, op. cit.*, p. 17.
6. M. FOUCAULT, *L'Usage des plaisirs, op. cit.*, p. 21.

positionnent d'emblée et sciemment dans le prolongement de la morale hellénistique. Nous souhaitons montrer ici, après avoir circonscrit le champ sémantique de l'emploi général de ces termes, la première étape de ce processus où l'on voit les deux vocables, peu spécialisés à l'origine, s'ériger en véritable énoncé philosophique.

AFFECTUS ET *AFFECTIO* DANS LA LITTÉRATURE LATINE

Champ sémantique

Les termes *affectus* ou *affectio* sont d'un emploi assez fréquent dans les écrits latins d'origine païenne, et cela d'ailleurs quel que soit leur genre[7]. Les deux termes dérivent du verbe *afficere* (*ad* + *facere*), verbe transitif qualifiant la réalisation d'une action en fonction de son impact psychologique et moral sur le sujet, selon une modalité qui peut être active ou passive. Les traducteurs modernes le rendent le plus souvent en français par « disposer », « modifier », « affecter », « ébranler », « émouvoir », etc. De fait, comme ce sera le cas au Moyen Âge, les deux substantifs *affectus* et *affectio* sont déjà largement employés dans l'Antiquité comme des synonymes[8]. Certes, il est toujours possible de distinguer dans *affectio* une légère propension à caractériser des dispositions d'ordre corporel[9] ou des états éphémères et subits comme les émotions, alors qu'*affectus* s'appliquerait davantage aux dispositions durables de l'âme, voire à la volonté. Mais ce ne sont là que des tendances faiblement marquées qui rencontrent de multiples exceptions. En revanche, certains auteurs font un choix exclusif : c'est le cas de Cicéron (106-43) qui n'utilise qu'une seule fois le substantif *affectus*[10], lui préférant *affectio*[11]. À l'inverse, Sénèque (4 av. J.-C.-65 ap. J.-C.), et plus encore Quintilien (v. 30-v. 100), font porter leur choix beaucoup plus souvent sur *affectus*. La proximité sémantique entre *affectus* et *affectio* est assurément favorisée par la très faible spécialisation à l'origine des deux substantifs, qui correspondent aux catégories des dispositions corporelles, de la sensibilité dans ses dimensions à la fois passive et active, de la vie émotionnelle aussi bien qu'à celles des activités

---

7. Pour un premier repérage des occurrences d'*affectio* et *affectus* dans la littérature païenne et chrétienne, voir les articles du *Thesaurus Linguae Latinae*, I, Stuttgart, B.G. Teubner, 1988, col. 1176-1180 pour « *affectio* » et col. 185-1192 pour « *affectus* ». Voir aussi l'article d'A. VÖGTLE, « Affekt », dans le *Reallexikon für Antike und Christentum*, I, Stuttgart, A. Hiersemann, 1950, col. 160-173.

8. C'est aussi la conclusion que l'on peut lire à la fin de l'excellente notice consacrée à *affectus* dans le *Thesaurus Linguae Latinae*, *op. cit.*, col. 1192, l. 32.

9. Voir par exemple CICÉRON, *Tusculanes*, tome II, texte établi par G. FOHLEN et traduit par J. HUMBERT, Paris, Les Belles Lettres, 1931, livre V, 27, p. 121.

10. Voir CICÉRON, *Tusculanes*, II, livre V, 47, p. 130.

11. Pour la concordance d'*affectio* dans les écrits philosophiques de CICÉRON, voir H. MERGUET, *Lexikon zu den Philosophischen Schriften Cicero's*, I, Hildesheim, Georg Olms Verlag, 1961.

volontaires. Cette ouverture est posée par Cicéron pour qui l'*affectio* est « un changement temporaire dans l'âme ou le corps dû à quelque motif[12]». Lorsqu'il est du corps, l'affect renvoie en général à une atteinte pathologique dans une acception proche alors de *morbus*, le dérèglement physique. Mais dans l'extrême majorité des cas, il provient de l'âme et exprime l'émotion : « Je connus alors que c'est le propre de certains affects de se manifester par des effets contraires[13]» écrit Apulée (v. 125-ap. 170) à propos des rires de frayeur et des pleurs de joie. L'instabilité des affects est une caractéristique récurrente, comme en témoigne Ovide (43 av. J.-C. -18 ap. J.-C.) :

> Comme un vaisseau, entraîné d'un côté par le vent, de l'autre par le flot, subit ces deux forces contraires et leur obéit dans sa course incertaine ; ainsi la fille de Thestius flotte irrésolue entre des affects divers ; tour à tour sa colère se calme et aussitôt après se réveille[14].

L'affect-émotion est aussi présenté comme une disposition intérieure primitive et très profondément ancrée dans l'âme : «un affect secret te réjouit et tu rends grâce à tes enchantements et aux dieux qui te les ont inspirés[15]» dit Ovide à propos de Médée qui, quoiqu'émue par le souhait de son époux Jason de retrancher une année de sa vie pour prolonger celle de son père Eson, «ne laissa point paraître son affect[16]». Si l'affect peut épouser toute la diversité des dispositions psychiques momentanées ou durables, il qualifie d'abord, lorsqu'il s'applique aux sentiments, des élans d'attachement : bienveillance, amitié, amour, etc[17]. Chez Pline le Jeune (61-v. 114), l'affect désigne toutes les formes d'attachement, à commencer par celles qui relient les membres d'un même groupe familial. On le vérifie dans ces lignes où il s'adresse à son épouse Calpurnia :

> Puisque vous êtes le modèle de l'esprit de famille et que vous avez rendu à un frère excellent qui vous chérissait tendresse pour tendresse, que vous aimez sa fille comme si elle était la vôtre, que non contente d'avoir pour elle un affect de tante, vous faites revivre celui du père

---

12. *Affectio est animi aut corporis ex tempore aliqua de causa commutatio.* CICÉRON, *De l'Invention*, texte établi et traduit par G. ACHARD, Paris, Les Belles Lettres, 1994, I, 36, p. 92. Désormais abrégé en *DI*.

13. *Tunc ergo sensi naturalitus quosdam affectus in contrarium provenire.* APULÉE, *Les Métamorphoses*, tome I, texte établi par D.S. ROBERSTON et traduit par P. VALLETTE, Paris, Les Belles Lettres, 1940, livre I, XII, p. 12.

14. *Utque Carina, / Quam ventus ventoque rapit contrarius aestus, / Vim geminam sentit paretque incerta duobus. / Thestias haud aliter dubiis affectibus errat / Inque vices ponit positamque resuscitat iram.* OVIDE, *Les Métamorphoses*, tome II, texte établi et traduit par G. LAFAYE, Paris, Les Belles Lettres, 1970, livre VIII, v. 470-474, p. 76.

15. *...affectu tacito laetaris agisque / Carminibus grates et dis auctoribus horum.* OVIDE, *Les Métamorphoses*, II, livre VII, v. 147-148, p. 34. Traduction modifiée.

16. *Non tamen affectus talis condessa...* OVIDE, *Les Métamorphoses*, II, livre VII, v. 171, p. 34.

17. Voir par exemple STACE, *Silves*, tome I, texte établi par H. FRÈRE et traduit par H.J. IZAAC, Paris, Les Belles Lettres, 1944, livre II, epist., p. 53.

qu'elle a perdu, je ne doute pas que vous n'éprouviez une grande joie
à savoir qu'elle se montre digne de son père, digne de vous, digne de
son grand-père [18].

En ce sens, l'affect devient un équivalent de l'amour (*amor*), que Pline
considère parfois comme un sentiment public, comme il l'écrit à son
empereur :

> L'amour ne se commande pas comme le reste à des sujets et il n'est pas
> d'affect si fier, si libre, si impatient du joug ni qui exige davantage la
> réciprocité [19].

Dans un sens connexe, l'affect peut qualifier les solidarités d'alliance et amitiés
politiques dans la Rome impériale. C'est ce que l'on comprend en lisant la
requête que le même Pline le Jeune adresse à Trajan afin que son ami
Voconius Romanus soit admis au Sénat [20] :

> Je te demande donc, maître, que tu me donnes l'occasion de lui adresser
> des félicitations qui sont le plus cher de mes désirs et que tu approuves
> mes affects que j'ose croire honorables : ainsi je pourrai me glorifier de
> ton estime non seulement pour moi, mais aussi pour un ami [21].

Attachement intime ou public, l'affect peut signifier encore un lien plus viscéral
et instinctif éprouvé pour les gens de sa propre chair. Il peut alors tout à fait
s'appliquer au monde animal. C'est une acception que l'on rencontre à
plusieurs reprises chez le naturaliste Pline l'Ancien (23-79) :

> Cet animal [l'aspic] si pernicieux n'a qu'un sentiment ou plutôt qu'un
> affect. Mâle et femelle vont presque toujours par couple, et ne peuvent
> vivre l'un sans l'autre [22].

Pline attribue en outre à l'aspic un instinct de vengeance qui lui fait poursuivre
avec ténacité le meurtrier de son/sa partenaire. L'expression ici *sensus vel*

---

18. *Cum sis pietatis exemplum fratremque et amantissimum tui pari caritate dilexis filiamque ejus ut tuam diligas nec tantum amitae ei affectum, verum etiam patris amissi repraesentes, non dubito maximo tibi gaudio fore, cum cognoveris dignam patre, dignam te, dignam avo evadere.* PLINE LE JEUNE, *Lettres*, tome II, texte établi et traduit par A.-M. GUILLEMIN, Paris, Les Belles Lettres, 1962, livre IV, lettre 19, 1, p. 38.

19. *Neque enim ut alia subjectis ita amor imperatur, neque est ullus affectus tam erectus et liber et dominationis impatiens nec qui magis vices exigat.* PLINE LE JEUNE, *Panégyrique de Trajan*, texte établi et traduit par M. DURRY, Paris, Les Belles Lettres, 1947, 85, 3, p. 175. Dans une acception identique voir aussi, toujours dans le *Panégyrique*, 4, 3 p. 99; 69, 1, p. 159 ; 75, 4, p. 165 et 79, 3, p. 169.

20. Sur cet exercice très codifié de la lettre de recommandation, voir A. BÉRENGER-BADEL, «Les critères de compétence dans les lettres de recommandation de Fronton et de Pline le Jeune», *Revue des études latines*, 78 (2000), p. 164-179.

21. *Rogo ergo, domine, ut me exoptatissimae mihi gratulationis compotem facias et honestis, ut spero, meis affectibus praestes, ut non in me tantum, verum et in amico gloriari judiciis tuis possim.* PLINE LE JEUNE, *Lettres*, tome IV, texte établi et traduit par M. DURRY, Paris, Les Belles Lettres, 1964, livre X, lettre 4, p. 22.

22. *Unus huic tam pestifero animali sensus vel potius affectus est : conjugia ferme vagantur, nec nisi cum pari vita est.* PLINE L'ANCIEN, *Histoire Naturelle*, texte établi, traduit et commenté par A. ERNOUT, Paris, Les Belles Lettres, 1952, livre VIII, p. 53.

potius affectus montre bien que l'*affectus*-instinct est une disposition plus basique et primaire que le *sensus*-sentiment[23].

Ainsi, chez les écrivains païens de langue latine, l'*affectus-affectio* désigne communément tout état ou réaction psychologique d'ordre émotionnel. État subit et transitoire, l'affect qualifie l'impression sensible, une émotion spécifique ou encore les différentes modalités de la vie pulsionnelle : appétit, impulsion, désir. Comme mouvement permanent de l'esprit, il renvoie alors aux divers sentiments dans leurs manifestations privées ou publiques, principalement les sentiments d'attachement comme l'affection, la sympathie, l'amitié ou l'amour, et peut même signifier le caractère d'une personne[24]. Pris dans un sens moral, il conduit à la vertu comme au vice[25]. Il exprime en somme toute la personnalité émotionnelle de l'individu, sa subjectivité.

Quintilien ou la rhétorique des affects

Quintilien, par son manuel de rhétorique, l'*Institution oratoire*, composé à la fin du Ier siècle ap. J.-C., est l'une des bases de l'enseignement monastique du *trivium*[26]. Une des raisons qui expliquent cet intérêt tient assurément dans le fait que tout en proposant une approche traditionnelle et didactique de la rhétorique, il associe à son enseignement un objectif éthique. Pour cet homme qui a conjugué une double carrière, d'avocat et de professeur, la rhétorique est une discipline morale qui doit conduire à la vertu[27]. S'il adopte le plan général des rhéteurs, il mise surtout sur les talents naturels de l'orateur et notamment sur ses capacités à émouvoir. Parmi les trois buts de la rhétorique (convaincre, émouvoir, séduire), Quintilien porte une attention toute spéciale au second, l'art de maîtriser le registre du pathétique, surtout dans les étapes décisives de l'exorde et de la péroraison[28]. Pour Quintilien, il existe une relation directe entre le langage et la réalité profonde de l'âme ; c'est pourquoi il faut être un homme de bien pour devenir un bon orateur et, à l'inverse, un bon orateur doit œuvrer afin de diffuser la vertu. Cela signifie donc que l'art d'émouvoir et la capacité à être ému soi-même sont deux qualités qu'il faut éduquer de concert. Dans cette perspective, on ne sera pas surpris de voir que la notion d'affect, exprimée en l'occurrence par

23. Dans un sens analogue, voir aussi PLINE L'ANCIEN, *Histoire naturelle*, texte établi, traduit et commenté par E. DE SAINT DENIS, Paris, Les Belles Lettres, 1961, livre X, p. 98 et 99.

24. Voir QUINTILIEN, *Institution oratoire*, tome V, texte établi et traduit par J. COUSIN, Paris, Les Belles Lettres, 1978, livre VIII, 6, p. 105. Désormais abrégé en *IO*.

25. En ce sens, voir CICÉRON, *Tusculanes*, II, livre IV, 30, p. 68.

26. Sur la transmission de l'*Institution oratoire* de Quintilien, voir L.D. REYNOLDS et N.G. WILSON, *D'Homère à Erasme : la transmission des classiques grecs et latins*, Paris, CNRS, 1984, p. 55, 69 et 76.

27. Sur cet aspect, voir J. COUSIN, «Introduction», dans QUINTILIEN, *IO*, tome I, texte établi et traduit par J. COUSIN, Paris, Les Belles Lettres, 1975, p. lxii-lxiii.

28. Voir QUINTILIEN, *IO*, tome III, texte établi et traduit par J. COUSIN, Paris, Les Belles Lettres, 1976, livre IV, 1, p. 25.

le substantif *affectus*, est au centre de l'économie générale de l'*Institution oratoire*[29].

Dans la rhétorique quintiliennne, qui repose donc sur le principe d'une transparence entre le discours et ses effets psychologiques, l'*affectus* rend compte d'une triple réalité. Il peut désigner l'aptitude émotive de l'individu :

> ...aussi, à Lacédémone, [la comédie] a-t-elle été bannie de la république,
> et, à Athènes aussi, où l'orateur se voyait interdire d'émouvoir les affects,
> on amputa, pour ainsi dire, le pouvoir de la parole[30].

Mais les affects renvoient en priorité à la multitude des émotions, aux manières d'être de l'âme. Quintilien définit ainsi l'affect comme une *qualitas mentis*, une disposition de l'âme[31], dont il localise parfois l'origine dans le cœur[32]. Il dresse plusieurs listes d'affects où reviennent surtout la colère (*ira*), la crainte (*metus*), la haine (*odium*), l'espoir (*spes*), l'envie (*invidia*), la cupidité (*cupiditas*), la pitié (*miseratio*) ou encore l'amour (*amor*)[33]. Pour Quintilien, ces différentes dispositions/émotions apparaissent principalement comme des manifestations momentanées qui sont susceptibles de vite s'évanouir. Les affects sont plutôt instables ; c'est pourquoi d'ailleurs ce sont des alliés pour l'orateur soucieux de convaincre ou de retourner son auditoire. Cela conduit au troisième sens d'*affectus*, entendu comme la technique oratoire par laquelle le rhéteur parvient à susciter l'émotion au sein de son auditoire[34]. Ainsi différenciés des *res*, des *probationes*[35], c'est-à-dire des preuves issues de l'argumentation logique, les *affectus* sont placés du côté du subjectif, participant à la fois du rationnel et de l'irrationnel. Les affects sont irrationnels dans la mesure où ils s'expriment depuis les profondeurs de l'âme, là où la raison n'a que peu de prise. Pour autant, ils ne surgissent pas n'importe quand ni sans motif et ils ne sont pas non plus au-delà du discours, ce qui signifie qu'ils peuvent être provoqués (et donc apprivoisés) par celui qui en maîtrise les règles[36]. Dans une plaidoirie,

---

29. Pour une nomenclature de l'affect chez Quintilien selon les catégories de l'art oratoire, voir E. ZUNDEL, *Clavis Quintilianea. Quintilians* Institutio oratoria *(Ausbildung des Redners) aufgeschlüsselt nach rhetorischen Begriffen*, Darmstadt, Wissenschaftliche Buchgesellschaft, 1989, p. 4-5.

30. ...*eoque et Lacedaemoniorum civitate expulsam et Athenis quoque, ubi actor movere adfectus vetabatur, velut recisam orandi potestatem.* QUINTILIEN, *IO*, tome II, texte établi et traduit par J. COUSIN, Paris, Les Belles Lettres, 1975, livre II, 16, p. 86.

31. Voir QUINTILIEN, *IO*, V, livre IX, 1, p. 162.

32. *Ibid.*, II, livre II, 5, p. 48.

33. Pour les principales listes d'affects, voir QUINTILIEN, *IO*, I, livre I, 11, p. 143-144 ; II, livre III, 8, p. 199 ; III, livre V, 10, p. 136 ; tome IV, texte établi et traduit par J. COUSIN, Paris, Les Belles Lettres, 1977, livre VI, 2, p. 24 ; V, livre IX, 2, p. 176 ; tome VI, texte établi et traduit par J. COUSIN, Paris, Les Belles Lettres, 1979, livre XI, 3, p. 238.

34. Voir QUINTILIEN, *IO*, II, livre III, 5, p. 155.

35. Pour une distinction *probatio/affectus*, voir QUINTILIEN, *IO*, II, livre II, 6, p. 53.

36. Quintilien dresse ainsi un palmarès des maîtres dans l'art de manier les affects : mis à part Homère qui ne souffre la comparaison dans aucun domaine, Euripide est le meilleur pour susciter la pitié ; Thucydide excelle dans les affects violents (harangues) ; Hérodote dans les affects calmes (conversations) et Tite-Live dans les affects doux. Voir QUINTILIEN, *IO*, VI, livre X, 1, p. 68-100.

l'argument affectif est alors doté d'une grande force capable d'emporter la conviction entière de l'auditoire[37].

Pour cette raison, l'affect apparaît comme une pièce maîtresse de la rhétorique comprise à la fois comme un outil de pouvoir sur soi (pratique de la vertu) et sur les autres (affirmation sociale). Bien user de soi et des autres suppose comme préalable une maîtrise absolue de ses affects et de l'art de susciter les affects. Les deux obligations vont de pair, mais ne sont pas toujours compatibles car il y a un risque, pour celui qui s'exerce à manipuler les affects des autres, qu'il s'hypnotise lui-même. Certes, il est souvent bon, voire indispensable, de ressentir les affects convoqués pour soutenir une argumentation, mais c'est alors pure stratégie : « L'essentiel, en effet, autant, du moins, que je le sens, pour émouvoir les affects, est d'être ému soi-même[38] ». Il faut néanmoins se méfier de certains affects qui ont une propension hégémonique dans l'âme, tels l'amour ou la peur[39]. L'auteur précise alors que l'utilisation du champ affectif dans l'art oratoire relève de la mise en scène[40]. Un peu plus loin, il reprend les catégories grecques d'éthopée et de mimesis pour désigner la simulation des affects les plus légers[41]. Cela veut dire que lorsque Quintilien invite l'orateur à ressentir lui-même certains affects exprimés pour être plus convaincant, il suppose que ce dernier conserve malgré tout une distance.

Avec Quintilien, l'affect se trouve au cœur d'une stratégie socio-éthique de contrôle de soi et des autres qui s'appuie sur l'art oratoire. La codification de l'exercice rhétorique des affects apparaît dès lors comme l'un des enjeux majeurs de l'*Institution oratoire* : quels sont, dans l'ordre de l'argumentation, les moments les plus judicieux pour faire naître les affects[42] ? Quels affects sont de bons alliés et quels autres sont périlleux à manier[43] ? Jusqu'où l'orateur doit-il aller pour susciter ces affects : quels mots[44], quel ton et quel rythme[45], quels gestes[46], quelle attitude choisir[47] ? Toutes ces questions d'ordre rhétorique

---

37. Voir QUINTILIEN, *IO*, IV, livre VI, 2, p. 24.

38. *Summa enim, quantum ego quidem sentio, circa movendos adfectus in hoc posita est, ut moveamur ipsi.* QUINTILIEN, *IO*, IV, livre VI, 2, p. 30.

39. *Ibid.*, I, livre I, 11, p. 143-144.

40. *Ibid.*, V, livre IX, 2, p. 176.

41. *Ibid.*, V, livre IX, 2, p. 186.

42. *Ibid.*, V, livre VI, 1, p. 21 (les affects ont surtout leur place dans l'exorde et la péroraison mais peuvent être employés brièvement ailleurs).

43. *Ibid.*, V, livre IX, 3, p. 231 (ne pas mêler un pathos trop souligné avec une rhétorique raffinée) ; V, livre VI, 4, p. 64 (il faut se méfier de la colère qui conduit à des débordements).

44. *Ibid.*, V, livre VIII, 6, p. 112 (l'onomatopée comme décalque de l'affect).

45. *Ibid.*, V, livre IX, 4, p. 272 (un rythme doux ne permet pas de susciter l'affect) ou VI, livre XI, 3, p. 234 (il faut moduler sa voix selon les affects exprimés sans exagération).

46. Voir par exemple *Ibid.*, V, livre IX, 1, p. 162 (rôle du front, des yeux et des mains) ; VI, livre XI, 3, p. 225 (les affects pénètrent l'âme par les yeux et les oreilles) ou VI, livre XI, 3, p. 254 (utilisation des mains).

47. *Ibid.*, VI, livre XI, 3, p. 263 (faut-il avoir une chevelure en désordre?).

participent aussi d'une démarche philosophique qui se rattache à un débat ancien : celui sur les passions de l'âme et leur rôle dans la conduite morale.

CICÉRON ET SÉNÈQUE : LA THÉORIE PHILOSOPHIQUE DES AFFECTS DE L'ÂME

De la philosophie des passions à la philosophie des affects

À la fin du Ier siècle après J.-C., la notion d'affect est en effet naturellement reliée à la théorie des passions[48]. *Affectus* est même, selon Quintilien, le terme latin le plus adapté pour traduire le grec *pathos* :

> Or, [les affects], comme nous le savons se répartissent en deux classes : l'une est appelée par les Grecs *pathos*, terme que nous traduisons exactement et correctement par affect, l'autre *êthos*, terme pour lequel, du moins à mon avis, le latin n'a pas d'équivalent : il est rendu par morale et, de là vient que la section de la philosophie nommée *éthike* a été dite morale[49].

Dans la langue de Quintilien, *affectus* relève de deux registres bien distincts : il y a le sens générique de *qualitas mentis*, correspondant à toutes les dispositions de l'âme, et le sens restreint et technique (annoncé par les adverbes *recte* et *proprie*) de *pathos*, renvoyant à la philosophie grecque des passions. Pour lui, le *pathos* et l'*êthos* participent de la même nature mais se particularisent par leur degré d'intensité : le *pathos* désigne un mouvement de l'âme plus violent que l'*êthos*. Par exemple, si l'amour (*amor*) est un *pathos*, la charité (*caritas*) est un *êthos*. Quintilien concède que les distinctions entre les deux concepts grecs ne sont pas toujours évidentes à saisir. Il arrive même à l'orateur latin d'utiliser le terme *affectus* pour nommer un état de l'âme qui ne relève selon lui ni de l'*êthos* ni du *pathos* :

> Il y a aussi un affect pour ainsi dire intermédiaire, c'est celui de l'attachement, ce sont les regrets pour nos amis et nos proches, car cet affect est plus fort que l'*êthos* et plus faible que le *pathos*[50].

Or, cette lecture à deux niveaux de l'affect latin, entre disposition et passion de l'âme, ne date pas de Quintilien mais a été forgée plusieurs décennies auparavant, d'abord par Cicéron puis par Sénèque.

---

48. Sur la théorie stoïcienne des affects-passions et sa transmission aux auteurs chrétiens, voir en priorité R. SORABJI, *Emotion and Peace of Mind. From Stoic Agitation to Christian Temptation*, Oxford, University Press, 2000 (The Gifford Lectures). L'auteur traduit par *emotion* le grec *pathos*.

49. *Horum autem, sicut antiquitus traditum accepimus, duae sunt species : alteram Graeci* pathos *vocant, quod nos vertentes recte ac proprie adfectum dicimus, alteram* êthos, *cujus nomine, ut ego quidem sentio, caro sermo Romanus : mores appellantur, atque inde pars quoque illa philosophiae* éthike *moralis est dicta.* QUINTILIEN, *IO*, V, livre VI, 2, p. 25. Voir aussi *ibid.*, p. 28.

50. *Ille jam paene medius adfectus est ex amoribus, ex desideriis amicorum et necessariorum ; nam et hoc major est et illo minor.* QUINTILIEN, *IO*, V, livre VI, 2, p. 28.

En effet, on constate déjà un premier rapprochement entre le concept d'*affectio* et le vocabulaire philosophique des passions chez Cicéron. Ce dernier, on l'a dit, entend en général par *affectio* une modification (*commutatio*) momentanée de l'âme, par distinction avec l'*habitus* qui caractérise une disposition durable, même s'il définit par ailleurs les vices comme étant des affects permanents (*adfectiones manentes*)[51]. Cependant, *affectio* apparaît aussi fréquemment dans des textes qui traitent spécifiquement des passions de l'âme. L'analyse théorique des passions chez Cicéron s'inspire largement des stoïciens, notamment de Zénon de Cittium (335-263) et de Chrysippe (280-207)[52]. Ainsi, c'est à Zénon qu'il emprunte sa définition de la passion et, ce faisant, il propose de traduire le grec *pathos* par *perturbatio* :

> La définition que donne Zénon est donc que la passion – il dit *pathos* – est un ébranlement de l'âme opposé à la droite raison et contraire à la nature[53].

Il reprend aussi aux stoïciens leur subdivision des passions :

> Quant aux espèces de la passion, ils veulent qu'elles dérivent de l'opinion qu'on a affaire à deux biens et de l'opinion qu'on a affaire à deux maux ; par suite il y en a quatre : pour les biens le désir et la joie, la joie se rapportant aux biens actuels, le désir aux biens à venir ; pour les maux la crainte et le chagrin, chagrin s'ils sont actuels, car les maux que l'on craint quand ils sont en marche sont aussi ceux qui chagrinent quand ils sont présents[54].

Or, à plusieurs reprises, dans d'autres textes, Cicéron nomme *affectiones* ces mêmes dispositions de l'âme qu'il appelle ici *perturbationes*. C'est le cas par exemple dans *L'Invention* où il parle d'*affectio* pour désigner la joie (*laetitia*), la crainte (*metus*)[55] et le chagrin (*aegritudo*)[56]. Dans un autre passage de ce

51. Voir CICÉRON, *Tusculanes*, II, livre IV, 30, p. 68.

52. Chrysippe est l'auteur d'un traité *Des Passions*, dont on trouve des extraits dans *Les Doctrines d'Hippocrate et de Platon* de GALIEN, dans *Corpus Medicorum Graecorum*, V, 3 vol., P. DE LACY (éd.), Berlin, 1978-1984. Sur la théorie des passions chez Chrysippe, voir É. BRÉHIER, *Chrysippe et l'ancien stoïcisme*, Paris, PUF, 1951, p. 245-258. À compléter par A. GLIBERT-THIRRY, «La théorie stoïcienne de la passion chez Chrysippe et son évolution chez Posidonius», *Revue philosophique de Louvain*, 28 (1983), p. 393-435. Plus généralement, voir l'excellente introduction à GALIEN, *L'Âme et ses passions*, introduction, traduction et notes par V. BARRAS, T. BIRCHLER, A.-F. MORAND, Paris, Les Belles Lettres, 1995 (coll. La Roue à Livres), p. xxvii-lii ; M. DARAKI, «Les fonctions psychologiques du logos dans le Stoïcisme ancien», dans *Les Stoïciens et leur logique. Actes du colloque de Chantilly 18-22 septembre 1976*, Paris, 1978, p. 87-119 et J. HENGELBROCK et J. LANZ, «Examen historique du concept de passion», *Nouvelle revue de psychanalyse*, 21 (1980), p. 77-91.

53. *Est igitur Zenonis haec definitio, ut perturbatio sit, quod* pathos *ille dicit, aversa a recta ratione contra naturam animi commotio.* CICÉRON, *Tusculanes*, II, livre IV, 11, p. 59.

54. *Partes autem perturbationum volunt ex duobus opinatis bonis nasci et ex duobus opinatis malis ; ita esse quattuor, ex bonis libidinem et laetitiam, ut sit laetitia praesentium bonorum, libido futurorum, ex malis metum et aegritudinem nasci censent, metum futuris, aegritudinem praesentibus ; quae enim venientia metuuntur, eadem adficiunt aegritudine instantia.* CICÉRON, *Tusculanes*, II, livre IV, 11, p. 59.

55. Voir CICÉRON, *DI*, livre I, 36, p. 92.

56. *Ibid.*, livre II, 17, p. 150.

traité, il place sur un même plan les notions d'*impulsio (–us)*, *impetus*, *commotio*, *affectio* et *perturbatio* :

> En effet personne ne croit qu'un acte a été exécuté si on ne lui montre pas pourquoi celui-ci l'a été. Donc, quand l'accusateur dira qu'une action a été faite sous le coup de la passion, il devra, par la forme et le fond du discours, souligner cette impulsion, cet ébranlement, si je puis dire, cet affect et montrer toute la force de l'amour, tout le bouleversement de l'âme qu'entraîne la colère ou toute autre cause sous l'effet de laquelle, d'après lui, l'accusé a agi ainsi[57].

Ces différentes notions se réfèrent toutes au registre des passions de l'âme. Pour autant, elles ne sont pas strictement équivalentes pour Cicéron. Celui-ci distingue, comme le font les stoïciens grecs, la catégorie générique de l'impulsion ou l'inclination (*hormè/impulsio*) qui correspond à l'une des fonctions de la partie hégémonique de l'âme, et celle spécifique de la passion (*pathos/perturbatio*) qui qualifie l'impulsion en tant qu'elle est contraire à la raison. Pour Chrysippe, « l'inclination chez l'homme est une raison qui lui donne l'ordre d'agir[58] », un mouvement de l'âme qui pousse l'homme à l'action et dirige les mouvements du corps sous la forme de souffles psychiques[59]. Selon cette définition, l'impulsion présuppose l'assentiment de la raison et ne saurait donc être que rationnelle : « Il n'y a pas d'action ni de volonté sans assentiment[60] ». Une représentation impulsive, dépourvue de tout pouvoir impératif, précède l'assentiment qui permet alors le mouvement rationnel de l'impulsion pratique. Cette dernière prend la forme d'un mouvement vers quelque chose – c'est l'impulsion au sens strict (*hormè*) – ou d'un mouvement de répulsion (*aphormè*) lorsque c'est la raison qui interdit[61]. Les hommes connaissent deux types d'impulsions pratiques ou rationnelles : raisonnables ou déraisonnables. Les impulsions raisonnables ou eupathies sont des mouvements modérés de l'âme. Ces eupathies, propres au sage, sont au nombre de trois : la joie, mouvement raisonnable de décontraction ; la volonté, mouvement raisonnable

---

57. *Hic locus sicut aliquod fundamentum est huius constitutionis. Nam nihil factum esse cuiquam probatur, nisi aliquid, quare factum sit, ostenditur. Ergo accusator, cum inpulsione aliquid factum esse dicet, illum impetum et quandam commotionem animi affectionemque verbis et sententiis amplificare debebit et ostendere, quanta vis sit amoris, quanta animi perturbatio ex iracundia fiat aut ex aliqua causa earum, qua inpulsum aliquem id fecisse dicet. Hic et exemplorum commemoratione, qui simili inpulsu aliquid commiserint, et similitudinum conlatione et ipsius animi affectionis explicatione curandum est, ut non mirum videatur, si quod ad facinus tali perturbatione commotus animus accesserit.* Cicéron, *DI*, livre II, 19, p. 150-151.

58. Plutarque, *Contradictions des stoïciens*, XI, dans *Les Stoïciens*, I, P.-M. Schuhl (éd.), textes traduits par É. Bréhier, Paris, Gallimard, TEL, 1997 [1ʳᵉ édition 1962], p. 101.

59. Cette présentation de la théorie de la passion chez les stoïciens grecs doit beaucoup à la synthèse très claire de J.-B. Gourinat, *Les Stoïciens et l'âme*, Paris, PUF, 1996 (coll. Philosophies), p. 80-102. En complément, voir M. Frede, « The Stoic Doctrine of the Affections of the Soul », dans *The Norms of Nature. Studies in Hellenistic Ethics*, M. Schofield et G. Striker (éd.), Cambridge-Paris, 1986, p. 93-110.

60. Plutarque, *Contradictions des stoïciens*, XLVII, *op. cit.*, p. 133.

61. Voir J.-B. Gourinat, *Les Stoïciens et l'âme*, *op. cit.*, p. 80-81.

d'inclination et la précaution ou crainte, mouvement raisonnable de recul. Si ces impulsions se manifestent sous une forme excessive et donc déraisonnable, elles seront qualifiées de passions. Zénon offre ainsi la première définition stoïcienne de la passion qu'il considère comme «un mouvement de l'âme déraisonnable et contraire à la raison» ou encore comme une «inclination exagérée[62]». Par conséquent, le plaisir est une décontraction déraisonnable de l'âme, la souffrance une contraction déraisonnable, le désir une inclination déraisonnable et la peur un mouvement déraisonnable de recul. Mise à part la douleur qui n'a pas d'équivalent du côté des impulsions raisonnables, les eupathies et les passions s'opposent par paires : le plaisir apparaît comme une forme déréglée de la joie, le désir une manifestation débridée de la volonté et la peur un excès de crainte. Chacune de ces formes d'impulsions peut être par la suite divisée en un certain nombre de sous-espèces.

Cicéron se fait l'écho de cette théorie dans la IVe *Tusculane*, en séparant à son tour les impulsions raisonnables des impulsions déraisonnables[63]. Il procède à la même distribution que les stoïciens des impulsions rationnelles entre ces deux catégories. Or, on constate que Cicéron utilise également *adfectio* pour évoquer une impulsion raisonnable, ou plutôt l'absence d'impulsion raisonnable d'un mal présent pour le sage. En résumé, on identifie trois acceptions de la notion d'*affectio* chez Cicéron : le sens général, faiblement déterminé, de modification momentanée de l'âme ; dans le contexte particulier de l'étude des passions, *affectio* peut signifier l'équivalent de ce que les Grecs appellent *hormè* (les *affectiones* renvoient alors aux impulsions (*impulsus/impetus*), qu'elles soient raisonnables (*cum ratione*) ou déraisonnables (*sine ratione*) ; plus spécifiquement, on observe enfin un glissement de l'*affectio* cicéronienne vers la deuxième catégorie des impulsions excessives ou déraisonnables, les passions. Alors, ce ne sont pas seulement les quatre passions élémentaires qui peuvent être appelées *affectiones* mais toutes leurs subdivisions[64].

Autant Cicéron ignore presque complètement le substantif *affectus*, autant Sénèque opte presque systématiquement pour ce terme : on ne compte ainsi dans l'ensemble de ses œuvres que 4 occurrences d'*affectio* pour 165 du substantif *affectus*[65]. Sans surprise, le vocable apparaît essentiellement dans

---

62. Voir Diogène Laërce, *Vies et opinions des philosophes*, dans *Les Stoïciens*, I, *op. cit.*, p. 51. À sa suite, Cicéron qualifie la passion d'*adpetitus vehementior*, voir *Tusculanes*, II, livre IV, 11, p. 59.

63. Il existe cependant un certain flottement dans la présentation de Cicéron qui se réfère aussi à la distinction platonicienne entre l'âme rationnelle et l'âme irrationnelle. On peut y voir le signe d'une hésitation entre le dualisme platonicien et le monisme de l'ancien stoïcisme. Voir Cicéron, *Tusculanes*, II, livre IV, 10-13, p. 58-60.

64. *Ibid.*, II, livre IV, 16-21, p. 61-64.

65. Voir *Lucius Annaeus Seneca Opera Index Verborum, listes de fréquence, relevés grammaticaux*, I, A-O, L. Delatte, E. Evrard, S. Govaerts, J. Denooz (éd.), Hildesheim-New York, Georg Olms Verlag, 1981, p. 20-21 et *Concordantiae Senecanae*, I, R. Busa, A. Zampolli (éd.), Hildesheim-New York, Georg Olms Verlag, 1975, p. 31-32 et 51-52.

les écrits philosophiques, surtout les *Lettres à Lucilius* et le dialogue *La Colère*. Sénèque écrit parfois *affectus* avec le sens général de disposition de l'âme[66]. Mais il l'emploie presque toujours dans un contexte lié au débat moral sur les passions de l'âme[67]. En ce sens, il rapproche très clairement l'affect de la définition stoïcienne de la passion :

> Si honorable que puisse être la cause pour laquelle l'homme peu éclairé se réjouit, il ne laisse pas d'obéir à un certain affect désordonné, destiné à tendre promptement vers son contraire, et cet affect, je l'appelle plaisir : mouvement né de l'idée d'un faux bien, sans règle ni mesur[68].

Comme Quintilien, Sénèque appelle *affectus* les dispositions de l'âme communément admises comme des passions par les stoïciens : d'abord la colère (*ira*)[69] mais aussi le désir (*libido*), la crainte (*metus*)[70], le plaisir (*voluptas*)[71], etc. L'affect-passion s'oppose alors à la raison, au sens où ce sont deux orientations antagonistes dans l'âme mais non deux principes existant simultanément : «Je le répète, affect et raison n'ont pas de siège particulier et séparé, ce ne sont que des modifications de l'esprit en bien ou en mal[72]». C'est pourquoi d'ailleurs Sénèque ne reconnaît aucun bienfait aux affects car ils n'existent qu'au détriment de la force d'équilibre et de tempérance que représente la raison :

> – L'affect, dis-tu, n'est utile qu'à la condition d'être modéré. – Non, mais à la condition d'être utile par nature. S'il est rebelle à l'autorité et à la raison, le fait qu'il est modéré aura uniquement cet avantage, c'est que moins il sera fort, moins il nuira ; donc un affect modéré n'est pas autre chose qu'un mal modéré[73].

L'affect-passion anéantit toute capacité de réflexion et neutralise complètement la volonté raisonnable. Etant la seule puissance d'action, il devient tyrannique et réduit l'âme en esclavage[74].

---

66. Voir SÉNÈQUE, *Dialogues*, IV, *La Constance du sage*, texte établi et traduit par R.I. WALTZ, Paris, Les Belles Lettres, 1959, XIII, 2, p. 51-52.

67. Sur la latinisation du vocabulaire grec des passions, voir P. GRIMAL, *Sénèque ou la conscience de l'Empire*, Paris, Fayard, 1991, p. 31-41. Voir aussi ID., «Le vocabulaire de l'intériorité dans l'œuvre philosophique de Sénèque», dans *La Langue latine, langue de la philosophie : actes du colloque de l'École Française de Rome*, n° 161, 1992, p. 141-160.

68. *...quamvis enim ex honesta causa imperitus homo gaudeat, tamen adfectum ejus inpotentem et in diversum statim inclinaturum voluptatem voco, opinione falsi boni motam, immoderatam et inmodicam.* SÉNÈQUE, *Lettres à Lucilius*, tome II, texte établi par F. PRÉCHAC et traduit par H. NOBLOT, Paris, Les Belles Lettres, 1987, lettre 59, 4, p. 84. Désormais abrégé en *LL*.

69. Voir SÉNÈQUE, *Dialogues*, I, *De la colère*, texte établi et traduit par A. BOURGERY, Paris, Les Belles Lettres, 1971, livre I, I, 1, p. 2 et *passim*. Désormais abrégé en *LC*.

70. Voir SÉNÈQUE, *LC*, livre I, I, 7, p. 3-4.

71. *Ibid.*, livre I, VI, 5, p. 9.

72. *Non enim, ut dixi, separatas ista sedes suas diductasque habent, sed affectus et ratio in melius pejusque mutatio animi est.* SÉNÈQUE, *LC*, livre I, VIII, 3, p. 11.

73. *– Ita, inquit, utilis affectus est si modicus est. – Immo si natura utilis est. Sed si impatiens imperii rationisque est, hoc dumtaxat moderatione consequetur ut quo minor fuerit minus noceat : ergo modicus affectus nihil aliud quam malum modicum est.* SÉNÈQUE, *LC*, livre I, X, 4, p. 13.

74. *Ibid.*, livre I, VII, 4, p. 10.

Puisque l'âme est insécable, il faut donc convenir que celle qui laisse entrer l'affect en elle se transforme tout entière en affect. Dès lors, le seul espoir tient dans l'action préventive de la volonté. Même si on ne perçoit pas bien comment l'âme, une fois qu'elle a cédé, peut se défaire de l'emprise de l'affect-passion, Sénèque ne le confond pas avec le vice : c'est la répétition des assauts qui transforme l'affect en une disposition permanente ou maladie de l'âme :

> Quelle est la différence entre les maladies de l'âme et les affects? Je l'ai souvent indiquée, mais la rappellerai ici encore. Les maladies de l'âme sont les vices invétérés, endurcis, comme l'avarice, comme l'ambition. Ces vices enserrent l'âme dans leurs replis et passent à l'état de maux permanents. Pour en donner une définition brève, la maladie de l'âme consiste dans une perversion opiniâtre du jugement, qui porte à croire vivement désirable ce qui ne l'est que médiocrement ; c'est, si tu préfères une autre définition, convoiter avec excès des choses à rechercher sans insistance ou à ne rechercher en aucune façon ; c'est avoir en singulière estime ce qui ne vaut que peu d'estime ou point du tout. Les affects sont des mouvements de l'âme injustifiables, soudains, impétueux qui, répétés et négligés, font les maladies, de même qu'un catarrhe simple et accidentel produit la toux ; continu et chronique, la phtisie. Ainsi, les âmes qui ont fait le plus de progrès échappent aux prises de la maladie ; elles ressentent encore des affects, si près qu'elles soient de l'état parfait[75].

On relève cependant une certaine difficulté puisque Sénèque affirme à la fois que l'âme est ou bien tout entière raison ou bien tout entière affect, et ne saurait être les deux en même temps, mais pour autant il concède qu'elle glisse progressivement de l'un à l'autre état. Tout se passe comme si les deux forces pouvaient malgré tout se trouver face-à-face au début du processus de la passion. C'est à ce moment que tout se joue et que la raison possède encore les moyens de faire barrage :

> De plus la raison elle-même, à qui est confié le soin de réfréner [les affects-passions], n'a de puissance qu'autant qu'elle se sépare des affects ; si elle s'y mêle et s'en trouve souillée, elle ne peut plus contenir ceux qu'elle aurait pu écarter[76].

---

75. *Quid inter morbos animi intersit et affectus, saepe jam dixi. Nunc quoque te admonebo : morbi sunt inveterata vitia et dura, ut avaritia, ut ambitio : nimio artius haec animum implicuerunt et perpetua ejus mala esse coeperunt. Ut breviter finiam, morbus est judicium in pravo pertinax, tamquam valde expetenda sint, quae leviter expetenda sunt, vel, si mavis, ita finiamus : nimis inminere leviter petendis vel ex toto non petendis, aut in magno pretio habere in aliquo habenda vel in nullo. Affectus sunt motus animi inprobabiles, subiti et concitati, qui frequentes neglectique fecere morbum, sicut destillatio una nec adhuc in morem adducta tussim facit, assidua et vetus pthisin. Itaque qui plurimum profecere, extra morbos sunt, affectus adhuc sentiunt perfecto proximi.* SÉNÈQUE, *LL*, tome III, texte établi par F. PRÉCHAC et traduit par H. NOBLOT, Paris, Les Belles Lettres, 1965, lettre 75, 11-12, p. 53.

76. *Deinde ratio ipsa cui freni traduntur tam diu potens est quam diu diducta est ab affectibus ; si miscuit se illis et inquinavit, non potest continere quos summovere potuisset.* SÉNÈQUE, *LC*, livre I, VII, 3, p. 10.

La marge d'intervention de la raison confrontée aux prémices des affects est certes extrêmement mince, mais elle existe. L'*affectus* sénèquien s'insère ainsi dans un phénomène progressif d'aliénation de l'âme et en constitue la phase centrale, entre le premier mouvement de l'impulsion et l'abandon au vice.

Affects et mouvements premiers

Sénèque identifie trois étapes dans le dynamisme de l'affect-passion[77] :

> Voici comment les affects naissent, se développent et s'expriment. Il y a un premier mouvement involontaire, sorte de préparation et de menace de l'affect; un second accompagné d'un désir qu'on peut dompter : c'est l'idée qu'il faut que je me venge, puisque j'ai été lésé, et qu'un tel doit être puni, puisqu'il a commis un crime; le troisième est déjà désordonné : il veut se venger non pas s'il le faut, mais de toute façon : il triomphe de la raison[78].

Seul le troisième mouvement correspond à l'affect au sens strict, ultime stade avant le vice. Dans les deux premiers mouvements, le processus est déjà enclenché mais il est encore réversible. Cette conception s'appuie en partie sur les théories de l'Ancien Portique. Pour Chrysippe, en effet, le processus de la passion correspond à une modification de la raison en trois étapes : une représentation impulsive, un assentiment, une impulsion pratique. Sénèque part de cette base, mais élabore un cheminement plus complexe, davantage centré sur la dynamique dans le temps[79] :

> L'animal raisonnable ne fait rien sans qu'une image quelconque l'y ait excité d'abord; puis il se meut, puis le mouvement est confirmé par l'assentiment[80].

À l'origine, il y a donc une représentation mentale (*species*), qui semble correspondre à la représentation impulsive dont il est question dans l'ancien

---

77. Sur la lecture nosographique des passions stoïciennes, avec les étapes de la *proclivitas* ou disposition préalable, de l'*affectus*, du *morbus* ou début de la maladie morale, de l'*aegrotatio* ou état durable de maladie et du *vitium malum* ou état de vice permanent, voir la synthèse de M. FOUCAULT, *Histoire de sexualité. III. Le souci de soi*, Paris, Gallimard, TEL, 1997 [1re édition 1984], p. 76 et ID., *L'Herméneutique du sujet. Cours au Collège de France. 1981-1982*, Paris, Gallimard-Seuil, Hautes études, 2001, p. 94-95 et p. 102, note 57.

78. *Et ut scias quemadmodum incipiant affectus aut crescant aut efferantur, est primus motus non volontarius, quasi praeparatio affectus et quaedam comminatio; alter cum voluntate non contumaci, tamquam oporteat me vindicari cum laesus sim aut oporteat hunc poenas dare cum scelus fecerit; tertius motus est jam impotens, qui non si oportet ulcisci vult sed utique, qui rationem evicit.* SÉNÈQUE, *LC*, livre II, IV, 1, p. 31.

79. Voir B. INWOOD, «Seneca and Psychological Dualism», dans *Passions and Perceptions : Studies in Hellenistic Philosophy of Mind. Proceedings of the Fifth Symposium Hellenisticum*, J. BRUNSCHWIG et M. NUSSBAUM (éd.), Cambridge-New York, Cambridge University Press, 1993, p. 176.

80. *Omne rationale animal nihil agit nisi primum specie alicujus rei inritatum est, deinde impetum cepit, deinde adsensio confirmavit hunc impetum.* SÉNÈQUE, *LL*, tome V, texte édité par F. PRÉCHAC et traduit par H. NOBLOT, Paris, Les Belles Lettres, 1964, lettre 113, 18, p. 22.

stoïcisme. Si l'on prend l'exemple de la passion de la colère, cette représentation sera l'idée de l'offense subie. Intrinsèquement lié à la représentation impulsive, un élan involontaire, que Sénèque appelle mouvement premier (*primus motus*)[81], premier choc de l'âme (*primum animi ictum*)[82] ou encore premier trouble de l'âme (*prima agitatio animi*)[83], ébranle l'individu[84]. Les premiers mouvements sont de ce fait totalement indépendants de la volonté et assimilables à des réflexes : «parmi ces derniers il faut placer ce premier choc dont l'âme est ébranlée à la pensée d'une offense»[85]. Sénèque, sans le préciser explicitement, reconnaît que ces premiers mouvements sont tantôt des chocs mentaux, tantôt des réactions purement physiques; ce ne sont pas encore des affects-passions, même s'ils en sont les signes annonciateurs :

> Aucune des impulsions qui frappent l'esprit par hasard ne doit être appelée affect; celles-là l'esprit les subit en quelque sorte plutôt qu'il ne les crée. Donc l'affect consiste non pas à être ému par l'idée que fait naître un objet, mais à s'y abandonner et à suivre ce mouvement fortuit. S'imaginer que la pâleur, les larmes, l'excitation génitale, un profond soupir, l'éclat soudain des yeux ou tout autre phénomène analogue soit l'indice d'un affect et la manifestation de notre état d'esprit, c'est tomber dans l'erreur et méconnaître qu'il s'agit là d'impulsions purement corporelles [...]. Donc ce premier trouble de l'âme que provoque l'idée d'offense n'est pas plus la colère que l'idée même d'offense[86]...

81. Voir SÉNÈQUE, *LC*, livre II, IV, 1, p. 31.

82. *Ibid.*, livre II, II, 2, p. 29.

83. *Ibid.*, livre II, III, 5, p. 31. Voir R. SORABJI, *Emotion and Peace of Mind, op. cit.*, p. 66.

84. Sur les premiers mouvements chez Sénèque et leur signification dans sa philosophie morale, voir pour commencer J. FILLION-LAHILLE, *Le De Ira de Sénèque et la philosophie stoïcienne des passions*, Paris, Klincksieck, 1984 (Études et commentaires 94), p. 164-165. P. VEYNE nomme ces premiers mouvements des préaffects, dans SÉNÈQUE, *Entretiens. Lettres à Lucilius*, Paris, Robert Laffont, 1993 (coll. Bouquin), p. 807, note 1; p. 810, note 1 ou p. 873, note 3. B. INWOOD fait la distinction entre *impetus* simple et *impetus* complexe, voir «Seneca and Psychological Dualism», art. cité, p. 175 et 177. Voir aussi B. INWOOD, *Ethics and Human Action in Early Stoicism*, Oxford, Clarendon Press, 1985, p. 175-181; M. SPANNEUT, «*Apatheia* ancienne, *apatheia* chrétienne», dans *Aufstieg und Niedergang der römischen Welt*, W. HAASE et H. TEMPORINI (éd.), Berlin-New York, 2.36.7 (1994), p. 4641-4717 (pour Sénèque, voir p. 4678-4687) et R. SORABJI, *Emotion and Peace of Mind, op. cit.*, p. 66-75.

85. ...*inter quae et primus ille ictus animi ponendus est qui nos post opinionem injuriae movet*. SÉNÈQUE, *LC*, livre II, II, 2, p. 29.

86. *Nihil ex his quae animum fortuito impellunt affectus vocari debet : ista, ut ita dicam, patitur magis animus quam facit. Ergo affectus est non ad oblatas rerum species moveri, sed permittere se illis et hunc fortuitum motum prosequi. Nam si quis pallorem et lacrimas procidentis et irritationem umoris obsceni altumve suspirium et oculos subito acriores aut quid his simile indicium affectus animique signum putat, fallitur nec intelligit corporis hos esse pulsus [...]. Ergo prima illa agitatio animi quam species injuriae incussit non magis ira est quam ipsa injuriae species...* SÉNÈQUE, *LC*, livre II, III, 1-5, p. 30-31. J.-B. GOURINAT note l'hésitation de Sénèque quant à l'origine de l'impulsion : «Dans ce texte, Sénèque conçoit le premier mouvement tantôt comme un mouvement de l'âme, tantôt comme un mouvement du corps; vraisemblablement cela vient de ce que c'est un mouvement qui se produit dans l'âme, mais qui est directement causé par le corps», *Les Stoïciens et l'âme, op. cit.*, p. 99, note 1.

Ensuite, le second mouvement consiste en un élan volontaire (*cum voluntate*), non contraignant pour la raison, et directement relié à une idée rationnelle. Il peut être comparé à l'assentiment évoqué chez Chrysippe. Dans le mécanisme d'irruption de l'affect-passion, ce deuxième mouvement correspond exactement au début de la passion : il constitue cette étape particulière où une bataille dans l'âme entre la raison et l'affect est possible quand bien même ces deux dispositions ne sont pas des puissances distinctes. Sénèque justifie cette position en sous-entendant que, dans le second mouvement, la passion ne s'est pas encore installée : l'âme est dans une espèce d'entre-deux, période de métamorphose durant laquelle il lui est encore loisible de faire machine arrière[87]. Enfin, l'assentiment déclenche instantanément le troisième mouvement désordonné de l'affect-passion.

L'apport de Sénèque à la théorie stoïcienne de la passion tient essentiellement dans la prise en compte de ces premiers mouvements involontaires qui suivent la représentation. Cependant, l'idée d'une impulsion préalable n'est pas une nouveauté et renvoie au concept grec de prépassions (*propatheiai*) qualifiant des mouvements involontaires, voire irrationnels, qui stimulent l'âme et préfigurent la passion sans y conduire nécessairement[88]. À leur propos, M. Spanneut parle d'une «sensibilité infrarationalisable[89]». C'est ainsi qu'un contemporain de Sénèque, Philon d'Alexandrie (v. 30 av. J.-C.-v. 45 ap. J.-C.), parle aussi de premier mouvement à propos de l'impulsion préalable qui précède la passion[90]. Cicéron lui-même avait attribué à un courant stoïcien, mais sans l'identifier, cette idée que l'impulsion (*adpetitus*) était hors du contrôle de la volonté[91]. La position de Sénèque peut apparaître comme une tentative de synthèse entre les approches, parfois divergentes, de l'ancien stoïcisme[92] et les apports du traité *Des Passions* de Posidonius[93] qui, sous l'influence du platonisme, aurait admis la présence de facultés irrationnelles dans l'âme qui seraient à l'origine de la passion[94]. Par analogie avec la

---

87. Voir Sénèque, *LC*, livre II, II, 2, p. 29.

88. Voir B. Inwood, «Seneca and Psychological Dualism», art. cité, p. 164 *sq.*

89. M. Spanneut, «*Apatheia* ancienne, *apatheia* chrétienne», art. cité, p. 4660.

90. Voir J.-B. Gourinat, *op. cit.*, p. 80. En complément, voir R. Sorabji, *Emotion and Peace of Mind*, *op. cit.*, p. 343-346.

91. Voir Cicéron, *Du Destin*, texte établi et traduit par A. Yon, Paris, Les Belles Lettres, 1991, XVII, 40, p. 20-21.

92. R. Sorabji considère ainsi que les positions de Zénon et de Chrysippe sur la passion diffèrent sensiblement : le second conçoit la passion comme une erreur de jugement, alors que le premier l'envisage comme une rébellion contre la raison. Sénèque aurait alors cherché à concilier ces deux points de vue ; voir R. Sorabji, *Emotion and Peace of Mind*, *op. cit.*, p. 55-65.

93. Voir M. Pohlens, «De Posidonii Libris *Peri pathon*», *Jahrbuch für classische Philologie*, supplément 24 (1898), p. 535-635.

94. Sur cette hypothèse d'une influence directe de Posidonius sur la théorie des passions de Sénèque, voir J. Fillion-Lahille, *Le De Ira de Sénèque*, *op. cit.*, troisième partie : «L'apport de Posidonius», p. 121 *sq.* B. Inwood rejette quant à lui cette idée qui pourrait conduire à voir chez Sénèque une forme de dualisme spirituel, résultant de la présence de mouvements irrationnels dans l'âme. Pour lui, les *primi motus* de Sénèque ne contredisent en rien l'approche de Chrysippe ;

propatheia, nous qualifions à la suite de P. Veyne cette phase préliminaire du processus passionnel chez Sénèque de préaffect[95].

Quelle qu'en soit l'origine intellectuelle, la question des premiers mouvements tient une place essentielle dans la philosophie morale de Sénèque. Celui-ci, en effet, tout en affirmant à plusieurs reprises le caractère incontrôlable du premier choc, continue de reconnaître à la raison un pouvoir avant que la passion ne paralyse l'âme. Néanmoins, il préconise la plus extrême vigilance vis-à-vis des préaffects, dans la mesure où ils demeurent les symptômes avant-coureurs d'une aliénation. Le sage doit se préparer à recevoir leurs assauts et à les repousser immédiatement par l'intervention de la volonté raisonnable[96].

Dans la continuité de Cicéron, Sénèque consolide donc l'ancrage de la notion d'affect dans le discours spécialisé des passions de l'âme. Surtout, il introduit dans la théorie latine de la vie émotionnelle la distinction entre l'affect et le premier mouvement, qui se double dans le même temps d'une séparation nette entre le volontaire et l'involontaire. Par rapport au stoïcisme historique, Sénèque accentue assurément l'importance de la volonté, qui devient la principale marque de la rationalité même s'il serait erroné de parler de volontarisme sénèquien[97]. Il reste que les étapes du processus passionnel selon Sénèque ne sont pas complètement figées dans la mesure où les deux concepts d'affect et de mouvement premier sont nécessairement articulés l'un avec l'autre. Cette articulation laisse la voie ouverte vers un double glissement sémantique qui prendrait la forme d'une expansion de l'affect vers l'amont, en intégrant alors des éléments caractérisant le préaffect involontaire, ou du préaffect vers l'aval, en assimilant une partie de la substance de l'affect volontaire. Sur le plan lexicologique, on assiste d'abord avec Cicéron, puis de manière accentuée avec Sénèque et Quintilien, à une évolution sémantique par synecdoque de la notion d'affect. L'ordre diachronique semble se faire par une synecdoque du genre pour l'espèce, le genre étant ici l'*affectio-inclinatio animi*, polysémique chez les auteurs latins, et l'espèce l'*affectio-perturbatio animi*. De façon assez classique, la synecdoque d'*affectus-affectio* se construit par un jeu d'échanges entre un lexique général, celui des élans de l'âme, et un lexique spécialisé, celui de la théorie philosophique des passions. C'est sur cette base que se fait l'appropriation chrétienne de la notion.

---

voir B. INWOOD, « Seneca and Psychological Dualism », art. cité, p. 165-170. M. SPANNEUT reconnaît cependant que Sénèque donne une réalité à l'âme irrationnelle, au moins une fois dans la lettre 92 à Lucilius : il divise alors l'âme irrationnelle en deux parties, l'une consiste en affects, l'autre est adonnée aux plaisirs, voir M. SPANNEUT, « *Apatheia* ancienne, *apatheia* chrétienne », art. cité, p 79. Sur le débat des influences subies par Sénèque, voir R. SORABJI, *Emotion and Peace of Mind, op. cit.*, p. 72-73 et les trois chapitres consacrés à Posidonius, p. 93-132.

95. Voir P. VEYNE, « Préface », dans SÉNÈQUE, *Entretiens, op. cit.*, p. cvi.

96. Voir par exemple SÉNÈQUE, *LL*, III, lettre 85, p. 126-127 où il s'oppose en outre à la métriopathie des péripatéticiens ; et *LC*, livre I, VIII, 1, p. 10.

97. Voir B. INWOOD, « Seneca and Psychological Dualism », art. cité, p. 181.

2.

LA CONVERSION CHRÉTIENNE DE L'AFFECT

L'E DOUBLE registre sémantique, général et spécialisé, qui caractérise la notion d'affect à partir du Iᵉʳ siècle après J.-C., est une donnée qui se maintient durant toute la période considérée, jusqu'au XIIᵉ siècle. *Affectus* et *affectio* apparaissent donc comme des termes à la fois ouverts, facilement adaptables aux nouveaux discours sur l'homme, et inscrits dans une trame philosophique bien spécifique. Mais l'habillage stoïcien de l'affect latin ne signifie pas que les vocables soient prisonniers d'une acception spécialisée qui serait définie une fois pour toutes. Au contraire, la lecture sénèquienne d'*affectus* montre qu'il existe un certain jeu sur l'axe philosophique. Il faut désormais tenir compte de cette configuration à plusieurs niveaux pour aborder la question des rapports d'intégration et d'émancipation entre le christianisme naissant et la morale romano-hellénistique.

LES DEUX VOIES DU MODÈLE CHRÉTIEN DE L'EXÉGÈSE DE SOI

L'affect dans la Bible : une présence discrète

Le principe d'une transmission du concept d'affect aux théologiens de l'Occident latin par le stoïcisme impérial se vérifie, *a contrario*, par la très faible présence des vocables *affectus* ou *affectio* dans la Vulgate, où ils n'apparaissent qu'à huit reprises. La distribution est néanmoins intéressante puisque *affectus* n'est présent que dans l'Ancien Testament, avec cinq occurrences[1], et *affectio* apparaît trois fois, dans le Nouveau Testament seulement[2]. L'affect

---

1. Voir Esdras, 58, 3 ; 2 Maccabées, 14, 37 ; Psaumes, 72, 7 ; Sagesse, 14, 21 et Ézéchiel, 25, 6.
2. Voir Épître aux Romains, 1, 31 ; Deuxième épître aux Thessaloniciens, 2, 2 et Deuxième épître à Timothée, 3, 3.

biblique ne retient pas spécialement l'attention des commentateurs médiévaux, seules deux occurrences se détachent et connaissent un certain succès,
notamment chez les auteurs cisterciens au xiie siècle : il s'agit des expressions «affect du cœur» (*affectus cordis*) dans le psaume 72 et «de tout son
affect» (*ex toto affectu*) dans le livre d'Ézéchiel. Là encore, la silhouette de
la philosophie stoïcienne n'est pas très éloignée car *affectus* dans le psaume
72 traduit le grec *diathesis* (*dispositio* dans les anciens psautiers latins)[3],
terme fréquemment utilisé par les philosophes grecs pour désigner les dispositions de l'âme[4]. Dans le livre d'Ézéchiel, *affectus* traduit *psyché*, notion qui
appartient aussi au vocabulaire philosophique et qualifie l'esprit dans sa
dimension cognitive et agissante. On remarque cependant qu'*affectus* ou
affectio dans la Bible n'expriment pas explicitement l'équivalent de *pathos*,
concept d'ailleurs lui-même étranger à la psychologie hébraïque. L'*affectus*
de l'Ancien Testament signifie ainsi l'être intérieur dans ses dispositions
aussi bien intellectuelles que sensibles. En revanche, les trois occurrences
d'*affectio* dans le Nouveau Testament évoquent une disposition sensible et
vertueuse, non pas la passion, mais plutôt une forme de sympathie. En
somme, l'utilisation qui est faite d'*affectus* et *affectio* dans la traduction
latine de Jérôme de la Bible ne modifie pas le sens originel de disposition
psychologique que le concept d'affect possède dans les écrits païens. Il
reste que l'influence de l'anthropologie hébraïque a sans doute conféré à
l'*affectus* de l'Ancien Testament une connotation plus intellectuelle. Le
succès auprès des penseurs médiévaux principalement de l'*affectus-diathesis*
du psaume 72 confirme néanmoins la prégnance de l'influence stoïcienne
dans la modélisation du concept.

Les ambiguïtés de l'*apatheia* orientale : de Philon d'Alexandrie à Évagre le Pontique

Pour comprendre comment s'effectue l'articulation entre le concept d'affect,
la morale stoïcienne et la doctrine chrétienne primitive, il faut suivre conjointement les itinéraires empruntés par la pensée chrétienne des deux côtés de
la Méditerranée, entre Orient et Occident[5]. Aux ier et iie siècles après J.-C., la
rencontre entre la morale stoïcienne et la pensée judéo-chrétienne se joue
essentiellement dans la cité d'Alexandrie, alors capitale intellectuelle de la
Méditerranée orientale. C'est le philosophe juif Philon, pénétré de stoïcisme
mais aussi de platonisme, qui le premier prend appui sur la théorie grecque
de la sensibilité de l'âme pour élaborer une morale de l'action à partir de

---

3. Voir A. Lefèvre, «*Cor* et *cordis affectus*. 1. Usage biblique», *Dictionnaire de spiritualité*, I,
col. 2278.

4. Voir P. Grimal, «Le vocabulaire de l'intériorité», art. cité, p. 156.

5. En guise d'introduction sur la question du stoïcisme des Pères, voir M. Spanneut, *Le Stoïcisme
des Pères de l'Église, de Clément de Rome à Clément d'Alexandrie*, Paris, Seuil, 1957 (*Patristica
Sorbonensia*, 1). Pour le cadre général sur la question des passions, voir A. Solignac, «Passions
et vie spirituelle», *Dictionnaire de spiritualité*, XII[1], col. 339-357.

l'Ancien Testament[6]. Il propose une progression spirituelle qui passe par une maîtrise graduelle des tendances désirantes[7]. L'idéal à atteindre demeure l'état stoïcien d'*apatheia*, état de tranquillité et de sérénité intérieures où nulle passion ne vient plus assaillir l'âme[8]. Philon considère qu'il est possible d'y parvenir par étapes, en tenant compte des forces morales de la personne. Il ne rejette pas la théorie péripatéticienne de la métriopathie, selon laquelle les passions, à condition d'être modérées, peuvent conduire à la vertu. Philon propose en exemple deux modèles bibliques : Aaron représente la modération des passions alors que Moïse incarne l'absence de passion. Il ne manifeste donc pas la même méfiance que les stoïciens vis-à-vis de tous les mouvements sensibles. Sa position s'explique en partie par son adhésion au dualisme platonicien. Derrière cette conception, on trouve l'idée que le raisonnable peut exercer une emprise sur l'irascible et le concupiscible. En outre, Philon fait sienne la théorie des *propatheiai* qui complètent, selon lui, le tableau des *eupatheiai*[9] : le premier choc de l'émotion prend ainsi la place manquante du côté des eupathies comme pendant de la souffrance[10]. Dans le même sens, il situe certaines émotions comme le regret, la compassion ou encore la crainte de Dieu du côté des eupathies[11]. Il concède enfin, à la suite de Platon, que certains plaisirs, comme ceux qui accompagnent l'acte de boire ou de manger, sont nécessaires à la vie. On voit donc que si l'état de perfection suppose une complète tranquillité intérieure, il ne s'agit pas pour Philon d'amputer toutes les émotions ; d'abord parce que ce serait une entreprise vaine, les premiers mouvements n'étant pas en notre pouvoir, ensuite parce qu'il existe en l'homme une aptitude sensible qui ne conduit pas l'âme à son aliénation mais à son élévation.

Clément (v. 150-v. 215), qui prend la direction de l'école catéchétique d'Alexandrie après 180, lui aussi très influencé par les stoïciens, ne se montre

---

6. Voir aussi, contemporain de Philon d'Alexandrie, le ive *Livre des Maccabées*, texte non canonique qui propose une doctrine des passions. Voir M. Spanneut, «*Apatheia* ancienne, *apatheia* chrétienne», art. cité, p. 4701.

7. Voir essentiellement Philon d'Alexandrie, *De Specialibus legibus*, livres III-IV, introduction, traduction et notes par A. Mosès, Paris, Cerf, 1970 (Les œuvres de Philon d'Alexandrie, n° 25), IV, 79-135, p. 246-284 et Id., *De Abrahamo*, introduction, traduction et notes par J. Gorez, Paris, Cerf, 1966 (Les œuvres de Philon d'Alexandrie, n° 20), 256-257, p. 126. Sur cette progression spirituelle, voir R. Sorabji, *Emotion and Peace of Mind*, *op. cit.*, p. 385-386.

8. Sur la transmission de la notion stoïcienne d'*apatheia* à la pensée judéo-chrétienne, voir les mises au point de M. Spanneut, «*Apatheia* ancienne, *apatheia* chrétienne», art. cité, p. 4641-4717 et Id., «L'impact de l'*apatheia* stoïcienne sur la pensée chrétienne jusqu'à saint Augustin», dans *Christianismo y aculturación en tiempos del Imperio Romano*, A. González Blanco et J.M. Blázquez Martínez (éd.), Murcia, Universidad de Murcia, 1990 (Antigüedad y Cristianismo, VII), p. 39-52.

9. Sur les prépassions et les eupathies philoniennes, voir M. Graver, «Philo of Alexandria and the Origins of Stoic *Propatheiai*», *Phronesis*, 44 (1999), p. 300-325 et J. Dillon et A. Terian, «Philo and the Stoic Doctrine of *Eupatheiai*», *Studia Philonica*, 4 (1976-1977), p. 17-24.

10. Voir R. Sorabji, *Emotion and Peace of Mind*, *op. cit.*, p. 345.

11. Voir M. Spanneut, «*Apatheia* ancienne, *apatheia* chrétienne», art. cité, p. 4703, note 240.

pas éloigné de Philon sur cette question de la place des désirs dans la morale[12] :

> Une impulsion est un mouvement du cœur vers quelque chose ou se détournant de quelque chose ; une passion est une impulsion développée ou dépassant les limites de la raison, ou bien une impulsion qui s'emporte et qui n'obéit plus à la raison [...] – mais cette abstention et cette défection (vis-à-vis de la raison), cette désobéissance dépendant de nous, tout comme l'obéissance aussi est en notre pouvoir ; et c'est pourquoi les actes volontaires sont passibles de jugement. Ainsi, que l'on suive une à une chaque passion, on trouvera qu'elle est un désir déraisonnable. En tout cas, on ne juge pas ce qui est involontaire – et cet involontaire arrive de deux façons : dans l'ignorance ou par nécessité – ; car comment pourrait-on porter une sentence contre ceux dont on dit qu'ils commettent des fautes involontairement[13] ?

L'ambition de Clément est de former des «sages chrétiens[14]» ; il se démarque ainsi des groupes extrémistes tels les encratites qui prônent une rupture totale avec la société comme condition préalable à la perfection. Il définit lui aussi l'apathie comme étant la forme ultime de libération intérieure : elle résulte d'une purification de l'âme et s'insère dans une perspective mystique[15]. L'apathie que revendique Clément consiste en une «sérénité d'intention[16]», non en une négation des élans sensibles, ne serait-ce que parce que le désir est nécessaire pour tendre vers le bien. C'est pourquoi d'ailleurs Clément considère non seulement que la charité (*agapè*) ne remet pas en cause le principe de l'apathie, mais encore que le parfait accède à la contemplation en passant de l'apathie à la charité.

Le successeur de Clément à la tête de l'école d'Alexandrie, Origène (v. 185-253/4), tient un discours semblable : pour parvenir à la charité, l'homme doit dominer par la raison le pathétique (*pathetikon*)[17]. Il reprend aussi le thème des mouvements premiers. Rufin (mort en 410), dans sa paraphrase latine

12. Sur Clément d'Alexandrie, voir surtout A. MÉHAT, *Études sur les Stromates de Clément d'Alexandrie*, Paris, Seuil, 1966 (*Patristica Sorbonensia*, 7) et R.C. LILLA, *Clement of Alexandria : a Study in Christian Platonism and Gnosticism*, Oxford, University Press, 1971.

13. Voir CLÉMENT D'ALEXANDRIE, *Les Stromates*, tome II, texte édité et traduit par CL. MONDÉSERT, Paris, Cerf, 1954 (Sources Chrétiennes, n° 38), XIII-XIV, 59,6-60,1, p. 82-83.

14. L'expression est de P. BROWN, *Le Renoncement à la chair. Virginité, célibat et continence dans le christianisme primitif*, Paris, Gallimard, NRF, 1995 [édition anglaise originale 1988] (coll. Bibliothèque des Histoires), p. 166.

15. Voir en particulier CLÉMENT D'ALEXANDRIE, *Les Stromates*, tome VI, texte établi et traduit par P. DESCOURTIEUX, Paris, Cerf, 1999 (Sources Chrétiennes, n° 446), IX, 71-75, p. 204-214. Analyse dans M. SPANNEUT, «*Apatheia* ancienne, *apatheia* chrétienne», art. cité, p. 4704 et ID., «L'impact de l'*apatheia* stoïcienne sur la pensée chrétienne jusqu'à saint Augustin», art. cité, p. 44.

16. Voir P. BROWN, *Le Renoncement à la chair, op. cit.*, p. 173.

17. Voir ORIGÈNE, *Commentaire sur l'Évangile selon saint Matthieu*, tome I, livres X et XI, introduction, traduction et notes par R. GIROD, Paris, Cerf, 1970 (Sources Chrétiennes, n° 162), l. XI, 15, p. 348-352 et M. SPANNEUT, «L'impact de l'*apatheia* stoïcienne sur la pensée chrétienne jusqu'à saint Augustin», art. cité, p. 43.

d'Origène, les qualifie selon un vocabulaire identique à celui de Sénèque : il parle de *primi motus* tout en posant clairement leur antériorité[18]. Néanmoins, Origène introduit un élément nouveau par rapport à la tradition stoïcienne des mouvements premiers en les assimilant parfois à des mauvaises pensées (*logismoi*, rendu chez Rufin par *cogitationes* ou *suggestiones*[19]). Il se réfère alors aux mauvaises pensées du cœur dont il est question dans les évangiles de Marc et de Matthieu[20], qui ne sont pas sans faire songer aux *affectus cordis* du psaume 72. Un autre maître de l'école d'Alexandrie, Didyme l'Aveugle (mort en 398), maître de Rufin et de Jérôme (v. 347-419/420), poursuit la christianisation des prépassions. C'est ainsi en effet qu'il dénomme les émotions éprouvées par le Christ : la peur, la colère ou le désir que Jésus put ressentir furent selon lui des réactions rationnelles ; ce ne sont donc ni des péchés ni des passions[21].

Les Pères cappadociens, Basile de Césarée (v. 330-379), son frère Grégoire de Nysse (v. 335-394) ou Grégoire de Nazianze (329/330-390), accordent à leur tour une place prépondérante dans leurs écrits à l'*apatheia* qu'ils situent dans le contexte de la chute de l'homme[22]. Depuis sa déchéance du paradis, l'homme ne peut échapper au trouble de la passion qui apparaît comme la principale caractéristique de sa condition mortelle. La conquête de l'apathie se confond alors avec le processus de déification de l'homme bien que celle-ci ne puisse être atteinte qu'après la résurrection, dans une perspective eschatologique, quand les hommes sauvés seront les égaux des anges. Dès lors, les théologiens imaginent une progression qui intègre notamment la métriopathie comme étant une sorte d'idéal pratique en cette vie. Mais c'est Évagre le Pontique (346-399), qui a été ordonné diacre par Basile de Césarée et Grégoire de Nazianze avant de se retirer dans le désert d'Égypte, qui place le plus haut la valeur spirituelle de l'*apatheia*, objet central de son *Traité pratique*[23]. En relation étroite avec la charité dont elle est la «fille», l'apathie, définie comme la domination des mauvais désirs mais aussi des pensées et des souvenirs nocifs, apparaît chez Évagre comme le degré suprême de la

---

18. Voir Origène, *Traité des principes*, tome III, livres III et IV, introduction, texte critique de la *Philocalie* et de la version de Rufin, traduction par H. Crouzel et M. Simonetti, Paris, Cerf, 1980 (Sources Chrétiennes, n° 268), III, 2, 2, p. 160 et R. Sorabji, *Emotion and Peace of Mind, op. cit.*, p. 347 et 349.

19. Voir R. Sorabji, *Emotion and Peace of Mind, op. cit.*, p. 346-347.

20. Voir Marc, 7, 21 et Matthieu, 15, 19.

21. Voir R. Sorabji, *Emotion and Peace of Mind, op. cit.*, p. 351-352.

22. Voir sur le thème de l'*apatheia* chez Basile de Césarée, *Regulae fusius tractatae*, PG 31, col. 940 B-C et 964 B. Voir chez Grégoire de Nazianze, *Discours*, PG 35, col. 1245 B et chez Grégoire de Nysse, *De Hominis opificio*, PG 44, col. 133 B. On trouvera une analyse et d'autres références dans R. Sorabji, *Emotion and Peace of Mind, op. cit.*, p. 391-395 ; à compléter par M. Spanneut, «L'impact de l'*apatheia* stoïcienne…», art. cité, p. 44-46.

23. Sur l'*apatheia* chez Évagre, voir A. Guillaumont, «Un philosophe au désert : Évagre le Pontique», *Revue de l'histoire des religions*, 91 (1972), p. 28-56 et, du même auteur, l'introduction à Évagre le Pontique, *Traité pratique ou le moine*, tome I, texte édité et traduit par A. Guillaumont et Cl. Guillaumont, Paris, Cerf, 1971 (Sources Chrétiennes, n° 170), p. 98-112.

contemplation [24]. Surtout, Évagre affirme la possibilité pour le contemplatif d'atteindre ici-bas cette impassibilité qui n'est plus seulement réservée à Dieu mais devient l'instrument de la divinisation de l'homme [25]. Cette lutte se gagne au moyen de l'abstinence, contre les passions du corps et, grâce à la charité, contre les passions de l'âme [26].

Les Pères orientaux ont donc été chercher dans le puits stoïcien une eau indispensable pour irriguer leur propre champ théologique. Cependant, au cours de cette quête, les concepts empruntés connaissent plusieurs infléchissements notables qui concernent d'abord la conception des mouvements premiers. À partir d'Origène en effet, les prépassions ne désignent plus seulement des mouvements imposés par les nécessités de la nature, mais elles apparaissent aussi comme la conséquence de sollicitations démoniaques. Le processus passionnel change alors profondément de signification, les prépassions ayant tendance à se confondre avec les tentations que le chrétien doit rejeter [27]. Cette évolution est très perceptible au IVe siècle, notamment chez Évagre le Pontique pour qui le moine qui lutte pour atteindre l'impassibilité livre un combat permanent contre les démons [28]. Les passions sont ainsi habitées par un démon qui s'annonce au préalable à l'âme – comme le font les premiers mouvements – par ce qu'Évagre appelle, selon une expression familière aux Pères du désert, sa «mauvaise odeur». Parallèlement, on assiste à un brouillage de la frontière qui sépare les concepts de passion et de prépassion. Il est vrai qu'Évagre pose encore la question de l'antériorité entre la passion et la représentation [29]. Cependant, pour lui, le véritable enjeu n'est plus de savoir qui a raison sur ce point philosophique mais quels sont les risques encourus pour l'homme peu vigilant face aux assauts des démons.

La deuxième modification découle de la lecture que font les Pères orientaux du concept d'*apatheia*. Celle-ci n'exclut pas une cohabitation dans l'âme avec certaines tendances désirantes, principalement la charité : «la charité ne tombe jamais, et, comme elle est immuable, elle rend impassibles et inébranlables ceux qui aspirent à la recevoir [30]». Grégoire de Nysse

24. Voir Évagre le Pontique, *Traité pratique*, II, texte édité et traduit par A. Guillaumont et Cl. Guillaumont, Paris, Cerf, 1971 (Sources Chrétiennes, n° 171), p. 580.

25. Voir M. Spanneut, «L'impact de l'*apatheia* stoïcienne…», art. cité, p. 50 et M. Sheridan, «The Controversy over *Apatheia* : Cassian's Sources and his Use of them», *Studia monastica*, 39 (1997), p. 287-310.

26. Voir Évagre le Pontique, *Traité pratique*, SC 171, p. 587.

27. Sur la transformation des premiers mouvements en péchés, voir R. Sorabji, *Emotion and Peace of Mind, op. cit.*, ch. 23 : «From First Movements to the Seven Cardinal Sins : Evagrius», p. 357-371.

28. Voir Évagre le Pontique, *Traité pratique*, SC 171, p. 591.

29. *Ibid.*, p. 585.

30. Pseudo-Macaire, *Oeuvres spirituelles. 1, Homélies propres à la collection III*, texte édité et traduit par V. Desprez, Paris, Cerf, 1980 (Sources Chrétiennes, n° 275), 28, 3, 4, p. 338-339. Cité dans M. Spanneut, «L'impact de l'*apatheia* stoïcienne…», art. cité, p. 49.

considère que la vie humaine ne peut exister sans désir. Il lui arrive même de définir les *pathè* comme étant l'ensemble des mouvements qui animent l'être, selon une approche complètement neutre[31]. L'*apatheia* demeure certes à ses yeux la force morale qui permet la restauration de l'homme intérieur mais, comme par ailleurs elle ne peut être atteinte que par les parfaits, il concède qu'il est déjà utile de viser un «juste milieu de l'*apatheia*[32]». Cette étrange expression montre une certaine confusion entre les notions d'apathie et de métriopathie. Il faut comprendre par là que l'apathie est plutôt considérée comme un itinéraire de perfection que comme un état. Elle s'assimile alors à un combat spirituel mené avec le soutien inattendu de certains désirs vertueux.

Ces éléments conduisent à une troisième évolution, d'ordre plus général. Tout en restant attachés au principe de l'impassibilité, les Pères d'Orient se montrent moins préoccupés par le fonctionnement propre du processus passionnel que par la valeur morale de l'origine et de la fin des élans désirants. Tout se passe comme si l'impassibilité recherchée ne résidait pas dans une libération face aux désirs mais plutôt dans une purification et une restauration de la puissance désirante. La tradition occidentale, qui s'éloigne très tôt de l'Orient sur la question de l'apathie, accentue cette tendance du primat de la valeur morale de l'affect.

Les fondements de l'anthropologie affective occidentale : de Tertullien à Lactance

Les premiers théologiens occidentaux dominent parfaitement les implications philosophiques qui sont attachées au concept latin d'affect. C'est le cas de Tertullien (v. 160-v. 222), dont l'anthropologie est elle-même fortement inspirée par la morale stoïcienne[33]. La doctrine morale de Tertullien place la question de la maîtrise des désirs et de l'abstinence au cœur même de la promesse chrétienne[34]. La raison, soutenue par la grâce, doit mener une lutte permanente contre les passions débridées et l'esprit de jouissance. Pour Tertullien, l'apathie stoïcienne est ainsi une stratégie de résistance contre la propension de l'*affectus*-sensibilité de l'âme à dégénérer en *affectus*-passion :

> Nul ne vient au plaisir sans affect ; et nul n'éprouve d'affect sans risque
> pour lui-même, risques qui sont précisément les aiguillons de l'affect.

---

31. Voir Grégoire de Nysse, *De Anima et resurrectione*, *PG* 46, col. 65 C.

32. Id., *Traité de la virginité*, texte édité et traduit par M. Aubineau, Paris, Cerf, 1966 (Sources Chrétiennes, n° 119), XVII, 2, p. 460.

33. Sur Tertullien, voir Ch. Munier, «Tertullien», *Dictionnaire de spiritualité*, XV, col. 271-295 et T.D. Barnes, *Tertullian*, Oxford, Clarendon Press, 1971. Sur sa morale, voir M. Spanneut, *Tertullien et les premiers moralistes africains*, Paris-Gembloux, P. Lethielleux-J. Duculot, 1969 ; Cl. Rambaux, *Tertullien face aux morales des trois premiers siècles*, Paris, Les Belles Lettres, 1979 et J. Alexandre, *Une Chair pour la gloire : l'anthropologie réaliste et mystique de Tertullien*, Paris, Beauchesne, 2001 (coll. Théologie historique, n° 115).

34. Voir P. Brown, *Le Renoncement à la chair*, *op. cit.*, p. 111-112.

> D'ailleurs, si l'affect fait défaut, il n'y a pas de plaisir, et voici coupable
> de vanité celui qui se rend en un lieu où il n'obtient rien[35].

Il initie alors un schéma selon lequel la puissance intellective ou *sensus* doit
assurer la maîtrise et le juste ordonnancement de la puissance affective ou
affectus[36]. À la fin du IIIᵉ siècle, Arnobe l'Ancien continue de mettre en rapport
spontanément le vocabulaire des *perturbationes* et des *affectus*, issu de
Cicéron et de Sénèque, avec la théorie stoïcienne des passions :

> Mais, s'il est vrai, assuré et prouvé que les dieux bouillonnent de colère,
> qu'ils sont secoués par des émotions, des troubles de cette nature, ils
> ne sont ni immortels ni éternels et on ne doit pas songer à leur attri-
> buer une quelconque divinité. En effet, à en croire les philosophes, là
> où il y a affect de l'âme, nécessairement il y a passion ; là où est installée
> la passion, logiquement elle a pour conséquence le trouble ; là où il y
> a trouble, il y a douleur et chagrin ; là où il y a douleur et chagrin, il y
> a place pour l'amoindrissement et la corruption ; or, si on est soumis à
> ce double assaut, la destruction est là, toute proche, la mort qui met fin
> à tout et ôte la vie à tous les êtres sensibles[37].

Dans ce débat avec les païens, on retrouve les éléments caractéristiques de
la christianisation de la morale stoïcienne, perceptibles depuis le temps d'Origène, tel le lien entre l'immortalité et l'apathie et, à l'inverse, l'idée que la
vulnérabilité de la créature au trouble de la passion est une conséquence de
son statut mortel, donc de la faute originelle. Si l'arrière-plan de ce passage
est ouvertement stoïcien, il reste qu'Arnobe ressent le besoin de préciser la
simultanéité entre l'*affectus* et la *passio*, montrant par là que les deux termes
possèdent par ailleurs leur registre propre : ici l'*affectus* désigne la passion
dans sa dimension dynamique d'élan de l'âme qui génère un trouble, et la
passio renvoie à la dimension passive de l'âme devenue esclave du trouble.
Les connexions logiques et sémantiques entre les *affectus-affectiones* et le
stoïcisme ne sont sans doute pas aussi vives qu'à l'époque de Sénèque, ni
même de Tertullien, mais elles demeurent maîtrisées. Un élève d'Arnobe
témoigne tout particulièrement de cette maîtrise, en élaborant à la fin du
IIIᵉ siècle et au début du IVᵉ siècle une morale originale à partir du substrat
stoïcien des *affectus*.

---

35. *Nemo ad voluptatem venit sine affectu, nemo affectum sine casibus suis patitur. Ipsi casus incitamenta sunt affectus. Ceterum si cessat affectus, nulla est voluptas et est reus jam ille vanitatis, eo conveniens ubi nihil consequitur.* TERTULLIEN, *Les Spectacles*, texte édité et traduit par M. TURCAN, Paris, Cerf, 1986 (Sources Chrétiennes, n° 332), XV, 6, p. 228-229.

36. Voir TERTULLIEN, *De Anima*, J.H. WASZINK (éd.), Amsterdam, J.M. Meulenhoff, 1947, p. 388.

37. *Quod si verum est istud et est exploratum et cognitum, ecferuescere deos ira et hujusmodi motu, perturbatione jactari, immortales et perpetui non sunt nec divinitatis alicujus existimatione ponendi. Ubi enim est ullus, sicut sapientibus videtur, adfectus, ibi necesse est passionem ; ubi passio sita est, perturbationem consentaneum est consequi ; ubi perturbatio est, ibi dolor et aegritudo est ; ubi dolor et aegritudo est, imminutioni et corruptioni jam locus est ; quae duo si vexant, adest vicinus interitus, mors omnia finiens et cunctis adimens sentientibus vitam.* ARNOBE L'ANCIEN, *Contre les Gentils*, Paris, Les Belles Lettres, 1982, p. 147.

Avant de se convertir au christianisme, Lactance (v. 260-v. 325) a enseigné la rhétorique latine auprès de l'empereur Dioclétien (284-304) à Nicomédie de Bythinie[38]. L'homme garde de sa formation et de son passé une grande familiarité avec les auteurs romains qui sont tout aussi présents dans son œuvre que les Écritures si ce n'est plus[39]. Dans son œuvre magistrale, les *Institutions divines*, rédigée entre 304 et 313, il livre la première grande synthèse latine sur la doctrine chrétienne. Les trois premiers livres de cette somme sont consacrés à la réfutation des erreurs du polythéisme et de la philosophie païenne ; les quatre autres livres édifient les valeurs de la «vraie religion» chrétienne[40]. Il rédigera par la suite un *Épitomé* de cette volumineuse synthèse[41]. Les autres écrits de Lactance qui nous sont parvenus dans leur intégralité sont eux aussi fortement marqués par sa culture classique, que ce soit *L'Ouvrage du Dieu créateur*[42], où l'on retrouve l'empreinte de *La République* de Cicéron, ou *La Colère de Dieu*[43], traité dans lequel le théologien africain s'oppose à la théorie épicurienne d'un Dieu indifférent. Il n'est pas jusqu'à son dernier ouvrage important, *La Mort des persécuteurs*, qui n'annonce la destruction d'un paganisme intolérant[44]. Parmi les premiers théologiens latins, Lactance est sans conteste celui qui regarde le moins vers l'Orient. Il est l'auteur d'une anthropologie chrétienne originale, parfois aux antipodes des options des Pères orientaux en matière de morale. Fin connaisseur de l'œuvre de Cicéron, Lactance se tourne néanmoins vers Sénèque pour nommer la passion stoïcienne[45] : il parle en effet d'*affectus*, l'emploi de *perturbatio* ou de *commotio* étant plus rare chez lui[46]. Le vocable *affectus* apparaît alors surtout dans le livre VI «Le vrai culte» des *Institutions divines* ainsi que dans *La Colère divine*, traité qu'on peut lire comme une réponse au dialogue de Sénèque. On le retrouve aussi naturellement dans l'*Épitomé*, toujours dans un contexte stoïcien :

---

38. Voir J. Quasten, *Initiation aux Pères de l'Église*, II, Paris, Cerf, 1957, p. 464-473.

39. Voir M. Perrin, *L'Homme antique et chrétien : l'anthropologie de Lactance (250-325)*, Paris, Beauchesne, 1981 (coll. Théologie historique, n° 59).

40. L'œuvre est en cours d'édition et de traduction aux Sources Chrétiennes, voir donc pour l'instant Lactance, *Institutions divines*, introduction, texte critique, traduction et notes par P. Monat, Paris, Cerf, Sources Chrétiennes, livre I (SC 326, 1986) livre II (SC 337, 1987) ; livre IV (SC 377, 1992) ; livre V-I (SC 204, 2000) et livre V-II (SC 205, 1973). On s'intéressera ici plus particulièrement au livre VI, dans *PL* 6, col. 629-732. J'abrège désormais les *Institutions divines* en *ID*.

41. Voir Id., *Épitomé des* Institutions divines, texte édité et traduit par M. Perrin, Paris, Cerf, 1987 (Sources Chrétiennes, n° 335).

42. Voir Id., *L'Ouvrage du Dieu créateur*, tome I, texte édité et traduit par M. Perrin, Paris, Cerf, 1974 (Sources Chrétiennes, n° 213) et tome II, index par M. Perrin, SC 214, 1974.

43. Voir Id., *La Colère de Dieu*, texte édité et traduit par Ch. Ingremeau, Paris, Cerf, 1982 (Sources Chrétiennes, n° 289). Désormais abrégé en *LCD*.

44. Voir Id., *De la Mort des persécuteurs*, texte édité et traduit par J. Moreau, Paris, Cerf, 1954 (Sources Chrétiennes, n° 89).

45. Sur l'influence de Sénèque chez Lactance, voir A. Vidal, *Apologétique et philosophie stoïcienne : essai sur la permanence de Sénèque chez les Pères latins de Tertullien à Lactance*, Thèse de Philosophie (Paris IV), s.d. P. Aubenque, Lille 3 : ANRT, 1986.

46. Voir M. Perrin, *L'Homme antique et chrétien, op. cit.*, p. 485.

> Trois affects, ou, pour ainsi dire, trois Furies, causent dans les âmes
> humaines de tels bouleversements et parfois les contraignent à
> commettre des fautes telles qu'elles ne permettent pas à l'homme d'avoir
> égard à sa réputation ou au danger qu'il court lui-même : la colère qui
> désire la vengeance, la cupidité qui recherche les richesses, la sensua-
> lité qui convoite les plaisirs[47].

Pour autant, Lactance ne fait pas preuve d'une grande rigueur dans l'identification
des affects-passions stoïciens. À côté des trois affects évoqués ici, il cite des listes
de quatre ou cinq affects, notamment dans les *Institutions divines* et dans *L'Ouvrage
de Dieu*[48]. Un fragment offre même une liste de douze affects[49]. Parmi les plus
récurrents, on trouve la colère (*ira*), la crainte (*timor*), la joie (*laetitia*) ou encore
le désir (*libido*). L'existence de ces nombreuses variantes pourrait donner à penser
que Lactance a une lecture approximative des stoïciens. Ce serait oublier que ses
motivations ne sont pas de rendre compte de la nomenclature stoïcienne des
passions, mais de prendre appui sur ce matériau philosophique pour exposer sa
conception du dynamisme affectif dans une perspective chrétienne. Dès lors,
Lactance ne se réfère à la théorie stoïcienne des passions que pour la contredire.
Il commence par refuser la localisation des passions dans les fonctions hépatiques
et spléniques de l'être. Surtout, il ne les considère plus systématiquement comme
des maladies de l'âme devant être éradiquées, ni même modérées comme le
pensent les partisans de la métriopathie :

> Les stoïciens pensent qu'il faut amputer ces affects, les péripatéticiens
> qu'il faut les modérer, mais ni les uns ni les autres n'ont raison, car on
> ne peut les arracher totalement, puisque, enfouis là par la nature, ils ont
> une fonction déterminée et une importance considérable ; ni non plus
> les affaiblir, car, si ce sont des maux, il ne faut pas en avoir, même
> modérés, et si ce sont des biens, il faut les utiliser intégralement[50].

Le christianisme de Lactance opère sur ce point un renversement complet par
rapport à la tradition stoïcienne. L'affect désigne la puissance sensible, naturellement neutre. Il ni bon ni mauvais en soi, mais dépend entièrement de
l'intention qui le motive :

> L'affect est une sorte de luxuriance naturelle des esprits. En effet, comme
> un champ naturellement fertile se revêt de ronces, une âme inculte se

---

47. *Tres adfectus vel ut ita dicam tres Furiae sunt, quae in animis hominum tantas perturbationes cient et interdum cogunt ita delinquere, ut nec famae nec periculi sui respectum habere
permittant, ira, quae vindictam cupit, avaritia, quae desiderat opes, libido, quae adpetit voluptates.* LACTANCE, *Épitomé*, SC 335, 56, 1, p. 216-217.

48. Voir ces listes avec de nombreuses références dans M. PERRIN, *L'Homme antique et chrétien*,
op. cit., p. 486-487 et M. SPANNEUT, *Tertullien et les premiers moralistes africains*, *op. cit.*, p. 156.

49. Voir LACTANCE, « *De motibus animi* », *Librorum perditorum fragmenta*, V, dans *Opera omnia*,
S. BRANDT et G. LAUBMANN (éd.), Vienne, F. Tempsky, 1893 (*CSEL* 27, 1), p. 157-158.

50. *Hos adfectus Stoici amputandos, Peripatetici temperandos putant, neutri eorum recte,
quia neque in totum detrahi possunt, siquidem natura insiti certam habent magnamque rationem,
neque deminui, quoniam si mala sunt, carendum est etiam mediocribus, si bona, integris
abutendum est.* LACTANCE, *Épitomé*, SC 335, 56, 2, p. 218-219.

recouvre pour ainsi dire d'épines, par la croissance spontanée de ses vices [51].

Lactance ne se contente pas de dénoncer ce qu'il perçoit comme des contradictions chez les stoïciens, il remet en cause le caractère foncièrement destructeur de la passion et balaie dans le même temps la demi-mesure selon lui incohérente de la métriopathie. Ce renversement résulte d'un double présupposé. L'un porte sur le pouvoir de la volonté qui demeure intact à ses yeux : le Christ a restauré l'entière liberté de choix de l'homme [52]. Cette liberté caractérise même pour Lactance la spécificité de la morale chrétienne : l'homme ne peut opter pour le bien et la vertu que s'il sait qu'il peut emprunter à tout moment la mauvaise voie. Conjointement, Lactance attribue une place déterminante à la raison souveraine dans la conduite morale [53]. Que les affects soient orientés vers le bien, alors ils seront bons et, à l'inverse, qu'ils soient dirigés vers une fin mauvaise, alors ils seront nocifs pour le chrétien et son salut [54] :

> Mais nous, nous disons qu'il ne faut ni les arracher ni les diminuer. De fait, ils ne sont pas en soi des maux, ces affects que Dieu a semés rationnellement dans l'homme ; mais, étant donné qu'ils sont évidemment bons par nature – puisqu'ils ont été attribués pour protéger la vie –, c'est un mauvais usage qui en fait des maux [55].

Le principe stoïcien d'une incompatibilité entre le raisonnable et l'affectif n'a pas d'écho chez Lactance. Dès lors, il se détache de l'idéal d'apathie, voire confère un rôle bénéfique aux affects les plus puissants, tant qu'ils se conforment au bien :

> Par conséquent, il faut ramener ces affects à l'intérieur de leurs frontières, et les diriger sur la voie droite, sur laquelle, même s'ils sont violents, ils ne peuvent pas être coupables [56].

Si Dieu a mis en l'homme dès sa création ces dispositions émotionnelles, c'est qu'elles ont leur utilité [57] : la colère sert à réprimer les fautes, le désir à

---

51. *Adfectus igitur quasi ubertas est naturalis animorum. Nam sicut in sentes ager, qui est natura foecundus, exuberat : sic animus incultus, vitiis sua sponte invalescentibus, velut spinis obducitur.* Lactance, *ID*, VI, *PL* 6, col. 689 B-690 A. Traduit par M. Perrin, *L'Homme antique et chrétien, op. cit.*, p. 485.

52. Le volontarisme de Lactance est clairement exposé par M. Spanneut, *Tertullien et les premiers moralistes africains, op. cit.*, p. 146-147.

53. Le principe de la lutte intérieure ou *certamen* constitue l'une des bases de la morale chrétienne de Lactance, voir M. Spanneut, *Tertullien et les premiers moralistes africains, op. cit.*, p. 150.

54. Voir Lactance, *ID*, VI, *PL* 6, col. 693 A.

55. *Nos vero neque detrahendos neque minuendos esse dicimus. Non enim per se mala sunt quae Deus homini rationaliter insevit, sed cum sint utique natura bona, quoniam ad tuendam vitam sunt adtributa, male utendo fiunt mala.* Lactance, *Épitomé*, SC 335, 56, 3, p. 218-219.

56. *Redigendi sunt ergo isti adfectus intra fines suos et in viam rectam dirigendi, in qua etiamsi sint vehementes, culpam tamen habere non possunt.* Lactance, *Épitomé*, SC 335, 56, 7, p. 220-221.

57. Voir Id., « *De motibus animi* », CSEL 27, 1, p. 157.

répondre aux nécessités de la vie, la *libido* à assurer une descendance. Il est impératif cependant de connaître les bornes extrêmes du bien et du mal afin que la fécondité naturelle de l'affect ne se transforme pas en vice[58]. La ligne de séparation entre les bons et les mauvais affects ne se situe pas entre les élans raisonnables et les élans déraisonnables mais à l'intérieur même de chaque élan, en fonction de l'orientation choisie. En ce sens, les bons affects de Lactance ne correspondent en rien aux eupathies stoïciennes. Loin du modèle d'impassibilité du sage antique, Lactance aménage en l'homme chrétien un espace intérieur où la puissance émotionnelle peut s'exprimer dans toute sa vigueur, voire sa violence, tout en servant la quête du bien. Il va jusqu'à faire de l'affect une donnée ontologique du vivant dans la mesure où il est la capacité de mouvement de l'âme. C'est pourquoi Dieu lui-même est mu par des affects : «Dieu n'existe pas, si rien ne l'ébranle, ce qui est le propre du vivant[59]». Les affects de la colère (*ira*), de la bonté (*gratia*) ou encore de la miséricorde (*miseratio*) sont ainsi éprouvés par Dieu. Bien plus, celui-ci n'exerce sa bonté envers l'homme que parce qu'il peut lui manifester sa colère[60]. En revanche, les affects du désir sexuel (*libido*), de l'envie (*invidia*), de la convoitise (*cupiditas*), de la crainte (*timor*) ou de l'affliction (*maeror*) lui sont étrangers car ils relèvent des vices (*vitia*), terme par lequel Lactance désigne toute orientation mauvaise de l'être, qu'elle résulte d'un mauvais choix de la raison (envie, convoitise) ou d'une imperfection de nature (crainte, désir sexuel). Si quelquefois Lactance prône la mesure face aux affects[61], celle-ci s'applique au discernement dans leur usage et non à l'intensité sensible comme telle : la *libido* est un vice au regard de la perfection divine ; en revanche elle a parfaitement sa place chez l'homme dans le cadre conjugal[62].

En déniant à l'impassibilité son statut de voie élitiste vers la vertu et la sagesse, en posant même le dynamisme de l'affect comme le principal outil de l'élévation spirituelle de l'homme, Lactance opère une mutation par rapport aux deux modèles dominants de la tradition païenne en ce qui concerne les pratiques de soi : le modèle platonicien de la réminiscence et le modèle hellénistique, auquel le stoïcisme impérial se rattache, de l'auto-finalisation du rapport à soi[63]. En effet, le christianisme lactancien ne se place ni dans une logique mémoriale de retour à l'être du sujet, ni dans un art de soi pour soi,

---

58. Voir Lactance, *LCD*, SC 289, 18, 10-11, p. 184.

59. *Deus igitur non est, si nec movetur, quod est proprium viventis...* Lactance, *LCD*, SC 289, 4, 3, p. 100-101.

60. *Ibid.*, 16, 1-5, p. 168.

61. Lactance, *ID*, VI, *PL* 6, col. 701-702.

62. *Ibid.*, col. 704 A.

63. Nous reprenons ici le schéma des trois modèles éthiques identifiés par M. Foucault : le modèle platonicien de la réminiscence, le modèle hellénistique et romain du souci de soi et le modèle chrétien de l'exégèse de soi. Voir M. Foucault, «Cours du 17 février 1982», dans *L'Herméneutique du sujet, op. cit.*, p. 243-248.

mais il dessine les contours d'un modèle original qui conjugue la dynamique du retour à l'Un et une maîtrise volontariste de soi. L'éthique sénèquienne prône un rapport autonome à soi : étouffer le désir pour ne pas se perdre soi-même, telle est la base de l'impassibilité stoïcienne. Pour le chrétien Lactance, la projection de l'être hors de lui-même par l'affect est la condition de son progrès moral et spirituel. Avec le christianisme, on sort du cercle de la stricte morale hellénistique de la «conversion à soi» pour donner à la connaissance de soi «la fonction exégétique de détecter la nature et l'origine des mouvements intérieurs qui se produisent dans l'âme[64]». Cette fonction exégétique est patente dans l'anthropologie de Lactance, elle correspond à la morale de l'intention que nous évoquions plus haut. Elle est aussi opératoire dans l'anthropologie des Pères orientaux. L'apathie des Pères grecs ne se confond pas avec celle des philosophes non chrétiens dont elle s'inspire, dans la mesure où elle légitime certains affects purificateurs. Néanmoins la distance qui sépare l'impassibilité évagrienne de l'affect lactancien entendu comme fécondité naturelle de l'âme conduit à mettre au jour deux tendances à l'intérieur de ce modèle chrétien de l'exégèse de soi. M. Foucault n'envisage que celle qui emprunte beaucoup au modèle hellénistique, parlant de «modèle ascétique-monastique» du renoncement à soi et citant Clément d'Alexandrie comme exemple[65]. Cependant, il y a chez Lactance l'esquisse d'une autre voie possible, qui existe sans le renoncement de l'apathie et passe par une sorte de symbiose entre la raison et les affects, la première jouant un rôle de triage des seconds.

L'ÉMANCIPATION DE L'AFFECT CHRÉTIEN

Au cours du IVe siècle, on assiste à l'émancipation progressive de la morale chrétienne par rapport au modèle hellénistique auquel elle a tant emprunté. La relecture alexandrine de la notion d'apathie a été l'un des signes annonciateurs de ce processus. L'anthropologie pré-nicéenne de Lactance, contemporaine de l'émergence de l'empire constantinien, constitue par ses présupposés anti-stoïciens une étape supplémentaire vers l'autonomie. Mais c'est surtout à partir des années 370, et jusque vers 430, soit en l'espace de deux générations à peine, que prend forme ce que P. Brown appelle «la genèse de la tradition latine[66]». C'est une période caractérisée par des échanges intenses entre les trois grands pôles du dynamisme chrétien : le pôle italien, le pôle nord-africain et le pôle oriental. Les grandes figures qui vont façonner la tradition latine sont d'une manière ou d'une autre, par leurs voyages, leurs lectures ou leurs réseaux de correspondants, au cœur de ce triangle méditerranéen.

---

64. M. FOUCAULT, «Cours du 17 février 1982», *op. cit.*, p. 246.
65. *Ibid.*, p. 244 et 247.
66. Voir P. BROWN, *Le Renoncement à la chair, op. cit.*, p. 409.

Durant cette phase, la tradition latine se nourrit des deux tendances du modèle de l'exégèse de soi qui mêlent l'obligation d'une purification rigoureuse et la reconnaissance du caractère naturel du dynamisme de l'affect. L'affect latin en Occident devient ainsi l'expression du dynamisme sensible de l'âme, naturel en soi mais marqué par les séquelles du péché originel. Donc, il doit être dans l'homme actuel impérativement purifié, redressé. Ce processus cependant prend plusieurs visages, dans la mesure où il peut s'inscrire soit dans une vision plutôt confiante de la capacité de l'homme à lutter, comme c'est le cas par exemple chez Jean Cassien (v. 355-v. 432), soit dans une vision plus angoissée concernant la capacité de l'homme à faire front, comme c'est le cas chez Jérôme (v. 347-419/420). Ambroise de Milan (v. 333/341-397) pour sa part se trouve dans une position intermédiaire.

Ambroise de Milan : l'affect comme posture chrétienne

En refusant d'amputer l'être de ses élans désirants, Lactance a d'une certaine façon conféré une vigueur nouvelle au sens premier de l'affect défini simplement comme une disposition intérieure de l'âme. Cela ne signifie pas que l'affect chrétien au IVe siècle parcourt à contresens le chemin emprunté par l'affect païen. En réalité, l'affect parachève au IVe siècle son intégration au dogme chrétien en conservant le bagage sémantique acquis au contact des philosophies hellénistiques. C'est ce que l'on constate chez Ambroise de Milan.

Né à Trêves dans une famille christianisée de la haute aristocratie romaine, Ambroise reçoit à Rome dans les années 340-350 une éducation classique, centrée essentiellement sur la grammaire, la rhétorique et le droit. Le jeune patricien se destine alors à une carrière de haut fonctionnaire, et suit ainsi les traces de son père qui a occupé la position illustre de préfet du prétoire des Gaules. Vers 365, il est avocat à la préfecture d'Italie-Illyrie avant de devenir gouverneur de Ligurie et d'Émilie vers 370. Le voici dès lors à Milan où il est rapidement confronté à la crise arienne qui fait rage après la mort de l'évêque Auxence en 373. Proclamé évêque en octobre 374, ce catéchumène – il n'est baptisé qu'après son élection – est perçu par ses contemporains comme un philosophe en raison de sa formation classique. Il est vrai que la culture de l'homme est particulièrement vaste et éclectique[67]; surtout, elle ne connaît pas les frontières politiques de l'empire théodosien et reflète bien sa conception d'une Église universelle qui doit être le socle d'un nouvel empire catholique uni dans l'orthodoxie nicéenne[68]. Ainsi, à côté des autorités latines qu'il maîtrise parfaitement, Ambroise lit les auteurs grecs : Philon, Origène, Plotin lui sont tout aussi familiers que ses contemporains Didyme ou les Pères

---

67. Sur la culture d'Ambroise, on doit consulter P. COURCELLE, *Recherches sur les* Confessions *de saint Augustin*, Paris, 1968, p. 93-153 et 311-382 et G. MADEC, *Saint Ambroise et la philosophie*, Paris, Études Augustiniennes, 1974.

68. Voir P. BROWN, *Le Renoncement à la chair, op. cit.*, p. 417-418.

cappadociens. En outre, comme le précise P. Brown, le rapport d'Ambroise à la culture classique, grecque ou latine, ne doit pas être pensé en termes d'admiration ou de rejet ; il s'agit plutôt d'une forme de condescendance. Ambroise utilise les écrits des philosophes avec d'autant moins de scrupules qu'il est convaincu que ces derniers se sont inspirés des Écritures [69]. La rhétorique des philosophes lui appartient, à lui qui sait la mettre au service d'un message autrement plus fondamental, la parole du Christ.

Très souvent, l'affect ambrosien désigne une disposition intérieure de l'âme (*affectus mentis*) [70], de quelque nature qu'elle soit, dans une acception proche de la *diathesis* grecque ou encore de la *qualitas mentis* quintilienne [71]. L'affect peut aussi renvoyer à un trait moral de la personnalité, sans connotation sensible particulière : c'est le cas pour Loth qui est cité en exemple pour son sens de l'hospitalité (*adfectum hospitalitatis*) [72]. Malgré tout, l'affect-disposition se rapporte la plupart du temps aux désirs et aux sentiments d'attachement. Ambroise utilise *affectus* pour évoquer des dispositions aussi différentes que le désir d'engendrer (*generationis affectu*) [73] ou l'amour de la patrie (*patriae adfectum*) [74]. On pourrait ainsi multiplier les exemples montrant que les vocables *affectus* et *affectio* chez Ambroise épousent toute l'étendue sémantique qu'ils avaient déjà chez les auteurs païens.

Par ailleurs, on trouve des références à l'affect dans des textes qui traitent de façon plus théorique de la psychologie. On y reconnaît aisément des éléments de la tradition philosophique, notamment dans *Les Devoirs* :

> Il existe en effet des mouvements (*motus*) de l'âme, dans lesquels il y a ce désir (*appetitus*) qui, comme une sorte d'élan (*impetus*), jaillit ; d'où son nom grec *hormè*, parce que par une sorte de force qui s'insinue, il se jette en avant. Il y a dans ces mouvements une sorte de force, qui n'est pas de peu d'importance, de l'âme et de la nature ; cette force toutefois est double, se trouvant d'une part dans le désir, de l'autre dans la raison dont le rôle est de retenir le désir, de le rendre obéissant à soi, de le mener où elle veut, et, comme par un enseignement attentif, de lui apprendre ce qu'il faut faire, ce qu'il faut éviter, de telle sorte qu'il se soumette à ce bon dresseur [75].

69. Voir P. Brown, *La Vie de saint Augustin*, Paris, Seuil, 1971, p. 93.

70. Voir Ambroise, *Traité sur l'Évangile de saint Luc*, tome I, texte traduit par G. Tissot, Paris, Cerf, 1971 (Sources Chrétiennes, n° 45 bis), V, 16, p. 188. Désormais abrégé en *TEL*.

71. Voir Ambroise, *Les Devoirs*, tome I, texte établi et traduit par M. Testard, Paris, Les Belles Lettres, 1984, livre I, 1, p. 95. Désormais abrégé en *LD*.

72. Voir Ambroise, *LD*, tome II, texte établi et traduit par M. Testard, Paris, Les Belles Lettres, 1992, livre II, 105, p. 56.

73. Voir Ambroise, *TEL*, tome I, I, 43, p. 69.

74. *Ibid.*, IV, 47, p. 169.

75. *Sunt enim motus in quibus est ille appetitus qui quasi quodam prorumpit impetu, unde graece* hormè *dicitur quod vi quadam serpente proripiat. Non mediocris in his vis animi atque naturae est ; quae tamen vis gemina est, una in appetitu, altera in ratione posita quae appetitum refrenet et sibi oboedientem praestet et ducat quo velit et tamquam sedulo magisterio edoceat quid fieri, quid evitari oporteat, ut bonae domitrici obtemperet.* Ambroise, *LD*, tome I, 228, p. 205-206.

On identifie facilement en filigrane la théorie psychologique stoïcienne, mais modifiée à travers le prisme néoplatonicien et chrétien puisque les deux puissances du désir et de la raison existent conjointement dans l'âme et doivent même assurer l'équilibre dynamique de l'être :

> Il existe de doubles mouvements de l'âme, ce sont les pensées et le désir : les uns sont les mouvements des pensées, les autres ceux du désir ; ils ne sont pas confondus mais distincts et différents. Les pensées ont pour fonction de rechercher le vrai et pour ainsi dire de le moudre, le désir pousse et excite à faire quelque chose. C'est pourquoi, par le genre même de leur nature, les pensées inspirent un calme tranquille, tandis que le désir suscite le mouvement et l'action. Ainsi donc nous avons été formés de telle sorte que la pensée de bons objets se présente à notre esprit, que le désir obéisse à la raison – si vraiment nous voulons faire porter l'attention de notre esprit à maintenir ce convenable – afin que l'affect envers quelque objet ne bannisse pas la raison, mais que la raison examine ce qui convient à la beauté morale [76].

La notion d'*affectus* apparaît connexe à celle d'*appetitus*. En outre, Ambroise procède à une relecture morale de la psychologie stoïcienne : pour lui, la légitimité du désir dépend uniquement de la valeur de la représentation initiale. Si l'objet représenté est bon, il est alors désirable. À nouveau, on trouve l'idée qu'un désir n'est pas redoutable en fonction de son intensité mais de son orientation. Néanmoins, Ambroise concède qu'un désir violent est potentiellement dangereux dans la mesure où il risque d'échapper au pouvoir régulateur de la raison et donc de se diriger vers un mauvais objet :

> Maître en morale, qui sait qu'on peut faire plier l'affect naturel, par la méthode d'un enseignement, plutôt qu'on ne peut l'arracher, [David] enseigne la morale. Cela signifie : Mettez-vous en colère quand il y a une faute contre laquelle vous devez vous mettre en colère [77].

En fait, Ambroise superpose plusieurs conceptions traditionnelles de l'affect, défini tantôt comme la puissance désirante de l'âme, dans une acception moralement non déterminée, tantôt comme un trouble dans l'âme. Il faut voir dans cette ambiguïté le vestige des théories philosophiques dont Ambroise s'inspire, mais aussi une référence à la doctrine du péché originel qui tient une place fondamentale dans son anthropologie [78]. En effet, si l'affect est une

---

76. *Sunt autem gemini motus, hoc est cogitationum et appetitus : alteri cogitationum, alteri appetitus; non confusi sed discreti et dispares. Cogitationes verum exquirere et quasi emolere muneris habent, appetitus ad aliquid agendum impellit atque excitat. Itaque ipso genere naturae suae et cogitationes tranquillitatem sedationis infundunt et appetitus motum agendi excutit. Ita ergo informati sumus ut bonarum rerum subeat animum cogitatio, appetitus rationi obtemperet – si vere ut illud decorum custodiamus, animum volumus intendere – ne rationem excludat rei alicujus adfectus sed ratio quid honestati conveniat, examinet.* AMBROISE, *LD*, tome I, livre I, 98, p. 143-144.

77. *Moralis magister qui naturalem adfectum infectendum magis ratione doctrinae quam exstirpandum noverit, moralia docet; hoc est : Irascimini ubi culpa est cui irasci debeatis.* AMBROISE, *LD*, tome I, livre I, 96, p. 142.

78. Voir P. BROWN, *Le Renoncement à la chair, op. cit.*, p. 420-425.

puissance naturelle dans l'âme au côté de la raison, il ne faut pas oublier qu'une des conséquences de la faute originelle a été de rendre cette puissance extrêmement vulnérable aux dérèglements. Il y a une propension de l'affect à déborder les cadres que lui impose la raison. Il arrive à Ambroise d'exprimer cette idée avec un vocabulaire très cicéronien :

> Nous devons donc nous garder de succomber aux passions (*perturbationes*) avant que la raison ne rassemble nos esprits. La colère ou la douleur ou la peur de la mort la plupart du temps paralysent en effet l'âme et la frappent d'un coup imprévu (*improviso ictu*). C'est pourquoi il est beau de prendre les devants par la réflexion dont le déroulement tiendra l'âme en haleine, afin qu'elle ne soit pas animée par des emportements (*commotionibus*) subits, mais que, maintenue par une sorte de joug et par les rênes de la raison, elle s'adoucisse[79].

On note même dans ce passage une allusion aux mouvements premiers involontaires. Ailleurs, Ambroise confirme l'idée qu'il y a un premier assaut spontané de l'affect :

> Ainsi donc, même si nous sommes irrités, parce que cet affect relève de la nature et non pas de notre pouvoir, ne proférons pas de notre bouche un mauvais discours de peur de nous précipiter dans le péché[80]...

Comme Lactance, Ambroise ne croit pas que le désir, même puissant, puisse représenter en soi un obstacle dans la quête de la vertu et du souverain bien. En revanche, on ne voit pas chez ce dernier le même optimisme qu'affichait le théologien africain, ou même encore Origène, à propos de l'autorité naturelle de la raison. Le péché originel a provoqué une fracture dans la nature humaine, et si le libre arbitre a été préservé, le désir quant à lui garde des séquelles de la faute[81]. Dès lors, chez Ambroise, la dualité de l'affect se confond avec le tiraillement dans l'homme entre l'esprit et la chair. Ainsi, dans *Noé et l'arche*, il oppose les passions impures du corps, assimilées à des serpents venimeux, aux passions légitimes, désignées par le terme *affectus* : « car tout affect autre que les convoitises de la délectation désordonnée est sans doute une passion, mais une bonne passion[82] ».

---

79. *Cavere igitur debemus ne in perturbationes prius incidamus quam animos nostros ratio componat; examinat enim mentem plerumque aut ira aut dolor aut formido mortis et improviso percellit ictu. Ideo praevenire pulchrum est cogitatione quae volendo mentem exerceat ne repentinis excitetur commotionibus sed jugo quodam rationis et habenis adstricta mitescat.* AMBROISE, *LD*, tome I, I, 97, p. 143.

80. *Ergo etsi irascimur, quia adfectus naturae est non potestatis, malum sermonem non proferamus de ore nostro ne in culpam ruamus...* AMBROISE, *LD*, tome I, I, 13, p. 101.

81. P. BROWN parle de la « cicatrice » que représente la sexualité pour Ambroise, voir *Le Renoncement à la chair, op. cit.*, p. 424. En complément, voir B. McGINN, *The Presence of God : a History of Western Christian Mysticism*, vol. I, *The Foundation of Mysticism. Origins to the Fifth Century*, Londres, SCM Press, 1991, p. 214.

82. *Omnis enim affectus qui est praeter deformis delectationis illecebram, passio quid est, sed bona passio.* AMBROISE, *De Noe et arca*, *PL* 14, col. 402. Sur les passions du corps et de l'âme chez AMBROISE, voir en complément *De Jacob et beata vita*, *PL* 14, col. 600-601.

On entrevoit pour la première fois l'armature sémantique de l'affect chrétien telle qu'elle sera transmise à la culture médiévale. À ce stade de l'analyse, on peut tenter de mieux comprendre comment s'effectue l'articulation entre l'héritage philosophique et l'anthropologie chrétienne. Il apparaît tout d'abord que les auteurs chrétiens retiennent de la tradition philosophique trois acceptions de la notion d'affect. Le premier sens est le plus ouvert, c'est l'affect-*diathesis* qui a fini d'ailleurs par se confondre avec l'*hormè*-inclination de l'âme des stoïciens : cet affect correspond au dynamisme sensible de l'âme et renvoie à la définition de Lactance de «fécondité naturelle de l'âme». Les deux autres acceptions proviennent directement de la philosophie des passions. Alors, l'affect chrétien penche, suivant le contexte, soit du côté du concept de *propatheia-primus motus*, soit du côté du concept de *pathos-perturbatio*. Parallèlement, le christianisme élabore une anthropologie qui distingue l'affect en tant que puissance spirituelle, neutre moralement et naturellement bonne puisque créée par Dieu, et l'affect en tant qu'acte où s'exprime la dialectique post-adamique de l'homme déchiré entre les tentations de la chair et le désir de Dieu.

Le processus d'élaboration de l'affect chrétien résulte donc de l'interaction entre ces deux constructions, que nous séparons dans un souci analytique, mais qui constituent une seule réalité culturelle. L'affect comme puissance, tel qu'il est construit par l'anthropologie chrétienne, intègre les propriétés de la *diathesis* et de l'*hormè* hellénistiques. En outre, dans la mesure où il est pensé comme une fécondité, une exubérance naturelle de l'âme, le dynamisme affectif possède une dimension spontanée et nécessaire qui le rapproche du préaffect involontaire. Le désir de Dieu, comme forme purifiée de mouvement affectif, entretient lui aussi une affinité avec la *diathesis-hormè*, au sens où il apparaît comme un mouvement qui suit la vraie nature restaurée de l'homme, conforme à sa ressemblance divine. Enfin, la forme mauvaise d'impulsion affective est assimilée à l'aliénation de la passion antique, mais elle épouse également des éléments du préaffect qui prend alors le visage de la tentation, parfois sous les traits du démon.

Ainsi, dans le nouveau contexte chrétien, l'affect devient le lieu stratégique où se joue la destinée de l'homme pécheur. L'affect de l'homme, dit Ambroise, a été formé pour tendre spontanément vers le bien ; déformé par le péché originel, il doit désormais être réformé à travers un engagement complet de l'être, par l'esprit et par le corps[83]. Ambroise va même plus loin en affirmant que toute institution humaine sera jugée à l'aune de l'affect. L'affect se confond avec l'identité existentielle de l'individu : tel est l'affect, tel est le sujet vivant[84]. Il n'y a pas de contradiction, ni même de séparation, entre l'affect-*diathesis*, dans son acception la plus large, et l'affect-désir : tout dépend simplement de la nature de l'objet, s'il est identifié précisément et avec quelle force il est visé.

---

83. Voir Ambroise, *LD*, tome II, III, 76, p. 117 ou tome II, II, 110, p. 59.
84. Voir Id., *TEL*, tome I, IV, 31, p. 162.

Ambroise réitère l'idée admise depuis Lactance selon laquelle c'est l'orientation de l'affect qui donne leur valeur aux actions, qu'elles participent du
spirituel ou du temporel. La rectitude de l'affect prend alors les traits d'une
bataille dans l'âme entre les tentations du démon et les conseils de la raison
éclairée par la grâce. L'intelligence est bien présente, mais la primauté et
l'antériorité existentielle reviennent à l'affect. Si l'intelligence est mauvaise
conseillère, c'est parce que la puissance de l'affect était dès l'origine mal
orientée. L'affect exprime ainsi la capacité de l'individu à participer à son
salut, malgré sa faiblesse intrinsèque et les tentations démoniaques auxquelles
il est exposé.

Pour l'évêque Ambroise, la révélation chrétienne fonde conjointement un
homme nouveau et un empire nouveau : l'affect pur du saint est le feu sacré
de la cité de Dieu. Au départ, il y a l'infusion divine en l'homme : «Oui, le
Seigneur entre volontiers et repose dans l'affect de celui qui a cru [85]». Qu'est-
ce alors que la foi sinon une droite orientation de l'affect vers la source
d'illumination?

> Ainsi donc la foi a la vie éternelle parce qu'elle est le bon fondement,
> les bonnes actions ont aussi la vie éternelle parce que l'homme juste est
> éprouvé à la fois par ses paroles et par ses actes. [...] À l'inverse égale-
> ment, se montrer empressé dans les œuvres et infidèle dans l'affect, c'est
> comme si l'on voulait, sur un fondement défectueux, élever de belles
> et hautes constructions : plus on a monté l'édifice, plus il s'écroule, car
> sans l'assise de la foi, les œuvres ne peuvent subsister [86].

Dans ce monde nouveau, il n'est pas recommandé de retenir ou de masquer
ses émotions; au contraire, le chrétien qui se convertit par l'affect doit
professer sa foi au monde par l'affect : «Soyons tels que nous voulons qu'on
nous considère, et découvrons notre affect tel que nous l'éprouvons [87]». Dans
le même sens, c'est l'orientation de l'affect qui pose les bases de l'amitié entre
tous les ministres de Dieu, ainsi qu'Ambroise l'écrit à ses clercs :

> Aimez-vous mutuellement. Rien de plus doux que la charité, rien de
> plus agréable que la paix. Et vous-mêmes, vous savez que, plus que tous
> les autres, toujours, je vous ai chéris et vous chéris : comme les fils d'un
> même père, vous avez grandi dans un affect de fraternité [88].

---

85. *Itaque dominus libenter ingreditur et in ejus qui crediderit recumbit adfectu.* AMBROISE, *TEL,*
tome I, V, 16, p. 188-189.

86. *Habet ergo vitam aeternam fides quia fundamentum est bonum, habent et bona facta quia*
vir justus et dictis et rebus probatur. [...] Contra quoque strenuum esse in operibus, adfectu
infidum, ita est ac si vitioso fundamento pulchra culminum velis elevare fastigia : quo plus
struxeris, plus corruit, quia sine munimento fidei opera non possunt manere. AMBROISE, *LD,* tome
II, II, 7, p. 13.

87. *Quales haberi volumus, tales simus et qualem adfectum habemus, talem aperiamus.*
AMBROISE, *LD,* tome II, II, 96, p. 52-53.

88. *Amate vos invicem. Nihil caritate dulcius, nihil pace gratius. Et vos ipsi scitis quod prae*
ceteris vos semper dilexi et diligo : quasi unius patris coaluistis in adfectu germanitatis. AMBROISE,
LD, tome II, II, 155, p. 78-79.

Finalement, ne peut-on pas voir dans l'affect ce lien naturel entre la romanité et la nouvelle identité chrétienne? C'est le cas par exemple lorsque l'évêque dénonce l'expulsion des pérégrins de Rome et les spéculations sur le blé :

> Rien de plus laid que cela : repousser l'homme comme étranger et réclamer le blé comme sien. Pourquoi chasses-tu celui qui se nourrit de son propre blé? Pourquoi chasses-tu celui qui te nourrit? Tu retiens l'esclave, mais tu expulses le parent! Tu reçois le blé, mais tu ne partages pas l'affect[89]!

Ambroise place ainsi l'affect non seulement au cœur de l'intelligibilité de la personne chrétienne mais aussi au cœur de l'édification de l'empire catholique. Dans le même temps, il fonde les critères d'une nouvelle aristocratie qui doit rassembler ceux qui sont prêts à payer le prix d'une éducation vertueuse de l'affect.

Jérôme : la malédiction de la chair

La vie et l'œuvre de Jérôme témoignent sur un plan personnel du drame qui se joue au IVe siècle, autour du bassin méditerranéen, entre le christianisme occidental et le christianisme oriental [90]. Ce Latin, qui a appris le grec à Antioche, acquiert l'expérience du désert assez jeune, vers l'âge de trente ans, en Syrie entre 375 et 377. Il se rend ensuite à Constantinople où il devient l'auditeur des Cappadociens, notamment de Grégoire de Nazianze. En 382, il est à Rome auprès du pape Damase. Là, son discours d'ascète intransigeant, qui regarde avec condescendance le clergé romain, trouve un écho favorable dans certains cercles féminins de l'aristocratie en quête d'une direction morale plus rigoureuse. Le modèle monastique importé d'Orient fascine. Pour ces femmes savantes de Rome, pour les veuves Marcella ou Paula, qui sont aussi ses protectrices, Jérôme traduit les *Homélies sur le Cantique des cantiques* d'Origène, son maître à penser d'alors. Quand il retourne en Orient en 385, après la mort de Damase, Paula et sa fille Eustochium le suivent et l'aident à fonder un petit monastère à Bethléem où d'autres dames romaines viennent bientôt les rejoindre. Pendant quelques années encore, Jérôme prête sa voix pour porter loin l'écho de l'école d'Alexandrie et des Pères cappadociens.

Pour Origène, mais aussi pour Rufin ou Évagre, l'ennemi est fort qui se sert du corps pour chercher à anéantir l'esprit. Mais le sage n'est pas sans arme : qu'il impose sa loi au corps par l'ascèse et il pourra goûter les délices d'une libération totale. La perfection ne peut être atteinte qu'au prix d'un exploit,

---

89. *Nihil hoc turpius : excludere quasi alienum et exigere quasi suum. Quid illum eicis qui de suo pascitur? Quid illum eicis qui te pascit? Servum retines, trudis parentem! Frumentum suscipis nec adfectum impertis!* AMBROISE, *LD*, tome II, III, 49, p. 105.

90. La biographie de référence sur Jérôme est celle de J.N.D. KELLY, *Jerome : His Life, Writings, and Controversies*, Peabody, Massachusetts, Hendrickson Publishers, 2000 [1ère édition, 1975]. En complément, voir P. BROWN, *Le Renoncement à la chair*, *op. cit.*, p. 439-463.

mais l'ascète chrétien possède justement la force et l'endurance de l'athlète. Au milieu des années 390, Jérôme, après Tertullien et Ambroise, finit cependant par rejeter à son tour cette vision dure, sèche mais confiante de l'homme. Le divorce avec l'ancien compagnon Rufin est inévitable, comme l'est la dénonciation des illusions de l'apathie évagrienne [91]. Jérôme rejoint alors cette «génération de saint Paul [92]» qui marque l'Église latine à la fin du IVe siècle et pour qui la chair est une plaie béante de la personne humaine. La vie ici-bas est un combat entre la chair et l'esprit qui ne s'achève qu'avec la mort. En attendant cette délivrance, la mort au monde doit prendre la place de l'impassibilité dans l'idéal du chrétien. Le rigorisme de Jérôme se crispe ainsi sur le danger permanent de la sexualité, donc sur la tentation que représente la femme car, comme le rappelle P. L'Hermite-Leclercq, «c'est par elle que la mort est entrée dans le monde et le péché originel lié au sexe [93]». Puisqu'il faut impérativement clore le corps, Jérôme instaure une hiérarchie stricte des états où culmine la virginité. Le vrai visage du christianisme latin est en train de prendre forme. C'est un visage marqué par la conscience que la perfection n'est pas accessible sur terre parce que l'homme est une créature malade du péché originel, ce virus qu'il porte en lui dès la naissance et qu'il transmet en procréant. C'est pourquoi, si tant est qu'il puisse recouvrer une partie de sa santé spirituelle, il le fera en luttant farouchement contre les désirs de la chair. C'est dans ce contexte polémique qu'il faut envisager la place qu'occupe le concept d'affect dans les écrits de Jérôme.

Pour Jérôme aussi, l'affect représente la capacité de mouvement de l'âme (*affectus mentis*) [94], une puissance naturelle sans laquelle l'esprit ne pourrait vivre : «il est difficile que l'âme humaine soit sans amour, il faut nécessairement qu'elle soit entraînée par quelque affect [95]». En ce sens, tout autant que chez Ambroise, l'affect pour Jérôme est le centre névralgique de la personne : c'est par l'affect que l'homme se perd, c'est aussi par l'affect qu'il peut participer à son salut [96]. Chez Jérôme, *affectus* ou *affectio* renvoient presque systématiquement à un mouvement de l'âme accompagné de plaisir ou de douleur et, par extension, aux élans désirants ainsi qu'aux sentiments d'attachement. La notion d'affect est ainsi rarement employée dans le sens neutre

---

91. Voir R. Sorabji, *Emotion and Peace of Mind, op. cit.*, p. 396.

92. P. Brown, *La Vie de saint Augustin, op. cit.*, p. 177.

93. P. L'Hermite-Leclercq, *L'Église et les femmes dans l'Occident chrétien. Des origines à la fin du Moyen Âge*, Paris, Brepols, 1997, p. 52.

94. Voir Jérôme, *Lettres*, tome VII, texte établi et traduit par J. Labourt, Paris, Les Belles Lettres, 1961, CXXV, 15, p. 127. Pour la concordance dans les *Lettres*, que nous avons utilisées en priorité, voir *Index in S. Hieronymi epistulas*, J. Schwind (éd.), Olms-Weidmann, Hildersheim, Zürich-New York, 1994, p. 52.

95. *Difficile est humanam animam aliquid non amare, et necesse est ut in quoscumque mens nostra trahatur affectus.* Jérôme, *Lettres*, tome I, texte établi et traduit par J. Labourt, Paris, Les Belles Lettres, 1982, XXII, 17, p. 126-127.

96. Voir Jérôme, *Lettres*, tome I, XXI, 7, p. 90. Chez Ambroise de Milan, voir *TEL*, tome V, 16, p. 188.

de disposition de l'âme. L'affect désigne par exemple le sentiment d'attachement qui résulte des liens du sang (*affectus sanguinis*)[97] et toutes les formes
d'affection entre les personnes [98]. Dans sa correspondance, l'expression d'un
affectus envers le destinataire devient presque un *topos*, comme c'est le cas
aussi chez Augustin [99]. Parfois, *affectus* est synonyme de douleur psychologique, ainsi lorsque Jérôme console Paula de la mort de sa fille Blésilla : «je
confesse mes affects : tout cet ouvrage est écrit avec des larmes [100]». En
somme, l'affect pour Jérôme désigne l'organe de la sensibilité de l'âme ainsi
que l'ensemble des désirs, émotions ou sentiments qui en émane, que leurs
objets soient spirituels ou charnels.

Cependant, il est également question d'*affectus* dans des contextes explicitement reliés au débat stoïcien concernant le début de la passion. Ces
passages méritent qu'on s'y intérèse plus précisément. La référence principale provient du *Commentaire sur l'Évangile de Matthieu* :

> «Celui qui regarde une femme avec convoitise a déjà commis l'adul
> tère avec elle en son cœur» (Matth., 5, 28). La différence entre le
> *pathos* et la *propatheia*, c'est-à-dire entre la passion et la prépassion,
> la voici : la passion est considérée comme un vice tandis que la
> prépassion – bien qu'elle contienne la faute en son origine – n'est
> cependant point considérée comme un péché. Donc celui qui, «voyant
> une femme» sent son âme chatouillée, celui-là éprouve le choc de la
> prépassion. Consent-il à la faute, transforme-t-il en affect ce qui n'était
> qu'une pensée, selon ce qui est écrit par David : «Ils en sont venus à
> l'affect du cœur» (Ps. 72), le voici passé de la prépassion à la passion
> et ce n'est point la volonté de pécher qui lui manque mais l'occasion.
> Donc quiconque «regarde une femme avec convoitise», c'est-à-dire
> d'un regard tel qu'il en vient à la convoiter, à se disposer à passer à
> l'acte, à juste titre on dit qu'«il a commis avec elle l'adultère en son
> cœur [101]».

---

97. Voir Jérôme, *Lettres*, tome I, XXII, 21, p. 132.

98. Voir par exemple tome VI, CXVII, 5, p. 81 (*uxoris affectus*) ; CXVIII, 2, p. 89 (*affectus parentis*) ; CXXV, 7, p. 119 (*matris affectus*) ; tome VII, CXXX, 16, p. 187 (*affectus caritatis*).

99. Voir par exemple Jérôme, *Lettres*, tome I, IX, 1.

100. *Confiteor affectus meos, totus hic liber fletibus scribitur.* Jérôme, *Lettres*, tome II, texte établi et traduit par J. Labourt, Paris, Les Belles Lettres, 1951, XXXIX, 2, p. 73. On trouvera un commentaire précieux de cette bien cruelle consolation dans P. L'Hermite-Leclercq, *L'Église et les femmes*, *op. cit.*, p. 55-56.

101. «*Qui viderit mulierem ad concupiscendum eam, jam moechatus est eam in corde suo*». *Inter* pathos *et* propatheia, *id est inter passionem et propassionem, hoc interest quod passio reputatur in vitio, propassio (licet initii culpam habeat) tamen non tenetur in crimine. Ergo qui viderit mulierem et anima ejus fuerit titillata, hic propassione percussus est; si vero consenserit et de cogitatione affectum fecerit, sicut est in David :* «*Transierunt in affectum cordis*», *de propassione transivit et passionem et huic non voluntas peccandi deest, sed occasio. Quicumque igitur viderit mulierem ad concupiscendum, id est si sic aspexerit ut concupiscat, ut facere disponat, iste recte moechatus eam dicitur in corde suo.* Jérôme, *Commentaire sur saint Matthieu*, tome I, texte établi et traduit par É. Bonnard, Paris, Cerf, 1977 (Sources Chrétiennes, n° 242), I, 5, 28, p. 118-119. Désormais abrégé en *CM*.

On ne saurait être surpris de lire sous la plume de Jérôme cette transposition chrétienne de la théorie des *propatheiai* sachant que de tels thèmes ont été aussi traités par Origène ou encore Rufin [102]. Il faut noter cependant que le *Commentaire sur l'Évangile de Matthieu* date de 398, alors que Jérôme est en pleine crise de rejet de son passé origéniste et qu'il a déjà rompu avec Rufin et son entourage [103]. Ici, Jérôme traduit *pathos* par son décalque latin *passio*, un choix qui n'est pas très fréquent étant donné la prégnance du vocabulaire cicéronien (*perturbatio, commotio, affectio*) et sénèquien (*affectus*) chez beaucoup d'auteurs latins. Par ailleurs, il rend *propatheia* par *propassio* ou par *antepassio* [104]. Jérôme utilise ce même terme de *propassio* pour évoquer les moments d'angoisse de Jésus avant la Passion [105]. Il apparaît ainsi pour Jérôme qu'une âme titillée par une pensée (*cogitatio*) salace subit un premier assaut de la tentation qui n'est pas encore un péché. Pour autant, la prépassion ainsi définie n'est pas un choc irrépressible dû à une nécessité naturelle : elle constitue déjà une faute dans la mesure où elle est liée à une pensée moralement répréhensible. La responsabilité de l'homme est donc impliquée. En fait, la prépassion n'est pas autre chose pour la créature qu'une conséquence du péché originel qui a rendu l'homme définitivement sensible au trouble de la passion. En revanche, il appartient à l'homme pécheur de ne pas sombrer dans le vice (*vitium*) de la passion (*passio*) qui est qualifiée par Jérôme d'*affectus*. On a affaire alors au seul lien explicite entre la théorie antique de l'affect-passion et une des occurrences bibliques d'*affectus* [106]. Surtout, le fait qu'*affectus* soit le terme choisi pour exprimer à la fois le désir et la passion favorise le glissement de l'un à l'autre, comme si la sémantique venait prêter main forte à l'anthropologie sombre de l'ascète de Bethléem. C'est exactement l'effet recherché.

Comment se fait le passage de la prépassion à l'affect-passion? Jérôme explique que c'est par un accord de la volonté :

> «Si ton œil droit te scandalise», etc. (Matth. 5, 29). Il venait de parler plus haut de la concupiscence à l'égard de la femme, aussi, à juste titre a-t-il appliqué alors le mot œil à la pensée, au sentiment qui volette d'un objet à l'autre. La main droite et les autres parties du corps figurent les premiers mouvements de la volonté et de l'affect qui tendent à nous faire réaliser en acte ce que nous avons conçu en pensée. Prenons

---

102. Sur la prépassion chez Jérôme, voir R. SORABJI, *Emotion and Peace of Mind, op. cit.*, p. 352-355.

103. Pour la datation du *Commentaire sur saint Matthieu*, voir J.N.D. KELLY, *Jerome, op. cit.*, p. 222. La date est confirmée dans *Lexikon der Antiken Christlichen Literatur*, S. DÖPP et W. GEERLINGS (éd.), Freiburg im Breisgau, Herder, 1999, p. 287.

104. Voir JÉRÔME, *Lettres*, tome IV, texte établi et traduit par J. LABOURT, Paris, Les Belles Lettres, 1957, LXXIX, p. 104.

105. Voir JÉRÔME, *CM*, tome I, I, 28, p. 118 et p. 118-119, note 45.

106. Pour d'autres références au psaume 72 chez JÉRÔME, voir *Lettres*, tome VIII, texte établi et traduit par J. LABOURT, Paris, Les Belles Lettres, 1963, CXLVII, 1, p. 120 et 2, p. 121.

donc garde que la meilleure partie de nous-mêmes ne se laisse aller rapidement au vice [107].

Tout en étant du côté de la passion, l'affect se trouve irrémédiablement lié à la volonté. On a ici les prémices d'une identification entre l'affect et la volonté qui va jouer un rôle essentiel dans l'évolution chrétienne du concept. En outre, si Jérôme reconnaît des degrés dans l'ordre du péché, il réduit le champ d'application de la prépassion à la portion congrue : elle n'est qu'une pensée furtive, un embryon de désir. Dès qu'il y a désir constitué, il y a d'une façon ou d'une autre un consentement de la volonté, donc un risque potentiel de verser dans le vice de l'affect-passion. C'est ainsi qu'il faut comprendre la parole de Matthieu comme quoi un regard de convoitise est un adultère dans le cœur.

Avec Jérôme, le concept d'affect, fort de sa capacité d'intégration de tous les aspects de la volition, est devenu un instrument au service d'une anthropologie angoissée – bien loin de la dialectique lumineuse de Lactance – où chaque désir est une volonté soupçonnée de comploter contre le sujet même qui l'a fait naître. Si les affects portent en eux la promesse de la dignité restaurée de l'homme, ils sont avant tout dans l'âme les stigmates du péché.

Jean Cassien : la domestication affective

Originaire d'une famille chrétienne aisée de Scythie mineure, Cassien choisit, après des études classiques, la vie monastique qu'il mène d'abord à Bethléem, au début des années 380 [108]. Mais, pour un moine de sa génération, la grande expérience à vivre, c'est celle du désert d'Égypte. Il s'y rend donc avec son ami Germain, jusqu'à la solitude de Scété, afin de bénéficier de l'enseignement de Macaire et de Pafnuce. Non loin de là, à Nitrie, Cassien a sans doute aussi rencontré Évagre le Pontique. Les temps sont durs pour les partisans d'Origène dans ces dernières années du siècle. Les accusations d'origénisme ont suffi à chasser plus d'un moine d'Égypte. Cassien, toujours en compagnie de Germain, se rend alors à Constantinople où il se place sous la protection de Jean Chrysostome. C'est sans doute pour défendre la cause de leur évêque que les deux hommes partent pour Rome en 405. Cassien y reste finalement une dizaine d'années avant de s'installer à Marseille où il fonde deux monastères, l'un pour des moines, l'autre pour des nonnes. C'est à l'intention de ses moines qu'il écrit les *Institutions*, vers 417-418 [109], dans lesquelles il livre sa

---

107. «*Quod si oculus tuus dexter scandalizat te*», *et reliqua. Quia supra de concupiscentia mulieris dixerat, recte nunc cogitationem et sensum in diversa volitantem oculum nuncupavit. Per dextram autem et ceteras corporis partes, voluntatis et affectus initia demonstrantur, ut quod mente concipimus opere compleamus. Cavendum est igitur ne quod in nobis optimum est cito labatur in vitium.* Voir JÉRÔME, *CM*, tome I, I, 5, 29, p. 118-121.

108. Sur Cassien, voir en premier lieu C. STEWART, *Cassian the Monk*, Oxford University Press, 1998 (Oxford Studies in Historical Theology) et E. PICHERY, «Introduction», dans JEAN CASSIEN, *Conférences*, texte établi et traduit par E. PICHERY, Paris, Cerf, 1966 (Sources Chrétiennes, n° 42), p. 7-23.

109. Voir JEAN CASSIEN, *Institutions cénobitiques*, texte établi et traduit par J.-CL. GUY, Paris, Cerf, 1965 (Sources Chrétiennes, n° 109).

conception d'un monachisme inspiré de l'érémitisme égyptien qui constitue à ses yeux la véritable *catholica regula*, la règle de vie qui crée une communauté d'*affectio* pour tous les moines où qu'ils soient[110]. Les *Conférences*, rédigées dans les années 420, dessinent un itinéraire plus contemplatif où l'ascèse individuelle conduit à une élévation spirituelle dans l'expérience de la charité.

Le large écho que les écrits de Cassien recevront dans le monachisme médiéval provient en grande partie des recommandations que l'on trouve dans la *Règle* de Benoît, qui s'en inspire plus d'une fois[111]. Une telle postérité n'était pas acquise d'avance au regard des fidélités origéniste et évagrienne de leur auteur, en particulier en ce qui concerne la question du contrôle des émotions. Cassien n'emploie jamais le terme d'*apatheia* mais le but de l'ascèse monastique demeure pour lui la tranquillité de l'âme (*tranquillitas mentis*)[112], notion qu'il entend dans le sens nouveau inspiré de l'école d'Alexandrie : le combat ascétique auquel l'abbé exhorte ses moines doit avoir pour issue victorieuse la pureté du cœur. C'est un combat qui ne se gagne pas par une cautérisation généralisée des désirs, reconnaît Cassien, mais par l'anéantissement de l'esprit de fornication.

Dans la liste cassienne des huit vices que l'on trouve dans la cinquième conférence[113], la fornication tient une place stratégique[114]. Ces vices sont dépendants les uns des autres : la fornication s'allume corporellement par la gourmandise et favorise le surgissement d'autres vices comme l'avarice, la colère, l'acédie ou la paresse. Même l'orgueil, vice de l'illusion de la victoire sur les vices, est cause de la fornication bien qu'il ne soit aucunement lié au corps. Cassien conçoit au moins trois espèces de fornication : l'union de la femme et de l'homme, la masturbation et la convoitise des pensées et désirs selon le verset de Matthieu, 5, 28 déjà commenté par Jérôme[115]. En outre, il met en place plusieurs techniques de mortification : la mortification du corps pour tuer les passions du corps et la mortification de l'esprit pour tuer les mauvais désirs de l'esprit. Cassien établit alors dans la douzième conférence un itinéraire de conquête de la chasteté en six étapes : la première est une

---

110. Voir A. DE VOGÜÉ, «Monachisme et Église dans la pensée de Cassien», dans *Théologie de la vie monastique. Études sur la tradition patristique*, Paris, Aubier, 1961 (coll. Théologie, n° 49), p. 235-236.

111. Voir E. PICHERY, «Introduction», dans JEAN CASSIEN, *Conférences*, SC 42, p. 68. La *Règle* de BENOÎT conseille la lecture de Cassien aux chapitres 42 et 73.

112. Voir JEAN CASSIEN, *Conférences*, SC 42, I, VII, p. 85. Sur l'apathie chez Cassien, voir M. SPANNEUT, «L'impact de l'*apatheia* stoïcienne», art. cité, p. 51.

113. Les autres vices sont la gourmandise, l'avarice, la colère, la paresse, l'acédie, la vaine gloire et l'orgueil. Voir JEAN CASSIEN, *Conférences*, SC 42, cinquième conférence sur les «Huit principaux vices», p. 188-217.

114. Voir M. FOUCAULT, «Le combat de la chasteté», dans *Communications*, n° 35 : *Sexualités occidentales*, mai 1982, p. 15-25 ; cité dans M. FOUCAULT, *Dits et écrits II, 1976-1988*, D. DEFERT et F. EWALD (éd.), Paris, Gallimard, 2001 (coll. Quarto), p. 1114-1127.

115. Voir JEAN CASSIEN, *Conférences*, SC 42, V, XI, p. 200.

victoire contre les passions qui submergent la volonté, la seconde consiste à ne plus s'arrêter sur les pensées voluptueuses, la troisième à ne plus être prisonnier de la convoitise, la quatrième correspond à une maîtrise des impulsions charnelles à l'état de veille, la cinquième permet à l'esprit d'envisager l'image de l'acte sexuel sans être affecté et la sixième réside dans le fait de ne même plus faire de rêves érotiques. Comme le souligne M. Foucault, cette conception des différentes formes de fornication montre que la question de la chair n'est envisagée par Cassien ni dans l'acte, ni dans la relation avec autrui : c'est un combat contre soi-même. Par ailleurs, loin de tout dualisme, l'esprit de fornication comprend dans une même réalité existentielle tout le dynamisme de l'être, du corporel au spirituel, du conscient à l'inconscient, du volontaire à l'involontaire. La notion d'affect chez Cassien se confond avec cette puissance qui intègre tous les niveaux d'être au monde, avec la dynamique de l'existence dans ses aspects multiformes. L'affect cassinien correspond au positionnement existentiel de l'être qui, dans le contexte chrétien, doit se lire selon une orientation charnelle ou spirituelle. Certes, on rejoint le sens commun d'*affectus* comme disposition de l'être, ce qui dans l'âme est force de mouvement : Cassien parle tout aussi bien d'affect de la vertu (*virtutis affectus*) [116], d'affect de la charité (*caritatis affectus*)[117] que d'affect charnel (*carnalis affectus*) [118] ou d'affect de componction (*conpunctionis affectus*) [119]. *Affectus* ne désigne dans ces exemples que l'élément dynamique de chaque disposition intérieure. Cette acception est totalement indépendante du discours sur les passions, si bien que Cassien peut évoquer les affects des passions charnelles (*carnalium passionum affectus*) [120], voire l'affect de la tranquillité (*tranquillitatis affectus*) [121]. Néanmoins, la notion d'affect continue de s'appliquer aux élans sensibles élémentaires selon des listes qui empruntent au stoïcisme [122]. Parfois aussi, l'*affectus* désigne explicitement la passion qui aliène l'âme et conduit au vice [123]. L'affect peut encore qualifier l'origine de tous les élans désirants, l'organe de l'affectivité [124].

Ces différentes ramifications de l'affect chrétien sont bien identifiées. En revanche, dans ce paysage, il devient de plus en plus difficile d'isoler telle ou telle acception pour la rattacher à un emploi clairement circonscrit de la tradition gréco-romaine. On assiste à un processus de fusion entre l'affect-passion, l'affect-disposition de l'âme, voire l'affect-mouvement de la volonté, qui ne

---

116. Voir JEAN CASSIEN, *Conférences*, texte établi et traduit par E. PICHERY, Paris, Cerf, 1966 (Sources Chrétiennes, n° 54), XI, VIII, p. 108.
117. *Ibid.*, SC 54, XIII, XVII, p. 179.
118. *Ibid.*, SC 42, I, XV, p. 98.
119. *Ibid.*, SC 54, IX, XXVIII, p. 63.
120. *Ibid.*, SC 54, XIV, XVI, p. 205.
121. *Ibid.*, SC 64, XVIII, XVI, p. 31.
122. *Ibid.*, SC 42, I, XIV, p. 95.
123. *Ibid.*, SC 42, III, VI, p. 145.

correspond pas à un appauvrissement sémantique mais obéit à une logique religieuse, déjà perceptible chez Ambroise ou Jérôme et véritablement mise en lumière dans le contexte de l'enseignement monastique de Cassien. L'ascèse cassinienne porte sur tous les éléments, corporels, cognitifs, volontaires et pulsionnels de la personne. C'est au travers de cette mobilisation générale que se joue le combat entre l'esprit de fornication et la chasteté. L'affect, oscillant entre pollution et pureté au gré des victoires ou des défaites, est le fléau de la balance de l'être qui détermine son sort spirituel. Cassien participe de cette élaboration de l'anthropologie latine qui place la puissance affective au centre de l'être et de l'existence chrétiens. En outre, il pousse loin l'obligation de l'exégèse de soi afin de purifier l'affect, puisque même le domaine des rêves est érigé en champ de bataille. Le stoïcisme impérial classait l'involontaire du côté de l'inévitable. Pour Cassien, cette solution n'est plus acceptable : tout affect tombe sous le coup de la responsabilité personnelle, même s'il y a des hiérarchies à faire, car il n'est pas de démon qui puisse faire du mal si l'esprit affaibli ne lui a pas au préalable ouvert la voie[125].

Certes, Cassien est nettement plus optimiste que Jérôme, dans la mesure où il fait la part du volontaire et de l'involontaire, et où il élabore une stratégie positive d'éradication des mauvaises impulsions, même involontaires. On peut y voir l'expression d'un semi-pélagianisme, qui connaît une certaine postérité dans la pensée chrétienne, par exemple chez Césaire d'Arles ou Cassiodore. Il n'empêche qu'Ambroise, Jérôme ou Cassien se rejoignent en posant les bases d'une morale chrétienne qui implique «une objectivisation indéfinie de soi par soi[126]», c'est-à-dire une obligation pour l'individu d'explorer continûment, et toujours plus profondément, le mouvement des pensées et des désirs. La traque intérieure est devenue le mode d'existence du chrétien, à tel point que la vie monastique apparaît comme la seule option permettant d'espérer une issue victorieuse. La modélisation chrétienne de l'affect est au cœur de ce processus.

L'affect selon Augustin

«Quia eram filius Adam»

Augustin est un converti. Pour Ambroise, Jérôme ou Cassien, la foi chrétienne a toujours été une évidence. Ces hommes ont hérité sans batailler de cette «sainte arrogance» (*superbia sancta*) dont parle Jérôme[127], qui les a placés presque naturellement, en suivant la pente de leur éducation et de leur milieu, aux avant-postes de l'Église catholique. Pour Augustin, même s'il est né dans

---

124. Voir Jean Cassien, *Conférences*, SC 54, XII, XII, p. 141.

125. *Ibid.*, SC 42, VII, XXII-XXIV, p. 265-267.

126. Voir M. Foucault, «Le combat de la chasteté», art cité, p. 1126.

127. Voir Jérôme, *Lettres*, tome I, XXII, 16, p. 125 ; cité dans P. Brown, *Le Renoncement à la chair, op. cit.*, p. 440.

un foyer chrétien, la foi est une conquête, une ultime exploration qui met un terme à ce qui sera analysé par l'homme lui-même comme une longue errance. Car, avant d'échouer dans le jardin de Milan, et de connaître là sa dernière conversion, le talentueux enfant de Thagaste a vécu une odyssée intérieure. Son esprit a été ballotté au gré des doctrines séduisantes qui circulent alors en Méditerranée occidentale. Il a moins de vingt ans lorsqu'il découvre l'*Hortensius* de Cicéron qui lui donne le goût de la quête de la sagesse[128]. On sait de cet ouvrage perdu qu'il s'agit d'un protreptique, un discours de conversion à la philosophie, genre bien établi dans l'Antiquité classique. Cette première conversion déjà est une conversion de l'affect pour Augustin :

> cette lecture transforma mon affect ; elle tourna vers vous mes prières Seigneur ; elle rendit tout autres mes vœux et mes désirs[129].

La dimension religieuse de cette incitation à la sagesse s'impose au jeune Augustin. Il se dit que le christianisme est peut-être l'aboutissement de la sagesse classique et se plonge dans la lecture de la Bible, en commençant par l'Ancien Testament. Mais le médiocre latin des traductions africaines, les récits violents et contradictoires qu'il découvre lui font repousser rapidement ce livre indigne de la majesté de Cicéron et des auteurs classiques[130]. La pureté et la rigueur de pensée qu'Augustin n'a pas trouvées à vingt ans dans la Bible, il les rencontre bientôt auprès des «bolcheviks du IVe siècle[131]», les dualistes manichéens, vaguement christianisés au contact de l'Occident, qu'il rejoint avec enthousiasme[132]. Cette seconde conversion tient une petite décennie, pendant laquelle Augustin enseigne la rhétorique à Thagaste puis à Carthage, jusqu'à son départ pour l'Italie : Rome en 383, Milan l'année suivante. Le dogmatisme rigide des manichéens lui pèse de plus en plus, Augustin revient alors vers Cicéron qui lui indique une autre orientation possible, celle du scepticisme de la Nouvelle Académie. Mais ses rencontres italiennes, particulièrement celle avec Ambroise à Milan, font prendre conscience à Augustin qu'il existe une sagesse chrétienne plus prometteuse que l'expérience décevante vécue auprès du clergé de Thagaste. Parallèlement, en ces années 385-386, il s'initie à la culture dominante à Milan en dévorant les *libri platonicorum*, les écrits platoniciens, notamment ceux de Plotin traduits par Marius

---

128. Cicéron restera l'objet de la plus longue fidélité littéraire d'Augustin, au-delà des diverses expériences philosophiques. L'étude de référence demeure celle de M. Testard, *Saint Augustin et Cicéron*, Paris, Études Augustiniennes, 1958.

129. *Ille vero liber mutavit affectum meum et ad te ipsum, domine, mutavit preces meas et vota ac desideria mea fecit alia.* Augustin, *Confessions*, tome I, livres I-VIII, texte établi et traduit par P. de Labriolle, Paris, Les Belles Lettres, 1998, III, 7, p. 49.

130. *Ibid.*, III, 9, p. 51 et P. Brown, *La Vie de saint Augustin, op. cit.*, p. 45-46.

131. L'expression est de P. Brown, *La Vie de saint Augustin, op. cit.*, p. 51.

132. Sur le manichéisme et sa coloration chrétienne en Occident, notamment au travers d'une «christologie», voir le bon résumé de S. Lancel, *Saint Augustin*, Paris, Fayard, 1999, p. 56-68. À compléter par H.-Ch. Puech, *Le Manichéisme, son fondateur et sa doctrine*, Paris, Publications du musée Guimet, 1949.

Victorinus. Cela fait longtemps déjà que les platoniciens ont été christianisés à Milan. Ainsi, le maître d'Ambroise, le prêtre Simplicianus, avait lui-même été pris en main à Rome par Marius Victorinus, un converti également. Augustin a fréquenté Simplicianus dans l'entourage de l'évêque Ambroise qui, lui aussi, manie avec habileté dans sa prédication les écrits de Plotin quand il ne les pille pas impunément[133].

C'est donc par le néoplatonisme qu'Augustin vient au christianisme, se convertissant d'abord par l'intelligence avant de se convertir par la volonté[134]. Car on peut parler à juste titre d'une double conversion. Dans l'ordre autobiographique, l'une est lente et progressive, celle de l'intelligence ; l'autre est brutale et paroxystique, celle de la volonté. La première s'étend sur plus de douze années, depuis la lecture de Cicéron jusqu'à l'adhésion aux idées néoplatoniciennes, en passant par le manichéisme et l'académisme. Certes, cet itinéraire se distingue par les chemins tortueux qu'il fait prendre à Augustin. Mais n'est-ce pas une formation philosophique finalement emblématique de l'effervescence d'une époque, qui s'achève logiquement pour Augustin en 386, à l'âge de trente et un ans ? N'est-ce pas pour vivre désormais en philosophe chrétien qu'il se retire avec ses proches dans la campagne de Cassiciacum ? Même si l'épisode ne se prolonge que pendant quelques semaines, s'il est lié aux contingences du calendrier universitaire, il a l'allure d'un accomplissement. Augustin montre quelle devrait être sa nouvelle vie, tout entière consacrée à l'*otium*. En cet ermitage, il écrit sur le bonheur. L'autre conversion, celle de la volonté, connaît une unité de lieu et de temps : quel lieu plus fondateur, plus originel peut-on imaginer qu'un jardin, celui de son ami Alypius à Milan ? Lorsque Augustin s'allonge sous un figuier en ce jour d'août 386, il est encore imprégné de sa méditation des épîtres de Paul. Mais la dialectique paulinienne de la chair et de l'esprit prend la forme, dans le for intérieur tourmenté d'Augustin, d'une lutte de soi contre soi, qui mène l'homme au bord de la folie. Il veut se convertir mais ne peut pas : « l'âme commande de vouloir à l'âme ; c'est bien la même âme, et pourtant elle n'agit pas. D'où vient ce prodige[135] ? ». Bientôt, l'explication, lumineuse, survient. Augustin n'est pas fou, il est malade :

> Cette volonté partagée qui veut à moitié, et à moitié ne veut pas, n'est donc nullement un prodige : c'est une maladie de l'âme. La vérité la

---

133. Sur le néoplatonisme dans les milieux chrétiens de Milan, voir l'excellente présentation de P. Brown, *La Vie de saint Augustin, op. cit.*, p. 99-113. Pour plus de précisions concernant la fusion entre le platonisme et le christianisme, voir P. Courcelle, *Recherches sur les* Confessions *de saint Augustin*, Paris, de Boccard, 1968, p. 168-174. Sur les lectures platoniciennes d'Augustin, voir P. Henry, *Plotin et l'Occident*, Louvain, 1934 (Spicilegium Sacrum Lovaniense, XV), p. 78-119.

134. Voir S. Lancel, *Saint Augustin, op. cit.*, p. 117-145. Sur ce même thème des conversions d'Augustin, voir aussi J.-Cl. Eslin, *Saint Augustin. L'homme occidental*, Paris, Michalon, 2002 (coll. Le bien commun), p. 15-45.

135. *Imperat animus, ut velit animus, nec alter est nec facit tamen. Unde hoc monstrum ?* Augustin, *Confessions*, tome I, VIII, 21, p. 193. Traduction modifiée.

soulève sans réussir à la redresser complètement, parce que l'habitude pèse sur elle de tout son poids. Il y a donc deux volontés, dont aucune n'est complète, et ce qui manque à l'une, l'autre la possède[136].

Pourquoi ce déchirement intérieur, pourquoi une seule âme pour deux volontés ? La réponse contient en elle-même toute l'anthropologie d'Augustin, fondée sur la macule indélébile du péché :

> Moi-même quand je délibérais avant d'entrer au service du Seigneur mon Dieu, comme j'en avais formé depuis longtemps le dessein, c'était moi qui voulais, et c'était moi qui ne voulais pas ; c'était moi, oui, moi. Ni je ne disais pleinement oui, ni je ne disais pleinement non. D'où ces luttes avec moi-même, cette scission intime, laquelle se produisait malgré moi, mais n'attestait que le châtiment dont pâtissait mon âme, et non la présence en moi d'une âme étrangère[137]. Ce n'était pas moi qui en étais l'artisan, mais le péché qui habitait en moi, en punition d'un péché commis dans un état de plus grande liberté, parce que j'étais un fils d'Adam[138].

Si, dans le cours du récit des *Confessions*, la conversion de l'intelligence s'inscrit dans la durée et celle de la volonté dans la soudaineté d'une crise de larmes, il faut souligner que le rapport temporel s'inverse dans l'ordre de la production doctrinale. Car la conversion de l'intelligence, une fois accomplie, ne sera pas remise en cause ; celle de la volonté, en revanche, ne sera jamais définitivement acquise. Augustin sait qu'elle nécessite une lutte permanente : parce qu'il est un fils d'Adam...

C'est par rapport à cette prise de conscience d'être le fils de l'homme déchu, événement fondateur dans la vie comme dans la théologie d'Augustin – mais n'a-t-il pas voulu que les deux se nourrissent l'une de l'autre, voire se confondent ? – qu'on doit considérer sa lecture de la notion d'affect et en mesurer l'impact sur la pensée médiévale[139].

Pratiques lexicales

On peut se risquer à faire quelques remarques concernant les pratiques lexicales d'Augustin[140]. Tout d'abord, il semble que l'emploi des termes

---

136. *Non igitur monstrum partim velle, partim nolle, sed aegritudo animi est, quia non totus assurgit veritate sublevatus, consuetudine praegravatus. Et ideo sunt duae voluntates, quia una earum tota non est et hoc adest alteri, quod deest alteri.* AUGUSTIN, *Confessions*, tome I, VIII, 21, p. 194.

137. Augustin continue ici de solder ses comptes avec le dualisme manichéen.

138. *Ego cum deliberabam, ut jam servirem domino deo meo, sicut diu disposueram, ego eram, qui volebam nec pene nolebam. Ideo mecum contendebam et dissipabar a me ipso, et ipsa dissipatio me invito quid fiebat, nec tamen ostendebat naturam mentis alienae, sed poenam meae. Et ideo non jam ego operabar illam, sed quod habitabat in me peccatum de supplicio liberioris peccati, quia eram filius Adam.* AUGUSTIN, *Confessions*, tome I, VIII, 22, p. 195.

139. Sur la doctrine du péché originel chez Augustin, voir notamment A. SAGE, «Le péché originel dans la pensée de saint Augustin de 412 à 430», *Revue des études Augustiniennes*, 3 (1965), p. 75-112.

140. Pour une première approche, voir l'excellente notice de G.J.P. O'DALY et A. ZUMKELLER, «*Affectus* (*passio*, *perturbatio*) », dans *Augustinus-Lexikon*, vol. 1 (*Aaron-Conversio*), C. MAYER (éd), Bâle, Schwabe, 1994, col. 166-180. Précisons qu'*affectus* ou *affectio* apparaissent 857 fois dans les écrits d'Augustin retenus dans le *CLCLT 3*.

affectus et *affectio* soit plus fréquent à partir de 388, l'année de son retour en Afrique[141]. Il faut évidemment tenir compte de la brièveté de certains traités ou dialogues, mais on constate que les *Disciplinarum libri*, ces premiers écrits qui s'intéressent au corpus universitaire, rédigés dans l'ensemble en 386-387 entre Cassiciacum et Rome, sont presque vides d'*affectus-affectio*. Ainsi, dans les premiers dialogues *Contre les Académiciens*, *La Vie heureuse*, *L'Ordre*, *Les Soliloques*, *L'Immortalité de l'âme* et *Le Maître*, on ne compte que deux occurrences d'*affectus* et cinq d'*affectio*. Certes, on devrait faire une exception pour deux dialogues qui sont à classer parmi les *Disciplinarum libri* : *La Musique* et *Le Libre arbitre*, qui totalisent vingt occurrences. Cependant, à y regarder de plus près, ces exceptions valident la chronologie. En effet, les deux dialogues ont été rédigés en plusieurs étapes. Le livre VI de *La Musique* a été composé au plus tôt en 389, soit deux ans après les cinq premiers livres, écrits avant le baptême d'Augustin au printemps 387[142]. Se fondant sur une lettre datée de 408-409, qui accompagne l'envoi du livre VI à l'évêque Memorius, H.-I. Marrou situe même la rédaction du livre VI à cette date tardive[143]. Or, douze des treize occurrences d'*affectus-affectio* dans ce traité se trouvent dans le livre VI. De même, le livre I du dialogue *Le Libre arbitre* a été composé lors du séjour italien d'Augustin, en 387, tandis que la majeure partie du livre II et le livre III ont été écrits entre 391 et 393, alors qu'Augustin est prêtre à Hippone. Sur les sept occurrences d'*affectus-affectio* dans *Le Libre arbitre*, six se rencontrent dans les livres II et III. Ainsi, le fait qu'à l'intérieur d'un même ouvrage, rédigé sur une période relativement longue, on observe une présence des mots *affectus* et *affectio* essentiellement dans les parties les plus tardives, en tout cas postérieures à 388, confirme qu'il y a un moment dans la vie d'Augustin à partir duquel ces deux termes acquièrent une légitimité pour exprimer une pensée qui a évolué. On peut alors émettre une hypothèse : *affectus* et *affectio* deviennent familiers sous la plume d'Augustin quand le souci spirituel passe au premier plan dans ses écrits. Les questions religieuses ne sont pas absentes, loin s'en faut, des premiers dialogues. Pour autant, Augustin prend vite ses distances avec le genre des *Disciplinarum libri*. L'infléchissement est perceptible dès la composition de *La Musique* ou du *Libre arbitre*. Le livre VI de *La Musique*, qu'Augustin considèrera plus tard comme le seul livre du traité digne d'être lu, se détache largement des préoccupations métriques des premiers livres pour s'intéresser aux harmonies spirituelles et divines. On a d'ailleurs qualifié ce dernier livre d'essai de «théologie musicale[144]». De même, *Le Libre*

---

141. Concernant la chronologie des écrits d'Augustin, nous suivons les propositions de S. Lancel, *Saint Augustin, op. cit.*, p. 740-744.

142. Sur ce traité et sa date de rédaction, voir S. Lancel, *Saint Augustin, op. cit.*, p. 166 et 204-205 ; à compléter par H.-I. Marrou, *Saint Augustin et la fin de la culture antique*, Paris, de Boccard, 1958, p. 266-273 et 580-583.

143. Voir H.-I. Marrou, *Saint Augustin et la fin de la culture antique, op. cit.*, p. 582.

144. Voir la notice de J.-L. Dumas dans Augustin, *Les Confessions. Dialogues philosophiques*, Œuvres I, L. Jerphagnon (éd.), Paris, Gallimard, Bibliothèque de la Pléiade, 1998, p. 1332.

arbitre peut apparaître comme un ouvrage partagé entre la recherche philosophique et le souci exégétique, ce qui se vérifie par exemple dans
l'augmentation des références scripturaires : trois pour le livre I, quinze pour
le livre II et cinquante pour le livre III[145]. En complément, on observe que
les textes de la période italienne où les termes *affectus* et *affectio* sont les
plus présents sont ceux de la première polémique antimanichéenne[146]. Or,
comme le souligne S. Lancel, c'est dans ces écrits qu'Augustin s'exprime
pour la première fois en fidèle catholique[147]. Soulignons enfin qu'au début
de sa carrière d'auteur chrétien, Augustin semble préférer *affectio* à *affectus*,
alors que dans l'ensemble de son œuvre il emploie trois fois plus souvent
affectus qu'*affectio*, sans doute en raison de l'influence cicéronienne encore
très forte.

La conversion d'Augustin s'accompagne donc d'une évolution de son
lexique. Les substantifs *affectus* et *affectio*, bien que profondément ancrés dans
la tradition philosophique païenne, apparaissent sous la plume d'Augustin
comme les outils privilégiés d'une réflexion sur la dynamique spirituelle du
chrétien. En outre, dans les écrits postérieurs à 388, les vocables sont plus
fréquents dans les textes où l'enseignement moral, les considérations spirituelles et anthropologiques prennent le pas sur la spéculation doctrinale.
C'est le cas dans les *Sermons* et les *Lettres* ou encore les *Commentaires sur
les Psaumes*[148]. Par ailleurs, on remarque le très fort déséquilibre dans le
rapport *affectus/affectio* dans les *Lettres* et les *Sermons*, avec un taux de
l'ordre de 93-95 % en faveur d'*affectus*. Or, ces deux genres d'écrit ont en
commun d'entretenir une relation étroite avec l'art oratoire. Il y a en tout cas
un contact plus immédiat avec le ou les destinataires. Dans un tel cadre
discursif, *affectus* vient plus facilement à Augustin pour parler des élans
sensibles de l'âme qu'*affectio* qui conserve sans doute une plus grande accoin-
tance avec le lexique philosophique.

L'affect des philosophes

Les différents sens de l'affect chrétien déjà mis au jour chez Ambroise, Jérôme
et Cassien, se retrouvent chez leur contemporain Augustin. Ainsi, l'affect
augustinien exprime les dispositions et les élans de l'âme dans toute leur
diversité : l'affect est un *motus animae*, une orientation de l'être aussi bien
agissant que connaissant. Exceptionnellement, Augustin utilise le terme *affectio*

---

145. Voir la notice pour *Le Libre arbitre* de S. Dupuy-Trudelle, dans Augustin, *Les Confessions*,
Pléiade, *op. cit.*, p. 1292-1293.

146. Ces écrits sont le *De Moribus ecclesiae catholicae et de moribus Manichaeorum* (8 occurrences) et le *De Genesi contra Manichaeos* (6 occurrences).

147. Voir S. Lancel, *Saint Augustin*, *op. cit.*, p. 177.

148. On peut évoquer également le *Sermon sur la montagne* qu'Augustin lui-même présente
comme «la charte achevée de la vie chrétienne» (*De Sermone domini in monte*, I, 1) ou les deux
traités contre Julien, profondément marqués par la réflexion sur le péché originel. Voir S. Lancel,
Saint Augustin, *op. cit.*, p. 254 et 577-612.

pour désigner une disposition corporelle (*affectio corporis*)[149]. L'affect correspond ensuite à l'ensemble des mouvements sensibles, dans leur dimension à la fois réceptive et dynamique, à savoir la diversité des émotions et des sentiments. Là encore, il exprime en priorité les dispositions élémentaires du plaisir et de la douleur. En ce sens, *affectus* et *affectio* participent du paradigme du désir et des dispositions psychiques d'attachement (amour, affection, amitié, etc.). Ces contours de l'affect chrétien aux IVe-Ve siècles sont désormais bien connus. Il est intéressant néanmoins de se pencher plus attentivement sur la façon dont Augustin rattache le concept à la tradition philosophique[150]. C'est au travers de cette réflexion, menée essentiellement dans les livres IX et XIV de *La Cité de Dieu*, rédigés entre 415 et 420, que l'on perçoit le mieux la place originale que tient l'affect dans son anthropologie[151].

Au livre IX, Augustin embrasse les différentes approches antiques de la passion. Il en profite pour récapituler les traductions latines du grec *pathos* :

> Il y a deux opinions chez les philosophes sur les mouvements de l'âme appelés par les Grecs *pathè*, par certains des nôtres comme Cicéron, *perturbationes*; par d'autres *affectiones* ou *affectus*, par d'autres encore comme Apulée, *passiones*, ce qui exprime mieux le terme grec[152].

Outre Cicéron et Apulée cités ici, il est certain qu'Augustin pense à Quintilien et peut-être à Sénèque[153], notamment à propos du choix d'*affectus*. Au livre XIV, il se fait plus précis et évoque la division stoïcienne des quatre passions de l'âme, tout en prenant soin de préciser à nouveau le vocabulaire latin :

---

149. Voir par exemple Augustin, *De Musica*, PL 32, livre VI, 12, col. 1170, l. 5.

150. Pour une première approche, voir M. Spanneut, «Le stoïcisme et saint Augustin», dans *Forma futuri*, Mélanges M. Pellegrino, Turin, 1975, p. 896-914 et G. Verbeke, «Augustin et le stoïcisme», *Recherches Augustiniennes*, 1 (1958), p. 66-89.

151. Sur la doctrine de l'affect chez Augustin, voir F.-J. Thonnard, «Les fonctions sensibles de l'âme humaine selon Augustin», *Année théologique*, 12 (1952), p. 335-345 et Id., «La vie affective de l'âme selon saint Augustin», *Année théologique*, 13 (1953), p. 33-55. Sur sa théorie de l'affect-passion dans le livre XIV de la *Cité de Dieu*, voir Id., «La valeur morale des passions», note complémentaire n° 40 dans Augustin, *La Cité de Dieu*, tome II-1, traduit par G. Combès, Paris, Institut d'études Augustiniennes, 1994 (Nouvelle bibliothèque Augustinienne, n° 4, 1), p. 531-534 (désormais abrégé en *CD*) et Id., «La psychologie des passions», note complémentaire n° 42 dans Augustin, *CD*, tome II-1, p. 536-539. Pour une analyse de l'affect augustinien au regard des théories de Freud, voir R.A. Herrera, «Saint Augustine's *Confessions*. A Prelude to Psychoanalytic Theory», *Augustiniana*, 39 (1989/4), p. 462-473.

152. *Duae sunt sententiae philosophorum de his animi motibus, quae Graeci* pathè, *nostri autem quidam, sicut Cicero, perturbationes, quidam affectiones vel affectus, quidam vero, sicut iste [sc. Apuleius], de Graeco expressius passiones vocant.* Augustin, *CD*, tome I, traduit par G. Combès, Paris, Institut d'Études Augustiniennes, 1993 (Nouvelle bibliothèque Augustinienne, n° 3), IX, IV, 1, p. 350-353. De tous ces termes, seul celui de *perturbatio* possède systématiquement une connotation péjorative chez Augustin, voir I. Bochet, *Saint Augustin et le désir de Dieu*, Paris, Études Augustiniennes, 1982, p. 71.

153. La principale source d'Augustin pour le stoïcisme est Cicéron. M. Spanneut pense cependant qu'il a pu lire Sénèque, un avis que ne partage pas H. Hagendahl. Voir M. Spanneut, «Le stoïcisme et saint Augustin», art. cité, p. 897 et H. Hagendahl, *Augustine and the Latin Classics*, Göteborg, Almqvist och Wiksell, 1967, p. 676.

> Mais, dans leur opinion, telle est l'influence sur l'âme de ces membres
> de terre et de mort, que toutes les maladies intérieures en dérivent ;
> désirs ou craintes, joies ou tristesses ; quatre passions (traduction litté-
> rale du terme grec), ou perturbations (comme parle Cicéron), d'où
> procède la source de toute corruption de la vie humaine [154].

On constate le chemin parcouru depuis Lactance. Au Ve siècle, la réflexion
chrétienne autour de la passion ne renvoie plus naturellement à l'héritage
antique et Augustin se sent obligé de faire une mise au point lexicale avant
de critiquer les positions des Anciens. Dans son *Traité sur l'Évangile de Jean*,
il fait sienne la terminologie de la physique stoïcienne qui définit les passions
comme des modifications du souffle psychique :

> Nos affects sont des mouvements de l'âme. La joie est une décontrac-
> tion de l'âme ; la tristesse, une contraction ; le désir, une inclination ; la
> peur, une fuite [155].

Augustin est donc familier de la théorie stoïcienne de la passion dans sa
terminologie latine qu'il connaît au travers de sa lecture de Cicéron et des
auteurs impériaux : Sénèque, Quintilien, Apulée ou encore Aulu-Gelle. Il
s'appuie d'ailleurs sur Aulu-Gelle pour évaluer la position stoïcienne sur la
passion [156]. S'appropriant l'analyse d'Aulu-Gelle sur la distinction entre les
impulsions premières et la passion, Augustin considère que le sage stoïcien
ressent les effets de la passion tout en possédant la capacité de les dominer
par la force de sa raison [157]. Le danger ne serait plus la passion en soi, mais
la complaisance vis-à-vis de la passion qui mène au vice (*vitium*). Finalement,
il juge qu'il n'y a pas de différences notables entre les principales écoles
philosophiques [158]. Rappelons qu'Augustin, comme autrefois Lactance, n'a
pas le souci d'expliciter les théories stoïcienne ou platonicienne de la passion
pour elles-mêmes : il s'appuie sur cet héritage pour construire une anthropologie chrétienne qui, par ailleurs, doit impérativement se distinguer par sa
supériorité. Si Augustin s'attache à montrer que les grandes théories païennes
sur la passion sont semblables, quitte à procéder à d'évidentes simplifica-
tions [159], c'est pour accentuer la rupture avec la nouvelle morale chrétienne.

---

154. *Verumtamen ex terrenis artubus moribundisque membris sic affici animas opinantur, ut hinc eis sint morbi cupiditatum et timorum et laetitiae sive tristitiae : quibus quatuor vel pertur-bationibus, ut Cicero appellat vel passionibus, ut plerique, verbum e verbo graeco exprimunt, omnis humanorum morum vitiositas continetur.* AUGUSTIN, *CD*, tome II-1, XIV, V, p. 366-369.

155. *Affectiones nostrae motus animorum sunt. Laetitia, animi diffusio ; tristitia, animi contractio ; cupiditas, animi progressio ; timor, animi fuga est.* AUGUSTIN, *In Johannis Evangelium tractatus CXXIV*, A. MAYER (éd.), Turnhout, Brepols, 1954 (*CCSL* 36), tract. 46, 8, p. 403. Désor-mais abrégé en *IJET*.

156. Voir AULU-GELLE, *Les Nuits attiques*, tome IV, texte établi et traduit par Y. JULIEN, Paris, Les Belles Lettres, 1998, XIX, 1, 1-21, p. 115-117.

157. Voir AUGUSTIN, *CD*, tome I, IX, IV, 2, p. 354-357.

158. *Ibid.*, tome I, IX, V, p. 360-363.

159. R. SORABJI montre avec une grande minutie comment le commentaire d'Aulu-Gelle par Augustin glisse progressivement vers le contresens, *Emotion and Peace of Mind, op. cit.*, p. 372-384.

L'affect comme volonté

Tout d'abord, contre les platoniciens, Augustin refuse de désigner le corps comme origine des passions. Virgile a tort d'attribuer au corps les quatre perturbations d'où il fait dériver tous les vices[160]. L'origine des maux pour Augustin n'est pas le corps mais la chair, qui ne désigne pas uniquement le corps terrestre mais l'être tout entier attaché au monde corruptible[161]. C'est l'homme extérieur. Vivre selon la chair ne signifie donc pas seulement rechercher la volupté corporelle comme le faisaient les épicuriens, c'est orienter sa vie hors du chemin qui mène à Dieu. En ce sens, les stoïciens, qui pourtant plaçaient dans l'esprit le souverain bien, vivaient selon la chair, car ils vivaient éloignés des Écritures. Rien ne sert de s'élever contre la nature du corps, qui est bonne en soi car ordonnée par Dieu ; en revanche, il faut se dépouiller de l'enveloppe de l'homme extérieur. La prédication aux accents fortement pauliniens d'Augustin s'inscrit aussi dans le contexte de la lutte contre les manichéens. C'est pourquoi il ne manque pas de rappeler que même Platon, ardent promoteur de la supériorité absolue de l'esprit sur la matière, admet que les éléments du monde sont l'œuvre de Dieu.

En aucune façon Augustin ne conteste que la passion soit le fait du corps, mais celui-ci n'en est pas l'origine. Le corps accable l'homme de maux, parmi lesquels on peut compter certaines passions ; il peut être le boulet de l'âme, mais l'origine de cette corruption réside non pas dans la nature du corps mais dans le péché de l'âme. D'où la célèbre sentence du théologien africain : «cette corruption du corps qui appesantit l'âme n'est point la cause, mais la peine du péché[162]». Dès lors, Augustin ne peut se ranger à l'avis trop optimiste des disciples de Platon et d'Aristote concernant le pouvoir de la raison[163]. C'est faire preuve d'un orgueil aveugle que de penser que la raison, dans sa souveraineté absolue, soit capable de soumettre les passions, de les apprivoiser comme des bêtes sauvages que l'on aurait laissé pénétrer dans l'enclos du dompteur pour mieux les mater. Bien au contraire, c'est du dompteur qu'il faut se méfier, lui qui use facilement de son art pour exciter des animaux à l'origine dépourvus de toute agressivité. L'assurance des stoïciens n'est pas moins illusoire : ils s'imaginent pouvoir préserver la forteresse de la raison de toute intrusion extérieure, quand bien même celle-ci serait ébranlée par un premier assaut, alors que l'ennemi est déjà dans la place. De toute façon, conclut Augustin, il s'agit d'une querelle de mots entre les différentes écoles classiques. Sur le fond, toutes s'accordent sur la capacité de l'esprit à dominer ces hôtes indésirables que sont les passions. Cette confiance sereine dans le pouvoir de

---

160. Voir VIRGILE, *Énéide*, livres I-VI, texte établi par H. GOELZER et traduit par A. BELLESSORT, Paris, Les Belles Lettres, 1925, VI, 730-739, p. 191.

161. Voir AUGUSTIN, *CD*, tome II-1, XIV, V, p. 368-369.

162. *Nam corruptio corporis, quae aggravat animam, non peccati primi est causa, sed poena...* AUGUSTIN, *CD*, tome II-1, XIV, III, 2, p. 360-361.

163. *Ibid.*, tome I, IX, IV, p. 350-359.

l'esprit est un luxe auquel le chrétien ne peut prétendre. Aux yeux d'Augustin, les passions sont moins des maladies d'une âme contaminée par les impulsions du corps, qu'une sorte de violence de l'âme contre elle-même. Il n'est de passion de l'âme que lorsque l'âme s'humilie en se modelant sur le corps, sa passivité prend la forme du déshonneur, non de la contrainte[164]. En réalité, le chrétien ne doit pas tant se préoccuper du mécanisme de la passion que de sa cause spirituelle[165]. Ce que le chrétien doit sonder, ce sont les souterrains obscurs de la volonté :

> Car la volonté est en tous ces mouvements, ou plutôt tous ces mouvements ne sont rien d'autre que des volontés. Qu'est le désir ou la joie en effet, sinon la volonté qui consent à ce que nous voulons ? Qu'est la crainte ou la tristesse, sinon la volonté qui nous détourne de ce que nous refusons ? Quand ce consentement nous incline vers ce qui nous plaît, on l'appelle désir ; quand il nous en fait jouir, c'est la joie. De même, quand notre refus porte sur ce que nous ne voudrions pas subir, cette forme de volonté est la crainte ; quand elle porte sur ce que nous subissons malgré nous, cette autre forme est la tristesse[166].

Si les mouvements passionnels apparaissent comme des manifestations de la volonté, il s'ensuit inévitablement que les *affectus* ne sont que des modifications de la *voluntas*. Tous les mouvements de l'âme dépendent donc de la volonté et se ramènent aux quatre affects fondamentaux[167].

Cette identification des affects-passions aux mouvements de la volonté constitue un moment capital dans l'histoire de la théologie occidentale. Les penseurs chrétiens du Moyen Âge ne pourront pas envisager le problème de la passion sans se situer par rapport à Augustin. Les passions perdent d'une certaine manière leur spécificité dans l'ordre des puissances du désir pour n'être plus qu'un visage singulier du mouvement spontané de l'âme vers l'appropriation et la conservation de quelque objet, à savoir la volonté. Parallèlement, avec Augustin, la nébuleuse sémantique de l'affect chrétien se resserre autour du noyau de la volonté. Tout se passe comme si ces élans et inclinations de l'âme (appétits, désirs, émotions, sentiments, etc.) n'étaient que des variations sur l'échelle des mouvements volontaires.

---

164. Voir F.-J. THONNARD, «La vie affective de l'âme», art. cité, p. 37.

165. Voir AUGUSTIN, *CD*, tome I, IX, V, p. 360-361.

166. *Voluntas est quippe in omnibus ; immo omnes nihil aliud quam voluntates sunt. Nam quid est cupiditas et laetitia, nisi voluntas in eorum consensione quae volumus ? Et quid est metus atque tristitia nisi voluntas in dissensione ab his quae nolumus ? Sed cum consentimus appetendo ea quae volumus, cupiditas ; cum autem consentimus fruendo his quae volumus, laetitia vocatur. Itemque cum dissentimus ab eo quod accidere nolumus, talis voluntas metus est ; cum autem dissentimus ab eo quod nolentibus accidit, talis voluntas tristitia est.* AUGUSTIN, *CD*, tome II-1, XIV, VI, p. 368-371.

167. Voir É. GILSON, *Introduction à l'étude de saint Augustin*, Paris, Vrin, 1969, p. 171-177. Sur la volonté augustinienne dans une perspective morale, voir en complément J.M. RIST, *Augustine. Ancient Thought Baptized*, Cambridge, University Press, 1994, p. 148-202 et R. SORABJI, *Emotion and Peace of Mind, op. cit.*, p. 400-417.

Ce glissement n'est pas surprenant au regard de la tradition philosophique. Déjà le principe de l'assentiment rationnel chez les stoïciens, le nécessaire contrôle de la partie irrationnelle de l'âme par la partie rationnelle chez les platoniciens établissaient une relation étroite entre la volonté raisonnable et la passion. On peut dire que, chez les Anciens, la volonté était en charge de la passion, que ce soit pour la modérer ou pour la supprimer. Pour Cicéron et les stoïciens, lorsque les passions recevaient l'assentiment de la raison, elles devenaient *ipso facto* des actes volontaires. Certes Sénèque, et Clément d'Alexandrie à sa suite, concédaient que les émotions qui frappaient fortuitement l'esprit ne devaient pas être confondues avec les passions. Mais là aussi la méfiance était de mise. Clément se demandait si les actes involontaires ne reposaient pas finalement sur des passions non détectées [168]. Seul Dieu, qui scrute les reins et les cœurs, connaît la frontière exacte entre le volontaire et l'involontaire. On observe ainsi, dès le début du IIIe siècle, une dilution de la notion d'involontaire qui peut correspondre à une volonté masquée, inconsciente. Il y a toujours un risque de se leurrer soi-même ou plus simplement de commettre une erreur d'appréciation. Si la passion repose sur une erreur de jugement, l'homme passionné n'est-il pas le moins à même d'identifier le mal qui l'afflige ? N'est-il pas condamné à être le dernier informé de son état ? Pour Augustin cependant, ignorance ne signifie pas absence de responsabilité. L'esprit juridique des Romains avait étroitement associé le volontaire et le responsable. Aussi Sénèque assurait-il que l'homme ne saurait être tenu pour responsable des actes accomplis sous la contrainte, tout comme des émotions ressenties involontairement. D'ailleurs, en 391 encore, Augustin a la même certitude : il n'y a de péché que là où il y a volonté. L'homme endormi dont on guide la main n'est pas responsable de ce qu'il écrit. Il n'est qu'un instrument, les vrais responsables sont les instigateurs du stratagème. Plus de trente ans après, il maintient ses positions contre ceux qui le soupçonnent de pélagianisme. Il n'a jamais imaginé une autodétermination absolue de la volonté [169]. Le premier homme a péché sans contrainte, avec une volonté libre : il a alors déclenché un cataclysme dont la violence se manifeste toujours. Ce cyclone, c'est la concupiscence qu'il peut étouffer mais dont il ne peut se libérer. Il est vrai que le baptême efface la souillure, mais l'âme reste infirme.

Ambroise de Milan déjà dénonçait la pente glissante de l'humaine nature résolument inclinée vers les plaisirs transitoires de la chair. Augustin alourdit encore le fardeau : que l'esprit démêle le nœud des pulsions, les mouvements les plus imperceptibles du désir et il reconnaîtra que la volonté, sournoise et sinueuse, est venue porter main forte aux sollicitations de la chair. Une volonté si familière des méandres de l'esprit qu'elle est invisible à un regard intérieur peu exercé. La raison doit se glisser dans tous les interstices de l'âme, ses replis

---

168. Voir Clément d'Alexandrie, *Stromates*, II, SC 38, p. 83-84.
169. Voir P. Brown, *La Vie de saint Augustin, op. cit.*, p. 174.

les plus sombres pour y traquer cette volonté mystérieuse, qui est nôtre et pourtant si lointaine, commanditée depuis les profondeurs abyssales de l'être. Sans ce déchiffrement permanent, l'homme risque de devenir inconsciemment son propre bourreau. En glissant un irrésistible *je veux* jusque dans les manifestations les plus confuses de la sensibilité, Augustin a introduit le ver dans le fruit. Il sera impossible de l'en déloger pendant des siècles. Car ce combat intérieur, où chaque victoire est une automutilation, est la peine infligée à l'homme pour le péché. Seule une catastrophe originelle a pu provoquer le chaos de la vie intérieure de l'homme. Comme le rappelle très justement P. Brown, la désobéissance d'Ève, la faiblesse d'Adam n'ont pas eu pour conséquence de précipiter le couple primordial de la condition angélique dans la condition physique, elles ont détruit l'harmonie entre le corps et l'âme[170]. Avant le péché, la volonté exerçait un contrôle absolu sur les organes qui n'étaient que des esclaves obéissants. Le désir sexuel, maîtrisé par la volonté, ne visait que la reproduction. Mais les volontés d'Adam et Ève se sont rebellées contre la volonté divine, une désobéissance au nom d'une illusoire indépendance. L'homme enorgueilli a cru se suffire à lui-même. Cette affirmation de soi, ce surgissement du *je*, victoire dérisoire de la créature, précipite l'homme non seulement hors du lieu paradisiaque, mais hors de lui-même. Chassé sans bagage, le voyageur devient un vagabond.

À la rébellion de la créature contre son Créateur succède la rébellion de l'homme contre lui-même. La volonté, instrument de l'éphémère superbe d'Adam et Ève, est condamnée à être disloquée, démantelée. Un déchirement de la personne humaine aussi puissant que la mort : «la misère de l'homme en effet, est-ce autre chose que la révolte de lui-même contre lui-même[171]?» Ainsi le trouble de la sexualité, l'irrépressible montée du plaisir, l'arrachement à soi dans l'orgasme et même l'humiliation de l'impuissance apparaissent comme autant de stigmates de la malédiction toujours renouvelée de la désobéissance, comme l'écrit M. Foucault : «le sexe en érection est l'image de l'homme révolté contre Dieu[172]». Car la concupiscence de la chair n'est pas une pulsion physiologique et Augustin se défend vigoureusement contre ceux qui l'accusent de manichéisme. Au contraire, c'est parce que sa cause première est spirituelle que le désir sexuel semble si difficile à contrôler. Le corps peut toujours être assujetti, maté par l'esprit, mais le véritable drame se joue à huis clos.

Augustin lègue à l'anthropologie médiévale une conception particulièrement complexe, et parfois confuse, de la volonté humaine. Dans la lignée

---

170. Sur la concupiscence comme conséquence de la rébellion de la volonté, voir en dernier lieu le chapitre consacré à Augustin dans P. Brown, *Le Renoncement à la chair, op. cit.*, p. 464-512. En complément voir J.M. Rist, *Augustine, op. cit.*, p. 321-327.

171. *Nam quae hominis est alia miseria nisi adversus eum ipsum inoboedientia ejus ipsius...* Augustin, *CD*, tome II-1, XIV, XV, 2, p. 420-421.

172. M. Foucault, «Sexualité et solitude», traduit par F. Durand-Bogaert dans M. Foucault, *Dits et écrits II, op. cit.*, p. 995.

d'Aristote et des stoïciens, il participe à l'élaboration de la volonté comme faculté intellectuelle, située dans la *mens*, partie rationnelle et pointe de l'âme. À ce processus concourent les diverses triades construites par analogie avec le modèle trinitaire, la principale étant l'association mémoire (*memoria*)/raison (*ratio*)/volonté (*voluntas*). Mais dans le même temps, en isolant une *voluntas-affectus animi*, il favorise le rapprochement de la volonté avec les puissances appétitives et avec le corps. La *voluntas* augustinienne penche tour à tour du côté de la *boulèsis* aristotélicienne, en collaboration étroite avec le *logos*, et du côté de l'*orektikon*, dynamisme tendanciel, proche de l'*hormè* stoïcienne, qui se retrouve à tous les niveaux de l'âme[173]. Ainsi, Augustin ne se contente pas de placer la sexualité au fondement de la subjectivité, il condamne l'individu à une véritable schizophrénie. L'accord sujet/volonté/affect correspondait à la condition de l'homme avant le péché. Depuis son éviction du paradis, l'homme se voit être le jouet d'affects volontaires qu'il ne veut pas : « parce qu'il n'a pas voulu ce qu'il pouvait, il ne peut plus ce qu'il veut[174] ». Cette scission de la volonté, on la retrouve dans le livre VIII des *Confessions* où l'évêque d'Hippone oppose la volonté charnelle (*voluntas carnalis*), appelée ailleurs volonté propre, *secundum se* (où se manifeste la concupiscence) et la volonté spirituelle (*voluntas spiritalis*), instruite par la raison[175]. Dès lors, les affects seraient la conséquence du péché :

> Autant les premiers hommes étaient heureux, n'étant agités par aucun trouble de l'âme ni affligés d'aucune maladie du corps, autant aurait été heureuse la société humaine tout entière, si eux-mêmes n'avaient pas commis ce mal qu'ils devaient en outre transmettre à leurs descendants, et si aucun de ces descendants n'avait non plus commis ce mal du péché qui entraîne celui du châtiment[176].

Ne serait-ce pas l'ancien disciple des manichéens qui s'exprime ici? Augustin perçoit le danger et s'en défend : Dieu a créé l'homme avec une bonne volonté; la mauvaise volonté n'est pas un second principe d'action mais un éloignement[177]. La nuance est subtile entre une volonté duale et une volonté à deux visages, et le théologien doit avoir à chaque instant l'adresse du funambule pour ne pas retomber du mauvais côté, celui du passé. C'est pourquoi il insiste tant sur l'orientation de la volonté, outil tout aussi bien du salut que de la perte de l'homme :

---

173. Voir A. Solignac, « Volonté », *Dictionnaire de spiritualité*, XVI¹, col. 1220-1225.

174. ...*quoniam noluit quod potuit, quod non potest velit.* Augustin, *CD*, tome II-1, XIV, XV, 2, p. 420-421.

175. Voir Augustin, *Confessions*, tome I, VIII, 10, p. 184.

176. *Quam igitur felices erant et nullis agitabantur perturbationibus animorum, nullis corporum laedebantur incommodis : tam felix universa societas esset humana, si nec illi malum, quod etiam in posteros trajecerunt, nec quisquam ex eorum stirpe iniquitate committeret, quae damnatione reciperet...* Augustin, *CD*, tome II-1, XIV, X, p. 400-401.

177. *Ibid.*, tome II-1, XIV, XI, 1, p. 402-403.

> Ce qui importe en l'homme, c'est la volonté : est-elle déréglée? ces
> mouvements sont déréglés; est-elle droite? ces mouvements sont
> irréprochables et même dignes de louanges[178].

Or, qu'est-ce qu'une volonté bonne sinon une volonté qui aime le bien[179]?
Peu importe finalement le nom que l'on donne à ces mouvements de
l'âme, qu'on les appelle volonté, amour, dilection ou charité; ce qui
compte, c'est la fin visée. Le reste n'est qu'un vain bavardage, ou au
mieux des conventions qui ne reposent sur aucune preuve scripturaire.
Que la volonté soit droite et l'amour sera bon. Qu'elle soit déréglée et
l'amour sera mauvais. Il en va de même pour les quatre affects élémentaires :

> L'amour aspirant à posséder ce qu'il aime, c'est le désir; quand il le
> possède et en jouit, c'est la joie; quand il fuit ce qui lui répugne, c'est
> la crainte; s'il l'éprouve malgré lui, c'est la tristesse[180].

On rejoint l'argumentation de Lactance qui avait conduit à rendre illusoires
aussi bien les eupathies stoïciennes que l'idéal de tranquillité absolue du
sage. Tout d'abord, les eupathies peuvent se prendre en bonne ou en
mauvaise part. Et Augustin de démontrer cette affirmation en puisant ses
exemples dans la littérature classique, chez Cicéron, Virgile ou Térence[181],
affrontant l'adversaire sur son propre terrain comme il l'avait fait en août
392 face au manichéen Fortunatus[182]. Dans la cité terrestre comme dans
la cité de Dieu, l'impassibilité, même si elle désigne un état de l'âme
dégagée de toutes les mauvaises passions, n'appartient pas à cette vie
mortelle. Se croire libéré des passions, c'est se croire exempt du péché.
Ce n'est donc pas être sage mais aveugle et orgueilleux. En ce sens, il faut
bien admettre que les *affectus animi* manifestent la faiblesse de la condition humaine. Mais cela ne signifie pas que la sensibilité, que les
émotions, soient la marque de la déchéance de l'homme. Le Christ lui-
même s'est attristé de la dureté de cœur des juifs, il a désiré faire la
Pâque avec ses disciples. Cependant, ces passions, il les a ressenties au
moment voulu, sa compassion fut une grâce de sa volonté. La malédiction de l'homme n'est pas dans ses émotions mais dans son impuissance
à les éprouver ou à les chasser selon sa volonté. Pour autant, dans sa
condition mortelle, ces mouvements de la volonté deviennent les principaux alliés de la restauration de l'âme : «mais si l'*apatheia* doit rendre

---

178. *Interest autem qualis sit voluntas hominis; quia si perversa est, perversos habebit hos
motus; si autem recta est, non solum inculpabiles, verum etiam laudabiles erunt.* AUGUSTIN, *CD*,
tome II-1, XIV, VI, p. 368-369.

179. *Ibid.*, tome II-1, XIV, VII, 1, p. 370-371.

180. *Amor ergo inhians habere quod amatur, cupiditas est; id autem habens eoque fruens
laetitia; fugiens quod ei adversatur, timor est, idque si acciderit sentiens, tristitia est.* AUGUSTIN,
CD, tome II-1, XIV, VII, 2, p. 374-375.

181. *Ibid.*, tome II-1, XIV, VIII, p. 376-385.

182. Voir P. BROWN, *La Vie de saint Augustin, op. cit.*, p. 164.

l'âme incapable d'éprouver le moindre affect, qui ne jugerait cette stupidité pire que tous les vices [183] ? »

On assiste ainsi à un démantèlement presque complet de la notion stoïcienne d'apathie, profondément remodelée selon la doctrine chrétienne [184]. Ce concept central de toute la philosophie antique se trouve dissous dans la nouvelle dynamique de la morale du salut. En cette vie, les affects-passions sont certes la marque de la faiblesse des fils d'Adam, mais pour cette raison même, ils apparaissent comme la condition de leur redressement. Et si l'apathie demeure un espoir pour la vie future, celle-ci concerne uniquement la douleur et la crainte, non l'allégresse et l'amour droit qui participeront de l'éternelle félicité [185]. Durant les premiers siècles du christianisme, la réflexion autour de la théorie des passions, toujours abordée sous la forme d'un dialogue avec les écoles classiques, aboutit donc avec Augustin à une approche entièrement nouvelle. De Platon à Marc-Aurèle, la passion est perçue comme un trouble qui égare l'homme, le rend esclave des impulsions corporelles et entrave sa progression vers la sagesse. La principale vertu du sage est alors la tempérance qui commence par un contrôle serré des émotions. Les chrétiens d'Occident ont certes repris aux Anciens l'idée d'une nécessaire mesure de la raison, mais celle-ci n'est plus érigée en principe autosuffisant. Car les puissances de la sensibilité participent de la nature humaine. En élaborant le concept d'affect sur les ruines de la notion antique de passion, les Pères latins du IVe et du Ve siècles ont insinué les pulsions les plus obscures et les plus impérieuses au cœur même de la volonté. Dans cette révolution chrétienne, le rôle d'Augustin fut de tout premier plan [186]. L'évêque d'Hippone et ses prédécesseurs avaient fixé la tradition pour longtemps.

---

183. *Porro si apatheia illa dicenda est, cum animum contingere omnino non potest ullus affectus, quis hunc stuporem non omnibus vitiis judicet esse pejorem ?* AUGUSTIN, *CD*, tome II-1, XIV, IX, 4, p. 392-393.

184. Augustin n'a cependant pas toujours été de cet avis et semble plutôt attiré par la solution de l'apathie jusque vers 398. Voir M. SPANNEUT, « Le stoïcisme et saint Augustin », art. cité, p. 910.

185. Voir AUGUSTIN, *CD*, tome II-1, XIV, IX, 6, p. 396-397.

186. Voir P. BROWN, *Le Renoncement à la chair*, op. cit., p. 517.

3.
VERS L'AFFECT CISTERCIEN

S EPT SIÈCLES sont embrassés dans ce chapitre. Cependant, au regard de la démarche généalogique qui est la nôtre, ce sont surtout les décennies qui encadrent la réforme cistercienne qui retiendront l'attention[1]. Car, si d'un point de vue quantitatif, la pratique lexicale de l'affect ne connaît pas d'effondrement tout au long du haut Moyen Âge (environ 20 % des occurrences totales dans la *Patrologia Latina Database* concerne la période allant du début du VIIe siècle au début du XIe siècle), les vocables sont alors employés dans une grande stabilité sémantique selon l'acception établie par Augustin. En revanche, la situation évolue sensiblement à partir de la seconde moitié du XIe siècle. Il est vrai que le climat culturel et religieux de l'époque, lié par exemple à l'essor d'une dévotion plus sensible, semble se prêter à ce nouveau travail de conceptualisation. Néanmoins, on prendra garde ici de ne pas s'appuyer de façon tautologique sur un contexte fondé sur de nouvelles pratiques de soi pour rechercher ensuite des infléchissements sémantiques des vocables affectifs. Nous préférons suivre l'itinéraire en sens inverse : partir d'une analyse interne de l'économie de l'affect dans les sources religieuses pour aller à la rencontre des représentations et des sensibilités collectives.

LA FORTUNE MÉDIÉVALE DE L'AFFECT (MILIEU Ve-MILIEU XIe SIÈCLE)

Pendant les siècles qui séparent la mort d'Augustin des prémices de la réforme de l'Église au XIe siècle, le concept d'affect n'a pas connu d'infléchissement. *Affectus* et *affectio* continuent de désigner tous les élans de l'âme, plus spécia-

---

1. Pour une approche synthétique de la théorie des émotions au Moyen Âge, voir S. KNUUT-TILA, «Medieval Theories of the Passions of the Soul», dans *Emotions and Choice from Boethius to Descartes*, H. LAGERLUND et M. YRJÖNSUURI (éd.), Dordrecht/Boston/London, Kluwer Academic Publishers, 2002 (Studies in the History of Philosophy of Mind, vol. 1), p. 49-83.

lement les dispositions sensibles, les émotions et les sentiments dans leur diversité et à tous les degrés d'intensité. L'affect se distingue de la vie intellective sans lui être nécessairement opposé, et entretient une affinité étroite avec la volonté. À partir du milieu du VIᵉ siècle, les auteurs chrétiens ne ressentent plus la nécessité de rappeler l'empreinte stoïcienne sur l'affect, ce qui n'empêchera pas les cisterciens de se souvenir de l'origine philosophique des termes *affectus* et *affectio*[2]. Emancipé, l'affect chrétien ne se vide donc pas de sa substance philosophique : les connexions mises au jour plus haut entre l'affect philosophique et l'affect chrétien demeurent opérationnelles tout au long du Moyen Âge, même si elles sont figées pendant plusieurs siècles selon le schéma imaginé par les Pères jusqu'à Augustin. Il convient néanmoins ici d'évoquer la position intermédiaire entre Augustin et Grégoire le Grand tenue par deux personnages qui écrivent dans les décennies précédant ce qu'A. de Libera appelle «l'effondrement philosophique de l'Occident latin[3]» : le pape Léon le Grand, qui a régné de 440 à 461, et le philosophe chrétien Boèce (480-524), grand commentateur de l'*Organon* d'Aristote et auteur d'une *Consolation de la Philosophie* écrite vers 523-524 depuis les geôles de Théodoric.

Léon le Grand confirme que l'approche conceptuelle de l'évêque d'Hippone s'est imposée très rapidement en Occident. Dans ses sermons, il définit un itinéraire spirituel qui repose sur une ordination progressive des affects humains (*affectibus humanis*) vers la vertu pour répondre aux promesses divines[4]. Le Christ, en partageant les affects de la faiblesse humaine (*affectus infirmitatis nostrae*)[5], a montré le chemin d'une restauration par la conformation des affects de l'homme à sa propre Passion[6]. On reconnaît l'influence d'Augustin dans la médiation que représente la chair du Christ. Dans le même sens, Léon rattache clairement la notion d'affect à la volonté. C'est le cas par exemple dans un sermon où les premiers mouvements de l'affect se transforment de façon tout à fait exemplaire en premiers mouvements de la volonté (*initium voluntatis*) :

> Le pire aliment de l'âme, en effet, est de vouloir ce qui n'est pas permis ; funeste est la jouissance que goûte le cœur soit en se nourrissant d'un gain honteux, soit en s'élevant par l'orgueil, soit en trouvant sa joie dans la vengeance. À ces affects, certes, les mouvements du corps apportent aussi leur concours, mais toutes choses regardent vers leur origine et,

---

2. Voir Bernard de Clairvaux, *L'Amour de Dieu. La Grâce et le libre arbitre*, édition établie par F. Callerot, J. Christophe, M.-I. Huille, P. Verdeyen, Paris, Cerf, 1993 (Sources Chrétiennes, n° 393), VIII, 23, p. 116-117 (*L'Amour de Dieu*). Désormais abrégé en *DDD* (*De Diligendo Deo*) et *DGLA* (*De Gratia et libero arbitrio*).

3. A. de Libera, *La Philosophie médiévale*, Paris, PUF, 1993, p. 257.

4. Voir Léon le Grand, *Sermons*, II, texte établi par R. Dolle, Paris, Cerf, 1969 (Sources Chrétiennes, n° 49), «Sermon XI sur le Carême», 2, p. 82.

5. Voir Id., *Sermons*, III, texte établi par R. Dolle, Paris, Cerf, 1961 (Sources Chrétiennes, n° 74), «Sermon III sur la Passion», 4, p. 33

6. *Ibid.*, «Sermon XIX sur la Passion», 1, p. 117.

pour juger de la qualité d'un acte, il faut remonter là où l'on découvre
les premiers mouvements de la volonté ; or détourner celle-ci des désirs
pervers est le meilleur et le plus grand de tous les jeûnes, car l'abstinence de nourriture est fructueuse quand la modération extérieure
procède d'une discipline intérieure[7].

À l'autre bout du processus de conformation, la cité de Dieu repose sur une
communion du peuple chrétien dans un même affect :

C'est, aux regards du Seigneur, une chose grande et fort précieuse,
bien-aimés, que le peuple entier du Christ s'applique aux mêmes devoirs
et que les chrétiens de l'un et l'autre sexe, à tous les degrés et dans tous
les ordres, collaborent dans un même affect[8]...

Boèce de son côté est le dernier auteur avant plusieurs siècles à employer
les termes *affectus* ou *affectio* dans un contexte explicitement relié à la théorie
antique de la passion. Ainsi, dans la *Consolation de la Philosophie*, il fait une
allusion à la théorie péripatéticienne de la métriopathie en utilisant le vocabulaire de Cicéron pour désigner la passion :

Mais puisqu'il serait prématuré de te soumettre à une médication
énergique et que, de toute évidence, les esprits sont ainsi faits que chaque
fois qu'ils abandonnent des idées vraies, ils en revêtent de fausses, ce qui
provoque l'apparition d'une nuée de passions (*perturbationum*) désor-
données, qui brouille cette perception vraie, je vais essayer pendant
quelque temps de dissiper progressivement ces brumes grâce à des soins
légers et mesurés, afin que disparaissent les ténèbres de tes affects
trompeurs et que tu puisses reconnaître l'éclat de la vraie lumière[9].

Ailleurs encore, il parle des ronces stériles des affects (*infructuosis affectuum
spinis*) qui étouffent la moisson de la raison[10]. Boèce a été l'un des principaux

---

7. *Pessimus enim animae cibus est, velle quod non licet ; et noxia cordis delectatio est, quae
aut turpi lucro pascitur, aut superbia extollitur, aut ultione laetatur. Quamvis enim his affectibus
motus quoque corporis serviant, ad originem tamen suam cuncta respiciunt, et ibi censetur
qualitas actionis, ubi invenitur initium voluntatis, quam revocare a pravis desideriis optimum
maximumque jejunium est, quia tunc est edendi abstinentia fructuosa quando exterior parcitas
a temperantia interiore procedit.* Léon le Grand, *Sermons*, IV, texte traduit par R. Dolle, Paris,
Cerf, 1973 (Sources Chrétiennes, n° 200), «Jeûne du VIIᵉ mois», IX (81, 1), p. 144-145.

8. *Magnum est in conspectu Domini, dilectissimi, valdeque pretiosum, cum totus Christi
populus eisdem simul instat officiis, et in utroque sexu omnes gradus omnesque ordines eodem
cooperantur affectu...* Léon le Grand, *Sermons*, IV, SC 200, «Jeûne du VIIᵉ mois», III (75, 4),
p. 94-95.

9. *Sed quoniam firmioribus remediis nondum tempus est, et eam mentium constat esse naturam
ut quotiens abiecerint ueras, falsis opinionibus induantur, ex quibus orta perturbationum caligo
uerum illum confundit intuitum, hanc paulisper lenibus mediocribus que fomentis attenuare
temptabo, ut dimotis fallacium affectionum tenebris splendorem uerae lucis possis agnoscere.*
Boèce, *Philosophiae Consolatio*, L. Bieler (éd.), Turnhout, Brepols, 1957 (*CCSL* 94), livre I, prose 6,
21, p. 16. Pour la traduction, voir Boèce, *Consolation de la Philosophie*, traduit par C. Lazam, Paris,
Rivages poche, 1989, p. 67-68. Pour la concordance d'*affectus* et *affectio* dans l'œuvre de Boèce,
voir L. Cooper, *A Concordance of Boethius : the Five Theological Tractates and the Consolation
of Philosophy*, Cambridge, Massachussetts, 1935.

10. Voir Boèce, *Philosophiae Consolatio, CCSL* 94, livre I, prose 1, 9, p. 2.

médiateurs entre la philosophie antique et le christianisme médiéval, de sorte
qu'on a parlé de l'«*aetas boetiana*» pour qualifier «la mentalité philosophique»
du xiiᵉ siècle [11]. Il est difficile de savoir précisément ce que les auteurs médiévaux, notamment les cisterciens, lui doivent dans leur approche du concept
d'affect, mais on peut mentionner au moins l'exemple d'Isaac de l'Étoile qui
cite plusieurs vers de Boèce dans un texte où il est précisément question de
la nature des affects [12].

Cependant, le premier relais de la pensée des Pères dans le monde monastique jusqu'au xiiᵉ siècle demeure sans conteste Grégoire le Grand [13]. C'est que
l'affect grégorien possède toutes les caractéristiques de l'affect patristique :
mouvement qui émane de la partie sensible de l'âme [14], il qualifie toutes les
formes d'attachement et de désir. Le terme *affectus* est très souvent employé
par Grégoire dans un contexte spirituel : il est à la fois l'organe, l'orientation,
et le mouvement de l'âme par lesquels elle se tourne vers Dieu [15], ou s'en
éloigne [16]. Pour Grégoire, comme pour Augustin, la participation de l'homme
à son salut se mesure dans l'ordination droite de l'affect : rien n'est plus
préjudiciable à l'âme que les affects désordonnés (*inordinati affectus*) [17].
Profondément influencé par l'anthropologie augustinienne de la lutte entre la
chair et l'esprit, Grégoire conserve néanmoins une vision unitaire de l'homme
et de la société, pensée notamment en termes d'affects complémentaires.
Selon lui, la synergie d'affects contraires peut participer à la restauration de
l'homme et générer un équilibre vertueux. Ce schéma vaut aussi pour la
société chrétienne tout entière [18] :

> Qu'un prédicateur me dispense la parole et chasse de mon cœur les
> ténèbres de l'ignorance par la lumière de la vérité, et que, s'il se trouve,
> lui opprimé par un des puissants de ce monde, je lui procure soulage-
> ment par mon intervention et l'arrache aux mains violentes, alors nous
> étendons l'un vers l'autre nos ailes, nous touchant l'un l'autre par un
> affect et une aide réciproques, grâce à un don que nous avons reçu [19].

---

11. Voir M.-D. Chenu, *La Théologie au douzième siècle*, Paris, Vrin, 1976, p. 142 et ch. VI «*Aetas
boetiana*», p. 142-158. En complément, voir P. Courcelle, *La* Consolation de la Philosophie *dans
la tradition littéraire : antécédents et postérité de Boèce*, Paris, 1967.

12. Voir Isaac de l'Étoile, «Sermon 17», SC 130, 12, p. 318-319.

13. La meilleure étude sur la théologie et la spiritualité de Grégoire le Grand est celle de
C. Straw, *Gregory the Great, Perfection and Imperfection*, Berkeley, University of California Press,
1988. À compléter par Cl. Dagens, *Saint Grégoire le Grand. Culture et expérience chrétiennes*, Paris,
1977.

14. Voir par exemple Grégoire le Grand, *Moralia in Job*, CCSL 143, livre VII, XXX, p. 366.

15. *Ibid.*, livre VI, XXV, p. 315 ou livre VII, XXIV, p. 353.

16. *Ibid.*, livre VII, XXX, p. 365 ou Id., *Homélies sur Ézéchiel*, II, texte établi par Ch. Morel,
Paris, Cerf, 1990 (Sources Chrétiennes, n° 360), «Homélie 2», 15, p. 124-125.

17. Id., *Moralia in Job*, CCSL 143, livre VII, XXX, p. 365.

18. Voir C. Straw, *Gregory the Great*, op. cit., p. 87-89 et les schémas résumant les systèmes
d'opposition et l'échelle de la complémentarité des affects, p. 54 et 258.

19. *Nam dum ille mihi verbum praedicationis exhibet et lumine veritatis ex corde meo ignoran-
tiae tenebras expellit, dumque illi ego, quia fortasse a mundi hujus potente opprimitur, solatium
meae defensionis impertior atque hunc de violentis manibus evello, vicissim nobis pennas nostras*

Comme pour Ambroise ou Léon le Grand, la puissance de l'affect se trouve pour Grégoire au cœur de l'édification de la société chrétienne. Il élabore ainsi une véritable synthèse entre les différentes approches patristiques, accordant l'ecclésiologie augustinienne avec les stratégies ascétiques de purification élaborées par Cassien[20]. Cette visée synthétique est l'une des raisons de la grande popularité de cet auteur auprès des moines durant tout le Moyen Âge[21]. Il reste que, d'un point de vue conceptuel, Grégoire ne modifie en rien les contours patristiques de l'affect. Il en va de même pour les auteurs du haut Moyen Âge qui ont exercé une influence sur l'univers monastique en général et sur la pensée cistercienne en particulier, que ce soit Isidore de Séville (v. 560-636) ou Bède le Vénérable (673-735).

En outre, c'est à partir du ve siècle que le monachisme occidental se dote d'un cadre réglementaire. Le principe même de la règle vient d'Orient, avec les règles grecques de Pacôme (290-347) et de Basile (329-379) qui sont traduites en latin à l'orée du ve siècle. Dans le foisonnement de la production réglementaire que connaît le monachisme latin entre le ve et le vi[e] siècle, quelques règles rencontrent un plus grand succès et sont appelées à influencer durablement l'institution monastique. Il s'agit de la règle de Colomban (v. 543-615), de la règle d'Augustin, et surtout de la règle de Benoît de Nursie (v. 480- v. 547/560), rédigée vers 540, elle-même inspirée de la règle du Maître[22] et qui connaît une extraordinaire diffusion avec la réforme carolingienne au début du ixe siècle, avant de présider à la réforme cistercienne à la fin du xie siècle. Or, il se trouve que la notion d'affect est peu présente dans la règle de Benoît, où l'on ne relève que trois occurrences d'*affectus*[23], les deux premières étant d'ailleurs directement empruntées à la règle du Maître où *affectus* apparaît trois fois aussi[24]. La présence d'*affectus* dans les deux règles résulte en partie de l'influence de Cassien. En effet, deux des trois mentions dans la règle du Maître (ch. 10, 68 et ch. 93, 72) renvoient à une citation des *Institutions*[25], reprise dans le chapitre sept de la règle de Benoît consacré à l'humilité :

> Ensuite, le disciple gravit le septième degré d'humilité sur l'échelle du ciel, si, non content de déclarer avec sa langue qu'il est le dernier

---

tendimus, ut nos affectu et ope vicaria ex bono quod accepimus tangamus. GRÉGOIRE LE GRAND, *Homélies sur Ezéchiel*, I, texte établi par CH. MOREL, Paris, Cerf, 1986 (Sources Chrétiennes, n° 327), «Homélie 7», 21, p. 266-267.

20. Sur cette ordination affective, individuelle et collective, sous l'égide de la charité, voir C. STRAW, *Gregory the Great, op. cit.*, ch. IV «*Soliditas Caritatis*», p. 90-106.

21. Sur l'influence de la théologie grégorienne au Moyen Âge, voir J. LECLERCQ, «The Exposition and Exegesis of Scripture : From Gregory to Saint Bernard», dans *The Cambridge History of the Bible. The West from the Fathers to the Reformation*, 3 volumes, G.W.H. LAMPE (éd.), Cambridge, 1976, volume 1, p. 183-197.

22. Pour le texte des règles du MAÎTRE et de BENOÎT, voir *La Règle du Maître*, texte établi par A. DE VOGÜÉ, Paris, Cerf, 1964-1965 (Sources Chrétiennes, n° 105-107) et *La Règle de saint Benoît*, texte établi par A. DE VOGÜÉ, Paris, Cerf, 1971-1972 (Sources Chrétiennes, n° 181-186).

23. Voir BENOÎT, *Règle*, ch 2, 23 ; ch. 7, 51 et ch. 20, 4.

24. Voir *La Règle du Maître*, ch. 2, 24 ; ch. 10, 68 et ch. 93, 72.

25. Voir JEAN CASSIEN, *Institutions cénobitiques*, SC 109, IV, 39, 2, p. 180.

et le plus vil de tous, il le croit en outre dans un affect intime de son cœur... [26]

Sinon, l'affect s'applique à l'attention que l'abbé doit porter à ses moines afin de préserver l'harmonie de la communauté : «Prenant successivement des attitudes diverses, mêlant les amabilités aux menaces, [l'abbé] montrera la rigueur du maître et l'affect tendre du père [27]».

La période qui s'étend de la fin du Ve siècle aux premières décennies du XIe siècle constitue une phase d'implantation et de consolidation du concept d'affect dans la pensée chrétienne. Contrairement à ce que l'origine philosophique de la notion pourrait laisser supposer, il n'y a pas véritablement de déclin après le VIe siècle et la relative perte de contact de l'Occident avec la philosophie antique, même si l'on observe un certain tassement : les termes *affectus* et *affectio* sont parfaitement intégrés au lexique des auteurs chrétiens pour exprimer la sensibilité de l'âme. Néanmoins, après la phase d'élaboration très active entre le IIIe et le début du Ve siècle, les auteurs du haut Moyen Âge ne font pas évoluer la notion qu'ils abordent selon l'interprétation qu'en fait Augustin. C'est seulement à partir du milieu du XIe siècle qu'on entre dans une nouvelle phase de l'histoire du concept d'affect.

LE GRAND SIÈCLE DES AFFECTS (MILIEU XIe-XIIe SIÈCLE)

Renaissance, humanisme et conscience de soi : réflexions autour de quelques catégories historiographiques

«Connaissance de soi, intention, affection, amitié, humanité – tels sont les mots clefs de la théologie du XIIe siècle [28]». En visitant le concept d'affect, on s'installe assurément au cœur des phénomènes de renaissance et d'humanisme qui caractérisent selon les historiens la culture chrétienne en Occident entre la seconde moitié du XIe siècle et la fin du XIIe siècle [29].

---

26. *Deinde septimum humilitatis gradum in scala caeli ascendit discipulus, si omnibus se inferiorem et viliorem non solum sua lingua pronuntiet, sed etiam intimo cordis credat affectu...* La Règle du Maître, SC 105, ch. 10, 68, p. 434-435.

27. *[abba] miscens temporibus tempora, terroribus blandimenta, dirum magistri, pium patris ostendat affectum...* La Règle du Maître, SC 105, ch. 2, 24, p. 356-357. Même réflexion dans la Règle de BENOÎT, ch. 2, 23.

28. C. MORRIS, *The Discovery of the Individual : 1050-1200*, Londres, SPCK, 1972, p. 163.

29. Les études sur le sujet sont nombreuses. Parmi celles qui s'intéressent plus spécialement au contexte religieux et monastique, voir *Renaissance and Renewal in the Twelfth Century*, R.L. BENSON et G. CONSTABLE (éd.), Oxford, Clarendon Press, 1982 ; G. CONSTABLE, *Religious Life and Thought (XIIth-XIIIth Centuries)*, Londres, Variorum Reprints, 1979 ; *Entretiens sur la renaissance au XIIe siècle*, M. DE GANDILLAC et E. JEANNEAU (éd.), Paris-La Haye, Mouton, 1968 ; J. LECLERCQ, «L'humanisme bénédictin du VIIIe au XIIe siècle», *Analecta Monastica*, 1re série, 1948, p. 1-20 ; J. LECLERCQ, *L'Amour des lettres et le désir de Dieu. Initiation aux auteurs monastiques du Moyen Âge*, Paris, Cerf, 1957 ; J. LECLERCQ, «L'humanisme des moines du Moyen Âge», *Studi Mediaevali*, 1969, p. 69-113 ; J. LECLERCQ, «À propos de la «renaissance du XIIe siècle» :

Ainsi, sur le plan des pratiques religieuses, les nouvelles expériences érémitiques qui se multiplient au xie siècle, et dont nombre de fondations monastiques résultent, portent les éléments d'une nouvelle spiritualité, centrée sur l'humanité du Christ, mais également les indices d'une nouvelle perception de soi. Que l'on songe seulement à l'affectivité larmoyante d'un Romuald (v. 950-1027) qui s'accompagne aussi de manière indissociable de la recherche d'une intimité très fusionnelle avec ses disciples[30]. Derrière l'isolement érémitique semble poindre la réalité d'un corps vivant, doué d'une puissance de restauration, qui devient l'objet de toutes les attentions : outil de pénitence, le corps propre de l'ermite se transforme en offrande spirituelle, si proche dès lors du corps souffrant de Jésus[31].

Cette transformation de la spiritualité s'accompagne d'une réflexion nouvelle sur la place de l'homme dans la création. L'idée se répand, confortée par l'arrivée en Occident des sources philosophiques et médicales gréco-arabes, que la nature elle-même est accessible à la raison. C'est ce qu'exprime par exemple Guillaume de Conches (v. 1100-v. 1155) dans *La Philosophie du monde* : la connaissance est un remède à la nature pécheresse de l'homme. Avant 1050, ces principes de dignité et d'ordre sont davantage associés au sentiment d'un pouvoir surnaturel auquel l'esprit doit se soumettre. L'ordre s'exprime alors dans le rite. Au xie siècle, le changement s'opère d'abord dans les monastères avec une réflexion sur la présence de Dieu dans l'âme. L'homme est un être habité, il est lui-même une divine image. Telle est la noblesse de l'âme qui peut dès lors espérer trouver en elle les ressources pour poser l'Être absolu. C'est l'enjeu du *Proslogion*, sous titré « la foi en quête de l'intelligence », écrit par Anselme (1033-1109) vers 1077 alors qu'il est prieur à l'abbaye du Bec. L'homme multiplie les voies d'exploration pour mieux se connaître lui-même. Parallèlement, la langue de l'élite cléricale et monastique s'adapte et concourt à cette évolution des mentalités et des sensibilités[32]. Des auteurs chrétiens comme Augustin, mais aussi de nombreux auteurs classiques bénéficient d'un intérêt renouvelé, au premier rang desquels il faut compter Virgile, Ovide, Sénèque ou Cicéron.

D'origine païenne et philosophique, couvrant un champ sémantique large qui englobe tout le registre de la vie sensible, mais également la psychologie

nouveaux témoignages sur la «théologie monastique» », *Collectanea cisterciensia*, 40 (1978), p. 65-72 ; P. RENUCCI, *L'Aventure de l'humanisme européen au Moyen Âge*, Paris, Les Belles Lettres, 1953 ; R.W. SOUTHERN, *Medieval Humanism and Other Studies*, Oxford, 1970 ; J. VERGER, *La Renaissance du xiie siècle, op. cit.*

30. Voir P. NAGY, *Le Don des larmes. Un instrument spirituel en quête d'institution (ve-xiiie siècle)*, Paris, Albin Michel, 2000, p. 214-219.

31. Voir A. VAUCHEZ, *La Spiritualité du Moyen Âge occidental viiie-xiiie siècle*, Paris, Seuil, 1994 (coll. Points Histoire), p. 68-130.

32. Voir J. PAUL, *L'Église et la culture en Occident*, tome 2, Paris, PUF, 1986 (coll. Nouvelle Clio), p. 495.

de l'intention si présente dans la réflexion éthique au xiie siècle[33], la notion
d'affect semble incarner parfaitement l'esprit de la renaissance du xiie siècle.
Ce qui fait qu'on peut dire alors avec J. Châtillon que le xiie siècle est le
«siècle des *affectus*[34]». Néanmoins, nous nous plaçons volontairement quelque
peu en retrait de ce contexte général. Il serait en effet aisé de mettre en
lumière la somme des motifs caractérisant la spiritualité sensible et intime des
xie-xiie siècles puis de convoquer, en dernier lieu, la notion d'affect pour
l'ériger en ultime principe explicatif. Mais nous dérogerions à notre exigence
de départ, qui était de comprendre comment cet élément lexical et notionnel
avait pu devenir un outil majeur de la représentation religieuse de l'homme
au xiie siècle. En outre, il y a une seconde raison à ce choix. Elle tient dans
le fait que nous nous situons moins, pour l'instant, sur le terrain des pratiques
spirituelles, que sur celui de la conception de l'homme chrétien. Pour utiliser
un vocabulaire familier aux historiens de la théologie, nous privilégions
l'anthropologie spéculative des religieux à leur anthropologie spirituelle; là
encore dans le souci d'aller le plus loin vers l'amont du processus de conceptualisation. Enfin, il faut rappeler qu'un certain nombre de problématiques liées
à ce contexte global de renaissance sont plus que jamais des chantiers historiographiques actifs. Par exemple, d'anciennes lignes de démarcation, comme
celle qui sépare la scolastique pré-universitaire de la théologie monastique,
apparaissent aujourd'hui moins imperméables qu'on a pu jadis le penser. Par
ailleurs, il est des objets historiques, telle la notion médiévale d'individu, qui
n'en finissent pas d'être découverts depuis plusieurs décennies. Sur ces deux
questions proches de l'expérience cistercienne, la prudence est de mise.

Il est devenu coutumier de considérer que la renaissance du xiie siècle possède
un double visage[35]. Il y aurait d'un côté l'«école» d'Abélard, qui symboliserait
l'émergence des écoles urbaines privilégiant la dialectique comme science, et
d'un autre côté l'«école du Christ» de Bernard de Clairvaux, qui représenterait la
tradition monastique de la *lectio divina*. Cette opposition entre l'école et le cloître
est assurément pertinente, comme en témoignent les célèbres joutes entre Bernard
et Guillaume de Saint-Thierry d'une part, et Abélard, Gilbert de la Porrée (1076-
1154) ou Guillaume de Conches d'autre part. Ces affrontements constituent un
arrière-plan dont il faut tenir compte. Ils ne se manifestent pas seulement par des
attaques *ad hominem*, comme le fait Guillaume de Saint-Thierry contre Guillaume

---

33. On pense évidemment à la morale de l'intention développée notamment dans l'*Éthique*
d'Abélard. Voir *Peter Abelard's Ethics*, D.E. Luscombe (éd.), Oxford, Clarendon Press, 1971 (Oxford
Medieval Texts, 6). En complément, voir É. Gilson, *La Philosophie au Moyen Âge*, Paris, Payot,
1999 [1re édition 1922], p. 289-290 et Id., *L'Esprit de la philosophie médiévale*, Paris, Vrin, 1978
[1re édition 1932], p. 324-344.

34. Voir J. Châtillon, «*Cor* et *cordis affectus*. 3. *Cordis affectus* au Moyen Âge», art. cité,
col. 2291. Voir aussi G. Constable, *The Reformation of the Twelfth Century*, Cambridge, University Press, 1998, p. 16.

35. Voir A. de Libera, *La Philosophie médiévale, op. cit.*, p. 310-311 et J. Le Goff, *Les Intellectuels au Moyen Âge*, Paris, Seuil, 1985 [1re édition 1957] (coll. Points Histoire), p. 47-52.

de Conches et ses «erreurs», mais influent profondément sur toute la réflexion théologique des cisterciens. C'est évident dans l'œuvre de Guillaume de Saint-Thierry et de Bernard, mais aussi dans les sermons d'Isaac de l'Étoile. Cependant, il n'est pas inutile de rappeler qu'il s'agit en priorité de différends doctrinaux, étroitement liés à des enjeux de pouvoir[36]. Ces différends cristallisent une mutation historique profonde, aux implications non seulement intellectuelles – avec le repli du monastère au profit de l'école urbaine – mais aussi sociales et économiques, avec le passage d'un monde où les lieux de pouvoir sont au contact direct des centres de production agraire, à un monde où les espaces comme les hommes sont polarisés par la ville et ses couches nouvelles. On ne saurait séparer la production et la réception des objets culturels des infrastructures matérielles dans lesquelles elles s'expriment[37]. Dans un tel environnement, la querelle qui oppose Bernard et Abélard prend une dimension emblématique[38]. Cela étant dit, ce serait une erreur d'en conclure hâtivement que les deux hommes, comme les deux mondes qu'ils incarnent, sont séparés par un infranchissable fossé culturel. Bernard n'est pas étranger aux catégories de l'analyse discursive voire à la dialectique. Sur ce sujet, la mise au point de J. Verger est précieuse : Bernard et Abélard appartiennent à deux mondes aux options épistémologiques et doctrinales bien distinctes, mais qui ne sont pas hermétiques l'un à l'autre[39]. Pour les contemporains eux-mêmes, explique-t-il, la dichotomie entre l'école et le cloître est un lieu commun qui a ses limites. S'il serait vain de nier que l'abbé de Clairvaux s'oppose à l'ascension des maîtres urbains, «il serait aussi inexact de ne pas percevoir que Bernard, que sa formation personnelle comme son expérience historique ont constamment mis en contact avec le monde des écoles et ses productions, non seulement ne rejetait pas globalement celui-ci mais partageait avec lui bien des manières de dire et de comprendre, bien des aspects du *modus sciendi*[40]». Il faut se garder de tout présupposé anti-intellectualiste, et ne pas réduire la pensée cistercienne à une mystique allergique au discours scolaire[41]. Si les cisterciens ne se définissent pas comme des philosophes dans un sens qui satisferait Abélard,

---

36. Ce que montre bien P. ZERBI, «Les différends doctrinaux», dans *Bernard de Clairvaux. Histoire, mentalités, spiritualité*, Colloque de Lyon-Cîteaux-Dijon, Paris, Cerf, 1992 (Sources Chrétiennes, n° 380), p. 429-458.

37. Voir G. DUBY, «La *Renaissance* du XIIᵉ siècle, audience et patronage», dans ID., *Mâle Moyen Âge*, Paris, Champs Flammarion, 1990, p. 180-202.

38. Sur cette affaire, parmi les publications les plus récentes voir, du côté de Bernard, G.R. EVANS, *Bernard of Clairvaux, op. cit.*, p. 113-129; du côté d'Abélard, M. CLANCHY, *Abélard*, Paris, Flammarion, 2000 [édition anglaise 1997] (coll. Grandes Biographies), p. 351-391 et *passim*. La meilleure synthèse est celle de J. VERGER et J. JOLIVET, *Bernard, Abélard, ou le cloître et l'école*, Paris, Fayard, 1982.

39. Voir J. VERGER, «Le cloître et les écoles», dans *Bernard de Clairvaux. Histoire, mentalités, spiritualité, op. cit.*, p. 459-473.

40. *Ibid.*, p. 473.

41. Sur le rapport de Bernard à la philosophie, voir *Saint Bernard et la philosophie*, R. BRAGUE (éd), Paris, PUF, 1993 (coll. Théologiques), en particulier les articles de J. REITER, «Bernard de Clairvaux, philosophe malgré lui entre cœur et raison?», p. 11-25 et G. LARDREAU, «Amour spirituel, amour philosophique», p. 27-48.

cela n'empêche pas leur pensée de s'inscrire dans un cadre doctrinal extrêmement rigoureux, en relation avec une certaine tradition philosophique,
comme le souligne B. Michel : «Bernard est au terme d'une tradition qui a pour
trait essentiel d'associer l'exégèse (Origène) et l'éthique du stoïcisme latin
(Cicéron) dans le projet d'un *De officiis* chrétien (*De officiis* d'Ambroise,
« *moralisatio*» grégorienne [42]) ».

L'autre point à prendre en considération concerne le débat sur l'émergence de l'«individu» dans ce contexte de la renaissance du XIIe siècle. Il est
difficile en effet de se pencher sur la notion d'affect, qui participe du vocabulaire exprimant la vie intérieure, sans évoquer cette problématique très
présente dans l'historiographie médiévale. Nous ne revenons pas sur l'historique du débat qui fait suite, à partir de la fin des années 1960, à la publication
d'études sur l'«éveil de la conscience» ou sur la «découverte» ou la «naissance
de l'individu» au Moyen Âge [43]. Rapidement, ces thèses ont suscité des
réserves. C.W. Bynum a parfaitement montré que la nouvelle perception de
soi portée par la spiritualité cistercienne reposait avant tout sur une nouvelle
perception du groupe [44]. Plus récemment J.-C. Schmitt ou J. Le Goff, tout en
soulignant la pertinence de la problématique concernant le «sens du moi», ont
mis en lumière les risques de dérapages épistémologiques [45], soulignant par
exemple que la notion d'individu (*individuum*) dans le discours médiéval est
une catégorie logique et non psychologique ou sociale. J.-C. Schmitt propose
de s'intéresser de préférence au concept de *persona*, issu du vocabulaire
philosophique et théologique : désignant à l'origine la divinité, le terme finit
par s'appliquer à l'homme en tant qu'être rationnel, c'est-à-dire être singulier
dépositaire d'une universalité qui fonde sa ressemblance divine [46]. Il est donc
impératif d'aborder le discours des cisterciens en partant prioritairement de
leur vocabulaire et en l'insérant dans leurs catégories intellectuelles [47].

---

42. Voir B. MICHEL, «La philosophie : le cas du *De Consideratione*», dans *Bernard de Clairvaux. Histoire, mentalités, spiritualité, op. cit.*, p. 602.

43. Voir M.D. CHENU, *L'Éveil de la conscience dans la civilisation médiévale*, Montréal, Institut
d'Études Médiévales, Paris, Vrin, 1969 ; C. MORRIS, *The Discovery of the Individual : 1050-1200,
op. cit.* ; A.J. GOUREVITCH, *La Naissance de l'individu dans l'Europe médiévale*, Paris, Seuil, 1997.
À compléter, pour se limiter à l'essentiel, par W. ULLMANN, *The Individual and Society in the Middle
Ages*, Baltimore, John Hopkins University Press, 1966.

44. Voir C.W. BYNUM, «Did the Twelfth Century Discover the Individual», *Journal of Ecclesiastical History*, 31 (1980), repris dans *Jesus as Mother : Studies in the Spirituality of the High
Middle Ages*, Berkeley-Londres, University of California Press, 1982, p. 82-109.

45. Voir J.-C. SCHMITT, «La «découverte de l'individu» : une fiction historiographique?», art. cité,
p. 242-262 et J. LE GOFF, *Saint Louis, op. cit.*, p. 499-512. Voir aussi A. BOUREAU, «Un royal
individu», *Critique*, 52 (1996), p. 845-857.

46. Voir J.-C. SCHMITT, «La «découverte de l'individu» : une fiction historiographique?», art. cité,
p. 257-260. Concernant l'anthropologie religieuse, voir P. NAGY, «Individualité et larmes monastiques : une expérience de soi ou de Dieu ? », dans *Das Eigene und das Ganze. Zum Individuellen
im mittelalterlichen Religiosentum*, G. MELVILLE et M. SCHÜRER (éd.), Université de Dresde, 2002,
p. 107-129.

47. Dans une telle optique, voir I. VAN'T SPIJKER, *Fictions of the Inner Life. Religious Literature
and Formation of the Self in the Eleventh and Twelfth Centuries*, Brepols, 2004.

Anselme de Canterbury : l'affect à l'étroit dans la volonté

Entre la fin du XIᵉ siècle et le milieu du XIIᵉ siècle, deux discours monastiques apportent un éclairage particulier sur l'affect qu'il est important de considérer pour comprendre l'approche cistercienne. En amont des cisterciens, Anselme de Canterbury situe, au début du XIIᵉ siècle, la notion d'affect dans une lecture originale de la psychologie humaine qui montre les prémices d'un infléchissement de la conception chrétienne de l'homme. L'autre discours se développe conjointement à celui des moines blancs, c'est celui des victorins, de Hugues de Saint-Victor (mort en 1141) en premier lieu, mais surtout de Richard de Saint-Victor (mort en 1173) qui est sans doute l'auteur le plus proche des cisterciens dans son traitement anthropologique de l'affect.

Né à Aoste en 1033, élève du célèbre Lanfranc à l'abbaye normande du Bec à partir de 1059, Anselme devient prieur du Bec en 1063 puis abbé en 1078. Il occupe cette fonction jusqu'à la fin 1093, date de son élection comme archevêque de Canterbury[48]. Dans l'œuvre variée d'Anselme, *affectus* apparaît surtout dans la correspondance (70 % des occurrences totales[49]). Il traduit alors presque systématiquement l'idée d'un attachement, dans des formules telles qu'«affect paternel» ou «affect du cœur». L'*affectus* selon Anselme peut aussi bien provenir de l'esprit (*affectus mentis*), de la chair (*affectus carnis*) que de la volonté (*affectus voluntatis*). Mais Anselme fait surtout un emploi remarquable d'*affectio* : sur les 25 mentions du terme dans ses écrits, 24 se rencontrent, avec un sens très spécialisé, dans le traité *L'Accord de la prescience, de la prédestination et de la grâce de Dieu avec le libre choix*[50]. Pour Anselme, *affectus* est un concept ouvert qui renvoie aux élans sensibles de l'âme en général, alors qu'*affectio* désigne spécifiquement une qualité de la volonté. Anselme a rédigé ce traité à la toute fin de sa vie en 1107-1108. Son ambition est alors de montrer, avec des arguments rationnels, qu'il n'y a pas de contradiction entre les notions contenues dans le titre de l'ouvrage, en gardant en arrière-plan cette question : que reste-t-il de la liberté de la volonté depuis la chute? Les derniers chapitres du traité (chapitres XI à XIV du livre III) sont consacrés à une analyse psychologique et théologique de la volonté. Or, cette étude contient en germe toute la diversité des approches sur la notion d'affect au XIIᵉ siècle.

L'âme, selon Anselme, possède deux forces (*vires*) que sont la raison (*ratio*) et la volonté (*voluntas*). La volonté doit s'entendre de trois manières :

---

48. Sur la vie d'Anselme, voir R.W. Southern, *Saint Anselm. A Portrait in a Landscape*, Cambridge, University Press, 1993.

49. Repérage effectué à partir de la concordance établie par G.R. Evans, *A Concordance to the Works of Saint Anselm*, vol. 1, Millwood, New York, Kraus International Publications, 1984, p. 28-29.

50. Voir Anselme de Canterbury, *L'Accord de la prescience, de la prédestination et de la grâce de Dieu avec le libre choix. Prières et méditations*, texte établi par F. Schmitt, traduit par M. Corbin et H. Rochais, Paris, Cerf (L'œuvre d'Anselme de Canterbury, tome V), 1988, p. 149-243. Désormais abrégé en *Conc.* (*De Concordia*).

l'instrument (*instrumentum*), les aptitudes (*aptitudines*) ou affects (*affectiones*), et les usages (*usus*)[51]. Ces trois éléments ne sont pas des parties mais plutôt des opérations de la volonté, si bien que tous trois peuvent être appelés volonté. Ce qu'Anselme appelle l'instrument du vouloir (*instrumentum volendi*) est la force de l'âme (*vis*) dont nous usons pour vouloir. Il s'agit donc de la volonté en tant que puissance ou faculté, alors que l'usage et les affects sont les activations de cette même force. L'affect correspond en effet à une forme de stimulation de l'instrument : «l'affect de l'instrument est ce par quoi l'instrument en question est affecté pour vouloir quelque chose[52]». L'usage est aussi une mise en mouvement de l'instrument du vouloir, initiée cependant par une pensée (*cogitatio*). Sur un plan psychologique, l'affect et l'usage, qui tous deux agissent sur l'instrument en vue de produire un vouloir, interviennent selon des modalités distinctes. Par exemple, dans la proposition : «je veux lire», la volonté exprimée est un usage de l'instrument du vouloir, dans la mesure où elle traduit une intention réfléchie. L'affect pour sa part agit en deçà de la réflexion et s'impose à l'instrument du vouloir dès qu'il se manifeste. Ce vouloir infra-réflexif renvoie aussi bien aux besoins vitaux qu'au désir ontologique de salut. L'affect se présente comme une stimulation consciente ou inconsciente de l'instrument du vouloir, non contrôlée ou produite en raison. Le ressenti du sommeil est une volonté, en tant qu'il est une pression sur l'âme, même s'il n'est pas encore l'intention d'aller dormir. Quand l'esprit acquiesce à cette impulsion, alors on dit que l'âme fait usage de l'instrument du vouloir. On perçoit dans cette conception deux niveaux dans la volonté. Anselme complète son exposé en distinguant deux aptitudes ou affects, la commodité (*commoditas*) et la droiture (*rectitudo*) :

> Par l'affect qui agit pour vouloir la commodité, l'homme veut toujours
> le bonheur, et être heureux. Par l'affect qui agit pour vouloir la droiture,
> il veut la droiture, et être droit, c'est-à-dire juste[53].

Avec la division de l'affect en deux mouvements, Anselme intègre son analyse psychologique à une théologie du salut : «de ces deux affects, que nous disons encore volontés, descend tout mérite de l'homme, soit en bien soit en mal[54]». Ainsi, l'affect de droiture, par lequel l'homme veut la justice, est toujours un bien, mais c'est un affect dont l'homme peut être séparé (*separabilis*). En revanche, l'affect de commodité, que l'homme ne peut perdre (*inseparabilis*), peut être utilisé en bonne ou en mauvaise part. Adam au paradis possédait les deux affects qui, par leur action conjointe sur l'instrument

---

51. Voir Anselme de Canterbury, *Conc.*, III, 11, p. 224.

52. *Affectio hujus instrumenti est, qua sic afficitur ipsum instrumentum ad volendum aliquid.* Anselme de Canterbury, *Conc.*, III, 11, p. 224-225.

53. *Per affectionem quidem quae est ad volendum commoditatem, semper vult homo beatitudinem et beatus esse. Per illam vero quae est ad volendum rectitudinem, vult rectitudinem et rectus, id est justus, esse.* Anselme de Canterbury, *Conc.*, III, 11, p. 228-229.

54. *Ex his duabus affectionibus, quas etiam voluntates dicimus, descendit omne meritum hominis, sive bonum sive malum.* Anselme de Canterbury, *Conc.*, III, 12, p. 234-235.

du vouloir – plus exactement par la soumission naturelle de l'affect de commodité à l'affect de justice – créaient une volonté droite. En péchant, Adam a lui-même abandonné l'affect de justice et, par voie de conséquence, il a aussi perdu la capacité d'orienter spontanément l'affect de commodité vers la vertu. Depuis, la volonté de l'homme est faussée et elle se tourne vers les mauvaises commodités qui sont suggérées par des appétits bestiaux (*bestiales appetitus*)[55]. Au travers de cette dualité de l'affect, Anselme résume toute sa doctrine de la grâce et du libre arbitre, en expliquant que la restauration de l'homme doit prendre la forme d'un redressement de l'affect de commodité vers des objets désirables en vertu. Mais l'homme ne peut plus le faire seul depuis qu'il a perdu l'affect de justice qui exerçait un rôle régulateur. Il a donc besoin, comme préalable à tout redressement, de l'aide de la grâce qui peut lui rendre, momentanément ou durablement, l'affect de justice. Eclairé par la grâce, l'homme doit encore user de la liberté de son arbitre pour orienter l'affect de commodité vers les biens spirituels. Malgré tout, la lutte pour le bien est rude car il faut redresser un affect de commodité qui n'est pas neutre mais déformé par le péché, et donc enclin au mal.

Dans ce traité, Anselme exprime la double dialectique, psychologique et théologique, qui va marquer l'affect monastique au XIIe siècle. Sur le plan psychologique d'abord, il fait de l'affect une opération spécifique de la volonté, tout en plaçant son degré d'action en-deçà de l'activité rationnelle. L'affect est alors au contact immédiat des besoins physiologiques ; il est du côté des impulsions primaires. À l'opposé, l'usage représente la volonté en accord avec l'intellect. Certes, Anselme n'opère pas de scission à l'intérieur de la volonté qui est tout entière dans l'instrument, dans l'affect et dans l'usage. Néanmoins, autant l'usage s'accorde aisément avec les conceptions classiques de la volonté rationnelle, autant l'affect de commodité renvoie à l'idée d'une force impulsive naturelle, devenue rebelle depuis le péché originel. Par ailleurs, sur le plan théologique, Anselme place l'affect au cœur du processus du salut : c'est par l'affect que l'homme peut retrouver une forme de ressemblance, de même que c'est par l'affect qu'il est devenu dissemblant[56].

Si dans l'anthropologie anselmienne le lien qui rattache l'affect à la volonté s'avère extrêmement fin et fragile, deux de ses disciples semblent l'avoir rompu tout à fait. Il s'agit de Guibert de Nogent (v. 1055-v. 1125) et d'Alexandre de Canterbury (actif au début du XIIe siècle). Guibert de Nogent évoque dans son autobiographie, rédigée vers 1115, comment le maître procédait pour commenter les Écritures :

> Il m'apprit à exercer mon esprit selon la méthode tripartite ou quadripartite, à développer les opérations du mystère de l'homme intérieur dans son ensemble, du point de vue de l'affect, de la volonté, de la

---

55. Voir ANSELME DE CANTERBURY, *Conc.*, III, 13, p. 238-239.
56. Sur l'influence de l'anthropologie anselmienne chez Bernard de Clairvaux, voir G.R. EVANS, *Bernard of Clairvaux, op. cit.*, p. 81-87.

raison et de l'intelligence. Ce qui était estimé, par le plus grand nombre comme par moi-même, ne faire qu'un, il démontrait que les deux premiers éléments n'en sont pas identiques, tandis que l'intervention du troisième et du quatrième en font une seule et même chose, comme tel raisonnement le montre à l'évidence. Selon cette méthode, il m'expliqua plusieurs passages de l'Évangile, me révélant de façon toute lumineuse d'abord en quoi la volonté se distingue de l'affect, et je constatai qu'il tirait cette interprétation non pas de lui-même, mais de certains livres à portée de la main, livres qui néanmoins traitaient ces sujets de façon bien moins claire[57].

Quels sont les mystérieux livres qui exposent ces idées nouvelles? Il est peu probable qu'il s'agisse d'écrits patristiques dont Guibert n'aurait sans doute pas dénoncé le manque de clarté. Peut-être fait-il référence à des auteurs classiques, à Sénèque. En tout cas, à ses yeux, la distinction entre la volonté et l'affect apparaît comme une prise de position novatrice. La méthode fascine le jeune Guibert au point que trente ans après, il tient à rendre hommage au génie du maître dans son autobiographie. Mais Guibert s'est surtout efforcé de mettre en pratique l'enseignement d'Anselme. Il entreprend ainsi, sans doute vers 1080, un commentaire moral sur les premiers livres de la Genèse[58]. Il est alors encore moine à Saint-Germer-de-Fly. D'après son témoignage, l'abbé de la communauté, jaloux de son talent, l'enjoint d'abandonner son travail. Il le poursuit néanmoins en cachette. Guibert dit avoir terminé l'ouvrage peu après la résignation de l'abbé Garnier, qui date de 1084 :

> Après lui, je saisis l'occasion où ce monastère était sans pasteur pour reprendre, et rapidement achever l'ouvrage. Il était réparti en dix livres, selon les quatre mouvements de l'homme intérieur dont j'ai parlé plus haut; je réalisai en chacun d'eux le trope moral de telle manière qu'ils se continuaient jusqu'au bout, sans aucun changement dans l'ordre du texte[59].

H. de Lubac trouve toutes ces explications sur la démarche exégétique plutôt confuses[60]. Néanmoins, à la lecture des traités de Guibert, certains

---

57. *Is itaque tripartito aut quadripartito mentem modo distinguere docens, sub affectu, sub voluntate, sub ratione, sub intellectu commercia totius interni mysterii tractare, et quae una a plerisque et a me ipso putabantur certis divisionibus resoluta, non idem duo prima fore monstrabat, quae tamen accedentibus quarto vel tertio eadem mox esse promptis assertionibus constat. Super quo sensu cum quaedam evangelica capitula mihi disseruisset, cum primum quidem quid inter velle et affici distaret, luculentissime aperuisset, quae tamen non ex se, sed ex quibusdam contiguis voluminibus, at minus patenter quidem ista tractantibus eum habuisse constaret...* GUIBERT DE NOGENT, *Autobiographie*, texte établi et traduit par E.-R. LABANDE, Paris, Les Belles Lettres, 1981, XVII, p. 140-141.

58. *Ibid.*, XVII, p. 142.

59. *Tempore ergo illius abbatis omnimodo studia mea delituere silentio; quo decedente, nactus occasionem dum pastore locus ille vacaret, impegi tandem et brevi opus explevi. Quod decem libris complexum, secundum illos quatuor praenominatos interioris hominis motus, ita moralem exsecutus sum in omnibus tropum, ut penitus immutato locutionum ordine initia continuarentur ad supremum.* GUIBERT DE NOGENT, *Autobiographie*, XVII, p. 144-145.

60. Voir H. DE LUBAC, *Exégèse médiévale; les quatre sens de l'Écriture*, t. I, p. 190 et note 1, cité dans GUIBERT DE NOGENT, *Autobiographie*, p. 140-141, note 1.

éléments prennent clairement leur sens. Ainsi, dans les *Morales sur la Genèse*, l'auteur procède à une interprétation morale en suivant l'ordre littéral du texte. Son enseignement tropologique repose alors sur une lecture tripartite des facultés de l'âme : la raison (*ratio*), la volonté (*voluntas*) et l'affect (*affectus*)[61]. Ailleurs, dans *Les Tropologies sur Osée, Amos et Jérémie*, il explique comment ces trois facultés qui constituent la «trinité intrinsèque» (*trinitas intrinseca*)[62] de l'esprit doivent s'élever conjointement, sous l'égide de la raison, jusqu'à fusionner en une seule puissance d'adhésion à Dieu : l'intellect[63]. Guibert construit donc un schéma de l'esprit en trois facultés plus une, selon que l'homme est considéré d'un point de vue psychologique (affect, volonté, raison) ou d'un point de vue spirituel (affect, volonté, raison/intellect). L'intellect correspond à une métamorphose spirituelle de la raison qui intègre les forces unifiées de la volonté et de l'affect.

Dans les écrits de Guibert, l'affect correspond aux appétits immédiats et irrationnels de l'âme, et se distingue de la volonté qui est instruite par la raison. Si cette grille de lecture provient de l'enseignement d'Anselme, on ne la retrouve pas sous cette forme dans les traités du maître. La tripartition *ratio, voluntas, affectus* guibertienne ne participe pas tout à fait de la même logique que la relation *voluntas/affectio* décrite dans *L'Accord*, achevé plus de vingt ans après les *Morales sur la Genèse* et qui s'intéresse plus particulièrement au statut du libre arbitre. En outre, si Anselme emploie intentionnellement *affectio*, Guibert quant à lui utilise presque exclusivement *affectus*.

La constitution au sein de l'école anselmienne d'une psychologie reposant sur l'articulation affect, volonté, raison est un événement fondamental. C'est en effet la première fois dans la théorie monastique de l'âme qu'apparaît la séparation explicite de la volonté et de l'affect. Or, c'est exactement le même schéma psychologique (affect, volonté, raison) qu'on retrouve dans *Le Miroir de la charité* du cistercien Aelred de Rievaulx[64]. Il n'y a pas de signe d'influence directe de l'école anselmienne chez Aelred. Les ouvrages de Guibert de Nogent n'étaient pas à la bibliothèque de Rievaulx du temps d'Aelred. Néanmoins, à la fin du XIIe siècle, s'y trouvent la plupart des traités d'Anselme, dont *L'Accord*, et aussi les écrits d'Alexandre de Canterbury qui, dans des termes légèrement différents de ceux de Guibert, confirment la partition anselmienne entre une volition raisonnable et une volition appétitive.

Alexandre de Canterbury a été le secrétaire d'Anselme à partir de 1100 environ. Outre une série de sermons, il a consigné une partie de

---

61. Voir par exemple GUIBERT DE NOGENT, *Moralia in Genesin*, *PL* 156, col. 48 C ; 61 B ; 70 C ; 110 A-B ; 115 C ; 168 C.

62. Voir ID., *Tropologiae in Osee, Amos et Jeremiam*, *PL* 156, col. 418 C.

63. *Ibid.*, col. 429 C.

64. Voir *infra*, chapitre 6. En complément, voir G.R. EVANS, «*Interior Homo* : Two Great Monastic Scholars on the Soul : Saint Anselm and Aelred of Rievaulx», *Studia Monastica*, 19 (1977), p. 57-73.

l'enseignement d'Anselme durant les dernières années de sa vie[65]. Un chapitre de ce recueil propose une division de l'âme en trois puissances : la raison (*ratio*), la volonté (*voluntas*) et l'appétit (*appetitus*)[66]. L'affect n'est pas cité mais la notion d'appétit recouvre la même idée d'une puissance (*natura*) qui existe dans l'âme indépendamment de la volonté et de la raison. Toujours selon le témoignage d'Alexandre, Anselme place alors la volonté en position médiane entre la raison et l'appétit. Lorsque l'homme oriente sa volonté vers la raison, il est appelé homme rationnel ou spirituel. En revanche, lorsqu'il se laisse guider par l'appétit, il doit être appelé homme charnel ou animal car il agit selon des impulsions irrationnelles. Une fois encore, Anselme accrédite le principe d'une partition dans la volition : on trouve d'un côté l'appétit, qui existe hors de la raison, et de l'autre la volonté raisonnable[67]. Nous souscrivons alors pleinement au jugement de R.W. Southern lorsqu'il souligne que cette lecture de l'âme se démarque du schéma augustinien dominant dans la pensée occidentale[68]. À partir de la fin du XIe siècle, Anselme et ses disciples directs témoignent de façon exemplaire de l'émergence d'une nouvelle vision de l'homme dans les milieux monastiques, qui confère une naturalité infra-volontaire aux puissances appétitives. Dans les premières décennies du XIIe siècle, les représentants de la réforme monastique poursuivent cette réflexion.

Hugues de Saint-Victor

La fondation de l'abbaye de Saint-Victor à Paris par Guillaume de Champeaux en 1113 est exactement contemporaine de l'entrée de Bernard à Cîteaux. En apparence, les deux expériences victorine et cistercienne ont peu en commun. Guillaume est un maître réputé, issu des milieux des écoles urbaines en plein essor au début du XIIe siècle, et son objectif affiché en fondant une communauté de chanoines réguliers est de créer des conditions favorables à l'étude et à la production intellectuelle. Malgré le départ de Guillaume dès cette même année 1113 pour Châlons-en-Champagne où il vient d'être promu évêque, le nouvel ordre de chanoines réguliers se distingue d'emblée par les brillants savants qu'il accueille, au premier rang desquels il faut compter Hugues de Saint-Victor[69]. On est ici loin des marécages de Bourgogne et de l'obligation faite aux moines blancs de vivre l'ascèse au quotidien dans le travail manuel. Pourtant, les relations entre Cîteaux et Saint-Victor sont d'emblée au beau fixe. C'est qu'au-delà des contrastes soulignés, les deux mouvements sont animés d'une même ambition : réformer la discipline des

---

65. Voir Alexandre de Canterbury, *Memorials of Saint Anselm*, R.W. Southern et F. Schmitt (éd.), *Auctores Britannici Medii Aevi*, I, 1969.

66. *Ibid.*, p. 174.

67. *Ibid.*, p. 177-178.

68. Voir R.W. Southern, *Saint Anselm*, *op. cit.*, p. 393.

69. Sur Hugues, voir R. Baron, «Hugues de Saint-Victor», *Dictionnaire de spiritualité*, VII, col. 901-939 et D. Poirel, *Hugues de Saint-Victor*, Paris, Cerf, 1998.

clercs réguliers et assurer la pérennité de cette restauration en l'appuyant sur une refondation théologique. Ainsi, l'évêque de Châlons n'hésite pas à patronner la naissance de Clairvaux. Bernard lui-même éprouve une véritable admiration pour les victorins, notamment pour son contemporain Hugues qui, de son côté, lui demande parfois conseil[70].

Concernant la réflexion sur l'affect, il y a un texte dans l'œuvre abondante de Hugues qui doit retenir particulièrement l'attention : le livre VII de sa somme *Les Sacrements de la foi chrétienne*, intitulé «La chute du premier homme[71]». Hugues y analyse notamment les conséquences de la faute pour l'esprit humain. Il se fonde alors sur le schéma développé par Anselme dans *L'Accord* et identifie deux puissances du désir grâce auxquelles l'homme accomplit sa nature (*natura*) : l'appétit de ce qui est juste (*appetitus justi*) selon l'ordre de la volonté, et l'appétit de ce qui est avantageux (*appetitus commodi*) selon l'ordre de la nécessité[72]. Hugues reprend à Anselme le caractère séparable (*separabilis*) de l'appétit de justice et le caractère inséparable (*inseparabilis*) de l'appétit de commodité. En péchant, l'homme a perdu son appétit immédiat de justice; depuis, l'appétit de commodité ne fait qu'accroître son infélicité. Dans tout ce développement, Hugues parle indistinctement d'appétit ou d'affect (*appetitus sive affectus*) de la justice ou de la commodité. Il considère en outre que seul l'appétit ou affect de justice participe de la volonté rationnelle. Comme Alexandre et Guibert, Hugues, en ne plaçant la volonté que du coté de l'appétit de justice, opère une séparation entre les puissances appétitives. En cela, il se distingue d'Anselme pour qui les deux *affectiones* étaient assimilables à la *voluntas*. De plus, il utilise le vocabulaire à la fois d'Alexandre (*appetitus*) et de Guibert (*affectus*). Cela montre au moins qu'*affectus* assume aussi bien qu'*affectio* cette théorie de l'esprit. Cependant, en qualifiant les deux catégories d'élans d'appétits ou d'affects, Hugues refuse de faire de l'affect-appétit une puissance indépendante dans l'âme, ce qui le rapproche d'Anselme.

Suivre la théorie anselmienne de la volonté et ses relectures sur une cinquantaine d'années permet de prendre la mesure des transformations qui sont en train de se produire dans l'anthropologie religieuse. L'évolution n'est assurément pas linéaire mais elle confirme que la théorisation de l'affect est entrée à la fin du xiᵉ siècle dans une période de turbulence : l'affect prend de plus en plus de place dans la conception monastique de l'homme et, parallèlement, se développe un processus d'émancipation de l'affect dans l'âme, par rapport aux forces de contrôle que sont la raison et la volonté.

---

70. Voir J. Châtillon, «L'influence de saint Bernard sur la pensée scolastique au xiiᵉ et au xiiiᵉ siècles», dans *Saint Bernard théologien*, Actes du congrès de Dijon, 15-19 septembre 1953, *Analecta Sacri Ordinis Cisterciensis*, 9 (1953), p. 275-277.

71. Voir Hugues de Saint-Victor, *De Sacramentis christianae fidei*, PL 176, *Pars septima*, col. 287-360.

72. *Ibid.*, col. 291 B-292 B.

Richard de Saint-Victor

La vie de Richard avant son entrée à Saint-Victor est presque aussi obscure que celle de son maître Hugues. Il est sans doute originaire d'Écosse et dit à ce titre dans une lettre à l'évêque de Hereford, Robert de Melun, conserver une *affectio specialis* pour l'Église d'Angleterre[73]. Il s'installe néanmoins à Paris avant 1141, date de la mort de Hugues. En 1159, il est sous-prieur de Saint-Victor, puis prieur en 1162, charge qu'il occupe jusqu'à sa mort le 10 mars 1173.

On peut gager que si Bernard avait vécu assez longtemps pour lire les écrits théologiques de Richard de Saint-Victor, il eût encouragé ardemment leur auteur à rejoindre sa vraie famille spirituelle, celle de Cîteaux. Seul son grand respect pour la rigueur de l'ascèse victorine aurait pu le retenir. Car les points de convergence entre les deux spiritualités sont nombreux. Il n'est pas aisé de caractériser en quelques mots l'anthropologie de Richard mais on peut dire qu'elle repose sur le pari qu'il est possible de sauver l'homme pécheur, non seulement par une ascèse purificatrice, mais aussi par une juste ordination des forces qui animent l'âme rationnelle. On est là au cœur du socratisme chrétien du XIIᵉ siècle qui lie connaissance de soi et nouvelle économie du salut. Au fondement de cette démarche se trouve le principe de l'image et de la ressemblance divines, également cher aux cisterciens, issu de l'anthropologie augustinienne[74]. Depuis le péché d'Adam, l'image et la ressemblance se sont obscurcies, l'homme s'est égaré dans la région de la dissemblance et risque bien de n'en sortir que pour sombrer dans le gouffre de la damnation éternelle. Il faut agir à la racine du mal : la conséquence du péché a été de briser l'harmonie des facultés de l'âme. Richard donne à cette conception de l'homme actuel une résonance très concrète. Pour lui, l'image comme la ressemblance correspondent chacune à une faculté bien précise de l'âme : l'homme a été fait « à l'image [de Dieu] par l'intellect et à la ressemblance par l'affect[75] ». Si le principe d'un équilibre vertueux entre l'intellect et l'affect remonte à Tertullien, le schéma prend ici une autre dimension puisqu'il résume la nature même de l'homme post-adamique.

Cette lecture de l'homme conduit Richard à construire son anthropologie à partir de la notion d'affect. Dans un premier temps, il offre une vision très négative de la puissance affective. Le traité sur *L'État de l'homme intérieur*

---

73. Voir RICHARD DE SAINT-VICTOR, *PL* 196, col. 1225 A.

74. On trouvera une excellente synthèse sur l'anthropologie de Richard dans P. NAGY, *Le Don des larmes au Moyen Âge, op. cit.*, p. 336-360. Voir aussi B. McGINN, *The Growth of Mysticism, op. cit.*, p. 398-418 et G. DUMEIGE, *Richard de Saint-Victor et l'idée chrétienne de l'amour*, Paris, PUF, 1952.

75. *Ad imaginem secundum intellectum, ad similitudinem secundum affectum.* RICHARD DE SAINT-VICTOR, *Liber exceptionum*, publié par J. CHÂTILLON, Paris, Vrin, 1958 (Textes philosophiques du Moyen Âge, n° 5), I, 1, p. 104.

après la chute, rédigé entre 1159 et 1162[76], illustre l'idée que l'homme évincé du paradis n'est plus qu'un infirme. Toutes les facultés de l'âme sont handicapées, et d'abord le libre arbitre. Souverain avant la chute, celui-ci est désormais amputé d'une partie de son pouvoir, celui de préserver l'âme contre les troubles des sollicitations mauvaises, qu'elles viennent du corps, des pensées ou des affects[77]. Et si Richard reprend à son compte la liste stoïcienne des affects élémentaires (amour, haine, joie et douleur), c'est pour souligner qu'ils sont tous les quatre corrompus par la faute[78]. L'affect, n'étant plus naturellement modéré, est devenu une bête féroce qui dévore l'âme de l'intérieur. Richard reconnaît ainsi une autonomie très importante à l'affect qui agit malgré les injonctions de la raison. Même si cet affrontement entre l'affect et la raison renvoie en toile de fond au dualisme spirituel d'inspiration augustinienne, c'est-à-dire au tiraillement dans l'âme entre les forces de la ressemblance et celles de la dissemblance, Richard est en passe de rompre le lien entre l'affect et la volonté rationnelle : «Aimer avec son cœur, c'est donc aimer après jugement et délibération. Aimer avec son âme, c'est aimer de désir et d'affect[79]». Hégémonique, l'affect risque bien d'envahir la raison et donc l'être tout entier[80]. Richard définit alors plusieurs programmes de rééducation de l'affect afin que, positionné de nouveau sur la voie rectiligne de la vertu, celui-ci se transforme en une force d'ascension spirituelle. Dans son traité *Les Quatre degrés de la violente charité*, il imagine une progression de l'âme sous l'égide de la charité tout en conservant une approche duale de la dynamique affective qui se partage dans une parfaite symétrie entre l'énergie négative de l'affect charnel et l'énergie positive de l'affect spirituel[81] :

> Ces quatre degrés comportent des différences selon que les affects s'adressent à Dieu ou aux hommes. Ils ne sont pas les mêmes quand les désirs sont spirituels ou charnels. Dans les désirs spirituels, l'amour est d'autant meilleur qu'il est plus intense. Dans les désirs charnels, plus il est grand, pire il est. Dans les affects divins, l'amour en son suprême degré est aussi le principal. Dans les affects humains, l'amour en son suprême degré est aussi le pire. Dans les affects humains le

---

76. Pour la liste des œuvres de Richard et leur datation, voir J. Longère, «Introduction», dans Richard de Saint-Victor, *Les Douze patriarches ou Benjamin minor*, texte établi par J. Châtillon et M. Duchet-Suchaux, Paris, Cerf, 1997 (Sources Chrétiennes, n° 419), p. 14-17. Désormais abrégé en *BM*.

77. Richard développe dans ce traité une analyse du libre arbitre avant et après la chute très dépendante du traité *La Grâce et le libre arbitre* de Bernard de Clairvaux.

78. Voir Richard de Saint-Victor, *De Statu interioris hominis post lapsum*, PL 196, col. 1141 B-1142 B.

79. *Diligere itaque ex corde est diligere ex consilio et deliberatione. Diligere ex anima est diligere ex desiderio et affectione.* Richard de Saint-Victor, *Les Quatre degrés de la violente charité*, texte édité par G. Dumeige, Paris, Vrin, 1955 (Textes philosophiques du Moyen Âge, n° 3), 23, p. 150-151. Désormais abrégé en *QDVC*.

80. Voir G. Dumeige, «Introduction», dans Richard de Saint-Victor, *QDVC*, p. 109-110.

81. Pour une analyse, voir J. Châtillon, «Les quatre degrés de la charité d'après Richard de Saint-Victor», *Revue d'ascétique et de mystique*, 20 (1939), p. 3-30.

premier degré peut être bon, certes, le second est indubitablement mauvais, pire le troisième et le quatrième exécrable[82].

Richard pose de la sorte une double césure à l'intérieur de l'homme désirant. Il y a d'abord l'opposition entre la raison et l'affect : la raison préside au désir du cœur (*cor*), siège du jugement, et l'affect au désir de l'âme (*anima*) définie comme la part de l'homme intérieur qui échappe à la délibération. Cette dynamique est ensuite confrontée à la dualité des objets désirables, charnels ou spirituels. L'affect est prioritairement attiré vers les choses charnelles et la raison vers les choses spirituelles. Mais, puisque l'homme est ressemblant par l'affect, un amour spirituel ne peut avoir une force véritablement restauratrice que s'il s'appuie principalement sur l'affect. Lorsque la raison penche vers les choses spirituelles, elle ne fait que suivre sa pente naturelle. En revanche, lorsque l'affect désire les choses spirituelles, il participe activement du redressement de l'homme vers la vertu. C'est pourquoi la conversion efficace, qui correspond au quatrième et suprême degré de l'amour, est celle de l'affect[83].

Dans *Les Douze patriarches* ou *Benjamin minor*, Richard définit un autre itinéraire spirituel, plus détaillé encore. Cette fois, il décompose les deux puissances en un ensemble de treize vertus à cultiver. Il se fonde sur le récit des deux mariages de Jacob dans la Genèse, 29, 15-22, dans lequel les deux épouses symbolisent chacune une puissance de l'âme : l'affect est incarné par Lia et la raison par Rachel. À partir de ce schéma, Richard élabore un itinéraire d'élévation de l'esprit (*animus*) jusqu'à la contemplation, par une ordination conjointe de l'affect vers la vertu, et de la raison vers la vérité. Dans cette ascension, Lia-affect est soutenue par sa servante Zelpha-sensibilité car «sans la sensibilité, l'affect n'aurait de goût pour rien[84]», et Rachel-raison profite des services de Bala-imagination qui présente à la raison les «réalités corporelles dont la connaissance lui est indispensable pour s'élever jusqu'à la contemplation des choses célestes[85]». Chacun des treize enfants que Jacob eut avec ces femmes, douze fils et une fille, représente une étape dans la progression de l'âme. Richard établit pour l'occasion une distinction entre l'*affectio*

---

82. *Hi quatuor amoris gradus aliter se habent in affectibus divinis, atque aliter se habent in affectibus humanis, omnino aliter atque aliter se habent in desideriis spiritualibus et in desideriis carnalibus. In desideriis spiritalibus, quanto major tanto et melior; in desideriis carnalibus quanto est major tanto est pejor. In affectibus divinis ipse qui summus idem et praecipuus. In affectibus humanis ille qui summus, ipse est et pessimus. In humanis sane affectibus primus potest esse bonus, secundus absque dubio est malus, pejor tamen est tertius, quartus autem est pessimus.* RICHARD DE SAINT-VICTOR, *QDVC*, 18, p. 144-145.

83. *Ibid.*, 24, p. 150-153. Nous partageons l'avis de P. Nagy pour qui le chapitre 24, en position médiane dans ce traité qui compte 47 chapitres, joue un rôle charnière dans l'architecture en forme de diptyque de l'ouvrage; voir P. NAGY, *Le Don des larmes au Moyen Âge, op. cit.*, p. 351.

84. *...sine sensualitate affectio nil saperet.* RICHARD DE SAINT-VICTOR, *BM*, V, p. 102-103.

85. *Sed constat quia sine imaginatione corporalia nesciret, sine quorum cognitione ad coelestium contemplationem non ascenderet.* RICHARD DE SAINT-VICTOR, *BM*, V, p. 102-103.

et l'*affectus* en identifiant sept *affectus* spécifiques de la puissance affective ou *affectio*[86] : la crainte, la douleur, l'espoir, l'amour, la joie, la haine des vices et la pudeur. Lorsque ces affects sont ordonnés, on doit alors les appeler enfants de Lia[87]. Richard reconnaît là encore que les affects sont les leviers les plus efficaces vers l'union mystique mais il rappelle le rôle essentiel de la discrétion, incarnée par Joseph, le fils aîné de Rachel.

Si Richard expérimente d'un traité à l'autre plusieurs parcours pour hisser l'âme jusqu'à l'extase de la contemplation (*excessus mentis*), il s'appuie avec constance sur une vision très cohérente de la psychologie, et notamment du rapport dans l'homme post-adamique entre la raison et l'affect. Au premier abord, il n'y a rien dans la conception richardienne de l'affect qui soit en contradiction avec la tradition augustinienne. Il n'empêche que la précision avec laquelle il circonscrit un terrain spécifique pour l'affect à l'intérieur de l'âme et isole deux origines distinctes aux élans désirants, son élaboration minutieuse d'une nomenclature de la puissance affective, ou encore son insistance à affirmer que le propre de l'affect est d'échapper à l'emprise de la raison, font naître inévitablement le sentiment que l'affect est devenu, dans l'homme intérieur, une force autonome et puissante, aux marges de la rationalité. Le socle de l'anthropologie augustinienne n'est jamais bien loin mais il semble pourtant qu'au XIIe siècle des fissures soient apparues, et que, par celles-ci, remontent depuis les profondeurs de l'affect antique des voix anciennes que l'on pensait s'être définitivement tues.

Au terme donc de ce millénaire de pratiques lexicales d'*affectus* et d'*affectio*, avec quel visage la notion se présente-t-elle aux auteurs cisterciens du XIIe siècle? Tout d'abord, il faut souligner que la richesse sémantique de ces vocables, qui ne cesse d'ailleurs de grandir au fil des siècles, constitue paradoxalement un obstacle pour l'historien. Il est tentant en effet de juxtaposer tous les registres identifiés au cours de l'enquête, de mettre bout à bout l'affect-*inclinatio animi*, l'affect-*perturbatio*, l'affect-*amor*, l'affect-*appetitus* ou encore l'affect-*voluntas* et d'en conclure que la notion est une nébuleuse complexe, voire confuse, qui connaît une sorte de processus ininterrompu d'expansion sémantique. Un tel constat légitimerait alors de lire les sources en convoquant telle ou telle acception au gré de la supposée cohérence du contexte. Cependant, cette invocation de la loi du contexte risque alors de ne faire apparaître que l'évidence de l'anachronisme. Car si l'affect chrétien se présente bien sous la forme d'une nébuleuse sémantique, celle-ci n'en subit pas moins des forces internes, dont on peut discerner la genèse, qui la constituent en un système organisé. Ainsi, on peut dégager trois

---

86. Richard emploie généralement indistinctement *affectus* ou *affectio*. Néanmoins quand il veut distinguer l'affect-puissance et les mouvements de cette puissance, il utilise *affectio* pour la première et *affectus* pour les seconds. Voir J. Longère, «Introduction», dans Richard de Saint-Victor, *BM*, p. 47 et p. 108, note 2; voir aussi G. Dumeige, «Index analytique», dans Richard de Saint-Victor, *QDVC*, p. 192-193.

87. Voir l'analyse de B. McGinn, *The Growth of Mysticism*, *op. cit.*, p. 402-404.

axes principaux qui traversent l'affect médiéval. Le premier renvoie au lexique général des élans sensibles de l'âme, qui représente l'acception la plus ancienne et confère à la notion sa capacité d'adaptation. Par ailleurs, dans le cadre de la spécialisation sémantique des vocables, on observe une double polarisation. L'affect peut ainsi désigner un dynamisme premier de l'âme, un appétit naturel qui s'exprime indépendamment et en-deçà des facultés volontaire et intellective. Mais il peut aussi qualifier, et c'est le troisième axe, les dispositions volontaires de l'âme rationnelle.

La bipolarisation qui se dégage de l'affect spécialisé, entre appétit naturel et volonté, était déjà perceptible au Ier siècle dans l'éthique du stoïcisme impérial, mais elle prend une nouvelle signification en pénétrant les cadres de la morale chrétienne. En relation étroite avec la doctrine du péché originel, l'affect témoigne alors parfaitement de l'ambiguïté des désirs humains après la chute, écartelés entre la chair et l'esprit. Avec Augustin, le christianisme privilégie l'affect-volonté tout en lui insufflant les éléments de la dialectique originelle : l'affect irrépressible, relevant néanmoins de la responsabilité individuelle, traduit alors la malédiction de la chair dans l'homme post-adamique. Or, à partir de la fin du XIe siècle, les signes se multiplient montrant que cette synthèse augustinienne de l'affect subit des assauts. De nouveau, la dialectique de l'affect tend à se manifester dans une confrontation entre l'appétit naturel infra-volontaire et le désir rationnel. La principale difficulté vient de ce que cette évolution ne se revendique ni comme une rupture, ni comme une restauration, mais vient s'ajouter comme une lecture supplémentaire. Il reste que la mutation perceptible aux XIe-XIIe siècles peut s'exprimer en une proposition simple : le caractère irrépressible de l'affect ne renvoie plus systématiquement à un assaut sournois de la volonté pécheresse de l'homme fils d'Adam mais peut de nouveau désigner une spontanéité naturelle du désir.

Deuxième partie

L'anthropologie affective des cisterciens

« L'âme et le corps, le corps et l'âme, quel double mystère ! [...] Qui pourrait dire où s'arrêtent les impulsions de la chair, où commencent les impulsions de l'esprit ? [...] L'âme est-elle un fantôme habitant la maison du péché ? Ou bien le corps se fond-il vraiment dans l'âme [...] ? Mystère, la séparation de l'esprit et de la matière, et mystère, pareillement, leur union. »

OSCAR WILDE, *Le Portrait de Dorian Gray*

L'INTRODUCTION de la voix cistercienne dans le concert historique de l'affect ne saurait se faire sans prendre quelques précautions. Ainsi, il faut se préserver de conférer à l'expérience cistercienne, sur le plan de la production ascétique et théologique, une unanimité qui risque bien d'être artificielle. Les individus ne s'évanouissent pas derrière les plis de l'habit monastique. Les réflexions d'un Guillaume de Saint-Thierry sur la Trinité[1], ou bien encore les spéculations théologiques d'un Isaac de l'Étoile sur les relations entre la raison et l'intelligence, sont bien éloignées de la mystique d'un Guerric d'Igny, tournée vers le Christ charnel[2]. Cependant, sur le plan spirituel, la réforme cistercienne possède une identité et une cohérence qui résident dans la croyance que l'homme pécheur, à la nature brisée et tout de haillons vêtu, peut néanmoins s'approcher de Dieu par la force de l'*affectus animae*[3].

Pour saisir la nature même de cet affect, il faut remonter à la source de la théorie cistercienne de l'homme. C'est pourquoi nous suivons l'affect en procédant selon un ordre ascensionnel, particulièrement familier à la pensée cistercienne, depuis les réalités corporelles vers les quartiers spirituels de l'âme. Ce faisant, nous nous appuyons sur des schémas herméneutiques aisément repérables et récurrents, en observant d'abord le rôle tenu par la notion d'affect dans les pistes explorées pour traiter la question des relations entre le corps et l'âme. Ensuite, nous étudions l'insertion d'*affectus* et d'*affectio* dans un schéma anthropologique ancien, et souvent repris par les cisterciens, qui divise l'âme en trois puissances, raisonnante, concupiscible et irascible. Puis nous traitons d'un troisième modèle herméneutique très présent, d'inspiration augustinienne, où l'âme est identifiée selon ses trois facultés, mémoire, raison et volonté.

---

1. Voir C. LEONARDI, « Bernard de Clairvaux entre mystique et cléricalisation », dans *Bernard de Clairvaux. Histoire, mentalités, spiritualité, op. cit.*, p. 707.

2. Voir J. MORSON, *Christ the Way : the Christology of Guerric d'Igny*, Kalamazoo, Cistercian Publications, 1978 (Cistercian Studies, n° 25).

3. Voir P. VERDEYEN, « Un théologien de l'expérience », dans *Bernard de Clairvaux. Histoire, mentalités, spiritualité, op. cit.*, p. 567.

Lorsque les cisterciens élaborent au XIIe siècle leur anthropologie, ils se placent assurément dans la continuité de la vision augustinienne de l'homme. Cependant, derrière l'affect entendu comme désir rationnel, on voit apparaître d'autres approches qui perturbent une filiation au premier abord limpide. L'affect cistercien semble parfois étranger à la sphère du rationnel et du volontaire à laquelle il est censé appartenir. Pour prendre la mesure de ces éléments de rupture par rapport au langage commun de la tradition, nous avons choisi de mettre en lumière dans un dernier chapitre la conception aelrédienne de la psychologie de l'amour dans laquelle la spontanéité affective joue un rôle déterminant.

4.

À LA JONCTION DE L'ÂME ET DU CORPS

LE PARADOXE DE LA CHAIR

L'HOMME chrétien au chevet duquel s'était penché Augustin n'était pas un ange, et il n'avait aucune chance d'en approcher ici-bas l'éthérée perfection. L'évêque d'Hippone était allé chercher cet homme là où il vivait, dans la fange de la chair ; lui-même s'y était complu avec délectation, disait-il, expliquant à ses contemporains qu'on ne pouvait jamais s'en extraire complètement. La bonne santé de l'être se mesure à sa ténacité dans la lutte contre le mal qui le ronge dès la naissance. Augustin s'était indigné dans sa jeunesse manichéenne à l'idée qu'on pût dresser une généalogie humaine du Christ, fils de Dieu. Il avait pourtant fini par brandir à la face de l'homme pécheur celle qui le rattachait à Adam, comme la malédiction de sa race.

Cet appel à la conversion, les cisterciens l'ont entendu au XIIe siècle. Il a arraché Bernard et Aelred à leur environnement seigneurial, il a conduit Guerric à abandonner sa carrière de *magister*, il a encore incité Guillaume à renoncer à ses fonctions d'abbé de Saint-Thierry. Tout se passe comme si les moines réformés reprenaient le flambeau là où l'évêque d'Hippone l'avait déposé. La marque du péché originel a rendu les hommes égaux dans leur misère, au-delà des privilèges de la naissance. Mais, durant le haut Moyen Âge, l'Occident a édifié un nouveau modèle aristocratique : le monastère, devenu une forteresse, se fait le lieu de cette seconde naissance, celle de l'esprit. Par conséquent, certains moines ont fini par se sentir, du fait de leur seul statut, partiellement libérés du fardeau de la chair. En tout cas, c'est le reproche que la réforme cistercienne adresse à Cluny. Pour les cisterciens, le cloître fonde la conversion, mais il ne délivre pour autant aucun sauf-conduit vers l'esprit. C'est un campement, une base de départ, parfois un refuge dans le cadre de la guerre contre la chair, mais ce n'est sûrement pas une antichambre du paradis. En se retirant du siècle, les cisterciens ne se libèrent pas du monde charnel, ils se donnent simplement les moyens de le combattre plus efficacement[1].

Si l'anthropologie augustinienne se dévoilait dans le « *quia eram filius Adam*», celle des cisterciens s'ouvre plutôt sur un *cum sim filius Adam* : bien que je sois un fils d'Adam, que m'est-il permis d'espérer? Le salut de l'homme ne se bâtit pas dans l'illusion d'un anéantissement de la chair, mais il se fait malgré la chair et son trouble. Les cisterciens ne sont pas de ceux qui pensent que la victoire est à portée de prière, avec l'appui presque acquis d'avance de la grâce. Ils ne sont pas non plus de ceux qui répondent à l'insulte de la chair par sa diabolisation et son rejet dans le monde des ombres et de la matière brute. Augustin a légué à l'Occident un paradoxe de l'action : l'obligation faite au chrétien de partir de la chair – parce que c'est la réalité immédiate depuis la chute – pour s'arracher à la chair, car elle contient les ferments de l'anéantissement de l'homme. La condition charnelle est la nature indépassable de l'homme terrestre, mais il n'est de salut que dans l'esprit, et donc hors de la chair. Où est l'espoir? Que l'homme doué du libre arbitre lutte de toute son énergie contre la chair, tout en sachant qu'il ne peut rien sans le soutien de la grâce. Cette solution, tous semblent l'accepter. Pourtant on observe une double dérive par rapport au plan de bataille défini par Augustin. Il y a la tentation angélique dont parle G. Duby, celle qui fait entrevoir la possibilité du repos même s'il est atteint au prix d'une terrible mortification. L'anthropologie cistercienne représente quant à elle une autre tentation, celle d'une conversion de la chair.

Pour accéder au discours anthropologique des cisterciens, on doit considérer en priorité les traités qu'ils ont consacrés spécifiquement à la question de la nature de l'homme. Parmi ces traités, on compte *La Nature du corps et de l'âme* de Guillaume de Saint-Thierry[2], sans doute rédigé vers 1140, durant son séjour à Signy[3]. Il faut compter aussi deux traités de Guillaume sur la foi, le *Miroir de la foi* et l'*Énigme de la foi*, composés en 1142-1143, qui contiennent des considérations importantes sur la problématique de l'image divine de l'homme[4]. La réflexion anthropologique de Bernard de Clairvaux est plutôt

---

1. Ce qu'a parfaitement compris G. DUBY, *Les Trois ordres ou l'imaginaire du féodalisme*, Paris, Gallimard, 1978 (coll. Bibliothèque des Histoires), p. 272.

2. Pour l'édition utilisée ici voir GUILLAUME DE SAINT-THIERRY, *De Natura corporis et animae*, texte et traduction de M. LEMOINE, Paris, Les Belles Lettres, 1988. Désormais abrégé en *DNCA*.

3. Voir *Three Treatises on Man, A Cistercian Anthropology*, B. MCGINN (éd.), Kalamazoo, Cistercian Publications, 1977 (Cistercian Fathers, n° 24), p. 28. B. McGinn publie dans ce livre une traduction anglaise de la *Lettre sur l'âme* d'Isaac, de *La Nature du corps et de l'âme* de Guillaume de Saint-Thierry et de *L'Esprit et l'âme* du Pseudo-Alcher. La longue introduction de B. MCGINN est une référence indispensable pour comprendre l'anthropologie cistercienne dans son contexte culturel, voir p. 1-100.

4. Voir GUILLAUME DE SAINT-THIERRY, *Deux traités sur la foi. Le Miroir de la foi. L'Enigme de la foi*, texte établi et traduit par M.-M. DAVY, Paris, Vrin, 1959 (coll. Bibliothèque des textes philosophiques). Désormais abrégé en *SF* (*Speculum fidei*) pour le *Miroir sur la foi* et en *AF* (*Aenigma fidei*) pour l'*Énigme de la foi*.

dispersée dans ses écrits. On doit cependant retenir *La Grâce et le libre arbitre*, publié vers 1128, et *L'Amour de Dieu*, probablement écrit dans sa première rédaction vers 1124-1125 puis remanié entre 1132 et 1135. Par ailleurs, de nombreux sermons contiennent des éléments théoriques sur la nature de l'homme. Aelred de Rievaulx ou encore Isaac de l'Étoile ont chacun écrit un traité sur l'âme. Le *Dialogue sur l'âme* d'Aelred, rédigé à la fin de sa vie et laissé inachevé, est composé en l'état de trois livres, sous la forme d'un dialogue entre l'abbé et un moine nommé Jean[5]. L'influence majeure y est celle d'Augustin. Isaac de l'Étoile quant à lui est plus proche des victorins et des chartrains. Il écrit une *Lettre sur l'âme* en réponse à la demande d'Alcher de Clairvaux. Les sources utilisées par Isaac sont souvent les mêmes que Guillaume : Grégoire de Nysse, Claudien Mamert, Macrobe, Calcidius, Boèce[6]. En outre, plusieurs sermons d'Isaac contiennent de longues analyses sur la nature de l'homme. Il faut citer enfin la compilation anonyme *L'Esprit et l'âme*, faussement attribuée à Alcher de Clairvaux mais dont la rédaction se situe dans un milieu cistercien, sans doute peu après 1170[7]. Cette compilation, qui a connu une importante diffusion au XIIIe siècle, se révèle une paraphrase synthétique et rigoureuse d'Augustin, de Hugues de Saint-Victor mais aussi d'Aelred de Rievaulx, de Bernard de Clairvaux et d'Isaac de l'Étoile.

SIMILITUDE ET DISSIMILITUDE

Les fondements de l'anthropologie des cisterciens se rencontrent dans leur lecture de la dynamique, omniprésente dans l'anthropologie occidentale, de l'image et de la ressemblance[8]. D'origine platonicienne, le concept d'image reçoit un écho important dans la pensée chrétienne par le biais notamment de la Genèse, I, 26 : «Dieu a créé l'homme à son image et à sa ressemblance». Chez Platon, le concept d'image sert à qualifier les relations entre le monde des sens et celui des idées. Il devient chez les Pères une voie pour éclairer les relations entre l'homme et son Créateur. Dans la théologie occidentale, l'image exprime la dimension ontologique du lien de l'homme avec Dieu, alors que la ressemblance traduit sa dimension axiologique. Par l'image, l'homme est lié à Dieu en tant qu'être; par la ressemblance, il l'est sur le mode de la participation volontaire. Tôt déjà, la tradition orientale, avec Origène et

5. Voir AELRED DE RIEVAULX, *Dialogue sur l'âme*, *CCCM* I, p. 683-754. Désormais abrégé en *DDA* (*Dialogus de anima*).

6. Voir B. McGINN, *Three Treatrises on Man*, *op. cit.*, p. 49-50.

7. *Ibid.*, p. 67.

8. La référence majeure sur ce thème est R. JAVELET, *Image et ressemblance au douzième siècle. De saint Anselme à Alain de Lille*, tome I : texte, tome II : notes, Paris, Letouzey & Ané, 1967. En complément, sur les cisterciens, voir É. GILSON, *La Théologie mystique de saint Bernard*, *op. cit.*, p. 48-77 ; P. MAGNARD, «Image et ressemblance», dans *Saint Bernard et la philosophie*, *op. cit.*, p. 73-85 et D.N. BELL, *The Image and Likeness. The Augustinian Spirituality of William of Saint-Thierry*, Kalamazoo, Cistercian Publications, 1984 (Cistercian Studies, n° 78).

Clément d'Alexandrie, avait établi un rapport dynamique entre l'image, envisagée comme la dignité conférée à l'homme par la création, et la ressemblance, qui renvoie à la conformation volontaire et progressive à cette dignité naturelle[9]. En Occident, Augustin avait établi la même distinction entre ces deux notions, mais il avait tenu aussi à les identifier sur un plan proprement conceptuel. On ne saurait en effet assimiler les deux notions car, si toute image est semblable à ce dont elle est l'image, cependant tout ce qui est semblable à quelqu'un n'est pas son image[10]. Les cisterciens en retiennent un double enseignement : tout d'abord, les concepts d'image et de ressemblance ne sont pas identiques même s'ils ne prennent leur sens que dans leurs relations ; la seconde idée, qui découle de la première, est qu'il faut envisager deux formes de participation de la créature en Dieu, une forme originelle selon l'image et une forme selon le degré de proximité personnelle avec Dieu.

Ainsi, Gilbert de Hoyland rend compte de cette double participation au moyen d'un vocabulaire exprimant le voisinage :

> Proches, nous le sommes par notre nature native, et tout proches par le privilège de la vertu. Proches parce que capables, tout proches parce que partie prenante[11].

Concernant l'image, comment faut-il comprendre l'expression employée ici par Gilbert de «nature native» de l'homme? Il ne s'agit pas, bien sûr, d'une équivalence totale entre la créature et son Créateur, et Gilbert ne manque pas de rappeler le fossé insondable qui sépare à jamais l'homme de Dieu, au-delà de toute similitude[12]. Le degré de proximité entre l'homme et Dieu ne tend pas à réduire les différences de nature. Au contraire, Gilbert s'émerveille que, malgré ce gouffre, un lien ontologique demeure. Guillaume souligne de son côté qu'il ne faut pas faire d'erreur sur le sens des mots et confondre image et identité. L'image est reliée au modèle en tant qu'elle procède du modèle, mais elle ne sera jamais le modèle lui-même. Il faut donc distinguer deux types d'image : lorsque le prototype et l'image sont de même substance et lorsqu'ils ne sont pas de même substance. L'homme est une image selon la seconde partie de l'alternative[13]. En fait, il n'y a identité de substance qu'à l'intérieur de la Trinité incréée, lorsqu'on dit que le Fils est l'image du Père. Seul le Christ est la véritable image de Dieu, consubstantielle au Père[14]. L'homme en

9. Voir G. Salet, «À l'image et à la ressemblance de Dieu», note complémentaire 3, dans Isaac de l'Étoile, *Sermons*, SC 130, p. 332-334.

10. Augustin, *De Genesi ad litteram imperfectus liber*, CSEL 28, p. 498 cité dans R. Javelet, *Image et ressemblance*, I, *op. cit.*, p. 56.

11. *Prope per naturae primaeva, proxime per virtutis privilegia. Prope, quia capaces; proxime, quia capientes.* Gilbert de Hoyland, *Sermons sur le Cantique des cantiques (SCC)*, 8, 7, PL 184, col. 51 D; traduction de P.-Y. Émery dans Gilbert de Hoyland, *SCC*, PC 6, p. 129.

12. Voir Gilbert de Hoyland, *SCC*, PL 184, 8, 7, col. 51 D.

13. Voir D.N. Bell, *The Image and Likeness, op. cit.*, p. 36.

14. Voir Augustin, *De Diversis quaestionibus LXXXIII*, q. 51, 4, cité dans D.N. Bell, *The Image and Likeness, op. cit*, p. 41. En complément, voir L. Lavaud (textes choisis et présentés par), *L'Image*, Paris, GF-Flammarion, 1999 (coll. Corpus), p. 36-38 et 120-123.

revanche demeure une image imparfaite de Dieu, il n'est qu'une sorte d'image. L'homme n'est en réalité qu'une *imago ad imaginem*, une image vers l'image. La nature du lien entre l'image et le modèle est contenue dans la préposition *ad*, traduisant une tendance naturelle de l'homme vers Dieu, un *pondus*. Mais la tension qui existe dans l'image créée n'est à ce stade qu'une potentialité participative et non une participation en acte. Seule la grâce, désirée et relayée par un engagement volontaire de l'individu, peut transformer cette virtualité en réalité. Cette participation latente originelle se traduit par le recours à un champ sémantique exprimant l'aptitude. Le plus souvent, et selon la tradition patristique, l'homme est dit capable de Dieu ou de béatitude : «Créée à l'image de son Créateur, [la créature] est apte à adhérer à celui dont elle est l'image[15]».

La tradition augustinienne situe cette aptitude dans l'âme, plus précisément dans la partie supérieure de l'âme, la *mens* qui seule possède pleinement la capacité d'adhésion. La *mens* est à entendre dans le sens large de *caput animae*, le sommet et la meilleure partie de l'âme. Chez Aelred, lorsque l'image est rattachée à la créature rationnelle (*creatura rationalis*), l'adjectif rationnel ne désigne pas l'intentionnalité cognitive mais l'esprit tout entier en tant qu'il est capable de Dieu. Ainsi, l'homme est capable de raison en tant qu'il est capable de Dieu, sans visée intellectualiste particulière, car la béatitude est réservée à la créature rationnelle[16]. En ce sens, les deux propositions créature rationnelle et créature capable de Dieu s'impliquent mutuellement. Les moines cisterciens dans leur vocabulaire demeurent donc fidèles à Augustin.

Cependant, il est important de rappeler que les cisterciens abordent cette dynamique de l'image et de la ressemblance avant tout dans une perspective ascétique et mystique, selon les modalités du retour de l'âme à Dieu après la chute. Or, la réalité pour le moine du XIIᵉ siècle, c'est la sensation douloureusement vécue de la dissemblance. Les notions d'image et de ressemblance sont alors appréhendées sous l'angle de la restauration, de la rénovation et de la conformation de l'homme à une ressemblance primitive. La similitude originelle devient horizon eschatologique. Les moines font une lecture paulinienne du récit de la Genèse et mettent en avant le rôle du Christ, comme image du Père, par lequel l'humanité est restaurée (Rom. 8, 29; 2 Cor. 3, 18)[17]. À ce titre, plus encore qu'à l'articulation entre les notions d'image et de ressemblance, les cisterciens sont attentifs à la distinction entre les notions de similitude et de dissimilitude. La similitude englobe ainsi la dynamique de l'image et de la ressemblance divines de l'homme avant la chute; après la chute, elle correspond à ce que l'homme a conservé de l'image et traduit le processus historique de la restauration de la ressemblance. La dissimilitude

---

15. *Ipsa quippe ad imaginem sui Creatoris condita, idonea est illi adhaerere, cujus est imago...* Aelred de Rievaulx, *DSC*, I, 9, p. 16; *MC*, p. 42.

16. Voir Aelred de Rievaulx, *DSC*, I, 9, p. 16.

17. Voir B. McGinn, *The Growth of Mysticism, op. cit*, p. 168.

renvoie quant à elle à l'obscurcissement de l'image et à la perte de la ressemblance comme peine du péché originel, ainsi qu'à l'actualisation de ce drame en chaque homme par le péché.

En ce sens, les cisterciens ne s'intéressent pas à la nature de l'homme pour la satisfaction de décomposer les rouages du corps et de l'âme, et de montrer leur agencement, mais avec le souci de comprendre où se trouvent les *pondera* qui déterminent son existence, c'est-à-dire les forces qui le traversent et l'entraînent dans telle ou telle direction. Ce que l'on peut appeler l'anthropologie spéculative ou théorique des cisterciens sert de base pour élaborer les stratégies spirituelles de restauration.

LA CHAÎNE DE L'ÊTRE

Le poids de la tradition platonicienne demeure considérable dans l'anthropologie spéculative des cisterciens qui soulignent tous le fossé entre l'âme et le corps [18]. Comme le rappelle Aelred, l'âme n'a rien de corporel et a été créée sans aucun mélange (*nulla commixione*) avec le corps [19]. Cette séparation permet d'évoquer la tentation d'un dualisme métaphysique, hérité du platonisme, qui opère en renfort du dualisme spirituel [20].

Le corps est composé des éléments de la matière : le feu, l'air, l'eau et la terre. Il est donc localisé, définissable par ses quantités et ses qualités. Surtout, il demeure périssable et voué à la mort. L'âme au contraire est une substance simple, immatérielle et immortelle. On ne saurait la localiser, *a fortiori* dans le corps. Ces questions, en premier lieu celle de la localisation, apparaissent dès les premières lignes du *Dialogue sur l'âme*. L'interlocuteur d'Aelred, Jean, qui se fait le porte-parole des interrogations de ses frères, veut bien croire les Pères qui affirment que l'âme n'a pas de lieu, mais ne peut s'empêcher de sentir sa présence dans le corps, qui lui est bien localisé. En réponse, Aelred fait appel à l'argument classique, d'origine plotinienne : ce n'est pas l'âme qui est placée dans le corps, ni dans le tout ni dans quelque partie, mais plutôt l'inverse. L'âme, faite à l'image de Dieu, agit dans le corps comme Dieu dans la création tout entière, non pas localement, mais essentiellement [21]. Elle ne possède donc pas de quantité ; en revanche, elle a des qualités car elle

18. Pour une analyse du dualisme chez Bernard, voir L. van Hecke, *Le Désir dans l'expérience religieuse, op. cit.*, p. 40-54.

19. Voir Aelred de Rievaulx, *DDA*, I, 62, p. 704.

20. Distinction faite par R. Javelet, «Psychologie des auteurs spirituels du XIIe siècle», *Revue de sciences religieuses*, 33 (1959), p. 20 et 25.

21. Voir les références patristiques citées par C.H. Talbot, «Introduction», dans Aelred de Rievaulx, *De Anima*, introduction et texte critique de C.H. Talbot, University of London, The Warburg Institute, 1952 (Medieval and Renaissance Studies, Supplement I), p. 36. Désormais abrégé en *DAT* (*De Anima*, édition Talbot). Le même argument se retrouve chez Guillaume de Saint-Thierry, *DNCA*, 27, p. 98.

n'est pas Dieu [22]. Non soumise aux variations de lieu, elle demeure soumise au temps. Enfin, si elle ne saurait périr, elle ne possède pas en propre l'immortalité qui appartient à Dieu seul. Créée par Dieu, elle est immortelle par la grâce de sa participation en Dieu [23]. La définition de l'âme que donne Guillaume dans *La Nature du corps et de l'âme* reprend les mêmes éléments en s'inspirant de Cassiodore [24].

Dès lors, comparé au principe spirituel, le corps apparaît comme une réalité inférieure, une limitation de l'âme. Ni le corps, ni la nature ne sont à la ressemblance de Dieu. Guillaume dénonce ainsi les physiciens qui se sont déconsidérés en voyant dans le corps de l'homme ce qui fait qu'il est à l'image de Dieu [25]. Les cisterciens utilisent abondamment l'image du corps comme prison, voire comme tombeau de l'âme à cause des limitations qu'il lui impose. Guillaume illustre ce thème par l'image saisissante du nouveau-né, aussitôt entravé dans des langes qui ne laissent libres que ses yeux et sa bouche afin qu'il puisse pleurer et gémir [26]. C'est également sur cette tonalité platonicienne que s'ouvre la *Lettre sur l'âme* d'Isaac : pour contempler la divinité, l'âme doit absolument s'arracher à la «fumée obscure» (*tenebroso fumo*) [27] du corps par une purification graduelle de l'entendement. Seule l'âme est l'être vrai. L'anthropologie reflète ici le dualisme ascétique qui stigmatise la faiblesse de la chair comme la peine infligée à l'homme pour le péché.

Néanmoins, la réflexion sur la nature de l'âme demeure l'occasion de rappeler la nécessaire unité du composé humain. L'inclination dualiste bute sur la croyance dans le salut de l'homme intégral. Selon Bernard, il n'est d'homme, d'individu, que dans l'unité naturelle (*unitas naturalis*) de l'âme et du corps, unité qui, à travers le dogme de la résurrection des corps, est la condition impérative de la béatitude éternelle. Même les saints sont dans l'attente de la résurrection du corps pour enfin jouir de la plénitude enivrante. La nature composite de l'homme terrestre trouve en ce sens une justification eschatologique. Pour Bernard, le sentiment d'attachement de l'âme séparée du corps terrestre pour son corps de gloire est un affect naturel (*affectus naturalis*) [28]. Tant que ce désir n'est pas assouvi, il n'est pas de béatitude parfaite. De même Aelred, tout en mettant à l'index ceux qui contestent les vertus de la mortification du corps, confirme ce lien indéfectible entre l'âme et le corps, réalisé là encore par l'affect naturel :

> Telle est la ridicule opinion de certains qui font consister la douceur spirituelle dans le bien-être de la chair, affirmant que la mortification du corps est contraire à l'esprit et que les souffrances infligées à l'homme

---

22. Voir Isaac de l'Étoile, *EDA*, col. 1876 C.
23. Voir Aelred de Rievaulx, *DDA*, I, 13, p. 688.
24. Voir Guillaume de Saint-Thierry, *DNCA*, 51, p. 129.
25. *Ibid.*, 48, p. 123.
26. *Ibid.*, 80, p. 165.
27. Isaac de l'Étoile, *EDA*, col. 1875 C.
28. Voir Bernard de Clairvaux, *DDD*, 30, p. 136.

extérieur diminuent la sainteté de l'homme intérieur. «Puisque, disent-
ils, la chair et l'esprit sont liés ensemble par un affect naturel, ils se
communiquent nécessairement de l'un à l'autre ce qu'ils éprouvent ; de
la sorte, il est impossible que l'accablement de la chair ne perturbe pas
l'allégresse de l'esprit de telle manière que celui-ci, abattu par la tristesse
et l'amertume, soit totalement incapable de goûter le repos de la joie
spirituelle.» Quelle subtilité, apparemment, dans cette analyse et cette
argumentation ! Ô chose honteuse ! C'est d'après les règles d'Hippocrate que l'on recherche la grâce spirituelle. Rien d'étonnant à ce qu'ils
s'égarent, ceux qui s'appuient sur les arguments des médecins plus que
sur les préceptes de l'Apôtre [29].

Ce qu'Aelred dénonce comme fallacieux dans le discours des médecins, ce
n'est pas la première partie du raisonnement, posant le lien indéfectible entre
la chair et l'esprit, mais bien le renversement sournois qui conduit à la remise
en cause de la contrition du corps. Il reste qu'en raison de la première partie
de la réflexion, le corps ne saurait être privé de toute valeur ontologique [30],
d'autant que l'argument du corps comme fardeau de l'âme ne rencontre jamais
une justification métaphysique mais résulte plutôt d'une contamination du
discours moral de la chair qui vient peser sur une âme éloignée de sa ressemblance divine. En effet, si la matière n'entretient pas une affinité directe avec
le divin, elle fait cependant partie intégrante de la création totale. C'est une
œuvre lointaine certes mais qui possède son utilité. Les victorins et les
chartrains sont les premiers à distinguer dans la nature créée un reflet de la
volonté du Créateur lui-même. La nature et le corps contiennent ainsi un
certain indice, un vestige de la présence divine [31]. Cette lointaine parenté se
manifeste donc par une intégration de la réalité matérielle au réseau des
ressemblances qui relie désormais l'intégralité du créé à sa source. L'intérêt
nouveau pour les sciences de la nature ou la médecine trouve un écho dans
l'anthropologie cistercienne, et pas seulement chez Guillaume de Saint-Thierry.
Isaac de l'Étoile, et dans une moindre mesure Bernard de Clairvaux lui-même,
laissent transparaître une fascination pour l'intelligence du monde. La raison
de l'homme n'est-elle pas de se conformer volontairement à l'ordre divin ? Ce
qui vaut pour la créature animée vaut pour la création tout entière. L'univers,
dans sa diversité extrême, est traversé par la dynamique du retour à l'Un. Toute
connaissance du monde contient donc un indice de Dieu et ne trouve une

---

29. *Haec est illa ridenda quorumdam opinio, qui spiritalem dulcedinem in carnis quodammodo suavitate constituunt, asserentes corporis afflictionem contrariam esse spiritui, exteriorisque
hominis passiones interioris minuere sanctitatem. Cum enim, inquiunt, caro ac spiritus affectu
naturali cohaereant, necesse est suas invicem communicent passiones ; ac si impossibile, ut non
hujus oppressione alterius hilaritas perturbetur, ita ut in illud gaudium spiritale moeroris, quadam
anxietate dejectus spiritus nullatenus valeat respirare. Acute haec vel investigari videntur, vel
probari. O rem pudendam, secundum regulas Hippocratis gratia quaeritur spiritalis. Sic nimirum,
sic errant, qui physicis argumentis, magis quam praeceptis apostolicis innituntur.* AELRED DE
RIEVAULX, *DSC*, II, 8, p. 70 ; *MC*, p. 127-128.

30. Sur ce sujet, voir R. JAVELET, *Image et ressemblance*, I, *op. cit.*, p. 224-236.

31. Voir les références données par R. JAVELET, *Image et ressemblance*, II, *op. cit.*, p. 196.

justification que dans cette perspective. Les cisterciens reconnaissent par conséquent que la nature sensible possède le filigrane de Dieu, ce qui signifie que la science naturelle ne saurait se concevoir pour elle-même mais seulement en fonction de la fin vers laquelle elle tend : la connaissance de l'ordre divin. Si l'esprit humain participe par consentement, et donc de manière active, à cet ordre, la matière n'est pas abandonnée à un non sens chaotique[32]. Il s'agit alors de montrer l'absence de solution de continuité dans la chaîne de l'être, hiérarchisée certes selon son degré de proximité avec le principe divin, mais formant un tout solidaire et cohérent. La physique participe de l'itinéraire balisé qui mène à Dieu, même si le sens du parcours diffère selon que l'esprit procède du principe qui illumine vers la matière obscure, suivant l'ordre des théophanies, ou de la diversité visible vers l'unité invisible, suivant l'ordre ascensionnel.

En ce sens, tout le traité d'Isaac de l'Étoile sur l'âme repose sur cette idée d'une continuité de l'être, depuis la matière créée jusqu'au principe incréé. Comme Guillaume de Saint-Thierry, Isaac est soucieux de penser la théorie de l'âme dans une perspective globale et dynamique ; il inscrit cependant son projet dans une démarche sensiblement différente. Au départ, il considère trois réalités : le corps, l'âme et Dieu. Contrairement à Guillaume pour qui l'étude du microcosme doit commencer par le corps, Isaac pour sa part constate qu'il est plus difficile de comprendre le corps que l'âme et l'âme que Dieu. Source d'illumination qui éclaire toutes les essences, Dieu est plus accessible à l'intelligence, dans son unité et sa simplicité absolues, que le corps composite. Dans ce schéma, l'âme occupe une place médiane entre Dieu, dont elle est l'image, et le corps, œuvre plus éloignée mais qui contient encore un indice de Dieu. De ce fait, elle entretient des affinités naturelles avec les deux autres réalités. Face à la démarche cognitive de Guillaume, Isaac propose un cheminement d'abord ontologique. Mais les deux auteurs se rejoignent pour reconnaître la nécessité d'intégrer la réalité corporelle à leur doctrine.

Isaac exprime la continuité de l'être par une double image : celle de la chaîne dorée, empruntée à Homère[33], et celle de l'échelle de Jacob[34]. L'image de la chaîne dorée est fréquemment employée dans la littérature antique[35]. Isaac l'a sans doute rencontrée dans le *Commentaire sur le songe de Scipion*

---

32. Sur la synthèse de tout le réel à l'ordre divin, passif pour la nature, actif par consentement pour l'homme, voir M. STANDAERT, «Le principe de l'ordination dans la théologie spirituelle de saint Bernard», art. cité, p. 178-216.

33. HOMÈRE, *Iliade*, traduit par F. MUGLER, Paris, Actes Sud, 1995 (coll. Babel, n° 171), VIII, 18-27, p. 157-158.

34. Voir ISAAC DE L'ÉTOILE, *EDA*, col. 1885 C.

35. Sur la symbolique de cette image homérique, voir P. LÉVÊQUE, Aurea catena Homeri, *une étude sur l'allégorie grecque*, Paris, 1959 (Annales littéraires de l'Université de Besançon, n° 27) et L. EDELSTEIN, «The Golden Chain of Homer», dans *Studies in Intellectual History Dedicated to Arthur O. Lovejoy*, Baltimore, 1953, p. 48-66.

de Macrobe[36]. Cependant, le rapprochement de cette image avec la symbolique de l'échelle de Jacob laisse à penser qu'Isaac a sous les yeux lorsqu'il rédige son traité les *Gloses sur Macrobe* de Guillaume de Conches qui fut le premier à relier les deux références[37]. Deux voies sont ainsi dégagées. La chaîne dorée symbolise la procession des théophanies et l'échelle de Jacob représente les progrès de l'âme[38] : la rationalité (*rationalitas*) s'élève vers la sagesse en cinq étapes, et l'affect (*affectus*), qu'Isaac assimile alors à la volonté[39], chemine vers la charité grâce aux quatre vertus fondamentales. Isaac propose en fait deux schémas des facultés cognitives ou *sensus animae*. Le premier schéma est temporel, selon que l'âme se dirige vers le futur, le présent ou le passé. Ainsi, la connaissance (*ingenium*) explore ce qui est inconnu, la raison (*ratio*) juge ce qui est découvert et la mémoire (*memoria*) reconsidère ce qui a déjà été jugé. Mais ces trois opérations (*exercitia*) de l'âme rationnelle cèdent la place au second schéma anagogique ou ascensionnel en cinq degrés selon les objets vers lesquels l'âme se porte, en partant des objets corporels jusqu'aux incorporels : le sens corporel (*sensus corporeus*) perçoit les corps, l'imagination (*imaginatio*) les similitudes des corps, la raison (*ratio*) les dimensions et les formes des corps, l'intellect (*intellectus*) les esprits créés et l'intelligence (*intelligentia*) ce qui est purement incorporel[40].

Isaac reprend à Augustin l'idée que l'âme participe à la sensation : le sens corporel est une force par laquelle l'âme se représente les formes corporelles (*formas corporeas*) des objets corporels[41]. La sensation est donc corporelle mais elle n'est pas le corps : elle est dite corporelle parce qu'elle ne dépasse pas les corps et qu'elle s'exerce par les instruments du corps (*corporeis instrumentis*). Ces instruments sont les cinq sens qui, dans l'âme, sont un, à l'image d'une eau s'écoulant d'un récipient percé : plusieurs jets s'échappent suivant la forme et l'orientation des trous, mais c'est toujours la même eau qui coule. C'est la même chose pour le sens intérieur (*sensus interior*) qui est uniforme mais varie selon l'orientation de ses instruments. L'imagination, quant à elle, naît du sens et subit ses variations : c'est la force par laquelle l'âme perçoit les formes absentes des choses corporelles. Cette capacité de se représenter des images mentales constitue donc un certain éloignement (*evaporatio*) par rapport au corps, mais n'atteint pas l'incorporel[42]. La troisième étape vers la

---

36. Pour une étude approfondie de la signification de l'image de la chaîne dorée dans l'anthropologie d'Isaac de l'Étoile, voir B. McGinn, *The Golden Chain. A Study in the Theological Anthropology of Isaac of Stella*, Washington DC, Cistercian Publications, 1979, p. 61 *sq.*, dont nous suivons ici les analyses.

37. Le texte de Guillaume de Conches est publié par B. McGinn, *The Golden Chain, op. cit.*, p. 239-240.

38. Voir Isaac de l'Étoile, *EDA*, col. 1885 C.

39. De cette façon, Isaac rattache le *sensus* et l'*affectus* au schéma augustinien de l'âme comme *memoria, ratio* et *voluntas*.

40. Voir Isaac de l'Étoile, *EDA*, col. 1879 C - 1880 A.

41. *Ibid.*, col. 1880 D.

42. *Ibid.*, col. 1881 B.

sagesse est la raison : c'est la force de l'âme par laquelle sont perçues les formes incorporelles des objets corporels[43]. Il s'agit de la faculté d'abstraction, capable d'élaborer des catégories générales à partir de la matière fournie par l'expérience sensible. Ainsi, la raison n'existe pas sans l'activité corporelle même si elle n'est pas de nature corporelle. De même que l'âme perçoit par l'imagination ce qui est presque corporel, par la raison, elle perçoit ce qui est presque incorporel (*fere incorporeum*). La raison perçoit ce que ni les sens, ni l'imagination ne perçoivent : les natures, les formes, les différences et les accidents propres des choses corporelles. Elle se trouve ainsi dans une position intermédiaire entre la partie inférieure de l'âme (sens et imagination), dont les objets sont entièrement corporels, et la partie supérieure (intellect et intelligence) qui considère les incorporels. C'est seulement par l'intellect que l'âme s'extrait totalement des réalités corporelles. L'intellect est la force de l'âme par laquelle sont perçues les formes des objets pleinement incorporels. Cependant, même si le corps ne participe pas de l'activité intellectuelle, celle-ci ne peut être dite purement incorporelle car l'âme demeure malgré tout soumise au changement. Seule l'intelligence considère donc ce qui est purement incorporel, à savoir Dieu, immobile et éternel[44].

Neuf échelons allient le *sensus* et l'*affectus* jusqu'à la plénitude de la sagesse et de la charité[45]. Par son statut ontologique entre la matière et Dieu, l'âme humaine devient le pivot de la chaîne de l'être : par la sensation et l'imagination, elle est tournée vers le corps, par l'intelligence, elle regarde vers Dieu. Et dans l'âme, la raison, qui est en position médiane, apparaît bien comme le centre de gravité ultime. Cette concaténation est reliée à la doctrine de l'image, par le biais du célèbre axiome : «les semblables aiment les semblables[46]». L'âme humaine est alors présentée comme le «nœud dialectique[47]» de ce réseau de similitudes, construit sur la base d'analogies ontologiques[48].

L'âme entretient donc des affinités avec tous les degrés de la réalité, et sa dimension microcosmique est assurée par une série d'analogies entre les éléments du monde visible et ses facultés cognitives. Isaac construit ainsi une gradation en cinq parties dans l'univers créé : la terre, l'eau, l'air, l'éther ou firmament et l'empyrée[49]. L'âme est semblable à la terre par la sensation, à l'eau par l'imagination, à l'air par la raison, au firmament par l'intellect et à l'empyrée par l'intelligence. Dans le même sens, l'abbé développe une comparaison entre les cinq sens, facultés spirituelles les plus proches de la matière qui se rencontrent également dans l'esprit animal (*spiritus pecorum*), et les quatre éléments. Chaque sens semble adapté à la perception de tel ou tel

---

43. Voir Isaac de l'Étoile, *EDA*, col. 1884 A.
44. *Ibid.*, col. 1885 B.
45. *Ibid.*, col. 1880 B.
46. *Similia enim gaudent similibus...* Isaac de l'Étoile, *EDA*, col. 1881 C.
47. G. Raciti, «Isaac de l'Étoile», art. cité, col. 2022.
48. Voir Isaac de l'Étoile, *EDA*, col. 1886 A.
49. *Ibid.*, col. 1880 A.

constituant de la matière : la vue au feu, l'ouïe et l'odorat à l'air, le goût à l'eau, le toucher à la terre[50]. Enfin, dans une ultime analogie qui synthétise les précédentes, l'âme est comparée, par sa nature et ses fonctions, aux différents règnes de la création et aux êtres incorporels : elle est semblable aux minéraux par l'essence, aux végétaux par la vie, aux animaux par les sens et l'imagination, aux hommes par la raison, aux anges par l'intellect et à Dieu par l'intelligence[51]. Soulignons une nouvelle fois la place centrale de la raison dans l'âme, qui s'apparente à celle de l'homme dans la hiérarchie de l'être.

Le principe de l'unité et de l'harmonie de l'ensemble, c'est Dieu, l'archétype dont toutes les réalités procèdent. Isaac exprime cette idée parfois au travers de formules aux accents panthéistes :

> De fait, la totalité de la création est comme le corps de la divinité, les différentes parties étant comme des membres particuliers[52].

Mais il se réfère surtout à la doctrine chère aux cisterciens de la participation de plus en plus intime de l'ensemble des créés au principe incréé[53]. Dieu a conféré à toutes les créatures trois qualités par lesquelles elles participent en lui : l'essence (*essencia*), la forme (*species*) et l'utilité (*usus*)[54]. Par elles, les créatures recèlent un certain indice (*vestigium*) de la Trinité : par l'essence, elles participent à l'Éternité du Père, par la forme, à la Forme du Fils ou Image et, par l'utilité, à l'Utilité du Saint-Esprit ou Don.

Dans l'homme, les facultés cognitives et sensibles sont les forces du dynamisme de l'image. Mais ce sont avant tout des dons de la grâce. C'est par l'infusion gratuite de la grâce que l'âme peut connaître et aimer Dieu : de même que l'âme ne peut animer seule le corps, de même l'homme ne peut atteindre la sagesse par ses propres moyens[55]. L'union mystique naît de la rencontre du *sensus* et de l'*affectus*, dans leur mouvement ascensionnel, avec la puissance attractive de l'Esprit-Saint qui ordonne le cosmos. Ainsi, la connaissance est illuminée vers la vérité dans le mystère de la Trinité qui est l'existence, le rayonnement et la diffusion de cette lumière. De la même façon, l'affect est enflammé vers la vertu par le feu trinitaire[56]. Cette doctrine du *continuum* conduit à un ébranlement du dualisme métaphysique. Elle place la question de l'union de l'âme et du corps au centre de la connaissance de l'homme en chemin vers Dieu. Car c'est à l'intérieur même de l'être humain que se fait la jonction de la matière et de l'esprit, et donc que la création tout entière se soude et trouve sa cohérence ultime. L'altérité ontologique s'est

---

50. Voir ISAAC DE L'ÉTOILE, *EDA*, col. 1881 A.

51. *Ibid.*, col. 1886 B.

52. *Universitas etenim creaturae quasi corpus est Divinitatis, singulae autem quasi singula membra.* ISAAC DE L'ÉTOILE, *EDA*, col. 1883 D.

53. *Ibid.*, col. 1887 C.

54. *Ibid.*, col. 1887 B. Cette triade provient du *De trinitate* d'HILAIRE DE POITIERS, *PL* 10, II, 1, col. 50. Elle est reprise fréquemment au XIIᵉ siècle, notamment par AELRED DE RIEVAULX, *DSC*, I, 3-4, p. 14. Voir B. MCGINN, *The Golden Chain*, *op. cit.*, p. 60-61.

55. Voir ISAAC DE L'ÉTOILE, *EDA*, col. 1888 B.

muée en un mystère qui devient la clef de tout. C'est pourquoi, aux côtés des victorins, les cisterciens considèrent cette question comme déterminante. Pour y répondre cependant, les itinéraires sont multiples.

Deux voies principales se dégagent : celle de la présence de l'âme au corps et celle de l'union des deux substances. La première considère le corps depuis le piédestal de l'âme et s'enquiert des modalités selon lesquelles l'âme descend dans le corps, avec une insistance sur le caractère ineffable d'une telle imbrication. La seconde voie explore davantage les zones de contacts, que ce soit sous la forme d'une série de points de rencontre ou alors d'une véritable interface. Cette solution, plus frontale sous certains aspects, peut s'exprimer d'une façon très concrète en posant le principe d'un médium entre le corps et l'âme. Elle peut aussi se manifester par l'élaboration d'un système d'ana-logies qui constituent autant d'articulations formelles. Ces différentes approches ont en commun de traduire un conflit entre une tendance dualiste et la nécessaire unité de l'être, conflit au terme duquel les frontières entre les deux composantes de la nature humaine apparaissent souvent difficiles à déterminer.

LES TENTATIONS D'UNE PHYSIQUE DU CORPS

La Nature du corps et de l'âme de Guillaume de Saint-Thierry est sans doute le texte qui explore le plus grand nombre de pistes pour rendre compte du mystère de l'unité de la personne humaine. Au début du livre consacré à l'âme, le moine donne une définition classique de celle-ci : c'est une substance spiri-tuelle et propre, créée par Dieu, donnant la vie au corps, rationnelle et immortelle, et capable de se tourner vers le bien ou le mal. Cette substance est propre au sens où aucun autre esprit (*spiritus*) ne reçoit une chair ou un corps de telle sorte qu'il se réjouit ou souffre des passions de cette chair[57]. La question des liens avec le corps est ainsi placée d'emblée au cœur même du problème de la nature de l'âme. À la suite d'Augustin, Guillaume recon-naît qu'il s'agit là d'une union ineffable qui opère selon un mode suprarationnel et inintelligible[58]. Par ailleurs, il pousse à l'extrême l'idée de l'âme comme fondement même de la vie du corps en considérant que c'est par un abus de langage que l'on dit d'un être qui a part à la vie qu'il est animé. Seul l'homme, qui est maître et juge de ses sens, est véritablement animé. D'un autre côté, Guillaume comprend le danger qu'il y a à opter pour le tout spiri-tuel. Par esprit de défense ou de fascination, il choisit ainsi d'intégrer le savoir philosophique et médical, largement inédit pour les théologiens de sa

---

56. Voir Isaac de l'Étoile, *EDA*, col. 1888 C-D.

57. Voir Guillaume de Saint-Thierry, *DNCA*, 51, p. 129-131.

58. On ne peut manquer de rapprocher la *commixio* de l'âme et du corps selon Guillaume avec l'affirmation d'Aelred selon laquelle il n'existe *nulla commixio* entre ces deux substances, *DDA*, I, 62, p. 704.

génération, que lui offrent les traductions nouvelles. Cette ouverture correspond de surcroît à sa propre démarche intellectuelle, telle qu'il la définit dans
le prologue du traité, puisque chez Guillaume l'élévation spirituelle du chrétien
correspond à un processus cognitif. L'intimité avec le divin se mesure à l'aune
de l'intelligence que l'homme a de Dieu. Or, la première étape de la connaissance de Dieu, c'est la prise de conscience de la ressemblance divine de
l'homme. C'est en ce sens qu'il faut entendre la référence au précepte
delphique sur lequel s'ouvre le traité : «homme, connais-toi toi-même» (*homo,
scito te ipsum*). L'homme doit commencer par considérer ce qui lui est propre,
son intériorité, qui apparaît dès lors comme son champ d'activité spécifique.
Le travail sur soi se révèle comme une introspection à double sens car
Guillaume rend volontairement solidaires les perspectives épistémologique et
ascétique. Il faut scruter l'homme intérieurement et extérieurement (*intus et
foris*) : l'expression, entendue souvent dans son sens paulinien, n'est pas rare
sous la plume des théologiens. On ne laisse pas cependant d'être surpris en
constatant que Guillaume l'entend dans un sens littéral : «c'est-à-dire l'âme et
le corps» (*id est anima et corpore*). De la même façon, il emploie le concept
d'homme extérieur (*homo exterior*) pour qualifier la machine corporelle *stricto
sensu*[59]. Guillaume, comme Isaac, considère l'individu comme un microcosme, monde en réduction au sein duquel les différentes composantes
participent de l'équilibre du tout. Dans sa quête spirituelle, l'homme doit se
pencher sur ce qui lui est le plus familier, la réalité la plus immédiate et donc
la plus accessible à la raison : les choses visibles du corps. De là, il pourra,
par étapes successives, s'élever vers les choses invisibles. C'est dans cette
perspective ascensionnelle que Guillaume discute ce qui touche la nature du
corps puis celle de l'âme. La machine corporelle possède ses propres règles,
celles du microcosme, qui répondent à un schéma lisible pour l'esprit. Mais,
dans le même temps, l'activité du corps dépend entièrement de l'impulsion
spirituelle. Le projet de Guillaume contient donc un paradoxe : soucieux
d'intégrer le savoir médical gréco-arabe sans renoncer au primat absolu de
l'esprit, il lui faut montrer l'harmonie subtile qui régit le corps tout en réaffir-
mant la complète dépendance de cette machine à un principe invisible. L'âme
évanescente et hors du champ de l'expérience sensible, à chaque instant de
la vie et à tous les degrés d'être, active les rouages d'un corps qui cependant
offre tous les signes apparents d'une existence autonome. Un paradoxe,
auquel le cistercien se confronte sciemment, et qu'il a bien des difficultés à
dépasser. Comme le souligne justement M. Lemoine, le vocabulaire employé
pour décrire le fonctionnement du corps, où il est question de vertus (*virtutes*)

---

59. Voir GUILLAUME DE SAINT-THIERRY, *DNCA*, 48, p. 122-123. Bernard de Clairvaux utilise
l'expression selon une acception identique dans le «Sermon 116» *De Diversis*, voir *SBO*, VI-I, 116,
1, p. 393. Pour la traduction, voir *Sermons divers*, t. I, Bruges, Desclée de Brouwer, 1982 (coll.
«Cisterciensia»), p. 207. Désormais abrégé en *SD*, suivi des références du texte latin puis de la
traduction française.

et d'esprits (*spiritus*), génère un risque de confusion de l'âme rationnelle avec des facultés animales tout autant invisibles qu'elle[60].

En somme, plusieurs ruptures entre la physique du corps et celle de l'âme se dégagent, qu'il faut distinguer. Il y a d'abord la faiblesse des correspondances entre les deux volets du traité. La théorie du microcosme ne trouve pour ainsi dire aucun écho dans la partie consacrée à l'âme, qui repose quant à elle sur l'argument classique de l'âme image de Dieu. Les deux registres sont radicalement différents et ne communiquent que de façon superficielle. Ce premier décalage peut s'expliquer par la généalogie même de l'œuvre, avec une rédaction inversée par rapport à l'ordre des deux parties. Pour autant, on ne peut parler d'un échec complet s'agissant de l'ambition première de Guillaume. Peut-être ce dysfonctionnement interne est-il en partie entretenu, car il permet de mettre en relief le fossé rémanent entre l'âme et le corps. Il souligne en tout cas le mystère de l'union des deux substances humaines tout en confortant le lecteur médiéval dans la certitude que toute la dignité de l'homme réside dans l'âme. Les rappels, rapides et incomplets, des théories corporelles dans la seconde partie de l'œuvre n'ont peut-être pour fonction que de mieux mettre en valeur la spécificité de l'âme humaine. Entre la théorie de l'homme-microcosme et celle de l'homme image de Dieu, Guillaume n'hésite aucunement. Le sauvetage de l'orthodoxie, opéré dans les dernières sections du traité, ne doit pas faire oublier le projet initial, à savoir la mise en confluence de la tradition théologique avec les sciences nouvelles de la nature. L'échec relatif de cette tentative s'avère lui-même plein d'enseignements.

Guillaume relève la gageure de montrer l'harmonie dynamique de ce qu'il considère au sens fort du terme comme inanimé. La première difficulté induite par ce paradoxe trouve aisément sa solution : le corps est une machine, un agencement certes subtil de rouages mais qui ne saurait, comme tel, puiser en lui-même l'énergie de son fonctionnement. Le principe ultime réglant le corps, c'est l'âme rationnelle qui assure vie et croissance à l'ensemble de cette matière dépourvue de toute conscience d'elle-même. Néanmoins, la référence au mystère de la présence de l'âme dans le corps ne suffit plus. Demeure en outre le problème soulevé par la vie des animaux qui possèdent sensation et mouvement, et peut-être même une sorte de mémoire, sans être dotés d'une âme rationnelle. Pour répondre à cette autre difficulté, Guillaume évoque l'existence dans tout le vivant doué de sensibilité d'une âme animale[61]. Surtout, il aborde de front la question cruciale de la vie propre du corps. Sur ce dernier point, la tentative de résolution de Guillaume achoppe. En convoquant les concepts classiques de vertu et d'esprit corporels, il croit pouvoir circonscrire les relais entre le corps et l'âme. Mais il ne parvient pas à résoudre

---

60. Voir M. LEMOINE, «L'homme comme microcosme chez Guillaume de Saint-Thierry», dans *L'Homme et son univers au Moyen Âge*, 7ᵉ Congrès international de philosophie médiévale, Louvain-la-Neuve, 1982 (éd. 1986), p. 342.

leur statut ambigu. Car, tout en optant pour le sens médical de *spiritus*, il continue de le définir comme une force de l'âme (*vis animae*). Ce flottement épistémologique empêche d'aboutir au résultat escompté : il ne concourt pas seulement à conforter l'idée d'une omniprésence essentielle de l'âme dans le corps mais conduit également à reconnaître une emprise directe du corps sur l'âme. La citadelle de la raison semble moins inexpugnable que Guillaume voudrait le démontrer. D'un côté il prend soin de fermer toutes les portes vers la corporéité de l'âme, mais il introduit d'un autre côté le doute quant à la spiritualité des forces gouvernant les organes. Le même sentiment se dégage lorsqu'il localise la raison, berceau de l'âme, dans le cerveau.

En ce sens, si Guillaume, dans sa physique du corps, parvient à combler partiellement le fossé ontologique séparant les deux substances de l'être humain, c'est d'une façon originale et inattendue. En effet, ce que l'on retient finalement de sa description, c'est moins la présence essentielle de l'âme dans le corps, affirmation sans surprise, que l'habillage spirituel endossé par les régisseurs biologiques du corps, éléments matériels et pourtant invisibles, serviteurs inertes et malgré tout capables d'influer sur le comportement de leur maître. Mais une telle ambiguïté n'est-elle pas inhérente à un projet dont l'objectif sous-jacent est de concilier un spiritualisme aux visées théologiques et un discours expérimental qui donne la priorité à l'observation médicale [62] ?

L'UNION DE L'ÂME ET DU CORPS

Augustin n'est jamais parvenu à trouver une solution définitive pour justifier l'union de l'âme et du corps [63]. S'il affirme dans *L'Immortalité de l'âme* que l'âme est le principe formel du corps, il revient sur cette définition une première fois dans *La Cité de Dieu* puis dans les *Réfutations*. Dans *La Genèse au sens littéral*, il pose les bases d'un amour naturel entre le corps et l'âme, solution elle-même peu satisfaisante car le concept d'amour suppose une affinité de nature qui n'existe pas entre les deux substances de l'être [64]. Il envisage encore l'idée d'un médium entre le corps et l'âme, mais sans parvenir à en définir la nature exacte : esprit réel ou combinaison des qualités des deux substances? On atteint ici l'un des points de rupture entre l'ontologie platonicienne et la tradition hébraïque, obstacle qui ne sera jamais dépassé par le

---

61. Voir GUILLAUME DE SAINT-THIERRY, *DNCA*, 60-61, p. 141-143.

62. En complément d'analyse, voir M. LEMOINE, «Filosofici e fisici nell'opera di Guglielmo di Saint-Thierry», dans *Questioni neoplatoniche*, F. ROMANO et A. TINÈ (éd.), Catania, 1988 (coll. Symbolon, 6), p. 83-106.

63. Sur le sujet, voir R.A. MARKUS, «Augustine - Man : Body and Soul», dans *The Cambridge History of Later Greek and Early Mediaeval Philosophy*, Cambridge, University Press, 1967, p. 354-361 et E. GILSON, *Introduction à l'étude de saint Augustin, op. cit.*, p. 57-67.

64. Voir les références et une analyse dans C.H. TALBOT, «Introduction», *DAT*, p. 41.

syncrétisme augustinien[65]. Finalement, l'union de l'âme et du corps demeure un mystère au regard de l'évêque d'Hippone. Un mystère qui est tout autant un échec pour le dialecticien qu'un sujet d'émerveillement pour le spirituel. Dès lors, le champ reste largement ouvert pour les théologiens d'Occident. Et, lorsque les tentatives des Anciens n'ont pas pleinement abouti, les moines blancs ne sont pas les derniers à tenter l'exploration de pistes nouvelles et à défricher les terres encore largement incultes.

L'harmonie analogique du corps et de l'âme

Comment rendre compte de ce qu'il y a de plus incompréhensible dans la nature humaine pour un chrétien, l'unité improbable, et pourtant nécessaire sur le plan eschatologique, du corps et de l'âme? Pour surmonter cette difficulté, les cisterciens disposent du meilleur modèle possible selon eux, l'Écriture. Rompus aux techniques traditionnelles de l'exégèse médiévale, ils savent que : «presque tout ce qui se passe au-dehors dans l'histoire se célèbre intérieurement dans le mystère[66]». Il existe un lien organique entre l'Ancien et le Nouveau Testament, le premier annonçant dans l'histoire ce que le second récapitule dans le mystère de l'Incarnation. Or, le dialogue permanent qui traverse l'Écriture rencontre un écho dans l'intimité même du destinataire de la parole sacrée, l'homme. L'homme microcosme peut lire en lui la parole du Verbe. Sa nature propre reflète l'anatomie de la Bible ; le mystère de la créature renvoie au Mystère du Créateur, perceptible comme dans un miroir et en énigme. Dans cette perspective, une des voies privilégiées pour accéder au mystère de l'union du corps et de l'âme est celle de l'analogie. Les cisterciens tissent dès lors des réseaux de correspondances entre les deux substances, qui ont moins pour mission d'expliquer l'union selon les lois des sciences naturelles que d'en justifier spirituellement la nécessité métaphysique.

En ce sens, ils font leur la doctrine platonicienne de la relation harmonique entre les nombres. Ainsi, Guillaume clôt sa physique du corps en soulignant que la beauté du corps vient de l'équilibre entre le nombre, le poids et la mesure[67]. Cette règle d'ailleurs ne s'applique pas seulement à la matière corporelle mais participe pleinement du *continuum* de l'être et s'inscrit en contrepoint de l'harmonie de l'ordre cosmique[68]. Toute la création n'est-elle pas un livre ouvert où transparaît à chaque page le filigrane de Dieu[69]? C'est encore dans *La Nature de l'âme et du corps* que l'on trouve rassemblée une série d'analogies entre la classification, les opérations des organes et les

---

65. Voir M.-D. Chenu, *La Théologie au xiiᵉ siècle, op. cit.*, p. 38-39 et B. McGinn, *Three Treatrises on Man, op. cit.*, p. 7-10.

66. *Et omnia ferme intus celebrantur mysterialiter, quae foris aguntur historialiter.* Isaac de l'Étoile, «Sermon 52», SC 339, 8, p. 228-229.

67. Voir M. Lemoine, «La triade *mensura-pondus-numerus* chez Guillaume de Saint-Thierry», *Miscellanea mediaevalia*, 16 (1983), p. 22-31.

68. Voir par exemple Bernard de Clairvaux, *SCC*, SC 431, 19, p. 106-123.

69. Voir M. Standaert, «Le principe de l'ordination… », art. cité, p. 179.

catégories de l'âme[70]. Les quatre vertus cardinales permettent à l'âme de vivre selon la raison comme les quatre éléments donnent sa forme au corps. Par ailleurs, de même que la vie organique est gouvernée par les quatre vertus appétitive, rétentive, digestive et expulsive, de même la vie rationnelle l'est au moyen des quatre passions (*passiones*) : l'espérance, la joie, la crainte et la tristesse. S'agissant des trois vertus, naturelle, animale et spirituelle qui régissent le corps, elles renvoient aux trois puissances (*potentias*), rationnelle, concupiscible et irascible qui se déploient dans l'âme. Le parallèle se poursuit avec les fonctions (*effectus*) des vertus corporelles et les vertus théologales qui assurent l'ordre de la vie organique et spirituelle : tout comme la vertu naturelle produit la fonction nutritive, la puissance rationnelle se fonde sur la foi ; de la même façon, les vertus spirituelle et animale produisent les fonctions vivifiante et sensible, et correspondent à l'espérance et à la charité pour les puissances concupiscible et irascible. Enfin, Guillaume établit une analogie entre les sens animaux et les sens spirituels. Ces deux catégories sont des instruments de l'âme certes, mais elles sont comparables par leur rôle d'intermédiaires invisibles. Il affirme ainsi que les opérations des cinq sens animaux sont le lien invisible et corporel entre le corps visible et l'âme invisible et incorporelle. On peut dès lors en déduire les opérations propres aux sens spirituels qui constituent le lien entre l'âme rationnelle, mais soumise au changement, et le principe immobile[71].

Les cisterciens utilisent aussi l'image du corps comme instrument de musique (*organum*) au moyen duquel l'âme joue la partition de la vie. Cette métaphore peut se lire à plusieurs niveaux. Dans l'éducation monastique, la musique est par excellence la science de l'harmonie des nombres. Elle reflète, par la rigueur de ses codes, la perfection de l'ordre divin, en proche écho de la musique des sphères platonicienne. L'instrument de musique se positionne, pour ainsi dire, comme un prolongement de l'âme. Cette comparaison confère ainsi au corps une véritable noblesse. Par ailleurs, la vision instrumentale du corps conduit à un rapprochement naturel entre les registres allégorique et ascétique. Car, au niveau existentiel, la mission du corps n'est-elle d'être un instrument au service de l'âme, un esclave obéissant, ainsi que Bernard de Clairvaux aime à le répéter ? Du corps instrument de musique au corps soc de l'âme, le glissement s'opère sans rupture. Ainsi, pour Isaac de l'Étoile, si la raison, au moyen de cet instrument, dispose judicieusement les notes sur la partition de l'âme, alors le chant de l'être total sera harmonieux. Le cistercien file d'ailleurs la métaphore musicale pour traduire le mystère de la séparation de l'âme et du corps après la mort :

---

70. Voir Guillaume de Saint-Thierry, *DNCA*, p. 174-181.

71. Sur l'analogie entre les cinq sens et les cinq degrés d'amour, l'analyse la plus achevée est celle de Bernard de Clairvaux, *SD*, *SBO*, VI-I, 10, p. 121-124 et *SD*, *SBO*, VI-I, 116, p. 393-394.

> Et si tu demandes où est l'âme après le corps, je demande où est le
> chant après la partition ou après le son, où est le sens après le mot, où
> est l'idée après la phrase, où est le nombre après l'énumération[72]?

Guillaume reprend la même image, en insistant davantage sur l'équilibre
harmonieux des membres[73]. Extérieurement, la stature debout montre la
domination de l'homme sur les êtres vivants et sa proximité avec les réalités
supérieures. Intérieurement, la nature intellectuelle produit ses effets dans le
corps comme si c'était un instrument de musique. Guillaume met en avant
surtout l'importance de la main et de la voix, propres à l'homme. La main est
en effet au service de la bouche, elle-même au service de la raison. Sans les
mains pour porter sa nourriture, l'homme subirait un allongement du cou,
modification qui entraînerait à son tour une déformation de la bouche jusqu'à
empêcher toute parole articulée. C'est par la main et la bouche que l'esprit,
qui ne dispose par lui-même d'aucun moyen corporel pour s'exprimer, peut
communiquer, par la parole ou par l'écriture. Surtout, l'image de l'instrument
de musique s'applique parfaitement au mécanisme de la parole, les poumons
traduisant le mouvement intérieur de l'esprit en expirant le souffle vers le
plectre de la bouche qui module les sons.

Outre cette lecture allégorique, certains cisterciens, tels Isaac de l'Étoile ou
Aelred de Rievaulx, reprennent l'idée, esquissée par Augustin, d'un médium
physique entre le corps et l'âme.

L'union physique de l'âme et du corps

En plus des analogies formelles, Isaac de l'Étoile pense la jonction de l'âme
et du corps à partir des deux premiers degrés de la faculté cognitive, le sens
corporel et l'imagination[74]. Ces deux puissances spirituelles entretiennent en
effet une grande affinité avec les choses corporelles. L'homme partage dans
une certaine proportion ces facultés avec les animaux. C'est seulement par
la raison, troisième degré du *sensus*, qu'il manifeste sa spécificité et sa
dignité. Même si on ne saurait parler de hiatus, seuls les trois degrés
supérieurs de la rationalité appartiennent à la pointe de l'âme, la *mens*. La
sensation et l'imagination constituent une frange inférieure de l'âme mais de
plain-pied avec la matière. Aussi, l'abbé leur reconnaît une action conjointe
qui produit la faculté imaginative (*phantasticus animae*), considérée comme
la partie inférieure de l'âme (*spiritus infimum*). Par un effet de capillarité
propre à la dynamique du *continuum*, Isaac précise que le *phantasticus
animae* se confond presque avec la sensation physique (*sensualitas*

---

72. *Et si quaeris, ubi sit anima post corpus, quaero, ubi sit cantus post folium, aut post sonum : ubi sit sensus post verbum : ubi sententia post versum, ubi numerus post numeratum.* ISAAC DE L'ÉTOILE, *EDA*, col. 1883 A.

73. Voir GUILLAUME DE SAINT-THIERRY, *DNCA*, 73-74, p. 149-159.

74. Voir B. MCGINN, *Three Treatrises on Man, op. cit.*, p. 56. Le développement d'Isaac doit beaucoup ici au traité *L'Union du corps et de l'âme* de HUGUES DE SAINT-VICTOR, *PL* 177, col. 285-294.

carnis)[75]; la partie inférieure de l'âme rejoint alors la partie supérieure du corps (*corporis supremum*)[76]. Par conséquent, la *sensualitas carnis* et le *phantasticus animae* constituent des intermédiaires parfaits (*convenientissima media*) entre le corps et l'âme[77]. Même s'il ne saurait y avoir de confusion de nature entre ces deux puissances, il demeure qu'elles partagent une telle ressemblance qu'Isaac peut dire, au nom du principe d'attraction naturelle des semblables, qu'un lien rattache les deux extrémités de l'être. Cette *annexio* rend compte de l'union de la personne humaine (*personali unione*) :

> C'est pourquoi, l'âme, qui est pleinement spirituelle et non corporelle, et la chair qui est pleinement corporelle et non spirituelle, sont aisément et justement unies à leurs extrémités, c'est-à-dire dans la faculté imaginative de l'âme, qui est presque corporelle, et dans la sensation de la chair, qui est presque spirituelle[78].

Plus que tout autre cistercien, l'abbé de Rievaulx sent le besoin de dépasser le dualisme rigoureux. Il opte pour l'existence d'un médium entre le corps et l'âme, ce qui le rapproche en cela d'Isaac de l'Étoile. Mais, contrairement à ce dernier, sa réflexion en la matière ne doit rien à Hugues de Saint-Victor. Sa principale référence demeure Augustin, en l'occurrence *La Quantité de l'âme*. Aux yeux d'Aelred, le médium entre le corps et l'âme n'est pas un esprit réel, mais plutôt quelque chose qui combine et mêle les qualités du corps et de l'âme.

Dans l'homme vivant, l'âme ne peut exister sans le corps ni le corps sans l'âme. Ces deux éléments du composé humain sont intimement mêlés. Pour Aelred, qui perçoit cette réalité d'une façon très concrète, le corps et l'âme sont soudés comme avec une colle (*quasi gluten*)[79]. Pourtant, l'âme rationnelle, qui est toute l'âme, fut créée sans aucun mélange avec le corps. Comment penser la cohésion de l'ensemble ? Aelred emploie alors un vocabulaire très voisin de celui qu'il utilise pour décrire les fonctions inférieures de l'âme rationnelle ou encore la subtilité de la vie végétative et sensible. Il existe un sens qui joue le rôle d'intermédiaire (*sensus medians*) entre la chair et l'esprit. Tout comme la force sensible (*vis sentiendi*), ce médiateur est d'une nature proche de l'esprit, si bien qu'il est capable de l'âme (*capax animae*), comme l'âme rationnelle elle-même peut être dite capable de Dieu. Ce sens s'avère pour Aelred également composé des éléments les plus subtils de la matière, l'air et le feu. Ainsi, même si l'âme n'est pas ce sens, ni le sens l'âme, jamais cependant le sens ne peut être dans le corps sans l'âme, ni dans l'âme sans

---

75. Isaac emploie également les expressions *spiritus corporeus* et *spiritus pecoris* qui ne sont pas sans faire penser aux esprits corporels de Guillaume de Saint-Thierry.

76. Voir ISAAC DE L'ÉTOILE, *EDA*, col. 1881 C.

77. *Ibid.*, col. 1882 C.

78. *Itaque quod vere spiritus est, et non corpus, et caro quae vere corpus est, et non spiritus, facile et convenienter uniuntur in suis extremitatibus, id est in phantastico animae; quod fere corpus est, et sensualitate carnis, quae fere spiritus est.* ISAAC DE L'ÉTOILE, *EDA*, col. 1881 C.

79. Voir AELRED DE RIEVAULX, *DDA*, I, 52, p. 701.

le corps[80]. Plus loin, il qualifie l'intermédiaire de force subtile (*vis subtilior*) ou encore de force sensitive (*vis sensualis*). Or, cette force sensitive, qui fait le lien entre la chair et l'esprit, mais aussi entre l'âme mortelle et l'âme immortelle, correspond aussi au premier niveau d'activité de l'âme rationnelle, qui précède directement les forces imaginative, rationnelle et intellectuelle. C'est la faculté de perception. La compilation du Pseudo-Alcher de Clairvaux développe elle aussi cette idée d'un médium, composé des mêmes éléments. Sans eux, l'âme ne pourrait commander les fonctions corporelles[81]. Au fil du texte d'Aelred, il devient de plus en plus difficile de circonscrire précisément l'élément médian, comme si la fluidité terminologique renvoyait en écho à une dilatation de cet espace frontalier entre le corps et l'âme. Finalement, plus qu'il ne cherche à isoler un médium entre le corps et l'âme, Aelred décline l'idée générale que l'âme est le principe vital de l'être. Le mystère de l'unité de l'homme demeure donc pour l'abbé de Rievaulx avant tout celui de la vie elle-même.

L'âme comme principe vital

Cette vie se décline à un double niveau : l'âme assure à la fois la vie sensitive (*vita sensualis*) et la vie rationnelle (*vita rationalis*) de l'être[82]. La vie sensitive apparaît en premier lieu comme une force en mouvement responsable par sa propre impulsion de la croissance de tout le vivant, que ce soit les plantes, les animaux ou les hommes[83]. Cette fonction est assurée par une force de subsistance (*vis subsistendi*) qui permet aux corps de vivre et de grandir grâce à un mouvement naturel (*motus naturalis*). Par ailleurs, le contrôle des sens et des mouvements est effectué chez les animaux et les hommes par le mouvement spontané (*motus spontaneus*) de la force sensible (*vis sentiendi*)[84]. En revanche, il n'y a que l'homme chez qui l'âme assure la vie rationnelle grâce à une force de jugement (*vis dijudicandi*)[85]. Cette conception de l'âme comme principe d'auto-mouvement de tout le règne animé n'est pas sans rappeler l'idée de l'âme-monde développée par Guillaume de Conches dans son *Commentaire sur Boèce* et vigoureusement condamnée par Guillaume de Saint-Thierry[86]. Jean, l'interlocuteur d'Aelred,

---

80. Voir AELRED DE RIEVAULX, *DDA*, I, 62, p. 704.

81. Voir PSEUDO-ALCHER DE CLAIRVAUX, *DSAn*, ch. 15, col. 791.

82. Voir AELRED DE RIEVAULX, *DDA*, II, 56, p. 728. La définition de l'âme comme principe vital se rencontre dans CASSIODORE, *De Anima*, 6-8. Nous avons vu qu'elle était reprise par GUILLAUME DE SAINT-THIERRY, *DNCA*, 51, p. 129. On la retrouve dans le *DSAn* du PSEUDO-ALCHER, ch. 18, col. 793-794.

83. Voir AELRED DE RIEVAULX, *DDA*, I, 15, p. 689.

84. *Ibid.*, I, 46-47, p. 699.

85. *Ibid.*, I, 22, p. 692.

86. Voir GUILLAUME DE SAINT-THIERRY, *De Erroribus Guillelmi de Conchis*, PL 180, col. 333-340. Traduction dans *L'École de Chartres (Bernard de Chartres, Guillaume de Conches, Thierry de Chartres, Clarembaud d'Arras). Théologie et cosmologie au XIIᵉ siècle*, textes traduits et présentés par M. LEMOINE et CL. PICARD-PARRA, Paris, Les Belles Lettres, 2004 (coll. Sagesses médiévales),

ne cache pas son trouble devant une vision somme toute panthéiste. Il interroge Aelred pour savoir si la vie végétative et la vie sensitive doivent être considérées comme corporelles ou spirituelles. La réponse de l'abbé de Rievaulx à ce vieux problème n'est pas d'une grande originalité. Il reprend à son compte la distinction patristique entre une âme inférieure, qu'il nomme à la suite de Jérôme l'âme animale (*anima bestialis*)[87] et une âme supérieure ou rationnelle (*anima rationalis*)[88]. Aelred cite encore les trois esprits vitaux (*vitales spiritus*) définis par Grégoire le Grand : le premier est dépourvu de chair et appartient aux anges, le deuxième est lié à la chair mais ne meurt pas avec elle, le troisième enfin est lié à la chair et meurt avec elle, c'est l'esprit des animaux[89]. Ces distinctions entre une partie supérieure de l'âme, tournée vers les réalités invisibles et une partie inférieure, inclinée vers la matière, s'enracinent dans le substrat platonicien. Elles renvoient également à la division plotinienne entre la *psyché*, âme inférieure tombée dans le monde des ombres, et le *nous* qui contient le potentiel d'ascension vers l'Un[90]. Cette théorie grecque connut un grand succès chez les théologiens chrétiens, relayée par Paul qui différencie lui aussi le principe vital, *psyché*, et le principe pensant, *pneuma*, esprit de l'homme sous l'effet de la grâce. Les théologiens établissent ainsi parfois la distinction entre l'*anima* en charge de la vie corporelle et l'*animus* ou *mens* qui règle la vie rationnelle et spirituelle.

Dès lors, pour l'abbé de Rievaulx, l'âme animale est liée à la chair et disparaît avec elle. En aucune façon, elle ne peut être immortelle[91]. Quant à savoir si elle est corporelle ou spirituelle, Aelred répond à cette question par la théorie classique : on peut la considérer comme incorporelle en comparaison de la terre et de l'eau, constitutives de la stricte matérialité du corps, mais au regard de l'âme rationnelle et incorporelle, elle est assurément corporelle[92]. Cette âme mortelle est composée d'air et de feu qui assurent par leur vertu l'équilibre des deux autres éléments. Par leur subtilité même, ils sont proches de l'esprit. Si donc on peut dire que la *vita sensualis*, qui agit sous la force de sa propre impulsion, est un esprit, ce n'est qu'en forçant la métaphore (*forte translative*), tout comme lorsqu'on qualifie l'air ou le vent d'esprits[93]. Aelred joue alors sur la polysémie du terme *spiritus* pour affirmer que la vie sensible

---

p. 183-197. Étude dans M. LEMOINE «Guillaume de Saint-Thierry et Guillaume de Conches», dans *Signy l'abbaye et Guillaume de Saint-Thierry*, Actes du colloque international d'études cisterciennes 9, 10, 11 septembre 1998, Les Vieilles Forges, N. BOUCHER (éd.), Association des amis de l'abbaye de Signy, Signy l'abbaye, 2000, p. 527-539.

87. Voir AELRED DE RIEVAULX, *DDA*, I, 19, p. 690. C'est à cette âme animale que GUILLAUME fait une brève allusion dans le *DNCA*, 59-60, p. 139-143.

88. Voir par exemple AELRED DE RIEVAULX, *DDA*, I, 50, p. 700.

89. *Ibid.*, I, 19, p. 690-691.

90. Voir l'analyse de B. MCGINN, *Three Treatrises on Man*, op. cit., p. 6-7.

91. Voir AELRED DE RIEVAULX, *DDA*, II, 58, p. 729.

92. *Ibid.*, I, 20, p. 691. Cette théorie augustinienne est envisagée aussi par le PSEUDO-ALCHER, *DSAn*, ch. 36, col. 806-807.

93. Voir AELRED DE RIEVAULX, *DDA*, I, 16, p. 689-690.

correspond au souffle de vie (*spiritus vitae*) de tous les animaux emmenés par Noé dans l'arche[94]. Si l'homme possède en commun avec les animaux la force sensible, il partage avec les anges sa nature rationnelle. L'abbé de Rievaulx propose deux schémas des puissances ou forces de cette âme rationnelle. D'une part, il développe longuement la tripartition augustinienne de la raison, volonté, mémoire, sur laquelle nous reviendrons. D'autre part, s'appuyant sur la classification des forces, il affirme que l'âme rationnelle possède de manière exclusive la force imaginative (*vis imaginaria*) par laquelle toutes les formes sensibles sont imprimées dans le cœur, la force rationnelle (*vis rationalis*) qui permet de discerner le vrai du faux et enfin la force intellectuelle (*vis intellectualis*) qui dépasse toutes les autres activités et appartient à la vérité pure[95].

S'il est vrai que le cistercien anglais demeure conservateur dans ses analyses, sa démarche montre cependant un souci de relier la question de l'union de l'âme et du corps au mystère même de la vie humaine. Ainsi, on ne peut manquer d'être surpris par la proximité entre le *sensus medians* et le *spiritus vitae*. En fait, à mesure que l'on progresse dans la lecture du *Dialogue sur l'âme*, les lignes de contour de ces intermédiaires deviennent de plus en plus floues. De toute évidence, les notions de *spiritus vitae*, de *sensus medians*, de *vita sensualis* ou de *vis sensualis* s'attirent et se superposent. L'ensemble cependant ne manque pas de cohérence, et l'on peut faire une lecture synthétique des forces de l'âme et de son union avec le corps. En multipliant les zones de rencontre entre l'âme et le corps, la chair et l'esprit, Aelred cherche surtout à exprimer l'idée d'un *continuum* de l'être. De cette intrication complexe, et largement incommunicable, naît le mystère même de la personne humaine (*persona*)[96], union totale de deux substances radicalement distinctes.

LES TROIS FONCTIONS DE L'ÂME DANS LE CORPS

La définition de l'âme comme principe vital, même si elle repose à l'origine sur une conception globale de l'être, aboutit à dégager plusieurs strates dans l'âme selon son degré de proximité avec le corps. Les cisterciens sont tout à fait conscients qu'une telle approche, dont l'objectif révélé est de montrer la continuité de l'être, peut conduire à instaurer une nouvelle forme de dualisme à l'intérieur même de l'esprit. Guillaume de Saint-Thierry comme Aelred dénoncent ainsi ce qu'ils considèrent comme une déviation sans pour autant apporter des éléments de réponse nouveaux dans ce débat récurrent chez les Pères. En revanche, partant du même postulat, ils proposent parfois un raisonnement plus analytique, à partir des fonctions exercées par l'âme dans le

---

94. Voir Aelred de Rievaulx, *DDA*, I, 17, p. 690 et I, 50, p. 700.
95. *Ibid.*, III, 9, p. 734-735.
96. *Ibid.*, I, 62, p. 705.

corps. Selon les deux auteurs, la présence de l'âme dans l'être s'exprime au travers de trois fonctions essentielles : la fonction vivifiante, la fonction sensible et la fonction réflexive. Ce schéma trifonctionnel, qui a l'avantage d'introduire une dimension dynamique par rapport à la théorie des deux âmes, trouve son origine dans le traité *De l'Âme* d'Aristote[97].

On sait que si le Stagyrite partage avec Platon l'idée que l'âme contient plusieurs niveaux d'activité, il se refuse en revanche à tout dualisme ontologique ou bien à séparer différentes parties dans l'âme. Son projet est d'abord d'établir une science naturelle du vivant. Pour Aristote, l'âme est certes une substance immatérielle mais qui n'est pas séparable du corps. L'unité de l'âme et du corps ne pose pas problème. Il existe une interdépendance du psychique et du somatique, qui n'empêche cependant pas l'âme d'avoir une activité spéculative séparée du périssable. Le philosophe parvient dès lors à concilier l'immatérialité de l'âme avec son incarnation essentielle en la définissant comme la substance formelle d'un corps qui a potentiellement la vie ou encore comme la réalisation première d'un corps naturel pourvu d'organes. Elle n'est pas ajoutée à un corps déjà déterminé formellement, n'est pas non plus la vie, mais ce qui assure la vie du corps. Elle est la première forme de réalisation d'une matière qui possède en puissance la vie. La réalisation ou forme de la matière se manifeste selon les différentes activités de l'âme dans le corps. Aristote isole alors plusieurs facultés tout en précisant que celles-ci ne sont distinguées qu'en raison, sans qu'il y ait morcellement de l'âme. Le nombre de ces facultés n'est pas complètement stable. En 413 a, il en compte cinq : nutritive, sensitive, motrice, appétitive et intellective, mais la distinction entre les facultés appétitive et motrice n'est que nominale. Plus loin, il identifie finalement trois activités essentielles : «l'âme, c'est ce qui fait que nous vivons, sentons et réfléchissons[98]». Ce dernier schéma aristotélicien offre une solution originale aux théologiens chrétiens car l'âme, sans être la vie même du corps ni son animation par l'exercice des fonctions vitales, apparaît comme son principe, à savoir l'animé propre au corps[99]. Sans être prisonnière de la matière, elle demeure le principe vital. Cette solution, qui évite les écueils du dualisme ontologique comme du spiritualisme radical connaîtra un grand succès dans les écoles épiscopales et les collèges universitaires, mais elle n'est pas complètement ignorée par les moines blancs.

---

97. Pour une introduction très claire sur les fonctions de l'âme chez Aristote, voir la présentation de R. Bodéüs qui précède sa traduction du traité *De l'Âme*, Paris, Garnier-Flammarion, 1993, p. 9-68. Nous nous référons à cette traduction. En complément, voir M. de Corte, «La définition aristotélicienne de l'âme», *Revue thomiste*, 45 (1939), p. 460-508. Sur les trois fonctions de l'âme, voir successivement de S. Cantin, «Les puissances et les opérations de l'âme végétative dans la psychologie d'Aristote», *Laval théologique et philosophique*, 2 (1946), p. 25-35 ; «L'âme sensitive d'après le *De Anima* d'Aristote», *Laval théologique et philosophique*, 3 (1947), p. 149-176 ; «L'intelligence selon Aristote», *Laval théologique et philosophique*, 4 (1948), p. 252-288.

98. Aristote, *De l'Âme*, 414 a, p. 145.

99. Voir É. During (textes choisis et présentés par), *L'Âme*, Paris, GF-Flammarion, 1997 (coll. Corpus), p. 100.

Parfois, les trois fonctions aristotéliciennes sont clairement identifiées : « En réalité, l'âme a trois devoirs à remplir à l'égard du corps : lui donner la vie, lui assurer la sensibilité, le diriger[100] ». Sans se limiter à son rôle dans le corps, Aelred affirme que l'âme « existe, vit et pense[101] ». Par là, il ajoute l'essence (*existat*) et regroupe sous le même verbe *vivat* la subsistance et la sensibilité. Dans une version plus proche du modèle, Guillaume propose une liste détaillée, en quatre membres :

> C'est l'âme elle-même qui sent, c'est elle qui ne comprend pas ce qu'elle sent, c'est elle qui, sans exercer sa sensibilité ou son intellect, fait subsister et vivre ce corps, par lequel elle sent ce que par elle-même elle ne comprend pas[102].

Mais le plus souvent, les cisterciens se contentent d'associer les deux premières fonctions, la vie et la sensation. Les exemples sont nombreux. Ainsi Guillaume précise que c'est l'âme qui assure les fonctions végétative et sensible dans le corps (*vegetet et sensificet*)[103]. De son côté Bernard rappelle que le service de l'âme à l'égard du corps est de lui donner la vie et la perception[104]. Parfois, c'est la fonction de commandement qui est mise en avant ; ainsi quand Aelred souligne que l'âme rationnelle gouverne et ordonne (*regit et ordinat*) la vie[105]. Néanmoins, ces classifications ne sont que des réminiscences indirectes et partielles d'Aristote. En effet, fidèles en cela à Augustin, les cisterciens refusent de considérer l'âme comme la forme du corps. Aelred parle d'ailleurs de forme corporelle (*forma corporea*)[106], notion immédiatement rejetée car assimilée à une tentative de matérialisation de l'âme. Il faut plutôt rattacher ces schémas fonctionnels soit à la théorie générale de l'âme comme principe vital, soit encore les considérer comme une illustration de la doctrine du *continuum* de l'être. C'est le cas lorsqu'Isaac met en parallèle les degrés d'être et les puissances de l'âme : on se souvient qu'au milieu de cette échelle, on trouve les plantes, les animaux et les hommes qui ont respectivement pour pendants la vie, la sensation et la raison dans l'âme[107]. De la même façon, Guillaume précise que l'homme possède en commun avec les plantes la vie séminale (*vitam seminalem*), avec les animaux la vie sensible (*vitam sensualem*) et avec les anges la vie rationnelle (*vitam rationalem*)[108].

---

100. *Habet quippe anima tria facere in corpore : vivificare, sensificare, regere.* Bernard de Clairvaux, *SD, SBO*, VI-I, 84, 1, p. 325 ; II, p. 109. Sur ce schéma spirituel chez Bernard, voir W. Hiss, *Die Anthropologie Bernhards von Clairvaux, op. cit.*, p. 94-97 et L. van Hecke, *Le Désir dans l'expérience religieuse, op. cit.*, p. 61 et 67.

101. *...existat, vivat, et cogitet...* Aelred de Rievaulx, *DDA*, I, 30, p. 694.

102. *Ipsaque est anima quae sentit, ipsa quae quod sentit non intelligit, ipsa quae nec sentiendo nec intelligendo vegetat corpus et vivificat, per quod sentit quod per se ipsam non intelligit.* Guillaume de Saint-Thierry, *DNCA*, 97, p. 184-185.

103. *Ibid.*, 95, p. 183.

104. Voir Bernard de Clairvaux, *SD, SBO*, VI-I, 10, 1, p. 121.

105. Voir Aelred de Rievaulx, *DDA*, III, 2, p. 733.

106. *Ibid.*, I, 10, p. 687.

107. Voir Isaac de l'Étoile, *EDA*, col. 1886 B.

108. Voir Guillaume de Saint-Thierry, *DNCA*, 58, p. 139.

Enfin, on ne peut manquer de penser aux forces de subsistance, de sensation et de jugement qui règlent la vie même de l'âme selon Aelred.

Force est de constater que cette dernière voie n'échappe pas plus que les précédentes à la tentation dualiste. En identifiant les différentes fonctions de l'âme dans le corps, les cisterciens mettent surtout en avant l'idée d'une inclination de l'âme vers la matière : «l'âme descend vers le corps en lui assurant la subsistance et la sensation[109]». On perçoit l'ambiguïté d'un tel vocabulaire qui, partant d'une analyse fonctionnelle, conduit à un déplacement de perspective. La structure du schéma fonctionnel est sans doute d'origine aristotélicienne ; l'inspiration quant à elle puise davantage dans le platonisme. C'est le cas pour Bernard de Clairvaux. Il tend en effet à isoler très nettement les fonctions d'animation du corps de la fonction de gouvernement, selon une perspective ascétique et mystique :

> Les lieux qui appartiennent à l'âme douée de raison sont au nombre de deux : le lieu inférieur, qu'elle régit, et le lieu supérieur dans lequel elle se repose. Le lieu inférieur, qu'elle régit, c'est le corps. Le lieu supérieur, dans lequel elle se repose, c'est Dieu[110].

Bernard ne manque pas de rappeler les devoirs de l'âme envers le corps mais il le fait dans une double intention bien spécifique. En premier lieu, rendre au corps ce qui lui revient est encore le meilleur moyen de le contrôler et de prévenir ses révoltes. Surtout, la rectitude de l'homme extérieur offre un indice de ce que doit être la rectitude de l'homme intérieur[111]. L'analogie entre le corps et l'âme sert donc, selon la dynamique de la ressemblance, à identifier les deux facultés qui permettent à l'homme de s'unir à Dieu : la connaissance, indivisible comme l'est la vie, et l'amour qui, comme les sens extérieurs pour les choses visibles, perçoit les cinq qualités invisibles (vérité, justice, sagesse, charité et éternité) de Dieu. Au-delà de l'analogie formelle, Bernard invite ses frères à dépasser le lieu inférieur, restaurant dans une logique d'élévation spirituelle un dualisme ascétique. Guillaume suit un raisonnement semblable lorsqu'il reprend à Augustin, à la fin de *La Nature du corps et de l'âme*, les sept degrés de la contemplation. Les deux premiers degrés de l'ascension de l'âme sont la vivification du corps et le pouvoir sur les sens. Avec la mémoire, qui constitue le troisième degré, Guillaume identifie une première étape : la puissance de l'âme dans le corps. Par les quatre degrés supérieurs, l'âme peut enfin se purifier puis s'élever vers la contemplation de la vérité, au prix d'un dépassement du corps et de l'univers matériel[112].

---

109. *Vivificatione et sensificatione descendit anima ad corpus.* PSEUDO-ALCHER, *DSAn*, ch. 32, col. 802.

110. *Duo loca sunt animae rationalis : inferior, quem regit; et superior, in quo requiescit. Inferior, quem regit, corpus; superior, in quo quiescit, Deus.* BERNARD DE CLAIRVAUX, *SD*, *SBO*, VI-I, 84, 1, p. 325; II, p. 109.

111. *Ibid.*, VI-I, 116, 1, p. 393.

112. Voir GUILLAUME DE SAINT-THIERRY, *DNCA*, 108-115, p. 199-207.

L'AFFECT CHARNIÈRE ?

La question des rapports entre l'âme et le corps constitue l'un des enjeux essentiels de l'anthropologie spéculative des cisterciens. Intimement liée à la doctrine de l'image, elle apparaît comme le nœud de l'intelligibilité de la création. Les penseurs monastiques, confrontés d'une part à la plus vigoureuse résurgence de l'hérésie manichéenne depuis le temps d'Augustin, mis au défi d'autre part par l'essor des sciences de la nature dans l'espace latin, semblent prendre la mesure de leurs responsabilités. Ils savent que, sur ce plan aussi, c'est à l'intérieur même de la nature humaine que se joue le drame. Les solutions proposées sont diverses et correspondent à autant de démarches intellectuelles : articulation entre une physique du corps et une physique de l'âme, union de l'être autour de la notion de principe vital, théorie de l'élément médian, analogies formelles, fonctions de l'âme dans le corps... En fait, toutes ces tentatives butent sur deux obstacles, qui sont dans le même temps des bornes que la raison monastique ne saurait franchir. Le premier provient de l'affrontement entre la tradition platonicienne et la tradition biblique. Celle-là lègue aux moines un dualisme ontologique, celle-ci pose comme condition au salut de l'homme la résurrection des corps. En ce sens, les cisterciens, tout en plaçant l'image de Dieu, et donc la dignité de l'homme, dans l'âme seule, concèdent une participation du corps à la quête de la béatitude. À l'opposé, se dresse l'obstacle du péché originel, qui soude, dans la vie terrestre, la chair et le corps. Ainsi, tout monisme métaphysique se heurte à un fort dualisme ascétique : le salut de l'homme passe par un arrachement au corps rivé à la chair pécheresse. La quête de l'unité semble se résumer dès lors à une oscillation constante entre un impossible dualisme métaphysique et un nécessaire dualisme ascétique. De surcroît, ce travail dans l'homme intégral se reproduit à l'intérieur de l'âme. Les flottements perceptibles dans les différentes solutions développées expliquent le dualisme ascétique en même temps qu'ils le nourrissent. Il serait en effet illusoire de séparer les deux discours. Pour les cisterciens, c'est la raison analytique qui doit refléter la raison morale, et non l'inverse. De cette façon, même s'ils stigmatisent la dialectique pré-universitaire, leur anthropologie spéculative exprime les tensions internes qui animent l'homme pécheur en quête de son salut. Le conflit se joue à tous les niveaux de l'être et peut même se révéler comme le principal facteur de cohérence. Marqué du sceau divin, doté dans le même temps d'une liberté inamissible, l'homme est un être instable par nature. Dès lors, le mouvement permanent qui l'anime est à la fois sa malédiction et la condition de sa possible déification. Dans tous les cas, il s'affirme comme une donnée ontologique, un état de nature.

Dans un tel contexte, le concept d'affect, défini comme un dynamisme spirituel, revêt les signes de cette ambiguïté. Chez Isaac, la notion d'*affectus* n'entre pas directement dans ces considérations sur l'union de l'âme et du corps. Dans le cadre de ses réflexions anthropologiques, Isaac se réfère au

couple *sensus/affectus* pour articuler les deux pôles de l'âme. L'*affectus*
exprime alors la sensibilité dans une acception strictement spirituelle. Bernard
de Clairvaux, quant à lui, ne montre pas un grand intérêt pour ces questions
liées à la physique du corps. Son attention pour le corps est un souci envers
la chair : l'affect de la chair (*affectus carnis*) participe ainsi du registre
ascétique. En outre, le cas spécifique de l'affect naturel (*affectus naturalis*),
défini comme l'attachement inamissible de l'âme pour le corps après la mort,
doit être envisagé dans une perspective eschatologique. En revanche, *affectus*
et *affectio* font partie de l'outillage lexical de Guillaume de Saint-Thierry et
d'Aelred de Rievaulx pour penser l'articulation du corps et de l'âme dans le
composé humain.

Dans *La Nature du corps et de l'âme*, *affectus* apparaît sept fois et *affectio*
une fois, ces huit occurrences se trouvant dans la deuxième partie du traité
consacrée à l'âme. Il s'agit, pour *affectus*, d'emprunts à deux des sources
principales du traité, à savoir *L'Image* de Grégoire de Nysse pour les deux
premières occurrences et *L'État de l'âme* de Claudien Mamert pour les cinq
autres. Quand Guillaume se réfère à Claudien, il utilise *affectus* pour qualifier l'activité sensible de l'âme : l'affect est la force motrice de l'âme dans une
stricte analogie avec la mobilité du corps. On note que trois des sept occurrences d'*affectus* se rencontrent justement dans les paragraphes consacrés à
la question de l'union de l'âme et du corps :

> L'âme humaine, parce qu'elle n'a pas de masse, n'a pas de quantité ;
> soumise à l'inconstance des affects, elle n'échappe pas à la qualité[113] ;
> n'étant pas enfermée dans un lieu donné, elle ignore la localisation. [...]
> L'activité de l'âme, en effet, ne dépend pas du lieu, mais de la diversité
> de ses affects pour son agrément ou sa souffrance. Bien qu'elle éprouve
> consolation ou affliction indépendamment du corps, par l'affect incor-
> porel[114], le corps tout entier ne peut, lui, rien éprouver de pénible ou
> d'agréable sans le secours de l'âme, car celle-ci dispose, dans son
> activité, d'une puissance plus ample et plus déliée que le corps[115].

Puissance incorporelle qui dirige la sensibilité active de l'âme, l'*affectus* n'en
demeure pas moins en relation étroite avec le corps. Seule l'âme, par l'affect,
peut donner un sens à la vie du corps, à commencer dans le ressenti le plus

---

113. *Quoniam quod adfectuum mutabilitati subjacet qualitatem recipit, quod vero non habet molem, non habet quantitatem.* Claudien Mamert, *De Statu animae*, CSEL 11, 1, 20, p. 70.

114. *Agitur ergo anima non per loca, sed pro adfectuum diversitate et delectabiliter et poena-liter, illud tamen liquet animam sine corpore incorporaliter per adfectus proprie vel mulceri vel adfligi posse, corpus sine anima vel suavia vel poenalia sentire non posse.* Claudien Mamert, *De Statu animae*, CSEL 11, 1, 23, p. 82.

115. *Humana autem anima quia non habet molem, non habet quantitatem, quia affectuum mutabilitati subjacet, non effugit qualitatem, quia non clauditur in loco localiter, non recipit localitatem. [...] Agitur enim anima non per loca, sed pro affectuum diversitate delectabiliter et poenaliter. Quae licet sine corpore incorporaliter per affectus vel mulcetur vel affligitur totum tamen corpus sine anima nec poenalia sentit nec suavia. Animam enim in suis actionibus amplioris et agilioris potentia est quam corpus.* Guillaume de Saint-Thierry, *DNCA*, 95-96, p. 182-185.

élémentaire de la douleur ou du plaisir. C'est par l'affect incorporel que l'âme réceptionne les signaux corporels.

Par ailleurs, les deux emprunts à la traduction érigénéenne de Grégoire de Nysse renvoient plus directement à la fonction opératoire d'*affectus*, entendu comme force dynamique. Un des emplois est néanmoins remarquable ; il s'agit de l'expression particulièrement rare chez les auteurs chrétiens d'affect des sens (*affectus sensuum*)[116], une expression de surcroît forgée par Guillaume puisque la source parle seulement d'affects naturels (*affectus naturales*)[117] :

> Chez [ceux qui obéissent aux passions], en effet, l'esprit suit les affects naturels de la chair et des sens, s'étant fait le domestique de ceux dont il aurait dû être le maître et le juge. Aussi la nature corporelle impose-t-elle à l'esprit, selon son bon plaisir, la peine qui vient des sens et de la jouissance de la convoitise[118].

L'équivalence chair/sens montre que Guillaume fait une lecture d'abord morale de l'affect des sens, ce qui ne remet pas en cause, par conséquent, le fondement spirituel du dynamisme affectif. Pour autant, on est ici au plus près du contact entre l'âme et le corps : tout se passe comme si la notion d'*affectus*, comprise alors comme le dynamisme élémentaire de l'être – c'est le sens ici de l'adjectif *naturalis* –, était la plus à même d'assurer l'articulation entre les deux faces de l'individu. Finalement, l'utilisation que fait Guillaume du concept d'*affectus-affectio* dans *La Nature du corps et de l'âme* s'avère comparable à celle qu'il fait de *passio*, qui peut renvoyer au plaisir ou à la douleur, aux quatre passions traditionnelles, à une maladie de l'âme, voire à la vertu[119] : autant d'acceptions que le concept d'affect englobe.

De son côté, dans le *Dialogue sur l'âme*, Aelred emploie *affectus* à onze reprises et une seule fois *affectio*. À nouveau, la nature incorporelle de l'affect est affirmée explicitement. Cependant, les termes sont en plusieurs occasions utilisés pour qualifier les formes élémentaires de la vie de l'âme, dans un sens connexe aux notions de puissance (*vis*)/vie (*vita*)/appétit sensible (*appetitus sensualis*), qui opèrent à la jonction de l'âme animale (*anima bestialis*) et de l'âme rationnelle (*anima rationalis*), au contact immédiat avec le corps. De fait, l'affect est du côté de l'élément médian, entre les deux extrémités de la

---

116. L'expression *affect- sensuum*, ou *sensuum affect-*, n'apparaît qu'à huit reprises dans la *Patrologia Latina Database*, dont deux dans *Les Sacrements de la foi chrétienne* de HUGUES DE SAINT-VICTOR, *PL* 176, col. 279 D.

117. *Naturales affectus animus subsequitur veluti minister factus. Nam saepe praecipit corporis natura et contristati sensum, et laetantis concupiscentiam imponit.* GRÉGOIRE DE NYSSE, *L'Image*, dans «Le *De Imagine* de Grégoire de Nysse traduit par Jean Scot Erigène», M. CAPPUYNS (éd.), *Recherches de théologie ancienne et médiévale*, 32 (1965), 15, p. 230.

118. *Naturales enim in eis affectus carnis vel sensuum animus sequitur, minister eorum factus quorum dominus esse debuit et judex. Ideoque natura corporis ad libitum animo imponit et contristati sensum et laetantis concupiscentiam.* GUILLAUME DE SAINT-THIERRY, *DNCA*, 74, p. 158-159.

119. Voir M. LEMOINE, *DNCA*, p. 129-130, note 91.

puissance végétative (*vis subsistendi*) et de la puissance de jugement (*vis dijudicandi*). Au plus haut de l'être selon l'ordre spirituel, l'affect participe, comme sensibilité de l'âme, de la puissance sensible (*vis sensualis*), première des quatre forces qui construisent l'*anima rationalis*[120]. Plus souvent, il désigne une forme de l'instinct, de survie ou de protection des siens, que l'homme partage avec les animaux[121]. Dans l'ensemble, l'affect participe plutôt de l'âme bestiale qui préside au contrôle du corps et d'où jaillissent les élans ou dispositions élémentaires de l'être. On rejoint alors la notion d'*affectus naturalis*, qui traduit l'attraction fondamentale entre le corps et l'âme, à laquelle Aelred fait référence dans *Le Miroir de la charité* en lui donnant une réalité quasi physiologique, même si c'est sur un ton dénonçant la dérive du discours médical[122].

Cette fonction médiatrice de l'*affectus* transparaît bien dans la solution proposée par Aelred à la question de l'origine de l'âme. Sur ce sujet, Augustin a fait preuve de beaucoup d'hésitations ; il refuse en effet la solution platonicienne de l'existence éternelle des âmes, tout comme la solution manichéenne de l'âme comme émanation de la substance divine ou encore la solution créationniste de Jérôme[123]. C.H. Talbot souligne qu'Aelred doit de surcroît répondre à l'hérésie concernant la négation de la valeur sacrale du baptême. Il ne peut dès lors accepter la solution créationniste qui, en reconnaissant que l'âme fut créée pure, dénie la fonction purificatrice du baptême. Il opte en fait pour un traducianisme spirituel proche d'Augustin : l'âme de l'enfant naît de l'âme des parents en même temps que le corps visible. Reste évidemment l'épineux problème de la transfusion de l'âme depuis la matière corporelle des parents. Selon Aelred, la semence corporelle contient une puissance qui pénètre, lors de la conception, dans le sens intermédiaire (*sensus medians*) ; celui-ci, par sa position entre le corps et l'âme, permet l'engendrement de l'âme de l'enfant à partir de l'âme des parents. À l'origine de ce processus, on retrouve l'affect qui désigne alors le dynamisme spirituel, issu de l'union des parents, d'où émane la puissance de génération contenue dans la semence :

> Mais il est possible de penser qu'il existe un sens qui est, d'une certaine manière, une sorte d'intermédiaire entre la chair et l'âme, et qui est capable de l'âme en raison d'une similitude et d'une nature proche avec l'âme, sens grâce auquel l'âme est mêlée au corps comme par une colle, et réside dans le corps. Eh bien, il existe de la même manière une force ou un principe qui, capable de quelque puissance supérieure, latente dans la semence, se précipite ensuite dans le sens ; si tu peux penser que cette force ou principe, procédant de l'affect paternel et maternel, de manière invisible et incorporelle, par sa propre médiation,

120. Voir Aelred de Rievaulx, *DDA*, I, 12, p. 688.

121. *Ibid.*, I, 17-18, p. 690.

122. Voir Id., *DSC*, II, 8, p. 70.

123. Voir références et analyse dans C.H. Talbot, «Introduction», *DAT*, p. 38-40.

se trouve dans la semence pour se transfuser ensuite dans la nature de l'âme, alors tu peux d'aventure penser que l'âme est engendrée [124].

Si Aelred s'appuie sur Augustin, sa solution est néanmoins personnelle : chez le cistercien en effet, tout le dynamisme de l'opération provient de la puissance affective alors qu'Augustin, quant à lui, ne fait pas intervenir la notion d'*affectus*.

Face à cette question cruciale de l'union de l'âme et du corps, question théologique héritée de la tradition et dotée d'une acuité nouvelle dans le contexte d'effervescence intellectuelle du XIIᵉ siècle, les cisterciens tentent de légitimer leur position spiritualiste sans pour autant mépriser le poids des discours issus des sciences de l'observation. Ils déploient alors un arsenal conceptuel fourni, parfois même un peu confus, où s'emboîtent les multiples solutions patristiques pour nommer l'interstice innommable entre le corps et l'âme. La notion d'*affectus-affectio* joue un rôle déterminant dans ce débat en favorisant l'intelligibilité de l'articulation entre le corps et l'âme, mais sans jamais perdre son ancrage spirituel. Au plus bas de la réalité spirituelle, le dynamisme essentiel de l'affect apparaît ainsi comme la porte de l'âme.

---

124. *At si possis cogitare quod sicut sensus quodammodo medium quiddam est inter carnem et animam, et propter similitudinem et viciniorem spiritui naturam quodammodo capax est animae, et quasi gluten quo anima miscetur corpori, et tenetur in corpore, ita ut vis vel materia, quae postea prorumpit in sensum, in semine latens, superioris alicujus virtutis capax sit, quae ex paterno maternoque affectu invisibiliter incorporaliterque procedens ipsa mediante teneatur in semine, et pro tempore in animae transeat naturam, forte cogitare posses animam esse de traduce.* Aelred de Rievaulx, *DDA*, I, 52, p. 701.

5.

L'AFFECT COMME SENSIBILITÉ SPIRITUELLE

HISTOIRE ET PRÉSENCE D'UN SCHÉMA SPIRITUEL [1]

L A QUESTION de la structure tripartite de l'âme raisonnante, concupiscible et irascible est traitée par Platon dans l'un des passages les plus célèbres de la *République*[2]. Le modèle est politique : de même que la cité est divisée en trois classes (les chefs, les gardiens, le peuple), l'âme est composée de trois parties (le *nous* ou partie raisonnante, le *thumos* ou partie irascible et l'*epithumia* ou partie appétitive). L'objectif de Platon est de ramener à l'individu le principe de justice qui organise la cité. La mission de commandement revient alors à la raison, que le philosophe place au niveau de la tête, sommet du corps[3]. Le désir, partie inférieure située entre le diaphragme et le nombril, autour du foie, est l'élément irrationnel de l'âme, instable et rebelle, par lequel elle est reliée aux nécessités et aux impulsions du corps. Dans un premier temps, Platon tend à rattacher le *thumos* à l'*epithumia*. Néanmoins, il constate qu'il arrive parfois à l'homme de s'emporter contre ses désirs, la colère devenant ponctuellement une alliée de la raison. Comme les contraires ne sauraient subsister ensemble, il y a dès lors nécessité de penser un intermédiaire entre la raison et le désir. De plus, se limiter à un affrontement entre deux parties opposées reviendrait à renoncer à toute possibilité d'harmonie dans l'homme. Le fondateur de l'Académie restaure alors la stabilité intérieure en recourant au principe de l'élément médian. Cet intermédiaire, c'est la partie irascible ou colère, placée entre la tête et le foie, au niveau du cœur. Elle agit en gardienne de la raison contre les agressions du désir, et

---

1. Cette présentation historique de la transmission de la tripartition platonicienne de l'âme dans la pensée latine doit beaucoup, pour la partie consacrée aux Pères, à l'étude de D.N. BELL, «The Tripartite Soul and the Image of God in the Latin Tradition», *Recherches de théologie ancienne et médiévale*, 47 (1980), p. 16-52.

2. Voir PLATON, *République*, Paris, GF-Flammarion, 1966, 438d-445e, p. 191-199.

3. Voir ID., *Timée*, Paris, GF-Flammarion, 1969, 69c-71d, p. 447-449.

permet à l'individu d'espérer un équilibre fondé sur la tempérance. Cette
politique de l'âme décrite dans la *République* concilie une partition de l'âme
avec une vision malgré tout unitaire. Pour autant, la non moins célèbre
métaphore de l'attelage ailé dans le *Phèdre* rappelle la tentation d'un schème
bipolaire : dans la conduite du char de l'âme, le cocher ne doit-il pas se
débattre en permanence avec deux chevaux de valeur inégale, dont l'un est
d'excellente race et l'autre tout le contraire[4]?

L'ambiguïté qui sous-tend l'anthropologie platonicienne trouve un écho
chez Cicéron, qui retient surtout de ce schéma le conflit entre l'âme rationnelle et l'âme irrationnelle[5]. En outre, dans le *Timée*, Platon distingue à
l'intérieur de l'homme une âme immortelle et une âme mortelle, en attribuant
à cette dernière les passions, qui relèvent de la vie du corps[6].

Les éléments du débat sont posés. Tout d'abord la lecture tripartite de l'âme
côtoie en permanence une approche dichotomique, très ancienne et antérieure
même à Platon, entre une âme supérieure et rationnelle et une âme inférieure
et irrationnelle. De nombreux auteurs auront à cœur de concilier ces deux
lectures en intégrant le schéma tripartite à la vision dichotomique de l'âme.
Cette tendance est encouragée de surcroît par l'enseignement de Paul qui effectue
le même parcours en ramenant lui aussi une division de l'homme en trois parties
– corps (*corpus*), âme (*anima*) et esprit (*spiritus*) – à une division bipartite – chair
et esprit. La seconde remarque découle directement de la première : les théologiens chrétiens oscillent entre une lecture métaphysique et une lecture éthique
de la tripartition platonicienne. De l'analyse purement anthropologique, on verse
facilement dans des considérations normatives concernant la manière dont le
chrétien doit ordonner en lui les forces de l'âme.

Dans l'Antiquité, le schéma platonicien apparaît souvent chez Philon
d'Alexandrie, Plutarque, ou encore Calcidius qui joue un rôle essentiel dans
la transmission de ce débat aux penseurs médiévaux. Or, Calcidius exprime
bien les deux tendances que nous avons dégagées. Il évoque les trois forces
(*vires*) de l'âme[7] en les rapportant d'emblée à une vision dualiste de l'âme
rationnelle ou délibérative et de l'âme irrationnelle ou appétitive[8]. L'*appetitus*
doit être gouverné par la *ratio* dans la recherche d'un juste équilibre. En
outre, suivant Albinus[9], il reprend l'image platonicienne de la cité[10] qu'il

---

4. Voir Platon, *Phèdre*, Paris, GF-Flammarion, 1964, 246 a-e, p. 125.
5. Voir Cicéron, *Tusculanes*, II, livre IV, 10, p. 58-59. Pour une analyse du dualisme platonicien dans les *Tusculanes*, voir *The Cambridge History of Later Greek and Early Medieval
Philosophy*, A.H. Armstrong (éd.), Cambridge, 1967, p. 57-58.
6. Voir Platon, *Timée*, *op. cit.*, 69a-70a, p. 447.
7. Voir par exemple *Timeus a Calcidio translatus commentarioque instructus*, *Plato latinus*,
IV, J.H. Waszink (éd), Londres/Leiden, 1962, p. 148, cité avec d'autres références dans D.N. Bell,
«The Tripartite Soul», art. cité, p. 21, note 28.
8. *…igitur principales vires animae duae sunt, una deliberativa, altera quae ad appentendum
quid impellit.* J.H. Waszink, *Timeus a Calcidio translatus*, *op. cit.*, p. 244-245.
9. Voir Albinus, *Epitomé*, P. Louis (éd.), Paris, 1945, p. 23.
10. Voir J.H. Waszink, *Timeus a Calcidio translatus*, *op. cit.*, p. 246-247.

complète par un renvoi au schéma trifonctionnel d'Aristote[11]. Enfin, il admet que les parties irascible (*ira*) et concupiscible (*cupiditas*), bien que formant les parties inférieures de l'âme[12], contiennent une dimension bénéfique et une dimension destructrice. En ce sens, grâce à un contrôle étroit de la raison, l'homme peut cultiver la colère juste (*justa iracundia*) et le désir vertueux (*honesta cupiditas*)[13]. Dès lors, on peut dire que l'âme tout entière est rationnelle. Nous avons ici tous les éléments qui vont se retrouver dans la tradition chrétienne : correspondance entre une tripartition métaphysique et une dichotomie éthique, ambiguïté ontologique des puissances irrationnelles et préservation de l'unité substantielle de l'âme sous l'égide de la raison.

Les théologiens latins, ou les traducteurs des Pères grecs, pour désigner ces différentes parties de l'âme répugnent à employer le terme de partie (*pars*) et optent pour une terminologie plus dynamique en parlant de force (*vis*), de mouvement (*motus*) ou encore d'*affectus* ou *affectio*[14]. Ainsi Tertullien, dans son traité *De l'Âme*, distribue les trois forces platoniciennes entre l'âme rationnelle (*rationale*) et l'âme irrationnelle (*inrationale*)[15]. Surtout, Tertullien est le premier à appliquer les conclusions de Calcidius au Christ qui, totalement homme, a bien éprouvé le désir ou la colère, mais chez qui ces impulsions, entièrement contrôlées, demeuraient des émanations directes de sa raison[16]. Cet argument est longuement développé par Augustin dans sa réflexion sur les conséquences du péché originel, et c'est par ce biais qu'il est repris au XIIe siècle par les cisterciens. Comme Tertullien, Origène parle du désir et de la colère comme de deux affects nécessaires dont il envisage l'attribution à la partie irrationnelle de l'âme (*pars irrationabilis*)[17]. Ils sont constitutifs de la nature même de l'âme. Placés sur un même plan, ils permettent d'assurer respectivement la pérennité de la race et le maintien de la justice[18]. Ambroise à son tour met l'accent sur les *affectiones* des différentes parties de l'âme, en parallèle avec les vertus cardinales[19]. En outre, l'évêque de Milan situe la division entre l'âme rationnelle et l'âme irrationnelle dans l'histoire du projet divin. Il distingue alors deux périodes. Avant l'incarnation, l'homme, charnel et irrationnel, était dominé par les bas affects de l'âme. C'est par l'incarnation,

---

11. Voir J.H. Waszink, *Timeus a Calcidio translatus, op. cit.*, p. 209-210 et 238.

12. *Ibid.*, p. 180 et 212.

13. *Ibid.*, p. 212.

14. D.N. Bell dresse une liste détaillée des termes les plus employés. Outre ceux déjà cités, on y trouve les termes d'*operae, efficaciae, passiones, membra, portiones, appetentia, potentiae, sensus*. Voir «The Tripartite Soul», art. cité, p. 18-19, note 9.

15. Voir Tertullien, *De Anima*, J.H. Waszink (éd.), Amsterdam, 1947, p. 18.

16. *Ibid.*, p. 20-21. D.N. Bell voit ici une réminiscence de la colère et du désir rationnels chez Chrysippe, alors que les formes irrationnelles de ces mêmes mouvements renverraient plutôt à la lecture morale de Paul, «The Tripartite Soul», art. cité, p. 23-24 et p. 24, note 42.

17. Voir Origène, *Traité des principes*, SC 268, III, 4, 1, p. 200.

18. Voir Id., *Homélies sur la Genèse*, II, traduction de L. Doutreleau, Paris, Cerf, 1943 (Sources Chrétiennes, n° 7), p. 109.

19. Voir Ambroise de Milan, *De Abraham*, CSEL 32, 1, II, p. 54.

et l'insufflation de l'Esprit-Saint, que l'homme devient rationnel[20]. La tripartition de l'âme reparaît ensuite chez Jérôme[21] et Cassien avec qui le schéma platonicien entre dans le champ de l'ascèse monastique :

> Des choses visibles passant aux invisibles, nous pouvons bien croire que l'énergie des vices se trouve semblablement localisée dans les différentes parties et, si l'on peut dire, les membres de l'âme. Or, les sages y distinguent trois facultés, le *logikon* ou faculté raisonnable, le *thumikon* ou faculté irascible et l'*épithumêtikon* ou faculté concupiscible. L'une ou l'autre sera nécessairement altérée, toutes les fois que le mal nous attaquera. Lors donc que la force de la passion mauvaise touche l'un de ces affects, c'est d'après l'altération qu'elle y détermine, que le vice particulier reçoit sa dénomination. Si la peste vicieuse infecte la partie raisonnable, elle y engendre la vaine gloire, l'arrogance, l'envie, la superbe, la présomption, la contention, l'hérésie. Si elle blesse la partie irascible, elle enfante la fureur, l'impatience, la tristesse, la paresse, la pusillanimité, la cruauté. Si elle corrompt la partie concupiscible, elle produit la gourmandise, l'impureté, l'amour de l'argent, l'avarice, les pernicieux et terrestres désirs[22].

Comme Jérôme, Cassien n'ignore pas l'ancrage physiologique des parties de l'âme chez Platon. Il se refuse cependant à une localisation stricte et préfère une comparaison analogique. La première rupture tient à la neutralité ontologique de chacune de ces puissances, sources des vices comme des vertus. Mais il se distingue aussi des stoïciens en reconnaissant que même la partie raisonnante peut être animée de passions. Celles-ci ne sont donc pas moralement déterminées *a priori*. D'où la référence aux mauvaises passions, expression pléonastique pour un stoïcien orthodoxe. Pour autant, il n'est pas anodin que l'abbé de Saint-Victor sollicite cette vision de l'âme pour mettre ses moines en garde contre les multiples attaques du mal qui touchent toutes les parties de l'âme. Les cisterciens, Bernard de Clairvaux en premier lieu, seront sensibles à cette association. Surtout, il faut souligner que Cassien ne confond pas ici *passio* et *affectus*. Les affects sont les puissances sensibles, irascible ou concupiscible, distinctes de la faculté raisonnante. Par là, les deux puissances de

---

20. Voir Ambroise de Milan, *TEL*, tome 32, livres VII-X, texte édité et traduit par G. Tissot, Paris, Cerf, 1976 (Sources Chrétiennes, n° 52 bis), VII, 139, p. 59. Selon D.N. Bell, la référence à la tripartition platonicienne chez Ambroise s'inspire d'Origène, voir «The Tripartite Soul», art. cité, p. 27.

21. Voir Jérôme, *CM*, p. 280-283.

22. *Eodem modo de visibilibus ad invisibilia transeuntes animae nostrae partibus atque ut ita dixerim membris vim cujusque vitii inesse credamus. Quam cum sapientissimi quique tripertitae definiant esse virtutis, necesse est ut aut* logikon, *id est rationabile, aut* thumikon, *id est irascibile, aut* épithumêtikon, *id est concupiscibile ejus aliquo conrumpatur incursu. Cum ergo aliquem ex his affectibus vis noxiae obsederit passionis, pro illius corruptione etiam vitio nomen inponitur. Nam si rationabilem ejus partem vitiorum pestis infecerit, cenodoxiae, elationis, invidiae, superbiae, praesumptionis, contentionis, haereseos vitia procreabit. Si irascibilem vulneraverit sensum, furorem, inpatientiam, tristitiam, acediam, pusillanimitatem crudelitatemque parturiet. Si concupiscibilem corruperit portionem, gastrimargiam, fornicationem, filargyriam, avaritiam et desideria noxia terrenaque generabit.* Jean Cassien, *Conférences*, SC 64, XXIV, p. 187. Traduction modifiée.

désirs sont rassemblées dans une même catégorie, même si l'identité de chacune est préservée, ce qui ne peut que favoriser un glissement vers une conception bipartite de l'âme. Dans le même temps, la neutralité naturelle des affects est réaffirmée.

Grâce à ces relais patristiques, le schéma platonicien est bien connu au XIIᵉ siècle, et notamment des cisterciens. Guillaume, dans *La Nature du corps et de l'âme*, compare ces trois puissances de l'âme aux vertus organiques et aux vertus théologales[23]. Le schéma est cité en outre deux fois par Bernard[24], dans un sermon pour la Toussaint et dans le «Sermon divers 74» : «L'âme est en effet rationnelle, concupiscible et irascible[25]». Guerric d'Igny, Aelred de Rievaulx et Gilbert de Hoyland n'y font pas allusion. En revanche, la tripartition platonicienne tient une place importante dans les écrits d'Isaac de l'Étoile. Dès les premières lignes de la *Lettre sur l'âme*, il s'appuie sur le sens allégorique de cette lecture tripartite de l'âme : «L'âme est donc rationnelle, concupiscible et irascible, ce qui forme pour ainsi dire sa trinité propre[26]». Surtout, le schéma apparaît fréquemment dans ses sermons[27]. Le Pseudo-Alcher s'y réfère également, sous l'influence directe de la *Lettre sur l'âme*[28].

Sans surprise, Isaac et le Pseudo-Alcher commencent par rappeler que ces trois parties s'identifient à l'âme tout entière. Pour ces deux auteurs, comme pour Guillaume, ce sont des puissances de l'âme qui demeure une substance indivisible[29]. Il ne s'agit là que d'une manière de nommer les différentes activités de l'âme rationnelle. Le Pseudo-Alcher tente malgré tout une répartition des facultés de l'âme entre ses propriétés, raison, volonté et mémoire, ses puissances que nous venons d'évoquer, et ses forces qui englobent les cinq degrés de la connaissance définis par Hugues de Saint-Victor et repris par Isaac. Il s'empresse cependant de préciser que cette classification n'a pas de valeur exclusive puisque les puissances peuvent être appelées forces et inversement… Par ailleurs, le cistercien anonyme fait sienne l'analogie, empruntée à la *Lettre sur l'âme*, des puissances raisonnante, concupiscible et irascible comme trinité de l'âme. Pour Bernard, ce sont les trois forces par lesquelles l'âme subsiste. La puissance raisonnante apparaît d'abord comme la faculté de

---

23. Voir GUILLAUME DE SAINT-THIERRY, *DNCA*, 89, p. 176-177.

24. La meilleure analyse de ce schéma chez Bernard est celle de W. HISS, qui place à ce moment son étude du concept d'affect, voir *Die Anthropologie Bernhards von Clairvaux, op. cit.*, p. 97-110.

25. Voir BERNARD DE CLAIRVAUX, «*Sermo 4 : In festivitate omnium sanctorum*», *SBO*, V, p. 354-360 (voir p. 358) et *SD*, *SBO*, VI-I, 74, p. 312-313 : *Est enim rationalis, concupiscibilis, irascibilis* (p. 312).

26. *Est igitur anima rationalis, concupiscibilis, irascibilis, quasi quaedam sua trinitas.* ISAAC DE L'ÉTOILE, *EDA*, col. 1877 B et «Sermon 51», SC 339, 14, p. 208.

27. Voir les sermons 4, 10, 17, 25 et 51. Sur cette division de l'âme chez Isaac, voir B. McGINN, *The Golden Chain, op. cit.*, p. 146-156.

28. Voir PSEUDO-ALCHER, *DSAn*, col. 789-791 et 813.

29. *Ibid.*, col. 789.

discerner le bien du mal[30]. Par là, elle fonde la possibilité d'acquérir une connaissance (*cognitio*[31] ou *scientia*[32]). Bernard indique que cette connaissance a deux objets principaux : soi et Dieu. C'est donc l'instance discrétionnaire et introspective mais aussi le lieu de proximité intellectuelle avec le divin. La puissance concupiscible est la faculté désirante par laquelle l'âme convoite ce qu'elle estime bon pour elle[33]. B. McGinn traduit à ce titre *concupiscibilitas* par *positive appetite*, exprimant par là les deux moments de la tension de l'âme : la détermination pour un bien (*electio*)[34] et l'élan vers ce même bien (*amare, diligere, desiderere*)[35]. À l'inverse, l'*irascibilitas* est un appétit négatif : c'est la faculté de rejet (*reprobatio*)[36] d'un mal qui est dès lors condamné et fui (*odire, reprobare, contemnere*)[37].

LES FACULTÉS CONCUPISCIBLE ET IRASCIBLE :
L'AFFECT COMME INSTANCE SENSIBLE

Si, à travers la répartition des passions stoïciennes entre les deux facultés appétitives, la théorie de l'affect joue un rôle de premier plan dans cette approche de l'âme, seuls Isaac et Bernard s'appuient explicitement sur les termes *affectus* et *affectio*. Dans la *Lettre sur l'âme*, Isaac identifie la faculté raisonnante aux cinq degrés de la connaissance (*sensus*) et les deux facultés appétitives aux affects fondamentaux (*affectus*). Mais le traitement demeure succinct, Isaac s'attardant surtout sur les degrés de la connaissance. Dans ses sermons, il insiste davantage sur le rôle des affects à l'intérieur de cette lecture de l'âme. Ainsi, dans le «Sermon 17», il mêle les deux schémas[38]. Il compare cette fois la faculté raisonnante non pas aux cinq degrés de la connaissance mais au schéma tripartite brièvement évoqué au début de la *Lettre* qu'il localise dans les trois compartiments du cerveau. En revanche, il identifie derechef les facultés irascible et concupiscible à l'affect entendu alors comme puissance sensible. En regroupant sous le concept singulier d'*affectus* les deux puissances du désir, il isole une instance sensible unique, elle-même animée de plusieurs affects-élans spécifiques. Dans la *Lettre sur l'âme*, le cistercien emploie le seul vocable *affectus* pour qualifier les deux puissances de l'appétition. Dans le «Sermon 17», en revanche, *affectus* et *affectio* sont utilisés de manière indistincte pour désigner la même instance sensible. Dans un autre

---

30. Voir Isaac de l'Étoile, «Sermon 51», SC 339, 14, p. 208-209; Pseudo-Alcher, *DSAn*, col. 789, l. 9 et 790, l. 8.

31. Voir Bernard de Clairvaux, *SD, SBO*, VI-I, 74, p. 312, l. 12.

32. Voir Isaac de l'Étoile, «Sermon 51», SC 339, 14, p. 208, l. 114.

33. Voir Pseudo-Alcher, *DSAn*, col. 789, l. 9.

34. *Ibid.*, col. 790, l. 8.

35. *Ibid.*, col. 813.

36. Voir Isaac de l'Étoile, «Sermon 51», SC 339, 14, p. 208, l. 114.

37. Voir Id., «Sermon 25», SC 207, 5, p. 118; Pseudo-Alcher, *DSAn*, col. 789 et 790.

38. Voir Isaac de l'Étoile, «Sermon 17», SC 130, p. 310-328.

sermon, *affectio* renvoie uniquement à la faculté concupiscible, qui semble bien être aux yeux d'Isaac la puissance de désir par excellence[39]. On peut y voir également une affinité plus grande de l'affect avec l'appétit positif, qui selon Platon est la faculté la plus proche des réalités sensibles, qu'avec le mouvement de rejet de l'âme ou faculté irascible. En outre, il faut noter qu'en distribuant les trois facultés platoniciennes entre le *sensus* et l'*affectus*, le schéma ternaire est ramené de fait à une vision binaire, plus propice à une conception dialectique de la vie de l'esprit. Dans le «Sermon 17», l'intégration du schéma tripartite à la division *sensus/affectus* marque le glissement d'une anthropologie spéculative vers un enseignement spirituel retraçant les étapes de la conversion du pécheur. Ailleurs, Isaac rapporte ces trois facultés à la fin naturelle de l'esprit dans ses dimensions intellectuelle et morale[40].

Guillaume se situe dans une perspective comparable lorsqu'il fait des facultés platoniciennes le fondement des vertus théologales. Bernard lui-même exploite le même registre, d'une façon plus radicale encore puisque la tripartition platonicienne se prête à une illustration du combat permanent de l'âme, tiraillée entre la santé et la corruption :

> La corruption de l'âme est triple, celle du corps est quadruple, du fait que le corps se compose de quatre éléments, alors que l'âme est constituée d'une triple force : elle est en effet rationnelle, concupiscible et irascible. Pour ce qui est de la raison, dont la santé consiste dans la connaissance de la vérité, elle se corrompt sous l'effet de la superbe. Et sa corruption l'induit en erreur dans deux domaines : la connaissance de soi et la connaissance de Dieu. Quant à la faculté concupiscible, c'est la vaine gloire qui la corrompt, l'irascible, c'est l'envie[41].

Dans un autre texte, il développe davantage cette ambivalence des parties de l'âme. La partie raisonnante oscille entre la science qui est un état, un comblement de l'être (*habitus*) et l'ignorance qui est une absence, un néant (*privatio*). Quant aux parties concupiscible et irascible, elles possèdent elles aussi deux visages, celui du trouble et celui de la vertu. La balance de l'âme ne peut pencher du côté de la vertu que si elle reçoit l'appui de la grâce. Celle-ci emplit l'âme raisonnante de la lumière de la sagesse, l'âme concupiscible de la source de justice et l'âme irascible de la paix divine. C'est la condition pour que l'âme tout entière soit savante, juste et réjouie. Mais surtout, la santé de l'âme n'est possible que si ses trois membres sont sains. La perfection de chacune des parties crée alors un cercle vertueux, une boucle de béatitude[42].

---

39. Voir Isaac de l'Étoile, «Sermon 4», SC 130, 14, p. 138.

40. Voir Id., «Sermon 25», SC 207, 5-6, p. 118-119 et «Sermon 51», SC 339, 14, p. 208.

41. *Corruptio animae tripartita est, quadripartita corporis, et corpus quidem constat ex quattuor elementis, anima vero in triplici vi subsistit. Est enim rationalis, concupiscibilis, irascibilis. Rationem, cujus sanitas est cognitio veritatis, corrumpit superbia. Corrupta autem fallitur duobus modis : in cognitione sui, et cognitione Dei. Concupiscentiam corrumpit vana gloria, iram invidia.* Bernard de Clairvaux, *SD*, SBO, VI-I, 74 p. 312; II, p. 93. Traduction modifiée.

42. Voir Id., «*Sermo 4 : In festivitate omnium sanctorum*», SBO, V, 5, p. 359.

Pour le cistercien, l'harmonie ne résulte pas d'un juste équilibre à l'intérieur des parties de l'âme, ni même d'un quelconque principe de modération entre elles ; la perfection de chaque membre apparaît comme la condition *sine qua non* de la perfection totale. La béatitude est absolue, ou bien elle n'est pas du tout. L'horizon, c'est la plénitude de la possession divine, inaccessible en cette vie. Dès lors, l'homme campe sur la ligne de front ; son horizon immédiat, c'est le combat.

Enfin, et c'est une des conséquences logiques de l'origine philosophique de cette vision de l'âme, l'utilisation de ce schéma sous-tend une perception dualiste corps/esprit. Dans le « Sermon divers 74 », les trois forces de l'âme sont apposées aux quatre éléments du corps. Quant aux corruptions de l'âme et aux abominations du corps, elles sont traitées en parallèle dans ce sermon : « À l'âme sa propre corruption, au corps la sienne[43] ». Dans le sermon pour la Toussaint, l'analyse de l'âme raisonnante, concupiscible et irascible est suivie d'une considération sur les désordres du corps qui constituent l'homme extérieur, sans qu'il y ait d'interaction entre les deux purifications. De la même façon, lorsqu'Isaac considère les affects selon le schéma platonicien, il est évident qu'il les perçoit comme des acteurs de la partie supérieure de l'âme. Isaac insiste, à la suite de Bernard et Guillaume mais selon des modalités distinctes, sur le lien qui unit la faculté raisonnante et les facultés appétitives : les affects se déterminent relativement à l'activité des trois facultés intellectuelles. L'âme choisit ou rejette, aime ou hait, selon ce que le jugement a identifié au préalable comme désirable ou condamnable. Les affects demeurent donc, par nature, et pas uniquement d'un point de vue ascétique, sous le contrôle de la raison et ne peuvent se déterminer qu'en fonction de son activité. Cette lecture implique que le mouvement affectif ne peut exister en dehors de l'activité intellectuelle de l'âme. Les affects participent aussi, au regard de l'anthropologie, de la vie de la partie noble de l'âme.

On constate donc que la tripartition de l'âme rationnelle, irascible et concupiscible, rapportée à la doctrine des affects, favorise une tension bipolaire entre la vie intellectuelle et la vie appétitive, mais également entre le corps et l'âme. À ce titre d'ailleurs, le schéma platonicien, qui invite à une approche ascensionnelle de la vie spirituelle, encourage cette dynamique. Cette lecture est surtout vraie pour Bernard de Clairvaux. En revanche, il serait excessif de voir dans le passage d'un schéma ternaire à un schéma binaire, tel qu'il apparaît chez Isaac de l'Étoile, la marque seulement d'une vision conflictuelle de l'âme. L'idée n'est pas absente certes, mais il demeure que lorsque le cistercien aborde les affects dans ce cadre, dans la *Lettre sur l'âme* comme dans les *Sermons*, il les intègre clairement à la vie rationnelle, supposant même une orientation des élans affectifs en fonction des jugements de la raison, alors qu'en d'autres circonstances il n'est pas aussi affirmatif quant à l'ancrage

---

43. *Habet anima corruptionem suam, habet et corpus suam.* BERNARD DE CLAIRVAUX, *SD*, *SBO*, 74, VI-I, p. 312 ; II, p. 93.

rationnel des affects. Par ce procédé, la dynamique bipolaire de l'homme, raison et affect, est sans doute accentuée, mais dans une perspective résolument spirituelle.

LES PIEDS DE L'ÂME

En outre, c'est probablement à travers cette lecture de l'âme que la double dimension, réceptive et active, de l'instance sensible se manifeste le plus clairement. Comme appétit négatif ou positif, l'affect est bien une projection de l'âme hors d'elle-même. Ce désir mobilise l'âme tout entière, même si l'impulsion semble provenir d'un lieu spécifique, distinct de la stricte activité intellectuelle. Dans le même temps, l'élan de l'âme, puisqu'il est désir ou rejet, vise une certaine satisfaction, un contentement contenu dans l'appropriation de l'objet convoité (la fuite étant une forme négative du désir et non une immobilité indifférente). En ce sens, la réalisation de l'élan affectif génère nécessairement un plaisir. Mais la satisfaction n'est pas un repos succédant à un élan, elle est constitutive du mouvement.

Dans cette approche, l'affect comme sensibilité de l'âme doit être compris par analogie avec la sensation physique, processus dynamique de l'âme et non purement passif. Les cisterciens ont coutume de comparer la sensibilité spirituelle aux sens corporels, mais plus souvent encore ils associent le dynamisme de l'affect avec le mouvement corporel. Ils établissent cette comparaison de la manière la plus concrète qui soit : le mouvement de l'âme qui caractérise l'affect apparaît ainsi comme le strict pendant du mouvement du corps dans l'espace. Guillaume, dans *La Nature de l'âme et du corps*, ne laisse place à aucune ambiguïté. L'âme n'a pas de masse, elle n'est pas la proie des variations spatiales. Pour autant, comme elle n'est pas un moteur immobile, il lui faut un principe de mouvement. Ses membres, ce sont ses affects : «l'âme n'est pas mue localement mais par l'affect[44]». Bernard construit même une boucle analogique : les sens corporels sont relayés dans l'âme par les sens spirituels qui agissent, pour finir, comme les membres de l'âme[45]. Pour Aelred, ce sont les membres de l'homme intérieur[46]. Développant une image d'inspiration platonicienne, Bernard rend compte du dynamisme par l'évocation du char de l'âme dont les affects seraient les roues[47]. Mais les cisterciens utilisent surtout l'image des affects comme pieds de l'âme. Réminiscence de Plotin[48], cette comparaison corporelle est très ancienne. On la retrouve souvent chez Augustin. Parfois, elle est abordée par l'évêque d'Hippone d'une façon

---

44. *Non movetur per locum movetur tamen per affectus.* GUILLAUME DE SAINT-THIERRY, *DNCA*, 99, p. 186-187.
45. Voir BERNARD DE CLAIRVAUX, *SD*, *SBO*, VI-I, 10, 4, p. 123.
46. Voir AELRED DE RIEVAULX, *DSC*, II, 63, p. 95.
47. Voir BERNARD DE CLAIRVAUX, *SD*, *SBO*, VI-I, 72, p. 310.
48. *Ennéades*, 1, 6, 8.

négative, rappelant alors que le juste moteur de l'homme en chemin vers Dieu ne doit pas être son corps mais les affects de l'âme : «l'âme n'est pas mue par des pieds mais par des affects[49]», car les pieds sont du corps, les affects du cœur[50]. Mais l'analogie est tout aussi fréquemment construite de façon positive, de sorte que les affects sont «pour ainsi dire les pieds» de l'homme spirituel[51]. C'est l'occasion alors d'explorer tout le champ lexical de la pérégrination spirituelle : l'âme ne revient pas à Dieu en franchissant des espaces physiques[52], son cheminement est sensible : «nos pieds en effet dans ce voyage, ce sont nos affects[53]». C'est par les pieds des affects du cœur que le chrétien pourra un jour quitter Babylone et recouvrer sa liberté[54], non en marchant réellement (*migrando*) mais en aimant (*amando*)[55]. Que l'âme ne s'illusionne pas un instant sur les divers moyens de retourner à Dieu ; elle peut y parvenir «non par la marche des pieds, par le transport de voitures, par la vitesse des animaux, par le vol des ailes mais par la pureté des affects et la probité de mœurs saintes[56]». Dans l'homme intérieur, les «affects de la bonne volonté sont les pieds, l'échelle et les ailes[57]». Les cisterciens exploitent ces mêmes registres, en employant les deux termes *affectus* et *affectio*. Cependant seul *affectus* illustre négativement la comparaison entre les pieds du corps et les affects de l'âme. Ainsi pour Aelred, l'âme ne s'éloigne pas de Dieu «par un déplacement des pieds, mais par un affect de l'esprit[58]». L'âme se déplace alors selon un axe vertical : vers le bas lorsqu'elle est engluée dans la sensualité ou vers le haut, si elle est poussée par la charité, au moyen des ailes argentées de la colombe qui symbolisent le butin gagné par Israël[59]. La même opposition entre les pieds du corps et les affects de l'âme se rencontre chez Bernard[60]. Mais, en général, la comparaison est positive. Bernard l'utilise à de nombreuses reprises. Parfois, le sens symbolique de chacun des pieds est précisé. Pour Bernard, il s'agit de la pénitence du cœur (*paenitentia cordis*) et de la confession de la bouche (*oris confessione*)[61]. Isaac quant à lui peut

---

49. *Non movetur anima pedibus, sed affectibus.* AUGUSTIN, *IJET*, tract. 48, 3, p. 413.

50. Voir AUGUSTIN, *Enarrationes in Psalmos*, D.E. DEKKERS et J. FRAIPONT (éd.), Turnhout, Brepols, 1956 (*CCSL* 40), ps. 123, 1, p. 1825. Désormais abrégé en *EIP*.

51. *...quasi pedes sunt...* AUGUSTIN, *IJET*, tract. 56, 4, p. 468.

52. Voir ID., *Confessions*, tome I, I, XVIII, p. 24.

53. *Pedes enim nostri in hoc itinere, affectus nostri sunt.* AUGUSTIN, *EIP*, D.E. DEKKERS et J. FRAIPONT (éd.), Turnhout, Brepols, 1956 (*CCSL* 39), ps. 94, § 2, p. 1331.

54. Voir AUGUSTIN, *EIP*, *CCSL* 39, ps. 64, 2, p. 824.

55. Voir ID., *IJET*, tract. 32, 1, p. 300.

56. *Non gressu pedum, non subvectione vehiculorum, non celeritate animalium, non elevatione pennarum, sed puritate affectuum, et probitate sanctorum morum.* AUGUSTIN, *EIP*, *CCSL* 39, ps. 58, sermo 2, 1, p. 745.

57. *...intus autem et pedes, et scalae, et pennae affectus sunt bonae voluntatis.* AUGUSTIN, *EIP*, D.E. DEKKERS et J. FRAIPONT (éd.), Turnhout, Brepols, 1956 (*CCSL* 38), ps. 38, 2, p. 402.

58. *...non pedum passu, sed mentis affectu...* AELRED DE RIEVAULX, *DSC*, I, 24, p. 22 ; *MC*, p. 52.

59. Voir Psaume 67, 14 et AELRED DE RIEVAULX, *DSC*, I, 25, p. 22. Voir aussi *DSC*, I, 23, p. 21.

60. Voir BERNARD DE CLAIRVAUX, «*Sermo 1 : In festiuitate omnium sanctorum*», *SBO*, V, p. 331 et *SCC*, *SBO*, I, 83, p. 299.

61. Voir ID., *Sententiae*, *SBO*, VI-II, sent. 33, p. 86.

exprimer par cette analogie l'activité des deux grandes puissances motrices de l'âme, le *sensus* et l'*affectus* : « il faut d'ailleurs effectuer la migration au moyen pour ainsi dire des deux pieds, l'intelligence et l'affect[62] », à moins qu'il n'en appelle à une collaboration entre les yeux de la raison et les pieds des affects[63].

Dans le même esprit, poursuivant leur entreprise d'identification de l'instance sensible de l'âme dans un parallèle étroit avec la vie du corps, les cisterciens localisent cette faculté sensible dans le cœur.

LE CŒUR, SIÈGE DES AFFECTS

Dans le vocabulaire touchant à la vie de l'âme, le mot cœur (*cor*) est l'un des mots les plus employés par les moines du XIIe siècle. C'est aussi l'un des plus complexes à définir. Il est « ce fond mystérieux de l'être à la racine de nos intuitions et de nos suprêmes vouloirs[64] ». Durant le premier millénaire, le sens du mot *cor* reste largement indéterminé dans la patristique occidentale. Les traditions biblique et néoplatonicienne ont primé pendant longtemps l'esprit scolastique de la division. Or, la Bible n'offre pas sur ce sujet des points de repère très précis, et ne connaît pas de termes fixes pour distinguer les différentes facultés de l'âme. En revanche, il n'est pas rare que celles-ci soient attribuées, de façon symbolique, à des organes corporels[65]. De surcroît, les désirs et les appétits, les manifestations les plus primitives de la vie émotionnelle ont souvent pour origine l'*anima* alors que le *cor* accueille les activités rationnelles. Il abrite en fait tout le champ d'activités de la vie spirituelle : les sentiments, la mémoire, l'imagination mais aussi l'intellect et la volonté. En d'autres termes, le cœur est le véritable centre de la conscience, psychologique et morale. Les spirituels grecs conservent cette double signification de *corda*, siège de la sagesse et de la connaissance. Ils sont confortés en cela par les stoïciens pour qui le cœur est à la fois l'origine du souffle vital, du feu naturel qui anime l'être, mais aussi de la rationalité. Pour les moines d'Orient, le cœur évoque l'homme intérieur qui possède ses propres membres, comme l'homme extérieur, c'est-à-dire le corps, possède les siens. Comme siège de la vie spirituelle, il peut contenir l'âme raisonnante, le *nous*[66]. La patristique occidentale entretient à son tour la polysémie sémitique du mot. Un sillon cependant se fait plus profond, plus visité par la plume des moines, sous l'influence directe de l'anthropologie paulinienne : le cœur est l'écrin de la vie

---

62. *Migrandum vero quasi pedibus duobus, sensu et affectu.* ISAAC DE L'ÉTOILE, « Sermon 10 », SC 130, 1, p. 220-221. Traduction modifiée.

63. Voir ISAAC DE L'ÉTOILE, « Sermon 4 », SC 130, 2, p. 130.

64. M.-D. CHENU, « Les catégories affectives dans la langue de l'école », dans *Le Cœur*, Paris, Desclée de Brouwer, 1950 (Études Carmélitaines, vol. 29), p. 123.

65. Voir A. LEFÈVRE, « *Cor* et *cordis affectus* », 1, *Dictionnaire de spiritualité*, I, col. 2279.

66. Voir A. GUILLAUMONT, « *Cor* et *cordis affectus* », 2, art. cité, col. 2281-2287.

intime de l'individu, le labyrinthe obscur de la conscience. Certes, il peut toujours rendre compte de l'ensemble des activités psychiques, *cor* est alors employé dans un sens équivalent à celui d'*anima, animus* ou encore *mens*. Mais il possède maintenant une niche sémantique propre, celle de la vie spirituelle dans sa dimension introspective et sensible. Le cœur devient le for intérieur par excellence, le lieu ultime où se réfugie l'individu dans ce qu'il a de plus secret et authentique. À ce titre, c'est l'abri privilégié pour s'entretenir avec Dieu, la cellule où est accroché le miroir de vérité, qui reflète sans artifice la dignité et la misère de l'homme. Pour Augustin, c'est le théâtre d'ombres où des fantômes invisibles[67] jouent le drame des sentiments secrets[68]. Représentation à huis clos, où le cœur polymorphe est tour à tour scène, partition, comédiens et spectateurs, ses propres yeux contemplant et jugeant un ballet dont il tire lui-même les ficelles, à moins qu'il ne s'aveugle volontairement[69]. Au fond de cet antre se croisent les regards de l'homme vrai et de son créateur.

Pour les cisterciens, le cœur demeure ce centre de gravité de la vie spirituelle. Guillaume et Isaac font partir du cœur le souffle vital, à l'origine de toutes les activités de la vie sensible et rationnelle. Placé entre le foie et le cerveau, il assume comme chez Platon l'équilibre de l'être. Si le mot *cor* est de loin le plus fréquent, on rencontre en outre les termes de *viscera*[70], les entrailles, *pectus*[71], la poitrine, ou *medullae*[72], la mœlle, qui, empruntés eux aussi au vocabulaire de la vie organique, désignent la même réalité : la vie intérieure dans ses aspects multiformes. Le cœur des cisterciens apparaît en effet comme le siège de l'intelligence[73], mais aussi de la volonté[74] ou des sentiments[75]. Heureux celui qui peut se considérer comme un membre du Christ, mais plus encore celui qui gagne le privilège d'être son cœur[76]. Le cœur est le réceptacle de l'identité profonde de l'être. Pour Aelred, il est le palais de l'âme[77], l'autel sur lequel brûle le feu de la charité[78]. C'est le vase d'albâtre

---

67. Voir Augustin, *Epistulae*, *CSEL* 44, 151, p. 390.

68. Voir Id., *Quaestiones Evangeliorum*, A. Mutzenbecher (éd.), Turnhout, Brepols, 1980 (*CCSL* 44B), livre 2, quaestio 4, p. 45.

69. Voir Id., *IJET*, tract. 2, 16, p. 19.

70. Voir Bernard de Clairvaux, *SCC, SBO*, I, 63, p. 165.

71. Synonyme souvent employé par Aelred, *DSA*, III, 129, p. 348.

72. Voir Aelred de Rievaulx, *Quand Jésus eut douze ans*, texte établi par A. Hoste et traduit par J. Dubois, Paris, Cerf, 1987 (Sources Chrétiennes, n° 60), I, 1, p. 249. Désormais abrégé en *QJEDA*.

73. Voir Bernard de Clairvaux, « *Sermo 6 : In ascensione Domini*», *SBO*, V, p. 153.

74. Guillaume de Saint-Thierry, *Lettre aux frères du Mont-Dieu (Lettre d'or)*, texte édité et traduit par J. Déchanet, Paris, Cerf, 1985 (Sources Chrétiennes, n° 223), 65, p. 194. Désormais abrégé en *LO*.

75. Pour Bernard, les membres du cœur sont l'*intellectus* et l'*affectus*, «*Sermo 6 : In ascensione Domini*», *SBO*, V, p. 153. Voir P. Delfgaauw, *Saint Bernard*, op. cit., p. 77, note 6.

76. Voir Gilbert de Hoyland, *SCC*, *PL* 184, 21, 6, col. 113 B-C.

77. Voir Aelred de Rievaulx, *DSC*, III, 59, p. 133.

78. *Ibid.*, *DSC*, II, 63, p. 95.

de la vierge, dont la pureté et la transparence garantissent l'intégrité spirituelle. Il ne peut être brisé que pour épancher les parfums de la dévotion, comme Marie, la sœur de Marthe, le fit sur la tête du Christ[79]. Bernard quant à lui l'enfouit au plus profond de l'être, il est cet abîme où s'érige le sanctuaire secret du dévot[80]. Mais il faut comprendre que si le cœur a pour vocation de s'épancher, de se dilater jusqu'à l'éclatement[81], c'est sous sa propre impulsion. Le cœur possède des lèvres pour lécher, sur ses propres parois, le miel de la délectation divine[82].

Les moines blancs participent en ce sens du lent mouvement de spéciali-sation fonctionnelle du cœur. La polyvalence de l'organe vital ne disparaît pas, loin s'en faut, mais son contenu proprement intellectuel tend à s'estomper, sans que cela induise pour autant une quelconque passivité de l'âme. Le cœur n'est pas encore le lieu d'exercice exclusif des appétits, comme c'est le cas dans la langue de l'école, néanmoins il semble de plus en plus prédisposé à abriter les mouvements de la vie sensible, dans le cadre d'une spiritualité qui tisse des liens étroits entre sensibilité et connaissance. Pas d'anti-intellec-tualisme du cœur donc, mais une disposition de plus en plus marquée à incarner la foi dans sa dimension mystique et fusionnelle[83]. C'est dans ce contexte culturel, où les facultés de l'âme sont en voie d'élaboration, qu'il faut envisager le succès, chez les spirituels cisterciens, de l'expression affect du cœur (*affectus cordis*). Celui-ci tient d'ailleurs moins à la promotion d'une voie sensible exclusive de l'activité intellectuelle qu'à la légitimité que lui confère son origine scripturaire.

Depuis le IVe siècle, *affectus cordis* désigne les élans sensibles de l'âme, dans une acception proche d'affect de l'âme (*affectus animi*) ou d'affect de l'esprit (*affectus mentis*). On rencontre l'expression chez de nombreux auteurs. Cassien l'emploie à plusieurs reprises dans ses *Conférences*, dans un sens péjoratif ou mélioratif. Les mauvais affects du cœur correspondent par exemple aux attachements mesquins des moines vis-à-vis des biens matériels[84]. Mais l'affect du cœur qualifie le plus souvent la réponse person-nelle du chrétien à l'amour de Dieu[85]. De son côté, Augustin parle à 11 reprises de l'*affectus cordis* et, ce qui est plus rare, à 6 reprises de l'*affectio cordis* dans un sens analogue. Il ne laisse d'ailleurs aucun doute sur l'aspect

---

79. Voir AELRED DE RIEVAULX, *La Vie de recluse*, texte édité et traduit par Ch. Dumont, Paris, Cerf, 1961 (Sources Chrétiennes, n° 76), 31, p. 128-129. Désormais abrégé en *VR*.

80. Voir BERNARD DE CLAIRVAUX, « *Sermo de conversione ad clericos (textus longior)* », *SBO*, IV, p. 91.

81. Le thème de la dilatation du cœur, pour traduire l'élan mystique, est extrêmement fréquent dans la littérature cistercienne, voir par exemple GUILLAUME DE SAINT-THIERRY, *LO*, 1, p. 130.

82. Voir GILBERT DE HOYLAND, *SCC*, *PL* 184, 34, 3, col. 179 B. Sur le cœur comme organe contrô-lant les sens spirituels, voir L. BRÉSARD, « Aelred de Rievaulx et Origène », dans *Recherches et tradition, mélanges patristiques offerts à Henri Crouzel*, vol. XVI, Paris, Beauchesne, 1992, p. 28-29.

83. Voir M.-D. CHENU, « Les catégories affectives dans la langue de l'école », art. cité, p. 128.

84. Voir JEAN CASSIEN, *Conférences*, SC 42, I, 6, p. 83-84.

85. *Ibid.*, SC 54, X, 7, p. 81.

dynamique de cet élan du cœur, en le rattachant à la thématique des pieds de l'âme : «se déplace par le corps celui qui change de lieu par un mouvement corporel, se déplace par le cœur celui qui change d'affect par un mouvement du cœur[86]».

Chez les cisterciens, c'est Bernard de Clairvaux qui fait l'usage le plus fréquent des expressions *affectus cordis*, citée 22 fois, et *affectio cordis*, citée 4 fois. Les autres font un emploi plus modeste de l'expression, mais sans l'ignorer. Si, comme le remarque J. Chatillon[87], Aelred préfère parler d'*affectus animi* ou *mentis* (il n'utilise pas l'expression *affectus cordis* et ne parle qu'une seule fois de l'*affectio cordis*), il n'est pas vrai que Guillaume n'y fasse aucune référence, puisque l'expression apparaît dans son *Commentaire sur l'épître aux Romains*[88], puis à nouveau dans les *Oraisons méditatives* ainsi que dans le *Miroir de la foi*[89]. En outre, *affectus* ou *affectio*, qui correspondent également à la puissance sensible, peuvent être employés comme des synonymes explicites de *cor* : «l'humilité est double : autre est l'humilité de la connaissance, autre celle de l'affect, appelé ici cœur[90]». Par ailleurs, le caractère profond et sensible de l'élan du cœur est confirmé par l'emploi fréquent de l'adjectif *intimus* associé à *affectus* ou *affectio cordis*[91]. Les trois formes *intimus*, *cor* et *affectio-affectus* sont alors pour ainsi dire redondantes, et mettent en relief la même réalité, le for intérieur de l'homme capable d'activer gratuitement l'amour déposé originellement en lui par Dieu[92]. L'être vrai de l'homme, c'est de vivre pour l'amour de Dieu, lui qui n'existe que par ce même amour. L'instance sensible ou affect se confond alors avec l'identité métaphysique de l'homme, la *ratio ultima* de son existence[93]. C'est pourquoi les différents affects du cœur ou de l'âme sont présentés comme des manifestations naturelles de la sensibilité de l'esprit, dans une acception autre mais complémentaire de l'affect entendu comme appétit. Ces manifestations sont

---

86. ...*migrat corpore qui motu corporis mutat locum; migrat corde qui motu cordis mutat affectum.* AUGUSTIN, *IJET*, tract. 32, 1, p. 300. Sur la mobilité affective du cœur, voir aussi *Confessions*, tome I, IV, XIV, p. 82-83.

87. Voir J. CHÂTILLON, «*Cor* et *cordis affectus*», art. cité, col. 2294.

88. Voir GUILLAUME DE SAINT-THIERRY, *Expositio super epistulam ad Romanos*, P. VERDEYEN (éd.), Turnhout, Brepols, 1989 (*CCCM* 86), livre 2, II, p. 34. Désormais abrégé en *ESEAR*. En complément d'analyse, voir Y.-M. BAUDELET, *L'Expérience spirituelle selon Guillaume de Saint-Thierry*, *op. cit.*, p. 237.

89. Voir GUILLAUME DE SAINT-THIERRY, *Oraisons méditatives*, texte édité et traduit par J. HOURLIER, Paris, Cerf, 1985 (Sources Chrétiennes, n° 324), XI, 18, p. 178 (désormais abrégé en *OM*) et *SF*, 32, p. 52.

90. ...*humilitas duplex est : altera cognitionis, altera affectionis, quae hic dicitur cordis.* BERNARD DE CLAIRVAUX, «*Sermo 4 : in aduentu Domini*», *SBO*, IV, 4, p. 184.

91. Voir GUILLAUME DE SAINT-THIERRY, *ESEAR*, livre 2, II, p. 34. Voir aussi BERNARD DE CLAIRVAUX, *Liber de gradibus humilitatis et superbiae*, *SBO*, III, p. 49 ; «*Sermo in dominica quarta post pentecosten*», *SBO*, V, p. 205 ; «*Sermo 3 : In adventu Domini*», *SBO*, IV, p. 178.

92. S'agissant des formes *intimus affectus* ou *intima affectio*, voir, par exemple, AELRED DE RIEVAULX, *QJEDA*, I, 5, p. 58 ; *DSC*, III, 109, p. 159 ; BERNARD DE CLAIRVAUX, *SCC*, SC 452, 44, 4, p. 244 ; *SCC*, SC 452, 45, 8, p. 270 ; GILBERT DE HOYLAND, *SCC*, *PL* 184, 1, col. 17 ; *SCC*, *PL* 184, 10, col. 55.

93. Voir ISAAC DE L'ÉTOILE, «Sermon 34», SC 207, 31, p. 254-255.

naturelles au sens où elles sont constitutives de la nature spirituelle de l'homme, être libre qui possède par la grâce de Dieu une capacité à participer à sa béatitude. À la fois puissance appétitive et désir spirituel, l'affect anime le jeu permanent entre le monde et le ciel, entre l'homme extérieur et l'homme intérieur. Janus à deux visages, l'affect regarde vers deux horizons, simultanément.

LES LISTES D'AFFECTS

Il serait fastidieux de dresser un catalogue de tous les mouvements particuliers qui participent de la sensibilité de l'âme dans la psychologie cistercienne. Les moines blancs attribuent aux deux puissances appétitives de l'âme des affects fondamentaux dont ils dressent des listes. Celles-ci méritent une attention toute spéciale. D'abord, parce que c'est à partir de la combinaison de ces affects simples que se déclinent les variations de la vie sensible. Ensuite, parce que, dans cette entreprise, les cisterciens continuent de se référer aux modèles antiques, platonicien et stoïcien, comme ils l'ont fait dans leur définition des différentes parties de l'âme que nous venons de mettre au jour.

Le déploiement de ces listes d'affects s'effectue en plusieurs étapes. Nous avons observé qu'Isaac de l'Étoile regroupait sous les mots *affectus* ou *affectio* les facultés concupiscible et irascible, l'affect s'érigeant dès lors en instance sensible unique, localisée dans le cœur voire s'identifiant à lui. Dans ce schéma, le concupiscible et l'irascible apparaissent comme des puissances capables d'activer deux affects primordiaux : «L'*affectus* aussi, ou *affectio*, est double. Car, relativement à tout ce que lui offrent les trois facultés, le cœur éprouve deux élans : l'amour ou la haine[94]». On observe en premier lieu une certaine rupture épistémologique entre l'instance sensible et les facultés appétitives. Le rôle de ces dernières semble en effet se borner à celui de relais entre l'affect-cœur et ses deux élans primordiaux. La subordination se manifeste également dans le fait que les trois facultés de l'âme, y compris donc la faculté raisonnante, sont en mesure de provoquer l'amour ou la haine. Par là même, Isaac affirme de nouveau la dimension rationnelle des affects qui, partant du cœur, peuvent être initiés originellement dans le cerveau qui abrite la faculté raisonnante. Malgré tout, force est de constater que la juxtaposition d'une lecture purement descriptive (le concupiscible et l'irascible comme compartiments du cœur-affect) et d'une lecture dynamique (l'amour et la haine comme activations des facultés appétitives) ne favorise pas une vision claire du processus sensible. D'autant que si le concupiscible et l'irascible génèrent spontanément des mouvements sensibles, la faculté raisonnante ne

---

94. *Affectus quoque, sive affectio, duplex intelligetur. Duobus enim modis cor afficitur ad omnia, quae ei ab illis tribus offeruntur, scilicet amore, vel odio.* Isaac de l'Étoile, «Sermon 17», SC 130, 12, p. 318-319.

peut le faire que d'une façon indirecte ; elle n'est, dans cette dynamique, qu'une antichambre du cœur. Évoquer ici une fois de plus la simplicité substantielle de l'âme pour toute explication ne serait qu'une échappatoire peu convaincante.

Isaac est le seul cistercien à envisager de manière si explicite une structure duale de l'affect, conséquence du rattachement direct à la bipartition plato-nicienne de l'âme sensible. Sinon, employé seul, le concept d'affect comme élan sensible ne désigne jamais la haine, mais l'appétit positif, désir ou amour. Il n'est pas rare d'ailleurs que les deux substantifs *affectus* et *odium*, la haine, soient mis en présence dans le but d'accentuer leur antinomie. C'est le cas par exemple lorsque l'adage paulinien, «personne n'a jamais haï sa propre chair» (Ephé. 5, 29), est assimilé à un affect inné. Ainsi, pour Aelred, l'affect naturel, autrement dit l'attachement à soi et aux membres de sa famille, apparaît par nature comme une non-haine. Seuls le Christ et quelques hommes excep-tionnels sont parvenus à dépasser cet amour quasi biologique[95].

En revanche, il est vrai qu'existe souvent un accord tacite pour reconnaître dans l'affect une double tension. Ainsi, lorsque l'affect apparaît être simultané-ment haine et amour, selon l'objet de référence, ou le point de vue selon lequel on se place. Cette ambivalence de l'affect traduit alors l'impossibilité de mêler l'amour des biens terrestres et l'amour de Dieu : l'attachement au monde constitue le premier pas dans l'éloignement de Dieu, de même que le mépris du péché se révèle déjà comme une forme d'amour de Dieu[96]. Le Christ lui-même a édicté ce principe, d'une façon radicale, en posant comme préalable au salut le dépassement de l'affect le plus ancré dans la nature humaine, l'amour de ses géniteurs. Ces deux affects ne se succèdent pas mais s'expriment de concert, dans le même élan. L'amour-propre est une haine de soi, c'est-à-dire une négation de l'image divine dont les hommes sont universellement déposi-taires[97]. Dans son expression la plus élémentaire, l'affect est traversé par cette double impulsion : «Dans la dilection, un affect simple est requis : il ne suffit pas seulement de rejeter le mal et de faire le bien, il faut haïr le mal et aimer le bien[98]». Si l'amour et la haine sont les manifestations premières de l'instance sensible, les cisterciens élaborent des tables plus complexes, en se fondant sur la division quadripartite d'origine stoïcienne. Bernard de Clairvaux et Isaac de l'Étoile sont les auteurs les plus intéressés par ces classifications.

Les quatre *affectiones* antiques sont très connues (*notissimae*)[99], au point que les moines ne jugent pas toujours utile de les citer[100]. Malgré tout, les

---

95. Voir Aelred de Rievaulx, *DSC*, III, 100, p. 154.

96. Voir Guillaume de Saint-Thierry, *ESEAR*, livre 3, VI, p. 84.

97. Voir Aelred de Rievaulx, *DSC*, III, 61, p. 134.

98. *In dilectione simplex requiritur affectus ; nec sufficit divertere a malo et facere bonum, nisi et odium mali et amor boni.* Guillaume de Saint-Thierry, *ESEAR*, livre 7, XII, p. 170.

99. Bernard de Clairvaux, *SD*, *SBO*, VI-I, 50, 2, p. 271. Voir aussi Isaac de l'Étoile, «Sermon 17», SC 130, 11, p. 318.

100. Voir Bernard de Clairvaux, *DDD*, VIII, 23, p. 116.

différentes listes proposées varient dans leur vocabulaire ainsi que dans la logique de leur répartition. Isaac distribue les quatre affects entre les facultés concupiscible et irascible. Plus exactement, il opère une nouvelle subdivision à partir de la scission primitive de l'instance sensible entre amour et haine. Ainsi selon ce que nous aimons par la faculté concupiscible, nous éprouvons joie (*gaudium*) ou espoir (*spes*), et selon ce que nous haïssons par la faculté irascible, douleur (*dolor*) ou crainte (*metus*)[101]. Le vocabulaire est ici emprunté à la *Consolation de la Philosophie* de Boèce dont Isaac cite une strophe dans le «Sermon 17» :

> Repousse la joie,/Repousse la crainte,/Fuis l'espérance/Et évite la douleur. L'esprit est troublé,/Il est retenu et freiné/Partout où elles dominent[102].

De surcroît, établissant un parallèle avec le modèle temporel qui structure le fonctionnement de la faculté raisonnante (*ingenium, ratio, memoria*), il répartit ces quatre affects selon la même logique :

> Ainsi, compte tenu du présent, du passé et du futur, l'amour donne naissance à la joie et à l'espérance ; la haine, à la crainte et à la douleur. Mais l'amour même et la haine ont leur source dans le concupiscible et l'irascible ; ainsi, comme la tête a trois compartiments, on trouve dans le cœur deux compartiments : et l'âme elle-même, dont la perfection naturelle s'achève dans la pensée et l'affect est, dans sa totalité, concupiscible, rationnel, irascible[103].

Ici cependant, la symbolique ternaire, qu'Isaac cultive de manière récurrente pour mettre en avant la perfection et l'harmonie internes de l'âme, bute sur le déséquilibre numérique entre les subdivisions temporelles et celles de l'instance sensible. D'ailleurs, dans la *Lettre sur l'âme*, il s'en tient à une lecture binaire, qui peut servir de base :

> Donc, on sait que l'affect se divise en quatre : selon ce que nous aimons, soit nous nous réjouissons dans le présent, soit nous espérons dans le futur ; selon ce que nous haïssons, soit nous souffrons dans l'instant, soit nous craignons de souffrir. De cette façon, la joie et l'espoir

---

101. Voir ISAAC DE L'ÉTOILE, *EDA*, col. 1878 D.

102. *Gaudia pelle,/Pelle timorem,/Spemque fugato/Nec dolor adsit./Nubila mens est,/Vinctaque frenis/Haec ubi regnant* (BOÈCE, *Cons. Phil.* I, 1). ISAAC DE L'ÉTOILE, «Sermon 17», SC 130, 12, p. 318-319.

103. *Itaque secundum praesens, praeteritum, et futurum, de amore gaudium et spes, de odio timor et dolor oriuntur. Porro ipsa amor ac odium de concupiscibilitate et irascibilitate fluunt, quatenus sicut caput tricameratum, ita cor bicameratum inveniatur. Ipsaque tota anima in sensu et affectu naturali perfectione consummata, concupiscibilis, rationalis, irascibilis existat.* ISAAC DE L'ÉTOILE, «Sermon 17», SC 130, 13, p. 318-321.

104. *Affectus vero quadripertitus esse dignoscitur, dum de eo quod diligimus, aut inpraesentiarum gaudemus, aut futurum speramus, aut de eo quod odimus, jam dolemus, aut dolendum timemus, ac per hoc de concupiscibilitate gaudium et spes, de irascibilitate vero dolor et metus oriuntur.* ISAAC DE L'ÉTOILE, *EDA*, col. 1878 D.

partent de la faculté concupiscible, la douleur et la crainte de la faculté irascible [104].

Jusque-là, le schéma est cohérent. Mais, qu'en est-il dès lors des affects correspondant à l'amour ou à la haine dans le passé? Cette difficulté incite tout d'abord à ne pas surestimer l'importance des listes d'affects qui n'ont jamais de valeur définitive. Les moines blancs les remodèlent aisément en fonction des objectifs, moraux ou spéculatifs, de leur enseignement. Ainsi, dans sa *Lettre sur l'âme*, Isaac propose une autre liste, plus détaillée, des mouvements des facultés concupiscible et irascible. Il identifie cette fois quatre affects pour la faculté concupiscible : l'inclination, l'excitation, la délectation et la dilection (*propensio, titillatio, delectatio, dilectio*), et autant pour la faculté irascible : la jalousie, la colère, l'indignation et la haine (*zelus, ira, indignatio, odium*) [105]. Cette nouvelle distribution semble se fonder sur une approche plus littérale du concupiscible et de l'irascible. Cela transparaît dans la présence de l'*ira* parmi les affects de la faculté irascible mais aussi dans celle du *zelus* qui, s'il ne désigne pas nécessairement la jalousie, renvoie assurément à l'idée d'une ardeur excessive, une forme colérique du désir. En outre, on ne peut voir dans cette liste une tentative pour affiner la présentation quadripartite de l'affect, puisque la haine y est placée sur un même plan que les autres affects, elle n'est plus la source unique de tous les mouvements de la faculté irascible. D'ailleurs, si on établit un parallèle terme à terme entre les deux dernières énumérations – ce qui semble justifié par le fait que dans les deux cas l'intensité du mouvement sensible va grandissant – on doit reconnaître une antinomie entre la dilection (*dilectio*) et la haine (*odium*), et par la même considérer que *dilectio* est synonyme d'*amor*. Cette fluidité terminologique concernant les listes d'affects est également très perceptible dans le «Sermon 17». Isaac se fonde sur la parabole des ouvriers envoyés au fil des heures à la vigne, dans l'Évangile de Matthieu, 20, 1-16, et sur le récit des jours de la création, dans la Genèse, I, 1-31, pour évoquer les différentes étapes de la conversion du pécheur. La structure de ce sermon est complexe, d'autant que, dans le sermon précédent, Isaac s'est efforcé de légitimer la possibilité de donner plusieurs interprétations d'un même texte scripturaire. Retenons qu'à un moment, chacun des six jours de la création est rapporté à une disposition particulière de l'âme. Trois affects, clairement identifiés dans ce même sermon, correspondent aux trois premiers jours : «Il y a en effet le jour de la crainte, le jour de l'amour, le jour de la joie... [106]». On remarque qu'*amor* est placé sur un même niveau que *timor*, la crainte, et *gaudium*, la joie : comme pour l'*odium* précédemment, l'*amor* semble perdre ici son antériorité logique par rapport aux autres affects. Par ailleurs, les trois jours suivants

---

105. Voir Isaac de l'Étoile, *EDA*, col. 1879 B.

106. *Est enim dies timoris, dies amoris, dies gaudii...* Isaac de l'Étoile, «Sermon 17», SC 130, 7, p. 314-315.

ne déroulent pas, comme on pourrait s'y attendre, la liste des affects mais se placent sur un autre plan, ascétique et mystique : «[Il y a aussi] le jour du travail, le jour du repos, le jour de l'exultation[107]». La suite du texte confirme cette liberté par rapport aux schémas établis puisque sont attribués pêle-mêle à la faculté irascible non seulement la douleur, la componction (*compunctio seu dolor*) mais encore l'amertume (*amaritudo*), la crainte (*timore*), la pénitence du cœur (*poenitentia cordis*), l'ennui, la peur, la tristesse, le souci, le trouble, la fatigue (*taedentem, paventem, tristem, sollicitam, turbatam, laborantem*), la contrainte ou l'acédie (*angaria, acedia*). Par ailleurs sont identifiés comme mouvement de la faculté concupiscible, qualifiée d'*affectio bona*, l'amour (*amoris*), la joie (*laetitia, jucundari*), la douceur, la délectation, la suavité (*dulcedinis, delectationis ac suavitatis*), la ferveur et la réjouissance (*fervoris et hilaritatis*), mais aussi la dilatation du cœur et l'exaltation intérieure (*dilatatio cordis, et interna quaedam exultatio*) ou la parfaite charité (*perfectae caritatis*)[108].

Dans ce foisonnement, qui offre un bref aperçu de la richesse du lexique émotionnel, et sensible en général, des cisterciens, la division quadripartite de l'affect apparaît moins comme une classification définitive que comme un outil précieux, éprouvé par la tradition patristique. Elle a valeur de repère. À l'inverse, malgré son manque de clarté, le schéma temporel conserve une réelle fonction structurante. Dans ce cas, les affects de référence semblent bien être la douleur et la joie. D'après ce que dit Isaac dans la *Lettre sur l'âme*, la crainte s'affiche comme une douleur par anticipation. Pour le passé, on parlera de douleur rétroactive, celle qui accompagne la remémoration des péchés, c'est l'amertume (*amaritudo*)[109]. Il en va de même pour la joie qu'Isaac identifie à la fin de ce sermon à la délectation. Pour le futur, l'espoir apparaît comme une projection de la délectation ou joie. La délectation peut aussi agir de façon rétrospective. Ainsi, quand vient le temps du repos au soir du labeur de la conversion, tout devient délectation; les souffrances passées, parce qu'elles furent salutaires, se transforment en un motif de réjouissance[110].

Pour évoquer les quatre affects de la tradition, Isaac privilégie, dans la *Lettre sur l'âme* et dans le «Sermon 17», le terme *affectus*. Ce qui ne l'empêche pas de parler de l'*affectio bona* à propos de la *dilectio* employée dans un sens connexe d'*amor*. Bernard de Clairvaux, en revanche, quand il cite la division quadripartite de l'affect, n'emploie que le mot *affectio*. Nous avons ainsi recensé dix textes différents (pour neuf listes distinctes) où l'*affectio* est divisée

---

107. ...*dies laboris, dies quietis, dies exsultationis.* ISAAC DE L'ÉTOILE, «Sermon 17», SC 130, 7, p. 314-315.

108. *Ibid.*, 14-26, p. 320-328.

109. *Ibid.*, 14, p. 320-321.

110. *Ibid.*, 20, p. 324-325.

111. Pour une analyse de cette liste chez Bernard, voir P. DELFGAAUW, *Saint Bernard, op. cit.*, ch. 1 : «Amour - *Affectio naturalis*», p. 75-88, en particulier p. 75-76. Voici les différentes listes relevées qui complètent le recensement de P. Delfgaauw (il n'a pas recensé les quatre dernières

en quatre membres. À remarquer que si Isaac demeure fidèle au vocabulaire de Boèce, Bernard quant à lui varie beaucoup dans sa terminologie [111]. En outre, avant que ne le fasse Isaac de l'Étoile, Bernard répartit dans le «Sermon 4 : en la fête de tous les saints» ces affects deux à deux entre les facultés concupiscible et irascible. Ainsi, la partie irascible peut tendre tout aussi bien vers la colère (*ira*), connotée négativement, que vers la joie (*laetitia*). La partie concupiscible varie quant à elle entre le désir (*desiderium*), perçu de façon positive, et le mépris (*contemptus*) [112]. Soulignons que le point de vue de Bernard se distingue ici de celui d'Isaac. Ce dernier, lorsqu'il distribue les affects entre les facultés appétitives, se détermine en fonction de la nature des mouvements (désir positif ou négatif), plus que selon leur contenu moral. D'ailleurs quand Isaac doit se prononcer sur la valeur intrinsèque des parties concupiscible et irascible, comme c'est le cas dans le «Sermon 17», il incline vers une dépréciation de la faculté irascible (douleur et crainte) par rapport aux «bons affects» de la faculté concupiscible (joie et espérance). Bernard apparaît en ce sens plus cohérent en ce qu'il préserve à tous les niveaux l'ambivalence de la puissance affective. Dans le «Sermon divers 50», l'abbé de Clairvaux opère un autre regroupement des quatre affects en deux catégories, non pas selon la valeur morale du mouvement mais selon son orientation interne (*in nobis*) ou externe (*ad alia*) :

> Deux affects, la joie et la tristesse, ne se projettent pas vers des objets extérieurs : c'est en effet en nous que nous nous réjouissons, en nous-mêmes que nous ressentons la tristesse. L'amour et la crainte, eux, se projettent vers l'extérieur. La crainte, en effet, est un affect naturel qui nous unit à ce qui nous est supérieur, par ce qu'il y a d'inférieur en nous ; et elle n'a de raison d'être qu'à l'égard de Dieu et de lui seul. L'amour, lui, est un affect qui nous unit à ce qui nous est supérieur, inférieur ou égal ; il a tout son sens à l'égard de Dieu et à l'égard du prochain [113].

De fait, ces deux derniers schémas bipartites ne s'opposent pas puisque le désir et le mépris apparaissent bien comme des mouvements *ad alia* (avec une équivalence entre *amor* et *desiderium*) ; par ailleurs, la présence de la joie

---

combinaisons mentionnées ici) : *amor, laetitia, timor, tristitia* (*SD*, 50, 2) ; *cupiditas, timor, tristitia, laetitia* (*Ps. XC*, XIV, 9) ; *ira, metus, cupiditas, gaudium* (*SCC*, 85, 5) ; *timendo, amando, dolendo, gaudendo* (*De Consideratione*, livre V, ch. XII, 9) ; *quid diligas, quid metas, unde gaudeas et contristeris* (*Quadr.*, II, 3) ; *desiderium, contemptus, laetitia, ira* («*Sermo 4 : In festivitate omnium sanctorum*», 5) ; *tristitia, gaudium, metus, spes* (*Sententiae*, 86) ; *gaudium, amor, tristitia, timor* (*Sententiae*, 114) et *timor, spes, ira, gaudium* (*Sententiae*, 120).

112. Le PSEUDO-ALCHER reprend à Bernard cette distribution, comme une grande part d'ailleurs de ce sermon qu'il cite presque mot pour mot dans le chapitre 65 de son traité, *DSAn*, col. 829-830.

113. *Duae affectiones, laetitia et tristitia, non se extendunt ad alia ; in nobis enim laetamur et in nobis tristamur. Amor et timor ad alia se extendunt : timor enim affectio est naturalis, quae nos conjungit superiori per inferiorem partem, et habet se ad solum Deum ; amor affectio est, quae nos conjungit superiori, et inferiori, et pari, et habet se ad Deum et proximum.* BERNARD DE CLAIRVAUX, *SD, SBO*, VI-I, 50, 3, p. 272 ; II, p. 34. On a sans doute ici l'origine de la distinction *supra se, infra se, in se vel juxta* dans l'orientation des *motus animi* chez ISAAC DE L'ÉTOILE, *EDA*, col. 1879 B.

dans les deux distributions fait de la colère et de la joie des mouvements *in nobis* (avec cette fois une mise en parallèle d'*ira* et de *tristitia*). La répartition bernardine des affects, internes ou externes, se révèle en fait très proche du schéma présent-futur de la *Lettre sur l'âme*. On retrouve sous la plume de Bernard les quatre affects d'Isaac (*spes, gaudium, timor, dolor*), avec le même double clivage : désir/rejet et émotion immédiate/anticipation par projection. Par ailleurs, les variantes utilisées par l'abbé de Clairvaux confirment l'emploi souple qu'il fait d'un certain nombre de termes. On note sans surprise l'accent mis sur la dynamique externe du désir : amour, cupidité, dilection, désir et espoir. On sait que les quatre premiers peuvent être employés, selon le contexte, dans un sens péjoratif ou mélioratif. *Amor* et *desiderium* sont les moins déterminés *a priori*. Par ailleurs, *dilectio* peut parfois désigner une inclination mauvaise et, à l'inverse, *cupiditas* un désir conforme à la rectitude morale. On remarque enfin une approche plus active de la *dilectio* dans ce cadre chez Bernard que chez Isaac qui, en la comparant à la joie, la considère comme un mouvement interne.

La notion d'*affectus-affectio* se trouve donc au cœur de l'expression cistercienne de la sensibilité de l'âme. Le lien généalogique est direct entre cette lecture et le sens antique. Cependant, dans le contexte de la réforme cistercienne, on assiste à une dilatation extrême de l'affect. Les termes *affectus* ou *affectio* sont alors employés, le plus souvent indistinctement, pour traduire toute la chaîne de la sensibilité de l'âme. Ainsi, l'affect peut qualifier la source et origine de la vie sensible. Il renvoie par ailleurs aux facultés sensibles de l'âme : la faculté de désir (concupiscible) et de rejet (irascible). Enfin, l'affect correspond à l'ensemble des élans sensibles spécifiques, qu'ils soient identifiés comme élémentaires (amour et haine) ou déclinés en une multiplicité de sous-catégories. Dans tous ces cas de figure, l'affect apparaît prioritairement comme un dynamisme, et non un processus passif. Dans le même temps, cette richesse d'exploitation met en lumière une approche complexe du fonctionnement psychologique puisque l'affect se trouve tantôt ostensiblement du côté de l'impulsion, de l'appétit sensitif, très loin donc des puissances de la raison et de l'intellect ; tantôt, au contraire, il semble qu'il agisse dans l'âme au contact étroit de l'instance intellectuelle.

Le fait que le schéma platonicien soit rattaché à la dynamique de l'affect par Bernard de Clairvaux ou Isaac de l'Étoile confirme à quel point le concept est devenu central au XIIᵉ siècle pour rendre compte de l'identité sensible et émotionnelle de l'homme chrétien. Par ailleurs, le modèle hérité de la tripartition constitue un poste d'observation idéal pour voir comment s'effectue, dans la pensée monastique, l'articulation entre l'anthropologie spéculative et l'anthropologie spirituelle. Là encore, on vérifie que l'affect agit comme un point de rencontre entre ces deux approches complémentaires de l'homme. Ainsi, l'identité psychologique de l'individu (sa nature d'être composite), son identité existentielle (sa relation au monde et aux autres) et son identité spirituelle (sa relation à Dieu) sont traversées par une seule et même force polymorphe d'intégration. En investissant la lecture platonicienne de l'âme,

6.

L'AFFECT À LA POINTE DE L'ÂME

LES FACULTÉS DE LA *MENS* CHEZ AUGUSTIN

L'INTROSPECTION à laquelle Augustin se livre dans les *Confessions*, la minutieuse enquête qu'il mène pour éclairer le labyrinthe obscur de sa conscience ne trahissent pas seulement un souci de déchiffrer ses motivations profondes ou un irrésistible besoin narcissique de se raconter. L'autobiographie reçoit une justification métaphysique : si Augustin parcourt les chemins de son passé de jeune homme ambitieux, s'il visite à nouveau les stations de sa douloureuse conversion, s'il explore avec tant de soin les routes illuminées et les voies ténébreuses de son cœur de chrétien, c'est parce qu'il est à la recherche d'une terre qu'il sait promise et qu'il craint inaccessible, une région élevée où l'âme, en paix avec elle-même, pourra enfin se reposer. Il sait que là se trouve un lac paisible au-dessus duquel l'être pourra se pencher et où, cette fois, la surface de l'eau ne reflétera plus le visage de la créature déformée par le péché mais, dans une vision béatifique, la face rayonnante du Créateur, l'image de Dieu. Les *Confessions* sont le récit de cette difficile ascension : elles relatent souvent les angoisses du promeneur solitaire qui redoute une chute fatale, mais parfois aussi ses rêveries lorsqu'il anticipe l'émerveillement qui l'attend au sommet. Si les *Confessions* sont «un manifeste de la vie intérieure[1]», c'est que la rencontre avec Dieu ne peut avoir lieu que dans l'intimité du cœur. En ce sens, l'itinéraire qui mène à Dieu se confond avec la dynamique de l'âme, tiraillée entre la chair (*caro*) et l'esprit (*spiritus*). *Spiritus* est le terme générique employé par l'évêque d'Hippone pour qualifier l'élément spirituel de l'être ; cependant, Augustin identifie plusieurs degrés dans l'âme. Ainsi, dans *La Trinité*, il emploie quatre termes : *spiritus, anima,*

---

1. P. BROWN, *La vie de saint Augustin, op. cit.*, p. 197.

animus et *mens*. Il souligne que *spiritus* n'a pas de sens bien précis et peut désigner dans les Écritures aussi bien le souffle vital des animaux, l'âme intellectuelle propre à l'homme que l'Esprit de Dieu [2]. L'*anima* quant à elle qualifie le principe vital commun à tous les êtres doués de sensibilité. Elle n'est donc pas propre à l'homme, mais se rencontre également chez les bêtes. C'est par l'*animus* que l'homme se distingue des animaux : il renvoie avant tout au principe qui est à l'origine des activités intellectuelles et cognitives de l'esprit. *Animus* est d'ailleurs parfois entendu dans une acception proche de *mens* qui correspond sans ambiguïté à la partie noble et rationnelle de l'âme. La *mens* n'est donc pas l'âme tout entière mais sa frange supérieure, qualifiée, par analogie avec le corps, de tête, d'œil ou de visage de l'âme. C'est dans la *mens*, et uniquement dans la *mens*, que se situe l'image de Dieu dans la créature [3]. Comme le résume L. Ruypens, la *mens* chez Augustin constitue le «principe actif des opérations spirituelles [4]». Or, cette chambre haute de l'âme abrite elle-même plusieurs convives qui, dès lors, détiennent les vraies clefs du salut de l'être intégral. Pour Augustin, ces hôtes sont la mémoire, l'intelligence et la volonté.

Cette vision ternaire de l'esprit repose sur une lecture duale directement puisée chez Paul. Mais en isolant les puissances rationnelles et dynamiques de l'âme de sa partie inférieure, la chair, Augustin opte pour un spiritualisme intellectuellement plus satisfaisant. L'esprit peut certes se perdre dans la chair, la *mens* déchoir en préférant se lier à la partie méprisable de l'âme, il demeure que les puissances rationnelles furent installées primitivement dans une citadelle. Le schéma trifonctionnel d'Aristote relie naturellement l'âme et le corps. La tripartition platonicienne, tout en prenant appui sur un dualisme, ancre ontologiquement la faculté concupiscible dans la vie du corps. Augustin en revanche affirme la pureté originelle de la créature rationnelle. La souillure est historique, elle vient du péché, non de la nature.

La connaissance de soi est un préalable à la connaissance mais aussi à la jouissance de Dieu. Dès lors, la méditation éthique et la recherche métaphysique vont de pair, et sont comme deux chevaux attelés qui permettent au chrétien de cheminer sur la voie de la ressemblance. En ce sens, on ne saurait être surpris que la question de la nature de la *mens* soit traitée de façon privilégiée dans l'écrit le plus personnel d'Augustin d'une part, les *Confessions*, et

---

2. Voir AUGUSTIN, *La Trinité*, livres VIII-XV, traduction par P. Agaësse, Institut d'études Augustiniennes, Œuvres de saint Augustin, 1997 (Bibliothèque Augustinienne, n° 16), XIV, XVI, 22, p. 404-407.

3. S'agissant de la distinction entre ces différents termes, voir AUGUSTIN, *La Trinité*, XIV, 22, p. 406-408 ; XV, 1, p. 420 et 11, p. 448. Pour une analyse détaillée, voir É. GILSON, *Introduction à l'étude de saint Augustin, op. cit.*, p. 56, note 1 et P. AGAËSSE, «*Anima, animus, mens, spiritus*», note complémentaire 9 dans *La Trinité*, BA 16, p. 581-583. Plus spécifiquement, sur la *mens* comme niveau suprême de l'âme et lieu préférentiel de l'image, voir R. JAVELET, *Image et ressemblance*, I, *op. cit.*, p. 176-181.

4. L. RUYPENS, «Âme», *Dictionnaire de spiritualité*, I, col. 437.

dans son œuvre théologique majeure d'autre part, *La Trinité*[5]. En fait, l'évêque d'Hippone ne se limite pas au découpage mémoire, intelligence, volonté, mais propose plusieurs trinités spirituelles. Dans la seconde partie de *La Trinité*, F. Cayré en a relevé pas moins de huit[6]. Il n'est pas question d'étudier ici en détail toutes ces analogies trinitaires, mais de comprendre comment s'organise la trichotomie mémoire, intelligence, volonté, appelée à occuper une place centrale dans l'anthropologie cistercienne. Pour cela, il est indispensable de considérer au préalable une première vision ternaire d'où découle directement celle qui nous intéresse. Elle apparaît au livre IX de *La Trinité* et prolonge une réflexion sur la consubstantialité entre l'amour (*amor*) et l'âme (*mens*) : l'amour suppose un sujet aimant, dit Augustin et, réciproquement, le sujet aimant implique un amour. On peut faire la même constatation pour la connaissance (*notitia*)[7]. D'où cette première trinité : *mens, notitia, amor* qui ne prend pleinement sens que dans la référence classique à l'identité de l'âme et de ses facultés. En effet, l'analogie trinitaire de l'âme ne peut fonctionner que si elle repose sur une unité substantielle des différents éléments[8].

Ces trois parties s'impliquent mutuellement et sont égales. Si elles constituent une trinité de termes relatifs, elles ne forment qu'une seule substance sans mélange[9]. La fin du livre IX et le début du livre X sont consacrés aux relations entre la connaissance et l'amour et à l'immédiateté de la connaissance de soi (*intelligentia sui*). L'âme éprouve en effet la certitude de ce qu'elle est quand elle exerce ses facultés spirituelles. Cette réflexion sur la connaissance de l'âme par elle-même conduit Augustin à poser une nouvelle trinité des puissances qui composent la *mens* : mémoire (*memoria*), intelligence (*intelligentia*), volonté (*voluntas*). Même s'il revient parfois, par exemple dans le livre XIV, à la trichotomie *mens, notitia, amor*, c'est sur les bases de la trinité que nous venons d'énoncer qu'il fonde l'essentiel de sa réflexion concernant l'analogie trinitaire entre les puissances de l'âme et les personnes divines[10]. Notons que si la *mens* disparaît comme terme connuméré dans la seconde trinité, Augustin rappelle que chacune des trois puissances est consubstantielle à la *mens*. Elles sont trois en tant qu'elles sont en relations mutuelles, mais elles ne sont qu'une seule vie et substance spirituelles[11]. Pour Augustin, la trinité mémoire, intelligence, volonté possède en outre l'avantage d'être plus

---

5. Voir surtout le livre X des *Confessions* et les livres IX à XV de *La Trinité*.

6. Voir note complémentaire 13, dans Augustin, *La Trinité*, p. 587.

7. *Ibid.*, IX, III, 3, p. 80-81.

8. *Ibid.*, IX, V, 8, p. 88-89. Pour aller plus loin, voir les notes complémentaires 18 et 19, avec une bonne bibliographie de départ, p. 593-599.

9. *Ibid.*, IX, IV, 5-V, 8, p. 82-91.

10. Pour une analyse de l'évolution que subit la trinité *mens, notitia, amor* dans les derniers livres du traité, voir J. Moingt, «L'analogie de la conscience de soi», note complémentaire 28 dans Augustin, *La Trinité*, p. 608-611.

11. *Ibid.*, X, XI, 17, p. 152-155.

manifeste [12]. Il concède ainsi qu'il a composé un guide pour les esprits lents [13]. C'est pourquoi il progresse des réalités extérieures, plus évidentes à l'esprit de ses lecteurs, vers les réalités intérieures. Il entreprend alors d'énoncer, dans le livre XI, les différentes trinités de l'homme extérieur, en partant des connaissances sensitives. La sensation est en effet à l'homme extérieur ce que l'intelligence est à l'homme intérieur, et cet homme extérieur entretient quelque ressemblance avec l'homme intérieur. La recherche d'analogies trinitaires dans l'homme extérieur constitue donc une base de départ pour faciliter l'exploration vers l'homme intérieur. Augustin définit dans un premier temps une trinité de la perception, constituée de la réalité perçue, de la vision – autrement dit le processus par lequel la forme de l'objet est imprimée dans le sens – et enfin de l'attention, par laquelle la sensation reste attachée à l'objet perçu. Cette trinité est encore largement imparfaite car seul le corps peut mettre ces différents éléments en relation, même si seule la raison en perçoit la forme. De là, Augustin pose une autre trinité, plus intérieure, celle du souvenir, qui relie la forme du corps perçu subsistant dans la mémoire, la vision intérieure par laquelle cette forme est reconnue, et la volonté qui les unit l'une à l'autre. Mais l'image de Dieu est toujours absente de cette trinité du souvenir qui possède son origine uniquement dans la créature. Aussi, l'évêque d'Hippone légitime-t-il la nécessité de se tourner vers les réalités intérieures. Dans le livre XII, il identifie deux catégories de réalités intérieures : celles qui donnent naissance à la connaissance des choses temporelles, la science, et celles qui ne sont pas soumises aux variations temporelles et spatiales et dont la connaissance guide vers la sagesse. En ce sens, la science apparaît comme une étape nécessaire vers la sagesse, car elle est la première forme de connaissance rencontrée quand on quitte l'homme extérieur, à condition bien sûr de ne pas enfler et de conduire à l'action vertueuse par le bon usage des biens temporels. La foi est le lien entre la science et la sagesse qui, seule, peut mener au bonheur, aspiration universellement partagée et qui ne saurait être comblée sans la certitude de l'immortalité, non seulement de l'âme mais du corps. Pour autant, la foi demeure placée dans le temporel, car elle est liée à la vie. Au niveau théologique, c'est le Christ qui apparaît en médiateur entre la science et la sagesse, entre les choses humaines et les choses divines. À la fin du livre XIII, Augustin définit donc une nouvelle trinité, celle de la foi, articulée autour de la science de la foi, conservée dans la mémoire et agréée par la volonté. Dès lors, le théologien se sent autorisé à traiter son véritable objet, la sagesse de l'homme, qu'il nomme piété (*pietas*) ou culte de Dieu (*Dei cultus*). C'est dans la mémoire qui conserve, la pensée qui voit et la volonté qui aime les réalités éternelles dans l'homme intérieur que réside la véritable image inamissible de Dieu. Cette trinité, c'est d'abord celle de la conscience de soi lorsque l'âme se souvient d'elle-même, se comprend et s'aime.

---

12. Voir Augustin, *La Trinité*, XV, III, 5, p. 430-431.
13. *Ibid.*, XIV, VII, 10, p. 372-373.

Contrairement aux autres trinités, dans lesquelles persistait toujours quelque chose d'adventice, il n'est rien d'extérieur dans ces trois opérations. Il reste que la vraie trinité, et donc la vraie sagesse, ne sont pas dans la mémoire, l'intelligence et l'amour de soi mais de Dieu. C'est par l'exercice de ces opérations orientées vers cette seule réalité que l'âme peut être sage, par participation et assimilation progressives à l'image de Dieu. La sagesse contemplative ne peut mener une telle progression qu'au travers d'un miroir et en énigme, rappelle Augustin, car on ne saurait confondre la sagesse de Dieu et la sagesse de l'homme, ni oublier que la résurrection de la chair est une condition nécessaire à la perfection des corps et à la vision béatifique. Pour lors, cette vision ne saurait exister en fait mais seulement en espérance.

Tout au long de cette quête de la trinité de l'homme image de la Trinité divine, la trichotomie spirituelle, mémoire, intelligence, volonté demeure la référence pour progresser depuis la science de l'homme extérieur vers la sagesse de l'homme intérieur. Suivant les objets auxquels ces trois puissances s'appliquent, l'évêque africain met en relief tel ou tel champ d'activité spécifique de chacune d'elles. En revanche, il y a une permanence fonctionnelle de leurs interrelations. C'est avant tout dans leurs rapports logiques que ces trois puissances offrent une clef pour comprendre la nature spirituelle de l'homme, que ce soit sur un plan psychologique ou métaphysique.

La mémoire

La faculté la plus complexe, mais aussi celle qui tient le premier rang aux yeux d'Augustin est sans aucun doute la mémoire. Il s'émerveille de sa profondeur ; c'est un immense palais, un sanctuaire d'une ampleur infinie [14]. La mémoire apparaît d'abord comme la chambre obscure où s'impriment toutes les sensations, aussitôt classées et répertoriées par l'esprit [15]. Cet enregistrement des expériences n'est pas une opération subie puisque ce ne sont pas les objets qui entrent dans la mémoire mais leur image, autrement dit leur forme mise aux ordres de la pensée qui les évoque. C'est pourquoi la mémoire dépasse le champ de l'expérience personnelle même si celle-ci demeure une base référentielle : l'homme peut convoquer ainsi des souvenirs longtemps après la sensation perçue. Par la mémoire, il peut se représenter l'expérience d'autrui par analogie avec sa propre expérience. Cette même mémoire sensitive peut également avoir une fonction créatrice ou fabulatrice grâce à une association libre du souvenir d'expériences ressenties. On peut ainsi imaginer plusieurs soleils, les voir en esprit carrés plutôt que ronds [16]. N'ayant jamais vu Alexandrie, l'homme peut tout à fait se construire une image (*phantasma*) de

---

14. Voir Augustin, *Confessions*, tome II, X, 14-15, p. 248-251.

15. Voir, sur Augustin et plus largement sur ces problématiques concernant la mémoire, M. Carruthers, Machina memorialis. *Méditation, rhétorique et fabrication des images au Moyen Âge*, Paris, Gallimard, NRF, 2002 (coll. Bibliothèque des Histoires), p. 153-170 et *passim*.

16. Voir Augustin, *La Trinité*, XI, VIII, 13, p. 196-197.

la ville, à partir du souvenir d'autres villes qu'il connait et du récit d'autrui[17]. La représentation ainsi fabriquée ne sera évidemment pas une image fidèle de la ville réelle ; pourtant ce sera bien une image élaborée par la mémoire.

De la même façon, la mémoire garde la trace non seulement des perceptions mais également des émotions ressenties. Lorsque l'homme se souvient des lieux où il était, des sensations qu'il éprouvait, il peut aussi se remémorer les dispositions psychiques (*affectus fuerim*) où il se trouvait alors[18]. Il faut préciser cependant que, tout comme l'image du souvenir ne correspond pas à la sensation perçue dans l'instant, et encore moins à la réalité de l'objet, le souvenir d'une émotion ne met pas l'esprit dans l'état psychique du moment où celle-ci fut ressentie. Si la remémoration d'une émotion peut réactiver un sentiment dans l'âme, il s'agit alors d'un nouvel affect éprouvé dans l'instant présent, sans nécessité[19]. Augustin réfute ainsi l'idée d'une mémoire sensible : dans le moment présent, le souvenir d'un état sensible passé est bien perçu comme passé. Augustin distingue le fait d'avoir été joyeux ou triste et le fait de l'être dans l'instant. Or il n'est d'affect que dans le présent. En ce sens, la mémoire sert seulement à construire un discours rétrospectif qui permet de différencier la nature des émotions un jour ressenties.

Lorsqu'elle quitte le champ des expériences sensibles, la mémoire possède également une fonction intellectuelle. Elle renferme les notions scientifiques, celles qui sont apprises, comme le dit Augustin, des sciences libérales. De surcroît, ces connaissances contenues dans la mémoire «ne sont point de simples images, ce sont ces connaissances mêmes que je porte en moi[20]». On comprend, au travers de cette conception innéiste, comment la mémoire peut jouer le rôle de faculté spirituelle par excellence. Grâce à elle, l'âme est entièrement autonome, indépendante du monde extérieur et même des constructions intellectuelles que l'intelligence peut déduire du substrat de l'expérience. La mémoire est ainsi «la faculté qui permet à l'âme d'être présente à elle-même[21]». Non seulement elle appartient à la *mens*, mais il semble qu'elle en exprime l'essence. C'est en ce sens qu'A. Solignac affirme que la mémoire augustinienne est «l'esprit en sa source», lieu des connaissances des réalités éternelles et origine de la conscience de soi[22]. Dans le cheminement analytique qui est celui d'Augustin dans *La Trinité*, la réflexion sur la mémoire tient donc un rôle privilégié pour comprendre la progression de l'âme vers l'image de Dieu. L'évêque d'Hippone n'est pas loin d'affirmer que la mémoire est, à l'intérieur de l'esprit, le véritable lieu de l'image divine. Seule la doctrine de la simplicité de la *mens* et de la consubstantialité des trois puissances qui la composent l'empêche de franchir le pas[23]. C'est dans la mémoire que se

---

17. Voir Augustin, *La Trinité*, VIII, VI, 9, p. 52-53.
18. Voir Id., *Confessions*, tome II, X, 14, p. 250.
19. *Ibid.*, tome II, X, 21, p. 254-255.
20. *...nec eorum imagines, sed res ipsas gero.* Augustin, *Confessions*, X, 16, p. 251.
21. *...in re praesenti quod sibi est mens...* Augustin, *La Trinité*, XIV, XI, 14, p. 386-387.
22. Voir A. Solignac, «Mémoire», *Dictionnaire de spiritualité*, X, col. 996.

trouve le trésor de l'image divine, même si la mémoire de Dieu ne devient participation réelle à l'image que dans le processus actif impliquant les trois facultés.

L'intelligence

Si la mémoire est le réceptacle des expériences humaines, l'intelligence (*intelligentia*) est la faculté indispensable pour que la matière imprimée ou contenue naturellement dans l'esprit prenne forme, accède à la conscience, et devienne par là même objet de connaissance (*notitia*). Augustin parle encore d'*intellectus*[24] ou de *cogitatio*[25], ou emploie le terme générique de *ratio* pour désigner cette faculté [26]. L'intelligence, au sens strict, c'est la raison en tant qu'elle contient en puissance le pouvoir de s'appliquer à la sagesse. Plus largement, l'intelligence assemble et donne sens aux informations déposées dans la mémoire ; elle agence et ordonne. C'est par elle que la pensée voit, que l'âme comprend. Elle est à l'origine des représentations intellectuelles. En ce sens on peut dire qu'elle *présentialise* les éléments encore informes de la mémoire, ou, pour reprendre le vocabulaire d'Augustin, que c'est elle qui découvre et rencontre le trésor enfoui dans la mémoire [27]. Sa fonction est essentiellement logique, elle n'apporte pas d'éléments extérieurs si bien qu'Augustin peut affirmer qu'une connaissance, lorsque l'homme pense, n'est que la réplique de celle qui se trouvait déjà en lui, avant qu'il ne pense, dans la mémoire [28]. À l'inverse, toutes les pensées, qu'elles soient *a priori* ou construites par l'intermédiaire des sens, sont ensuite confiées à la mémoire. Malgré tout, l'intelligence est l'acte du regard intérieur (*acies*) sans lequel les connaissances de la mémoire demeurent ou redeviennent inconscientes, comme endormies et donc absentes.

La volonté

Dans *La Trinité*, la volonté est loin d'occuper le rôle essentiel qu'elle joue par exemple dans les *Confessions*. La différence de traitement s'explique largement par le projet spécifique de *La Trinité* qui est avant tout une réflexion ontologique sur l'image. Or, de ce point de vue, il est clair que le rôle joué par la volonté est moindre que celui de l'intelligence et de la mémoire. Du moins, Augustin estime que celui-là est plus facile à circonscrire. La mission de la

---

23. Voir Augustin, *La Trinité*, XIV, VII, 10, p. 370-371.

24. *Ibid.*, XIV, XIV, 18, p. 394-395.

25. *Ibid.*, XIV, III, 5, p. 352-353.

26. *Ibid.*, XII, XII, 17, p. 244-245.

27. En jouant sur les assonances entre les verbes *venire* et *invenire*, Augustin explique que l'injonction du précepte delphique «connais-toi toi-même» invite l'âme à cheminer en elle-même (*veniat*) pour se trouver (*inveniat*), car l'âme possède naturellement la capacité, au prix de l'introspection et du détachement des objets sensibles, de se connaître parfaitement, voir *La Trinité*, X, VIII, 11, p. 142-143.

28. Voir Augustin, *La Trinité*, XIV, VII, 10, p. 370-371.

volonté apparaît essentiellement relationnelle, elle est ce qui met en rapport
la mémoire et l'intelligence. Cette union, Augustin la nomme aussi *amor*,
dilectio ou *caritas* lorsqu'elle porte sur le juste usage du bien.

De façon générale, la volonté est le principe qui unit le terme engendrant
et le terme engendré, dans ce qu'ils possèdent naturellement en commun[29].
Dans la sensation, la volonté est l'acte d'attention (*animi intentio*)[30] qui unit
– ou sépare – le sens et l'objet. C'est également la volonté qui agit pour le
souvenir, entre la mémoire et la représentation, ou encore, pour les réalités
intelligibles, entre la mémoire et la raison[31]. Augustin appelle d'ailleurs verbe
toute connaissance unie à la volonté[32]. Dans ce schéma, on voit que la volonté
ou l'amour demeurent subordonnés aux facultés cognitives, car tout amour
suppose une connaissance préalable[33]. On ne peut aimer ce qu'on ne connaît
absolument pas ou ce qu'on a complètement oublié. Malgré tout, la volonté
retrouve une place prépondérante dans le processus d'actualisation de l'image.
Une chose est de découvrir le lieu de la ressemblance divine dans la nature
humaine, une autre est de mettre en synergie le reflet avec son modèle. Dans
La Trinité, Augustin montre la réalité de la ressemblance métaphysique, mais
affirme que seule compte pour le salut l'étendue de la participation. Puisque
la vision, dans un face-à-face intime et immobile, est inaccessible à la créature
mortelle, toute sa participation au projet divin se résume dans sa capacité à
se laisser glisser sur la pente de sa vraie nature. La divinisation terrestre de la
créature, autant qu'elle est possible, tient dans cet acte du consentement.
Cela, Augustin ne l'oublie pas même au cœur de ses méditations métaphy-
siques : «la volonté de voir a donc pour fin la vision[34]». Ce principe de
subordination du mouvement volontaire au repos de la représentation
s'applique à tous les objets, à ceux de l'expérience sensitive comme aux
réalités éternelles. Toute volonté a pour fin naturelle, consubstantielle au
mouvement qui la conforme, son repos. C'est pourquoi la seule vraie fin de
la volonté est la béatitude et toutes les formes particulières de «volonté de…»
ne sont que des étapes, des haltes pour le voyageur vers la possession de cet
ultime bien.

Dès lors, même si dans *La Trinité* Augustin recherche le reflet de l'image
divine avant tout dans les facultés cognitives, la dynamique de la ressemblance
appartient en dernier ressort à la volonté. Quoique traitée ici sur un mode
mineur, la puissance volontaire n'en conserve pas moins une fonction essentielle dans l'économie du salut individuel.

---

29. Voir Augustin, *La Trinité*, XIV, VII, 10, p. 370-373.
30. *Ibid.*, XI, II, 2, p. 162-163.
31. *Ibid.*, X, XI, 8, p. 200-201 et XII, XV, 25, p. 260-261.
32. *Ibid.*, IX, X, 15, p. 102-103.
33. *Ibid.*, X, I, 1, p. 114-115.
34. *Voluntas ergo videndi, finem habet visionem…* Augustin, *La Trinité*, XI, VI, 10, p. 188-189.

LE SCHÉMA AUGUSTINIEN DE L'ÂME DANS LA PENSÉE CISTERCIENNE

On peut dire avec E. von Ivanka qu'au XIIe siècle cette conception trifonctionnelle de l'âme est devenue la référence «officielle[35]». Si les cisterciens accordent tant d'intérêt au schéma d'Augustin, c'est qu'ils lui attribuent une fonction centrale dans la dynamique de l'image et de la ressemblance. Trois auteurs en proposent une analyse particulièrement approfondie : Bernard de Clairvaux[36], Guillaume de Saint-Thierry[37] et Aelred de Rievaulx[38].

Ce qui distingue en premier lieu le schéma mémoire, raison, volonté des autres lectures ternaires de l'âme, c'est qu'il s'applique, chez les cisterciens comme chez Augustin, à la seule partie supérieure de l'âme, autrement dit à l'âme rationnelle en tant qu'elle est capable de Dieu. Dans l'ensemble, les cisterciens sont fidèles au vocabulaire augustinien et placent ces trois facultés dans la *mens*[39]. En fait, qu'elle soit nommée *mens, anima, animus, spiritus* ou encore *ratio*, cette part de l'âme qui abrite la mémoire, l'intelligence et la volonté conserve toujours le même caractère de proximité naturelle avec les réalités invisibles[40]. La terminologie la plus courante pour désigner chacune de ces facultés est *memoria, ratio, voluntas*. On observe une nette préférence pour *ratio*, très largement majoritaire devant les termes d'*intellectus, sensus, intelligentia, cogitatio* ou *scientia*, qui possèdent une acception plus restrictive. En revanche, comme chez Augustin, *voluntas* côtoie *amor* et *dilectio*, sans

---

35. E. VON IVANKA, «L'union à Dieu : la structure de l'âme selon saint Bernard», dans *Saint Bernard théologien*, Actes du congrès de Dijon, 15-19 septembre 1953, *Analecta Sacri Ordinis Cisterciensis*, 9 (1953), p. 203.

36. La trichotomie Augustinienne de l'âme soutient toute la pensée bernardine, et il est un peu arbitraire dès lors d'isoler tel ou tel écrit. Certains textes cependant s'y intéressent de manière plus systématique. Citons principalement les *Sententiae*, série 1, 25 ; série 3, 2 et 5 ; le «*Sermo de conversione ad clericos (textus longior)*» ; les *Sermons divers*, 32, 45, 113 et 124 ; le «*Sermo 2 In dedicatione ecclesiae*» ; le «*Sermo 1 In die Paschae*» ou le «*Sermo 1 In die Pentecostes*». Pour la volonté et le rôle central joué par le libre arbitre, deux références s'imposent : le traité *La Grâce et le libre arbitre* ainsi que les sermons 80 à 83 sur le Cantique des cantiques.

37. Voir surtout le traité *La Nature et dignité de l'amour* et la *Lettre aux frères du Mont-Dieu*. S'agissant du rôle essentiel joué par la cognition chez GUILLAUME, on consultera les deux traités théologiques *Le Miroir de la foi* et *L'Énigme de la foi*.

38. Voir en priorité *Le Miroir de la charité* et le livre II du *Dialogue sur l'âme*.

39. Voir AELRED DE RIEVAULX, *DSC*, I, 9, p. 16 ou BERNARD DE CLAIRVAUX, *Parabolae*, *SBO*, VI-II, 7, p. 301.

40. Pour l'emploi de ces différents termes par Guillaume, voir les références citées par D. N. BELL, *The Image and Likeness*, *op. cit.*, p. 96, note 34. Il conclut ainsi : «In short, William can use *spiritus, animus*, and *mens* interchangeably, with no apparent difference in meaning, when speaking of the rational soul, for as Javelet points out, it is its rationality, not its designation, which is here important». R. Javelet, en effet, étudiant la *mens* préscolastique à la lumière de la dialectique de l'image et de la ressemblance, souligne qu'il s'agit d'un des termes propres des mystiques pour désigner la conscience se tendant vers Dieu, le centre de l'intentionnalité. Au-delà du terme choisi, la part de l'être qui est évoquée est toujours reconnaissable, c'est l'homme intérieur : «Les glissements de vocabulaire sont le fait non moins certain des spirituels du XIIe siècle; cependant lorsqu'on est familiarisé avec ce vocabulaire, on retrouve, grâce au contexte, grâce aux comparaisons et aux épithètes stéréotypées, les notions communes, plus ou moins nuancées par les auteurs.» R. JAVELET, *Image et ressemblance*, I, *op. cit.*, p. 179.

que le passage de l'un à l'autre n'entraîne de variations notables[41]. En outre, ces trois facultés ne sont ni des accidents distincts de la substance, ni des parties de l'âme : si chacune d'elles possède son champ d'activité propre, elles ne peuvent opérer qu'en interrelation[42]. L'important est de ne pas confondre les fonctions multiples de l'âme avec son unité substantielle. L'argument n'est pas toujours jugé convaincant par les historiens de la théologie, pourtant il semble qu'il satisfasse les auteurs monastiques[43]. Le meilleur exemple de cette aisance vis-à-vis de la terminologie est donné par le Pseudo-Alcher qui n'hésite pas à juxtaposer les différentes appellations de l'âme avec la trilogie mémoire, raison, volonté pour désigner ses activités. C'est toujours la même substance qui agit, envisagée seulement dans des opérations différentes[44].

Sur le plan théologique, la trichotomie de l'âme supérieure illustre l'analogie de la ressemblance trinitaire entre la personne humaine et les personnes divines[45], dans la droite ligne de l'enseignement d'Augustin[46]. La comparaison est cependant nettement moins approfondie et ne conduit pas à un débat poussé sur les points communs et les différences ontologiques entre la trinité spirituelle de l'âme et la Trinité divine. À l'exemple de Bernard, les cisterciens mettent en rapport chaque personne de la Trinité avec l'une des trois facultés de l'esprit. Dans ce cas, comme chez Augustin, la mémoire renvoie au Père, la raison au Fils et la volonté à l'Esprit-Saint dans une relation de filiation[47]. Aelred établit à son tour une relation entre la trilogie spirituelle et les personnes de la Trinité par le truchement des vertus divines déjà rencontrées chez Guillaume : la puissance du Père, la sagesse du Fils et la miséricorde de l'Esprit-Saint. Ainsi, la mémoire a capacité pour l'éternité, la raison pour la sagesse et la volonté pour la douceur. Là encore, l'analogie a pour fonction de fonder la ressemblance ontologique entre la créature et Dieu, dans sa dimension trinitaire, tout en justifiant le principe de l'unité substantielle de l'âme[48]. Pour les cisterciens cependant, dans cette réflexion, l'argument métaphysique n'occupe pas la première

---

41. D. N. Bell relève ainsi plusieurs variantes du schéma augustinien chez Guillaume : *memoria, intellectus, amor*; *memoria, intelligentia, amor*; *memoria, intellectus, voluntas*; *memini, intelligere, diligere*. Voir les références dans *The Image and Likeness, op. cit.*, p. 103, note 71. B. McGinn y ajoute les triades *mens, cogitatio, voluntas* et *memoria, consilium, voluntas* dans *The Growth of Mysticism, op. cit.*, p. 518, note 37. Rappelons, avec R. Javelet, que si «la distinction entre intellect et intelligence a probablement des préalables antiques; au Moyen Âge, elle n'apparaît avec netteté que vers la fin du xiie siècle», *Image et ressemblance*, I, *op. cit.*, p. 170.

42. Voir Aelred de Rievaulx, *DDA*, I, 36, p. 695.

43. Voir sur ce débat, qui oppose notamment E. von Ivanka et W. Hiss, la synthèse claire de L. van Hecke, *Le désir dans l'expérience religieuse, op. cit.*, p. 54-68.

44. Voir Pseudo-Alcher, *DSAn*, ch. XIII, col. 788-789.

45. Sur les différentes trilogies spirituelles comme images de la Trinité divine chez les théologiens du xiie siècle, voir R. Javelet, *Image et ressemblancce*, I, *op. cit.*, p. 198-212.

46. Voir le livre XV de *La Trinité*.

47. Voir Bernard de Clairvaux, *Sententiae, SBO*, VI-II, series 1, 25, p. 15.

48. Voir Aelred de Rievaulx, *DSC*, I, 7-9, p. 15-17.

place. S'ils montrent le lien organique qui existe entre les facultés de l'âme et la Trinité, c'est avant tout pour éclairer sous un angle différent la dialectique de la chute de l'âme et de sa restauration. L'analogie trinitaire sert de base pour rappeler comment l'être peut se perdre sur la voie de la dissemblance, et comment il peut participer à sa rénovation. Si l'âme raisonnable est trine, c'est une preuve nouvelle qu'elle possède en elle l'empreinte (*impressio*) divine. Elle fut créée donc pour retenir Dieu sans oubli, pour le connaître sans erreur et pour l'étreindre sans convoiter autre chose. Mais c'est aussi par le mauvais usage de ces trois facultés qu'elle s'éloigne de Dieu et donc que l'image s'obscurcit.

La mémoire cistercienne

Les fonctions psychologiques de la mémoire

Parmi les trésors innombrables que contient la chambre (*aula*) de la mémoire, il y a en premier lieu toutes les images corporelles instillées par les sens. Ainsi, sont consignés dans la mémoire la lumière, les couleurs, les formes des corps qui pénètrent par les yeux, les sons par les oreilles, les goûts par la bouche, les odeurs par le nez, ou encore le chaud et le froid, le doux et le rugueux par le toucher. Toutes ces sensations et perceptions, la mémoire les contient et peut les convoquer à l'envi. Comme chez Augustin, la mémoire est, dans sa fonction première, en contact étroit avec les sens et les corps. Pour autant, elle demeure une puissance entièrement spirituelle[49]. Dans le même temps, elle participe de la fonction cognitive ; l'esprit ne saurait penser, délibérer ou discerner sans la mémoire[50]. Celle-ci, sans la raison, n'est qu'une force de l'âme irrationnelle, de même que la raison sans la mémoire n'a rien à mettre en relation[51].

Auxiliaire donc de la raison, la mémoire, qui ordonne l'information rationnelle dans la succession temporelle, présente à l'esprit la matière même de la pensée. Plus exactement, elle tient ces éléments à la disposition de la volonté qui peut les convoquer[52]. C'est un acte d'ailleurs auquel Isaac confère une réalité physiologique en le décrivant comme un mouvement dans le cerveau depuis l'occiput vers le frontal[53].

Les fonctions ascétique et mystique de la mémoire

C'est dans l'œuvre de Guillaume de Saint-Thierry que l'on trouve exprimée le plus clairement l'idée augustinienne que la mémoire, dans la trinité de

---

49. Voir par exemple Aelred de Rievaulx, *DDA*, II, 5, p. 708.
50. *Ibid.*, I, 31, p. 694 et Bernard de Clairvaux, *SD*, *SBO*, VI-I, 32, p. 219.
51. Voir Aelred de Rievaulx, *DDA*, II, 14, p. 711.
52. Voir Guillaume de Saint-Thierry, *LO*, 242, p. 336-337, et Isaac de l'Étoile, «Sermon 23», SC 207, 11, p. 90.
53. Voir Isaac de l'Étoile, «Sermon 17», SC 130, 10-11, p. 316-318.

l'esprit, abrite en priorité la marque de l'image divine[54]. C'est en elle que demeure le trésor de la dignité de l'homme, un trésor, enfoui comme il se doit au plus profond de l'être, et pour ainsi dire inexistant tant que la raison n'en a pas mesuré le prix, et que la volonté ne s'est pas mise tout entière à sa recherche. Aelred est du même avis lorsqu'il affirme que c'est par la mémoire que l'homme est véritablement capable de Dieu (*capax Dei*)[55]. Capable est le terme juste puisque la présence de Dieu n'est pas actuelle dans la mémoire mais seulement latente. Les bons comme les méchants possèdent ce trésor car Dieu habite tout le genre humain. Dès lors, la prise de conscience de cette capacité ontologique n'est qu'un préalable sur lequel les cisterciens passent rapidement, se contentant de renvoyer à l'enseignement d'Augustin. L'essentiel pour le chrétien est de transformer cette capacité latente de Dieu en une présence actuelle. Il faut non seulement découvrir le trésor, mais aussi le faire fructifier pour enrichir l'âme. Le véritable enjeu est donc celui de la *recordatio Dei* : la réminiscence de Dieu n'est plus une question métaphysique, mais déjà un itinéraire ascétique et mystique pour rendre actuelle la présence divine.

L'insistance sur la fonction dynamique de la mémoire dans la quête du salut apparaît comme la principale caractéristique de la réflexion cistercienne sur le sujet. Ainsi la mémoire joue un rôle primordial dans le processus de conversion du pécheur. Traditionnellement, celle-ci commence par la contrition et la componction dans le souvenir des actions mauvaises[56]. Comme lutte contre l'oubli, l'acte de remémoration est la condition du repentir, donc de la conversion et enfin de la restauration de l'image : «ce que rappelle la mémoire, elle l'offre au cœur, c'est-à-dire à l'affect[57]». Plus largement, une fois dépassé le premier stade du repentir, la mémoire cistercienne apparaît comme la capacité de rendre actuelle dans l'esprit la présence de Dieu. Le thème de la *praesentia Dei* est indissociable de la réflexion spirituelle sur la mémoire : «La présence de Dieu est dans la mémoire, sa connaissance dans la raison, son amour dans la volonté[58]». Dans cette quête de la présence actuelle, la figure du Christ occupe le premier plan. Guerric d'Igny invite ainsi ses compagnons à se souvenir de la douceur de l'enfant Jésus[59], de la souffrance du crucifié[60], ou invite encore Marie à garder en mémoire les lieux où son fils vécut pour

---

54. Voir M. ROUGÉ, *Doctrine et expérience de l'eucharistie chez Guillaume de Saint-Thierry*, Paris, Beauchesne, 1999 (coll. Théologie historique, n° 111), p. 183-241. À compléter par É. GILSON, *La Théologie mystique de saint Bernard*, op. cit., p. 222 et A. SOLIGNAC, «Mémoire», art. cité, col. 999-1000.

55. Voir AELRED DE RIEVAULX, *DDA*, II, 12, p. 710.

56. Voir ISAAC DE L'ÉTOILE, «Sermon 16», SC 130, 17, p. 306-309.

57. *…memoria quod revocat, cordi offert, id est affectui.* ISAAC DE L'ÉTOILE, «Sermon 17», SC 130, 10, p. 316-317.

58. *Praesentia Dei in memoria, cognitio in ratione, amor in voluntate.* AELRED DE RIEVAULX, *SI*, p. 38. Voir aussi ISAAC DE L'ÉTOILE, «Sermon 7», SC 130, 16, p. 190-191.

59. Voir GUERRIC D'IGNY, «Premier sermon pour la Nativité», SC 166, 4, p. 174.

60. Voir ID., «Deuxième sermon pour les Rameaux», SC 202, 2, p. 174.

se consoler quelque peu de son amour[61]. La puissance évocatrice de la
mémoire du Christ est telle que Guerric parle de la «mémoire ou imitation du
Christ» (*memoria vel imitatio Christi*)[62]. Se souvenir des moments de la vie du
Christ, c'est au sens propre se le représenter, c'est-à-dire participer en esprit
à sa présence. On retrouve encore ce lien entre mémoire et présence dans la
première strophe du poème cistercien *Dulcis Jesu memoria* :

> Doux souvenir de Jésus/qui procure à notre cœur ses vraies joies,/mais
> surtout douce présence,/qui l'emporte sur le miel et toute chose[63].

Il faut cependant préciser que la présence divine générée par la puissance de
la mémoire n'est pas à proprement parler réelle, même si elle est actuelle.
Comme l'affirment Aelred ou Guerric, la présence liée à l'acte de mémoire est
seulement spirituelle ; en ce sens, elle est consolation de l'absence corporelle
ou anticipation de la présence réelle. Bernard met en garde contre l'illusion
d'une présence réelle du Christ dans la mémoire[64].

Finalement, l'acte de mémoire comme anticipation de la présence réelle
trouve une consécration dans la liturgie de l'eucharistie où le sacrement de
la «présence réelle» est aussi le «mémorial du Seigneur[65]». Les cisterciens
évoquent rarement le sacrement de l'eucharistie ; lorsqu'ils le font, c'est en
mettant en avant la connexion entre la fonction mystique de la mémoire et
la présence divine. Ainsi, pour Bernard, la *memoria Dei* dans la méditation
individuelle prolonge d'une certaine façon le mystère de la communion eucha-
ristique[66]. À l'inverse, la manducation spirituelle dans l'eucharistie se trouve
comme réactivée dans la rumination de la mémoire de la Passion (*memoria
Passionis*), assurant la pérennité de l'union mystique :

> C'est ce qui a lieu quand nous faisons ce que tu nous prescris de faire
> en mémoire de toi ; pour le salut de tes fils rien n'a pu être prévu de
> plus doux que cela, rien de plus puissant : quand, mangeant et buvant
> le repas incorruptible de ton corps et de ton sang, comme des animaux
> purs pour toi, nous le ramenons pour ainsi dire de l'intestin de la

61. Voir GUERRIC D'IGNY, «Deuxième sermon pour l'Assomption», SC 202, 2, p. 430-431.

62. Cette identification de la *memoria Dei* à la voie ascétique correspond à l'idéal de la tradition monastique primitive. Voir CH. DUMONT, «Introduction», dans AELRED DE RIEVAULX, *VR*, p. 52,
note 3.

63. *Dulcis Jesu memoria/dans vera cordis gaudia,/sed super mel et omnia,/ejus dulcis presentia.*
Dulcis Jesu memoria, texte édité par CH. DUMONT et traduit par M. COUNE dans *Saint Aelred de
Rievaulx. Le Miroir de la charité*, Journées d'études – abbaye de Scourmont (5-9 octobre 1992),
Hommage au P. Charles Dumont, *Collectanea cisterciensia*, 55-1 et 2 (1993), p. 239. Sur ce
poème, qui est peut-être d'Aelred de Rievaulx, voir CH. DUMONT, «L'hymne *Dulcis Jesu memoria*.
Le *Jubilus* serait-il d'Aelred de Rievaulx?», *Collectanea cisterciensia*, 55 (1993), p. 233-238 et
A. WILMART, *Le «Jubilus» dit de Saint Bernard (étude avec textes)*, Rome, Edizioni di «Storia e lette-
ratura», 1944.

64. Voir BERNARD DE CLAIRVAUX, *DDD*, 10-11, p. 84-85 et É. GILSON, *La Théologie mystique de
saint Bernard, op. cit.*, p. 104-105.

65. CH. DUMONT, «Introduction», dans AELRED DE RIEVAULX, *VR*, p. 21. Dans le même sens, voir
ISAAC DE L'ÉTOILE, «Sermon 46», SC 339, 8, p. 122.

66. Voir BERNARD DE CLAIRVAUX, *DDD*, 10, p. 82-85.

> mémoire à la bouche par la douceur de la réflexion, et pour un nouvel
> et perpétuel effet de notre salut, par un affect toujours nouveau de la
> piété, en ruminant, à nouveau nous renfermons suavement dans la
> mémoire elle-même ce que pour nous tu as fait, ce que tu as souffert[67].

Ainsi, au sommet de son ascension spirituelle, la mémoire se voit investie
d'une efficacité sacramentelle qui se manifeste au travers d'une disposition
sensible. Dans sa dimension ascétique ou mystique, la mémoire apparaît
comme une faculté au service de l'affect, de même que le sacrifice du Christ
commémoré dans l'eucharistie fut un sacrifice par affect pour l'homme[68].
Pour les moines blancs, la *memoria* ne livre donc tout son éclat que lorsqu'elle
est sertie dans l'écrin de l'affect. C'est sans doute là l'une des principales
innovations cisterciennes dans le traitement de cette faculté spirituelle[69].

La raison cistercienne

On peut identifier deux approches principales de la raison : la raison naturelle,
faculté psychologique propre à la nature humaine et la raison contemplative,
orientation spirituelle vers la connaissance de Dieu.

La raison naturelle

Le concept de *ratio* chez les cisterciens dépasse largement le cadre de la faculté
psychologique. Comme chez Augustin, *ratio* exprime, au niveau ontologique,
la dignité même de la nature humaine marquée du sceau divin. On a déjà
établi la connexion entre la rationalité de l'âme et l'image de Dieu qui apparaît
dans toutes les facultés qui participent de la *mens*. Mais, quel que soit le
contexte dans lequel le terme *ratio* est utilisé, il porte aussi en lui l'expression
de la capacité naturelle à tendre vers Dieu. Il faut préciser immédiatement que
parmi les théologiens du XIIᵉ siècle, et notamment par rapport aux victorins ou
aux chartrains, les cisterciens sont sans doute ceux qui insistent le moins sur
l'analogie entre la raison humaine et la Raison éternelle. Dès lors, si la *ratio*
apparaît dans l'homme comme le reflet de l'image divine, c'est au travers de la
notion plus générale de rationalité (*rationalitas*). La créature porte en elle la
marque divine dans la mesure où elle est rationnelle. C'est par la puissance
rationnelle (*vis rationis*) que l'homme se distingue des animaux. Mais le concept
de la *ratio* comme *imago Dei* se trouve dilué dans celui de vie rationnelle (*vita
rationalis*) et ne conduit pas à reconnaître une priorité ontologique à la *ratio*

---

67. *Hoc est quod agitur cum facimus quod in tui commemorationem nos facere praecepisti,
quo in salutem filiorum tuorum nil dulcius, nil potuit provideri potentius, cum manducantes et
bibentes incorruptibile epulum corporis et sanguinis tui, sicut munda animalia tua, ab intestino
memoriae cigitandi dulcedine, quasi ad os reducimus, et in novum et perpetuum salutis nostrae
effectum, novo semper pietatis affectu ruminantes, rursum suaviter in ipsa recondimus memoria
quid pro nobis feceris, quid fueris passus.* GUILLAUME DE SAINT-THIERRY, *OM*, VIII, 7, p. 140-141.

68. Voir AELRED DE RIEVAULX, «Sermon XI», *CCCM* IIA, 6, p. 90.

69. Voir les remarques sur les affinités entre *memoria* et *affectus* de M. CARRUTHERS, Machina
memorialis, *op. cit.*, p. 26.

– comme faculté spirituelle – dans le processus de la conformation[70]. La notion de *ratio* contient donc en filigrane toute la théorie liée à la rationalité de l'image, propre à la tradition théologique, sans que la faculté rationnelle ait pour autant un rôle prédominant dans la participation de l'individu au plan divin. La *ratio* comme nature rationnelle de l'homme exprime la noblesse de l'esprit. En revanche, la *ratio* comme faculté psychique, quant à elle, participe de cette dignité au côté seulement des autres facultés spirituelles, et cela dans une proportion d'ailleurs qui ne lui donne pas toujours la première place. Les cisterciens attribuent deux fonctions essentielles à cette raison psychique : une fonction intellectuelle et une fonction morale.

La raison est d'abord la puissance par laquelle l'âme ordonne et structure la matière de l'expérience. La raison est la faculté d'abstraction par excellence : elle classe, organise, donne un sens à la matière brute de l'expérience sensible ; elle préside également aux raisonnements logiques et mathématiques. Elle donne ainsi une grammaire à l'activité intellectuelle. Pour reprendre le vocabulaire augustinien d'Aelred, si la mémoire se souvient et la volonté consent, la raison quant à elle discerne (*discernit*)[71]. Mais le choix de ce verbe invite à ne pas se tromper sur l'orientation de l'activité psychique de la raison. En effet, les cisterciens ne dissocient pas la dimension proprement intellectuelle de la raison de sa dimension arbitrale. Le *cogito* cistercien est une conscience de soi discernant la vérité de l'erreur, le bien du mal. Lorsque la raison discerne, elle juge en même temps. On peut qualifier cette activité de fonction discrétionnaire de la raison, au sens où, identifiant la nature d'un objet, elle prend conscience immédiatement de sa valeur morale. Dans le *Dialogue sur l'âme*, Aelred identifie ainsi deux modes de la raison : selon la nature (*secundum naturam*) et selon le jugement (*secundum judicium*)[72]. La raison selon la nature désigne aussi bien l'aptitude rationnelle de l'homme (*homo rationalis*) que cette faculté capable de faire la distinction entre le bien et le mal. Il s'agit pour ce second aspect de l'*arbitrium* du libre arbitre. La raison selon le jugement n'est autre que l'acte (*electio*) par lequel la raison naturelle rejette ce qui doit être rejeté et approuve ce qui doit être approuvé. C'est à proprement parler la raison morale, la raison droite qui correspond au bon usage de la raison (*electio boni*) pour Aelred. On comprend dès lors le sens de sa définition de la raison, où l'acte de discerner (*discernere*) est indissociable de celui de juger (*judicare*) :

> Donc, par la raison, [l'âme] discerne et juge toutes choses, examinant celle-ci comme droite et celle-là comme difforme, celle-ci comme juste et celle-là comme injuste, celle-ci comme bonne et celle-là comme mauvaise[73].

---

70. Voir R. Javelet, *Image et ressemblance*, I, *op. cit.*, p. 169-176.

71. Voir Aelred de Rievaulx, *DDA*, II, 24, p. 715.

72. *Ibid.*, II, 22, p. 714.

73. *Ratione vero de his omnibus discernit et judicat, hoc probans rectum, hoc distortum, hoc justum, illud injustum, beatum hoc, miserum illud.* Aelred de Rievaulx, *DDA*, II, 15, p. 711.

Lorsque Bernard de Clairvaux définit le rôle de la raison dans le libre arbitre, il emploie le même champ lexical qu'Aelred : la raison juge de tout[74]. Cette définition s'inscrit dans une citation de la première épître aux Corinthiens : «L'homme spirituel juge de tout» (*spiritualis homo omnia dijudicial*)[75]. Bernard ici ne cite pas Paul selon la Vulgate, qui propose *judicat*, mais se réfère sans doute à une leçon empruntée à un homéliaire carolingien[76]. Comme le remarque J. Figuet, le verbe *dijudicare* revêt la nuance de discerner mais également celle de décider (*statuere*)[77]. L'abbé de Clairvaux cite douze fois ce verset, il emploie à onze reprises *dijudicat* et une seule fois *judicat*. Il est donc clair qu'il utilise la forme *dijudicat* à dessein, comme le prouve le commentaire qu'il donne de ce verset :

> Ici, de fait, Paul n'a pas utilisé le verbe *judicare* mais le verbe *dijudi-care*, ce qui consiste à opérer un discernement (*discernere*) et à procéder à une mise à l'épreuve (*probare*)[78].

On retrouve l'origine du vocabulaire d'Aelred lorsqu'il parle des quatre fonctions de la puissance de jugement (*vis dijudicandi*) ou encore quand il emploie le verbe examiner (*probare*) dans sa définition de la raison. En somme, on peut dire que la raison bernardine et aelrédienne est avant tout une raison pratique dont l'orientation naturelle serait la rectitude spirituelle (*rectitudo spiritualis*). Cela signifie que si la raison peut être capable d'une certaine connaissance (*capax notitiae*), ce n'est que dans la mesure où elle est, auparavant, capable de sagesse (*capax sapientiae*) :

> Par la raison nous distinguons le vrai du faux, le juste de l'injuste, et puisqu'elle est capable de sagesse, c'est à travers elle qu'on accède à la connaissance de Dieu[79].

En ce sens, la dimension essentiellement morale à laquelle se rapporte la conception cistercienne de la raison comme faculté psychologique s'explique largement par le fait que celle-ci est considérée à partir de sa finalité mystique dans le processus de la conformation à l'image divine.

Raison contemplative et connaissance de Dieu chez Guillaume de Saint-Thierry

Sagesse de l'homme et connaissance de Dieu, tels sont les deux pôles vers lesquels doit tendre la raison[80]. Hors de cette double attraction, la raison

---

74. Voir Bernard de Clairvaux, *DGLA*, 4, p. 250.

75. *I Cor.* 2, 15.

76. Idée avancée par G. Lobrichon, dans Bernard de Clairvaux, *DGLA*, p. 250, note 2*.

77. Voir J. Figuet, dans Bernard de Clairvaux, *DGLA*, p. 250, note 2**.

78. *Non enim «judicare» hic posuit, sed «dijudicare», quod utique discernere et probare est.* Bernard de Clairvaux, *SD, 34,* 3, cité et traduit dans L. van Hecke, *Le désir dans l'expérience religieuse, op. cit.*, p. 211.

79. *Ratione distinguimus inter verum et falsum, inter justum et injustum, quae cum capax sit sapientiae, per ipsam ad Dei notitiam pervenitur.* Aelred de Rievaulx, *DDA*, II, 18, p. 713.

80. Voir la synthèse de P. Verdeyen, *La Théologie mystique de Guillaume de Saint-Thierry*, Paris, FAC-éditions, 1990 (coll. «Spirituels»).

n'est pas seulement errante, elle est comme handicapée, incomplète et atrophiée. C'est dire qu'un usage strictement intellectuel de la faculté rationnelle, tourné uniquement vers la compréhension de la matière, ne constitue pas seulement un mauvais usage, mais conduit à une forme d'automutilation. C'est ainsi qu'il faut comprendre le processus ascensionnel du *sensus* dans la *Lettre sur l'âme* d'Isaac de l'Étoile : la *ratio* est médiatrice entre la réalité sensible et l'esprit, l'*intellectus* donne la connaissance intuitive et l'*intelligentia* contemple les réalités éternelles. Ce schéma ascensionnel de la faculté rationnelle, qui répond parfois à une illumination de l'intelligence divine, se rencontre fréquemment dans les écrits des théologiens du XIIᵉ siècle[81]. Même Aelred de Rievaulx, qui assimile après Anselme de Canterbury *ratio* et *intellectus*, identifie une puissance intellectuelle (*vis intellectualis*) versée dans la contemplation de la vérité pure, confirmant le jugement de R. Javelet : «la *rationalité*, si elle permet la connaissance de Dieu, *n'est pas une ratiocination de faculté, mais l'engagement noétique de tout l'être*[82]». Parmi les penseurs cisterciens, la théorie de l'intégration de la raison à la contemplation de l'ordre divin trouve assurément son aboutissement chez Guillaume de Saint-Thierry, notamment dans le *Miroir de la foi* et l'*Enigme de la foi*. Toute la doctrine guillelmienne de la *cognitio* repose sur le principe d'un lien ontologique et inamissible entre la raison humaine et la connaissance de Dieu[83]. Or le concept d'affect joue en effet un rôle essentiel dans le processus de la connaissance de Dieu, notamment dans les degrés supérieurs de l'assimilation rationnelle. Ainsi Guillaume affirme dans le *Miroir de la foi* :

> Or, on ne comprend pas [les paroles et les actes du Verbe] seulement en les interprétant au sens mystique dans la réflexion qui est parole de science, mais avec beaucoup plus de douceur et d'efficacité par les affects d'un pieux amour, dans la méditation qui est parole de sagesse[84].

L'affect ne vient pas suppléer une raison défaillante, mais procure, dans un processus intégrateur, une connaissance supérieure :

> Mais l'amour de Dieu est à notre amour, à notre affect naturel pour lui, ce qu'est l'âme à notre corps. Si elle est en lui, il vit, sans quoi ce n'est qu'un cadavre qui ne sent plus ce qui serait à sentir. Lorsque l'homme vit et, sentant par l'amour, sent ce qu'il doit sentir, il est transformé en ce qu'il sent. L'affect de celui qui aime vaut plus en ce domaine que le

---

81. Voir R. JAVELET, *Image et ressemblance*, I, *op. cit.*, p. 169-170 et 174-175.

82. *Ibid.*, p. 172. C'est l'auteur qui souligne.

83. Voir J.-M. DÉCHANET, «*Amor ipse intellectus est* : la doctrine de l'amour-intellection chez Guillaume de Saint-Thierry», *Revue du Moyen Âge latin*, 1 (1945), p. 352 et D.N. BELL, *The Image and Likeness*, *op. cit.*, p. 167-172.

84. *Intelliguntur [facta et verba Verbi] autem non solum per mysticas interpretationes in cogitatione vel sermone scientiae, sed multo dulcius et efficacius per pii affectiones amoris in meditatione vel sermone sapientiae.* GUILLAUME DE SAINT-THIERRY, *SF*, 52, p. 68-69.

sens pour les choses corporelles ou l'intelligence pour les réalités rationnelles; l'homme ne fait qu'un seul esprit avec le Dieu qu'il aime[85].

Que l'homme accède à l'unité de l'esprit (*unitas spiritus*) par l'affect montre
bien qu'il ne s'agit pas d'une substitution de l'amour à l'intelligence, mais d'une
communion[86].

Comme pour la mémoire précédemment, la faculté rationnelle ne peut
approcher les vérités éternelles que si elle est accompagnée, portée, voire
transcendée par l'affect. C'est sans doute parce que dès l'origine, c'est-à-dire
dans les Écritures, «les réalités divines exprimées ne le sont nullement sous
leur mode propre, mais sous celui tel que l'affect humain pourra, de quelque
façon, saisir ce qui est exprimé[87]».

La volonté cistercienne

C'est dans le traité *La Grâce et le libre arbitre* de Bernard que l'on perçoit le
mieux la valeur nouvelle assignée à la volonté par les cisterciens. Au premier
abord, Bernard laisse peu de place à la volonté libre dans le processus de
salut. La seule dignité du libre arbitre, depuis la chute, est d'être capable de
salut[88]. Mais, derrière cette passivité et dépendance totale vis-à-vis de la grâce
divine, se profile malgré tout une efficacité de la volonté individuelle. D'abord
dans le principe du consentement : «Donc, où il y a consentement, il y a
volonté. Par suite, où il y a volonté, il y a liberté. Voilà pourquoi, je pense,
on l'appelle libre arbitre[89]». L'homme participe à son salut en orientant son
âme, en la disposant en état de réception par la force de sa volonté. En outre,
même si Bernard s'attache à montrer que la liberté s'est réduite comme peau
de chagrin à la suite du péché originel – avec la perte irrémédiable de tout
espoir d'ataraxie –, il n'en reste pas moins que chaque mouvement de la
volonté contient un indice de Dieu puisque c'est de lui que l'homme possède
la faculté même. Bernard intègre cette question du pouvoir de la volonté – le
libre arbitre étant déjà un acte de la volonté – à la dynamique de l'image et
de la ressemblance divines. C'est pourquoi l'anthropologie bernardine est
vigoureusement volontariste, quelles que soient les restrictions apportées au
champ d'initiative de cette même volonté. Non seulement le processus de la

---

85. *Amori vero nostro, affectui nostro illi naturali, sic est amor Dei, sicut corpori nostro anima
sua est. Si in ipso est, vivit; sin autem, nonnisi morticinum quoddam est, quod non sentit, quod
sentiendum est. Cum autem vivit homo, et sentiens per eum quod sentiendum est sentit, in id quod
sentit transformatur, plus in hoc valente amantis affectu, quam vel sensu in corporalibus, vel in
rationalibus intellectu et unus spiritus efficitur homo cum Deo, cui afficitur.* GUILLAUME DE SAINT-
THIERRY, *SF*, 65, p. 78-79.

86. Voir ID., *AF*, 84, p. 164.

87. *Res enim divinae cum hoc modo dicuntur, nequaquam suo modo dicuntur; sed eo modo
quo affectu humano utcumque capi possit, quod dicitur.* GUILLAUME DE SAINT-THIERRY, *AF*, 63,
p. 146-147. Traduction modifiée.

88. Voir BERNARD DE CLAIRVAUX, *DGLA*, 2, p. 244-245.

89. *Ubi ergo consensus, ibi voluntas. Porro ubi voluntas, ibi libertas. Et hoc est quod dici puto
liberum arbitrium.* BERNARD DE CLAIRVAUX, *DGLA*, 2, p. 248-249.

ressemblance, donc de la rédemption, se confond avec la restauration du pouvoir de la volonté, mais tout exercice de cette faculté, même mauvais, révèle l'éclat de la grâce créatrice. Cela signifie également que l'homme est un être dynamique par nature, incapable de bloquer le flux de consentir qui le parcourt[90]. En s'appropriant l'anthropologie augustinienne, les cisterciens font ainsi pencher la balance du côté de la puissance volontaire, qui devient le centre de gravité de l'identité psychologique et ontologique de l'individu. L'évolution est patente chez Bernard de Clairvaux et Aelred de Rievaulx mais elle transparaît aussi chez Guillaume, dont l'anthropologie est à première vue plus intellectualiste, au travers de la doctrine de l'*unitas spiritus*.

On distingue deux formes principales d'interrelation entre l'affect et la volonté : l'instance affective identifiée à la puissance volontaire et l'affect comme mouvement particulier de la volonté ou volonté en acte. On trouve les fondements d'une assimilation stricte de la puissance volontaire à l'instance affective avant tout chez Bernard de Clairvaux et Isaac de l'Étoile. On rencontre respectivement à quatre et trois reprises chez l'un et l'autre l'expression «l'affect ou/c'est-à-dire la volonté» (*affectus - affectio/id est - vel - sive/ voluntas*)[91]. Dans les trois sermons où l'identification affect/volonté est opérée par Isaac de l'Étoile, il s'agit à chaque fois de rappeler que la volonté doit rester sous le contrôle de la raison, comme si l'emploi en renfort des vocables *affectus* ou *affectio* permettait de mieux faire comprendre le risque d'insubordination de la volonté. Cependant, le plus souvent, la relation d'égalité entre la volonté et l'affect se manifeste sur un plan syntaxique dans l'énumération ou dans la juxtaposition. Ces structures expriment la même identité ontologique entre les deux concepts, comme lorsque Isaac réitère la nécessaire soumission de l'âme affective à l'âme intellective :

> De fait, ceux qui «sont sages pour accomplir le mal» (Jér. 4, 22) ont une conscience déréglée : en eux, la raison est esclave et l'affect commande, la volonté a l'initiative et la raison suit, et aussi la convoitise du cœur se sert de la raison contre la raison[92].

S'il apparaît que l'abbé de l'Étoile fait encore référence dans cet exemple à l'affect et à la volonté comme instances spirituelles, la forme *affectus et voluntas* désigne en général la puissance volontaire en acte[93]. Le fait est manifeste lorsque les deux vocables sont employés au pluriel. Ainsi quand

---

90. Pour une analyse approfondie, voir D. BOQUET, «Le libre arbitre comme image de Dieu : l'anthropologie volontariste de Bernard de Clairvaux», *Collectanea cisterciensia*, 65 (2003), p. 179-192 ou : http://www.citeaux.net/collectanea/Boquet.pdf.

91. BERNARD DE CLAIRVAUX, *SD*, *SBO*, VI-I, 113, p. 391 ; *SCC*, SC 452, 42, 7, p. 216-217 ; «*Sermo 3 in Ascensione domini*», *SBO*, V, 4, p. 133 et 7, p. 135. Pour ISAAC DE L'ÉTOILE, voir «Sermon 46», SC 339, 10, p. 124-125 ; «Sermon 4», SC 130, 17, p. 140-143 et «Fragment 1», SC 339, p. 290-291.

92. *Qui enim* sapientes sunt ut malum faciant, *inordinatam habent conscientiam, ubi ratio servit et dominatur affectus, praeit voluntas et ratio sequitur, utitur quoque ratione contra rationem cordis concupiscentia.* ISAAC DE L'ÉTOILE, «Sermon 46», SC 339, 11, p. 124-127. Traduction modifiée.

93. Voir ID., «Sermon 5», SC 130, 16, p. 154-155.

Aelred précise à Jean que l'âme, soumise aux variations temporelles, ne possède pas l'immortalité à l'égal de Dieu : «on ne saurait le dire de l'âme qui est tiraillée par des affects et des volontés divers[94]». Parfois, l'équivalence volonté/affect s'inscrit dans une énumération plus longue :

> Donc, j'ai dit que cette sorte d'humilité volontaire n'était pas le fruit d'un raisonnement logique, mais d'une infusion intime de la charité, car elle provient du cœur, de l'affect, de la volonté[95].

L'accumulation permet alors de cerner au plus près la nébuleuse des activités spirituelles :

> Il est cependant utile, frères, de déterminer, par le discernement spirituel et l'observation attentive, la source de tout ce qui se lève en nous, les origines des pensées et des affects, les racines des désirs et des vouloirs aussi bien que des suggestions et des délectations[96].

Isaac distingue en effet dans cette construction binaire les champs d'activité spécifiques de l'intellect et de l'affect : pensées, désirs, ainsi que suggestions participent ici de l'âme raisonnante ; affects, volontés et délectations de l'âme sensible. Guillaume utilise souvent un procédé semblable[97], et c'est lui qui identifie sans doute le plus clairement l'acte volontaire à un affect, dans son traité *La Nature et dignité de l'amour* : «La volonté est un affect simple mis dans l'âme raisonnable, pour la rendre aussi capable de bien que de mal[98]». L'affect est bien considéré ici comme un mouvement de la volonté, de la même façon que la définition de la volonté dans *La Grâce et le libre arbitre* de Bernard, comprise comme mouvement rationnel (*motus rationalis*), s'applique moins à la faculté volontaire comme puissance que comme action. Pour Guillaume, une succession d'affects orientés vers le bien concourent donc à la maturation d'une volonté bonne : «De même que la fleur brûle d'éclore à l'intérieur du fruit, de même la volonté bonne dans l'affect[99]». À l'opposé, un affect désordonné, comme celui qui ne vise qu'à se préoccuper de son intérêt personnel, n'est autre que la manifestation d'une volonté égoïste :

> En effet, cet affect suggère toujours la mollesse et le bien être ; il fait accueillir avec empressement ce qui est agréable, source de plaisir,

---

94. *Quod quidem de anima dici non debet, quae per diversos affectus et voluntates distrahitur.* Aelred de Rievaulx, *DDA*, I, 12, p. 688.

95. *Propterea dixi hanc voluntariae humilitatis speciem non redargutione veritatis, sed caritatis intra nos infusione creari, quia cordis est, quia affectionis, quia voluntatis...* Bernard de Clairvaux, *SCC*, SC 452, 42, 8, p. 218-219.

96. *Discretione tamen, fratres, rationabili operae pretium est, et vigilantia sensus, dijudicare, unde omnia nobis oriantur in nobis, quae sint cogitationum affectuumque origines, desideriorum ac voluntatum, suggestionum quoque ac delectationum radices.* Isaac de l'Étoile, «Sermon 29», SC 207, 13, p. 176-177.

97. Voir Guillaume de Saint-Thierry, *DCD*, 1, p. 58-59.

98. *Per se enim voluntas simplex est affectus sic animae rationali inditus ut sit capax tam boni quam mali...* Guillaume de Saint-Thierry, *DNDA*, p. 76.

99. *Sicut flos maturescere gestit in fructum sic voluntas bona in affectum.* Guillaume de Saint-Thierry, *ECC*, 102, p. 230-231.

raffiné, mais il fait éviter et fuir avec horreur ce qui est dur, difficile, contraire à la volonté[100].

Cette conception de l'affect comme activation de la volonté se voit également confirmée par l'utilisation fréquente de l'expression affect de la volonté (*affectus voluntatis*). Elle apparaît six fois chez Augustin, toujours avec le vocable *affectus*, et il en va de même dans les écrits cisterciens[101]. La formule se rencontre ainsi chez Bernard de Clairvaux[102], Guillaume de Saint-Thierry[103] ou encore Aelred de Rievaulx :

> Mais une certaine apparence de joie trompe le réprouvé par le biais d'un affect de sa volonté, et il s'épuise en assouvissant ses désirs dans des jouissances illusoires[104]…

Le principe d'une connaturalité des deux concepts est plus évident encore lorsque l'adjectif *voluntarius* est substitué au complément de nom *voluntatis*. Si dans l'expression *affectus voluntatis*, un certain doute persiste quant à la valeur de l'affect (mouvement volontaire à part entière ou simple agent d'activation de la volonté ?), la locution affect volontaire (*affectus voluntarius*) ne laisse quant à elle aucun doute, ni sur l'épaisseur spirituelle de l'affect comme élan ni sur son articulation avec la volonté. Bernard ainsi peut dire qu'un affect volontaire (*affectio voluntaria*) est d'une certaine manière inné[105]. Guerric pour sa part parle d'affect libre (*liber affectus*)[106].

Ainsi, dans le cadre de cette lecture augustinienne mémoire/raison/volonté de la vie de l'esprit, la faculté volontaire est placée ostensiblement par les moines blancs au cœur de la psychologie de l'individu. Faculté dynamique par excellence, la volonté, libre et rationnelle, assimile d'une certaine manière la matière fournie par la mémoire et la raison dans un processus actif, à l'aune duquel se mesure l'étendue de la participation de l'individu à son propre salut. La volonté est au centre de la dynamique de l'être au sens où elle intègre les autres facultés. Elle est en quelque sorte le point de fuite vers lequel convergent les lignes maîtresses qui structurent la perspective de l'esprit.

---

100. *Semper etenim affectus iste mollia suggerit et suavia ; quod jucundum, quod tenerum, quod voluptuosum, quod delicatum libenter amplectitur ; quod vero arduum, quod asperum, quod voluntati contrarium, omni horrore refugit et evitat.* AELRED DE RIEVAULX, *DSC*, III, 61, p. 134 ; *MC*, p. 225.

101. On trouve ainsi chez AUGUSTIN quatre fois la forme *affectus voluntatis*, voir *Epistulae*, *CSEL* 34-2, 1, p. 742 ; «Sermon 313», *PL* 38, col. 1423 ; *La Trinité*, III, 1 ; *De Gratia Christi et de peccato originali*, *CSEL* 42, 15, p. 138. On rencontre une fois *affectus bonae voluntatis*, *EIP*, *CCSL* 38, ps. 36, sermo 2, 1, et une fois *affectus diversarum voluntatum*, *IJET*, *CCSL* 36, tract. 2, 2, p. 12.

102. Voir BERNARD DE CLAIRVAUX, « *Sermo in festo sancti Martini*», *SBO*, V, 16, p. 410.

103. Voir GUILLAUME DE SAINT-THIERRY, *LO*, 224, p. 324.

104. *Verum quia reprobum quemque in qualiscumque suae voluntatis affectu species quaedam jucunditatis eludit, in desideriorum expletione delectatio falsa dissolvit...* AELRED DE RIEVAULX, *DSC*, I, 63, p. 39 ; *MC*, p. 79.

105. Voir BERNARD DE CLAIRVAUX, *SCC*, SC 431, 23, 7, p. 212.

106. Voir GUERRIC D'IGNY, «Premier sermon pour la Nativité», SC 166, 2, p. 170-171.

Ce processus d'intégration spirituelle mis au jour pour la volonté bénéficie également au concept d'affect. On avait relevé déjà quelques indices lors de l'analyse de la mémoire et de la raison, dont l'activité semblait atteindre son point culminant dans une fusion avec l'affect. Il ne s'agissait pas d'éléments isolés mais de signes précurseurs d'une anthropologie tournée vers l'instance affective. La portée d'un tel rapprochement affect/volonté est considérable, car elle conduit à mettre l'affect au centre de l'intelligibilité de la personnalité psychologique. Plus que toute autre activité de l'esprit, l'élan affectif traduit la tension de tout l'être et il n'est pas exagéré de dire que les cisterciens, qui renforcent la perspective d'Augustin, engagent l'affect à la pointe de l'âme. L'instance affective apparaît non seulement comme le centre dynamique de l'identité psychologique, mais aussi comme le nœud dialectique de la restauration, et donc le moteur spirituel dans la quête du salut.

Ces chapitres sur l'économie de l'affect dans l'anthropologie cistercienne laissent ainsi apparaître plusieurs enseignements. Le premier concerne la cohérence d'une notion qui semble particulièrement polyvalente : on a vu en effet que l'affect est tantôt l'expression d'un dynamisme vital, tantôt l'organe de la sensibilité de l'âme, tantôt la force rationnelle qui rapproche l'esprit des réalités célestes. Ce schéma, paradoxal au premier abord, laisse rapidement transparaître en filigrane toute l'histoire chrétienne de la notion. L'affect cistercien est en fait rigoureusement structuré par la force de la tradition. On mesure alors, dans un deuxième temps, que cette polysémie est au cœur de la théorie de l'homme : pour les cisterciens, l'affect est la force qui rassemble la nature disparate de l'homme post-adamique et prépare ainsi les conditions non seulement de sa restauration mais aussi de sa déification. Enfin, un troisième enseignement concerne la nature exacte de la relation entre le discours cistercien et le langage commun de la tradition. On a pu mesurer l'empreinte augustinienne sur l'anthropologie cistercienne, visible aussi dans la théorisation de l'affect, très étroitement liée à celle de la volonté rationnelle. Néanmoins, sous les eaux calmes de la continuité doctrinale, on perçoit les secousses d'une houle profonde. La forte valorisation de la volonté participe en effet d'un processus global de promotion de l'instance désirante. Dès lors, les éléments sont réunis pour accéder à une dernière étape : celle de l'autonomisation de l'affect dans l'être, et de sa promotion en véritable source de tout dynamisme du désir.

7.

L'INSTANCE AFFECTIVE
DANS LA PSYCHOLOGIE DE L'AMOUR

L A MOTIVATION première de la réforme cistercienne, au plan spirituel, est de définir les bases d'une école de l'amour divin, comme l'annonce par son titre le manifeste du nouvel ordre, la *Charte de charité*. Pour les moines blancs, la science de Dieu, l'intelligence du monde, et la rédemption de la créature rationnelle se révèlent dans la lumière de cette force qui traverse l'être, l'amour. Il n'est pas de notion qui soit déclinée avec une telle richesse de nuances. La cupidité, la convoitise, la curiosité mais aussi la volonté, le désir, la dilection, la charité, tous ces concepts qui cisèlent la spiritualité cistercienne au XIIᵉ siècle sont façonnés dans la même matière, celle de l'amour. L'affect aussi. Mais si la notion d'amour est le sésame pour accéder à l'esprit cistercien, le mot *amor* n'est qu'une clef parmi d'autres. Bien plus, lorsque les théologiens cisterciens s'essaient à donner une définition de l'*amor*, on a parfois l'impression d'être enfermé dans un cercle : l'amour est un affect, l'affect une volonté et la volonté un amour. Ce jeu de miroirs, cet entrecroisement de reflets peut sembler vain. Car ils le disent eux-mêmes, ce qui importe, c'est l'au-delà du miroir. Pourtant, n'est-ce pas en se plaçant au centre de cette ronde que l'homme approche au plus près la réalité qui se cache derrière? N'est-ce pas en ce point précis que s'offre à ses yeux, de tous côtés, un espace immense, apparemment sans limite? Certes, cet horizon sans borne n'est qu'une illusion, masquant l'étroite prison intérieure de sa propre finitude, mais une illusion qui donne une idée, même dérisoire, de la réalité de l'Infini. En ce sens, elle n'est pas tromperie mais anticipation. Donc une vision.

Cependant, si ce jeu de miroirs définitionnels, relayé par la richesse du champ lexical de l'amour, peut trouver une justification métaphysique, on est davantage étonné devant la rareté des tentatives pour expliquer le mécanisme de l'amour à un niveau psychologique. Les cisterciens recensent avec précision les objets vers lesquels peut se porter l'amour : amour de soi, amour du prochain, amour de Dieu. Les nouveaux moines récapitulent longuement la liste des désirs terrestres : amour des richesses, des honneurs, des plaisirs sensuels mais aussi amour de la pauvreté, de l'humilité, de la continence. Ils les classent avec soin dans des catégories, celles du vice et de la vertu, élaborent les conduites qui permettront de fuir la première et d'épouser la seconde, sont intarissables sur les pratiques d'ascèse ou de dévotion. Pourtant, ils demeurent peu diserts sur le fonctionnement même du processus amoureux. Comment aime celui qui aime? Un auteur rompt malgré tout avec cette réserve : Aelred de Rievaulx.

Le moine consacre en effet à cette question de la nature psychologique de l'amour une part importante du livre III du *Miroir de la charité*, composé vers 1142-1143 alors qu'il occupe la charge de maître des novices à Rievaulx. On peut penser que sa rencontre avec Bernard lors d'une mission sur le continent a été décisive puisque l'ouvrage est préfacé par une lettre de ce dernier qui l'enjoint de mener à bien son projet. Il est fort probable aussi que la matière de l'ouvrage existait déjà avant 1142, et le ton même de la commande de Bernard laisse entendre que la réflexion d'Aelred sur le sujet est bien avancée. En choisissant le genre du miroir (c'est Bernard cependant qui propose le titre), Aelred cède à l'air du temps[1]. À peu près à la même époque, Guillaume de Saint-Thierry rédige lui-aussi un *Miroir de la foi*. C'est un genre qui se rattache symboliquement à la formule paulinienne, «nous voyons maintenant au travers d'un miroir et en énigme[2]», et se caractérise par «l'unification de deux fonctions différentes, celle de la connaissance de soi et celle de la vision indirecte des réalités supérieures[3]». Cette définition ouverte convient parfaitement au *Miroir de la charité* qui se présente dans ses trois livres comme un guide de la vie monastique. Aelred y développe longuement comment la communauté monastique, par la force de la charité comme amour mutuel, peut s'élever collectivement jusqu'à la contemplation.

Dans le livre III, les chapitres 7 à 31 constituent, selon l'expression de J. McEvoy, un véritable «traité sur les *affectus*[4]». Il est vrai que cette partie du *Miroir* forme un tout cohérent qui pourrait exister indépendamment du reste de l'ouvrage, bien que ce développement ne soit pas consacré exclusivement à la notion d'affect. L'objectif d'Aelred est de cerner la manière dont la charité doit se manifester, autrement dit de déchiffrer le processus psychologique de l'amour de charité afin de pouvoir finalement définir une pratique vertueuse de cet amour, en insistant sur les liens interindividuels.

---

1. Voir E.M. JONSSON, «Le sens du titre *Speculum* aux XIIe et XIIIe siècles et son utilisation par Vincent de Beauvais», dans *Vincent de Beauvais : Intentions et réceptions d'une œuvre encyclopédique au Moyen Âge. Actes du colloque de l'Instititut d'Études Médiévales (27-30 avril 1988)*, Paris, Bellarmin-Vrin, 1990 (Cahiers d'Études Médiévales, Cahier spécial, n° 4), p. 11-32.

2. Première épître aux Corinthiens, 13, 12.

3. Voir E.M. JONSSON, «Le sens du titre *Speculum*», art. cité, p. 13.

4. J. McEVOY, «Les *affectus* et la mesure de la raison dans le livre III du *Miroir*», art. cité, p. 111.

LES DÉFINITIONS DE L'AMOUR

La charité est pensée par les cisterciens comme une déclinaison de l'amour : « il est évident que la charité est un amour, mais il est non moins évident que tout amour n'est pas charité[5] ». En outre, dans *L'Amitié spirituelle*, l'abbé de Rievaulx définit l'*amor* comme un affect de l'âme rationnelle[6]. Dans le livre II du *Miroir*, il identifie l'amour à la volonté, et la volonté-amour de Dieu pour la créature à l'Esprit-Saint. Dans le paragraphe 20 du livre III, il offre encore une autre définition. Ici, le moine anglais se fonde sur l'usage commun du terme et distingue deux acceptions :

> L'usage courant du terme montre que le mot amour est employé dans deux sens différents ; car on appelle amour une certaine force ou puissance de l'âme raisonnable grâce à quoi elle possède naturelle-ment la faculté d'aimer (*facultas amandi*) ou de ne pas aimer quelque chose. Et l'on appelle aussi amour l'acte de cette même âme raisonnable quand elle met cette force en exercice, que ce soit à bon ou à mauvais escient ; l'on ajoute alors habituellement un complément et l'on parle par exemple de l'amour de la sagesse, de l'amour de l'argent : il s'agit nécessairement soit d'un amour bon soit d'un amour mauvais[7].

La notion d'*amor* recouvre donc, comme celle d'*affectus*, deux réalités : la capacité d'aimer et sa manifestation effective, autrement dit un pouvoir de l'âme et l'acte de l'âme exerçant ce pouvoir. Cependant, malgré cette simili-tude, il apparaît difficile d'accorder pleinement les deux définitions de l'*amor*, celle de *L'Amitié spirituelle* et celle du livre III du *Miroir de la charité*.

En effet, dans *Le Miroir de la charité*, mais aussi de façon ponctuelle dans *L'Amitié spirituelle*, l'abbé semble considérer que l'affect et la faculté d'aimer sont deux forces de l'âme ontologiquement distinctes. À aucun moment dans le *Miroir*, il ne dit que la faculté d'amour est un *affectus*, mais une puissance ou nature (*vis sive natura*). Cette expression, qu'il utilise aussi pour qualifier le libre arbitre[8], désigne de façon générale une puissance de l'âme. De surcroît, Aelred n'a pas modifié sa position dans *L'Amitié spirituelle* puisqu'il renvoie d'une part à son étude de l'affect dans le *Miroir* et qu'il continue d'autre part, à la fin du livre I de ce même traité sur l'amitié, à supposer une orientation naturelle de l'homme vers l'amour, indépendante de l'affect propre-ment dit :

---

5. *Et manifestum quidem est quod caritas amor sit, quanquam non minus manifestum, quod non omnis amor caritas sit.* Aelred de Rievaulx, *DSC*, III, 20, p. 114 ; *MC*, p. 195.

6. Voir Id., *DSA*, I, 19, p. 292.

7. *Dupliciter igitur amorem dici, animadversa loquendi consuetudo demonstrat. Dicitur enim amor animae rationalis vis quaedam sive natura, qua ei naturaliter inest ipsa amandi aliquid, non amandive facultas. Dicitur et amor ipsius animae rationalis quidam actus vim illam exercens, cum ea utitur vel in his quae oportet, vel in his quae non oportet, qui quidam actus cum addita-mento amor appellari solet ; verbi gratia amor sapientiae, amor pecuniae, quem utique amorem vel bonum necesse est esse vel malum.* Aelred de Rievaulx, *DSC*, III, 20, p. 114 ; *MC*, p. 195.

8. *Ibid.*, I, 29, p. 24.

> Voilà comment, dès l'origine, la nature a imprimé en l'être humain un
> affect pour l'amitié et la charité, que le sentiment intérieur d'amour
> (*sensu amandi*) a aussitôt développé en lui donnant d'en goûter la
> suavité[9].

Dans ce passage, Aelred distingue nettement l'affect et le sens de l'amour (ce
sensus amandi est-il l'équivalent de la *facultas amandi*?). Le cistercien s'inspire ici largement du *De Amicitia* de Cicéron qui pose l'amitié comme une
adplicatio animi :

> C'est donc la nature, à mon avis, plutôt que le besoin, qui est à la
> source de l'amitié, une inclination de l'âme (*adplicatione animi*) accom-
> pagnée d'une certaine disposition à aimer (*sensu amandi*), plutôt que
> le calcul du profit qu'on en retirera[10].

Ainsi, inclination naturelle et sens intérieur étaient déjà présents chez
Cicéron et Aelred se contente d'adapter la terminologie. Pour l'abbé, l'affect
provoque le *sensus amandi*, qui à son tour modèle, amplifie l'affect; mais ce
dernier n'est visiblement pas constitutif du sens intérieur. Il faut donc reconnaître un certain flottement dans la terminologie aelrédienne, résultant en
partie de la double acception des vocables *amor* et *affectus* qui correspondent tantôt à une puissance de l'âme, tantôt à l'actualisation de cette même
puissance. Par conséquent, il est parfois difficile de savoir à quelle acception
l'abbé fait référence, et il semble bien que dans son esprit la distinction ne
soit pas toujours claire.

En tant que faculté imprimée dans l'âme par le Créateur, la capacité d'aimer
est nécessairement un bien. C'est en effet par l'usage de son libre arbitre que
l'homme oriente ensuite cette faculté dans un sens bon ou mauvais[11]. Le
mauvais usage de la faculté d'amour, l'abbé le nomme convoitise (*cupiditas*)
et le bon usage, charité (*caritas*)[12]. L'attention du moine se portera donc sur
l'amour en acte, selon la seconde acception du terme. Il identifie trois
moments dans l'usage de la faculté d'amour : le choix (*electio*), le mouvement
(*motus*), la jouissance (*fructus*)[13].

---

9. *Ita natura mentibus humanis, ab ipso exordio amicitiae et caritatis impressit affectum,
quem interior sensus amandi quodam gustu suavitatis adauxit.* AELRED DE RIEVAULX, *DSA*, I, 58,
p. 299; *AS*, p. 33.

10. *Quapropter a natura mihi videtur potius, quam ab indigentia orta amicitia; adplica-
tione magis animi cum quodam sensu amandi, quam cogitatione quantum illa res utilitatis esset
habitura.* CICÉRON, *DA*, 27, p. 19.

11. Voir AELRED DE RIEVAULX, *DSC*, III, 20-21, p. 114.

12. *Ibid.*, III, 21, p. 115.

13. *Ibid.*, III, 22, p. 115.

LES TROIS ÉTAPES DE L'ACTE D'AMOUR

Le choix

L'acte d'amour ne vaut que par la fin qu'il vise, la jouissance [14]. Ce n'est pas l'identification accidentelle d'un objet désirable qui provoque, dans un second temps, le mouvement du désir mais plutôt le penchant intrinsèque de l'homme au plaisir qui le pousse à jeter son dévolu sur tel ou tel objet. Le manque précède le besoin, au point que le cistercien anglais affirme qu'aimer et jouir sont une seule et même chose : «l'usage, c'est ce que, pour le dire d'un mot, nous appelons la jouissance [15]». Le cistercien se démarque ainsi de la doctrine patristique en posant le plaisir comme un corollaire immédiat de l'élan amoureux, et non comme une conséquence de sa satisfaction.

Puisque l'homme est par nature en quête de bonheur, il lui faut identifier un bien qui le conduira à cet état : «Ensuite, quel que soit ce qu'il imagine pouvoir le rendre heureux, il le choisit sans tergiverser pour en jouir [16]». À ce stade, c'est la faculté d'amour, comme disposition rationnelle, qui opère le choix, même si celui-ci constitue la première étape de l'acte d'aimer : l'amour comme puissance demeure tout entier présent dans l'amour comme élan. Ce ne sont pas deux éléments séparés, puisque le second n'est que l'élément moteur du premier. Si cette phase préliminaire ne constitue pas le mouvement à proprement parler, elle y participe sur un plan logique en tant que préalable nécessaire. Dès lors, le choix de l'objet à désirer s'effectue en deux moments successifs : l'identification et la désignation. Dans un premier temps, c'est la raison qui opère, en distinguant tel objet plutôt que tel autre comme digne d'être désiré. La raison n'intervient pas indépendamment de la faculté d'amour, mais avec elle. Selon le principe d'unité de la substance spirituelle, la raison est la compagne (*comes*), plus encore pourrait-on dire les yeux, de la faculté d'amour. On reconnaît la fonction discrétionnaire de la raison, non la fonction morale. Le choix est rationnel, sans pour autant être obligatoirement raisonnable. Par cet acte de discernement, la faculté d'amour devient d'emblée consciente de son choix, et donc l'individu se trouve responsable de tout mouvement de désir à venir. Cependant, le mouvement de désir n'est pas encore enclenché, et si le bien est identifié comme tel, c'est-à-dire comme espoir de plaisir, il n'est pas encore voulu. C'est dans un second temps que le bien identifié est investi du statut de bien désirable : «mais c'est le propre de la faculté d'amour de choisir ce dont on veut jouir [17]». Dans la première phase du

---

14. Voir J. McEvoy, «Les *affectus* et la mesure de la raison», art. cité, p. 115.

15. *Quem usum, ut uno verbo appelletur, fructum vocamus.* Aelred de Rievaulx, *DSC,* III, 24, p. 116; *MC,* p. 197. Sur la distinction *uti/frui* due à Augustin, voir É. Gilson, *Introduction à l'étude de saint Augustin, op. cit.,* p. 217-223.

16. *Deinde quidquid illud est, cujus se fructu beari posse confingit, sine omni ambiguitate sibi eligit ad fruendum.* Aelred de Rievaulx, *DSC,* III, 22, p. 115; *MC,* p. 196.

17. *...amoris autem quod voluerit ad fruendum eligere.* Aelred de Rievaulx, *DSC,* III, 22, p. 115; *MC,* p. 197.

discernement, l'homme possède encore la liberté de se rétracter ; en
revanche, dès qu'il implique son vouloir dans le choix, il devient comptable
de son désir, même si celui-ci est encore, pour ainsi dire, en gestation. Dans
le choix, on assiste ainsi à la mise en place des acteurs qui vont participer
à la deuxième étape, le mouvement. Ces deux figures sont la raison discrétionnaire et la volonté arbitrale. Ce sont en effet les fonctions arbitrales de
la raison et de la volonté qui sont évoquées ici, plutôt que leurs fonctions
proprement dynamiques. Aelred le précise explicitement pour ce qui est de
la raison, mais il faut l'entendre de la même façon s'agissant de la volonté.
En effet, il ne confond pas le fait de désigner un bien comme désirable et
le fait de le désirer. Cette intervention initiale de la puissance volontaire se
fait sous la forme du consentement (*consensus*) [18]. Il n'empêche que cette
phase n'est pas purement statique mais qu'elle constitue un acte, ce qui
permet à Aelred de rappeler que si les puissances impliquées conservent
leur bonté naturelle, le choix en revanche demeure susceptible de jugement
moral [19].

Le mouvement

Comme le choix, le mouvement de la faculté d'amour se divise en deux
éléments :

> Ce mouvement se dirige vers deux réalités : intérieurement vers le
> désir, extérieurement vers l'action ; vers le désir quand l'esprit, par un
> mouvement et une aspiration intérieurs, tend vers ce dont il juge devoir
> jouir ; vers l'action quand une secrète impulsion de la faculté d'amour
> le pousse à agir extérieurement [20].

On retrouve probablement ici un écho de la distinction bernardine entre les
affects intérieurs (*in nobis*) et les affects extérieurs (*ad alia*). En outre, comme
pour le choix précédemment, c'est la faculté d'amour qui est en acte dans le
mouvement, si bien que le mouvement lui-même peut être appelé amour. En
ce sens, si l'acte d'amour peut demeurer au stade de désir (visée seulement
intérieure du bien), l'action ne saurait exister sans que le désir ne la précède,
de la même façon que la désignation de l'objet dans le choix présupposait le
discernement rationnel. En somme, dans l'action, la faculté d'amour se donne
les moyens de posséder le bien désiré. La volonté est cette fois totalement
impliquée, non plus seulement sous la forme du consentement mais sous la
forme visible d'agissements (*agendum*).

18. Voir AELRED DE RIEVAULX, *DSC*, III, 28, p. 118.

19. *Ibid.*, III, 23, p. 115.

20. *Fit autem motus ejus ad duo, vel interius ad desiderium, vel exterius ad actum. Ad desiderium, cum ad id quo fruendum judicaverit, animus se motu quodam interno et appetitu extendit.
Ad actum, cum mentem ad aliquid etiam exterius agendum, amoris ipsius vis quaedam occulta
compellit.* AELRED DE RIEVAULX, *DSC*, III, 29, p. 118 ; *MC*, p. 201. Traduction complétée.

La jouissance

La troisième phase de l'acte d'amour est assurément la plus importante. Pour cela même, Aelred ne s'attarde pas sur cette ultime phase dans cette partie du *Miroir*. Ce qui l'intéresse ici, c'est de décrypter le processus amoureux dans sa dimension psychologique. En revanche, c'est dans le reste du traité qu'il faut chercher les éléments pour comprendre la nature de la jouissance, spécialement au début et à la fin du livre III qui encadrent la réflexion autour du processus amoureux.

Au moment où il définissait l'affect, Aelred répondait à la question : pourquoi l'homme est-il un être de jouissance? Dans le livre III du *Miroir*, il complète son analyse et répond à trois nouvelles questions. La première est : de qui faut-il jouir? La seconde : qu'est-ce que jouir? La réponse à ces deux premières questions est essentiellement développée dans le début du livre III, au travers des trois sabbats symbolisant la dilection pour soi, pour le prochain et pour Dieu. Toute la fin du *Miroir de la charité* est consacrée quant à elle à la troisième question, qui est à l'origine de ce «traité des affects» : par quels actes doit-on jouir de soi, du prochain et de Dieu? On apprend alors que la jouissance n'est donc autre que la charité fraternelle qui est l'objet même de l'ouvrage.

L'AFFECT ET LA RAISON COMME AIGUILLONS DE L'AMOUR

Quant à l'acte d'amour en soi, l'abbé en identifie deux origines possibles : la raison (*ratio*) et l'affect (*affectus*)[21]. Chaque élan d'amour est initié par la raison, par l'affect ou par une action conjointe des deux. La raison et l'affect, dans leur fonction de stimulation de la faculté d'amour, agissent sur un pied de stricte égalité. L'affect, au même titre que la raison, est donc bien considéré comme une force de l'âme. Il est vrai que cette force est envisagée uniquement dans sa dimension dynamique, mais cette approche se justifie par le fait que lorsque l'abbé étudie le processus psychologique de l'élan amoureux, il ne considère alors la faculté d'amour qu'en acte. Or, c'est exactement la même chose qui se produit pour l'affect. Pour autant, il y a deux lectures distinctes du rôle de l'affect dans l'acte d'amour : dans le *Miroir*, l'affect, comme instance et inclination de l'âme, agit comme stimulus de la faculté d'amour; dans *L'Amitié spirituelle*, c'est l'acte d'amour qui est qualifié lui-même d'affect.

La raison

Il faut bien distinguer la raison qui agit en tant qu'aiguillon de l'amour et la raison qui préside au choix de l'objet à aimer. Si dans les deux cas, c'est la

---

21. Voir AELRED DE RIEVAULX, *DSC*, III, 30, p. 119.

même puissance spirituelle qui opère, elle est cependant envisagée dans deux missions bien spécifiques. Pour le choix, Aelred faisait référence à la fonction discrétionnaire de la raison, alors qu'ici c'est la raison morale qui intervient pour aiguillonner l'amour. Elle renvoie directement à la conscience que l'homme peut avoir de son statut de créature raisonnable capable de Dieu. Aelred mêle alors le rationnel et le raisonnable. En effet, lorsque l'homme aime, on doit dire qu'il aime rationnellement puisque la raison discerne toujours le bien convoité. L'accord peut être tacite, enfoui au plus profond de l'être, mais son effectivité ne saurait être remise en cause. Cet amour est bon ou mauvais car la désignation du bien ne préjuge en rien de sa valeur morale. En revanche, le mobile raisonnable qui fait aimer est toujours un bien, en conformité avec l'ordre naturel de l'être. L'impulsion de la raison prend alors nécessairement la forme du désir de Dieu, même si c'est dans une perspective intéressée et égoïste. L'intérêt personnel est double. Le premier objectif est négatif : éviter la damnation. Le second est positif : obtenir la glorification. Quant au mérite propre de Dieu, le moine anglais renvoie à l'argument johannique de l'antériorité métaphysique de l'amour de Dieu. Pour cette raison même, la réponse du chrétien à cet amour devient la condition existentielle de son propre bonheur. Mais pour qu'il y ait acte d'amour sous impulsion raisonnable, il faut que la volonté prenne le relais, au niveau du choix tout d'abord, sous la forme du consentement, puis lors des deux étapes du mouvement, le désir et l'action. Le rôle de la raison ne se limite donc pas à celui d'une stimulation initiale de la faculté d'amour, relayée par le dynamisme de la volonté, mais les deux puissances – la raison et la volonté – agissent de concert à chaque étape. Un acte d'amour sous l'impulsion de la raison apparaît comme un mouvement de la volonté raisonnable. Parmi les commandements qui doivent gouverner la raison, Aelred considère que le premier d'entre eux est la dilection pour le prochain. Il distingue alors trois catégories de prochain :

> Or, tout prochain est soit un ami, soit un non-ennemi, soit un ennemi.
> C'est un ami parce qu'il nous fait ou nous a fait du bien ; ce n'est pas
> un ennemi parce qu'il ne nous fait pas de mal et ne nous en a pas fait ;
> c'est un ennemi parce qu'il nous porte ou nous a porté préjudice. C'est
> un ami en raison des liens du sang ou de la sympathie ; ce n'est pas un
> ennemi en raison de la non-nuisance ; c'est un ennemi en raison des
> torts [22].

L'abbé conçoit trois motifs raisonnables de se dépenser pour un ami : parce qu'il est un membre de la famille, pour service rendu, ou parce que c'est conforme au précepte évangélique. Pour un non-ennemi, il y a deux motifs : c'est un être humain et c'est conforme au commandement. Pour l'ennemi,

---

22. *Omnis autem proximus aut amicus est, aut non inimicus, vel etiam enimicus. Amicus, quia prodest, vel profuit ; non inimicus, quia non nocet nec nocuit ; inimicus, quia obest, vel obfuit. Amicus ex sanguine vel gratia, non inimicus ex innocentia ; inimicus ex injuria.* AELRED DE RIEVAULX, *DSC*, III, 40, p. 124 ; *MC*, p. 211.

seule demeure l'obligation d'aimer ses ennemis. L'ensemble de ces motifs conserve un caractère de contrainte morale, que celle-ci résulte de la fidélité à la parentèle, de l'obligation sociale ou du respect des commandements de l'Écriture. En ce sens, l'amour de raison résulte non seulement d'une réflexion mais s'inscrit dans une large mesure en opposition avec les principes de douceur et de spontanéité qui régissent l'affect :

> Si l'esprit cède à ces raisons et est prêt à se dépenser pour faire du bien non seulement à un ami mais aussi à un ennemi, il ne perd pas le mérite de la charité même s'il n'éprouve aucun affect [23].

Cette opposition entre la raison et l'affect est plus soulignée encore dans *L'Amitié spirituelle*. Aelred y reprend les différentes sources de l'amour au début du livre III. Lorsqu'il parle de la causalité raisonnable, il ne retient cette fois que la dimension de l'amour des ennemis, par contraste avec l'inclination spontanée de l'affect [24].

Ainsi, dans l'esprit de l'abbé de Rievaulx, l'amour de raison se distingue de l'amour selon l'affect, mais se manifeste de surcroît comme un amour par défaut d'affect, même s'il est vrai que l'amour parfait résulte pour le cistercien dans un juste équilibre entre ces deux causes :

> Le premier [amour selon l'affect] est doux mais dangereux ; le deuxième [selon la raison] est âpre mais fécond ; le troisième, réunissant les avantages des deux premiers, est parfait [25].

Retenons pour l'instant que, prises séparément, ces causes conduisent promptement à des situations de conflits dans l'âme.

L'affect

Le conflit avec la raison

L'acte d'amour ordonné, où la raison vient modérer l'élan affectif et où l'affect adoucit l'impératif raisonnable, est un don rare, la récompense d'un long travail sur soi. En ce sens, il ne se situe pas à un même niveau que l'amour selon la raison seule ou l'amour selon l'affect seul, qui tous deux sont d'emblée à la portée de la créature rationnelle. Ainsi, avant d'atteindre le juste équilibre intérieur, l'esprit est ballotté entre ces deux amours, en proie à cette instabilité qui lui est propre, l'angoisse de sa liberté [26].

En reconnaissant une totale autonomie de l'amour selon l'affect, Aelred rejette dans le même temps cet amour hors de contrôle de la raison morale,

---

23. *His igitur rationibus cedens animus, si ad beneficium impendendum non solum amico, se etiam inimico sese paraverit, etsi non sentiat affectum, caritatis tamen meritum non amittet.* Aelred de Rievaulx, *DSC*, III, 40, p. 124 ; *MC*, p. 211.

24. Voir Aelred de Rievaulx, *DSA*, III, 2, p. 317.

25. *Primus dulcis, sed periculosus ; secundus durus, sed fructuosus ; tertius utriusque praerogativa perfectus.* Aelred de Rievaulx, *DSC*, III, 48, p. 128 ; *MC*, p. 216.

26. Voir Id., *DSC*, III, 41, p. 125.

ce qui ne signifie pas cependant que la raison demeure totalement étrangère à l'élan d'amour puisqu'elle conserve sa fonction discrétionnaire dans la première étape de l'identification de l'objet. L'amour selon l'affect est, dans ce qui le provoque, a-raisonnable. À ce stade, s'il est conforme aux préceptes de la raison, ce n'est que fortuitement. L'amour selon l'affect n'obéit effectivement qu'au principe de plaisir. Pour autant, même stimulée par le seul affect, l'âme demeure consciente de la nature de l'amour qui la meut. Ses mobiles peuvent lui sembler obscurs, en revanche elle ne peut plaider l'ignorance car la raison continue de l'informer. De fait, l'affrontement entre ces deux amours, dont les mobiles ne coïncident que rarement, semble inévitable.

Aelred voit dans les Écritures de nombreux exemples de cette lutte dans l'âme humaine entre l'amour selon la raison et l'amour selon l'affect. Ainsi, l'épreuve de Rachel, épouse de Jacob, pleurant ses fils mais refusant d'être consolée, est analysée par le moine anglais comme une parfaite illustration de cette dialectique intérieure :

> Qu'est-ce qui la faisait pleurer ? L'affect. [...] Par l'affect elle réclamait ses enfants, la raison s'opposait à ce qu'ils soient rappelés, et la divine providence retardait le moment où la mère serait enlevée[27].

La douleur de Jonathan, cruellement partagé entre son amour pour David et la légitime obéissance qu'il devait à son père, exprime la même déchirure :

> Regarde, je t'en prie un homme dont la dilection est parfaitement réglée : Jonathan était redevable envers son ami par l'affect, mais envers son père par l'obéissance. Il était redevable envers son ami par la bienveillance, mais à la vieillesse de son père par l'attention. S'il s'était attaché à son ami en suivant l'affect, il aurait trahi les droits de la dilection paternelle. Mais si, à l'instigation de son père ou même sous sa contrainte, il avait retiré sa bienveillance à son ami, il aurait violé le pacte qu'il avait fait et la loi de la sacro-sainte amitié. En vertu de l'affect, l'union agréait à l'un et l'autre ; mais en vertu de la raison, c'est la séparation qui leur agréait[28].

De façon plus audacieuse, Aelred interprète le moment de faiblesse du Christ, la veille de sa mort, à Gethsémani, comme un combat dans l'esprit entre ces deux formes du désir humain :

> Lorsque notre Sauveur, en vertu de l'affect naturel, selon lequel «personne n'a jamais haï sa propre chair» (Éphés. 5, 29), s'écria : «Père,

---

27. *Quid plorabat ? Affectus. [...] Affectus filios requirebat, ne revocarentur, affectui ratio obsistebat ; matris vero assumptionem divina providentia differebat.* AELRED DE RIEVAULX, *DSC*, I, 105, p. 60 ; *MC*, p. 111.

28. *Cerne, quaeso, ordinatissimae dilectionis hominem. Debebat quippe Jonathas amico affectum, sed patri obsequium. Amico gratiam, sed paternae senectuti custodiam. Si secutus affectus inhaesisset amico, paternae dilectionis jura laesisset. Sed si monente, immo etiam compellente patre, amico gratiam subtraxisset, initi foederis ac sacratissimae amicitiae legem violasset. Ex affectu itaque utrique placebat conjunctio ; sed ex ratione placebat divisio.* AELRED DE RIEVAULX, *DSC*, III, 71, p. 139 ; *MC*, p. 233. Traduction modifiée.

> s'il est possible, que passe loin de moi ce calice», il subordonna – pour faire droit à la raison – l'affect naturel au spirituel selon lequel il a toujours adhéré au Père : «Toutefois, non pas comme je veux, mais comme tu veux» (Matth. 26, 39)[29].

Parfois, l'antagonisme se transforme en une guerre sans merci, avec pour seul objectif l'anéantissement de l'adversaire. C'est le danger encouru par l'homme qui se laisse enivrer par un affect trop sensuel :

> C'est pourquoi obéir à un tel affect [charnel], c'est donner lieu à un amour perverti qui dépouille l'homme de l'humain et le revêt du bestial, qui étouffe en quelque sorte et fait disparaître ce qu'il y a en lui de raison, de noblesse et finalement d'utilité[30].

Comme on pouvait s'y attendre, le cistercien ici franchit le pas : en se laissant porter par cette pulsion spontanée, l'homme obéit à une part obscure et étrange de lui-même. Il se s'appartient plus car l'affect-stimulus n'agit pas seulement hors de l'activité raisonnable, il échappe aussi, partiellement du moins, au contrôle de la volonté.

Le conflit avec la volonté

L'affect entendu comme instance affective ou comme élan particulier de l'âme est pensé par les cisterciens dans une relation étroite avec la volonté rationnelle. Nous avons vu tout ce que cette approche devait à l'évêque d'Hippone qui a soudé intimement les élans affectifs aux actes volontaires. Si les affects pouvaient sembler irrépressibles, animés d'une violence propre méprisant l'assentiment volontaire, Augustin n'y voyait aucune autonomie de la sensibilité de l'âme. Ce n'était pour lui qu'une ruse supplémentaire de l'âme grisée par le péché au point de se trahir elle-même. Sept siècles plus tard, les spirituels cisterciens continuent de nourrir la relation entre la volonté, naturellement épaulée par la raison, et les affects. Dès lors, l'intimité entre les deux catégories peut se manifester, comme nous l'avons montré, selon des modalités diverses : souvent, la puissance affective se confond avec la puissance volontaire elle-même; elle participe également du tiraillement à l'intérieur de l'homme entre une volonté droite et une volonté pécheresse; encore, les affects expriment les nombreux mouvements particuliers de la volonté; enfin, l'affect peut signifier le processus d'activation de la volonté comme puissance. Mais ces différents visages n'épuisent pas la complexité des rapports entre la volonté et l'affect. En conférant à l'affect le statut d'instance

---

29. *Salvator etiam noster, cum ex affectu naturali, quo nemo unquam carnem suam odio habuit, proclamasset : Pater, si fieri potest, transeat a me calix iste, spiritali, quo semper Patri inhaesit, rationis eum jure submisit : Verumtamen, inquiens, non sicut ego volo, sed sicut tu.* Aelred de Rievaulx, *DSC,* III, 72, p. 139; *MC,* p. 234.

30. *Quodcirca affectus hujus exsecutio amor perversus est, hominem exuens homine, formam induens bestialem; quod rationis, quod honestatis, postremo quod utilitatis obruens quodam modo et abscondens.* Aelred de Rievaulx, *DSC,* III, 61, p. 134; *MC,* p. 225-226.

affective, de puissance spécifique à l'origine des désirs les plus profonds de l'âme, Aelred lui reconnaît une identité propre qui ne se confond plus avec celle de la puissance volontaire. Le glissement s'effectue dans un apparent respect de l'autorité augustinienne. Il y a assurément derrière les pulsions affectives une force impérieuse qui pousse l'âme vers des désirs qu'elle n'a pas construits sciemment. Faut-il voir dans ces mouvements uniquement la marque d'une volonté retorse comme le pensait Augustin? Il semble qu'Aelred ne soit plus prêt sur cette question à reprendre les habits de procureur transmis par l'évêque africain à des générations de théoriciens chrétiens. Désormais, le concept d'affect possède une personnalité trop forte pour se contenter d'incarner l'une des multiples figures de la volonté. Il compose son propre rôle et le joue en pleine lumière.

Ainsi, indépendamment de toute considération sur l'orientation morale des élans de la volonté, et donc sans qu'il n'y ait aucune ambiguïté sur un éventuel tiraillement dans l'âme entre deux formes dialectiques de la volonté, le moine anglais distingue clairement deux formes du désir de Dieu :

> Donc, comme nous le disions, il ne faut pas évaluer l'amour envers Dieu en se basant sur ces affects momentanés qui ne dépendent nullement de notre volonté – aucun spirituel n'ignore cela – mais plutôt sur les dispositions durables de cette volonté [31].

Aelred prend-il ses collègues à témoin pour conjurer par avance les critiques, sachant pertinemment qu'il bouscule la tradition ou bien croit-il fermement servir la pensée du maître Augustin en déracinant, ne serait-ce que partiellement, l'affect du socle de la volonté? Ce qui est certain, c'est qu'en soulignant à de nombreuses reprises que les affects sont des élans momentanés, en les qualifiant d'impulsions (*impetus*), Aelred conforte le hiatus entre la volonté raisonnable, permettant le contrôle de l'action dans la durée, et l'affect, imprévisible et éphémère. L'affect et la volonté peuvent constituer deux origines nettement distinctes du désir. Ailleurs, il procède de nouveau à la même distinction. Il s'agit alors de savoir sur quels critères choisir ses amis. Aelred prend l'exemple de deux individus dont l'un serait affable et enjoué, l'autre austère et inspirant la crainte. Si l'on ne dispose pas encore d'informations sur le caractère réel de ces deux personnes, quelle compagnie doit-on d'emblée rechercher? Dans ce cas, l'abbé ne voit aucune objection à suivre l'élan spontané qui fait préférer la personne de bonne compagnie, plaisante à voir et agréable à entendre [32]. L'affect, comme élan immédiat, intervient ainsi avant le choix délibéré de la volonté épaulée par la raison. Il agit sur des critères purement subjectifs, non raisonnables au sens où ils répondent à un principe élémentaire de plaisir. Plutôt qu'involontaire, l'instance affective apparaît,

---

31. *Igitur, ut diximus, non secundum hos momentaneos affectus, quos minime nostrae subesse voluntati, nullus spiritalis ignorat, Dei aestimandus est amor, sed potius secundum continuam ipsius voluntatis qualitatem.* AELRED DE RIEVAULX, *DSC*, II, 53, p. 91; *MC*, p. 160.

32. Voir ID., *DSC*, III, 46, p. 127.

dans son activité, a-volontaire, opérant en dehors du champ de contrôle de la volonté rationnelle[33].

Ainsi, le conflit entre l'affect et la volonté n'est que le prolongement attendu de l'affrontement entre l'affect et la raison. Et pour cause, l'homme ne peut ni contrôler l'origine de ses affects, ni les empêcher de se manifester à son insu :

> De fait, ces affects ne dépendent nullement de notre décision, puisque certains nous émeuvent parfois tout à fait contre notre gré et que nous ne parvenons pas à en éprouver d'autres, quand bien même nous le voudrions[34].

Le discours dépasse le cadre augustinien de l'esclavage de l'homme vis-à-vis du péché. La dimension aliénante des mauvais affects subsiste là encore, évidemment, mais l'abbé va plus loin. Tout se passe comme si ce qui était la nature post-adamique de la créature chez Augustin devenait la nature ontologique de l'homme image de Dieu chez Aelred. Il y a bien l'idée d'une perte d'être après le péché. Cependant elle ne réside pas dans l'affaiblissement de la seule volonté, mais aussi dans celui de l'impulsivité, qui n'est pas une déformation monstrueuse de la volonté, mais bien une faculté de l'âme, marquée du sceau de l'image et de la ressemblance. Évidemment, la rupture avec l'orthodoxie augustinienne n'est pas revendiquée comme telle par Aelred. Quand bien même il le voudrait, il ne le *pourrait pas*, culturellement parlant, car cette rupture une fois consommée remettrait en cause *de facto* la doctrine même du péché originel et le principe de la responsabilité collective de l'humanité. Cela n'empêche pas qu'Aelred, convaincu sans doute d'être dans la droite ligne de l'enseignement d'Augustin, a dessiné puis forgé tous les outils qui permettraient une telle rupture.

L'affect, premier principe d'action en l'homme

La volonté n'intervient donc pas dans l'origine du processus psychologique de l'amour. L'homme aime par raison, par affect ou par une action conjointe de la raison et de l'affect. En revanche, l'entrée en scène de la volonté est absolument indispensable pour que l'impulsion originelle se commue en un acte d'amour. Ce n'est pas la raison ou l'affect qui aiment, mais bien l'âme tout entière, consciente et responsable du désir qui la meut. Si l'on suit strictement le schéma construit par Aelred, on doit admettre que l'homme qui aime en vertu de l'affect comme de la raison, veut nécessairement cet amour. Sans le rôle moteur de la volonté, aucun désir, aucune action ne sont possibles. S'il arrive parfois au moine de dire que l'homme, à défaut d'aimer selon l'affect,

---

33. C'est cette dimension de la spontanéité affective que J. McEvoy retient dans son étude de l'affect aelrédien. Voir J. McEvoy, « Les *affectus* et la mesure de la raison », art. cité, p. 116.

34. *Nam cum affectus isti nequaquam in nostro arbitrio collocentur, cum quibusdam aliquando invitissimi moveamur, nec quosdam, etiamsi velimus, experiri valeamus.* Aelred de Rievaulx, *DSC*, III, 47, p. 127 ; *MC*, p. 216.

peut aimer selon la volonté, il faut bien sûr entendre : selon la raison soutenue par la volonté. Car, dans un amour de raison, la puissance rationnelle et la puissance volontaire vont toujours de pair, en plein accord entre elles. Par là même, on soupçonne déjà *a contrario* que l'accord entre la volonté et l'affect ne va pas naturellement de soi. À ce stade cependant, le conflit n'est concevable que dans la succession : l'impulsion affective peut rencontrer l'hostilité de la volonté dans le processus d'éclosion de l'acte d'amour. L'affect stimule la faculté d'amour, et la volonté informée par la raison choisit de suivre ou non cette première incitation à aimer. Certes, cette configuration peut engendrer une souffrance psychologique. Malgré tout, les champs d'activité respectifs demeurent clairement délimités – en théorie du moins – et la volonté peut faire barrage à une stimulation affective qui ne lui agréerait pas. En ce sens, au même titre que la raison précédemment, l'affect agit comme un aiguillon de la volonté dans l'acte d'amour. Il y a bien une action dans l'âme de l'affect. Il reste que pour viser ou posséder un bien extérieur à l'âme, l'affect a besoin du relais de la volonté. C'est dans cette perspective qu'on peut lire l'affirmation du *Dialogue sur l'âme* selon laquelle la volonté agit selon la nature ou selon l'affect. L'abbé n'implique aucunement la responsabilité morale de l'homme dans le premier stade de l'impulsion, même s'il peut la qualifier de tentation. Être ému, c'est déjà agir, de même que sentir implique une projection de l'âme vers le monde. La neutralité native de l'affect est dès lors confirmée, et la responsabilité morale est dans le mouvement qui suit[35].

Au bout de la chaîne du désir, la volonté retrouve donc ses droits et Aelred rejoint alors le giron augustinien : la volonté demeure le véhicule ultime et indispensable à la réalisation de l'impulsion affective. L'évolution réside dans le fait que chez l'évêque d'Hippone, la volonté phagocytait l'affect à son éclosion même. Ontologiquement, l'affect n'avait pas de moteur, d'activité propre. Seule l'ignorance sur les motivations cachées pouvait donner l'impression que l'affect surgissait tel un intrus dans l'âme puisque l'intrus, selon Augustin, n'est autre que l'orgueil de l'homme.

LA RENAISSANCE DU PRÉAFFECT

Aelred et le débat sur les *primi motus* au XIIe siècle

Tout en employant un outillage conceptuel et lexical propre à sa culture monastique, Aelred offre une théorie psychologique de l'amour qui possède des zones de convergence incontestables avec la tradition philosophique. Comment ne pas songer à propos de l'affect aelrédien au *primus motus* stoïcien, ce premier élan de l'âme qui échappe à la volonté et précède l'assentiment ? C'est ainsi qu'Aelred pense le premier élan de l'affect : « Il n'y a

---

35. Voir Aelred de Rievaulx, *DSC*, III, 39, p. 123.

nullement amour provenant d'un affect lorsque celui-ci ne fait qu'émouvoir l'âme, mais lorsque l'âme se laisse émouvoir par lui[36]». En regard, on doit se souvenir du propos très proche de Sénèque dans *La Colère* :

> Aucune des impulsions qui frappent l'esprit par hasard ne doit être appelée affect ; celles-là l'esprit les subit en quelque sorte plutôt qu'il ne les crée. Donc l'affect consiste non pas à être ému par l'idée que fait naître un objet, mais à s'y abandonner et à suivre ce mouvement fortuit[37].

Dans le même temps, on y voit la confirmation du glissement sémantique : l'affect aelrédien correspond dans ce contexte au préaffect des stoïciens, autrement dit à la *prepassio* ou *antepassio*.

Dans la théologie monastique, le consentement (*consensus*) renvoie à la dimension actuelle et volontaire du libre arbitre[38]. Il n'est pas d'élan d'amour répondant à une impulsion affective qui se manifeste sans le libre arbitre et si le moine anglais fait preuve d'une réelle originalité en choisissant parfois Sénèque contre Augustin, il ne cherche en aucune façon à s'écarter ostensiblement de la tradition patristique. Au contraire, il marque à de nombreuses reprises sa fidélité à l'évêque d'Hippone, et plus encore au guide spirituel de l'ordre cistercien, Bernard, dont on perçoit constamment l'influence dans la valorisation de la puissance volontaire.

Aelred n'est pas le seul, loin s'en faut, à s'intéresser au XIIe siècle à la thématique des impulsions premières. Dans la première moitié du siècle, les écoles urbaines s'en emparent[39]. La question est alors au cœur de la morale de l'intention qui constitue l'objet de l'*Éthique* d'Abélard. S'il n'y a de péché que lorsqu'il y a un consentement du vouloir, l'existence de mouvements premiers involontaires devient un enjeu moral de premier ordre. Celui-ci réside dans la possibilité pour un chrétien d'éprouver certaines impulsions moralement condamnables sans être pour autant déjà engagé dans le péché. Comme le souligne A. de Libera, cette morale n'a rien de laxiste, au contraire, puisque l'intention suffit pour pécher même sans le «passage à l'acte[40]». Abélard cependant ne parle pas des *primi motus*, contrairement à Pierre Lombard (v. 1100-1160), contemporain strict d'Aelred de Rievaulx qui s'intéresse à plusieurs reprises au «premier

---

36. ...*nequaquam tunc amor ex affectu est, cum mentem affectus moverit, sed cum mens ipsum motum secundum affectum direxerit.* AELRED DE RIEVAULX, *DSC*, III, 47, p. 127-128 ; *MC*, p. 216.

37. *Nihil ex his quae animum fortuito impellunt affectus vocari debet : ista, ut ita dicam, patitur magis animus quam facit. Ergo affectus est non ad oblatas rerum species moveri, sed permittere se illis et hunc fortuitum motum prosequi.* SÉNÈQUE, *LC*, livre II, III, 1, p. 30.

38. Voir AELRED DE RIEVAULX, *DSC*, I, 29, p. 24.

39. Voir O. LOTTIN, «Les mouvements premiers de l'appétit sensitif de Pierre Lombard à saint Thomas d'Aquin», dans *Psychologie et morale aux XIIe et XIIIe siècles*, t. II, Gembloux, Duculot, 1948, p. 493-589.

40. Voir A. DE LIBERA, *Penser au Moyen Âge*, Paris, Seuil, 1991 (coll. Points Essais), p. 234.

mouvement qui est appelé prépassion[41]». Pierre Lombard se montre d'ailleurs plus sévère sur le sujet qu'Abélard. Citations d'Augustin à l'appui, il considère que les premiers mouvements de la concupiscence ou de la colère, même s'ils échappent au pouvoir de la volonté, sont déjà des péchés véniels, tandis que le consentement et la jouissance sont des péchés mortels[42]. Dans la seconde moitié du XIIe siècle, la notion de *primi motus* fait les délices des scolastiques. Certains d'entre eux dont Simon de Tournai (v. 1130-1201) ou encore Alain de Lille (1125/1130-1203), qui finit par prendre l'habit à Cîteaux, font même la distinction entre les «mouvements primitifs primaires» (*motus primo primi*) et les «mouvements primitifs secondaires» (*motus secundo primi*)[43]. Il s'agit d'isoler dans l'homme un appétit animal lié aux besoins vitaux et un appétit rationnel lié à une représentation. La réflexion d'Aelred ne s'inscrit pas dans cette mouvance scolaire. Il est donc encore plus remarquable de constater qu'il existe, dès la première moitié du XIIe siècle, une voie monastique qui traite elle aussi de cette problématique de la responsabilité et de l'impulsion.

L'affect comme expression de la liberté de l'homme

Nous pouvons maintenant revenir à la définition aelrédienne de l'affect, afin d'éclaircir cette question complexe des rapports entre l'affect et la volonté : «l'affect (*affectus*) est une certaine inclination spontanée et douce de l'âme elle-même vers quelqu'un[44]» ou «l'affect (*affectio*) est, à mon sens, une certaine inclination de l'esprit, accompagnée de délectation, vers quelqu'un[45]». L'emploi de l'ablatif adverbialisé *sponte* ou de l'adjectif *spontaneus* n'est pas exceptionnel pour qualifier le mode opératoire du mouvement affectif[46]. Par cette association, les cisterciens mettent une nouvelle fois en lumière la dimension intime, irréductible à l'individu, du mouvement affectif[47].

Les formes *sponte*, spontanément, et *spontaneus*, spontané, viennent du substantif peu usité *spons* qui signifie la volonté. Employées rarement au génitif, plus souvent à l'ablatif, les locutions *spontis suae* ou *sponte sua* désignent une réalité ou une action qui puisent en elles-mêmes le principe de leur état ou de leur mouvement. Le radical *spont-* apparaît une fois dans

---

41. ...*primo motu qui dicitur propassio...* Pierre Lombard, *Commentaria in Epistolas Pauli*, *PL* 191, ch. VI, vers. 12-14, col. 1407 B.

42. Voir Id., *Commentaria in Psalmos*, *PL* 191, psalmus IV, vers. 5, col. 86 C.

43. Voir Ch. Baladier, *Erôs au Moyen Âge. Amour, désir et «delectatio morosa»*, Paris, Cerf, 1999 (coll. Histoire), p. 90-95.

44. *Est igitur affectus spontanea quaedam ac dulcis ipsius animi ad aliquem inclinatio.* Aelred de Rievaulx, *DSC*, III, 31, p. 119 ; *MC*, p. 202.

45. *Affectio est, ut mihi videtur, spontanea quaedam mentis inclinatio ad aliquem cum delectatione.* Aelred de Rievaulx, «*Sermo in Ypapanti Domini de Diversis Moribus*», *SI*, p. 48.

46. Lactance déjà définit au début du IVe siècle l'*affectus* comme un dynamisme naturel de l'âme qui se manifeste spontanément (*sua sponte*), voir *ID*, *PL* 6, VI, col. 690 A.

47. Pour Aelred, voir *DSC*, III, 42, p. 125 ou III, 62, p. 135. Pour Bernard de Clairvaux, voir *SCC*, SC 431, 23, 8, p. 214.

La Vie de recluse[48], sept fois dans *Le Miroir de la charité*[49], une fois dans *L'Amitié spirituelle*[50] et six fois dans le *Dialogue sur l'âme*[51]. Sur ces quinze occurrences, onze concernent l'adjectif *spontaneus* et quatre l'ablatif adverbialisé *sponte*. *Spontaneus* sert une fois à qualifier directement l'*affectus* et, si l'on y adjoint les expressions inclination spontanée (*spontanea inclinatio*), ce sont en tout cinq occurrences, soit un tiers, qui se rapportent étroitement au mode opératoire de l'affect. Que la spontanéité renvoie à l'idée d'une auto-stimulation du mouvement se manifeste très clairement, à un niveau quasi biologique, dans le *Dialogue sur l'âme*. Quatre occurrences correspondent en effet à l'expression mouvement spontané (*motus spontaneus*), et désignent l'élan du principe vital qui règle l'administration des corps en union avec les sens. Pour Aelred, la vie elle-même opère dans le corps comme un mouvement spontané, agissant en dehors de tout contrôle conscient. Mais plus souvent encore, l'autonomie du dynamisme, assurée par le concept de spontanéité, renvoie en miroir à la volonté[52]. Les adjectifs *voluntarius* et *spontaneus* peuvent être employés de façon strictement équivalente, ainsi s'agissant du vœu de solitude absolue de la recluse : «C'est un sacrifice volontaire, une oblation spontanée. Aucune loi, aucune nécessité, aucun précepte n'y oblige[53]». L'adjectif *spontaneus* peut encore s'appliquer à la volonté elle-même, cette redondance soulignant alors la liberté de l'acte volontaire. C'est le cas par exemple pour les anges qui, contrairement aux hommes, ont la capacité de faire le bien sans soutien extérieur :

> – Aelred : Mais je voudrais que tu me dises si l'ange bon peut ou non pécher. – Jean : Aucun chrétien ne doute qu'il ne le puisse. – Aelred : Donc, puisque il ne peut pas pécher, il demeure ferme et constant dans le bien. – Jean : Cela est vrai. – Aelred : Selon une volonté spontanée, ou en raison d'une quelconque nécessité? – Jean : Comment être bon si ce n'est en l'étant volontairement[54]?

La volonté opère donc selon le même mode que l'affect, comme une inclination spontanée. Ainsi lorsque Aelred définit le péché comme un mépris de Dieu, il ajoute :

---

48. Voir AELRED DE RIEVAULX, *VR*, 14, p. 80 (*oblatio spontanea*).

49. Voir ID., *DSC*, I, 26, p. 23 (*sponte*); I, 42, p. 29 (*sua sponte*); III, 31, p. 119 (*spontanea inclinatio*); III, 42, p. 125 (*spontaneo affectu*); III, 62, p. 135 (*spontanea inclinatione*); III, 80, p. 145 (*sponte*) et III, 98, p. 153 (*sua sponte*).

50. Voir AELRED DE RIEVAULX, *DSA*, III, 2, p. 317 (*spontanea inclinatione*).

51. Voir ID., *DDA*, I, 17, p. 690 (*motum spontaneum*); I, 25, p. 692 (*motus spontaneus*); I, 47, p. 699 (*motu spontaneo*); I, 63, p. 705 (*spontaneo motu*); II, 43, p. 722 (*spontanea voluntate*) et II, 47, p. 724 (*spontanea inclinatio voluntatis*).

52. Voir AELRED DE RIEVAULX, *DSC*, I, 42, p. 29; III, 81, p. 145 et III, 98, p. 153.

53. *Voluntarium hoc sacrificium est, oblatio spontanea, ad quam non lex impellit, non necessitas cogit, non urget praeceptum.* AELRED DE RIEVAULX, *VR*, 14, p. 80-81.

54. *Aelredus : Sed velim dicas mihi, utrum angelus bonus possit, aut non possit, peccare. Johannes : Nemo christianus hinc dubitat. Aelredus : Cum igitur non possit peccare, stabilis et immobilis in bono perseverat. Johannes : Verum est. Aelredus : Spontanea voluntate, an aliqua necessitate? Johannes : Quomodo bonus esset, nisi voluntarie bonus esset?* AELRED DE RIEVAULX, *DDA*, II, 43, p. 722.

> En d'autres termes, on peut dire aussi que le péché est une inclination spontanée de la volonté, par laquelle elle s'éloigne du Créateur au profit de la créature[55].

Le concept de spontanéité tel qu'il est employé ici met en avant les trois caractéristiques propres de la volonté : l'autonomie du mouvement, la responsabilité personnelle et la liberté. Est spontané ce qui n'est pas contraint par un agent extérieur. En ce sens, un terme qui revient fréquemment en opposition à la spontanéité est celui de nécessité (*necessitas*)[56].

Mais de manière plus accentuée, l'absence dans l'élan spontané de toute motivation étrangère au sujet agissant peut impliquer que cet élan intervienne sans viser un bien autre que lui-même. Spontané prend alors le sens de gratuit, le mouvement contenant intrinsèquement l'énergie de sa propre satisfaction. L'adjectif ne saurait donc qualifier toutes les formes de désirs, même volontaires, puisque la plupart vise un bien dans le seul but de jouir de sa possession. C'est ainsi que Bernard définit le troisième degré de l'amour, l'amour de Dieu pour Dieu :

> En effet, ce n'est pas sans récompense qu'on aime Dieu, bien qu'on doive se garder de l'aimer en vue d'une récompense. Car la véritable charité ne peut en être dépourvue, et pourtant elle n'est pas mercenaire : «Elle ne recherche pas son avantage» (I Cor. 13, 5). Elle est un affect, non un contrat ; ni l'acquisition de la charité ni ses gains ne dépendent d'une convention. Elle nous meut spontanément et nous rend spontanés. Le véritable amour se suffit à lui-même[57].

Aelred rejoint Bernard qui considère l'affect de charité comme un élan spontané, cette spontanéité se communiquant à l'être tout entier. Par ailleurs, l'abbé de Clairvaux perçoit cette forme d'amour comme un acte gratuit, non seulement libre, mais n'attendant aucune contrepartie, ce qui implique que l'élan vise directement le bien considéré, sans espoir d'une rétribution qui constituerait selon Bernard le véritable bien convoité, l'objet initial n'étant plus qu'un adjuvant pour y parvenir. Il prévient en cela ses moines contre une ruse de l'orgueil, capable de tromper l'âme en lui présentant comme fin de l'amour la face divine, alors que cet amour demeure en réalité conditionné par la récompense que l'on pense recevoir en échange. Rien ne doit donc venir troubler la pureté de l'élan spirituel. Gratuit par nature, le mouvement spontané est une nouvelle fois ramené à un niveau essentiel ; il n'est pas motivé par un mobile élaboré consciemment, mais répond à un manque fondamental :

---

55. *Potest etiam dici peccatum aliis verbis hoc ipsum, id est, spontanea inclinatio voluntatis a Creatore ad creaturam.* AELRED DE RIEVAULX, *DDA*, II, 47, p. 724.

56. Voir ID., *DSA*, III, 2, p. 317.

57. *Non enim sine praemio diligitur Deus, etsi absque praemii sit intuitu diligendus. Vacua namque vera caritas esse non potest, nec tamen mercenaria est : quippe non quaerit quae sua sunt. Affectus est, non contractus : nec acquiritur pacto, nec acquirit. Sponte afficit, et spontaneum facit. Verus amor seipso contentus est.* BERNARD DE CLAIRVAUX, *DDD*, 17, p. 102-105.

> Qui, en effet, penserait devoir offrir un cadeau à un homme pour qu'il
> accomplisse son désir spontané ? Personne, par exemple, ne donne un
> salaire à un affamé pour le faire manger, à un assoiffé pour le faire boire,
> ni bien sûr à une mère pour qu'elle allaite son petit, le fruit de ses
> entrailles [58].

La spontanéité est assimilée à un intérêt immédiat. D'une certaine façon,
l'amour gratuit de Dieu, pour Bernard, est encore une forme, quoique
complexe et détournée, d'amour égoïste, une sorte d'instinct de (sur)vie
éternelle. Que l'affect de charité défini par Bernard soit gratuit et désintéressé,
autrement dit auto-justifié, est incontestable. Y. Migneault a raison de souligner que l'élan affectif, ainsi défini, se suffit à lui-même [59]. De cette façon, cet
élan ne vise pas seulement un bien de façon directe, il apparaît, dans sa
qualité de mouvement, comme son propre bien. L'idée est perceptible chez
Bernard : l'homme aime certes l'objet-Dieu, mais il aime avant tout son amour
de Dieu. Le désir de Dieu n'est pas une volonté de posséder ce bien, ni de
jouir de son exercice, l'existence de ce bien suffit. La jouissance n'est pas à
ce stade dans la possession du bien mais dans l'élan car seul un orgueilleux
ou un fou peut espérer posséder Dieu par la seule force de son désir. C'est
en cela que l'amour spontané de Dieu est pleinement autosuffisant, qu'il est
un amour de Dieu pour Dieu [60].

---

58. *Quis enim munerandum hominem putet, ut faciat quod et sponte cupit? Nemo, verbi*
causa, conducit aut esurientem ut comedat, aut sitientem ut bibat, aut certe matrem ut parvulum
allactet filium uteri sui. Bernard de Clairvaux, *DDD*, 17, p. 104-105.

59. Voir Y. Migneault, *Aelred de Rievaulx, théologien de l'amitié au xiie siècle*, Ph.D. en sciences
médiévales, Montréal, Institut d'Études Médiévales, Faculté de Philosophie, Université de Montréal,
1971, p. 245.

60. La possibilité qu'un tel amour pur et désintéressé de Dieu puisse réellement exister
constitue, on le sait, un débat récurrent dans la théologie chrétienne, débat exacerbé à la fin du
xviie siècle par la querelle quiétiste. Dans ce contexte, les historiens de la théologie qui se sont
penchés sur la doctrine bernardine proposent souvent une interprétation orientée par leurs
propres présupposés philosophiques. Par exemple, É. Gilson écarte avec la plus grande vigueur
toute interprétation quiétiste de l'amour pur chez Bernard. Selon lui, l'amour pur de Bernard n'est
pas un état, mais une expérience mystique furtive, un *excessus* (*La Théologie mystique de saint*
Bernard, op. cit., p. 166-172). Il critique tout aussi fermement P. Rousselot qui, percevant justement un hiatus chez Bernard entre l'amour physique et l'amour extatique, exclut l'espoir de la
récompense de l'amour pur. P. Rousselot croit déceler sur ce thème les hésitations de pensée de
Bernard, É. Gilson n'y voit que les «siennes propres» (*La Théologie mystique de saint Bernard,*
op. cit., p. 168, note 1). Ce débat théologique ne concerne pas directement notre propos, mais
nous ne pouvons l'ignorer. Aussi, à la suite de B. McGinn, nous pointons le danger d'une lecture
anachronique du désintéressement bernardin. Quand l'abbé parle d'amour de soi pour Dieu dans
le quatrième degré de l'amour, il ne pense pas à l'individu comme entité indépendante, mais à
la ressemblance divine dont la créature est dépositaire. En outre, quand nous étudions l'autonomie
de l'élan d'amour spontané, nous ne nous plaçons pas sur ce terrain de l'interprétation théologique, mais dans une perspective épistémologique s'agissant du concept de spontanéité. En ce
sens, ce qui nous importe n'est pas de savoir si cet amour est ontologiquement pur, mais de mettre
au jour les caractéristiques intrinsèques de la spontanéité : visée immédiate de l'objet, pérennité
de l'élan par la conjonction désir-plaisir. Que des scories narcissiques viennent ou non troubler
la pureté de cet amour désintéressé ne remet pas en cause cette conception de la spontanéité.
Voir B. McGinn, *The Growth of Mysticism, op. cit.*, p. 199-200. Sur une lecture opposée à celle

Que la satisfaction de l'affect soit dans l'élan lui-même, que le plaisir soit inhérent à la tension désirante, cela se manifeste de façon plus évidente encore dans la définition aelrédienne de l'affect par l'évocation de sa douceur.

L'AUTO-ENGENDREMENT DE L'AFFECT

L'abbé de Rievaulx ne reprend à son compte ni la tripartition platonicienne des puissances de l'âme, ni le schéma quadripartite des passions stoïciennes. L'affect décline avant tout la partition des désirs; il n'est ni fuite, ni rejet, mais espoir de possession. Cette définition préserve l'essentiel, à savoir la conjonction émotion éprouvée/mouvement dynamique qui caractérise l'affect dans les écrits anthropologiques cisterciens. En ce sens, Aelred peut dire que l'affect est une inclination vers et qu'il contient en même temps un principe immédiat de plaisir. Guillaume de Saint-Thierry, il est vrai, en affirmant que l'âme est mue par ses affects pour son plaisir ou sa peine, semble plus rigoureux qu'Aelred dans la mesure où il préserve l'ambiguïté du mouvement affectif[61]. Les deux ressorts fondamentaux de la sensibilité de l'âme, le plaisir et la douleur, y tiennent leur place. Malgré tout, comme ses coreligionnaires, Aelred concède que l'affect peut exprimer douleurs et souffrances. Faut-il dès lors considérer sa définition, pourtant reprise par le compilateur rigoureux de *L'Esprit et l'âme*, comme incomplète et boiteuse[62]?

Avant de tirer une telle conclusion, il faut rappeler que les références à la douceur de l'affect sont extrêmement fréquentes dans les écrits cisterciens. C'est une remarque d'évidence : la suavité qui accompagne ce concept central d'une spiritualité monastique centrée sur le désir de Dieu légitime en dernier lieu le bien fondé de la quête. On ne laisse cependant pas d'être surpris par l'attraction entre le concept d'affect et le champ lexical exprimant le plaisir[63]. Conformément à la thématique origénéenne des sens spirituels, l'affect, qui exprime les mouvements les plus profonds du cœur, est qualifié de préférence par analogie avec les sens les moins intellectualisés, à savoir le goût, l'odorat

---

d'É. Gilson, voir du théologien protestant A. Nygren, *Agapè and Eros*, Philadelphia, Westminster, 1953, p. 645-651. Pour une vue d'ensemble de cette question dans la théologie chrétienne, voir en dernier lieu J. Burnaby, Amor Dei : *A Study of the Religion of Saint Augustine*, Londres, Hodder and Stoughton, 1938, chapitre 9 et E. Boularand, «Désintéressement», *Dictionnaire de spiritualité*, III, col. 550-591.

61. Voir Guillaume de Saint-Thierry, *DNCA*, 96, p. 183.

62. Voir Pseudo-Alcher, *DSAn*, col. 816.

63. Pour mesurer cette familiarité, nous avons isolé trois radicaux parmi les plus employés pour exprimer l'idée de plaisir : *dulc-* (correspondant au substantif *dulcedo*, à l'adjectif *(prae)dulcis*, au verbe *dulcescere* et à l'adverbe *dulciter*), *suav-* (*suavitas, suavis, suaviter*) et *delect-* (*delectare, delectatio, delectabilis, delectabiliter*). On observe alors que l'un de ces trois radicaux apparaît dans près de 14 % de la totalité des phrases du corpus cistercien du *CLCLT* retenu où sont également présents les vocables *affectus* ou *affectio*, avec un maximum de 22 % environ chez Aelred de Rievaulx. Voir le détail des résultats, qui intègrent aussi les écrits de Jean de Forde et de Baudoin de Forde, dans D. Boquet, *L'Ordre de l'affect au Moyen Âge*, Thèse citée, p. 636-638.

et le toucher, dont deux sont des sens de contact. La connexion étroite entre le champ sémantique de la douceur et le concept d'affect reflète au niveau lexicologique la tonalité sensible de la dévotion cistercienne. Pour Aelred et ses contemporains, la spontanéité affective s'accompagne naturellement, dans une proportion très élevée, d'une sensation de jouissance. Comment conçoivent-ils la coexistence, dans un même processus, d'une dimension active, exprimée avec force dans l'idée de la spontanéité, et d'une dimension passive, qui semble inhérente au ressenti du plaisir?

Le principe de la spontanéité peut se rapporter à l'éclat de la ressemblance qui continue de briller en l'homme malgré la faute. Cet état de nature, les cisterciens le traduisent aussi sur un plan existentiel : déséquilibré par le péché, l'homme s'est lancé dans une fuite en avant. Celle-ci prend la forme d'une succession infinie de désirs incapables désormais d'identifier leur véritable objet. La nature désirante de l'homme est la trace de son amour de Dieu, mais c'est un amour qui s'ignore. L'homme éprouve le manque, il en a oublié la cause. En ce sens, il prend pour objet de son désir la réalité immédiate qui se présente à lui, sa propre personne. Pour Bernard, ce narcissisme fondamental est une conséquence de la nature charnelle de l'homme[64]. Dans ce premier degré de l'amour, Bernard rappelle une chose essentielle : la subordination de la nature désirante de l'homme au principe de plaisir qui lui est liée de façon structurelle[65]. L'homme se vit d'abord comme un être-au-monde-pour-soi, pour qui l'amour charnel est un désir de contentement narcissique. Mais, si la créature fait l'expérience de ses désirs, c'est parce qu'elle se perçoit originellement comme un être de plaisirs :

> Il est bien regrettable de prendre plaisir à des choses mauvaises, et pourtant, là où il n'y a pas de plaisir, il n'y a pas non plus de béatitude. En outre, là où il n'y a pas d'amour, il n'y a pas de plaisir[66].

Aelred reprend à son compte ce leitmotiv de la philosophie antique depuis Platon, Aristote et Épicure ; la fin de toute vie humaine est d'atteindre le bonheur : «d'une telle béatitude, seule la créature raisonnable est capable[67]». Mais l'abbé de Rievaulx rappelle que le bonheur est d'abord un état de plaisir. L'existence sera dès lors entièrement tendue vers la recherche de cet état de satisfaction permanente, ce repos de l'âme dans la jouissance. Cette caractérisation de la volonté, profondément ancrée dans l'expérience, s'appelle l'amour :

---

64. Voir Bernard de Clairvaux, *DDD*, 23, p. 118.

65. Sur la dimension égoïste du premier degré de l'amour chez Bernard et la nécessité de satisfaire certains besoins vitaux, les études sont nombreuses. Parmi les plus importantes, citons l'introduction de P. Verdeyen à *DDD*, p. 37-40 ; É. Gilson, *La Théologie mystique de saint Bernard*, *op. cit.*, p. 53-62 et Id., *L'Esprit de la philosophie médiévale*, *op. cit.*, p. 266-283 ; P. Delfgaauw, *Saint Bernard. Maître de l'amour divin*, *op. cit.*, p. 175-180 ; L. van Hecke, *Le Désir dans l'expérience religieuse*, *op. cit.*, p. 260-267 et *passim* et J. Blanpain, «Langage mystique, expression du désir», *Collectanea cisterciensia*, 36 (1974), p. 48-49.

66. *Quanquam enim in pessimis delectari miserrimum sit, ubi tamen nulla delectatio, nec ulla beatitudo. Porro ubi amor nullus, nulla delectatio.* Aelred de Rievaulx, *DSC*, I, 10, p. 16 ; *MC*, p. 42-43.

> Tous les hommes veulent être heureux – la conscience de chacun en
> est témoin – et cette volonté ne peut en aucune manière être détruite ;
> il est donc clair que la créature raisonnable n'obtiendra le repos souhaité
> par tous qu'en parvenant à acquérir la béatitude[68].

Aelred ici va plus loin que Bernard. Le fondement de son anthropologie,
c'est l'existence perçue comme immédiateté de l'expérience. Ce principe,
Aelred le partage avec Bernard, mais l'immédiateté n'est pas celle d'une nécessité liée à la nature corporelle et pécheresse de l'homme, autrement dit à sa
faiblesse, comme on peut le lire dans *L'Amour de Dieu*. L'homme, avant
même d'éprouver l'expérience de la sensualité fait l'expérience de sa propre
individualité. L'existence se définit fondamentalement par la conscience de soi,
antérieure à toute expérience de la nécessité de la nature charnelle. Cette idée
est primordiale car elle pose d'emblée l'homme cistercien comme un être-au-
monde, en dehors, ou plutôt, au-delà de toute connotation morale à propos
de la mutilation infligée par le péché. L'homme fait d'abord l'expérience de
son égoïsme au sens premier du terme, c'est-à-dire de son étrangeté par
rapport au monde et aux autres individus. L'expression conscience de chacun
(*conscientia singulorum*) est assurément polysémique. Elle renvoie certes à
l'expérience commune : chacun, dans sa vie quotidienne, constate que tous
les hommes aspirent au bonheur. C'est une donnée d'expérience qui a force
d'évidence dans le for intérieur. Mais pour Aelred, cette constatation est également un témoignage (*testis*) de l'aspiration générale au bonheur. La conscience
qu'un homme a de son propre désir de bonheur fonde la quête universelle
de tous les hommes vers cette même fin. L'homme se vit originairement par
opposition au monde ; il s'appréhende alors dans sa nature charnelle, autrement dit dans sa dépendance vis-à-vis du monde, mais surtout, en prenant
conscience de lui, il prend conscience de sa propre finitude. Il fait ainsi
d'abord l'expérience de son ego (il n'est pas le monde), puis de son égoïsme
(le monde comme objet de ses désirs). En venant à la conscience, l'homme
se perçoit donc d'emblée comme un être de désir de béatitude. Aelred, pour
désigner cet état premier de l'être-à-soi, parle d'ailleurs plutôt d'appétit de
l'âme raisonnable[69]. Le bonheur se distingue du plaisir en ce qu'il suppose
la durée et la stabilité. Il consiste en la satisfaction définitive du désir. Le
plaisir n'est que l'émotion qui accompagne la possession de l'objet, il ne
comble pas définitivement le désir. On peut alors dire que le bonheur est un
état de jouissance définitif ou permanent. En ce sens, le bonheur implique le
plaisir mais la réciproque ne se vérifie pas nécessairement, car le désir humain
déborde spontanément l'objet de sa convoitise. Aelred rejoint ici l'abbé de

---

67. *Hujus beatitudinis sola rationalis creatura capax est.* AELRED DE RIEVAULX, *DSC*, I, 9, p. 16 ;
MC, p. 42.

68. *Quocirca cum omnes homines beatos esse velle singulorum testis sit conscientia, cum haec
voluntas ullomodo nequeat aboleri, patet rationalem creaturam optatam omnibus requiem
nonnisi in beatitudinis adeptione sortiri.* AELRED DE RIEVAULX, *DSC*, I, 62, p. 38-39 ; *MC*, p. 78.

69. Voir ID., « *Sermo in Ypapanti Domini de diversis moribus* », *SI*, p. 53-54.

Clairvaux dans sa dénonciation du «circuit des impies». Nul besoin d'une attention soutenue pour apercevoir la pensée bernardine en filigrane : dirigés vers les plaisirs transitoires, les désirs de l'homme, aiguisés pour une quête de paix, se perdent dans une spirale de satisfactions nécessairement éphémères. Ces désirs sans cesse renouvelés, insatiables, éloignent l'homme de sa véritable fin. Telle est l'antinomie de sa nature pécheresse. Il cherche le repos, mais se trompe sur l'objet de son désir[70]. Visant le bonheur, il ne rencontre que la frustration et la douleur en lieu et place du plaisir. L'abbé anglais passe en revue toute la gamme de ces plaisirs empoisonnés qui détournent l'homme de sa véritable quête et le rendent malheureux : accumulation de richesses, plaisirs sensuels, appétit de puissance... Ces passions sont infinies et s'auto-alimentent, sans espoir de contentement[71]. Par leur voracité, elles entraînent l'homme à dépasser la mesure prescrite par la nature, définie par la notion bernardine de «bornes de la nécessité». Visant une jouissance, l'homme est finalement condamné à une douleur physique, qui est tout le contraire de son désir de repos et de tranquillité.

La sortie de ce cercle vicieux, initié par le péché originel et la chute, la créature l'entrevoit parfois dans son malheur. Elle expérimente simultanément l'infinité de ses désirs dirigés vers les choses terrestres et l'impossibilité de les combler tous. Par la force même de son égoïsme, elle finit par viser un objet à la mesure de son désir, autrement dit un objet dont la possession procurerait un plaisir infini sans pour autant anéantir le désir qui est inhérent à sa nature[72]. C'est à ce moment que Bernard et Aelred placent la dynamique de la conversion. L'homme doit reconnaître le vrai visage de ce désir d'infini, le visage du Dieu caché par le voile de la dissemblance : «La créature ne tient pas son bonheur d'elle-même mais de Celui qui est suprêmement heureux et qui est ainsi la béatitude de tout être heureux[73]».

Sans s'aventurer plus avant sur cet itinéraire de la restauration intérieure guidée par la charité spirituelle, on saisit désormais mieux la spécificité du *ac dulcis* dans la définition aelrédienne de l'affect. Le plaisir qui accompagne l'élan affectif ne détermine pas la nature de l'émotion finale. Si l'objet convoité est possédé, on peut dire que l'élan initial est satisfait, s'il y a au contraire échec, cet élan est alors frustré, mais le résultat ne préjuge en rien, dans les deux cas, du sentiment qui suit l'élan du désir. Selon Aelred, même un désir satisfait peut laisser un goût amer de frustration, car le désir exprimé n'est souvent qu'un substitut d'un autre manque, encore inconscient. La douceur de l'élan, qu'elle soit illusion ou vérité, renvoie au narcissisme qui caractérise l'homme dans sa dimension charnelle. Elle est la marque de son instabilité

---

70. Voir Aelred de Rievaulx, *DSC*, I, 63, p. 39.

71. *Ibid.*, I, 75, p. 44.

72. *Ibid.*, I, 15, p. 18 et 62, p. 38.

73. *...ita nec a seipsa [creatura] beata est, sed ab ipso qui summe beatus est, ac per hoc beatitudo beatorum omnium.* Aelred de Rievaulx, *DSC*, I, 8, p. 16 ; *MC*, p. 42.

existentielle, dans sa chute comme dans son redressement. Ce n'est pas la réalisation du désir qui provoque ce plaisir-là, mais ce dernier participe étroitement de la tension désirante elle-même. Ce n'est que dans le moment ultime de la contemplation, de l'union mystique, que l'âme connaît paix et tranquillité. Pour son malheur, pour son salut aussi, l'homme actuel est prisonnier du mouvement qui l'anime sans relâche. C'est parce que le désir est plaisir qu'il est insatiable, condamné à trouver le bien parfait qui permettra la fusion entre le désir et le plaisir dans un repos sublimé. Sa voracité peut perdre l'homme, elle peut le sauver aussi. En somme, c'est parce que l'homme pécheur rapporte ses désirs à lui que ceux-ci lui sont doux ; dans le même temps, la douceur de ces élans fait qu'ils se perpétuent et se renouvellent spontanément. Il y a là à nouveau une causalité circulaire du plaisir et de l'affect qui définit l'être-au-monde de l'homme. Avant d'y voir une servitude, un cercle fatal, Bernard et plus encore Aelred la perçoivent comme une donnée existentielle. Loin d'être antinomiques, les deux adjectifs *spontanea* et *dulcis* se complètent et illustrent l'idée d'une autonomie de l'élan affectif, capable de se nourrir de sa propre matière. En ce sens, la douceur inhérente à tout affect conforte le caractère dynamique de l'élan, tout en le rendant difficilement contrôlable, dans la mesure où il semble fonctionner pour ainsi dire en boucle.

Ainsi, loin de restreindre la portée de la définition philosophique de l'affect comme sensibilité, agréable ou douloureuse, de l'âme, Aelred renforce sa dimension active et son rôle essentiel dans la compréhension de la psychologie de l'individu. Surtout, le rapport *spontanea/dulcis* confirme le principe d'une présence simultanée dans l'affect du volontaire et de l'infra-volontaire.

L'AFFECT CONQUÉRANT

La dialectique de l'affect aelrédien s'exprime donc dans une double voracité. La première est d'ordre naturel : l'affect évoque l'extension immédiate de l'impulsion, dans une acception qui relève à la fois du préaffect stoïcien et de l'affect-fécondité naturelle de l'âme lactancien. Cet affect-là est neutre, infra-raisonnable et infra-volontaire, mais il est en même temps vigoureux, animal, conquérant. L'autre voracité de l'affect renvoie directement à l'acception la plus répandue : c'est celle de tout amour. Aelred continue d'appeler affect l'amour qui prend son origine dans la stimulation d'un affect-impulsion. Cet affect-amour endosse quant à lui toute la dialectique chrétienne de la dissemblance et de la ressemblance. La difficulté du discours aelrédien vient du fait que ces deux approches existent conjointement. Chacune d'elles a sa propre histoire dans la pensée occidentale : c'est l'articulation entre le préaffect-premier mouvement et l'affect-passion ou amour volontaire. Les écrits d'Aelred montrent une résurgence de l'affect-fécondité naturelle qui vient ébranler l'édifice de l'affect augustinien défini comme la volonté duale post-adamique :

et si les affects-impulsions, passant la barrière de la volonté, et devenant par
là même désirs ou actes susceptibles en théorie d'une sanction morale, conser-
vaient malgré tout quelque chose de leur neutralité originelle? Cette tendance,
que l'on peut rattacher à l'«optimisme théologique» voire au «naturalisme» du
XIIᵉ siècle[74], n'aboutit pas chez Aelred, et elle ne peut aboutir dans le cadre
de la spiritualité cistercienne, du moins pas sous la forme de l'acceptation
paisible d'une impulsivité naturelle.

Il reste que les interférences entre l'affect-impulsion et l'affect-amour volontaire sont constantes; c'est dans ce jeu de va-et-vient, aux confins de ces
discours historiquement et culturellement constitués que l'évolution des mentalités se dévoile en de brefs moments de clarté. En ce sens, au niveau de la
construction doctrinale de la théorie des affects, deux logiques discursives
cohabitent. La première, qui se place sur le terrain de l'analyse des processus
psychologiques, confère aux manifestations pulsionnelles de la vie affective
une réalité autonome et légitime. Elle conduit à l'établissement d'un dualisme
psychologique, l'âme étant dotée de deux principes désirants, l'affect et la
volonté rationnelle. Dans ce schéma, il apparaît naturel que s'impose le
dynamisme qui est entièrement gouverné par le principe de plaisir, motivation première de tout existant, l'affect. L'autre discours, celui de la tradition
patristique, perçoit cette dualité comme une marque de la nature pécheresse
de l'homme et y voit l'occasion d'une dialectique intérieure, au travers de
laquelle l'homme doit apprendre à soumettre la mauvaise part, dissemblante,
à la part noble, ressemblante. Les deux discours coexistent et ne possèdent
leur légitimité que dans l'interaction, voire l'intégration. De cette dynamique
discursive émerge une représentation nouvelle. Elle réside dans la croyance
que la fêlure intérieure n'est plus seulement la peine infligée à l'homme pour
le péché mais participe pleinement de sa nature créée.

---

74. Voir A. DE LIBERA, *Penser au Moyen Âge, op. cit.*, p. 235.

Troisième partie

Les stratégies de mise en ordre affective

« Cupidité et amour : quels sentiments, ô combien différents, ne nous suggère pas chacun de ces termes ! Et cependant il se pourrait que ce soit la même impulsion, doublement désignée, tantôt de façon calomnieuse du point de vue des repus, en qui cette impulsion a déjà trouvé quelque assouvissement, et qui craignent désormais pour leur "avoir"; tantôt du point de vue des insatisfaits, des assoiffés, et par conséquent glorifiée, en tant que "bonne" impulsion. »

FRIEDRICH NIETZSCHE, *Le Gai savoir*.

L A THÉORIE aelrédienne de la spontanéité affective montre comment l'articulation du discours singulier avec le cadre collectif se construit parfois sur un mode conflictuel. Cependant, il faut comprendre que cette dialectique constitue à proprement parler la représentation nouvelle dans la conception de l'homme chrétien. Il ne s'agit pas d'affirmer en effet qu'Aelred de Rievaulx fait entendre une voix contestataire qui revendiquerait un statut nouveau pour l'affect. Il n'est pas question non plus de stigmatiser des contradictions d'ordre théologique dans le discours d'Aelred qui, par manque de formation ou d'acuité intellectuelles, ne se rendrait pas compte de certaines dérives. L'analyse ne se place pas dans ces perspectives du discours marginal ou de l'évaluation de la rigueur théologique. L'ambition est de mettre en lumière l'un des multiples agents de l'évolution historique de la représentation collective. L'intersection entre le singulier et le collectif à propos du discours sur l'affect laisse apparaître une torsion de la représentation qui ne peut être perçue qu'en décomposant le jeu des tensions et des résistances.

En explorant l'anthropologie cistercienne, nous avons vu comment, à l'intérieur d'un discours qui s'inscrit parfaitement dans une tradition culturelle, apparaissent les éléments d'une tension interne qui devient saillante dans les écrits d'Aelred de Rievaulx. Nous souhaitons aussi mettre en évidence les forces de résistance, qui n'agissent pas en réaction contre une vision novatrice, mais constituent l'inertie de la structure mentale qui absorbe partiellement la tension subie. Ce ne serait guère forcer le trait que de dire que la majorité des écrits cisterciens participe d'un vaste projet de mise en ordre de la puissance affective pour en faire une force de conformation au modèle divin. Sans dresser un illusoire catalogue de ces itinéraires, on se propose d'identifier les principales stratégies qui président à leur élaboration. C'est ainsi qu'on passe dans un premier chapitre de l'ordre rhétorique des affects au travers d'une typologie à l'ordination spirituelle de l'individu. En outre, la logique religieuse de mise en ordre de l'affect porte les éléments d'une représentation sociale plus large. Ainsi, il existe une forte dichotomie masculin/féminin dans l'approche monastique de l'affect qui sous-tend une vision spécifique de la femme perçue comme être affectif. En contrepoint, l'ordination de l'affect sur le plan des relations interindividuelles contient les ingrédients d'un modèle communautaire et masculin qui se dégage avec clarté de la théorisation aelrédienne de l'amitié spirituelle.

8.
ORDONNER LA LETTRE ET L'ESPRIT

UNE TYPOLOGIE DES AFFECTS

S I LA THÉORIE de la spontanéité énoncée par Aelred confère à l'affect une dimension tout à la fois obscure et sauvage, cela ne signifie pas qu'il est vain d'en rechercher l'origine. Au contraire, il est essentiel pour Aelred de comprendre d'où viennent ces affects qui semblent présider à la destinée psychologique de l'homme : «je veux maintenant sonder d'abord les replis de ma conscience pour que ce genre d'affect ne me trompe pas, s'il m'arrivait d'en ignorer la cause et l'origine [1] ».

Aelred définit donc une typologie conjointement à son analyse du fonctionnement psychologique des affects. C'est ainsi qu'il en pose les premiers éléments immédiatement après avoir donné la définition de l'affect : «L'affect est soit spirituel, soit raisonnable, soit déraisonnable, soit lié à de bons offices, soit naturel, ou bien même charnel [2] ». À l'intérieur du petit «traité des affects» contenu dans le livre III du *Miroir de la charité*, l'étude de leur origine occupe dix chapitres, plus précisément deux développements de cinq chapitres chacun. Les chapitres XI à XV (paragraphes 31 à 38) analysent tour à tour les différents affects, illustrant chacun d'entre eux d'une série d'exemples, souvent tirés de l'Ancien Testament, notamment des livres historiques de Samuel et des Rois. Un peu plus loin, les chapitres XXIII à XXVII (paragraphes 53 à 65) tentent de délimiter dans quelle mesure l'esprit doit consentir ou non à tel ou tel affect ressenti. Les chapitres intercalaires, XVI à XXII (paragraphes 39 à 52), quant à eux, poursuivent la réflexion globale sur la nature de l'amour et son

---

1. *Volo nunc primo latebras propriae explorare conscientiae, ut non fallat affectus iste, si ejus causam et originem contigerit ignorare.* AELRED DE RIEVAULX, *DSC*, III, 43, p. 125 ; *MC*, p. 213. Traduction modifiée.

2. *Affectus autem aut spiritalis est, aut rationalis, aut irrationalis, aut officialis, aut naturalis, vel certe carnalis.* AELRED DE RIEVAULX, *DSC*, III, 31, p. 119 ; *MC*, p. 202-203. Traduction modifiée.

processus dynamique. En somme, les deux développements sur la typologie des affects sont des digressions par rapport à l'analyse principale qui porte toujours sur le mécanisme psychologique du désir. Face à l'étrange ambiguïté de l'affect, le fait même de dresser une typologie constitue les prémices d'une mise en ordre.

L'*affectus spiritualis* : une menace pour l'institution monastique

Dans sa liste, Aelred identifie six types d'affects par leurs cause et origine, qui en fait peuvent se ramener à cinq, puisque les affects raisonnables et déraisonnables sont deux facettes opposées d'un même affect déterminé en fonction d'une norme morale, la vertu ou le vice. De la même façon, presque tous les autres affects sont à double visage. En outre, le cistercien établit une hiérarchie, élaborée en fonction du critère de consentement, de l'affect le plus désirable au plus dangereux :

> Par conséquent, dans ces affects, il faut garder ce principe : celui par lequel notre esprit est stimulé vers Dieu est à faire passer avant tous les autres ; ensuite l'affect raisonnable avant celui lié à de bons offices, celui-ci avant le naturel et ce dernier avant le charnel[3].

L'affect spirituel apparaît donc comme le plus noble de tous les affects, du moins quand il vient de Dieu, puisqu'on apprend qu'il peut également être provoqué par le diable[4]. Même s'il n'emploie pas alors l'expression, la presque totalité du livre II est consacrée à l'interprétation de l'affect spirituel et des visites du Saint-Esprit. À ce propos, on peut s'étonner que les deux développements ne soient pas davantage reliés, et même parfois proposent des interprétations divergentes. Le livre III n'envisage en effet qu'un seul type d'affect spirituel venant de Dieu ; alors que le livre II en distingue trois. En outre, l'analyse est beaucoup plus fine et développée dans le livre II. Le plus probable est que la partie purement analytique sur la nature de l'affect contenue dans le livre III a été rédigée avant le livre II. Aelred s'est contenté ensuite, dans la composition finale du *Miroir de la charité*, de faire un renvoi au livre III dans sa présentation de l'affect spirituel, sans procéder à une réelle refonte qui aurait accentué la cohérence des deux développements. Il est vrai que l'angle d'approche n'est pas le même. Dans le livre III, la perspective est d'abord anthropologique. Les affects sont étudiés dans le cadre d'une analyse du mécanisme psychologique de l'amour. Dans le livre II, la question des visites célestes contient un enjeu plutôt d'ordre disciplinaire.

Commençons par l'étude la plus détaillée, celle proposée au livre II où l'existence même des affects spirituels liés aux visites divines semble pouvoir ébranler les fondements de la réforme cistercienne voire de l'institution monastique. À l'origine, il y a un double paradoxe. Le premier est un scandale qui

---

3. *Proinde in his affectibus haec ratio servanda est, ut is quo animus noster excitatur in Deum, caeteris omnibus praeponatur ; deinde rationalis officiali, officialis naturali, naturalis carnali.* AELRED DE RIEVAULX, *DSC*, III, 72, p. 139 ; *MC*, p. 234.

a de quoi émouvoir les novices de Rievaulx : comment se fait-il que certaines personnes débauchées, portées sur la boisson et aux fréquentations douteuses, et qui parfois même sont des moines, puissent être touchées de componction, pleurent abondamment (et bruyamment au point d'importuner tout le monastère...), alors que les moines vertueux demeurent les yeux secs? Pour Aelred les larmes de componction sont un don de la grâce, révélatrices de l'affect spirituel. Marques d'un privilège tout spécial de communion immédiate avec le divin[5], ces larmes ne sont pas seulement la manifestation d'un remords mais viennent «parce que [le débauché] est pris, dans la douceur de l'amour de Jésus, par un étrange affect qui donne à penser qu'il est étreint d'un baiser spirituel[6]». Comment légitimer dans ces conditions la mortification et l'ascèse quotidiennes exigées des nouvelles recrues cisterciennes?

L'autre paradoxe est rendu sous la forme d'un dialogue entre Aelred et un novice inséré dans le développement (livre II, chapitre XVII). Le jeune moine, qui a connu le monde et ses douceurs, se plaint à son maître de ne plus ressentir avec émotion l'amour de Dieu depuis qu'il suit scrupuleusement la règle cistercienne dans toute sa rigueur. Autrefois, sa vie de plaisir, mêlée de banquets et d'oisiveté, ne l'empêchait pas d'éprouver des moments de componction où, au milieu des sanglots qui le secouaient, il ressentait profondément l'amour de Dieu. Certes, le cloître le met désormais à l'abri de certains tracas imposés par la vie seigneuriale, comme celui d'avoir à supporter les plaintes incessantes des paysans lésés venus demander justice. Le monastère lui a apporté la paix, mais la rigueur de la règle a également fait tarir le flot des larmes qui lui faisait ressentir si intensément la présence divine. N'était-il pas finalement davantage en état de réception d'une visite divine lorsqu'il vivait dans le monde, en cédant à toutes ses passions?

Provocatrices, ces questions contiennent malgré tout une forte critique à l'encontre de la réforme cistercienne qui, par l'excès d'ascèse qu'elle impose à ses moines, risquerait bien d'aboutir à l'effet inverse de celui escompté, et donc d'éloigner l'homme de Dieu en le privant justement de ces visites que sont les affects spirituels. Aelred prend cette mise en cause très au sérieux[7]. En fait, l'essentiel de sa réponse a déjà été donnée dans les pages qui précèdent cette intervention. Au centre de son argumentation, on retrouve le statut de l'affect spirituel. Il a déjà mis en garde contre une erreur d'interprétation concernant ces fameuses larmes de componction, omniprésentes et signe

---

4. Voir AELRED DE RIEVAULX, *DSC*, III, 31, p. 119.

5. Voir P. NAGY, *Le Don des larmes au Moyen Âge, op. cit.*, p. 305.

6. ...*sed etiam miro affectu in amoris Jesu dulcedinem resolutus, quodam mentis osculo ipsum videretur amplecti*. AELRED DE RIEVAULX, *DSC*, II, 18, p. 74-75 ; *MC*, p. 134.

7. On pourra consulter avec profit l'unique étude de ce dialogue inséré, qui s'intéresse notamment à sa composition rhétorique et argumentative, même si l'auteur utilise le texte comme base d'une réflexion personnelle sur la vie monastique contemporaine; voir G. GHISLAIN, «À la recherche de la réponse juste : un novice interroge son père maître», *Collectanea cisterciensia*, 55 (1993), p. 78-109.

privilégié de la visite divine. Toutes les larmes n'ont pas la même valeur, dit
le cistercien, et le pleurant lui-même peut s'y tromper facilement. En cela le
moine est fidèle à la tradition qui voit une relation entre les humeurs du
corps et la profusion des larmes. Un corps amolli par les passions pleurera
aisément mais de telles larmes ne seront que le signe d'un trop plein
d'humeurs nocives[8]. Une fois écarté le risque de confusion entre larmes de
componction spirituelle et larmes d'hydropisie passionnelle, le cistercien
rappelle le caractère souvent inopiné et éphémère des visites divines. Car on
retrouve dans l'affect spirituel les éléments de la théorie de la spontanéité
affective : c'est un élan momentané, imprévisible, qui échappe à la volonté[9].
Il faut entendre par là que Dieu seul décide de l'opportunité de ces visites,
et qu'il n'appartient donc pas à l'homme de les juger. Voilà une façon de
recommander plus de modération et d'humilité au novice qui dénonce ce
scandale. De surcroît, celui qui en est le bénéficiaire ne peut en retirer un réel
profit que s'il y adjoint sa volonté, qui relaie la volonté divine. Il faut donc
au préalable, pour mesurer la valeur d'un tel affect, répondre à deux
questions : les larmes qui l'accompagnent marquent-elles une véritable
componction ou sont-elles illusoires? L'affect éprouvé est-il relayé par la
volonté? Pour autant, on peut douter que ces précautions et éclaircissements
suffisent à convaincre les novices qu'ils ont fait le bon choix. Certes, Dieu seul
choisit qui il visite, mais n'est-ce pas une impression malsaine d'arbitraire
voire d'ironie qui risque de s'imposer aux jeunes esprits voyant la grâce
frapper indifféremment les vertueux comme les pires débauchés? Il n'est pas
question donc pour le maître des novices de s'en tenir à l'argument de l'impé-
nétrabilité des voies célestes. L'enjeu est trop important et Aelred lève
définitivement le doute en affirmant que chaque visite qui provoque un affect
spirituel possède une mission bien précise et sert un projet adapté à chacun.

Aelred distingue ainsi trois visites qu'il considère en détail, précisant à qui
elles s'adressent, quels sont leurs objectifs et leurs effets, et enfin comment
l'âme peut se préparer pour recevoir la forme la plus élevée[10]. À chacune de
ces visites correspond un type d'affect spirituel : la crainte pour la première
réservée aux réprouvés ou aux tièdes, un sentiment d'encouragement pour
la deuxième destinée à ceux qui luttent et enfin la douceur pour la troisième
qui concerne les parfaits. Aelred établit ainsi une échelle de perfectionnement
par l'affect spirituel, mais il apporte du même coup une solution au scandale
du réprouvé touché par cet affect d'origine divine. Il s'agit en réalité d'un
avertissement qui devrait susciter la crainte, non la dilection. Malheur à ceux
qui s'illusionnent sur le sens réel de l'affect ressenti. L'affect spirituel s'avère
être un mode de communication immédiate entre l'individu et Dieu, ce qui
lui confère une réelle noblesse, tout autant qu'à la partie inférieure de l'âme

---

8. Voir AELRED DE RIEVAULX, *DSC*, II, 35, p. 83.

9. *Ibid.*, 53, p. 91.

10. *Ibid.*, 20-32, p. 75-81.

d'où il agit, située en deçà de l'esprit raisonnable exerçant le libre arbitre. L'instance affective n'est pas seulement une trace dans la créature rationnelle d'une puissance animale, elle est un moyen pour entrer en contact avec le monde céleste.

Si l'on complète cette étude par les apports du livre III, il faut relever tout d'abord que les visites de l'Esprit-Saint ne conduisent pas seulement à la dilection divine (*dilectio divina*), mais aussi à la charité fraternelle (*fraterna caritas*). Le cistercien considère en effet que l'affect de charité fraternelle, dont il traite longuement s'agissant de la vie monastique, peut directement provenir d'une visite divine. En outre, dans le livre III, le seul exemple d'affect spirituel est tiré des Écritures et fournit une lecture quelque peu différente de son fonctionnement psychologique. Il s'agit de l'épisode du sacrifice d'Abraham. Le cistercien se réfère à cet exemple pour illustrer l'impérieuse nécessité de placer l'affect spirituel au-dessus de l'affect naturel :

> Lorsqu'Abraham reçut l'ordre d'immoler son propre fils, il ne fut pas dépourvu d'affect naturel et ne se durcit pas à l'égard de sa propre chair ; mais quand l'affect naturel – qui l'attachait à son fils – et l'affect spirituel – qui l'attachait à Dieu – rivalisèrent dans le cœur de ce saint homme, il fit passer l'affect supérieur avant l'autre, ou plutôt il méprisa l'affect inférieur à cause de l'affect plus élevé [11].

L'affect spirituel ne correspond pas seulement à un ressenti éphémère, conséquence d'une visite ponctuelle et inopinée de l'Esprit-Saint. Aelred utilise en effet le même verbe *amplectare* pour qualifier le lien qui unit Abraham à son fils Isaac et le patriarche à Dieu. On pourrait s'attendre à ce que l'affect spirituel corresponde seulement à l'acte d'obéissance d'Abraham qui obtempère à l'injonction divine. Il semble cependant que l'affect spirituel éprouvé par Abraham renvoie plus largement à la relation privilégiée qu'il entretient avec Dieu. Les deux affects, naturel et spirituel, ont ici le même effet sur l'individu qui les ressent : ils procurent un sentiment vif d'attachement. Même si l'attachement d'Abraham ressortit plus de la soumission que de l'affection à proprement parler, aux yeux d'Aelred les deux états sont comparables. Seule l'origine divine de l'affect spirituel détermine sa prééminence. Il qualifie alors un état psychologique durable résultant de la reconnaissance par l'individu de l'action de l'Esprit-Saint en lui.

Néanmoins, il n'y a pas de contradiction entre les deux lectures des livres II et III. L'affect spirituel est à la fois momentané et durable car il correspond tout aussi bien à la fugacité de la visite divine dont il était question dans le livre II qu'à l'état sensible qui en résulte. Aussi la cohérence est-elle à rechercher dans la succession temporelle. L'affect spirituel est momentané dans

---

11. *Denique Abraham proprium filium immolare jussus, nequaquam ad propria viscera expers naturalis affectus obduruit, sed cum naturalis, quo filium, spiritalis, quo Deum amplectabatur, in sancti viri pectore compugnarent, superiorem inferiori praeposuit : immo ob superiorem inferiorem contempsit.* AELRED DE RIEVAULX, *DSC*, III, 69, p. 137-138 ; *MC*, p. 231.

l'instant de la visite divine puis il peut devenir, avec le soutien de la volonté, un état durable. Une fois de plus, dans l'approche de cet affect particulier, on retrouve la dialectique pulsion/sentiment inhérente à la notion d'*affectus-affectio*.

Il faut considérer enfin la question du consentement, savoir dans quelle mesure l'âme doit accepter cet affect. Sans surprise, Aelred le considère comme le plus désirable de tous[12]. Cependant il met en garde contre une obéissance aveugle qui risquerait d'épuiser le corps en lui faisant dépasser les limites de ce qu'il peut supporter comme privation. La recommandation à conserver quelque mesure, si ce n'est dans le désir du moins dans les actes, à soumettre l'affect spirituel à la modération de la raison, n'est pas motivée par un égard particulier envers le corps. C'est plutôt une précaution afin que l'épuisement du corps ne mène pas à un relâchement de l'âme, selon la conception traditionnelle du corps comme instrument dont l'âme doit se servir, mais sans oublier néanmoins ses faiblesses, de peur qu'il ne défaille prématurément, avant que la mission spirituelle à laquelle il participe ne soit achevée.

Enfin, le fait qu'il puisse être d'origine démoniaque montre que l'affect spirituel est d'abord un processus psychologique, naturel pourrait-on dire ; la visite supra-naturelle qui le déclenche, qu'elle soit divine ou diabolique, n'étant que le stimulus originel. On ne déroge donc pas à la théorie de la spontanéité. L'affect spirituel s'origine bien en Dieu ou dans le diable : en cela, il est causé par un agent clairement identifié. En revanche, il est spontané pour l'individu qui l'éprouve, c'est-à-dire qu'il contient son propre dynamisme antérieurement à la volonté et s'auto-entretient par la douceur qui l'accompagne.

L'*affectus rationalis* ou l'amour des vertueux

Les affects spirituels de Dieu sont par nature incommunicables. On ne partage pas une visite céleste. Par conséquent, s'ils occupent le sommet de la hiérarchie des affects, ils sont aussi quelque peu à part. Avec l'affect raisonnable en revanche, on entre dans le champ des affects sociaux :

> C'est un fait établi que l'affect raisonnable – qui provient de la contemplation de la vertu d'autrui – est plus parfait que les autres affects par lesquels nous sommes enflammés de dilection pour le prochain[13].

Par défaut, nous avons gardé la traduction «affect raisonnable» pour rendre *affectus rationalis*, même si elle est réductrice car *rationalis* ne renvoie pas à une dimension rationnelle de l'affect, au sens où il serait instruit par la raison discrétionnaire. Il n'est pas non plus raisonnable au sens où il serait

---

12. Voir Aelred de Rievaulx, *DSC*, III, 53, p. 130.

13. *Rationalem igitur affectum, qui ex alterius contemplatione virtutis oboritur, caeteris, quibus ad proximi dilectionem accendimur, constat esse perfectiorem.* Aelred de Rievaulx, *DSC* III, 55, p. 131 ; *MC*, p. 221.

immédiatement conforme à une norme morale édictée par la raison. En effet, si Aelred ne cesse de répéter que tous les affects doivent être soumis à l'élément modérateur qu'est la raison, c'est qu'ils ne le sont pas naturellement. Dès lors, une inclination spontanée est *rationalis* dans la mesure où elle s'oriente vers un ou plusieurs individus vertueux. La nature de cet affect peut paraître ambiguë. Au premier abord, on pourrait croire qu'il correspond *stricto sensu* à un attachement pour la vertu, mais ce serait oublier que l'affect selon Aelred est une inclination vers quelqu'un (*ad aliquem*), non vers quelque chose quand bien même il s'agirait d'une qualité hautement désirable comme la vertu. L'*affectus rationalis* est un affect qui est déclenché par les vertus, autrement dit des qualités conformes à la raison morale, d'une personne qui reste le véritable objet de l'élan. C'est donc moins un élan vers la vertu que vers une personne vertueuse[14]. La distinction n'est pas négligeable puisqu'elle permet d'éviter l'erreur de considérer l'affect raisonnable comme un élan intellectuel, d'emblée placé sous le contrôle de la raison normative. Cet affect ne déroge pas à la définition générale proposée par Aelred. Il est vrai que la méprise est d'autant plus facile que, dans tout ce passage, le cistercien ressasse un argument récurrent dans toute la philosophie classique : un comportement est moral s'il est conforme à la vertu, qualité désirable pour elle-même. C'est donc bien l'amour de la vertu qui doit guider le sage. Aelred part de cette idée mais propose, pour finir, quelque chose de très différent : l'amour non pas de la vertu mais d'une présence, actuelle ou non, de la vertu. L'être vertueux n'est plus un intermédiaire vers l'étreinte de l'essence de la vertu, il est la fin même de l'élan. On ne laisse pas d'ailleurs d'être surpris en voyant à quel point l'affect raisonnable surgit par le truchement des sens :

> L'affect raisonnable est celui qui naît à la vue des vertus de quelqu'un – soit que nous nous rendions compte par nous-mêmes de sa valeur ou de sa sainteté, soit que nous en ayons connaissance par la rumeur publique, soit que nous en soyons informés par la lecture – et qui remplit l'âme d'une savoureuse douceur. C'est cet affect qui, à l'audition de la passion et du triomphe des martyrs, nous remplit de douce dévotion et nous dépeint, en une savoureuse méditation, les actions mémorables de ceux qui nous ont précédés, comme si nous les avions sous les yeux. Voilà pourquoi la voix au moyen de laquelle l'admirable athlète de Jésus – je veux parler de Paul – fait valoir ses actions courageuses, arrache souvent des larmes à ceux qui l'écoutent, ce qui prouve que la joie admirative a pris naissance en eux. Et cette voix les émeut au point qu'ils sont soudain remplis de tendresse pour lui et désirent vivement l'embrasser sur-le-champ[15].

---

14. Voir Aelred de Rievaulx, *DSC*, III, 55, p. 131.

15. *Rationalis affectus est, qui ex consideratione alienae virtutis oboritur, videlicet cum oculis nostris cujuslibet virtus vel sanctitas explorata, vel fama divulgante, vel certe lectione comperta, mentem nostram quadam dulcedinis suavitate perfundit. Hic est affectus, qui nos, audita triumphali martyrum passione, suavissima devotione compungit, ac memorabiles praecedentium actus quasi sub oculis delectabili meditatione depingit. Hinc vox illa, qua admirabilis athleta Jesu,*

Tout se passe comme si la mise en scène de la vertu et la capacité à émouvoir valaient autant que la vertu elle-même. Ainsi, pour le cistercien, le meilleur exemple d'affect raisonnable n'est autre que l'attachement qui unissait David et Jonathan : «l'ami de la vertu fut incité à éprouver cet affect pour un vertueux jeune homme[16]». La présence physique est un élément déterminant pour aimer la vertu, même si la présence éternelle des saints avec le Christ dans les cieux est préférable encore.

Enfin, comme précédemment pour l'affect spirituel, cet affect possède son pendant négatif, l'*affectus irrationalis*, l'affect déraisonnable ou plus exactement l'attachement pour une personne en raison même de ses vices. Il est intéressant de noter qu'Aelred met dans cette catégorie – c'est le maître des novices qui parle – non seulement les luxurieux ou les fauteurs de troubles mais aussi les faux philosophes ou les fanfarons dans le métier des armes, deux profils de séducteurs qui effectivement représentent un véritable danger dans un monastère cistercien accueillant des jeunes moines souvent eux-mêmes lettrés et issus de la classe seigneuriale.

L'*affectus officialis* : entre gratitude et clientélisme

La hiérarchie des affects identifiés selon leur origine correspond à une descente progressive de l'esprit vers le corps. Sur cette échelle, l'affect de bons offices est en position médiane :

> ensuite, nous appelons affect lié à de bons offices celui qui est engendré
> par la gratitude pour des cadeaux ou des services reçus[17].

Les affects spirituel et rationnel penchent du côté de l'esprit alors que les affects naturel et charnel sont ostensiblement du côté de la chair. Situé sur la crête, l'affect de bons offices suscite donc d'abord la méfiance, «plus dangereux que les autres – parmi ceux qui sont admissibles ; s'il faut l'admettre, il faut surtout s'en défier[18]». Malgré cette mise en garde, c'est l'affect sur lequel Aelred est le moins disert. On sait que ce type de réflexion sur la nature des relations de dépendance est fréquent dans l'Antiquité, chez Cicéron notamment, et il n'est pas impossible qu'Aelred aborde l'affect de bons offices comme une figure imposée. Malgré tout, on peut légitimement penser que cet affect a un écho bien actuel à l'intérieur d'un monastère où les recrues ont éprouvé autrefois la prégnance des réseaux de fidélité aristocratiques, voire y participent encore, comme Aelred lui-même. Cette dépendance est au cœur

---

Paulum dico, fortia sua gesta commendat, conceptae gratulationis indices ab oculis audientium plerumque lacrymas elicit, animumque ad ejus jamjamque gestientem amplexus infusa subito pietate perstringit. AELRED DE RIEVAULX, *DSC*, III, 33, p. 120 ; *MC*, p. 204.

16. *...virtutis amicus in virtuosi juvenis excitatur affectum...* AELRED DE RIEVAULX, *DSC*, III, 33, p. 120 ; *MC*, p. 204.

17. *Porro officialem eu dicimus affectum, qui munerum vel obsequiorum gratia parturitur.* AELRED DE RIEVAULX, *DSC*, III, 35, p. 121 ; *MC*, p. 205.

18. *...caeteris qui admittendi sunt periculosior ; siquidem admittendus est, sed permaxime cavendus est.* AELRED DE RIEVAULX, *DSC*, III, 57, p. 132 ; *MC*, p. 223.

de la réforme cistercienne qui prétend à l'origine ne fonder la subsistance de ses monastères que sur les donations[19]. Cet affect tisse donc un lien supplémentaire qui participe de la cohérence de la société du don et du contre-don. Aelred y perçoit même un moyen de progrès spirituel puisque si la personne vers laquelle on éprouve de la gratitude en est vraiment digne, on pourra passer de l'affect de bons offices à l'affect raisonnable et construire une relation fondée sur la vertu.

Si l'affect de bons offices est dangereux en ce qu'il peut favoriser une relation strictement vénale, il possède deux avantages aux yeux d'Aelred. Le premier tient dans la gratitude elle-même, sentiment particulièrement valorisé : le don doit provoquer le contre-don de l'attachement à la personne du donateur. Parler de reconnaissance, voire de gratitude, apparaît trop faible. En la circonstance, le don n'est que l'événement initial qui déclenche un état d'attachement durable envers la personne, et survit largement à l'écho qu'on appelle gratitude. Le don agit comme un signe d'identification socio-culturel, qui marque une appartenance à des valeurs communes, et sert de base à un lien personnel appelé à s'enrichir. C'est là le second avantage de l'affect de bons offices qui peut conduire à cet autre affect, bien préférable, qu'est l'affect raisonnable. Enfin, si le moine ne précise pas quelle forme exacte prend l'attachement affectif ici, on sait néanmoins qu'il se manifeste de nouveau prioritairement par un désir de la présence (*praesentia*) de l'autre[20].

L'*affectus naturalis* : les liens indélébiles entre l'âme et le corps

Lorsqu'il parle de l'affect naturel (*affectus naturalis*), Aelred sait qu'il utilise une expression ancienne et polysémique. Bernard lui-même l'a déjà employée, notamment dans *L'Amour de Dieu*, dont la rédaction est antérieure au *Miroir de la charité*. Par la suite, elle sera reprise par Gilbert de Hoyland ou encore Isaac de l'Étoile.

Pour Bernard, l'affect naturel désigne un dynamisme inné et inamissible de l'âme qui peut se décliner sous différentes formes. Au niveau le moins déterminé, il qualifie la capacité de l'âme à être mise en mouvement. On pense ici une fois encore à cette frange inférieure de l'âme qui n'est pas en contact avec les puissances de l'intellect. Bernard le confirme lorsqu'il rappelle l'impérieuse nécessité de soumettre tout mouvement affectif au contrôle du discernement :

> Le discernement est donc moins une vertu qu'un modérateur et un conducteur des vertus, un ordonnateur des affects et un instructeur des comportements. Ôte-le, et la vertu sera vice ; l'affect naturel lui-même se changera en désordre et en corruption de la nature[21].

---

19. Voir Aelred de Rievaulx, *DSC*, III, 57, p. 132.

20. Voir *Ibid.*, III, 59, p. 133.

21. *Est ergo discretio non tam virtus, quam quaedam moderatrix et auriga virtutum, ordinatrixque affectuum, et morum doctrix. Tolle hanc, et virtus vitium erit, ipsaque affectio naturalis in perturbationem magis convertetur exterminiumque naturae.* Bernard de Clairvaux, *SCC*, SC 452, 49, 5, p. 336-337.

Gilbert reprend la même idée, de façon plus explicite encore, puisque selon lui
l'*affectus naturalis* correspond au dynamisme propre à tous les êtres animés,
y compris ceux dépourvus de raison[22]. Dans un registre proche, l'affect naturel
renvoie à l'attraction rémanente de l'âme pour le corps après la mort. Bernard
a participé activement à la réflexion médiévale sur l'au-delà, et il s'est intéressé
notamment à l'idée de dilation : quel est le destin des âmes justes en attente de
la résurrection des corps[23] ? Il a tenté sur cette question une synthèse entre les
différentes vues des Pères, cherchant à concilier Augustin et Grégoire le Grand[24].
Augustin s'est toujours refusé à envisager que les âmes, même celles des justes,
puissent accéder à une vision béatifique avant la résurrection des corps. Pour
Grégoire, une telle vision est possible, même si la résurrection des corps la
rendra plus intense encore. Bernard penche plutôt pour cette solution ; les
justes connaissent déjà repos et joie, même si ces qualités ne sont pas parfaites
avant la résurrection des corps. L'apport original de Bernard tient principalement
dans l'identification du lieu d'attente : les âmes sont sous l'autel du Seigneur,
selon une expression tirée de l'Apocalypse de Jean, 6, 9. Le cistercien associe
cet autel à l'humanité du Christ. Dans ce débat doctrinal, Bernard veut insister
sur une chose : l'attente de la résurrection des corps doit se faire dans un lieu
marqué par l'incarnation du Christ. Le principe de la dilation est ici étroitement
associé au motif même de l'attente : la réunion de l'âme avec le corps. Chez
Bernard, l'âme est constamment rappelée à ce manque, malgré son bonheur
déjà intense[25]. En revanche, le sein d'Abraham est un lieu de repos qui se
suffit à lui-même, d'où son assimilation progressive avec le paradis. Ce n'est pas
le cas pour les âmes réfugiées «sous l'autel». Là, le désir donc de se relever, pour
rejoindre le Christ dans sa gloire d'humanité, «sur l'autel», est placé au premier
plan. C'est en cela que la solution de Bernard est unique. Jamais la relation entre
le principe du lieu temporaire et la résurrection des corps n'avait été si marquée.
De cette attente béatifique, mais vécue malgré tout comme un manque, naît un
désir. C'est le désir de l'âme pour son corps, un désir pensé tout à la fois
comme une attraction persistante, le souvenir de l'union terrestre, et comme la
promesse d'une contemplation face-à-face avec le Christ ressuscité. Bernard le
nomme *affectus* ou *affectio naturalis*[26]. Cet attachement demeure ambivalent,

---

22. Voir Gilbert de Hoyland, *SCC*, *PL* 184, 4, 4, col. 29 A.

23. Sur cet aspect de la théorisation des espaces de l'au-delà, voir J. Baschet, *Le Sein du père.
Abraham et la paternité dans l'Occident médiéval*, Paris, Gallimard, 2000 (coll. Le Temps des
Images) ; tout particulièrement le chapitre III, «Abraham, patriarche paradisiaque», p. 99-138,
indispensable pour comprendre les solutions proposées par Bernard.

24. La thèse bernardine est étudiée par B. de Vrégille, «L'attente des saints d'après saint
Bernard», *Nouvelle Revue de Théologie*, 70 (1948), p. 225-244.

25. Cette exigence n'est finalement pas si éloignée de la tendance contemporaine au XIIe siècle
à évacuer progressivement l'idée même de la dilation. J. Baschet, *Le Sein du père, op. cit.*, p. 129-
136, montre en effet très bien, dans ses analyses portant sur l'iconographie des XIe-XIIIe siècles,
comment les personnages d'allure enfantine accueillis dans le sein d'Abraham représentent non
plus les âmes mais les élus ressuscités dans leur corps de gloire.

26. Voir Bernard de Clairvaux, *DDD*, 32, p. 140-143.

entre espoir de réunification glorieuse et maintien d'une entrave dont l'âme n'est pas complètement libérée. Pour les saints, il semblait que seul l'espoir de glorification des corps les animait. Or, dans *L'Amour de Dieu*, Bernard englobe l'ensemble des élus qui n'ont pas tous atteint le même degré de perfection[27].

Dans ce contexte, l'affect naturel apparaît comme le seul attachement d'origine terrestre que l'âme conserve après la mort. On comprend aisément qu'il possède aussi une prégnance déterminante durant la vie terrestre. L'affect naturel peut être ainsi assimilé à une sorte d'instinct de survie. Même celui qui espère la vie éternelle ne peut s'empêcher d'éprouver un attachement viscéral pour son corps, pour la vie terrestre. Cet instinct est propre à tous les êtres animés. Le dépasser, le dominer, c'est faire preuve du courage du martyr, comme ce fut le cas pour saint Clément loué par Bernard[28]. L'âme du Christ lui-même, qui ne subit aucune des tentations générées par la chair, s'est pliée à cette loi de l'affect naturel qui lui faisait aimer sa propre chair[29].

À la fois énergie vitale de l'être animé, dynamisme essentiel de l'humain défini comme l'union d'un esprit et d'un corps, l'affect naturel irrigue également la part rationnelle de la créature. Il peut qualifier alors tout mouvement spontané et libre de l'âme et donc aussi s'appliquer à la volonté. C'est ainsi que l'entend Bernard dans son exégèse du Cantique des cantiques. Engagé dans une interprétation des celliers évoqués par l'épouse, Bernard en distingue trois au sens moral : celui de la discipline, celui de la nature et enfin celui de la grâce. Le premier cellier, celui de la discipline, consiste essentiellement en un redressement de la volonté propre :

> C'est pourquoi, il faut avant tout que l'insolence du comportement soit domptée dans le premier cellier par le joug de la discipline. Cela, jusqu'à ce que la volonté entêtée, brisée par les préceptes sévères et répétés des anciens, soit humiliée et guérie, et recouvre, par l'obéissance, la bonté naturelle qu'elle avait perdue par l'orgueil. Alors la volonté aura appris, par le seul affect naturel, et non par la crainte de la discipline, à se montrer aimable, autant qu'il dépend d'elle, et paisible avec tous ceux qui partagent sa nature, c'est-à-dire avec tous les hommes[30].

L'affect naturel s'applique ainsi à un état de l'activité volontaire purifié des scories des péchés accumulées par la vie en société. Il ne s'agit pas d'une volonté parfaite et complètement innocente, car persiste la marque du péché originel, mais c'est là une incapacité collective. Libérée par l'ascèse, la volonté

---

27. Voir BERNARD DE CLAIRVAUX, *DDD*, 30, p. 136-137.

28. Voir ID., «*In natali sancti Clementis*», *SBO*, V, 3, p. 414.

29. Voir ISAAC DE L'ÉTOILE, «Sermon 7», SC 130, p. 184-185.

30. *...primo omnium in cella priori, jugo disciplinae insolentia morum domanda est, quousque duris ac diutinis seniorum attrita legibus humilietur et sanetur cervicosa voluntas, bonumque in se naturae, quod superbiendo amiserat, oboediendo recipiat, dum solo jam naturali affectu, non metu disciplinae, cum universis naturae suae sociis, id est omnibus hominibus...* BERNARD DE CLAIRVAUX, *SCC*, SC 431, 23, 6, p. 210-211.

individuelle redevient ce qu'elle était en puissance à la naissance et se meut par sa seule force intrinsèque. L'adjectif *naturalis* renvoie à ce *pondus* inné insufflé à la créature pour lui donner le désir du retour vers le créateur. Pour traduire cet état de nature de la volonté, Bernard évoque alors des caractéristiques traditionnellement attribuées aux jeunes enfants, encore dépourvus de discernement et dont la volonté ne peut être souillée par l'orgueil[31]. Il insiste sur l'innéité de ce mouvement naturel et dans le même temps on voit s'opérer un glissement entre les deux acceptions classiques de l'affect, tantôt principe dynamique tantôt état psychique ressenti. De mode opératoire de la volonté restaurée, l'affect naturel se commue en état de plaisir :

> Dans le cellier des parfums [*i.e.* de la nature], par contre, l'agréable douceur d'un affect spontané et comme inné s'empresse de rendre service, tel un parfum sur la tête qui, à la moindre chaleur, descend et se répand sur tout le corps[32].

La collusion sémantique supprime l'ordre nécessaire de la temporalité, dans un rapport d'efficacité immédiate. Replacer le fleuve de la volonté personnelle dans son lit pour qu'il s'écoule selon son tracé originel permet de jouir instantanément des fruits de ce retour. Enfin, au bout de cette chaîne, on retrouve les affects élémentaires issus de la tradition antique : «Quatre affects sont présents naturellement en l'homme, on les définit ainsi comme étant la tristesse, la joie, la crainte et l'espoir[33]». Dans un autre sermon, Bernard qualifie aussi la colère (*ira*), au sens ancien de puissance irascible, d'*affectio naturalis*[34]. Malgré un certain éclatement apparent, la notion d'affect naturel possède une indéniable cohérence dans la pensée de Bernard, cohérence assurée par le principe d'innéité qui est mis en avant dans tous les cas de figure. Pour autant, il est peu probable que l'abbé de Clairvaux ait jamais utilisé cette expression avec l'idée d'en faire un type spécifique d'affect. Certaines formes d'affects, en ce qu'elles sont élémentaires ou considérées en puissance, sont appelées naturelles. Elles renvoient à la constitution originelle de la nature humaine, indépendamment des rapports sociaux. C'est exactement le cas lorsque l'affect naturel est envisagé comme étant la force vitale de l'être ou l'attachement essentiel de l'âme pour le corps. Quand l'expression s'applique à des affects particuliers, ce sont encore des élans considérés comme primaires. Ainsi, en adjoignant l'adjectif *naturalis* à *affectus* ou *affectio*, Bernard n'élabore pas une catégorie séparée d'affect, il traite de l'instance affective sous un angle spécial, celui de la créature à l'état de nature.

---

31. Voir BERNARD DE CLAIRVAUX, *SCC*, SC 431, 23, 6, p. 212-213.

32. *In hac autem voluntariae et tamquam innatae affectionis grata mansuetudo sponte officiosa currit, instar plane unguenti quid est in capite, ad levem caloris tactum descendentis ac diffluentis per totum.* BERNARD DE CLAIRVAUX, *SCC*, SC 431, 23, 7, p. 212-213. Quelques lignes plus loin, la même idée est rendue par l'expression *spontaneus affectus*, p. 214.

33. *Insunt enim naturaliter homini quattuor affectiones, scilicet tristitia, gaudium, metus et spes, quae sic diffiniuntur.* BERNARD DE CLAIRVAUX, *Sententiae*, *SBO*, VI-II, sententia 86, p. 124.

34. Voir ID., «*Sermo XIII Qui Habitat*», *SBO*, IV, 5, p. 467.

En revanche, ce n'est pas le cas pour Aelred qui prolonge la démarche bernardine en érigeant l'affect naturel en catégorie sensible véritablement autonome. Ce faisant, il en resserre la signification autour de la force des liens du sang[35]. Citations scripturaires à l'appui, Aelred s'efforce de montrer que ces attachements sont innés, donc tout à fait légitimes[36]. Le cistercien évoque l'amour maternel qui finit par révéler la vraie mère lors du jugement de Salomon : «l'affect naturel révéla la vraie mère, qui céda par affect, elle qui n'avait pas cédé sous l'affront[37]». Il parle encore de l'amour de Joseph pour ses frères malgré leurs persécutions, ou de l'amour paternel de David pour un fils qui pourtant voulait sa mort. Pour Aelred, si Jésus se lamente lors de son entrée à Jérusalem sur le sort futur de la ville, c'est en raison du lien qui le rattache à ses ancêtres selon la chair. La seule différence est que le Christ éprouve par choix cet affect naturel, il ne le subit pas comme le commun des mortels[38].

Pour autant, Aelred fait preuve de la plus grande défiance vis-à-vis de cet affect. La comparaison entre les deux chapitres consacrés à l'*affectus naturalis* dans *Le Miroir de la charité* est à cet égard symptomatique du double langage que le moine tient sur les affects en général. En effet, le développement consacré au degré de consentement face à l'affect naturel dans le chapitre XXVII renverse la perspective du chapitre XIV, dans une construction symétrique évidente : «de même qu'il est impossible de ne pas admettre cet affect, de même aussi c'est le comble de la vertu de ne pas lui obéir[39]». Le glissement s'accentue ensuite de manière saisissante, quand quelques lignes plus loin le moine écrit :

> Il est tout à fait naturel qu'un être humain éprouve cet affect pour lui-même et pour les siens, mais son amour ne doit pas être basé sur cet affect; il doit plutôt être basé sur la raison[40].

Emporté, pourrait-on croire, par l'évocation des dérives possibles de l'affect naturel, Aelred parachève son revirement : «c'est pourquoi obéir à un tel affect, c'est donner lieu à un amour perverti qui dépouille l'homme de l'humain et le revêt du bestial[41]». On est loin de l'image positive de l'affect naturel qu'Aelred semblait donner au chapitre XIV. Malgré tout, le procédé est

---

35. Voir Aelred de Rievaulx, *DSC*, III, 36, p. 121.

36. *Ibid.*, II, 8, p. 70.

37. *…matrem affectus prodidit naturalis, et cessit affectui, quae non cesserat improbitati…* Aelred de Rievaulx, *DSC*, III, 36, p. 122; *MC*, p. 207.

38. Voir Id., *DSC*, III, 37, p. 122.

39. *Hunc sane affectum sicut non admittere impossibile est, ita non sequi summae virtutis est.* Aelred de Rievaulx, *DSC*, III, 60, p. 133; *MC*, p. 224.

40. *Naturale quidem est, quod homo erga se et suos affectum habet, sed amorem secundum affectum habere non debet; secundum rationem vero habere debet.* Aelred de Rievaulx, *DSC*, III, 61, p. 133; *MC*, p. 225.

41. *Quocirca affectus hujus exsecutio amor perversus est, hominem exuens homine, formam induens bestialem…* Aelred de Rievaulx, *DSC*, III, 61, p. 134; *MC*, p. 225.

parfaitement maîtrisé. La preuve en est que le moine convoque à dessein les mêmes exemples bibliques dans les deux chapitres, de façon à montrer qu'il est hautement préférable de passer outre l'affect naturel. C'est ce que fit le Christ lui-même :

> Le Sauveur lui aussi, revêtu d'un tendre affect pour les siens, pleura avec une admirable compassion sur sa ville qui serait dévastée. Et pourtant, il punit rigoureusement les crimes de cette même ville en la menaçant des pires calamités[42].

On voit ici éclater au grand jour la dichotomie de l'affect, impulsion et élan de l'âme hors de toute sanction morale dans sa manifestation première, mais sujet à la plus extrême méfiance lorsqu'il s'agit de l'accepter en conscience. Plus le type d'affect visé est proche de la chair et du corps, plus la mise en garde est aiguë.

L'*affectus carnalis* : les lois de l'attraction physique

Des différents affects envisagés par Aelred dans sa typologie, l'affect charnel est sans conteste celui qui est le plus profondément ancré dans la tradition patristique. Chez Augustin par exemple, les expressions *affectus(-io) carnis* ou *carnalis* se rencontrent par dizaines. Quel que soit le contexte, la formule est toujours péjorative. L'affect charnel qualifie toute forme d'élan, d'attachement, de sentiment qui éloigne l'homme de l'élévation spirituelle. En ce sens, l'affect charnel est l'exact contrepoint de l'affect spirituel. On observe cependant une gradation dans la dangerosité de ces affects qui recouvrent l'ensemble des élans de l'âme dirigés vers les biens terrestres et la vie présente en opposition avec les élans dirigés vers la vie future et le royaume spirituel. Certains méritent plus de mansuétude ; c'est le cas par exemple pour l'attachement porté à ses parents. Augustin parle néanmoins d'affects charnels, et non d'affects naturels, signifiant par là qu'ils doivent être éradiqués malgré tout. C'est l'injonction qu'il transmet à Lœtius qui ne parvient pas à se défaire de l'influence de sa mère : « C'est un affect charnel où résonne encore l'écho du vieil homme. La milice du Christ nous exhorte à tuer en nous et dans les nôtres cet affect charnel[43] ». À la mort de sa mère Monique, Augustin s'accuse lui-même de n'avoir pas su contrôler sa douleur comme il aurait dû le faire et donc de s'être laissé aller à un affect trop charnel[44]. Quoique condamnable, cet affect charnel appelle la clémence. En revanche, c'est la même expression d'*affectus carnalis* que l'on retrouve pour qualifier, à l'autre extrême des faiblesses de la chair, les désirs

---

42. *Salvator quoque pium erga suos indutus affectum, ruituram civitatem compassione mirabili deploravit, nihilominus tamen ejusdem civitatis scelera, summae calamitatis injuria ex rigore justitiae castigavit.* AELRED DE RIEVAULX, *DSC*, III, 63, p. 135 ; *MC*, p. 227.

43. *Carnalis enim affectus est iste, et adhuc veterem hominem sonat. Hunc carnalem affectum, et in nobis et in nostris, militia christiana ut perimamus hortatur.* AUGUSTIN, *Epistulae*, CSEL 57, 243, p. 574.

44. Voir AUGUSTIN, *Confessions*, livre IX, XIII, 34, p. 235.

libidineux[45]. En résumé, pour Augustin, la ligne de conduite à tenir est de s'éloigner le plus possible des affects charnels qui, à des degrés divers, demeurent des obstacles à l'épanouissement spirituel de l'individu.

La notion d'affect charnel est reprise par les premiers cisterciens, sauf Isaac de l'Étoile[46], dans un registre très proche d'Augustin d'une opposition entre la chair et l'esprit. Il arrive qu'il qualifie encore l'attachement pour ses parents, père et mère, notamment chez Guillaume de Saint-Thierry. Il se superpose alors avec la notion d'affect naturel. C'est un lien inné qui ne dépend en rien de la volonté, et Guillaume en fait une base de comparaison du lien qui existe entre l'âme et Dieu le Père[47]. Mais bien plus souvent l'affect charnel renvoie aux élans de cette partie de l'être attirée par les plaisirs temporels, dans un schéma dualiste fortement influencé par Paul. C'est ainsi que Guillaume oppose l'affect charnel (*affectio carnalis*) et l'affect de l'âme (*affectio animae*) comme deux formes de vie inconciliables : celui qui se plie aux affects charnels devient tout entier chair alors que celui qui se soumet aux affects spirituels devient tout entier esprit[48]. Bernard localise cette activité de la chair dans la partie inférieure de l'âme[49]. Ailleurs, il utilise l'image platonicienne du char de l'âme, conduit par la raison, qui doit éviter les débordements des affects charnels. Pour Gilbert de Hoyland, les affects charnels correspondent aux impulsions difficilement contrôlables de la chair[50]. Il emploie aussi l'expression affect animal (*affectio animalis*) dans un sens équivalent à affect de la chair (*affectus carnis*)[51].

Exceptionnellement, l'affect charnel peut soutenir la progression spirituelle du chrétien au lieu de l'entraver. Ainsi, dans un sermon de Gilbert sur le Cantique, on voit l'épouse épuiser toute la gamme des désirs pour l'époux dont elle est séparée : «ma chair et mon cœur ont défailli, si bien qu'aucun affect charnel ni élan de mon cœur ne respire plus en moi[52]». On sait aussi que Bernard s'appuie parfois sur la prégnance des élans charnels en l'homme à des fins spirituelles. C'est même pour lui une des justifications de l'incarnation : Dieu descend jusque dans les bas-fonds de la nature humaine en s'adressant à la chair pour capter la foi[53]. Partant, l'affect charnel de l'homme se spiritualise en devenant affect pour la chair de l'homme-Dieu. Dans l'univers bernardin, c'est uniquement dans ce cas de figure qu'un affect lié à la chair trouve une légitimité.

---

45. Voir Augustin, *De Sancta virginitate*, CSEL 41, ch. 21, § 21, p. 256.

46. Guerric d'Igny ne l'emploie qu'une seule fois, voir «Quatrième sermon pour l'Assomption», SC 202, 2, p. 462.

47. Voir Guillaume de Saint-Thierry, *SF*, 13, p. 36.

48. *Ibid.*, 37, p. 56.

49. Voir Bernard de Clairvaux, *SCC*, SC 431, 30, 9, p. 416.

50. Voir Gilbert de Hoyland, *SCC*, PL 184, 46, 4, col. 244 D-245 A.

51. *Ibid.*, PL 184, 42, 1, col. 220 B.

52. *Denique defecit caro mea et cor meum, ut de reliquo in me nec carnalis affectus nec cordis mei sensus respiret...* Gilbert de Hoyland, *SCC*, PL 184, 3, 2, col. 23 B ; PC 6, 3, 2, p. 61.

53. Voir Bernard de Clairvaux, «Sermon VI pour l'Ascension», *SBO*, V, 11, p. 156.

Aelred s'est appuyé sur cette ouverture pour concevoir une approche novatrice de l'affect charnel qui possède également un double visage :

> Il y a enfin l'affect charnel qui a une double origine. En effet, ce n'est pas généralement la vertu ou le vice d'une personne qui font pencher vers elle l'esprit de celui qui la regarde mais une certaine manière d'être tout extérieure : une allure distinguée, une conversation agréable, une démarche posée, la beauté d'un visage suscitent facilement et éveillent l'affect alors même qu'on ne sait pas quel genre de personne c'est [...]. Par ailleurs, il s'agit d'un affect charnel – personne ne mettra cela en doute, à moins d'être insensé – quand on est piqué au vif par le charme et l'aspect aguichant d'une quelconque beauté au point de songer au plaisir coupable [54].

Aelred propose donc une lecture nettement moins paulinienne de la chair que ses coreligionnaires. Il s'agit, dans une acception restreinte, de l'apparence physique, qu'elle s'exprime par la beauté des traits de la personne ou le charme d'une attitude. À ce titre, dans la mise au jour des origines, on observe une certaine confusion entre cause finale et cause efficiente, très intéressante au demeurant car elle conduit à objectiver le surgissement de l'affect charnel. L'innocence ou la perversité de l'affect sont en quelque sorte reportées sur l'objet qui le provoque : ainsi, pour Aelred, le charme de Moïse enfant a séduit innocemment la fille de Pharaon alors que la beauté de Bethsabée ne pouvait que conduire Salomon à un désir illicite [55]. Malgré tout, le moine ne manque pas de rappeler que c'est bien le sujet qui, pour finir, oriente vers le vice ou la vertu l'affect charnel qui l'étreint [56]. C'est pourquoi d'ailleurs le moine recommande la plus extrême vigilance face à cet affect, comme envers tous ceux qui s'ancrent dans les réalités matérielles. Mais il n'y a rien là de surprenant. Ce qui l'est davantage, c'est qu'Aelred concède que cet affect charnel puisse être un marche-pied vers la vertu, même si c'est au prix d'un encadrement serré et d'une surveillance de tous les instants :

> Ainsi donc l'affect charnel qui est provoqué par la beauté physique d'une personne ne doit être ni totalement rejeté ni accepté tel qu'il se présente [...]. Cet affect ne peut être admis de manière salutaire qu'à la condition d'être admis sans précipitation et avec une certaine modération de sorte que, si la vertu transparaît dans la personne, on s'attachera

---

54. *Carnalis deinde affectus duplex occurrit origo. Plerumque enim cujuslibet non quidem virtus aut vitium, sed quaedam exterioris hominis habitudo animum sibi intuentis inclinat. Facile quippe alicujus et forma elegantior, et sermo suavior, et maturus incessus, et venustus aspectus, etiam ignorantis qualis ipse homo sit, provocat et perstringit affectum [...]. Porro quem ad noxiae voluptatis memoriam in quamlibet speciem suavitas male blanda compungit, carnali motum affectu, nemo sani capitis dubitabit.* Aelred de Rievaulx, *DSC*, III, 38, p. 122-123 ; *MC*, p. 208.

55. Voir Id., *DSC*, III, 38, p. 122-123.

56. *Ibid.*, III, 65, p. 136.

plus facilement à elle, tandis que si c'est le vice qui apparaît, on s'appliquera plus énergiquement à son amendement[57].

On constate le chemin parcouru depuis Augustin : non seulement l'affect charnel bénéficie de la neutralité propre à toute impulsion première, mais il est désormais pleinement intégré à la progression spirituelle du chrétien, alors que pour Bernard encore ce n'était qu'une concession faite à la faiblesse de l'homme. Cela dit, il faut reconnaître que, hors du *Miroir de la charité*, Aelred emploie plus souvent l'expression affect charnel dans son acception traditionnelle que selon cette dernière interprétation. Comme Guillaume, il lui arrive aussi d'appeler *affectio carnalis* le lien indéfectible qui unit parents et enfants[58]. Ailleurs, il compare l'affect charnel à des mouvements libidineux (*libidinosas commotiones*)[59], oubliant l'autre versant reconnu dans le *Miroir*, et n'hésite pas à le qualifier de prostituée (*meretrix*)[60]. Ce n'est que dans son traité sur l'amitié que le moine donnera un réel écho à sa propre lecture positive de l'affect charnel.

L'ORDINATION SPIRITUELLE DES AFFECTS

La conception aelrédienne de l'affect comme puissance de désir infra-volontaire ne constitue pas une approche strictement individuelle et dérogatoire dans le monde monastique des XIe-XIIe siècles. Elle possède des antécédents, comme le montre l'exemple de Guibert de Nogent. On la retrouve exprimée chez d'autres cisterciens, même s'ils ne vont pas aussi loin dans le processus d'autonomisation. Ainsi, Bernard de Clairvaux développe dans un sermon un schéma tripartite de l'âme où se côtoient les forces de la pensée (*cogitatio*), de l'affect (*affectio*) et de l'intention (*intentio*), et où l'affect se présente comme un dynamisme qui agit en amont du consentement[61]. On rencontre même chez Bernard une lecture des puissances de l'âme qui correspond étroitement à l'anthropologie aelrédienne raison/volonté/affect. Dans ce cas, le principe de la spontanéité première de l'affect apparaît clairement :

> La miséricorde est un affect qui ne se laisse dominer ni par la volonté, ni soumettre par la raison, puisqu'on ne peut la susciter de propos délibéré, alors qu'elle conduit nécessairement ceux qui sont habités

---

57. *Igitur carnalis affectus, quem parturit quidam hominis exterioris ornatus, nec omnino respuendus est, nec ita ut se profuderit, admittendus. [...] Ad hoc igitur affectus iste salubriter admittatur; ut videlicet si virtus in eo claruerit, facilius amplectatur; si vero vitium, correctioni ejus vehementius insistatur.* AELRED DE RIEVAULX, *DSC*, III, 65, p. 136; *MC*, p. 228.

58. Voir ID., «Sermon XXIV», *CCCM* IIA, 30, 31 et 39, p. 198 et 200.

59. Voir ID., *La Prière pastorale*, texte édité et traduit par CH. DUMONT, Paris, Cerf, 1961 (Sources Chrétiennes, n° 76), p. 192-193.

60. Voir ID., «Sermon XXXV», *CCCM* IIA, 17, p. 291.

61. Voir BERNARD DE CLAIRVAUX, *SD*, *SBO*, VI-I, 6, p. 105. Sur l'affect bernardin comme mouvement précédant la volonté et l'intellect, voir L. VAN HECKE, *Le Désir dans l'expérience religieuse*, *op. cit.*, p. 90-91.

par l'affect à manifester de la compassion envers les affligés. C'est à un point tel que, même si c'était un péché d'avoir de la compassion et même si je m'efforçais de toutes mes forces de ne pas en avoir, je ne pourrais quand même pas m'empêcher de compatir. La raison et la volonté peuvent bien neutraliser les effets d'un affect, mais pourraient-elles déraciner l'affect lui-même[62] ?

L'ancienne dialectique spirituelle de l'affect, tiraillé entre la chair et l'esprit, se double donc au XIIe siècle d'une dialectique ontologique : l'affect est à la fois la force qui divise la nature humaine et la force qui la réunifie. Il divise l'homme car il fait exister en lui un dynamisme naturel qui échappe, dans son surgissement, au contrôle de l'intentionnalité rationnelle. Mais il le réunifie au sens où sa neutralité native laisse entrevoir l'horizon d'une réconciliation de la chair avec l'esprit. Mais qu'est-ce que la chair sinon la force dans l'être qui œuvre contre l'esprit? Comment réconcilier deux valeurs qui n'existent que dans leur rapport dialectique? Ces interrogations montrent que l'affect théorisé par Aelred contient les éléments d'une impossible révolution dans l'anthropologie chrétienne, car la réconciliation accomplie de la chair avec l'esprit reviendrait *de facto* à vider de leur substance les concepts mêmes de chair et d'esprit.

Dès lors, le principe de l'ordination de l'âme, inhérent à la spiritualité cistercienne, peut être lu comme une réponse aux deux dialectiques de l'affect : sans aller jusqu'à la réconciliation, l'ordination permet d'élaborer une dynamique dans laquelle la chair et l'esprit sont orientés dans la même direction, tout en respectant une stricte hiérarchie. Cette stratégie de salut reprend les éléments d'une longue tradition dans le monachisme occidental : être moine, c'est consacrer sa vie à un travail de spiritualisation progressive et ordonnée de tout son être. C'est là que se joue la survie d'un système anthropologique chrétien tel qu'il s'est diffusé en Occident depuis le Ve siècle. Cette ordination est construite selon une double démarche, pratique et éthique. Ainsi, la force intérieure de l'affect est ordonnée par la pratique des œuvres et la charité active. Mais c'est assurément le travail éthique qui occupe la première place : il prend alors la forme d'une remise en ordre des facultés à l'intérieur de l'âme afin de restaurer une harmonie intérieure perturbée par le péché, mais également d'une ordination de l'ensemble des affects spécifiques qui doivent être repositionnés vers une finalité vertueuse.

---

62. *Misericordia quippe affectio est, quae nec voluntate coercetur, nec rationi subicitur, quando non eam quisque in se pertrabit voluntario motu, sed ipsa pias mentes ad compassionem dolentium necessario cogit affectu, ita ut etiam si peccatum esset misereri, etsi multum vellem, non possem non misereri. Potest quidem ratio vel voluntas affectui effectum subtrahere; sed numquid ipsum affectum evellere?* BERNARD DE CLAIRVAUX, «Lettre 70», dans *Lettres*, tome 2, texte latin des *SBO*, traduit par H. ROCHAIS, Paris, Cerf, 2001 (Sources Chrétiennes, n° 458), p. 272-273. Texte remarqué par L. VAN HECKE, *Le Désir dans l'expérience religieuse, op. cit.*, p. 79-80.

La recherche d'une efficacité affective

Pour les cisterciens, la chaîne de l'âme est bornée à chaque extrémité par un affect. Par l'affect charnel, l'être est attaché aux désirs terrestres et par l'affect spirituel, il est apte à être déifié. Pendant des siècles, le programme monastique consistait à rompre l'amarre de l'affect charnel pour que l'esprit libéré, allégé du fardeau de la chair, s'élevât vers son origine céleste poussé par l'affect spirituel. Certes, ce schéma était un idéal, mais tous les efforts du moine, ses exercices ascétiques et spirituels, devaient tendre vers cet horizon eschatologique. Au XII⁰ siècle, l'expérience cistercienne redéfinit cette stratégie du salut. Les prémices anthropologiques ont évolué : ce n'est plus l'affect charnel en soi qui entraîne l'homme sur la pente de son anéantissement mais l'affect charnel désordonné. L'*affectus carnalis* est une spontanéité naturelle de l'homme, devenue passion (*perturbatio*) par le péché[63]. Parce que l'affect charnel est au plus bas de la chaîne de l'âme, il est la part de l'homme la plus exposée à la corruption du péché. Cependant, s'il faut garder envers lui la plus extrême vigilance, il n'est plus l'ennemi intérieur à étouffer coûte que coûte. Tout se passe comme si l'affect cistercien, masculin et monastique, portait l'espoir pour l'homme de participer à son salut sans amputer une partie de son être, mais plutôt en l'orientant tout entier vers le pôle spirituel. L'affect charnel n'est pas diabolisé, sans être pour autant légitimé complètement car il tire l'homme vers le bas par la corruption du péché originel.

Cette dialectique cherche à se résoudre dans le principe même de l'ordination, qui intègre les éléments nouveaux aux schémas ascétiques traditionnels de lutte contre la chair. Dans le système anthropologique cistercien, le contrôle des mouvements intérieurs de l'affect est exercé dans un premier temps par l'action extérieure du précepte et de la discipline. La discipline comprend l'ensemble des exercices de componction et de domestication du corps (*exercitia corporis*)[64], mais elle prend aussi la forme d'une charité active. Ainsi, on rencontre fréquemment dans les écrits cisterciens, surtout chez Bernard de Clairvaux et Aelred de Rievaulx, l'évocation d'une complémentarité entre l'acte (*actus-actio*) et l'affect (*affectus-affectio*) : la charité active doit préparer, discipliner l'âme pour la charité affective. La présentation la plus aboutie de ce schéma se trouve dans le «Sermon 50 sur le Cantique des cantiques» de Bernard. L'abbé prolonge dans ce sermon sa réflexion sur le célèbre verset du Cantique 2, 4 : «Il a ordonné en moi la charité». Il établit alors une distinction :

> Il est une charité d'acte et une charité d'affect. Je pense que la loi donnée aux hommes et le commandement formulé concernent la charité des œuvres. Car pour la charité d'affect, qui pourrait la posséder

---

63. Voir Bernard de Clairvaux, *SCC*, SC 452, 49, 5, p. 336.
64. Voir par exemple Guillaume de Saint-Thierry, *LO*, 125-139, p. 242-252.

autant qu'elle nous est commandée? La première charité est donc
commandée en vue du mérite, la seconde est donnée en récompense[65].

Pour Bernard, comme pour Aelred, il est évident que le précepte qui
commande au chrétien d'aimer ses ennemis est une charité d'acte et non
d'affect[66]. On reconnaît derrière cette distinction la dichotomie entre la
volonté et l'affect. Selon ce schéma, la charité affective correspond à un
amour purifié, entièrement spirituel et reposant dans la plénitude de l'Esprit.
Elle est au sommet de l'ordre spirituel dans la mesure où elle jouit de chaque
chose selon une parfaite proportion. Néanmoins, le rapport acte/affect ne
se construit pas dans une simple succession, la charité d'acte préparant la
charité d'affect. En réalité, tout le processus peut se rapporter à une ordination de l'affect. L'abbé distingue en effet dans ce même sermon trois formes
d'affect : « Or, il y a un affect qu'engendre la chair, et il y en a un autre que
gouverne la raison ; un autre enfin qu'assaisonne la sagesse[67] ». Les deux
types de charité définis précédemment s'intègrent alors à ce schéma. Bernard
place à part l'affect de la chair qualifié d'amour vicieux : celui-ci est à
combattre et il n'en sera pas question dans ce sermon. Mais les deux autres
formes concordent avec les deux charités : l'affect selon la raison n'est autre
que la charité active et l'affect selon la sagesse renvoie à la charité affective.
En somme, tout l'itinéraire d'ordination concerne l'affect, entendu dans un
double sens : il est la faculté générique du désir, qui peut être charnel,
raisonnable ou spirituel, et qu'il faut encadrer par la charité d'action, mais
il désigne aussi le lieu ultime de la jouissance spirituelle. Bernard se défend
donc de conseiller une charité sans affect, qui représente un malheur pour
l'homme. L'ordination bernardine de l'affect par les œuvres ne consiste pas
seulement en une pratique ascétique, même si cette dimension est bien
présente, mais elle légitime aussi la possibilité pour l'homme de participer
activement à son salut par la relation affective interindividuelle, sans oublier
néanmoins que l'ultime étape de la charité affective replace l'âme dans une
stricte verticalité fusionnelle avec Dieu. Ce schéma signifie également que,
derrière la notion d'acte, se trouve l'idée que l'affect ainsi ordonné acquiert
une véritable efficacité spirituelle qui s'oppose aux débordements stériles des
affects désordonnés.

C'est dans un sens analogue qu'il faut comprendre l'association qui n'est
pas rare dans les écrits cisterciens entre *affectus* et *effectus*. Le jeu des allité-
rations aidant, l'effet désigne les œuvres qui viennent ou non confirmer
une disposition affective, comme l'exprime Guillaume de Saint-Thierry :

---

65. *Est caritas in actu, est in affectu. Et de illa quidem quae operis est, puto datam esse legem
hominibus, mandatumque formatum ; nam in affectu quis ita habeat, ut mandatur? Ergo illa
mandatur ad meritum, ista in praemium datur.* BERNARD DE CLAIRVAUX, *SCC*, SC 452, 50, 2,
p. 348-349.

66. *Ibid.*, SC 452, 50, 3, p. 350-351.

67. *Sed est affectio quam caro gignit, et est quam ratio regit, et est quam condit sapientia.*
BERNARD DE CLAIRVAUX, *SCC*, SC 452, 50, 4, p. 352-353.

«beaucoup cultivent la justice de leur affect, alors qu'ils en sont loin dans l'effet[68]». Il y a une complémentarité entre l'affect de l'amour (*affectus amoris*) et l'efficacité des actes (*effectus operis*)[69]. L'affect comme disposition intérieure nécessite un encadrement extérieur qui non seulement le canalise mais lui confère aussi une efficacité dont il ne dispose pas pleinement seul. C'est ainsi que Guillaume peut affirmer que Dieu a d'abord aimé l'homme «non par un affect mais par un effet de charité[70]». Il faut entendre par là que l'effet de la charité (*effectus caritatis*) divin en son mouvement même conférait à l'homme la capacité d'y répondre par un affect de la charité (*affectus caritatis*). L'articulation affect/effet ne renvoie donc pas à un schéma passivité/activité mais à une recherche de la plus grande efficacité spirituelle[71].

Une remise en ordre de l'homme intérieur

Rétablir l'harmonie entre l'âme rationnelle et l'âme affective

Que l'affect comme puissance de l'âme soit ou non assimilé à la volonté, la première étape de la rééducation de l'homme pécheur réside dans la restauration d'un rapport harmonieux avec l'autre pôle de l'âme, le pôle de la raison. Subordonné à la raison, l'affect peut de nouveau revendiquer légitimement le premier rôle dans le processus de conformation spirituelle :

> Ainsi donc, comme l'action est soumise à la volonté, que la volonté ou l'affect se soumette à la raison et que la raison se soumette à la Sagesse et au Verbe de Dieu, pour que l'homme possède la sagesse et que, le visage découvert, il contemple Dieu dont il est l'image et qu'il n'ait pas de voile sur la tête, dépendant immédiatement de Dieu seul[72].

Ce schéma est très présent dans l'anthropologie d'Isaac de l'Étoile qui utilise on le sait pour l'exprimer les couples *affectio/ratio* (raison) et *affectus/sensus* (intelligence) :

> Car l'ordre exige, la raison demande, ce que nous ne cessons de redire : que celui qui veut être vraiment spirituel le soit d'abord dans la vie, la conduite, les vertus, pour pouvoir l'être un jour dans la méditation,

---

68. *...justitiamque multi colunt affectu, a qua procul sunt effectu...* Guillaume de Saint-Thierry, *DCD*, 12, p. 108-109.

69. *Ibid.* On trouve la même expression chez Aelred de Rievaulx, *VR*, 29, p. 116. Le couple *affectus/effectus* est assez fréquent sous la plume de Guillaume, voir par exemple *LO*, 32, p. 170; 126, p. 242; 286, p. 374 ou *OM*, XII, 26, p. 206.

70. *Prior enim Deus dilexit nos non affectu, sed effectu caritatis...* Guillaume de Saint-Thierry, *AF*, 100, p. 176-177.

71. Voir B. McGinn, *The Growth of Mysticism*, op. cit., p. 251.

72. *Subdatur itaque sicut operatio voluntati, sic voluntas vel affectio rationi; ratio autem sapientiae et verbo Dei. Ut sit vir sapiens, et revelata facie contempletur tamquam ipsius imago Deum : et non habeat velamen super caput, cum immediate soli subsit Deo.* Isaac de l'Étoile, «Sermon 4», SC 130, 17, p. 140-143. voir aussi «Sermon 5», SC 130, 16, p. 154-155.

l'intelligence, la doctrine ; qu'il le soit dans l'affect avant de l'être dans la raison[73].

Cette priorité donnée à l'affect ne correspond pas à un primat du sensible sur le rationnel puisque, pour Isaac, l'affect s'identifie à la volonté. Il n'y a donc pas de contradiction dans le fait que l'affect doive d'abord se soumettre à la raison pour être ensuite la première puissance à ordonner vers Dieu. Dès lors que la hiérarchie native est rétablie dans l'âme, la progression du chrétien vers Dieu peut commencer.

Dans les chapitres précédents, nous avons déjà identifié chez Isaac deux schémas de progression par le *sensus* et l'*affectus*. Dans la *Lettre sur l'âme* et dans le «Sermon 4», Isaac élabore un premier programme d'ascension de l'âme en neuf échelons, en associant les cinq exercices du *sensus* (sens corporel, imagination, raison, intellect et intelligence) aux quatre vertus fondamentales (prudence, sobriété, force et justice). Le *sensus* guide ainsi l'âme vers la science (*scientia*) et les affects vers la charité (*caritas*)[74]. Dans le «Sermon 17», Isaac propose une autre collaboration du *sensus* et de l'*affectus*, qui fonctionne toujours par référence aux puissances de l'âme, où le *sensus* est alors comparé à la faculté raisonnante et l'*affectus* aux facultés irascible et concupiscible. Dans le «Sermon 9» et le «Sermon 10», il s'appuie une nouvelle fois sur *sensus* et *affectus* pour évoquer la migration de l'âme selon une démarche spirituelle. Ainsi, dans le «Sermon 9», il donne une interprétation de l'épisode évangélique de Cana selon les quatre sens de l'Écriture qui symbolisent les différentes unions guidant l'homme charnel vers la rédemption et l'union mystique. Ces quatre unions sont l'union de la chair avec la chair dans le mariage, l'union de la chair avec l'esprit dans l'homme, l'union de l'âme avec Dieu et enfin les noces anagogiques du Verbe et de l'humanité. Les trois premières unions évoquent la progression spirituelle de l'individu, et la quatrième est une anticipation de l'union mystique du Christ avec son Église. Dans le «Sermon 10», Isaac qualifie l'itinéraire élaboré dans le sermon précédent de migration de l'homme. Celle-ci doit se faire par le *sensus* et l'*affectus*, l'un menant à la sagesse, l'autre à la charité. Ainsi, Isaac construit un itinéraire spirituel, qui débute avec la domestication du corps et s'achève dans la contemplation, par l'action conjointe de l'affect et de la raison[75]. Le rétablissement d'un ordre naturel entre les puissances de l'âme suit un schéma comparable chez Isaac et chez Bernard. Dans les deux cas, il s'agit d'abord de restaurer l'autorité des facultés du discernement et de l'intention sur les puissances de désir. Ensuite, les forces dynamiques d'adhésion retrouvent l'initiative dans le processus d'union à Dieu. La progression s'effectue alors vers les deux pôles de la vérité et de la charité[76].

---

73. *Hoc enim ordo exigit, ratio exposcit, nos fere nusquam tacemus, ut qui vult esse vere spiritualis, prius sit vita, moribus, virtutibus, ut esse possit aliquando meditatione, sensu, doctrina; prius sit affectione, quam ratione.* ISAAC DE L'ÉTOILE, «Sermon 12», SC 130, 1, p. 250-251.

74. Voir ID., *EDA*, col. 1880 B.

75. Voir ID., «Sermon 5», SC 130, 16, p. 154.

76. Sur le couple vérité/charité chez BERNARD, voir par exemple *SCC* 23 et 49; voir L. VAN HECKE, *Le Désir dans l'expérience religieuse, op. cit.*, p. 80. Chez ISAAC, voir «Sermon 43», SC 339, 14, p. 72-73.

L'ordination intérieure des facultés de l'âme n'est pas étrangère à Aelred, mais elle ne prend pas la même forme que chez Isaac ou Bernard. Dans la psychologie de l'amour aelrédienne, il est assurément question d'un contrôle de l'affect par la volonté et la raison. L'ascendant, ou plus exactement la responsabilité de la volonté, s'exprime sous la forme du consentement (*consensus*). La raison également exerce un rôle modérateur[77]. Un amour parfait suppose un accord entre l'affect et la raison dans l'âme. Il reste que l'amour par affect a la préférence d'Aelred, car sa puissance de conformation est bien plus grande que celle de l'amour par raison. La raison possède alors une fonction de guide : la modération qu'elle exerce ne relève pas de la recherche d'un juste milieu mais elle consiste en une adaptation de l'intensité de l'affect à la nature de l'objet visé, tout en tenant compte des forces ou de la nature du sujet désirant[78]. La *moderatio* réside alors dans cette alchimie entre l'objet et le sujet de l'élan affectif[79]. C'est à partir de ce modèle de coopération entre l'affect et la raison que l'abbé pense la charité ordonnée (*caritas ordinata*) dans *Le Miroir de la charité*[80]. Si l'affect est la principale force qui doit activer la charité, Aelred identifie trois objets vers lesquels cette dilection peut se porter : soi-même, le prochain et Dieu. Le moine présente alors la triple dilection en développant une analogie avec les trois sabbats évoqués dans le Lévitique (23, 3 ; 25, 4 ; 25, 10). Aelred définit ainsi un itinéraire spirituel qui conduit de l'amour de soi à une anticipation mystique de la fusion en Dieu[81]. Une étroite corrélation (*mira complexio*) existe entre ces trois dilections, et Aelred précise qu'on ne saurait renoncer à l'une sans perdre les autres. On y trouve aussi l'idée, qui sera développée vingt ans plus tard dans *L'Amitié spirituelle*, que la perfection du sabbat spirituel peut être atteinte dans la relation avec autrui. Cependant, dans le *Miroir*, il n'y a pas d'équivalent à l'affect d'amitié tel qu'il sera défini dans *L'Amitié spirituelle*, car la seconde étape de la dilection fraternelle présentée alors demeure une amitié intéressée, correspondant à l'amitié mondaine (*amicitia mundialis*). Le concept d'amitié spirituelle n'est pas encore forgé dans le système aelrédien à l'époque où il rédige le *Miroir*, et on peut même dire que la hiérarchie de la dilection fraternelle selon l'ordre de la charité est inversée par rapport à *L'Amitié spirituelle*. Ici, Aelred inscrit la dynamique de la progression des trois sabbats dans le schéma psychologique où raison et affect agissent de concert : la raison supplante alors un affect défaillant ou inexistant – comme dans le sixième degré d'amour fraternel, l'amour des

---

77. Voir Aelred de Rievaulx, *DSC*, III, 62-63, p. 135 et aussi *DSA*, III, 118, p. 345.

78. Voir J. McEvoy, «Les *affectus* et la mesure de la raison», art. cité, p. 124-125.

79 Voir Aelred de Rievaulx, *DSC*, III, 56, p. 131-132.

80. *Ibid.*, III, 1-19, p. 105-114. Sur ce thème de la *caritas ordinata* chez Aelred, voir Ph. Nouzille, *Expérience de Dieu et théologie monastique au xiie siècle, op. cit.*, p. 204-215.

81. Voir E. Connor, «Saint Bernard's Three Steps of Thruth and Saint Aelred's Three Loves», *Cîteaux*, 42 (1991), p. 225-238.

ennemis – ou bien adapte la force de l'affect à la mesure de l'objet en le modérant [82].

Bernard, Isaac ou Aelred se fixent donc un même objectif : rétablir l'ordre entre les puissances de l'âme. Cet acte est à la fois un préalable à la restauration de la ressemblance et déjà un itinéraire de retour. Les solutions proposées offrent des nuances, comme le montre par exemple le principe de la subordination de l'affect à la raison qui prévaut chez Isaac, alors que d'emblée Aelred reconnaît le primat de l'affect. En revanche, la trame spirituelle sous-jacente est la même : les différents auteurs envisagent tous une action complémentaire du pôle raisonnable et du pôle affectif – souvent formulée dans la double visée vérité/charité – et considèrent que l'affect possède naturellement une force d'adhésion à Dieu supérieure à la raison, même s'il ne s'agit en aucun cas de promouvoir une quelconque piété irrationnelle.

De la couronne des affects à la ronde des vertus

L'ordination de l'âme ne concerne cependant pas seulement l'affect en tant que puissance ou force dans l'âme, mais aussi les affects en tant que dispositions particulières de cette même force. Ce sont donc tous les affects désordonnés qu'il faut réorienter vers une finalité vertueuse. Dans le «Sermon divers 50», Bernard rappelle l'ambivalence morale des quatre affects primordiaux :

> Ces affects, on le sait bien, sont au nombre de quatre : l'amour, la joie, la crainte et la tristesse. Sans eux, l'âme humaine ne peut exister, mais chez les uns ils jouent le rôle d'une couronne, chez les autres ils tendent à la confusion. Purifiés et ordonnés, ils rendent l'âme glorieuse sous la couronne des vertus ; désordonnés, ils l'abattent dans la confusion et la honte [83].

Bernard reprend cette image de la couronne au Cantique 3, 11 : «Sortez, filles de Sion et venez voir le roi Salomon portant le diadème dont sa mère l'a couronné». Pour placer donc les affects sous la couronne des vertus, l'abbé de Clairvaux distingue deux moments : la purification et l'ordination. La purification des affects réside dans le juste choix de l'objet et dans la mesure de l'intensité de l'élan. Bernard développe davantage dans ce sermon l'autre moment, l'ordination qui se manifeste à plusieurs niveaux. Ainsi, la vertu consiste tout d'abord à établir une succession dans le ressenti des affects : il faut éprouver la crainte, puis la joie, la tristesse et enfin l'amour.

---

82. Voir le schéma récapitulatif proposé par Ph. Nouzille, *Expérience de Dieu et théologie monastique au XIIᵉ siècle, op. cit.*, p. 213.

83. *Sunt autem affectiones istae quattuor notissimae : amor et laetitia, timor et tristitia. Absque his non subsistit humana anima, sed quibusdam sunt in coronam, quibusdam in confusionem. Purgatae enim et ordinatae gloriosam in virtutum corona reddunt animam, inordinatae per confusionem dejectam et ignominiosam.* Bernard de Clairvaux, *SD, SBO*, VI-1, 50, 2, p. 271 ; II, p. 32.

Progressivement, la couronne des vertus est tressée par l'action conjointe des affects deux à deux. Au terme de ce processus, l'abbé peut affirmer que la couronne des vertus se pose sur la ronde des affects ordonnés. Bernard élabore une série de combinaisons qui conduisent à l'ordre ou au désordre des affects. Les solutions justes visent toutes un état d'équilibre. C'est pourquoi, dans la ronde des affects, il alterne les affects d'attraction (joie et amour) avec les affects de répulsion (tristesse et crainte). La conjugaison de deux affects de même orientation ne peut conduire qu'au désordre intérieur (désespoir et dissolution), ce qui montre que, pris séparément, chaque affect contient en puissance une force de débordement. L'équilibre produit par chaque vertu résulte d'une sorte de canalisation de deux affects polarisés dans des sens contraires (l'amour et la crainte engendre la justice ; la crainte et la joie, la prudence ; la joie et la tristesse, la tempérance ; la tristesse et l'amour, la force).

L'affect mystique

Affectus thalamus est

Au terme d'une juste ordination, l'affect peut alors devenir une puissance de fusion avec Dieu ou, à tout le moins, une anticipation de cet état. C'est le cas par exemple dans un sermon d'Aelred à l'occasion de la fête de la purification de Marie. Le moine anglais se réfère à l'édifice spirituel du livre d'Ézéchiel pour définir un itinéraire qu'il qualifie lui même d'«ordre sublime» (*pulcherrimum ordinem*)[84]. L'abbé livre une interprétation allégorique de cet édifice dont les différentes parties correspondent aux facultés et puissances de l'homme. Il procède selon un mouvement allant de l'extérieur vers l'intérieur qui renvoie symboliquement à la progression spirituelle du chrétien.

Tout d'abord, le parvis extérieur représente la mémoire, qui accueille sans aucune distinction tout ce que les cinq sens, qui sont les portes extérieures, lui apportent. On peut toujours tenter de garder ces cinq portes, précise Aelred, mais il est quasiment impossible d'exercer une censure. Puis se tient le parvis intérieur de la jouissance. Son accès se fait par la porte intérieure de la faculté de penser. C'est en franchissant cette porte que les sollicitations des sens se transforment véritablement en désirs, qu'ils soient vertueux ou concupiscents[85]. Pour Aelred, cette première étape du processus psychologique est quasiment irrépressible, même si la faculté de juger est déjà impliquée. Lorsqu'il est soumis à la tentation, l'esprit ne peut s'empêcher de jouir en anticipant l'assouvissement du désir. L'abbé considère que la responsabilité morale n'est véritablement engagée qu'à l'étape suivante, autrement dit l'accès à la maison. Son entrée est marquée par le vestibule de la délibération (*deliberatio*). La volonté demeure dans ce vestibule et peut seule laisser entrer une

---

84. Aelred de Rievaulx, «Sermon XXXII», *CCCM* IIA, 2, p. 259.
85. *Ibid.*, *CCCM* IIA, 17, p. 263.

pensée ou un désir. C'est pourquoi Aelred appelle la maison le lieu de l'accord (*consensus*). Si un désir pénètre avec délectation, il arrive jusque dans la couche nuptiale, qui n'est autre que l'affect (*affectus*) :

> Voyons maintenant comment nous devons préparer ce lit nuptial. Ce lit, comme nous l'avons dit, c'est l'affect et il est composé de trois éléments : les fondations, les murs, le toit. Voyez comment : parfois notre affect se porte vers l'agréable, c'est-à-dire vers les choses qui procurent du plaisir ; parfois il se porte vers l'utile, c'est-à-dire ce qui nous est profitable, quand bien même nous n'y trouvons aucun plaisir ; parfois il se porte vers l'honnêteté, c'est-à-dire lorsqu'il ne vise ni le plaisir ni l'intérêt, mais seulement ce qui est honnête et convenable[86]. Nous devons tenir prêtes ces trois formes d'affects, qui sont comme les trois parties de notre couche intime. Et si ces trois priorités étaient définitives et fermes dans notre cœur, la couche nuptiale serait sans nul doute prête[87].

Cette conception de l'homme et de sa progression spirituelle est particulièrement intéressante dans la mesure où se conjuguent des données anthropologiques qui se situent à la fois dans le *Miroir* et dans *L'Amitié spirituelle*. Les trois puissances, affect, volonté et raison (ou faculté de penser) du *Miroir* sont présentes ici, et les trois objets, l'agréable, l'utile et l'honnête vers lesquels se porte l'affect se rencontrent aussi dans *L'Amitié spirituelle*. On remarque néanmoins que l'ordre mystique inverse d'une certaine façon l'ordre psychologique. En effet, selon ce dernier tel qu'il est défini dans le *Miroir*, l'affect ou la raison interviennent en amont du désir qui est ensuite porté par la volonté. En revanche, dans l'intimité de la jouissance de Dieu, l'affect agit en bout de chaîne : il n'est pas la faculté qui stimule le désir mais l'organe qui reçoit la visite divine.

Néanmoins, l'état mystique chez Aelred s'accorde parfaitement avec sa psychologie. Il n'y a en effet union mystique, accueil de l'époux dans la couche nuptiale de l'affect, que lorsqu'il y a un accord complet entre les puissances de l'âme. L'ordre sublime dont parle Aelred ne survient que lorsqu'un objet pénètre dans la mémoire, puis reçoit l'aval de la raison morale (*deliberatio*) et de la volonté (*consensus*), arrive sans effort et avec joie dans la demeure, et enfin accède à la couche nuptiale en procurant une jouissance

---

86. Aelred conçoit ici exceptionnellement l'existence d'un affect qui ne serait pas accompagné de plaisir (*delectatio*). Mais il s'agit d'une absence de plaisir selon l'ordre de l'agréable, non d'un manque *per se*. Il faut surtout percevoir dans cette affirmation le signe de l'expansion de l'affect dans l'âme qui finit par occuper tout l'espace de l'intentionnalité et de la subjectivité.

87. *Modo videamus quomodo debeamus adornare istum thalamum. Thalamus iste, ut diximus, affectus est, et habet tres partes : fundamentum, parietem, tectum. Videte modo. Affectio nostra aliquando se applicat ad delectabilia, id est ad ea quae delectant ; aliquando ad utilia, id est ad id quod nobis utile sit, quamvis non delectet ; aliquando ad honesta, quando scilicet affectio non attendit nec delectationem nec proficuum, sed tantum quod honestum est et decorum. Haec tria genera affectionum, quasi tres partes thalami nostri interioris, debemus adornare. Et sunt tres considerationes, quae si fuerint radicatae et firmatae in corde nostro, sine dubio bene adornabitur thalamus.* AELRED DE RIEVAULX, «Sermon XXXII», *CCCM* IIA, 21, p. 264.

qui est à la fois agréable, utile et honnête. Seule la visite du Christ est capable d'entraîner une telle concorde dans l'être, et Aelred compare cette infusion mystique avec la fécondation mariale[88]. Ainsi, l'ordination de l'être, qui a commencé par la maîtrise des débordements de l'affect, s'achève par l'inhabitation mystique de l'affect.

L'union mystique de l'affect et de l'intellect

La spiritualité contemplative des cisterciens repose sur cette double polarisation, rationnelle et affective, dans l'âme. L'ordination spirituelle vise à rétablir une harmonie et une pleine complémentarité entre ces deux dynamismes intérieurs. L'âme atteint le sommet de la contemplation lorsque ces deux parts de l'être fusionnent à la fois leur capacité à tendre vers Dieu et à recevoir la grâce.

Il existe encore un autre modèle qui exprime l'ensemble de ce processus, par l'union de l'*affectus-affectio* et de l'*intellectus*. Parmi les termes qualifiant la faculté cognitive, *intellectus* traduit une affinité avec les réalités spirituelles : l'*intellectus*, ou encore l'*intelligentia*, désignent souvent le sommet de la *ratio* qui s'applique à la connaissance divine[89]. Dès lors, la plénitude de la contemplation peut se manifester par la conjonction de l'*affectus-affectio* et de l'*intellectus*. L'association des deux notions se rencontre surtout chez Guillaume de Saint-Thierry et chez Bernard de Clairvaux. Bernard conçoit l'affect et l'intellect comme les deux principaux membres du cœur qui œuvrent souvent en sens contraire dans l'homme actuel[90]. Même lorsqu'ils agissent conjointement, ils peuvent éloigner l'homme du chemin de salut, et Bernard considère qu'un jugement hâtif de l'affect (*praejudicio affectionis*)[91] ne peut que porter l'âme vers les désirs des biens terrestres, et donc l'éloigner de la grâce. Par conséquent, il est essentiel que ces deux facultés soient purifiées de concert, afin que l'affect veuille ce qui est juste et que l'intellect apprenne à connaître le bien[92]. Guerric d'Igny intègre même l'«acte» dans ce schéma de purification en établissant un parallèle entre intellect/acte/affect (*intellectus/actus/affectus*) d'un côté et nature/loi/grâce (*natura/lex/gratia*) de l'autre. Ainsi, par la nature, l'homme peut juger les choses avec justesse, par la loi, il peut agir de façon vertueuse et avec l'aide de la grâce, il peut espérer orienter son affect vers le bien[93].

Comme c'est le cas avec Guerric, le schéma *intellectus/affectus* est surtout employé par les cisterciens pour évoquer l'étape ultime de la contemplation : l'union mystique. En ce sens, la réunification en l'homme des deux pôles

---

88. Voir Aelred de Rievaulx, «Sermon XXXII», *CCCM* IIA, 27-28, p. 265-266.

89. Voir B. McGinn, *The Growth of Mysticism, op. cit.*, p. 233.

90. Voir Bernard de Clairvaux, «*Sermo 6 : in ascensione Domini*», *SBO*, V, 5, p. 153.

91. *Ibid.*, *SBO*, V, 8, p. 154.

92. Voir Id., «*Sermo 3 : in ascensione Domini*», *SBO*, V, 2, p. 132.

93. Voir Guerric d'Igny, «Sermon pour les rogations», SC 202, 4, p. 268 et «Troisième sermon pour la résurrection», SC 202, 5, p. 256.

affectif et intellectif ne peut se faire que par une infusion de la grâce. Pour rendre compte de ce double processus d'ascension spirituelle et d'infusion de la grâce, les cisterciens ont recours à l'image du feu et de la lumière[94]. L'intellect est illuminé par la grâce, l'affect est enflammé par l'Esprit et ils illuminent et enflamment à leur tour l'être : «Se trouve-t-il quelqu'un, à ton sens, qui soit capable d'illuminer notre intellect et d'enflammer notre affect[95]?», écrit ainsi Bernard à propos du Christ. Guerric utilise une image proche en parlant de l'onction de l'affect et de l'illumination de l'intellect tout en reprenant l'articulation charité/vérité :

> En effet, l'Esprit est, par nature, onction spirituelle et splendeur invisible. Et par sa grâce, il opère en nous les deux choses : il répand son onction dans l'affect, parce qu'il est huile ; il illumine l'intellect, parce qu'il est splendeur. Et cela ne provient pas, en lui, de deux principes distincts, mais il est par lui-même, dans son unité, huile et splendeur, car il est lui-même parfaitement un. Il répand son onction dans l'affect, parce qu'il est charité ; il illumine l'intellect, parce qu'il est vérité[96].

En ne faisant plus qu'un dans l'esprit de l'homme, l'affect-intellect se transforme en une puissance de conformation à l'Esprit de Dieu qui est lui-même tout entier affect et intellect :

> Il y a deux sortes de ravissement dans la contemplation bienheureuse ; l'un se produit dans l'intellect, l'autre dans l'affect ; l'un dans la lumière, l'autre dans la ferveur ; l'un dans la connaissance, l'autre dans la dévotion[97].

Ce principe d'une fusion de l'affect et de l'intellect dans l'extase mystique trouve un aboutissement dans la théologie de Guillaume de Saint-Thierry et peut se résumer dans la célèbre sentence qui se rencontre à 4 reprises dans l'œuvre de Guillaume : *amor ipse intellectus est,* l'amour même est l'intellect[98].

---

94. Voir Cl. Stercal, *Bernard de Clairvaux, intelligence et amour*, Paris, Cerf, 1998 (coll. Initiations au Moyen Âge), p. 42-44.

95. *Putas erit qui intellectum illuminet, qui inflammet affectum?* Bernard de Clairvaux, «*Sermo 6 : in ascensione Domini*», *SBO*, V, 10, p. 155; *SA*, p. 547.

96. *Utrumque siquidem Spiritus est in natura sui, et unctio scilicet spiritalis, et splendor invisibilis. Utrumque in nobis operatur munere sui. Ungit affectus ex eo quod oleum est; illuminat intellectus ex eo quod splendor est. Qui tamen non ex alio atque alio, sed ex uno ipso et oleum et splendor est, quia non nisi unum ipsum est. Ungit affectus, quia caritas est; illuminat intellectus quia veritas est.* Guerric d'Igny, «Premier sermon sur les saints Pierre et Paul», SC 202, 4, p. 372-373.

97. *Cum enim duo sint beatae contemplationis excessus, in intellectus unus et alter in affectu, unus in lumine, alter in fervore, unus in agnitione, alter in devotione...* Bernard de Clairvaux, *SCC*, SC 452, 49, 4, p. 334-335.

98. Voir Guillaume de Saint-Thierry, *ECC*, 57, p. 152 et 76, p. 188; *LO*, 173, p. 282 et *Disputatio adversus Petrum Abelardum, PL* 180, col. 252 C, références citées dans B. McGinn, *The Growth of Mysticism, op. cit.*, p. 530, note 210. Sur la fonction mystique de l'*intellectus amoris* chez Guillaume de Saint-Thierry, voir J.-M. Déchanet, «*Amor ipse intellectus est*», art. cité, p. 349-374; D.N. Bell, *The Image and Likeness, op. cit.*, p. 217-249; B. McGinn, *The Growth of Mysticism, op. cit.*, p. 250-260. Selon J.-M. Déchanet, la théorie guillemienne de la connaissance puise sa source dans les influences grecques nombreuses chez l'abbé de Saint-Thierry, et en la circonstance chez Plotin, voir J.-M. Déchanet, *Guillaume de Saint-Thierry. Aux sources d'une pensée*, Paris, Beauchesne, 1978 (coll. Théologie historique, n° 49), p. 138.

L'expression fait référence à la transfiguration déjà évoquée de la raison en amour et, réciproquement, de l'amour qui devient connaissance dans l'extase (*excessus mentis*)[99]. D.N. Bell et B. McGinn parlent ainsi chez Guillaume d'une connaissance de Dieu par co-naturalité dans la fusion *affectus/intellectus*. L'homme ne peut viser une connaissance de Dieu qu'en devenant ce qu'il est, et il ne peut devenir ce qu'il est qu'en l'aimant[100] : il y a donc une causalité circulaire de l'amour et de la connaissance de Dieu qui, dans le moment de l'extase, ouvre sur une interpénétration de l'*amor/affectus* et de l'*intellectus*[101]. Dans cette fusion mystique de l'intellect et de l'affect, il faut voir une restauration intégrale, par delà la brisure du péché originel, c'est-à-dire une déification de l'homme intérieur, même si elle ne se réalise que dans une perspective eschatologique.

Dans ces différents programmes, l'ordination spirituelle de la puissance affective est élaborée comme une campagne de pacification de soi, y compris parfois sous la forme d'une répression contre les affects perturbateurs ou vices de la chair (*vitia carnis*)[102]. Domestiquer l'affect, c'est le replacer dans un espace familier, dans une intériorité spirituelle contrôlée, afin qu'il puisse donner sa pleine mesure au service de la vertu. Cette rééducation est une réponse religieuse à la turbulence ontologique et spirituelle de l'affect. Ainsi, la dialectique de l'affect n'est pas annihilée, mais est réinvestie par la force de la tradition : l'impossible révolution anthropologique débouche sur une réforme de la représentation puisque l'ordination cistercienne de l'affect prend en considération toute la chaîne de l'être, depuis la chair liée au corps jusqu'à l'esprit. Il ne faut cependant pas oublier que cette approche est le résultat d'une modélisation non seulement religieuse et monastique, mais aussi masculine. Est-elle transposable dans l'esprit des moines cisterciens à l'autre moitié de l'humanité? Rien n'est moins sûr.

---

99. Voir E.R. ELDER, «William of Saint-Thierry : Rational and Affective Spirituality», dans *The Spirituality of Western Christendom*, ID. (éd.), Kalamazoo, Cistercian Publications, 1976, p. 85-105 et ID., «The Christology of William of Saint-Thierry», *Recherches de théologie ancienne et médiévale*, 58 (1991), p. 79-112.

100. Voir D.N. BELL, *The Image and Likeness, op. cit.*, p. 237 et B. MCGINN, *The Growth of Mysticism, op. cit.*, p. 256-257. À compléter par C. VUILLAUME, «La connaissance de Dieu d'après Guillaume de Saint-Thierry», *Collectanea cisterciensia*, 57 (1995), p. 249-270.

101. La doctrine guillelmienne de l'amour intellection a donné lieu à une abondante littérature parmi les spécialistes de la théologie médiévale qui s'interrogent sur la nature de la connaissance de Dieu délivrée par l'affect. Ce débat n'a pas lieu d'être prolongé ici mais on peut consulter, outre les références déjà citées, O. BROOKE, *Studies in Monastic Theology*, Kalamazoo, Cistercian Publications, 1980 (Cistercian Studies, n° 37); É. GILSON, *La Théologie mystique de saint Bernard, op. cit.*, p. 226-228; R. JAVELET, «Intelligence et amour chez les auteurs spirituels du XIIᵉ siècle», *Revue d'ascétique et de mystique*, 37 (1961), p. 273-290 et 429-450; L. MALAVEZ, «La doctrine de l'image et de la connaissance mystique chez Guillaume de Saint-Thierry», *Recherches de science religieuse*, 22 (1932), p. 178-205 et 257-279.

102. Voir par exemple GUERRIC D'IGNY, «Cinquième sermon pour la Purification», SC 166, 4, p. 376-378.

9.

L'AFFECT AU FÉMININ

AFFECT CONJUGAL ET AFFECT MATERNEL : LE PRISME DES ÉCRITURES

D ANS LE DISCOURS cistercien, les figures féminines entretiennent une relation privilégiée avec les expressions de la vie affective. En fait, cette proximité est historique, liée à l'élaboration ecclésiastique de l'image de la femme comme première responsable de la faute et de l'expulsion du paradis[1]. Dans le genre humain, la femme, qui a succombé à la tentation la première, incarne tout à la fois la passivité, le désir concupiscent et la déraison. Tentée puis tentatrice, elle est tout entière appétit. Et cet appétit, qui possède les mêmes qualités que l'affect, est un mélange de désir et de passion sur lequel la raison n'a que peu de prise. On a alors une vision sexuée des deux pôles de l'esprit à ordonner. Augustin déjà assimilait l'esprit (*spiritus*) à l'homme et l'affect animal (*animalis affectio*) à la femme[2]. Cette lecture symbolique remonte au moins à Origène et elle est surtout reprise chez les cisterciens par Isaac de l'Étoile[3] :

> Il s'agit, frères, de cet affect de l'âme, de cet appétit concupiscible dont nous avons déjà parlé tant de fois et si longuement. Il faut d'abord le soumettre au sens rationnel, le discipliner, l'ordonner, le laisser toujours à la maison, pour que ce sens rationnel lui-même, dans la chaleur du jour, rencontre les trois anges, comme Abraham, quand Sara avait été laissée à la maison[4].

---

1. Voir P. L'Hermite-Leclercq, *L'Église et les femmes dans l'Occident chrétien, op. cit.*, p. 9-10.

2. Voir Augustin, *De Diversis questionibus octoginta tribus*, A. Mutzenbecher (éd.), Turnhout, Brepols, 1975 (*CCSL* 44A), quaestio 64, 7, p. 144.

3. Voir à ce sujet la note complémentaire 23, dans Isaac de l'Étoile, SC 207, p. 345-346.

4. *Haec est, fratres, affectio animae, sive concupiscibilitas, de qua jam tot et tanta praefati sumus; quae rationali sensui primum ducenda est, componenda, ordinanda, domi semper dimittenda, ut in fervore diei securus ipse occurrat angelis tribus, ut Abraham, Sara domi relicta.* Isaac de l'Étoile, «Sermon 4», SC 130, 14, p. 138-139.

Depuis la chute, non seulement la femme exprime la part animale de la nature humaine mais l'homme lui-même, le *vir* dépositaire de la *virtus*, au plus profond de son âme porte une fêlure qui laisse apparaître le visage d'une femme :

> Ainsi donc, frères, considérez en nous trois réalités ou voyez-vous vous-mêmes au milieu de trois réalités : la concupiscence charnelle, le sens animal et l'esprit raisonnable. Chacun a son paradis, avec l'homme, la femme, le serpent. La convoitise démange, l'animalité se délecte, la volonté raisonnable consent : le péché est consommé et le pécheur est par lui-même expulsé au dehors[5].

Aelred est plus explicite puisque pour lui l'affect charnel est une prostituée (*meretrix*)[6]. Le moine doit vivre, même à l'abri de l'enceinte claustrale, avec cette tentation tapie au fond de lui-même[7].

Assurément, il convient de bien distinguer au préalable les niveaux de discours, de ne pas confondre motif rhétorique et représentation mentale, ni les figures tirées des Écritures avec l'image générique d'une nature féminine[8]. Ces mêmes figures bibliques personnifient souvent des états : Marie est à la fois la mère et l'épouse, Anne est la veuve parfaite. Elles incarnent un corps de vertus qui est le véritable sujet de la méditation : la virginité, l'humilité ou l'obéissance revêtent les traits de Marie, l'abnégation ceux de Marthe ou la privation et le refus du monde ceux d'Élisabeth, la femme stérile. Ces archétypes concourent à modeler les contours d'une nature féminine, mais selon une démarche qui demeure largement tributaire des perspectives exégétiques. Il en va ainsi par exemple des centaines de sermons sur le Cantique des cantiques écrits par Bernard de Clairvaux, Guillaume de Saint-Thierry, Gilbert de Hoyland ou Jean de Forde. Là, à travers l'allégorie du chant nuptial, la notion d'affect tient une place de choix pour qualifier les relations entre l'époux et l'épouse[9] : «Et pour exprimer les doux affects réciproques du Verbe et de l'âme, on n'a pas trouvé de noms plus doux que ceux d'époux et d'épouse[10].» Pour autant, on ne saurait s'aventurer sans risque à rapprocher les évocations abondantes de l'affect de l'épouse (*affectio sponsae*) dans le

---

5. *Itaque in nobis, fratres, tria considerate, vel vos in tribus attendite : concupiscentia carnali, sensu animali, mente rationali. Haec sunt in uniuscujusque paradiso, vir, mulier, serpens. Concupiscentia prurit, delectatur animalitas, consentit rationalis voluntas, et peccatum perficitur, et a semetipso peccator foras ejicitur.* ISAAC DE L'ÉTOILE, «Sermon 6», SC 130, 14, p. 172-173.

6. Voir AELRED DE RIEVAULX, «Sermon XXXV», *CCCM* IIA, 17, p. 291.

7. Voir ID., «Sermon IX», *CCCM* IIA, 36, p. 79.

8. On peut regretter que J. LECLERCQ ne fasse pas clairement cette distinction dans son étude *La Femme et les femmes dans l'œuvre de saint Bernard*, Paris, Editions Pierre Tequi, 1982.

9. Voir J. LECLERCQ, *Le Mariage vu par les moines au XIIe siècle*, Paris, Cerf, 1983, p. 110 et R. FASSETTA, «Le mariage spirituel dans les sermons de saint Bernard sur le Cantique», *Collectanea cisterciensia*, 48 (1986), p. 155-180 et 251-265.

10. *Nec sunt inventa aeque dulcia nomina, quibus Verbi animaeque dulces ad invicem exprimerentur affectus, quemadmodum sponsus et sponsa.* BERNARD DE CLAIRVAUX, *SCC*, SC 414, 7, 2, p. 158-159.

mariage mystique de la valorisation à la même époque de l'affect conjugal (*affectio maritalis*) par les canonistes nourris de droit romain[11]. Il semble bien que sorti du référentiel symbolique l'affect féminin dans le cadre du mariage exige aux yeux des cisterciens vigilance et contrôle de la part du partenaire masculin. Ainsi, lorsque Bernard, pressé par la menace hérétique, résume dans un sermon sa pensée sur le sacrement du mariage, il met en avant en priorité non pas l'affection réciproque qui sanctifie le couple mais la nécessité de lutter contre la concupiscence[12]. Isaac de l'Étoile quant à lui se sert de l'analogie du mariage pour qualifier les relations dans l'âme entre la raison et l'affect. Dans l'âme comme dans le mariage, dit-il, il y a un pôle masculin et raisonnable et un pôle féminin et affectif. Il convient alors que la raison dirige l'affect comme le mari dirige l'épouse[13]. Derrière le filtre de l'analogie se profile une conception du mariage sacramentel envisagé principalement comme une institution qui permet de juguler les débordements de la femme-affect en la maintenant expressément dans une position de subordination, sans que le mari-raison ne s'inquiète jamais de son consentement. Isaac n'oublie pas l'enseignement de Paul : «le chef de la femme, c'est l'homme[14]» et c'est pour cela que «l'épouse, en ce qui dépend d'elle, ne dispose même pas des plus petites choses sans l'avis de son époux[15]». L'affect conjugal n'est pas ignoré par les moines blancs, ils le louent même, mais avec toute la condescendance que confère la vertu de chasteté à cette aristocratie monastique de la continence[16]. Que le thème des noces mystiques soit fréquemment enrichi de comparaisons avec le mariage charnel est une évidence[17]. Mais tout se passe comme si la communication entre les deux registres était à sens unique. On puise dans le champ des expériences et des institutions humaines une matière qui est immédiatement transposée vers un autre niveau de réalité. Partir des réalités terrestres pour s'élever vers les réalités spirituelles, c'est tout autant céder au mystère de l'incarnation que faire preuve de pragmatisme. Néanmoins, faire le chemin dans l'autre sens n'est pas concevable. Les *continentes* vont chercher leur inspiration dans le monde

---

11. Sur l'emploi et la signification de cette expression chez les spécialistes du droit canon, voir l'étude majeure de J.T. Noonan, «Marital Affection in the Canonists», *Studia Gratiana*, 12 (1967), p. 479-509 et aussi M.M. Sheehan, «*Maritalis Affectio* Revisited», dans *The Olde Daunce : Love, Friendship, Sex and Marriage in the Medieval World*, R.R. Edwards et S. Spector (éd.), Albany, N.Y., 1991, p. 32-43. À compléter par J. A. Brundage, *Law, Sex and Christian Society in Medieval Europe*, Chicago et Londres, The University of Chicago Press, 1990 (consulter l'index général à «marital affection», p. 650) et J. Gaudemet, *Le Mariage en Occident*, Paris, Cerf, 1987, p. 156-157.

12. Voir Bernard de Clairvaux, *SCC*, SC 472, 66, p. 336-367.

13. Voir Isaac de l'Étoile, «Sermon 46», SC 339, 9-11, p. 122-125.

14. …*caput mulieris vir…* I *Cor.* 11, 3, cité par Isaac de l'Étoile, «Sermon 47», SC 339, 9, p. 140-141.

15. …*nec uxor in sibi subditis inconsulto viro vel modicum ordinet…* Isaac de l'Étoile, «Sermon 5», SC 130, 16, p. 154-155.

16. Voir Aelred de Rievaulx, «Sermon XIV», *CCCM* IIA, 21, p. 119.

17. Sur l'utilisation du registre érotique dans l'exégèse du Cantique, voir D. Turner, *Eros and Allegory. Medieval Exegesis of the Song of the Songs*, Kalamazoo, Cistercian Publications, 1995 (Cistercian Studies, n° 156).

des *conjugati* parce qu'ils sont assurés de leur supériorité ; leur accomplissement spirituel se situe au-delà de cet état. Le mariage mystique n'est pas
seulement une transposition métaphorique du mariage charnel, il est aussi
l'instrument de sa relégation.

De la même façon, on observe jusqu'à un certain point une authentique
valorisation de l'affect maternel (*affectus maternus*). Pour Aelred, l'affect
maternel apparaît comme le plus fort, le plus légitime des affects naturels. C'est
un instinct que l'être humain partage avec les animaux. On ne peut oublier
le fruit de ses entrailles : comme le rappelle Isaac de l'Étoile citant le livre des
Lamentations, même les chacals allaitent leurs petits[18]. Dans les Écritures, dit
Aelred, les mauvaises femmes sont celles qui succombent à la faiblesse de leur
nature sensuelle ; à l'inverse, sont vertueuses les épouses fécondes qui portent
à leurs fils un légitime affect maternel[19]. L'amour maternel est l'un des thèmes
récurrents du traité d'Aelred sur l'enfance de Jésus[20]. L'éloge de l'affect
maternel s'exprime essentiellement au travers de l'exemplarité mariale, à
laquelle Guerric d'Igny confère une efficacité dans la transmission de la grâce.
L'*affectus* de Marie pour son fils traduit chez Guerric non seulement son
amour de mère mais aussi le lieu symbolique de gestation du Verbe en chaque
homme[21]. Mais là encore, il faut craindre les généralisations à partir de telle
ou telle figure emblématique tirée des Écritures. En réalité, la prise en compte
de l'affect maternel dans le discours cistercien n'est possible que selon une
double limitation : la macule du péché et le primat de la virginité. C'est
pourquoi lorsqu'Aelred de Rievaulx est appelé, vers 1158-1165, à se rendre
dans le couvent gilbertin de Watton dans le Yorkshire pour mettre fin au
scandale des amours d'une nonne et d'un chanoine, il ne fait aucun cas dans
son rapport de l'attachement de la mère pour le fruit de cette passion illicite[22].
Aelred valide sèchement le miracle de la disparition de l'enfant au moment
de l'accouchement. Cette disparition est sans aucun doute un grand bénéfice
pour la mère car, par ce miracle, elle a recouvré symboliquement son vrai

---

18. Voir Isaac de l'Étoile, «Sermon 40», SC 339, 5, p. 14 et Lamentations, 4, 3.

19. Voir Aelred de Rievaulx, «Sermon XXXIII», *CCCM* IIA, 7, p. 268. Les références à l'*affectus
maternus* ou à l'*affectus matri* ne sont pas rares dans les écrits cisterciens, voir par exemple chez
Aelred de Rievaulx, *DDA*, I, 52, p. 701 ; «Sermon XIV», *CCCM* IIA, p. 114 ou «Sermon XXXV»,
CCCM IIA, 1, p. 295, et chez Bernard de Clairvaux, *SD*, *SBO*, VI-I, 96, 3, p. 357 et *SD*, *SBO*, VI-I,
103, 3, p. 373.

20. Voir Aelred de Rievaulx, *QJEDA*, I, 8, p. 64-65.

21. Voir par exemple Guerric d'Igny, «IIe sermon pour l'Annonciation», SC 202, 1, p. 128 et
«Ier sermon pour l'Assomption», SC 202, 1, 2-3, p. 416-420.

22. Voir Aelred de Rievaulx, *De Sanctimoniali de Watton*, dans *PL* 195, col. 789-796. La lettre
a été partiellement traduite dans J. Boswell, *Au bon cœur des inconnus. Les enfants abandonnés
de l'Antiquité à la Renaissance*, Paris, Gallimard, NRF, 1993 (coll. Bibliothèque des Histoires),
p. 320-328. J. Boswell en propose une analyse p. 218-219. Sur cet épisode, voir aussi G. Constable,
«Aelred of Rievaulx and the Nun of Watton : an Episode in the Early History of the Gilbertine
Order», dans *Medieval Women*, D. Baker (éd.), Oxford, 1978, p. 205-226 ; B. Golding, *Gilbert of
Sempringham and the Gilbertine Order, ca 1130 - ca 1300*, Oxford, 1995, p. 33-38 et S. Elkins,
Holy Women of Twelfth-Century England, Chapell Hill-Londres, 1988, p. 106-111.

trésor : sa virginité[23]. La maternité charnelle est une vertu bien pâle au regard de la virginité. C'est pourquoi aussi le modèle marial possède une telle force d'élévation spirituelle, parce que la maternité de Marie est une «virginité féconde» (*fecunda virginitas*)[24].

L'affect au féminin, quand il concerne des figures bibliques, nous apprend beaucoup sur la rhétorique des religieux, sur leur art de nourrir l'introspection et la piété masculines des motifs féminins, et donc sur la polarisation masculin/féminin à l'intérieur de leur conception de l'affect[25], mais nous tient à distance d'une autre question essentielle pour l'historien : «quelle image globale ces hommes, vierges ou chastes par définition, se font-ils des femmes en général, de tout le troupeau qui ne s'appelle pas Judith, Marie ou Madeleine[26]» ? Or, pour accéder à ces femmes de chair et de sang au-delà du prisme scripturaire, à la perception masculine de leur identité affective, nous possédons une source exceptionnelle avec le traité d'Aelred de Rievaulx sur la réclusion féminine.

LA VIE AFFECTIVE DE RECLUSE

Avec la *Règle des reclus* de Grimlaïc, écrite au IXe siècle, et l'*Ancren riwle* qui date du XIIIe siècle, *La Vie de recluse* d'Aelred de Rievaulx, achevée vers 1160-1166, est l'une des sources majeures pour l'étude de la réclusion médiévale[27]. Depuis le temps de Grimlaïc, l'institution a beaucoup évolué. Ce dernier s'adressait à des hommes, des moines aguerris, des lettrés appelés à prêcher devant des évêques et capables de corriger les erreurs des hérétiques. Aelred pour sa part parle à des femmes exclusivement, et cela change tout. En fait, il s'adresse à une femme en particulier qu'il appelle sa sœur, *soror*. Il s'agit apparemment d'une sœur biologique, puisqu'Aelred parle de leurs parents et de leur jeunesse en commun. Ils ont grandi ensemble et celle qui semble être

---

23. On trouvera des éléments complémentaires ainsi qu'un prolongement sur les rapports entre affect et enfance dans D. Boquet, «De l'enfant-Dieu à l'homme-enfant : regards sur l'enfance et la psychologie de l'adulte chez Aelred de Rievaulx (1110-1167)», *Médiévales*, 36 (printemps 1999), p. 129-143.

24. Guerric d'Igny, «Ier sermon pour la Nativité de Marie», SC 202, 1, p. 472-473.

25. Sur cette question de la féminisation du discours sur les affects, voir D. Boquet, «Le sexe des émotions. Principe féminin et identité affective chez Guerric d'Igny et Aelred de Rievaulx», dans *Au Cloître et dans le monde. Femmes, hommes et sociétés (IXe-XVe siècle)*, P. Henriet et A.-M. Legras (éd.), Paris, Presses de l'Université de Paris-Sorbonne, 2000 (Cultures et civilisations médiévales, n° XXIII), p. 367-378.

26. P. L'Hermite-Leclercq, *L'Église et les femmes dans l'Occident chrétien, op. cit.*, p. 16.

27. Voir Ead., «Aelred de Rievaulx, la recluse et la mort d'après le *De Vita inclusarum*», dans *Moines et moniales face à la mort. Actes du colloque de Lille, 2-4 oct. 1992*, Paris-Lille, 1993 (Histoire médiévale et archéologie, n° 6), p. 63-82. Plus généralement, sur la réclusion, voir Ead., «Le reclus dans la ville au Moyen Âge», *Journal des savants*, juillet-décembre 1988, p. 219-262 et Ead., «La réclusion dans le milieu urbain français au Moyen Âge», dans *Ermites de France et d'Italie (XIe-XVe siècle)*, A. Vauchez (dir.), Ecole Française de Rome, 2003 (coll. de l'Ecole Française de Rome, n° 313), p. 155-173.

l'aînée a pris soin du jeune Aelred, le mettant en garde contre les excès de sa vie de courtisan. Walter Daniel confirme qu'Aelred a composé *La Vie de recluse* pour sa sœur[28]. Vers 1160, la sœur d'Aelred est probablement une femme âgée de plus de cinquante voire soixante ans. Depuis de nombreuses années elle est recluse, et depuis longtemps déjà elle réclame à son frère une règle pour elle et les femmes de son état. De toute évidence, elle se préoccupe de la pérennité de l'institution, peut-être inquiète comme Aelred des manquements à l'esprit de la réclusion, trop nombreux chez ses contemporaines. C'est aussi une femme cultivée, capable de lire les Écritures. On peut imaginer que quelques-unes des centaines de lettres écrites par Aelred lui étaient adressées. Même à supposer que cette *soror* n'est en fait qu'une figure rhétorique, cela n'a d'ailleurs pas grande incidence sur l'essentiel, à savoir le contenu et la portée pratique du message.

Effectus mentis : exercices corporels et spirituels

La pervagatio *féminine*

Grâce aux travaux pionniers de M.L. Dutton[29], nous savons que *La Vie de recluse* a été écrite en plusieurs étapes et qu'elle est composée d'au moins deux textes bien distincts à l'origine et rédigés dans l'ordre inverse de leur présentation définitive : l'un est un cadre normatif ascétique sur la réclusion religieuse (lignes 1-438) ; l'autre est une méditation contemplative, peut-être écrite à l'origine pour un public plus large de religieuses (lignes 439-1527)[30].

Dans un souci de légitimation de l'institution, Aelred fait remonter la réclusion aux origines mêmes du christianisme, à l'époque des Pères du désert[31]. Désireux d'échapper aux tourments de la vie en société et de s'unir plus intimement avec Dieu, certains moines choisissaient alors la solitude et le travail, tout en restant libres de leurs déplacements, «d'autres, redoutant la liberté que laisse la solitude et le vagabondage auquel elle expose, jugèrent plus sûr de s'enfermer dans une cellule dont ils faisaient murer l'entrée[32]». Troisième voie entre l'anachorétisme et le cénobitisme, la réclusion penche,

---

28. Voir Walter Daniel, *VA*, p. 41.

29. Sur la composition du traité, voir M. L Dutton, «Getting Things the Wrong Way Round : Composition and Transposition in Aelred of Rievaulx's *De Institutione Inclusarum*», dans *Heaven on Earth*, E.R. Elder (éd.), Kalamazoo, Cistercian Publications, 1983 (Studies in Medieval Cistercian History IX, Cistercian Studies, n° 68), p. 90-101 et Ead., *An Edition of Two Middle English Translations of Aelred's* De Institutione Inclusarum, Ph.D. Dissertation, University of Michigan, 1981.

30. Nous renvoyons ici à l'édition du *Corpus Christianorum Continuatio Mediaevalis*.

31. Voir P. L'Hermite-Leclercq, «La recluse, la femme et l'amour de Dieu chez Aelred de Rievaulx», dans *Georges Duby. L'écriture de l'Histoire*, C. Duhamel-Amado et G. Lobrichon (éd.), Bruxelles, 1996 (Bibliothèque du Moyen Âge, n° 6), p. 379.

32. *Illi vero qui nec hoc sibi securum, propter solitudinis libertatem et vagandi potestatem, arbitrabantur, includi potius et infra cellulam obstruso exitu contineri tutius aestimabant.* Aelred de Rievaulx, *VR*, 2, p. 44-45.

pour Aelred comme pour ses prédécesseurs, du côté de la vie monastique, dont elle est une sorte d'aboutissement. Solitaire dans la stabilité, le reclus se distingue nettement de l'anachorète vagabond stigmatisé par Benoît de Nursie. Mais l'abbé n'a cure de retracer l'histoire de la réclusion. Opérant une ellipse, il enchaîne immédiatement sur la situation contemporaine de l'institution. Ce raccourci fait également office d'électrochoc : l'institution a tellement décliné qu'elle est désormais méconnaissable, entièrement à refonder. Entre le passé et le présent, une autre mutation s'est opérée : la réclusion est devenue spécifiquement féminine. C'est une situation de fait, tellement évidente que le cistercien ne prend à aucun moment la peine de l'expliquer. Et peu importe si cela ne correspond pas tout à fait à la réalité contemporaine.

Il est vrai que dans la lamentation liminaire sur la dégénérescence de la réclusion résonne l'écho d'une rhétorique quelque peu stéréotypée : «mais il en est tant qui ignorent le sens de cette institution, ou ne s'en soucient guère [33] !». Pour autant, la diatribe est adaptée ici au public féminin auquel elle s'adresse. On y retrouve des accusations qui ne sont pas propres à la réclusion, mais entrent dans le cadre plus large des *topoi* anti-féminins, comme si les défauts de la nature féminine avaient d'une certaine façon fini par miner l'institution de l'intérieur. Ainsi, l'abbé dévoile d'emblée les grandes lignes de sa conception de l'affect féminin et de ses débordements. Quand il réprimande la recluse, c'est le genre féminin tout entier qu'il vise :

> On glisse de temps en temps un trait plus piquant sur la légèreté des jeunes filles, la liberté des veuves qui se croient tout permis, la malice des épouses habiles à tromper leur mari et à satisfaire leur volupté [34].

On goûtera le sens de l'humour et de la mise en abîme d'Aelred, qui opère cette attaque en règle par le truchement d'une dénonciation de la médisance des femmes, promptes à se chamailler. Aelred fustige directement la malveillance des femmes, mais s'appuie malicieusement sur celle-ci pour mettre en avant la propension des filles à la légèreté, l'inclination des veuves à la liberté ou l'ingéniosité des épouses dans l'adultère. Légèreté, liberté, malice : la femme est un être gouverné par ses désirs. En fait, il y a un mot-clef qui exprime à lui seul la nature féminine, c'est le premier terme d'ailleurs dans la longue liste des mauvaises tendances condamnées : la divagation (*pervagatio*) [35]. La femme est un être divaguant. C'est dire tout l'enjeu de la réclusion qui apparaît comme le remède spirituel pour mater cette nature rebelle, comme le summum du contrôle de soi et de la domestication des

---

33. *Sed multi rationem hujus ordinis vel ignorantes vel non curantes...* AELRED DE RIEVAULX, *VR*, 2, p. 44-45.

34. *...puellarum lasciviam, viduarum quibus licet quidquid libet libertatem, conjugum in viris fallendis explendisque voluptatibus astutiam, depingat.* AELRED DE RIEVAULX, *VR*, 2, p. 46-47.

35. *Ibid.*, 2, p. 44-45 et 11, 74-75. On ne rencontre ce terme que quatre fois dans l'œuvre ascétique et pastorale d'Aelred, dont deux occurrences dans *La Vie de recluse*, appliquées à la nature féminine.

passions. La femme se répand et contamine, au risque de se perdre elle-même tout en diffusant le mal. Qu'elle se contienne donc, et qu'on la contienne.

En quelques lignes, Aelred reconstitue l'engrenage causé par la *pervagatio*. Pour la recluse, tout commence par le bavardage, qui côtoie immanquablement la médisance. Les racontars enflamment promptement l'imagination, d'autant que les femmes sont sensibles aux *amatoria*, aux histoires d'amour romanesques. Du phantasme à l'assouvissement du désir, il n'y a qu'une illusion de clôture : «La cellule devient un lupanar. On trouvera bien un moyen d'en élargir l'ouverture, par où la recluse pourra s'échapper ou l'amant s'introduire[36]». L'analogie est crue et explicite. Déjà lascives, les recluses apparaissent rapidement cupides, avides et avares, car finalement le désir sexuel et le désir de fortune ne sont que deux facettes de la concupiscence. Transgressant les lois de leur ordre, elles s'imaginent en maîtresses femmes alors qu'elles sont censées vivre dans l'humilité et le dénuement. Pour finir, elles tombent sous la coupe d'esprits malins. L'enchaînement est donc fatal, qui conduit du bavardage au phantasme, précédant de peu le passage à l'acte, et scellant alors l'emprise démoniaque sur les malheureuses. Les maux de la réclusion sont des maux féminins. Si les hommes ne sont pas à l'abri de ces défauts, Aelred est le premier à le reconnaître, ceux-ci sont exacerbés chez la femme. Les exigences ascétiques sont par conséquent démultipliées par le clivage sexuel, auquel vient se superposer la hiérarchie des états dans l'ordre religieux. On le comprend au détour de la mise en garde contre les éclats de voix et de rire intempestifs : «Si tout cela ne sied pas à un honnête homme, combien moins à une femme, et moins encore à une vierge ; que dire alors d'une recluse[37] ?»

C'est sur les bases de ce diagnostic que l'abbé élabore sa règle, comme un remède, en commençant par le plus urgent, la domestication du corps.

Les *corporalia*

Plusieurs lignes de force traversent *La Vie de recluse*. Dans la partie normative et ascétique du traité, Aelred offre à la recluse un double itinéraire, une voie pour le corps (*corporalia*), et une voie pour l'esprit (*spiritualia*). Si les *spiritualia* sont une éducation spirituelle, les *corporalia* sont un arrachement, une libération. Car la *pervagatio* qui assaille la recluse n'est pas une liberté, mais un tournis qui la rend esclave des tentations. En ce qui concerne les *corporalia*, Aelred fait preuve d'un rigorisme qui détonne avec ses autres écrits, notamment ceux destinés à ses compagnons de Rievaulx. Pour la recluse, le mot d'ordre est celui de clôture. Clore le corps. Rien d'étonnant au

---

36. *Cella vertitur in prostibulum, et dilatato qualibet arte foramine, aut illa egreditur, aut adulter ingreditur.* AELRED DE RIEVAULX, *VR*, 2, p. 46-47. Traduction modifiée.

37. *Nam si hoc ad quemlibet virum honestum pertinet, quanto magis ad feminam, quanto magis ad virginem, quanto magis ad inclusam?* AELRED DE RIEVAULX, *VR*, 5, p. 54-57.

premier abord, sauf que l'exigence est poussée à l'extrême. Est-ce la réclusion qui l'impose, ou bien est-ce parce qu'il s'agit de femmes? Sans doute les deux. Toujours est-il qu'Aelred vise une obturation totale et systématique du corps féminin, des orifices et des sens, avec pour objectif ultime la défense de la forteresse de la virginité. Ce n'est pas un hasard si la seconde partie du traité, le premier texte sans doute écrit par Aelred, s'ouvre sur cette injonction : «Souviens-toi toujours combien est précieux le trésor que tu portes, et combien fragile l'écrin[38]!». L'abbé ne s'adresse plus désormais à la recluse (*inclusa*) mais à la vierge (*virgo*). Comme le remarque P. L'Hermite-Leclercq, l'intégrité physique pour la femme «a un statut métaphysique; ce n'est pas une qualité parmi d'autres qu'on puisse perdre sans les perdre toutes mais une essence, *le* trésor[39]». Une nouvelle fois, on constate que virginité et clôture du reclusoir ne sont qu'une seule et même figure :

> La virginité est comme l'or, la cellule est la fournaise. Le fondeur est le diable, et le feu la tentation. Le corps de la vierge est un creuset de terre, dans lequel l'or est éprouvé; qu'il vienne à se briser sous l'ardeur du feu, l'or se répand, et nul artisan désormais ne pourra le réparer[40].

Pour mener le combat, la vierge doit impitoyablement mater son propre corps, n'être jamais en repos car le premier faux pas signifie une catastrophe définitive. Boire, manger lui seront une souffrance alors que la faim et la soif résonneront des accents de la victoire. Ensevelie dans un tombeau avec le Christ, elle est déjà sourde et muette pour les affaires du monde. Mais il faut encore qu'elle devienne aveugle et insensible. Pour cela, elle limitera au maximum le nombre de gens autorisés à la visiter, afin d'éviter tout spectacle tentateur et tout contact physique, avec les hommes bien sûr, laïcs ou clercs, mais aussi avec les femmes, les enfants, les adolescents ou les vieillards, qui tous sont des menaces pour sa sécurité spirituelle. Dans la limite de ce que permet la nature, tout son corps doit se fermer aux sollicitations extérieures. Inversement, qu'elle ne répande rien autour d'elle, et en premier lieu qu'elle contrôle cette tendance nocive au bavardage. Des pages entières sont consacrées à la maîtrise de la parole. Puisqu'un silence complet est illusoire, admet à regret l'abbé, il convient de tout prévoir : quand parler, de quoi, à qui, de quelle façon… Rien n'est laissé au hasard, ou à l'appréciation de la recluse[41].

Que le corps de la recluse soit hermétiquement clos comme l'est le reclusoir, tel est donc le défi lancé par Aelred à sa sœur. Le plan de bataille : un contrôle absolu de soi, et si besoin est une violence contre soi, en espérant

---

38. *Cogita semper quam pretiosum thesaurum in quam fragili portas vasculo…* Aelred de Rievaulx, *VR*, 14, p. 80-81.

39. Voir P. L'Hermite-Leclercq, «Aelred de Rievaulx, la recluse et la mort», art. cité, p. 61.

40. *Virginitas aurum est, cella fornax, conflator diabolus, ignis tentatio. Caro virginis, vas luteum est, in quo aurum reconditur, ut probetur. Quod si igne vehementiori crepuerit, aurum effunditur, nec vas ulterius a quolibet artifice reparatur.* Aelred de Rievaulx, *VR*, 14, p. 82-83.

41. Sur le culte du silence, voir Id., *VR*, 5-6, p. 52-57 et 7-8, p. 60-63.

que la maladie vienne se substituer à la volonté défaillante. Pour autant, l'abbé ne néglige pas le quotidien, et il règle au jour le jour la vie au reclusoir, suivant les heures monastiques et l'année liturgique, allant même jusqu'à donner des conseils sur l'aménagement intérieur de l'habitacle. Là, le cistercien emprunte beaucoup à la règle de Benoît. Est-ce parce que c'est à ses yeux le meilleur guide vers la perfection? Assurément. Est-ce le signe aussi que cette partie l'intéresse moins à titre personnel? On peut également le supposer. Malgré tout, l'abbé remplit scrupuleusement sa mission de pasteur d'âmes, même s'il n'est pas face à son public habituel. Ainsi la journée de la recluse se passe dans l'alternance de la dévotion et du travail manuel. Aelred insiste à plusieurs reprises sur cet équilibre traditionnel de la vie monastique, afin d'éviter l'oisiveté et la funeste dépression de l'acédie. Il sait en outre qu'il s'adresse à un public très hétérogène et module ses conseils selon que la recluse sait lire ou non, qu'elle est en bonne santé ou de complexion fragile. À propos de la discipline quotidienne par exemple, le message est assez simple : une fois prise la mesure du danger que représentent le corps et la chair, il convient d'aller le plus loin possible dans la privation et le contrôle de soi, tout en veillant cependant à ne pas sombrer dans l'excès. Comme l'athlète, la recluse doit donner le maximum de son potentiel, sans surestimer ses forces pour éviter une rupture fatale. Cette règle est la condition même de l'exploit. Et la recluse, en tant que femme, si elle veut faire son salut, est assurément condamnée à l'exploit ascétique.

Donc, si la rigueur imposée tient à la nature même de l'institution, il ne fait aucun doute que sa spécificité féminine en accentue encore la nécessité. Malgré tout, Aelred part de l'état de la réclusion tel qu'il le voit ou l'imagine, et vise un objectif accessible, une respectabilité retrouvée. C'est pourquoi il fait des concessions. Il sait que l'acédie peut conduire à la folie voire au suicide, et que les recluses sont particulièrement exposées à ces dangers… Il se bat donc sur plusieurs niveaux. D'une part, il offre à sa sœur les bases d'une vie de perfection; d'autre part, il fait preuve d'un certain pragmatisme, à la mesure de ses certitudes masculines sur la faiblesse de la femme. À y regarder de près, la recluse respectueuse des consignes d'Aelred n'est finalement pas si solitaire. Tout d'abord, elle doit se choisir un prêtre, âgé si possible, comme confesseur. Et comme elle ne peut être indépendante matériellement, elle aura également deux servantes, une âgée pour garder sa porte contre les fâcheux, une plus jeune et robuste pour assurer l'intendance au quotidien. Mais surtout, l'abbé semble se résigner à accepter que la recluse soit devenue, au milieu du XIIe siècle, un personnage public. On va la visiter pour bénéficier de ses conseils mais aussi parce qu'elle est une athlète de Dieu qui suscite considération et respect : «Sauf aux évêques, abbés ou prieurs bien connus, ne parle à aucune personne de passage sans la permission ou l'ordre exprès du prêtre[42]». L'abbé,

---

42. *Cum nullo itaque advenientium praeter episcopum aut abbatem vel magni nominis priorem sine ipsius presbyteri licentia vel praecepto loquaris…* AELRED DE RIEVAULX, *VR,* 7, p. 58-59.

qui tente de limiter les interférences, sait qu'il est illusoire de les supprimer tout à fait. Comment la recluse pourrait-elle éconduire un évêque ou un abbé de passage, désireux de s'entretenir avec elle? La popularité des recluses, dans les cités et les bourgs, déborde de toute évidence le public des enfants, des séducteurs et des colporteuses de ragots… Elles bénéficient d'une certaine notoriété, sont bien visibles dans l'espace public et exposées au regard de tous. Certaines en profitent, Aelred le répète assez, en faisant des affaires, ou en se faisant faire des enfants… Ce sont ces dérives-là qu'il convient d'éradiquer une fois pour toutes. Mais il faut faire la part de la sociabilité de la recluse qui résulte du charisme rayonnant depuis ce lieu de renoncement extrême. L'abbé veut s'assurer que les visites ne se renouvellent pas trop souvent, et recommande à la recluse de s'adjoindre un tuteur, car le danger, c'est le face-à-face. Cependant, Aelred sait bien que la recluse elle-même, à commencer par sa sœur, joue parfois un rôle de conseillère. Ces concessions n'ôtent rien à la portée générale de son message, ni à ses convictions sur la fragilité de la femme face à la tentation. Il ne fait pas preuve de confiance mais veut seulement avoir une prise sur la réalité. À être inflexible, il craint de n'être pas entendu. En ce sens, ces quelques considérations, qui détonnent au milieu de directives disciplinaires rigoureuses, doivent être perçues comme un signe supplémentaire de la faiblesse du genre féminin aux yeux d'Aelred. Dans cette course vers la sainteté, la femme part avec un lourd handicap. L'unique libéralité d'Aelred est d'en tenir compte.

Les spiritualia

La maîtrise des *spiritualia* constitue le second volet de l'apprentissage des vertus, apprentissage nécessaire à l'accomplissement des œuvres (*effectus operis*). En glissant ainsi, sans solution de continuité, de la chair vers l'esprit, de l'*homo exterior* vers l'*homo interior*, on passe de la maîtrise du corps à la codification sommaire d'une éthique. Pour mieux comprendre l'économie de cette morale qui s'esquisse, il convient de briser la linéarité du discours et de commencer par la fin de la réflexion sur les *spiritualia*. Nous sommes alors au cœur du développement sur l'*homo interior*, juste avant l'affect spirituel (*affectus mentis*) de la triple méditation (sur le passé, le présent et le futur) proposée à la piété de la recluse. En position centrale dans cette partie se trouve une réflexion sur la charité qui assure la transition dynamique entre l'*effectus operis* dont elle est l'aboutissement et l'*affectus mentis* dont elle est le cadre d'expression[43].

La charité fédère les autres vertus qui sont autant d'étapes sur l'itinéraire des *spiritualia*, et ouvre la voie à l'union mystique. Mais, avant d'emprunter cet itinéraire, la recluse doit régulièrement se convaincre que son esprit domine les pulsions de la chair. C'est pourquoi les premières

---

43. Voir Aelred de Rievaulx, *VR*, 27, p. 106-107.

recommandations sont encore du côté des *corporalia*, et martèlent l'impérieuse exigence de la virginité. La recluse doit procéder à un examen de conscience chaque soir avant de s'endormir, pour éviter de laisser les mauvaises pensées envahir son imagination au bénéfice de la nuit. Si le questionnement de soi est positif, il doit immédiatement être suivi du travail physique sur soi, de la mortification. La recluse devra constamment méditer sur les Écritures, à toutes les étapes de son apprentissage. Dans la suite du traité, Aelred énumère la ronde des vertus. Elles sont nombreuses, mais il insiste tout spécialement sur la discrétion et l'humilité. L'harmonie de ces vertus tisse la robe nuptiale de la charité, ultime vertu qui elle-même se divise en deux élans : l'amour de Dieu (*dilectio dei*) et l'amour du prochain (*dilectio proximi*)[44]. On comprend vite que la *dilectio proximi*, qui se subdivise en innocence et en bienfaisance, n'est pas vraiment l'affaire de la recluse. Aelred lui explique en effet que la bienfaisance active (distribuer des aumônes, accueillir les pèlerins…) n'est ni de son ressort, ni de son état. Son aumône, ce sera sa piété et sa compassion. L'affaire de la recluse, c'est la *dilectio dei*.

Reprenant à son compte la scène, tirée de l'Évangile de Luc, du repas chez les deux sœurs Marthe et Marie, Aelred place la recluse aux côtés de Marie. C'est Marie que l'on envie, même si Aelred ne nie pas la dignité de Marthe. Cette image fort classique est essentielle pour comprendre la véritable légitimité spirituelle de la réclusion féminine selon Aelred. Marthe, dit-il, multiplie les attentions alors que Marie auprès de Jésus se rassasie d'affect[45]. Tous ces efforts, ces privations, ces mortifications que la recluse s'est imposés, cette discipline extrêmement rigoureuse qui constitue son quotidien, tout cela n'est qu'un préalable à l'épanouissement de l'affect, enfin libéré. Désormais, la recluse peut se répandre.

Affectus mentis : la méditation sur le passé

«L'affect se nourrit de la pensée de l'œuvre du salut[46]». Aelred construit ainsi une méditation en trois volets selon l'articulation passé, présent, futur. Le futur renvoie à la représentation du jugement dernier, étrangement décrit comme si Aelred suivait méticuleusement la composition d'un tympan roman. À gauche du juge, on trouve le chaos des tourmentés, spectacle saisissant, assurément ancré dans la mémoire de l'abbé :

> Quelle horreur, quelle puanteur! Quelle épouvante, et quelle souffrance!
> Ils sont là, malheureux, claquant des dents, on voit leur flanc nu qui
> palpite. Ils sont horribles à voir, le visage grimaçant, accablés de honte,
> remplis de confusion par leur répugnante nudité[47].

---

44. Voir AELRED DE RIEVAULX, *VR*, 27.

45. *Ibid.*, 28, p. 108-109.

46. …*affectus salutari meditatione nutruitur*. AELRED DE RIEVAULX, *VR*, 29, p. 116.

47. *Qualis ibi horror, quis foetor, quis timor, quis dolor? Stant miseri et infelices stridentes dentibus, nudo latere palpitantes, aspectu horribiles, vultu deformes, dejecti prae pudore, prae corporis turpitudine et nuditate confusi.* AELRED DE RIEVAULX, *VR*, 33, p. 158-159.

À la droite du Christ s'organise la procession des élus, les martyrs en tête puis les vierges, les docteurs, tous unis par le lien de la charité. La recluse quant à elle se situe au centre, face à son juge. Seule la grâce, et non ses mérites propres, peut lui ouvrir les portes du Royaume. Qu'elle garde cependant espoir, car elle a mis toutes les chances de son côté. C'est sur l'évocation de la vision béatifique, face-à-face, de l'âme et de son Créateur au paradis, que se clôt *La Vie de recluse*. Dans ce lieu indescriptible où souffrances et tentations seront abolies, désir et plénitude cohabiteront enfin en paix et signeront la réconciliation eschatologique de l'être. Or, nulle autre que la recluse, déjà morte au monde, n'est aussi proche ici-bas de cet endroit.

Pour évoquer les bienfaits présents, Aelred fait appel de nouveau à sa mémoire, à ses souvenirs. Mais cette fois, il se souvient avec sa sœur de leur jeunesse commune, de leur chance d'avoir eu des parents attentionnés et soucieux de leur éducation morale. C'est l'occasion pour lui de rappeler leurs chemins divergents ; son itinéraire rectiligne à elle, la vierge consacrée, et son passé trouble et torve à lui, le courtisan dévoré par la mauvaise bête des passions :

> Comme j'ai été malheureux alors, une fois ma candeur perdue, et quel n'est pas ton bonheur à toi d'avoir été gardée vierge par la grâce divine. Si souvent tentée, si souvent attaquée, ta chasteté n'en est pas moins sans flétrissure, tandis qu'à plaisir je m'enfonçais dans mes turpitudes, entassant le bois de mon bûcher, accumulant la puanteur qui m'étoufferait, préparant la pâture des vers qui me rongeraient[48].

L'ultime festin auquel la recluse est conviée, et avec elle toute vierge consacrée, l'embrassement mystique promis à la femme en récompense des privations, réside essentiellement dans la partie qu'Aelred appelle l'évocation des bienfaits passés (*recordatio praeteritorum*). Immobile, «clouée au reclusoir» pour reprendre l'expression de P. L'Hermite-Leclercq[49], la vierge sainte se voit offrir par Aelred un voyage dans le vaste pays des Évangiles, canoniques mais aussi apocryphes, car ce qui compte ici, c'est la puissance d'évocation et de dépaysement des récits. L'abbé puise librement dans les textes, découpe, recompose, fabrique son propre scénario, imagine une mise en scène, rédige au besoin des didascalies[50]. Au bout du compte, c'est bien une sorte de drame liturgique, librement inspiré des Écritures, qu'Aelred offre à sa sœur sur le parvis de son imagination. Si l'on songe par ailleurs à sa description du jugement dernier, directement inspirée de l'esthétique romane, on mesure à quel point l'abbé théâtralise son discours, joue avec et dans

---

48. *Quam miser ego tunc qui meam pudicitiam perdidi, tam beata tu, cujus virginitatem gratia divina protexit. Quotiens tentata, quotiens impetita, tua tibi est castitas reservata, cum ego libens in turpia quaeque progrediens, coacervavi mihi materiam vermium a quibus corroderer.* Aelred de Rievaulx, *VR*, 32, p. 146-147.

49. P. L'Hermite-Leclercq, «La recluse, la femme et l'amour de Dieu chez Aelred de Rievaulx», art. cité, p. 381.

50. Voir Ead., «Aelred de Rievaulx, la recluse et la mort», art. cité, p. 57.

l'espace scénique, pour capter l'attention, pour occuper aussi sans doute la formidable puissance d'imagination et de projection d'images de la recluse. Autrement dit, pour canaliser la *pervagatio* féminine.

Ce n'est que lorsque les impulsions du corps se sont tues que le spectacle vivant du Christ peut commencer. Non seulement Aelred invite la recluse à une scénographie évangélique, mais il la fait participer et, à chaque nouveau tableau, lui réserve le meilleur rôle. Elle connaît son moment de gloire lorsque, au pied de la croix, Aelred lui offre de s'approcher et de boire le sang qui s'écoule des plaies de Jésus. Comme l'épouse du Cantique, elle s'enivre du divin breuvage : «et le sang sur tes lèvres tracera un fil d'écarlate, et ta parole deviendra suave[51]». Enfin, elle se blottit au creux des plaies du crucifié : le corps du christ devient reclusoir mystique. Seul l'affect féminin peut atteindre cet état d'incorporation mystique : «L'amour aura raison de la timidité, l'affect chassera la crainte : le Seigneur fera bien à une mendiante l'aumône de quelques miettes de cette table[52]».

On a ici un excellent exemple de la polarisation affective de la femme. Celle-ci est tendue négativement vers la chair et le corps par un affect, un dynamisme désirant extrêmement puissant. Mais, en cas de victoire même temporaire, en cas de redressement de l'affect charnel vers un objet spirituel, la femme développe une puissance positive inégalée.

Les catégories de la sensibilité féminine

Dans l'histoire chrétienne postérieure à la chute, les conséquences de la faute pèsent bien plus lourdement sur les épaules de la femme que sur celles de l'homme. Cet écart est tel que, même si les théologiens se refusent à parler de deux natures humaines ontologiquement distinctes, beaucoup traitent du genre féminin *de facto* comme s'il y avait une différence de nature. La femme apparaît comme un agent de potentialisation de la nature humaine désirante, surtout au négatif. Dans l'anthropologie spéculative des cisterciens, on sait le rôle essentiel que joue la notion d'affect dans les relations âme/corps : l'instance affective, perçue comme une zone poreuse dans l'être, est un élément qui permet aux moines de penser l'unité de l'homme. L'affect possède alors la fonction d'une interface, à l'intérieur de l'être certes, mais aussi du point de vue des relations interindividuelles. On retrouve ce double aspect exacerbé dans la sensibilité féminine. La femme est par analogie l'affect du genre humain : extérieurement, dans son rapport au monde, elle est guidée par ses sens ; intérieurement, elle est sous la coupe de son imagination.

---

51. *...ex sanguine ejus fiant sicut vitta coccinea labia tua, et eloquium tuum dulce.* Aelred de Rievaulx, *VR*, 31, p. 141.

52. *Vincat verecundiam amor, timorem excludat affectus, ut saltem de micis mensae illius eleemosynam praebat mendicanti.* Aelred de Rievaulx, *VR*, 31, p. 130-131.

Des sens et des fluides en général

«Aelred semble hanté par la métaphore sinon la physique des fluides. Les mortels comme les divins[53]». P. L'Hermite-Leclercq met justement l'accent sur le rôle primordial des liquides dans la spiritualité de la recluse. Par ses sens, la recluse risque à tout moment de se voir inoculer le venin du péché. C'est une obsession pour Aelred. Qu'elle tende l'oreille pour entendre quelque compliment, qu'elle goûte un plat un peu raffiné et, immédiatement, un venin mortel coule en elle[54]. À l'inverse, qu'elle donne sa main à serrer à son vieux confesseur, et c'est lui qui manque de succomber au poison instillé par la recluse. Aelred parle en homme expérimenté :

> Elle ne lui donnera pas la main à serrer ou à toucher, car le mal redou-
> table inoculé (*inclusum*) dans nos membres peut nous impressionner
> jusqu'au déclin de la vieillesse[55].

Le jeu de mots *inclusa/inclusum* traduit bien cette transsubstantiation symbolique et diabolique de la recluse qui devient serpent. Si tous les sens de la femme sont exposés, le sont plus spécialement l'ouïe, le toucher et le goût. Comme antidotes, P. L'Hermite-Leclercq évoque les sécrétions qui sauvent, celles du Christ. Ce sont les gouttes de sueur tombées de son visage sur le Mont des Oliviers et qui se transforment en gouttes de sang évocatrices de l'imminence de l'ultime sacrifice. La recluse se précipite pour les boire, de même qu'elle a bu le lait à son sein lors de la Cène ou qu'elle boira le sang jailli de ses plaies sur la croix[56].

Il reste qu'entre l'effusion mortifère et l'infusion salvatrice la recluse semble disposer d'une certaine emprise sur cette régulation des fluides. En ce sens, Aelred assigne aux larmes de la recluse une place centrale dans le processus de spiritualisation par l'affect.

Des larmes en particulier

L'histoire des larmes comme don mystique n'est plus à faire[57]. La dévotion des larmes occupe une place essentielle dans la spiritualité des moines blancs, tout spécialement chez Aelred de Rievaulx. Comme le souligne P. Nagy, ce n'est pas tant le registre thématique qui est original chez les cisterciens (dévotion, sacrifice, purification) que la richesse rhétorique et l'origine divine des larmes. Le motif apparaît comme une métaphore de la vie monastique dans ses différentes étapes spirituelles, depuis la contrition ascétique jusqu'à l'épanchement mystique.

---

53. P. L'Hermite-Leclercq, «Aelred de Rievaulx, la recluse et la mort», art. cité, p. 58.

54. Voir Aelred de Rievaulx, *VR*, 4, p. 50 et 12, p. 74.

55. *Verum quia inclusum membris malum illud quod timemus plerumque suscitat et emollit emortuam senectutem, nec ipsi manum suam tangendam praebeat vel palpandam.* Aelred de Rievaulx, *VR*, 6, p. 56-57.

56. *Ibid.*, 31, p. 132-134 et 140.

57. Voir P. Nagy, *Le Don des larmes au Moyen Âge, op. cit.* Pour les cisterciens du XIIᵉ siècle (Bernard de Clairvaux, Guillaume de Saint-Thierry, Aelred de Rievaulx), voir en particulier p. 279-328.

Motif récurrent du traité, les larmes de la recluse l'accompagnent tout au long de son itinéraire spirituel. Dans la partie normative, elles ont une fonction essentielle de régulation : la recluse, au corps hermétique, trouve dans les pleurs un moyen pour déverser le trop plein de ses désirs. Aelred attribue aux larmes de componction la même fonction qu'Évagre le Pontique[58] : en asséchant le corps, elles lui évitent les débordements de la concupiscence. Elles témoignent de la contrition, en même temps qu'elles sont un remède contre l'accumulation nocive des humeurs. En épuisant le corps, elles fécondent l'âme[59]. Aussi les larmes sont-elles le meilleur instrument spirituel pour mater la *pervagatio*. Ce sont des armes (*arma lacrymarum*) pour lutter contre les tentations[60]. Elles assurent ainsi un équilibre : puisque la recluse ne peut tout à fait clore son corps, puisqu'elle doit se nourrir et boire, alors qu'elle le fasse en pleurant, évacuant instantanément dans l'acte de componction ce que sa nature imparfaite l'oblige à absorber pour survivre[61]. Globalement, les larmes ont la même fonction sur le plan des *corporalia* que les prières sur le plan des *spiritualia*. Ce sont les deux piliers de l'ascèse qui préparent à la méditation spirituelle. C'est pourquoi les deux injonctions vont souvent de pair. Dans les profondeurs étanches du reclusoir, la pénitente n'a que ces outils pour communiquer avec le monde et l'au-delà : «À tous ouvre un cœur plein d'amour, verse pour eux tes larmes et répands tes prières[62]».

Dans la seconde partie de l'ouvrage, on observe un changement dans la fonction des larmes. D'instrument de componction, leur flot exprime désormais, comme une grâce, la position privilégiée de la recluse, sanctifiée, spiritualisée par ses larmes. Même si l'expression n'est pas utilisée par Aelred, les larmes sont bien un don spirituel, un charisme que la recluse a conquis par ses mérites. Malheur à celui qui, face à la souffrance du Christ sur la croix, demeure les yeux secs[63]. La communion des larmes (*collacrymare*) apparaît comme l'ultime récompense, l'achèvement du processus de transfiguration de l'affect, comme on le voit dans la scène de l'onction de Marie de Béthanie :

> Jésus en effet aimait Marthe, Marie et Lazare. Cela signifie, personne n'en doute, qu'il leur vouait une amitié de choix, et qu'eux lui étaient attachés par un affect tout spécial. Témoin ces douces larmes que Jésus versa, pleurant avec celles qui pleuraient. Toute la foule les interpréta comme un signe d'amour : «Voyez comme il l'aimait[64]».

---

58. Voir P. Nagy, *Le Don des larmes au Moyen Âge, op. cit,* p. 62-74 et 302.

59. Voir Aelred de Rievaulx, *VR,* 11, p. 72-74.

60. *Ibid.,* 16, p. 86.

61. *Ibid.,* 15, p. 84.

62. *Omnibus pectus tuae dilectionis aperias, his tuas impende lacrymas, pro his tuae preces effundas.* Aelred de Rievaulx, *VR,* 28, p. 112-113.

63. *Ibid.,* 31, p. 138.

64. *Diligebat enim Jesus Martham et Mariam et Lazarum. Quod ob specialis amicitiae privilegium qua illi familiariori adhaerebant affectu dictum, nemo qui ambigat. Testes sunt lacrymae illae dulces, quibus collacrymatus est lacrymantibus, quas totus populus amoris interpretatur indicium, Vide, inquiens, quomodo amabat eum.* Aelred de Rievaulx, *VR,* 31, p. 128-129.

Il y a bien sûr une équivalence symbolique entre les larmes et le sang sacrificiel du Christ, tout comme la sueur tombée du visage du Christ au Mont des Oliviers se transformait en gouttes de sang. Avant de peindre ses lèvres avec le sang écarlate du Christ agonisant, la recluse est invitée par Aelred à faire don de ses larmes au Christ bafoué, comme un baume de compassion. Ses larmes sanctifiées viennent atténuer l'humiliation : «Baigne de tes larmes son beau visage qu'ils ont couvert de crachats[65]». Le ruissellement ascétique des pleurs se transforme en une explosion de larmes lorsque le Christ ressuscité apparaît à la recluse. C'est le moment, lors de l'apparition du Christ ressuscité à Marie-Madeleine, de la libération totale de l'affect :

> Si tu pouvais voir Jésus lui-même regardant affectueusement Marie en larmes et lui disant d'une voix pleine de tendresse : «Marie!» Quoi de plus doux que cette voix, quoi de plus prenant, et quel plus grand bonheur? «Marie!» À cet appel, les larmes jaillissent de ses yeux et de son cœur. Profondément remuée, elle éclate en soupirs et en sanglots. «Marie!» ô bienheureuse Marie! quel tumulte de sentiments quand à cet appel tu t'es prosternée, et qu'en réponse à sa voix tu t'es écriée : «Rabbi!» Avec quel affect, faut-il le demander, avec quel désir, avec quelle ardeur d'esprit, quel abandon de cœur, n'as-tu pas crié : «Rabbi!» On ne parle guère lorsque les larmes coulent, quand l'affect empêche de parler. Un amour trop ardent oblige l'âme à se taire et rend le corps insensible. Mais, ô aimable Jésus, pourquoi repoussez-vous ainsi loin de vos pieds sacrés celle qui vous aime et désirerait tant les atteindre? «Ne me touche pas!» dit-il. Oh! le mot dur, qui fait mal! «Ne me touche pas!» Mais pourquoi, Seigneur, pourquoi ne puis-je les toucher? Ces pieds, pour moi percés de clous, couverts de sang, je ne pourrai les toucher, je ne pourrai les embrasser? Etes-vous plus distant parce que plus glorieux? Non, non, je ne vous laisserai pas partir, je ne vous quitterai pas, je ne m'arrêterai pas de pleurer, et si je ne puis vous toucher, ma poitrine éclatera, tant les soupirs et les sanglots m'oppressent! Et lui de répondre : «N'aie pas peur, ce bonheur ne t'est pas refusé, mais différé seulement. Va donc, et annonce à mes frères que je suis ressuscité[66]».

---

65. ...*speciosissimam ejus faciem, quam illi sputis illiniunt, tu lacrymis lava.* AELRED DE RIEVAULX, *VR*, 31, p. 134-135.

66. *[Si cernere merearis] nunc ipsum Jesum Mariam flentem et tristem tam dulci respicientem oculo, tam suavi voce dicentem : Maria, Quid hac voce dulcius? Quid suavius? Quid jucundius? Maria : rumpantur ad hanc vocem omnes capitis cataractae, ab ipsis medullis eliciantur lacrymae, singultus atque suspiria ab fuit, quid animi, cum ad hanc vocem te prosterneres, et reddens vicem salutanti inclamares : Rabbi. Quo rogo affectu, quo desiderio, quo mentis ardore, qua devotione cordis clamasti : Rabbi. Nam pluri dicere lacrymae prohibent, cum vocem occludat affectus, osque animae corporisque sensus nimius amor absorbeat. Sed o dulcis Jesu, cur a sacratissimis ac desiderantissimis pedibus tuis sic arces amantem? Noli, inquit, me tangere. Ut quid, domine? Quare non tangam? Desiderata illa vestigia pro me perforata clavis, perfusa sanguine, non tangam, non deosculabor? An immitior es solito, quia gloriosior? Ecce non dimittam te, non recedam a te, non parcam lacrymis, pectus singultibus suspiriisque rumpetur, nisi tangam. Et ille : Noli timere, non aufertur tibi bonum hoc, sed differtur. Vade tantum et nuntia fratribus meis, quia surrexi.* AELRED DE RIEVAULX, *VR*, 31, p. 142-143.

Nous sommes devant un renversement complet par rapport aux premières pages du traité. Aelred place la recluse dans une situation d'épanchement permanent. Dans cette dynamique, où le corps et le cœur progressent de concert, c'est le motif des larmes qui permet l'articulation entre les sens et l'affect. Les larmes sont présentes au début de l'itinéraire, comme instrument de componction, et se transmuent peu à peu en don divin. Émissaires du corps, les larmes sont donc en relation étroite avec l'instance affective. Chargées d'assécher le désir, elles finissent par abreuver une fontaine de plaisir en témoignant du bonheur annoncé de la fusion avec Dieu[67]. C'est sur l'évocation de la béatitude que se clôt *La Vie de Recluse*. Comme dynamisme du progrès spirituel de la recluse, l'affect est encadré dans ce cercle causal par les larmes, celles de la componction et celles de la grâce. C'est par elles que commence et par elles que s'achève la dévotion de la recluse, depuis l'ascèse jusqu'à l'effusion mystique.

Le théâtre du cœur ou l'imagination affective

Comme les sens spirituels, l'imagination est constamment sollicitée dans la dévotion de la recluse. Faculté spirituelle au contact direct avec la vie sensorielle, l'imagination est située dans la psychologie médiévale entre les sens et la mémoire qui tous deux l'alimentent et fournissent la matière à ses élaborations. Elle aussi est dans une position charnière, instrument tout à la fois de la destructrice *pervagatio* et de la mémoire de Dieu, forme parfaite de la méditation. De là vient son affinité avec la puissance affective et, si dans les premières pages du traité l'imagination est dénoncée comme un danger permanent pour la recluse, elle devient dans la seconde moitié une pièce maîtresse du processus de rééducation par l'*affectus mentis*.

Pour l'abbé, l'imagination est avant tout une capacité à produire des images mentales, à partir d'un matériau fourni, en l'occurrence l'Écriture. Elle est omniprésente dans la méditation sur la vie de Jésus. Dans ce voyage au fil des Évangiles, l'effort de spatialisation est évident. Aelred est passé maître ici dans l'art de l'hypotypose descriptive, associant de plus en plus étroitement la recluse aux scènes évoquées, revécues. Si l'abbé dresse le décor, brosse l'action, il sollicite constamment la recluse. Parfois, elle est invitée à s'arrêter pour contempler le spectacle et à s'engager dans la mise en scène de chaque tableau qu'elle visualise mentalement. Spectatrice puis actrice, puis co-réalisatrice, et dans une certaine mesure même co-scénariste des Évangiles partiellement revisités, la recluse est progressivement amenée à produire intégralement le spectacle, l'abbé s'effaçant à mesure que la participation de la recluse devient plus active. Au terme du récit, il y a l'incorporation dans le sein de Jésus, qui est également une façon de parachever le processus de déréalisation par l'imagination. La méditation ne consiste donc ni en une

---

67. Voir Aelred de Rievaulx, *VR*, 33, p. 164-166.

introspection abstraite, ni en une démarche intellectuelle ou analytique, ni même en une remémoration dévote des épisodes évangéliques. Pour la recluse, la méditation sur le passé consiste à imaginer intensément le spectacle de la vie du Christ, au point d'y être associée. L'imagination est ici la condition de la participation et, en cela, elle est la clef de la méditation, tandis que l'agent qui concrétise cette participation imaginative est l'affect, comme le montre l'analogie entre la dévotion de la recluse et l'onction de Béthanie :

> C'est là aussi ton rôle. Brise donc l'albâtre de ton cœur, et tout ce que tu possèdes de dévotion, tout ce que tu as d'amour, de désir, d'affect, tout, verse-le sur la tête de ton Epoux, adorant l'homme dans le Dieu et le Dieu dans l'homme[68].

L'*affectus mentis* comme état de dévotion, comme *dilectio Dei*, suppose donc une activation de l'instance affective, puissance charnière entre le corps et l'âme, étroitement reliée aux sens, sommet de la vie corporelle, et à l'imagination, étage inférieur de la vie spirituelle. En d'autres termes, l'emprise qu'exercent sur la recluse ses sens et son imagination, pour sa perte ou son salut, est un signe supplémentaire que la femme est gouvernée, aux yeux d'Aelred, par l'affect et par ses affects. Tout le traité est élaboré à partir de cette certitude.

La Vie de recluse n'est pas un écrit de circonstance, il s'intègre au contraire rigoureusement dans le corpus aelrédien. Il fait ainsi pendant aux deux traités qui s'adressent aux communautés masculines monastiques, *Le Miroir de la charité* et *L'Amitié spirituelle* : que l'on soit homme ou que l'on soit femme s'avère déterminant pour tracer le chemin de salut. Ici, l'abbé propose un itinéraire spirituel spécifiquement féminin, pour ne pas dire la voie de salut privilégiée pour la femme. Il confirme ce que ses coreligionnaires pensent, à savoir que la femme est par nature sous l'empire de son affect alors que chez le mâle le pôle rationnel agit comme un contrepoids, il y a combat. Cependant, il est une question qu'on ne peut éluder : pourquoi l'abbé de Rievaulx n'envisage à aucun moment la solution communautaire comme une possibilité d'accomplissement spirituel pour la femme? Est-ce à dire qu'il éprouve une grande méfiance face à ce genre de vie comme l'épisode de la nonne de Watton peut le laisser pressentir? En tout cas, on ne peut manquer de mettre dans la balance l'exigence absolue de solitude, ne serait-ce que comme idéal, pour la femme, face à la solution communautaire pour l'homme[69]. Si donc la domination de l'affect chez la femme peut trouver une issue positive, et

---

68. *Hoc ultimum tuum est. Frange igitur alabastrum cordis tui, et quicquid habes devotionis, quicquid amoris, quicquid desiderii, quicquid affectionis, totum effunde super Sponsi tui caput, adorans in Deo hominem, et in homine Deum.* AELRED DE RIEVAULX, *VR*, 31, p. 128-129.

69. Le regard d'Aelred sur la vie religieuse féminine (condamnation implicite du monachisme double et promotion de la réclusion) mériterait d'être replacé dans le contexte plus large de l'intégration des femmes dans l'ordre cistercien, désormais éclairci grâce à la thèse d'A. GRÉLOIS, «*Homme et femme il les créa*» : *l'ordre cistercien et ses religieuses des origines au milieu du XIVᵉ siècle*, thèse de doctorat d'histoire, s.d. J. Verger, Université Paris IV – Sorbonne, 2003 (dactyl.).

fortement valorisée puisque la recluse a le privilège unique d'accéder au mystère de l'incarnation, c'est au prix d'une terrible mutilation sociale. L'affect est du côté des extrêmes, la femme aussi. On est bien là au cœur du paradoxe de l'affect monastique, tour à tour sublime ou diabolique, et toujours prompt aux renversements radicaux.

10.

L'AMITIÉ : UN MODÈLE AFFECTIF COMMUNAUTAIRE

L'AMITIÉ SPIRITUELLE D'AELRED DE RIEVAULX : COMPOSITION

PÉDAGOGUE au temps de ses fonctions de maître des novices, pasteur spirituel durant près de vingt-cinq ans d'abbatiat, Aelred considère l'acte d'écrire comme un échange direct et intime avec son lecteur. Si deux de ses traités seulement prennent la forme effective du dialogue, la plupart de ses écrits ascétiques, sans parler bien sûr des sermons, s'adressent à un ami, à des êtres chers ou à un parent. Aelred dit composer son *Quand Jésus eut douze ans* pour son compagnon Yves, moine de Wardon, ou adresse à sa sœur un enseignement destiné aux femmes recluses. Le premier traité déjà, *Le Miroir de la charité*, accueille de façon inattendue un dialogue inséré où un jeune moine venu porter la contradiction au maître se fait le porte-parole du public que vise d'abord cet écrit, les novices et tous les apprentis en religion. L'emploi du genre dialogué, réellement mis en scène comme dans *L'Amitié spirituelle*, ou seulement sous-jacent comme dans *La Vie de recluse*, sert le projet aelrédien de diverses manières[1]. D'un point de vue littéraire tout d'abord : pour un moine du XIIᵉ siècle, le genre du dialogue philosophique tire sa noblesse par priorité de Cicéron, que ce soit sous la

---

1. On observe un renouveau du genre du dialogue au XIIᵉ siècle, causé par tout un ensemble de facteurs. On connaît la tradition ancienne du dialogue comme débat théologique contradictoire. En outre, le genre profite du regain d'intérêt pour les classiques et la philosophie grecque, de l'essor de la *disputatio* pré-universitaire et même, peut-être, du développement du théâtre religieux. Nous n'évoquons ici que des motivations directement reliées aux spécificités du corpus aelrédien. Pour le reste, voir par exemple M. GROSSE, «Dialog», dans *Der Neue Pauly. Enzyklopädie der Antike*, Stuttgart/Weimar, J.-B. METZLER, 1999, col. 829-836 et P. VON MOOS, «Le dialogue latin au Moyen Âge : l'exemple d'Evrard d'Ypres», *Annales ESC*, 44 (1989), p. 993-1028 (numéro spécial écrit/oral). Pour une vue d'ensemble de la fonction didactique du dialogue, avec des analyses spécifiques concernant les milieux lettrés du XIIᵉ siècle, voir E.C. RONQUIST, «Learning and Teaching in Twelfth-Century Dialogues», *Res Publica Litterarum*, 13 (1990), p. 239-256.

forme classique de la *disputatio*, ou dans une démarche plus proche de l'art oratoire – où cette fois l'interlocuteur n'est autre que l'auditoire dont l'auteur imagine les questions possibles – comme dans les *Tusculanes*. Indépendamment du contenu, l'hommage d'Aelred au *De Amicitia* de Cicéron passe donc par le choix formel du dialogue. L'abbé pense sans doute aussi à sa mission pastorale : il doit former et écouter, répondre aux questions de ses moines. Le dialogue permet de montrer la communauté monastique comme une école active et unie autour de son maître et père. Enfin, et ce n'est peut-être pas la moindre des motivations, le dialogue rend plus attractif et accessible un traité qui est en réalité un agrégat de plusieurs textes, de réflexions éclatées. Pour un homme pris dans les contraintes de sa charge abbatiale, c'est un procédé permettant de pallier certaines insuffisances dans l'élaboration logique de l'argumentation.

Plus encore que les autres traités du moine anglais, *L'Amitié spirituelle* est un ouvrage composite, rédigé sur une période longue. Le traité est composé de trois livres de taille inégale, le troisième étant nettement plus long que les deux premiers, qui suivent un court prologue. Chacun de ces livres prend la forme d'un dialogue. Le premier est un tête-à-tête entre Aelred et un moine nommé Yves. On peut supposer qu'il s'agit du même Yves de Wardon pour qui fut écrit le traité sur Jésus enfant. Aelred connaît bien ce moine, il lui porte une attention toute spéciale[2]. L'amitié n'est pas chose ouverte pour Aelred, c'est un art de l'intimité qu'on cultive en cercle restreint[3]. En outre, Aelred semble être en visite pastorale, sans doute à Wardon, fille de Rievaulx où vit Yves. Le livre I de *L'Amitié spirituelle* fut écrit selon toute probabilité après 1147, date de son élection comme abbé de Rievaulx. De fait, il fut également rédigé après *Le Miroir de la charité* auquel il fait clairement allusion[4]. Plusieurs années séparent ensuite le premier entretien du livre II. Yves est mort depuis longtemps et, selon Aelred, les pages où il avait retranscrit leur conversation étaient perdues. C'est justement leur réapparition qui donne le prétexte au second dialogue. Le reste du traité s'échelonne sur quelques jours au plus, probablement à Rievaulx, et il se divise en trois moments. Un court entretien entre Aelred et un certain Gauthier au début du livre II (paragraphes 1 à 7) sert de transition : l'abbé évoque le souvenir lointain de son ami Yves, et Gauthier, qui a appris que les pages de leur entretien ont été retrouvées trois jours auparavant, demande la permission d'en prendre connaissance. Rien n'empêche de penser que ce Gauthier n'est autre que le futur biographe d'Aelred, Gauthier (Walter) fils de Daniel. Sans qu'elle soit marquée dans le texte, il y une ellipse temporelle à la fin du paragraphe 7, puisque Gauthier

---

2. Voir AELRED DE RIEVAULX, *DSA*, I, 2, p. 289.

3. P. VON MOOS rattache même le genre du dialogue amical à l'essor de la confession auriculaire, qui crée une intimité dans la communauté et ainsi une sorte d'espace intermédiaire entre le monastère et le confessionnal, voir « *Occulta cordis*. Contrôle de soi et confession au Moyen Âge. II. Formes de la confession », *Médiévales*, 30, printemps 1996, p. 117-137.

4. Voir AELRED DE RIEVAULX, *DSA*, I, 19, p. 292.

reprend ensuite la parole en annonçant à l'abbé qu'il vient de lire la première dissertation. Il s'est donc écoulé le temps de la lecture du livre I par Gauthier qui invite ensuite l'abbé à poursuivre son exposé. C'est alors qu'arrive un nouveau personnage, nommé Gratien (livre II, paragraphe 16). Le reste du livre II se poursuit sans interruption jusqu'à ce qu'Aelred mette fin provisoirement à l'entretien. Alléguant ses obligations d'abbé, il doit, dit-il, accueillir des hôtes fraîchement arrivés. Les trois hommes se donnent donc rendez-vous le lendemain et, effectivement, une nuit seulement semble séparer le livre II du livre III. Cette fois, Gratien arrive le premier et ne manque pas de lancer une pique à l'adresse de Gauthier qui l'avait mis en garde la veille contre tout retard. Une allusion au schisme qui suivit la mort du pape anglais Adrien IV (1154-1159) permet de dater les deux derniers livres entre avril 1164 et janvier 1167, date de la mort de l'abbé[5]. L'essentiel de *L'Amitié spirituelle* est donc rédigé durant les dernières années de vie de l'abbé, période probable de composition aussi de *La Vie de recluse* et du *Dialogue sur l'âme*.

Que ces entretiens renvoient à des situations réelles ou imaginaires importe peu. En revanche, nous vérifions une nouvelle fois le caractère composite, pleinement assumé cette fois des traités d'Aelred. Ce fait invite à prendre quelque distance avec le sentiment de spontanéité et de vraisemblance inhérent au genre du dialogue, sans pour autant nier tout ancrage dans de réels entretiens. Il en va de même pour la psychologie des trois interlocuteurs successifs d'Aelred. Ainsi, on a parfois souligné l'opposition entre Gauthier et Gratien : autant le premier se fait remarquer par un caractère vif et entier, voire jaloux, autant le second se distingue par une douceur timide, une finesse d'esprit non dénuée de malice. Soit, mais il faut convenir qu'il s'agit là partiellement au moins de caractères stéréotypés, comme le prouve l'ouverture du livre II où Aelred introduit Gauthier en le présentant en des termes similaires à ceux utilisés pour Yves au début du livre I. Tout se passe comme si Aelred voulait reprendre le cours d'une scène inopinément interrompue. Seulement le rôle du défunt Yves a été repris entre temps par un nouvel acteur, Gauthier. De toute évidence, les pointes que les deux moines Gauthier et Gratien se lancent, la vigueur de leurs échanges participent de la même logique théâtrale. On peut supposer qu'il y a un fond d'expérience vécue, mais le procédé sert le projet de l'abbé sur le plan strictement rhétorique. Ainsi l'intervention passionnée de Gratien contre ceux qui refusent par prudence de donner leur amitié tout entière suscite l'étonnement amusé de son compagnon : «Et moi qui croyais les colombes sans fiel ! Veuille cependant nous montrer comment réfuter cette opinion qui déplaît tant à Gratien[6]». Tout ce passage correspond à un débat similaire chez Cicéron. Par ce procédé cependant, Aelred confère à son discours d'exposition la vivacité du débat contradictoire. On est plus

---

5. Voir AELRED DE RIEVAULX, *DSA*, II, 41, p. 310.

6. *Felle putabam carere columbas. Verumtamen haec istorum sententia, quae sic displicet Gratioso, qualiter refelli possit, edicito.* AELRED DE RIEVAULX, *DSA*, II, 48, p. 311 ; *AS*, p. 48.

proche en fait des dialogues socratiques qui manient fréquemment l'ironie que du *De Amicitia* de Cicéron où les interventions très rares de Scévola et de Fannius sont beaucoup plus sages. En outre, il est évident que le ton du dialogue concourt à dessiner l'image qu'Aelred veut donner de la communauté monastique tout comme il sert la conception de l'amitié, humaine et accessible, qu'il défend. Plus encore que Cicéron, Aelred soutient en effet que l'amitié ne doit pas être un luxe réservé aux seuls vertueux ayant atteint les sommets de la sagesse. Songeons également à la différence de statut entre Aelred, intervenant ici au double titre d'abbé et d'homme d'expérience, et ses disciples qui, d'une certaine façon, incarnent la turbulence propre à la jeunesse, dont Aelred se fait souvent l'écho dans ses écrits.

EXPOSÉ DES MOTIFS

Cela peut sembler paradoxal mais *L'Amitié spirituelle* qui traite d'un sentiment par essence interindividuel sous une forme dialoguée est le seul traité qu'Aelred dit avoir écrit d'abord pour lui-même, en l'occurrence pour contrôler ses propres passions[7]. Dans le prologue, il place toute sa vie sous le signe d'une quête de l'amitié vertueuse. Ce prologue, court mais très finement ciselé, se divise ainsi en quatre moments qui correspondent chacun à une étape de la vie du cistercien : l'enfant, l'étudiant, le jeune moine, l'abbé expérimenté[8].

---

7. Parmi les nombreuses études consacrées au thème de l'amitié chez Aelred, voir plus particulièrement, par ordre chronologique : A. Fiske, «Aelred of Rievaulx Idea of Friendship and Love», *Cîteaux*, 13 (1962), p. 5-17 et 97-132; Y. Migneault, *Aelred de Rievaulx, op. cit.*, p. 270-397; G. Raciti, «L'apport original d'Aelred de Rievaulx à la réflexion occidentale sur l'amitié», *Collectanea cisterciensia*, 29 (1987), p. 77-99; P.M. Gasparotto, «De Cicerón a Cristo : la amistad espiritual en Elredo de Rieval», *Cuadernos Monásticos*, 23 (1988), p. 437-449; B.P. McGuire, *Friendship and Community, op. cit.*, p. 296-338; R. Hyatte, *The Arts of Friendship, op. cit.*, p. 59-71; K.M. Tepas, «*Amor, Amicitia* and *Misericordia* : a Critique of Aelred's Analysis of Spiritual Friendship», *The Downside Review*, 112 (1994), p. 249-263; K.M. Yohe Tepas, «Sexual Attraction and the Motivations for Love and Friendship in Aelred of Rievaulx», *The American Benedictine Review*, 46 (1995), p. 283-307; Ch. Dumont, «L'amitié spirituelle d'Aelred de Rievaulx», dans Id., *Une Education du coeur. La spiritualité de saint Bernard et de saint Aelred*, Abbaye Notre-Dame-du-Lac, 1996 (coll. Pain de Cîteaux, série 3, n° 10), p. 349-358. Chez les autres cisterciens, voir B.P. McGuire, «The Cistercians and the Transformations of Monastic Friendship», *Analecta cisterciensia*, 37 (1981), p. 1-63; Id., «Monastic Friendship and Toleration in the Twelfth-Century Cistercian Life», dans *Monks, Ermits and the Ascetic Tradition*, W.J. Sheils (éd.), Oxford – Londres – New York, B. Blackwell, 1985, p. 147-160; Id., «Was Bernard a Friend ? », dans Id., *The Difficult Saint. Bernard of Clairvaux and his Tradition*, Kalamazoo, Cistercian Publications, 1991 (Cistercian Studies, n° 136), p. 43-73; Id., «Bernard and Eskil. Friendship and Confraternity», dans *op. cit.*, p. 107-132 et Id., *Friendship and Faith : Cistercian Men, Women, and Their Stories, 1100-1250*, Variorum Collected Studies Series, 2002. Voir aussi A. Fiske, «Saint Bernard of Clairvaux and Friendship», *Cîteaux*, 11 (1960), p. 5-26 et 85-103 et R. Gelsomino, «S. Bernardo di Chiaravalle e il *De Amicitia* di Cicerone», *Studia anselmiana*, 43 (1958), p. 180-186. Sur Guillaume de Saint-Thierry, voir A. Fiske, «William of Saint-Thierry and Friendship», *Cîteaux*, 12 (1961), p. 5-27.

8. Pour un rattachement historique de ce prologue à la biographie d'Aelred, voir B.P. McGuire, *Brother and Lover, op. cit.*, p. 39-52.

En même temps, il s'agit d'isoler la racine du mal qui le ronge :

> Lorsque j'étais encore écolier et que le charme de mes compagnons faisait tous mes délices, gagné par les habitudes auquel cet âge est enclin, mon esprit tout entier se consacra à l'affect et se voua à l'amour au point que rien ne me parut plus doux, plus agréable, plus avantageux que d'être aimé et aimer. Prise dans les fluctuations de diverses liaisons amicales, mon âme était ballottée ça et là ; ignorant les lois de la véritable amitié, elle se laissait souvent tromper par ce qui y ressemble[9].

Ces premières lignes ont un fort écho programmatique. Le besoin d'amitié est ancré dans l'enfance et prend la forme de la camaraderie au sein d'une communauté de garçons qui n'est pas sans rappeler celle du monastère qui accueillera plus tard Aelred. La secrète passion du jeune garçon est identifiée, c'est l'*affectus-amor*, l'affect-amour qui obnubile son esprit et brouille sa raison. Dès ce stade, Aelred positionne son désir selon une tradition intellectuelle : il est d'abord l'héritier d'Augustin par la sentence célèbre des *Confessions*, être aimé et aimer, à savoir l'amitié comme conjonction de deux amours réciproques. Puis, il fait entendre sa voix propre de théologien, esquissant les catégories morales de l'amitié chrétienne, partagée entre le véritable et l'illusion, l'amitié vraie et ses leurres.

La seconde étape du prologue est balisée : alors qu'il est jeune étudiant, Aelred se tourne vers les Anciens qui constituent une part majeure de sa formation rhétorique. La rencontre avec Cicéron est alors inévitable :

> Un jour enfin, le livre que Cicéron écrivit sur l'amitié me tomba entre les mains ; il m'apparut aussitôt profitable par la profondeur des idées émises, et délectable par la façon dont elles étaient exposées. Bien que je ne me visse pas à la hauteur d'une telle amitié, je me félicitais cependant d'avoir découvert une espèce de méthode susceptible de canaliser les va-et-vient de mes amours et de mes affects[10].

Pour la deuxième fois l'objectif de la quête est rappelé : contrôler les mouvements de l'amour-affect, sans pour autant insensibiliser l'esprit. Cicéron convient alors parfaitement car on y trouve à la fois des règles de conduite et un plaisir du style.

---

9. *Cum adhuc puer essem in scholis, et sociorum meorum me gratia plurimum delectaret, et inter mores et vitia quibus aetas illa periclitari solet, totam se mea mens dedit affectui, et devovit amori ; ita ut nihil mihi dulcius, nihil jucundius, nihil utilius quam amari et amare videretur. Itaque inter diversos amores et amicitias fluctuans, rapiebatur animus huc atque illuc et verae amicitiae legem ignorans, ejus saepe similitudine fallebatur.* Aelred de Rievaulx, *DSA*, prologue, 1-2, p. 287 ; *AS*, p. 19. Traduction modifiée.

10. *Tandem aliquando mihi venit in manus, liber ille quem de amicitia Tullius scripsit ; qui statim mihi et sententiarum gravitate utilis, et eloquentiae suavitate dulcis apparebat. Et licet nec ad illud amicitiae genus me viderem idoneum, gratulabar tamen quamdam me amicitiae formulam reperisse, ad quam amorum meorum et affectionum valerem revocare discursus.* Aelred de Rievaulx, *DSA*, prologue, 2-3, p. 287 ; *AS*, p. 19.

La troisième étape est celle de la conversion, qui aboutit nécessairement à un renversement complet. C'est là une figure imposée de la littérature monastique : l'auteur païen qu'est Cicéron doit s'éclipser, temporairement au moins, devant la nouvelle autorité qui régit la vie du jeune cistercien :

> Quand il plut à mon bon Maître de remettre l'égaré sur la bonne voie, de relever l'homme abattu, de purifier le lépreux par son contact salutaire, laissant derrière moi les espoirs du siècle, j'entrai au monastère. Aussitôt, je m'adonnai à la lecture des Saintes Lettres que mon œil chassieux et habitué aux ténèbres charnelles avait été jusque-là incapable de lire, fût-ce même superficiellement. Tandis que l'Écriture Sainte me devenait délectable et que, par comparaison, le peu de science reçu dans le monde devenait méprisable, ce que j'avais lu sur l'amitié dans le livre cité me revenait à l'esprit et je m'étonnais de ce que cela n'avait plus pour moi la saveur habituelle. Car, à cette époque déjà, rien ne captivait entièrement mon affect hormis ce qui était agrémenté du miel du très doux nom de Jésus et assaisonné du sel des Saintes Écritures [11].

La prise de l'habit monastique annonce aussi une conversion émotionnelle, accomplie ou attendue, puisque désormais le flot (*discursus*) des affects doit se focaliser sur le Dieu incarné ; mais cela semble plus un espoir qu'une réalité et c'est bien pour trouver un compromis qu'Aelred entreprend un travail de théorisation du rôle de l'amitié dans une perspective chrétienne. C'est l'objectif de la quatrième et dernière étape :

> Lisant et relisant cet ouvrage [le *De Amicitia* de Cicéron], je cherchais le moyen de l'étayer par l'autorité de l'Écriture. J'avais également lu beaucoup de choses sur l'amitié dans les œuvres des saint Pères et je voulais aimer spirituellement mais je n'y parvenais pas. J'entrepris donc d'écrire sur l'amitié spirituelle et de me prescrire des règles pour une chaste et sainte dilection [12].

C'est ici le langage d'un médecin. L'écriture a une fonction aussi bien normative que thérapeutique. On ne peut manquer de comparer ce passage avec les premières lignes de *La Vie de recluse* ; dans les deux cas il s'agit de fonder une règle adaptée aux nouvelles exigences spirituelles : la réclusion

---

11. *Cum vero placuit bono Domino meo corrigere devium, elisum erigere, salubri contactu mundare leprosum, relicta spe saeculi, ingressus sum monasterium. Et statim legendis sacris litteris operam dedi; cum prius nec ad ipsam earum superficiem oculus lippiens, et carnalibus tenebris assuetus sufficeret. Igitur cum sacra Scriptura dulcesceret, et parum illud scientiae quod mihi mundus traderat, earum comparatione vilesceret, occurrebant animo quae de amicitia in praefato libello legeram, et jam mirabar quod non mihi more solito sapiebant. Jam tunc enim nihil quod non dulcissimi nominis Jesu fuisset melle mellitum, nihil quod non sacrarum Scripturarum fuisset sale conditum, meum sibi ex toto rapiebat affectum.* Aelred de Rievaulx, *DSA*, prologue, 3-5, p. 287-288; *AS*, p. 20.

12. *Et iterum atque iterum ea ipsa revoluens, quaerebam si forte possent Scripturarum auctoritate fulciri. Cum autem in sanctorum patrum litteris de amicitia plura legissem, volens spiritualiter amare nec valens, institui de spiritali amicitia scribere, et regulas mihi castae sanctaeque dilectionis praescribere.* Aelred de Rievaulx, *DSA*, prologue, 5-6, p. 288; *AS*, p. 20.

pour les femmes, le monastère réformé pour les hommes. Ces deux traités sont d'une certaine façon une entreprise d'actualisation des règles de vie monastique, dans le cadre d'une séparation stricte des sexes.

AFFECT, AMOUR, CHARITÉ, AMITIÉ

Définitions

À lire le prologue, l'objectif premier du traité serait de mettre en conformité sur le thème de l'amitié le *De Amicitia* de Cicéron avec les autorités chrétiennes, l'Écriture et les écrits des Pères. Aussi, certains commentateurs ont cru pouvoir affirmer que *L'Amitié spirituelle* n'était qu'une entreprise de christianisation voire un décalque de Cicéron [13]. En réalité, Aelred se met en position de poursuivre une réflexion déjà riche d'une longue tradition chrétienne sur le sujet [14]. À ce titre d'ailleurs, il est révélateur que son exposé s'ouvre sur une proposition aux accents augustiniens : «Nous voici toi et moi et, je l'espère, en tiers entre nous le Christ [15]». Il n'est ici d'amitié qui vaille qu'en Dieu. Yves surenchérit puisque selon lui Cicéron, n'étant pas chrétien, ne peut être considéré comme un maître en matière d'amitié véritable. Pour autant, à peine ce tribut à l'orthodoxie augustinienne est-il payé qu'on assiste à la réintroduction de la parole argumentée au côté de la parole autorisée :

> Yves. Je pense qu'il faut d'abord disserter sur ce qu'est l'amitié pour ne pas donner l'impression de bâtir sur le vide, en ignorant cela même dont doivent procéder la logique et le déroulement de notre discussion [16].

La démarche d'Aelred ne se limite donc ni à une simple christianisation de Cicéron, ni même à une synthèse des écrits pagano-chrétiens sur le sujet. Elle consiste à prendre appui sur cette tradition pour produire un discours spécifique, répondant à des interrogations propres. Cicéron, légitimé sur le plan de

---

13. Voir par exemple Ph. Delhaye, «Deux adaptations du *De Amicitia* de Cicéron au XIIᵉ siècle», art. cité, p. 307.

14. Dans l'abondante bibliographie sur l'amitié chrétienne, je signalerais en dernier lieu J. Follon et J. McEvoy, *Sagesses de l'amitié II. Anthologie de textes philosophiques patristiques, médiévaux et renaissants*, Paris-Fribourg, Cerf-Editions Universitaires, 2003 (Vestigia, n° 29); C. White, *Christian Friendship in the Fourth Century*, Cambridge, University Press, 1992; R. Hyatte, *The Arts of Friendship*, op. cit., et B.P. McGuire, *Friendship and Community*, op. cit. Sur la transmission des théories antiques, voir J.-M. Ziolkowski, «Twelfth Century Understandings and Adaptations of Ancient Friendship», dans *Mediaeval Antiquity*, A. Welkenhuysen, H. Braet et W. Verbeke (éd.), Louvain, Louvain University Press, 1995 (Mediaevalia Lovaniensia Series I, Studia 24), p. 59-81.

15. *AELREDUS. Ecce ego et tu, et spero quod tertius inter nos Christus sit.* Aelred de Rievaulx, *DSA*, I, 1, p. 289; *AS*, p. 21.

16. *IVO. Primum quid sit amicitia arbitror disserendum ; ne videamur, ni inani pingere, si nesciamus quid sit illud, de quo debeat disputationis nostrae series tenorque procedere.* Aelred de Rievaulx, *DSA*, I, 10, p. 291; *AS*, p. 23.

l'art du discours, peut alors servir de base de départ sans être renié pour cause de paganisme :

> Aelred. Ce que Cicéron en a dit ne te suffit-il pas ? «L'amitié, dit-il, est une conformité de sentiments, accompagnés de bienveillance et de charité, à propos des choses humaines et divines[17].»

Aelred mentionne aussi à plusieurs reprises la définition de Salluste[18], comme ici par l'intermédiaire de Gratien : «pour moi, j'ai toujours cru que l'amitié n'est rien d'autre qu'une identité de deux volontés telle que l'un ne veut rien de ce que l'autre ne veut pas[19]». On retrouve même les définitions de Salluste et de Cicéron fondues dans une seule proposition[20]. Sans aucune fracture, jouant toujours le jeu des citations, Aelred amène subrepticement la discussion sur un terrain qui lui est plus familier. Il commence ainsi par expliciter ce que Cicéron entendait par bienveillance et charité : «Par le mot charité il désigne peut-être l'affect de l'âme, et par celui de bienveillance l'effet des œuvres[21]». Cette rapide explication, qui peut sembler convenue, nous place en réalité au cœur de la pensée d'Aelred, à plusieurs titres. Elle établit tout d'abord la connexion entre la théorie classique de l'amitié et la notion d'affect, de surcroît par l'intermédiaire de la charité. Par ailleurs, on reconnaît dans l'articulation *affectus mentis/effectus operum* la double dynamique qui sous-tend son approche de la spiritualité de la recluse. Une fois encore, à partir d'une même schématisation de la vie spirituelle, Aelred montre qu'il a une conception très abrupte du clivage qui existe entre les sexes, ce qui est clair surtout si on fait jouer les correspondances entre les deux traités dans les deux sens. En effet, dans un sens, on vérifie que le bénéfice spirituel que l'homme tire de l'amitié, la femme ne peut l'espérer que dans la solitude la plus extrême. Dans l'autre sens, l'analyse de *La Vie de recluse* a montré qu'Aelred voyait dans ce couple *affectus mentis/effectus operum* un principe d'accomplissement spirituel particulièrement efficace puisqu'il conduisait la recluse jusqu'à des sommets d'effusion mystique. Sans aller plus avant dans la transposition, on pressent d'emblée que l'amitié masculine – sur la base de la définition cicéronienne – s'inscrit potentiellement dans la même dynamique. L'homologie est trop évidente pour ne pas être soulignée.

Aelred achève de doter l'*amicitia* d'une armature conceptuelle toute personnelle en articulant entre eux, au moyen de l'étymologie déjà vue, ses deux grands traités anthropologiques L'*Amitié spirituelle* et Le *Miroir*

---

17. AELREDUS. *Nonne satis tibi est hinc quod ait Tullius : Amicitia est rerum humanarum et divinarum cum benevolentia et caritate consensio?* AELRED DE RIEVAULX, *DSA*, I, 11, p. 291; *AS*, p. 23. Voir CICÉRON, *DA*, 20, p. 14.

18. *Catilina*, 20.

19. GRATIANUS. *...ego aliud bibil amicitiam esse credidi, quam inter duos voluntatum identitatem, ut nihil velit unus quod alter nolit...* AELRED DE RIEVAULX, *DSA*, II, 28, p. 308; *AS*, p. 44.

20. Voir AELRED DE RIEVAULX, *DSA*, I, 13, p. 291.

21. AELREDUS. *Forte nomine caritatis mentis affectum, benevolentiae vero operum expressit effectum.* AELRED DE RIEVAULX, *DSA*, I, 15, p. 291; *AS*, p. 24. Traduction modifiée.

de la charité : l'amitié est un amour, et l'amour est un affect de l'âme raisonnable. L'*amicitia*, par le biais de la théorie de l'*amor*, repose sur le socle de l'*affectus*. C'est donc toute l'anthropologie aelrédienne qui prend une nouvelle dimension avec ce dernier volet sur l'amitié. L'*amicitia* se positionne comme la pratique qui complète sur le plan interindividuel le parcours spirituel proposé dans le *Miroir*. Globalement, l'*affectus* se manifeste à chacune de ces étapes comme le dynamisme essentiel qui rend compte de l'homme, dans son identité psychologique mais aussi dans son rapport à Dieu et aux autres. Pour finir, puisque l'*amicitia* est un amour mutuel, il ne reste plus au cistercien qu'à préciser la différence de nature entre l'amitié et l'autre puissance d'amour interindividuel, la charité :

> Yves. Allons-nous décréter qu'il n'y a pas de différence entre l'amitié et la charité?
> Aelred. Bien au contraire! Il y en a une grande. Car la divine autorité a prescrit d'accueillir bien plus de personnes dans le giron de la charité que dans les étreintes de l'amitié. La loi de la charité nous oblige à recevoir au sein de notre dilection non seulement nos amis mais aussi nos ennemis. Par contre, nous n'appelons amis que ceux à qui nous ne craignons pas de confier notre cœur et ce qui s'y trouve, et qui, à leur tour, sont liés envers nous par la même clause de fidélité et la même assurance[22].

Depuis le temps des Pères, cette distinction entre l'amour inclusif de la charité et l'amour sélectif de l'amitié est devenue commune. Aelred insiste néanmoins sur l'opposition entre la dimension contraignante de la charité et la liberté absolue de la relation amicale. La charité résulte de l'exigence de la loi divine alors que l'amitié est une manifestation de la volonté individuelle. De fait, elle apparaît comme une forme supérieure de la charité[23].

Aelred évoque régulièrement les délices de la réciprocité amoureuse dans l'amitié. Si l'amour est une tension de l'âme, l'amitié est une conjonction de deux tensions mutuelles. C'est dans cette optique qu'il cite la célèbre formule augustinienne, considérant que si l'*amor* est un aimer, l'*amicitia* est un aimer et être aimé[24]. Enfin, au livre III, il étoffe la définition cicéronienne : les notions d'affect (*affectio*) et de dilection (*dilectio*) correspondent aux deux vertus cicéroniennes de charité et de bienveillance auxquelles Aelred ajoute la sécurité (*securitas*) et l'agrément (*jocunditas*)[25], deux notions qui renvoient

---

22. *IVO. Ergone inter amicitiam et caritatem nihil distare arbitramur? AELREDUS. Immo plurimum. Multo enim plures gremio caritatis quam amicitiae amplexibus recipiendos, divina sanxit auctoritas. Non enim amicos solum, sed et inimicos sinu dilectionis excipere, caritatis lege compellimur. Amicos autem eos solos dicimus, quibus cor nostrum, et quidquid in illo est, committere non formidamus; illis vicissim nobis, eadem fidei lege et securitate constrictis.* Aelred de Rievaulx, *DSA*, I, 31-32, p. 294; *AS*, p. 28.

23. Voir Aelred de Rievaulx, *DSA*, II, 18-20, p. 306.

24. *Ibid.*, prologue, p. 287.

25. *Ibid.*, III, 51, p. 327.

respectivement à Ambroise[26] et à Augustin[27] qui sont invités de la sorte à valider la lecture que donne Aelred de la définition cicéronienne. En multipliant les citations de Salluste, Cicéron, Ambroise ou Augustin, Aelred satisfait aux attentes de ses lecteurs en rassemblant une riche matière qui n'avait jamais encore été embrassée depuis le Ve siècle. Mais en contrepoint se dégage une autre silhouette de l'amitié qui prend place et sens dans un paysage original, celui-là même dessiné par l'anthropologie du cistercien au fil de ses écrits. La conception aelrédienne de l'amitié ne se réduit pas à une compilation des théories antérieures, assurant une espèce de synthèse vaguement mise au goût du jour, elle est bien plus que cela, à savoir la pièce maîtresse d'une théorie actuelle de l'homme chrétien, aux prises conjointement avec les désirs de son humanité charnelle et les espoirs d'une immortalité heureuse.

L'amitié comme origine et fin de la société

Pour les Anciens, la question de l'origine de l'amitié est déterminante dans la mesure où elle conditionne sa valeur morale. Tous les philosophes de l'Antiquité s'accordent à considérer qu'il y a à l'origine de l'amitié une pression de la nature qui pousse l'homme vers ses semblables[28]. Le problème réside dans l'interprétation de cet instinct : répond-il à une nécessité trahissant la faiblesse de l'homme seul ou correspond-il à une sympathie innée pour autrui? La philosophie classique propose trois types de réponses. Il y a celle de Platon, considérant que l'homme est en quête d'amis prétendument pour jouir gratuitement de leur personne, mais qu'il est mû en fait par une stricte nécessité[29]. Les stoïciens, dont Sénèque, tiennent un discours intermédiaire, estimant que la recherche d'amis résulte d'un besoin lié à la faiblesse de la nature humaine mais que cette faiblesse, qui n'est autre que la crainte de la solitude, ne touche pas le sage qui peut donc jouir des délices de l'amitié pour elle-même[30]. La troisième position est celle d'Aristote, puis de Cicéron[31] : ils considèrent que l'inclination première vers l'amitié ne découle aucunement

---

26. Voir AMBROISE DE MILAN, *LD*, tome II, livre III, 136, p. 145-146.

27. Voir AUGUSTIN, *Confessions*, IV, VIII-IX, p. 76-77.

28. Dans la vaste bibliographie concernant les théories antiques de l'amitié, voir surtout J.-C. FRAISSE, Philia. *La notion d'amitié dans la philosophie antique*, Paris, Vrin, 1974 ; A.-J. VOELKE, *Les Rapports avec autrui dans la philosophie grecque d'Aristote à Panétius*, Paris, Vrin, 1961 (Bibliothèque d'Histoire de la Philosophie) ; D. KONSTAN, *Friendship in the Classical World*, Cambridge, Cambridge University Press, 1997. À compléter par l'anthologie dressée par J. FOLLON et J. McEvoy, *Sagesses de l'amitié. Anthologie de textes philosophiques anciens*, Paris, Cerf, 1997 (Vestigia, n° 24).

29. Voir P. MACHEREY, «Le *Lysis* de Platon : dilemme de l'amitié et de l'amour», dans *L'Amitié. Dans son harmonie, dans ses dissonances*, S. JANKÉLÉVITCH et B. OGILVIE (dir.), Paris, Autrement, février 1995 (Série Morales, n° 17), p. 58-75.

30. Sur l'amitié dans la pensée stoïcienne, voir A. BANATEANU, *La Théorie stoïcienne de l'amitié. Essai de reconstruction*, Paris, Cerf, 2001 (Vestigia, n° 27) et chez Sénèque, voir A.L. MOTTO et J.-R. CLARK, «Seneca on Friendship», *Atene e Roma*, 38 (1993/2-3), p. 91-98.

31. Voir A.W. PRICE, *Love and Friendship in Plato and Aristotle*, Oxford, Clarendon Press, 1989 et R. SANSEN, *La Doctrine de l'amitié chez Cicéron*, thèse, Paris IV-Sorbonne, 1975 (dactyl.).

d'une faiblesse ou d'un besoin, mais qu'elle traduit un désir spontané pour la vertu [32].

Aelred reprend cette problématique des origines ; il adhère d'ailleurs pleinement à la position de Cicéron tout en remplaçant la notion d'inclination de l'âme (*adplicatio animi*) par celle d'*affectus* pour qualifier l'inclination première. Il en profite alors pour esquisser une véritable théologie de l'amitié chrétienne. Dans le cadre de la théologie cistercienne, la raison ultime de l'affect d'amitié (*affectus amicitiae*) est à rechercher du côté de la doctrine de l'image, de la dynamique de la ressemblance et du retour à l'Un [33]. L'instillation de l'amitié dans la création se présente comme une entreprise d'ordination de l'affect selon l'axe vertical du retour vers le Créateur et de pacification de cette même puissance selon l'axe horizontal des relations entre les créatures. Certes, l'idée que l'amitié est la loi universelle qui régit l'univers et lui donne sa cohésion est puisée directement chez Cicéron – citant lui-même la doctrine d'Empédocle et la théorie stoïcienne de la sympathie [34] – mais Aelred lui confère une extension inattendue. Cicéron reconnaît par exemple que l'instinct grégaire qui existe chez les animaux d'une même espèce, ou l'attachement des parents pour leurs petits, évoquent l'affection que les hommes peuvent se porter [35]. Aelred va beaucoup plus loin puisqu'il juge quant à lui qu'il demeure des traces de cet instinct d'amitié non seulement chez les animaux mais jusque dans les règnes végétal et minéral, renouant d'une certaine façon avec la conception présocratique de l'amitié définie comme principe cosmique [36].

Selon l'abbé, l'amitié est la loi qui a présidé à la création même de l'homme ; et il illustre l'idée d'une consubstantialité de l'amitié à l'humanité par l'exemple de la création d'Ève :

> Aelred. Enfin, après avoir créé l'homme, Dieu dit – pour mettre davantage en valeur les bienfaits de l'alliance avec d'autres : « il n'est pas bon que l'homme soit seul, faisons-lui une aide semblable à lui ». Ce n'est pas d'une matière analogue ni même identique que la puissance divine façonna cette aide mais, pour les inciter plus expressément à la charité et à l'amitié, Dieu créa la femme à partir de la substance même de l'homme. Il est beau de voir que le second être humain a été pris des côtes du premier ; la nature enseigne ainsi que tous sont égaux, placés quasiment côte-à-côte, et qu'il n'y a, au plan humain, ni supérieur ni inférieur : ceci est le propre de l'amitié [37].

---

32. Voir Cicéron, *DA*, 26-28, p. 18-20.
33. Voir Aelred de Rievaulx, *DSA*, I, 53, p. 298.
34. Voir Cicéron, *DA*, 24, p. 17 et 81, p. 49.
35. *Ibid.*, 27, p. 19-20 et 81, p. 49.
36. Voir Aelred de Rievaulx, *DSA*, I, 54-55, p. 298.
37. *AELREDUS. Postremo cum hominem condidisset, ut bonum societatis altius commendaret : Non est bonum, inquit, esse hominem solum ; faciamus ei adjutorium simile sibi. Nec certe de simili, vel saltem de eadem materia hoc adjutorium divina virtus formavit ; sed ad expressius caritatis et amicitiae incentium, de ipsius substantia masculi feminam procreavit. Pulchre autem de latere*

Aelred présente ici, au premier abord, une vision étonnamment positive de
la femme : au lieu de mettre en avant la dépendance d'Ève vis-à-vis d'Adam
dont elle est issue, il insiste, en jouant sur les mots côte (*latere*)/côte-à-côte
(*collaterales*), sur l'unité originelle du couple. L'amitié est alors désir de fusion,
volonté de l'espèce de retrouver une sorte d'unité comme dans le mythe de
l'androgyne chez Platon. Soit, mais il ne faut pas oublier que cette égalité
homme/femme, tout comme la légitimation métaphysique du désir d'amitié
entre les sexes n'est effective qu'au moment pré-historique du paradis terrestre,
antérieur au péché originel et à la chute[38]. L'analogie avec le mythe platonicien de l'androgyne trouve rapidement ses limites, car pour le christianisme
la séparation des sexes n'est pas en soi une perte d'être. La véritable cause
de la rupture de l'amitié paradisiaque entre l'homme et la femme, et donc la
perte de l'unité essentielle, c'est la faute originelle. Aelred ne déroge pas au
dogme augustinien selon lequel avant le péché, même le désir charnel était
maîtrisé dans un accord des volontés. Que cette entente pacifiée prenne la
forme de l'amitié n'a donc rien de surprenant, ni même de particulièrement
novateur en soi. L'originalité du discours d'Aelred ne réside pas dans une
hypothétique conception optimiste du rapport homme/femme, mais dans la
permanence de l'affect d'amitié dans le genre humain avant et après l'éviction du paradis. L'amitié apparaît ainsi comme l'expression originelle des
relations interindividuelles, dans un cadre de parfaite harmonie. Après la
chute, le désir d'amitié perdure, mais en raison du trouble nouveau généré
par la chair, les règles ont changé : désormais le rapport homme/femme n'est
plus placé spontanément sous le signe de l'amitié mais de la concupiscence[39].
Depuis ce temps, le désir du retour à soi provoque la recherche du même en
l'autre, non plus dans un rapport de complémentarité mais de similarité.
L'amitié d'Adam pour Ève était désir d'unité, de complémentarité harmo-
nieuse : en allant vers la femme, l'homme revenait alors vers lui-même. Ce
n'est plus possible après la faute car la femme représente pour l'homme l'altérité, même s'il y a identité de nature. La peine du péché réside dans
l'impossibilité pour ces deux désirs de se rencontrer pacifiquement, ce qui est
pourtant le propre de l'amitié. Cherchant donc un autre soi dans l'ami, comme
le faisait Adam avec Ève, le mâle après la chute doit obligatoirement se porter
vers ceux de son sexe. L'amitié mixte pour Aelred ne ressortit pas de l'idéal
accessible mais de la nostalgie, ou encore à proprement parler de l'utopie,
c'est-à-dire d'une anticipation du royaume céleste. Cette nature dont parle
Aelred qui pousse originairement l'homme hors de lui désigne donc la nature

---

*primi hominis secundus assumitur, ut natura doceret omnes aequales, quasi collaterales; nec esset
in rebus humanis superior vel inferior, quod est amicitiae proprium.* AELRED DE RIEVAULX, *DSA*, I,
57, p. 298; *AS*, p. 33.

38. Une limitation qui rend partiellement caduque la lecture de K.M. YOHE TEPAS, «Spiritual
Friendship in Aelred of Rievaulx and Mutual Sanctification in Marriage», *Cistercian Studies*, 27
(1992), p. 63-76 et 153-165.

39. Voir AELRED DE RIEVAULX, *DSA*, I, 58, p. 299.

humaine en tant qu'elle est désir de retour vers son créateur et vers cette part brisée d'elle-même. La véritable origine du désir, c'est le désir de l'origine. Enfin, la société des anges elle-même obéit à la loi universelle de l'amitié[40]. Créatures inanimées, animaux, hommes raisonnables, anges : l'affect d'amitié est le principe harmonique de l'univers dans la ressemblance de l'unité divine. À ce stade originel de la création, il n'y a pas une amitié élective et une charité universelle mais l'amour d'amitié, comme le remarque Y. Migneault, est coextensif avec l'amour de charité[41]. Cependant, cette universalité de l'amitié n'est concevable que dans le cadre mythique du paradis terrestre, avant la chute du premier homme.

Après la chute donc, la discorde vint rompre l'harmonie primitive de l'amitié[42]. L'amitié, n'étant plus une loi universelle, se présente comme une manifestation de la volonté personnelle. Elle perd de ce fait une part de sa puissance cosmologique, se replie sur sa dimension sociale et devient par la force des choses sélective, méfiante. Dans cette première phase de l'histoire qui suit le péché, l'amitié n'apparaît que comme une union des gens vertueux, c'est-à-dire des faibles, contre les exactions des méchants. Les sociétés d'amis ne sont guère plus que des associations d'autodéfense contre la loi du plus fort qui prévaut. De cette façon Aelred peut affirmer que les vertueux acquiè- rent l'expérience de l'amitié : ils doivent l'expérimenter volontairement alors qu'Adam et Ève l'avaient vécue naturellement.

L'amitié, comme tous les désirs humains, est intrinséquement écartelée après la chute, au sens où elle doit faire face à son double pervers ; en effet, n'oublions pas que l'*affectus amicitiae*, en tant que dynamisme ontologique de la nature humaine, anime aussi les pires pécheurs. L'amitié ne trouve plus en elle-même, par sa seule spontanéité, le principe de paix et d'harmonie qui la définissait au paradis. Si l'on veut donc qu'elle recouvre sa fonction première d'ordination de l'être vers sa fin propre, il faut d'abord la refonder. Voici légitimée par Aelred toute l'entreprise normative autour de l'amitié chrétienne, depuis les Écritures jusqu'à sa propre contribution en passant par les écrits des Pères de l'Église[43].

Au terme de l'histoire chrétienne de l'amitié, on voit qu'Aelred s'est efforcé de conférer à cette notion une épaisseur théologique ; elle se présente vérita- blement comme la force primordiale qui préside à la cohésion de toute la création. Dès lors, l'amitié aelrédienne intègre voire dépasse la puissance d'ordination que la doctrine chrétienne a coutume d'attribuer à l'amour de charité. C'est en ce sens qu'Yves se risque à substituer à la célèbre expression johannique «Dieu est charité» (I Jean 4, 16) un «Dieu est amitié» (*Deus amicitia est*)[44]. La formule vient clore le premier entretien et il faut la lire comme une

---

40. Voir Aelred de Rievaulx, *DSA*, I, 55, p. 298.
41. Voir Y. Migneault, *Aelred de Rievaulx, op. cit.*, p. 276.
42. Voir Aelred de Rievaulx, *DSA*, I, 59, p. 299.
43. *Ibid.*, I, 60, p. 299.
44. *Ibid.*, I, 69, p. 301.

synthèse de la réflexion théologique qui précède. C'est donc à juste titre qu'elle est restée l'une des sentences les plus célèbres d'Aelred. Mais prenons garde à ne pas nous tromper sur la nature de l'audace qu'elle contient. Réside-t-elle dans le fait de faire passer l'amitié ostensiblement devant le bien suprême de la charité ? Sans doute, surtout si l'on songe à l'origine païenne de l'amitié. Contrairement à la *caritas*, dotée dès l'origine d'un contenu spécifiquement chrétien qui avait détaché le vocable de la culture païenne, l'*amicitia* était prioritairement une valeur de la civilisation classique, et le processus d'appropriation chrétienne s'est fait lentement. Pour les chrétiens donc, l'amitié conserve toujours cette coloration philosophique et ce n'est pas un hasard si, au XIIᵉ siècle encore, Aelred traite de cette question en passant par le prisme du modèle cicéronien. L'abbé a d'ailleurs tout à fait conscience d'avoir atteint une limite et il fait remarquer à Yves que l'expression n'est pas fondée sur l'autorité de l'Écriture. Mais le manque de caution scripturaire a toujours été le handicap de l'amitié chrétienne. En fait, la véritable audace se situe moins dans la formule elle-même que dans la glose qui suit :

> Aelred. Mais je n'hésite pas à appliquer à l'amitié ce qui est dit ensuite à propos de la charité : Qui demeure dans l'amitié, demeure en Dieu et Dieu demeure en lui[45].

On a ici un renversement par rapport à la tradition patristique des amis de Dieu puisque ce n'est plus celui qui demeure en Dieu qui demeure dans l'amitié des autres chrétiens, mais bien Dieu qui est dans l'amitié. Pour la première fois dans l'histoire du christianisme, l'amitié comme lien affectif interindividuel se voit investie d'une capacité d'élévation spirituelle plénière.

L'EFFICACITÉ SPIRITUELLE DE L'AMITIÉ : LES ENSEIGNEMENTS D'UNE NOMENCLATURE

L'économie du discours d'Aelred sur l'amitié est traversée par deux tendances structurantes : La première réside dans l'articulation étroite entre le concept d'affect et celui d'amitié. Aelred ne se contente pas de démontrer que l'amitié est une forme élaborée et complexe d'affect, il construit une nomenclature de l'amitié qui coïncide largement avec celle de l'affect : l'amitié est un cadre normatif (sur le plan moral, social et religieux) permettant d'ordonner et de civiliser la puissance spontanée de l'affect dans l'environnement monastique. Ce faisant, le discours est marqué par une seconde tendance qui confère une efficacité spirituelle inédite à l'amitié humaine. On assiste ainsi à un processus conjoint de pacification et de légitimation spirituelle de l'affect spontané par le discours amical.

---

45. *AELREDUS. Quod tamen sequitur de caritate, amicitiae profecto dare non dubito, quoniam : qui manet in amicitia, in Deo manet, et Deus in eo.* AELRED DE RIEVAULX, *DSA*, I, 70, p. 301 ; *AS*, p. 36.

Affectus carnalis/amicitia carnalis

L'analyse de l'origine de l'amitié a montré qu'elle n'était pas épargnée par le tourbillon qui emporte la sensibilité humaine depuis la chute. Pour ordonner à nouveau l'amitié vers sa fin première, il faut qu'au préalable l'homme mette lui-même de l'ordre dans la confusion des amitiés. La logique du discours est à ce titre porteuse de l'enjeu spirituel, car la difficulté vient justement de ce que, contrairement à la charité qui est une, l'amitié est ambiguë. Dresser donc une typologie des amitiés répond pour Aelred à l'obligation de distinguer les fausses amitiés, celles qui ne sont pas orientées vers la restauration de l'amitié originelle, de l'amitié véritable, bien ordonnée, qui est appelée spirituelle :

> Aelred. C'est bien à tort qu'ils revendiquent le mot splendide d'amitié ceux qui sont de connivence avec le vice. [...] On peut en conclure que ces gens-là se glorifient du seul nom d'amitié : ils se laissent tromper par ce qui y ressemble et ne sont pas conduits à la vérité. [...] Supportons pourtant d'appeler aussi amitiés celles qui ne sont pas véritables, puisqu'on y perçoit une certaine ressemblance dans les affects. Mais des indices sûrs permettent de les distinguer de celle qui est spirituelle et donc véritable. L'amitié peut être dite charnelle, mondaine ou spirituelle. L'amitié charnelle se fonde sur un accord dans le vice, l'amitié mondaine s'allume avec l'espoir de profit, l'amitié spirituelle se cimente par la similitude de vie, de mœurs et de goûts entre gens de bien[46].

Au travers de cette opposition dialectique entre vraie et fausses amitiés, Aelred propose donc une typologie ternaire. Au-delà cependant des enjeux spécifiquement chrétiens de cette lecture, on reconnaît de nombreux éléments de la tradition classique qui, prenant quant à elle la vertu comme ancrage ultime de l'amitié, offre aussi une articulation entre vérité et erreur. C'est la grille de lecture de Cicéron par exemple. De plus, Aelred s'inscrit dans la ligne de la philosophie péripatéticienne lorsqu'il spécifie que la diversité des espèces ne rompt pas le *continuum* du genre de l'amitié. On ne peut d'ailleurs que s'étonner devant les analogies multiples entre *L'Amitié spirituelle* et l'*Éthique à Nicomaque* d'Aristote, alors qu'il est certain qu'Aelred n'a pas eu accès à ce traité, dont les livres VIII et IX en cause ici n'ont été traduits en latin qu'au XIIIe siècle… Jusqu'à un certain point, les ressemblances sont dues au relais cicéronien, bien évidemment. L'opposition vérité/erreur en amitié est très présente par exemple chez Cicéron. En revanche, le triptyque

---

46. *AELREDUS. Falso sibi praeclarum amicitiae nomen assumunt, inter quos est coniventia vitiorum (...). Unde colligitur eos amicitiae solo nomine gloriari, falli que eius similitudine, non veritate fulciri (...). Patiamur tamen ut propter quamdam quae in affectibus sentitur similitudinem, etiam illae amicitiae quae verae non sunt, amicitiae nuncupentur; dum tamen ab illa quae spiritalis est, et ideo vera, certis indiciis distinguantur. Dicatur itaque amicitia alia carnalis, alia mundialis, alia spiritalis. Et carnalem quidem creat vitiorum consensus; mundialem spes quaestus accendit; spiritalem inter bonos vitae morum studiorum que similitudo conglutinat.* AELRED DE RIEVAULX, *DSA*, I, 35-38, p. 295 ; *AS*, p. 28-29.

aristotélicien des amitiés agréable, utile et vertueuse n'est jamais établi explicitement par Cicéron qui s'intéresse plutôt à la distinction entre l'utile ou l'intérêt et le gratuit ou la vertu. Faut-il dès lors chercher un intermédiaire mystérieux qui rendrait compte de cette analogie qui intrigue : amitié charnelle (Aelred)/ amitié agréable (Aristote) ; amitié mondaine (Aelred)/amitié utile (Aristote) ; amitié spirituelle (Aelred)/amitié vertueuse (Aristote) ? On peut s'en dispenser car ce genre de schéma ternaire et plus spécialement les catégories aristotéliciennes du bon, de l'utile et de l'agréable ont largement pénétré la pensée occidentale et, concernant la théorisation de l'amitié, on les retrouve en filigrane chez la plupart des auteurs païens ou chrétiens qui se sont penchés sur la question[47]. La restauration aelrédienne, particulièrement aboutie, n'en est pas moins remarquable, ne serait-ce que parce qu'elle révèle l'attention extrême portée par le cistercien au corpus intellectuel sur l'amitié auquel il peut avoir accès.

Commençant donc par dénoncer les formes illusoires de l'amitié, Aelred attribue à un affect non réglé la forme la plus basse :

> Aelred. En vérité, la naissance d'une amitié charnelle résulte d'un affect semblable à une prostituée qui écarte ses cuisses à tout venant ; on y fornique de diverses manières en se laissant entraîner par les sens de l'ouïe et de la vue par où pénètre jusqu'à l'esprit l'image des corps à la belle apparence et des plaisirs sensibles ; on s'estime heureux de pouvoir en jouir à volonté mais il serait plus agréable, pense-t-on, d'en jouir avec un compagnon[48].

La comparaison a le mérite d'être évocatrice et elle confirme que l'amitié charnelle (*amicitia carnalis*) est bien sous la coupe de l'affect charnel (*affectus carnalis*). On y retrouve les éléments caractéristiques d'une lecture morale de l'affect charnel compris comme un mouvement impulsif, non contrôlé, qui place l'homme dans une situation de recherche de plaisirs immédiats en relation avec les sens. En creux, cette amitié valide la dimension infra-rationnelle et infra-volontaire de l'affect charnel :

> Aelred. Une telle amitié s'engage sans délibération, elle n'est vérifiée par aucun discernement, elle n'est pas gouvernée par la raison mais elle est entraînée en sens divers par l'impulsion de l'affect ; elle ne garde pas la mesure, elle n'amène rien d'honorable, elle ne fait pas attention à ce

---

47. Voir C. Nederman, « Aristotelian Ethics before the *Nichomachean Ethics* : Alternate Sources of Aristotle's Notion of Virtue in the Twelfth Century », *Parergon*, new series, 7 (1989), p. 55-75.

48. *AELREDUS. Verum amicitiae carnalis exordium ab affectione procedit, quae instar meretricis divaricat pedes suos omni transeunti, sequens aures et oculos suos per varia fornicantes ; per quorum aditus usque ad ipsam mentem pulchrorum corporum, vel rerum voluptuosarum infertur imago, quibus ad libitum frui putat esse beatum, sed sine socio frui minus aestimat esse iucundum.* AELRED DE RIEVAULX, *DSA*, I, 39, p. 295 ; *AS*, p. 29. Traduction modifiée. Aelred semble apprécier cette image de l'affect charnel comparé à une prostituée puisqu'il l'emploie aussi dans le « Sermon XXXV », *CCCM* IIA, 18, p. 291.

qui est convenable ou non, elle va étourdiment de l'avant, sans réflexion, sans retenue, sans modération[49].

Manque de réflexion, manque de mesure, manque de constance : telles sont les stigmates de la démission de la raison et de la volonté dans cette amitié. Démission et non absence, car l'*amicitia carnalis* ne se confond pas avec l'*affectus carnalis* puisque les deux puissances régulatrices de l'âme y sont présentes en puissance. Ce qui rend l'individu responsable de sa conduite : on peut dire d'une certaine façon qu'il veut ne pas exercer le pouvoir régulateur de sa volonté libre. L'*affectus carnalis* est une pulsion, à charge pour l'homme de la régler. L'*amicitia carnalis* est une aliénation volontaire aux pulsions charnelles : négligeant l'esprit, elle entraîne aux désirs de la chair[50]. Comprenons aussi que l'évaluation morale de cette amitié s'effectue à un double niveau, dans la mesure où il existe deux types d'affect charnel, ou plutôt deux orientations possibles vers ce qui relève de la chair. L'abbé procède à cette distinction dans le livre II. Il reprend alors en partie le raisonnement déjà tenu dans le livre I, mais cette fois il appelle l'amitié charnelle, amitié puérile :

> Aelred. Il y a une amitié puérile, née d'un affect fluctuant et lascif, qui écarte ses cuisses à tout venant, ni pesée, ni mesurée, ni considérée en fonction des avantages ou des inconvénients. Pour un temps, cette amitié affecte avec violence, elle étreint avec force, elle séduit avec douceur. Mais un affect privé de raison est un mouvement bestial, porté à n'importe quel acte illicite, et même incapable de discerner entre ce qui est licite et ce qui ne l'est pas. La plupart du temps, un affect précède l'amitié, mais il ne faut jamais lui obéir s'il n'est guidé par la raison, modéré par la vertu morale et réglé par la justice[51].

L'antériorité logique et le primat de la causalité sensible dans le sentiment d'amitié sont ici clairement affirmés, de même que la séparation ontologique entre l'affect et la raison, rappelant que l'affect, quoique étant un mouvement de l'âme rationnelle, n'est pas *a priori* sous le contrôle de la raison. De là naît l'ambivalence des mouvements affectifs, neutres en tant que stimuli premiers

---

49. AELREDUS. *Haec itaque amicitia nec deliberatione suscipitur, nec judicio probatur, nec regitur ratione ; sed secundum impetum affectionis per diversa raptatur ; non modum servans, non honesta procurans, non commoda incommodave prospiciens ; sed ad omnia inconsiderate, indiscrete, leviter, immoderateque progrediens. Idcirco vel quasi quibusdam furiis agitata a semetipsa consumitur vel eadem levitate resoluitur qua contrahitur.* AELRED DE RIEVAULX, *DSA*, I, 41, p. 296 ; *AS*, p. 29-30.

50. Voir ID., *DSA*, II, 58, p. 313.

51. AELREDUS. *Est amicitia puerilis, quam vagus et lasciviens creat affectus ; divaricans pedes suos omni transeunti ; sine ratione, sine pondere, sine mensura, sine alicuius commodi vel incommodi consideratione. Haec ad tempus vehementius afficit, arctius stringit, blandius allicit. Sed affectus sine ratione motus bestialis est, ad quaeque illicita pronus ; immo inter licita et illicita discernere non valens. Licet autem plerumque amicitiam affectus praeveniat, numquam tamen sequendus est, nisi eum et ratio ducat, et honestas temperet, et regat iustitia.* AELRED DE RIEVAULX, *DSA*, II, 57, p. 312-313 ; *AS*, p. 50-51. Traduction modifiée.

mais soumis à une sanction morale comme élans relayés par la volonté instruite par la raison. L'affect charnel n'est pas condamnable en tant qu'affect, mais il peut l'être dans la mesure où il est charnel, c'est-à-dire enraciné dans et projeté vers la chair. En fait, on vérifie une nouvelle fois que le raisonnement d'Aelred oscille entre une reconnaissance de la neutralité ontologique de l'affect charnel en tant qu'affect et sa condamnation automatique en tant qu'il est de la chair et/ou porté vers la chair. C'est toute la complexité du discours aelrédien qui transparaît ici, au sens où coïncident deux lectures conflictuelles, à savoir la condamnation systématique d'origine augustinienne de tout ce qui est charnel et la légitimation d'une sensibilité naturelle préexistante à l'activité volontaire. On a alors une version exacerbée du paradoxe de l'anthropologie cistercienne, qui se pense comme un prolongement et une défense de l'orthodoxie augustinienne et qui, ce faisant, enfonce des coins qui fendent l'édifice en des emplacements stratégiques et le fragilisent tout entier. Ainsi, Aelred dénonce l'amitié charnelle dans le livre II avec plus de vigueur encore que dans le livre I :

> Aelred. Ainsi donc, ceux que charme la douceur de l'amitié spirituelle évitent absolument cette amitié que nous avons appelée puérile – car l'affect prédomine surtout chez les enfants – en tant qu'elle est peu sûre, instable et toujours mêlée à des amours impures. Disons qu'elle est moins une amitié qu'un poison de l'amitié : on ne parvient jamais à y garder la mesure convenable de l'amour, qui va d'une âme à l'autre, mais une espèce de fumée provenant de la concupiscence charnelle obscurcit et corrompt ce qui est spirituel, elle entraîne vers les désirs de la chair[52].

On pourrait croire alors le cas de ce genre d'amitié réglé, pourtant Aelred stigmatise quelques lignes plus loin une autre forme d'amitié charnelle :

> Aelred. Il y a aussi une amitié qui unit des êtres dont la conduite est semblablement pervertie ; je renonce à en parler puisqu'elle n'est pas digne de s'appeler amitié, ainsi que nous l'avons dit plus haut[53].

Quoique peu recommandable, la première forme n'était donc pas complètement nuisible… Ce constat est confirmé au livre III, alors que l'abbé indique en outre que la première forme d'amitié charnelle n'est autre que celle décrite par Augustin dans les *Confessions*[54] :

52. *AELREDUS. Igitur haec amicitia quam diximus puerilem, eo quod in pueris magis regnat affectus, ut infida, et instabilis, et impuris semper mixta amoribus, ab his quos spiritalis amicitiae dulcedo delectat, omnimodis caveatur. Quam non tam amicitiam, quam amicitiae dicimus esse venenum, cum in ea amoris numquam modus possit servari legitimus, qui est ab animo ad animum ; sed honestam eius venam, ex carnis concupiscentia fumus quidam emergens, obnubilet et corrumpat ; et neglecto spiritu, ad carnis desideria trahat.* AELRED DE RIEVAULX, *DSA*, II, 58, p. 313 ; *AS*, p. 51.

53. *AELREDUS. Est et amicitia quam pessimorum similitudo morum conciliat ; de qua dicere supersedeo, cum nec amicitiae nomine digna, ut superius diximus, habeatur.* AELRED DE RIEVAULX, *DSA*, II, 59, p. 313 ; *AS*, p. 51.

54. Voir AUGUSTIN, *Confessions*, tome I, IV, 7, p. 70-71.

> Aelred. Cette amitié-là est celle des gens charnels et principalement des adolescents, tels que le furent jadis Augustin et l'ami dont il parle. Pourvu que balivernes et mensonges soient exclus, et à condition qu'elle ne renferme rien de déshonnête, on peut cependant la tolérer dans l'espoir d'une grâce plus abondante, comme premier élément d'une amitié plus sainte. Quand le sentiment religieux aura grandi et qu'il y aura une plus grande similitude de goûts spirituels, quand la pondération de l'âge mûr sera là et que les sens spirituels auront été éclairés, on montera plus haut, comme d'un proche degré, avec un affect purifié [55].

On est cependant loin de l'intransigeance d'Augustin qui avec le recul ne manifeste guère d'indulgence vis-à-vis de ce type d'amitié adolescente. Surtout il ne considère jamais qu'elle puisse représenter une première étape acceptable en attendant que l'âge vienne apporter plus de mesure. L'évêque d'Hippone se plaçait dans une autre logique où une amitié qui était du côté de la chair était *ipso facto* à l'opposé de Dieu. Aelred n'a pas un jugement si sévère, au contraire : «nous passerons alors plus facilement de l'amitié pour les hommes à l'amitié pour Dieu lui-même, en vertu d'une certaine analogie [56]». Il n'est pas loin de penser que même au fond des abîmes de l'amitié débauchée demeure une lueur d'espoir, au nom toujours de l'analogie formelle entre les différentes sortes d'amitié :

> Aelred. Néanmoins, si une telle amitié, salie par le désir luxurieux, défigurée par la cupidité, souillée par la débauche, procure déjà tant de douceur, quelles délices n'est-on pas en droit d'attendre de la véritable amitié qui est d'autant plus sûre qu'elle est plus digne de considération, d'autant plus remplie de charme qu'elle est plus chaste, d'autant plus délicieuse qu'elle est dégagée de toute entrave [57].

En résumé, l'analyse de l'amitié charnelle et de ses déclinaisons nous amène à faire plusieurs constats : 1) la cause première d'ordre psychique de toute amitié est l'affect ; 2) toutes les amitiés, du fait de leur ancrage dans l'affect, entretiennent entre elles une analogie qui assure un *continuum* ; 3) c'est l'objet sur lequel se porte l'affect qui en détermine la valeur morale et non le mouvement en soi ; 4) Le principe du *continuum* et la disjonction ontologique affect/volonté situent l'amitié aelrédienne hors de la perspective

---

55. *AELREDUS. Amicitia haec carnalium est, et maxime adolescentium ; quales aliquando fuerant ipse et suus, de quo tunc loquebatur amicus ; quae tamen, exceptis nugis et mendaciis, si nulla intercesserit inhonestas, spe uberioris gratiae toleranda est, quasi quaedam amicitiae sanctioris principia ; quibus, crescente religione et spiritualium studiorum parilitate, accedente etiam maturioris aetatis gravitate et spiritualium sensuum illuminatione, purgatiori affectu ad altiora, quasi e vicino conscendant...* AELRED DE RIEVAULX, *DSA*, III, 87, p. 335-336 ; *AS*, p. 79-80.

56. *AELREDUS. ...sicut hesterna die ab hominis ad Dei ipsius amicitiam, ob quamdam similitudinem diximus facilius transeundum.* AELRED DE RIEVAULX, *DSA*, III, 87, p. 336 ; *AS*, p. 80.

57. *AELREDUS. Verumtamen cum in hac tali amicitia, quam vel libido commaculat, vel avaritia foedat, vel incestat luxuria, tanta ac talis experiatur dulcedo ; libet conicere, quantum habeat suavitatis illa quae quanto honestior est, tanto est et securior ; quanto castior, tanto et jucundior ; quanto liberior, tanto et felicior.* AELRED DE RIEVAULX, *DSA*, I, 36, p. 295 ; *AS*, p. 28-29.

augustinienne, pourtant revendiquée, qui repose sur une structure dualiste articulée autour de la dynamique de la conversion.

Affectus officialis/amicitia mundialis

Proche parente de l'amitié intéressée d'Aristote et de Cicéron, l'amitié mondaine est celle qui se noue et se conserve en vue d'un quelconque profit matériel. Cette amitié aussi est motivée à l'origine par un affect, l'affect de bons offices (*affectus officialis*) présenté par le cistercien dans *Le Miroir de la charité*. Comme la précédente, l'amitié mondaine se caractérise par son inconstance et sa fragilité. Il ne peut qu'en être ainsi puisqu'elle vise un autre bien que le fruit de l'amitié elle-même. Entendons derrière cette formule cicéronienne : elle vise un autre bien (temporel) que la restauration de la forme originelle de l'amitié (spirituelle). Elle ne saurait donc être qualifiée de véritable [58]. Pour autant, Aelred ne la rejette pas non plus d'emblée et tout se passe comme si n'importe quelle sorte d'amitié était préférable à l'absence d'amitié. Dès que deux personnes entretiennent quelque affinité, il y a espoir qu'un jour elles parviennent à une relation spirituelle plus pure. À nouveau, l'idée d'un cloisonnement entre les diverses sortes d'amitié est niée :

> Aelred. Quoi qu'il en soit, une telle amitié, vicieuse en son principe, élève souvent à un certain degré de véritable amitié : ceux qui ont conclu un pacte dans l'espoir d'un gain commun parviennent finalement à un bienfaisant et complet accord – au moins à propos des choses humaines – pourvu qu'ils restent fidèles l'un à l'autre dans les trafics déshonnêtes [59].

Distincte dans ses mobiles, l'amitié mondaine entretient donc une ressemblance formelle très étroite avec l'amitié charnelle. Toutes les deux constituent ce qu'Aelred appelle les fausses amitiés au sens où elles sont mal orientées.

Affectus rationalis/amicitia spiritualis

Toute l'ambition affichée de l'abbé de Rievaulx est de définir, pour ses moines mais surtout pour lui-même, les règles d'une amitié chaste et spirituelle, un *modus vivendi* qui concilie les exigences de la spiritualité monastique réformée et les élans naturels de la sensibilité. En ce sens, les démarches préliminaires de définition et de classification préparent la phase centrale du dialogue : la construction d'une amitié fondée sur la communion des esprits. L'intention quasi thérapeutique de l'essai réapparaît alors. Ainsi toute la partie analytique du dialogue, surtout le livre I, n'est autre que l'élaboration du diagnostic :

---

58. Voir Aelred de Rievaulx, *DSA*, I, 42-44, p. 296. À comparer avec Aristote, *EN*, 1156a, p. 387 et Cicéron, *DA*, 29-31, p. 20-22.

59. *AELREDUS. Attamen hujus amicitiae vitiosae principium quosdam plerumque ad quamdam verae amicitiae provehit portionem ; eos scilicet qui primum spe lucri communis foedus ineuntes dum sibi in iniquo mammona fidem servant, in rebus dumtaxat humanis, ad maximum perverniunt gratumque consensum.* Aelred de Rievaulx, *DSA*, I, 44, 296 ; *AS*, p. 30.

comment fonctionne le cœur de l'homme ? Quelles pathologies l'affectent ? Puis vient le moment de trouver le remède.

L'excellence et la perfection de l'amitié spirituelle sont de l'ordre de la gratuité et de la complétude : Dieu a doté l'âme humaine d'un principe pensant, la raison, d'un principe agissant, la volonté et d'un principe aimant, l'affect. De l'accord entre ces trois puissances naît l'harmonie et la ressemblance avec le Créateur. L'amitié qu'Aelred appelle spirituelle est d'abord un amour du prochain qui met en jeu toutes les composantes de l'âme. C'est pourquoi elle est un accomplissement, et l'abbé ouvre le dernier entretien de *L'Amitié spirituelle* par une sorte de récapitulatif de sa théorie de la sensibilité humaine :

> Aelred. La source et l'origine de l'amitié, c'est l'amour, car l'amour peut existe sans l'amitié, mais l'amitié sans l'amour, jamais. Or l'amour procède soit de la nature, soit de bons offices, soit de la raison seule, soit d'un affect seul, soit de l'un et l'autre ensemble. Il procède de la nature comme lorsqu'une mère aime son fils. Il procède des bons offices lorsqu'en raison d'un bienfait donné ou reçu, on tisse entre soi un affect spécial. Il procède de la raison seule comme lorsque nous aimons nos ennemis, non en vertu d'une inclination spontanée de l'esprit, mais à cause de l'obligation du précepte. Il procède de l'affect seul quand quelqu'un s'attire l'affect d'autrui sur la base de qualité purement physique comme la beauté, la force ou l'éloquence. Il procède à la fois de la raison et de l'affect quand la raison nous persuade d'aimer quelqu'un à cause du mérite de ses vertus, et qu'en même temps cette personne s'insinue en nous par la douceur de son comportement et le charme de sa vie remarquable ; ainsi, la raison se joint à l'affect, en sorte que l'amour soit chaste grâce à la raison, et plein de charme grâce à l'affect. De ces divers amours, quel est à votre avis celui qui convient le mieux à l'amitié[60] ?

Ce texte essentiel embrasse en quelques lignes tout le travail d'investigation d'Aelred sur le psychisme humain, toute l'entreprise d'ordination des élans affectifs élaborée au fur et à mesure de ses écrits spirituels et pastoraux et conduit l'ensemble vers le terme de l'amitié spirituelle, point d'arrivée de son anthropologie. L'amitié spirituelle est bien, sur le plan des relations interindividuelles, la perfection à laquelle l'homme doué d'affect et en quête de salut doit tendre. Cette amitié, quoique parfaite, n'est pas ontologiquement séparée

---

60. AELREDUS. *Fons et origo amicitiae amor est, nam amor sine amicitia esse potest, amicitia sine amore numquam. Amor autem aut ex natura, aut ex officio, aut ex ratione sola, aut ex solo affectu, aut ex utroque simul procedit. Ex natura, sicut mater diligit filium. Ex officio, quando ex ratione dati et accepti, quodam speciali affectu coniungimur. Ex sola ratione, sicut inimicos, non ex spontanea mentis inclinatione, sed ex praecepti necessitate diligimus. Ex solo affectu, quando aliquis ob ea sola, quae corporis sunt, verbi gratia pulchritudinem, fortitudinem, facundiam, sibi quorumdam inclinat affectum. Ex ratione simul et affectu, quando is quem ob virtutis meritum ratio suadet amandum, morum suavitate, et vitae lautioris dulcedine, in alterius influit animum ; et sic ratio iungitur affectui, ut amor ex ratione castus sit, dulcis ex affectu. Quis horum vobis amicitiae videtur commodatior ?* AELRED DE RIEVAULX, *DSA*, III, 2-3, p. 317 ; *AS*, p. 55-56.

des autres formes. Il y a une continuité de la chair vers l'esprit en la circonstance et le passage de l'une à l'autre ne suppose pas d'arrachement. Il faut
donc impérativement se départir de l'acception paulinienne de l'opposition
chair/esprit. Pour Aelred, l'adjectif *spiritalis* a un double sens : est spirituel ce
qui concourt à rapprocher l'homme de Dieu mais aussi ce qui ordonne
l'ensemble des puissances de l'esprit. Ces deux sens bien sûr se conjuguent :
est spirituel un mouvement qui soude les puissances de l'esprit humain dans
un même élan vers la communion dans l'Esprit de Dieu. Un élan spirituel peut
donc être qualifié de parfait dans la mesure où il meut l'esprit tout entier, dans
ses différentes composantes. Cela signifie qu'un élan qui ne met en œuvre par
exemple que la puissance de l'affect, sera qualifié de charnel, indépendamment de toute détermination morale. Si ce mouvement charnel n'est pas
ostensiblement dirigé vers le vice, Aelred le tolère, malgré une grande
réticence, car il constitue la première pièce de ce que doit être un élan pleinement spirituel. Une des difficultés réside dans cette approche ambiguë, voire
hésitante, du concept de chair, qui oscille entre l'infra-rationnel (donc
l'*affectus*) au sens ontologique et le péché au sens moral.

PRATIQUE DE L'AMITIÉ SPIRITUELLE

L'amitié spirituelle se présente donc comme un amour exclusif, ou électif, et
réciproque, fondé sur la vertu et l'affection. De cet amour, Aelred a établi la
genèse (c'est un *affectus* raisonné), la nécessité (tout l'univers est régi par un
principe d'amitié, les relations humaines comprises) et la valeur morale et
eschatologique (Dieu l'a imprimé dans l'âme de l'homme pour lui permettre
de restaurer en lui l'image divine). Il reste que la majeure partie de *L'Amitié
spirituelle* est consacrée à la question de la pratique amicale, largement
développée dans les livres II et III. C'était aussi un aspect central du traité de
Cicéron auquel le cistercien est souvent redevable sur ce thème.

L'amitié est une affection persévérante visant à l'union de deux êtres[61]. Le
premier moment est celui du choix de l'ami qui se décompose en deux temps,
l'élection et la probation : quels sont les défauts à éviter, les qualités à
éprouver ? Il s'agit ni plus ni moins d'un noviciat de l'amitié. Tout le problème
du choix repose une fois de plus sur la bipolarité raison-affection de l'amitié
spirituelle puisqu'elle doit se fonder sur l'accord de deux conduites vertueuses,
mais en pratique elle résulte d'abord d'un attrait sensible. Il s'ensuit un balan-
cement entre l'évocation des délices de l'affection, qui rendent bien des
défauts supportables, et l'avertissement contre un aveuglement et un oubli de
la primauté de la vertu. Ainsi Gauthier reproche-t-il à Aelred d'avoir noué une
amitié avec un moine colérique. Il demande à l'abbé s'il est bien de son avis
pour attribuer ce défaut à son ami. Ce à quoi Aelred répond : «Il l'est en effet,

---

61. Voir Aelred de Rievaulx, *DSA*, III, 6, p. 318.

mais nullement dans l'amitié[62]». En somme, ce qui importe, c'est moins la recherche de la vertu par une relation amicale qu'être vertueux en amitié. Il faut respecter le pacte d'amitié. Sur ce point, Aelred se démarque de son modèle antique. Pour l'abbé, l'affinité prime ; à charge pour les deux amis d'être vertueux l'un envers l'autre. Cicéron a un autre point de vue et fait plutôt de l'amitié une forme d'amour de la vertu. Chez le moine anglais, l'affection est un chemin vers la vertu ; chez le philosophe romain, c'est la vertu qui conduit à l'estime[63]. En fait, la position d'Aelred est plus hésitante et, à plusieurs reprises, il rappelle les dangers d'une amitié spirituelle qui privilégierait outre mesure l'affection : «Méfions-nous de l'impulsivité de l'amour qui devance le jugement et qui nous rend incapable de faire les vérifications nécessaires[64]» et plus loin : «Ce choix ne doit pas se faire d'après les caprices de l'affect, mais d'après la clairvoyance de la raison[65]». C'est au nom de cette méfiance envers l'impulsion affective qu'Aelred fait la liste des défauts qui s'opposent au développement serein d'une amitié. Ainsi, les critères d'élection d'un ami sont encore un aveu de la prédominance du facteur émotionnel et sentimental en amitié sur la quête de la sagesse.

Les principaux caractères à éviter en amitié sont les irascibles, les inconstants, les soupçonneux et les bavards. La mise en garde contre les amis colériques est un *topos* de la littérature sur l'amitié, la colère étant considérée par les Anciens comme la plus aliénante des passions[66]. Ensuite, on comprend aisément que le vice d'inconstance soit rédhibitoire puisque la persévérance est indispensable à l'amitié véritable[67]. Le soupçon, pour sa part, apparaît comme une conséquence de l'inconstance et les deux défauts sont envisagés successivement chez Aelred comme chez Cicéron[68]. Cependant, on notera qu'Aelred prend des libertés avec son modèle et offre une présentation très personnelle du soupçonneux puisqu'il en fait un jaloux :

> Aelred. Car le soupçon est toujours accompagné de la curiosité qui le pique continuellement de ses aiguillons et lui fournit des sujets d'inquiétude et de trouble. Quand il verra son ami s'entretenir à l'écart avec quelqu'un, il se croira trahi. Quand son ami se montrera bienveillant et affable avec quelqu'un d'autre, il se proclamera moins aimé[69].

---

62. *AELREDUS. Est quidem, at in amicitia minime.* AELRED DE RIEVAULX, *DSA*, III, 34, p. 324 ; *AS*, p. 64.

63. Voir CICÉRON, *DA*, 48, p. 32.

64. *AELREDUS. Cavendus sane est quidam impetus amoris qui praecurrit judicium, et probandi adimit potestatem.* AELRED DE RIEVAULX, *DSA*, III, 75, p. 332 ; *AS*, p. 75.

65. *AELREDUS. Eligatur autem non secundum affectionis lasciviam, sed secundum rationis perspicaciam...* AELRED DE RIEVAULX, *DSA*, III, 130, p. 348 ; *AS*, p. 96. Voir CICÉRON, *DA*, 85, p. 51.

66. Voir SÉNÈQUE, *LC*, III, 5, p. 74.

67. Voir AELRED DE RIEVAULX, *DSA*, III, 28, p. 322-323.

68. Voir CICÉRON, *DA*, 65, p. 42.

69. *Numquam enim requiescit. Suspiciosum quippe semper curiositas comitatur, quae continuos ei stimulos acuens, inquietudinis et pertubationis ei materias subministrat. Si enim viderit amicum secretius loquentem cum aliquo, proditionem putabit. Si se benevolum alteri praebuerit, vel jucundum, ille se minus diligi proclamabit.* AELRED DE RIEVAULX, *DSA*, III, 29, 323 ; *AS*, p. 63.

Enfin, l'abbé repousse le bavard qui ne saurait s'accommoder de la *gravitas* claustrale, autrement dit l'état de méditation silencieuse qui doit gouverner la conduite des moines[70]. Ces traits de caractère sont bien sûr à rejeter seulement s'il n'y a pas d'espoir d'amélioration[71].

Une fois ouvertes les portes de l'amitié, le nouvel ami doit être éprouvé de la même façon que le postulant à la vie monastique qui subit un temps de noviciat. Aelred définit quatre qualités qui sont à tester tout particulièrement. Ce sont la fidélité, l'intention, le discernement et la patience[72]. La plus importante des vertus de l'ami est assurément la fidélité, nourrice et gardienne de l'amitié. Elle est la source de sa pérennité, se révèle dans le malheur et, au quotidien, dans le respect des secrets et des confidences. Aelred exprime cette idée en suivant étroitement le *De Amicitia*[73]. L'intention, pour sa part, renvoie au problème de la fin de l'amitié : celle-ci doit être recherchée pour elle-même, de façon désintéressée et non en vue d'une quelconque utilité. La vertu de discrétion, qui mêle modération et finesse de jugement, et la vertu de patience vont de pair. La première vise à éviter les querelles[74] ; la seconde concerne à l'inverse la capacité de supporter les remontrances de son ami[75]. Ces vertus probatoires se réfèrent tout aussi bien au modèle cicéronien qu'aux exigences de la vie claustrale (surtout les qualités de discrétion et de patience qui sont au fondement du vœu d'obéissance).

Il est intéressant de souligner que c'est sur la pratique quotidienne de l'amitié que l'abbé puise le plus généreusement dans la tradition classique et patristique, citant en premier lieu des paragraphes entiers du *De Amicitia* de Cicéron. Cependant, on remarque tout de même une volonté d'adapter les préceptes antiques à la réalité de la vie claustrale. Globalement, à l'image de l'ambivalence de la notion elle-même, la culture de l'amitié balance entre les joies de l'épanchement sensible et les nécessités de la vie vertueuse, entre les délices des relations privilégiées et les exigences de la vie communautaire : «Car dans une amitié bien ordonnée, la raison régit l'affect et l'on prête moins d'attention à l'agrément de ses amis qu'à l'utilité générale[76]». Mais Aelred aborde aussi la question de la pratique de l'amitié spirituelle dans un cadre plus large que celui de la vie claustrale. En ce sens, nous pouvons relever deux pôles d'attraction principaux autour desquels s'oriente la culture de l'amitié, à savoir l'égalité et l'intimité. La première clause du contrat amical est l'égalité qui suppose dans la pensée aelrédienne la fidélité, l'humilité et la générosité. En réalité, ce précepte est un héritage de la philosophie

---

70. Voir AELRED DE RIEVAULX, *DSA*, III, 30, p. 323.

71. *Ibid.*, III, 55, p. 328.

72. *Ibid.*, III, 61, p. 329.

73. Voir CICÉRON, *DA*, 65, p. 41.

74. Voir AELRED DE RIEVAULX, *DSA*, III, 72, p. 332 et CICÉRON, *DA*, 82, p. 50.

75. Voir AELRED DE RIEVAULX, *DSA*, III, 73, p. 332 et CICÉRON, *DA*, 44, p. 29-30 ; 88, p. 53-54.

76. *Haec est enim amicitia ordinata, ut ratio regat affectum, nec tam quid illorum suavitas, quam quid multorum petat utilitas attendamus.* AELRED DE RIEVAULX, *DSA*, III, 118, p. 345 ; *AS*, p. 91-92.

aristotélicienne et se distingue par sa tonalité sociale[77]. Ce principe d'égalité dépasse, comme chez Cicéron d'ailleurs, les hiérarchies établies. En somme, l'amitié devient elle-même un élément de cohésion sociale avec ses propres règles et ses propres droits. Néanmoins, le cistercien s'intéresse d'abord à l'amitié entre «gens bien nés» (*ingenuus animus*)[78], ce qui peut s'expliquer par la nature du recrutement monastique qui fait que les amitiés particulières ont de fortes chances d'être nobiliaires. Ainsi, lorsque l'abbé évoque des souvenirs personnels et écrit d'un moine qui lui était cher : «il était mon inférieur, j'en fis d'abord un compagnon, ensuite un ami, et enfin mon meilleur ami[79]», il se réfère avant tout au rang et à l'âge du moine, et non à son statut social qui fait peu de doute. L'égalité, étant aussi matérielle, implique que les amis soient généreux l'un envers l'autre. Sur cette question, Aelred se contente à nouveau de suivre Cicéron[80].

De façon moins évidente, l'égalité exige humilité et fidélité. Au nom de l'égalité, un supérieur doit en quelque sorte s'abaisser devant son ami[81]. De l'humilité découle la fidélité, comme l'illustre l'exemple de l'amitié entre David et Jonathan[82]. Aussi quand Saül fait poursuivre David pour le supprimer, Jonathan lui demeure fidèle dans l'adversité : «Chose admirable (*Mira res*)!» s'exclame l'abbé de Rievaulx, avant de développer longuement cet exemple d'une amitié à toute épreuve et qui pour lui est le symbole même de l'amitié parfaite. Retenons de cette analyse le processus de repositionnement de la notion antique d'égalité entrepris par Aelred qui reste malgré tout très proche de son modèle. Dans le même temps, les relations amicales pénètrent de plus en plus la sphère du privé : on passe ainsi de la nécessité de corriger les inégalités sociales au sacrifice personnel de Jonathan pour son ami David. D'ailleurs, c'est au moment où Aelred souligne l'importance de l'intimité entre amis qu'il est invité par Gauthier à se concentrer sur les amitiés claustrales.

Ce second pôle de la pratique de l'amitié spirituelle semble trouver son plein accomplissement dans le cadre de l'enceinte monastique. Plus exactement, traitant de l'amitié entre moines, l'abbé centre tout son discours sur la communion des âmes et l'intimité des amis. Il prend l'exemple de Pierre et de Jean, pendants masculins du couple Marthe/Marie, pour illustrer la supériorité de l'affection (non de la contemplation…), devenue l'essence même de la vie monastique, sur l'action[83]. L'intimité suppose deux exigences complémentaires : une obligation de conseil et un devoir de sympathie. L'obligation de conseil et de vérité est un élément fondamental de la relation amicale aux

---

77. Voir Aelred de Rievaulx, *DSA*, III, 90, p. 336-337.

78. *Ibid.*, III, 99, p. 339.

79. *…de inferiori socium, de socio amicum, de amico amicissimum facerem.* Aelred de Rievaulx, *DSA*, III, 122, p. 346 ; *AS*, p. 93.

80. Voir Id., DSA, III, 99, p. 339 et Cicéron, *DA*, 70, p. 44.

81. Voir Aelred de Rievaulx, *DSA*, III, 91, p. 337 et Cicéron, *DA*, 72, p. 45.

82. Voir Aelred de Rievaulx, *DSA*, III, 92, p. 337.

83. *Ibid.*, III, 117, p. 344.

yeux d'Aelred. En vertu de ce principe, les amis doivent éviter à tout prix la flatterie et l'hypocrisie, se conseiller mutuellement mais aussi se réprimander sans complaisance[84]. Cependant, ils doivent faire preuve de compassion et d'affabilité[85]. Il faut ainsi éviter de corriger en public son ami mais attendre un moment d'intimité. Enfin les amis doivent faire montre d'attentions et de prévenances l'un envers l'autre[86] : nécessité de la vertu et joie de la sympathie renvoient toujours à la dynamique raison-affection qui sous-tend depuis le début l'amour d'amitié.

Cicéron porte une attention particulière au rôle des amitiés personnelles dans la cité. Les intérêts d'un ami sont-ils supérieurs à l'intérêt public ? Jusqu'où doit-on rester fidèle à ses amis? Ces interrogations apparaissent aussi sous la plume d'Aelred, ce qui donne parfois au dialogue un caractère artificiel, étant donné la différence de contexte. Pour Aelred, l'amitié spirituelle ne pouvant exister qu'entre gens vertueux, les limites de l'amitié sont celles qui séparent le bien du mal. Si, du côté de la vertu, la limite est le sacrifice de sa vie[87], l'autre limite est l'accord dans le vice[88]. L'abbé, qui prend comme exemple de service honteux entre amis la complaisance d'Adam envers Ève, se réfère aussi au bien public, en évoquant la sévérité d'Assuérus en réponse à la traîtrise d'Aman[89]. La fidélité envers ses amis est bornée, d'un point de vue privé, par le respect de la vertu, et sur le plan public, par l'intérêt général (qui est aussi bien politique que religieux comme l'entendent les expressions «salut du peuple» (*salus plebis*) et «charité des citoyens» (*caritas civium*) employées par le cistercien). Par ailleurs, Aelred énumère les outrages qui, infligés par un ami sans espoir de correction, exigent que l'amitié soit rompue : ce sont l'insulte, l'arrogance, l'outrage envers soi ou un tiers, et surtout la révélation des confidences et la médisance cachée[90]. Quant aux moyens de rompre une amitié, l'abbé préconise de suivre les conseils de Cicéron, c'est-à-dire de la découdre progressivement sans séparation brutale. Enfin, de même que Cicéron conseille que l'on garde une certaine estime au nom de l'ancienne amitié[91], Aelred demande que lorsque l'amour d'amitié a disparu, demeure l'amour de charité, qui est un devoir pour tout chrétien[92].

---

84. Voir Aelred de Rievaulx, *DSA*, III, 104-107, p. 341-342.
85. *Ibid.*, III, 107, p. 342.
86. *Ibid.*, III, 105, p. 341.
87. *Ibid.*, II, 33, p. 309.
88. *Ibid.*, II, 39, p. 309 et Cicéron, *DA*, 40, p. 27.
89. Voir Aelred de Rievaulx, *DSA*, III, 46, p. 326.
90. *Ibid.*, III, 22-24, p. 321 et III, 46, p. 326.
91. Voir Cicéron, *DA*, 78, p. 48.
92. Voir Aelred de Rievaulx, *DSA*, III, 44, p. 325.

FINALITÉ DE L'AMITIÉ SPIRITUELLE

Quelle est la finalité de l'amitié ? La réponse d'Aelred à cette question est multiple. D'abord, l'amitié apparaît comme une composante nécessaire de la dignité humaine : l'homme est un être amical. Il faut ramener ce principe au fondement même du monachisme cénobitique qui s'appuie sur la phrase de l'Ecclésiaste reprise par l'abbé de Rievaulx : « Malheur à l'homme seul ; s'il vient à tomber, il n'a personne pour le relever. C'est être absolument seul que de ne pas avoir d'ami[93] ». L'amitié est donc au centre de l'expérience claustrale pour l'abbé. Bien plus, celui qui n'a pas d'amis est ravalé au rang de bête. Cette idée se retrouve à plusieurs reprises sous la plume d'Aelred[94]. Dans le même registre, il dénonce l'inanité (*ineptia*) de la solitude absolue[95]. Cette dernière critique semble viser directement les stoïciens et en particulier Sénèque. Gauthier se fait le porte-parole de cette opinion : « J'avoue que je suis encore ébranlé par l'opinion de ceux qui pensent qu'il serait plus sûr de vivre sans ami de cette sorte[96] ». En réponse, Aelred reprend l'argument cicéronien de la détresse de l'homme pourvu de toutes les richesses mais privé de la compagnie de ses semblables[97]. Un ami est d'abord un soutien pour supporter les fardeaux de l'existence[98].

Bien plus, l'amitié apparaît comme la jouissance même de la vie. Ses délices en expriment toute la quintessence :

> Aelred. …parmi les réalités humaines, il n'y rien de plus saint, rien de plus avantageux à rechercher, rien de plus difficile à trouver, rien de plus doux à connaître par expérience, rien de plus fructueux à entretenir. Car elle donne son fruit dans la vie présente, et dans la vie future. Sa douceur aromatise toutes les vertus, sa force pourfend les vices, elle est un facteur d'équilibre quand les choses vont mal et un facteur de paix quand cela va bien. Sans ami, presque rien ne peut faire le bonheur des mortels[99].

En accord avec Cicéron, Aelred soutient donc que l'homme a besoin d'amis pour vivre, mais il dit même que c'est la condition du bonheur, et l'essence de la vie monastique :

> Aelred. Avant-hier, je parcourais les cloîtres du monastère ; plusieurs de mes frères très aimés étaient assis et je me trouvais comme au milieu

---

93. Qo 4, 10. Aelred de Rievaulx, *DSA*, II, 11, p. 304.

94. *Ibid.*, II, 10, p. 304 et II, 52, p. 312.

95. *Ibid.*, II, 68, p. 315.

96. *GALTERUS. Fateor, aduc me movet illorum sententia, qui sine hujusmodi amicis vivere tutius arbitrantur.* Voir Aelred de Rievaulx, *DSA*, III, 76, p. 333 ; *AS*, p. 75.

97. Voir Id., *DSA*, III, 77, p. 333 et Cicéron, *DA*, 87, p. 52-53.

98. Voir Aelred de Rievaulx, *DSA*, II, 12, p. 304.

99. *AELREDUS. …cum in rebus humanis nihil sanctius appetatur, nihil quaeratur utilius, nihil difficilius inveniatur, nihil experiatur dulcius, nihil fructuosius teneatur. Habet enim fructum vitae praesentis quae nunc est et futurae. Ipsa enim omnes virtutes sua condit suavitate, vitia sua virtute confodit, adversa temperat, componit prospera ; ita ut sine amico inter mortales nihil fere possit jucundum.* Aelred de Rievaulx, *DSA*, II, 9-10, p. 303-304 ; *AS*, p. 39.

des charmes du paradis ; j'admirais les feuilles, les fleurs et les fruits de chacun de ces arbres. Dans le nombre, je n'en découvris aucun que je n'aimais pas et je pouvais être sûr d'être aimé par chacun. Je fus inondé d'une joie si grande qu'elle dépassait toutes les délices du monde. Je sentais que mon esprit se transfusait en eux et que leur affect se transvasait en moi. Du coup, je m'écriai avec le prophète : « Voyez comme il est bon, comme il est doux d'habiter en frères tous ensemble[100] ».

C'est donc dans l'expérience de l'amitié humaine que l'homme s'élève jusqu'à la splendeur de l'amour divin. Ainsi, la fin ultime de l'amitié réside dans la fusion de deux êtres qui, par cette union terrestre, font l'expérience de l'union mystique en Dieu. L'amitié spirituelle est une tension de l'être intégral, dans la mesure où elle met en mouvement, comme nous l'avons vu, toutes les puissances de l'âme. Ainsi, dans sa réciprocité, elle apparaît comme une fusion de deux êtres en une seule entité : « Car l'amitié fait de deux êtres un seul être[101] ». L'amitié spirituelle, qui mêle raison et affect, est la forme la plus complète d'amour humain. Elle se situe sur le plus haut degré de l'échelle de la perfection. On comprend dès lors qu'elle trouve son achèvement dans l'union avec le Christ, qui lui-même s'offre comme un ami. Le Christ est à la fois la source, le modèle et la fin de l'amitié :

> Aelred. Tout cela commence à partir du Christ, se développe grâce au Christ, trouve son achèvement dans le Christ. Ainsi donc, il n'est ni trop ardu ni contre nature de passer du Christ en tant qu'il nous inspire de l'amour pour un ami, au Christ en tant qu'il s'offre lui-même à nous comme un ami à aimer ; le charme succède au charme, la douceur à la douceur, l'affect à l'affect[102].

Cette ascension dans l'amitié de la chair à l'esprit, de l'humain au divin, s'exprime alors pour Aelred dans la même symbolique des trois baisers déjà développée dans *Le Miroir de la charité* avec le baiser corporel où l'union des lèvres symbolise la paix, le baiser spirituel, propre aux amis, qui « ne se donne pas par un contact de la bouche mais par un affect de l'esprit[103] », et enfin le

---

100. *AELREDUS. Nudiustertius cum claustra monasterii circuirem, consedente fratrum amantissima corona, et quasi inter paradisiacas amoenitates singularum arborum folia, flores fructusque mirarer ; nullum inveniens in illa multitudine quem non diligerem, et a quo me diligi non confiderem, tanto gaudio perfusus sum ut omnes mundi hujus delicias superaret. Sentiebam quippe meum spiritum transfusum in omnibus, et in me omnium transmigrasse affectum, ut dicerem cum Propheta : Ecce quam bonum et quam jucundum, habitare fratres in unum.* AELRED DE RIEVAULX, *DSA*, III, 82, p. 334 ; *AS*, p. 77-78. Voir Psaumes, CXXXII, 1.

101. *AELREDUS. Cum enim amicitia de duobus unum fecerit...* AELRED DE RIEVAULX, *DSA*, III, 48, p. 326 ; *AS*, p. 67. Voir aussi *DSA*, III, 6, p. 318.

102. *AELREDUS. Quae omnia a Christo inchoantur, per Christum promoventur, in Christo perficiuntur. Non igitur videtur nimium gravis vel innaturalis ascensus, de Christo amorem inspirante quo amicum diligamus, ad Christum semetipsum amicum nobis praebentem, quem diligamus ; ut suavitas suavitati, dulcedo dulcedini, affectus succedat affectui.* AELRED DE RIEVAULX, *DSA*, II, 20, p. 306 ; *AS*, p. 42.

103. *AELREDUS. Non enim fit oris attactu, sed mentis affectu...* AELRED DE RIEVAULX, *DSA*, II, 26, p. 307 ; *AS*, p. 43. Voir aussi *MC*, I, 109, p. 114.

baiser intellectuel de l'union mystique avec Dieu. Le couple des amis se transforme ainsi en une trinité puisque les amis se rejoignent dans le Christ[104].

L'amitié spirituelle s'inscrit de la sorte dans l'entreprise toute cistercienne de restauration de la ressemblance divine perdue, celle-ci n'étant pleinement réalisée que dans une perspective eschatologique où se manifestera à nouveau l'identité ontologique entre l'amitié et la charité[105] : «L'amitié, restreinte ici-bas à quelques personnes, passera en tous, et de tous elle passera en Dieu, et Dieu sera tout en tous[106]».

ENSEIGNEMENTS ET ENJEUX HISTORIOGRAPHIQUES

Le triomphe spirituel de l'amitié

Comme c'est le cas dans *La Vie de recluse*, la partie de *L'Amitié spirituelle* dévolue à la définition d'une éthique de comportement s'avère la moins personnelle du traité. En effet, la moitié environ de l'ensemble est consacrée à la pratique de l'amitié spirituelle et répond, on l'a vu, à des questions très concrètes : qui choisir comme ami? quelles sont les qualités à tester chez l'ami? quel fruit peut-on espérer de l'amitié? jusqu'où doit-on aller pour ses amis? existe-t-il des motifs qui justifient que l'on brise une amitié? etc. C'est dans les réponses à ces questions que le moine anglais colle le plus à son modèle antique. Si l'on s'arrêtait à cet aspect du traité, on pourrait dire légitimement que *L'Amitié spirituelle* n'est qu'une adaptation chrétienne de Cicéron. Or, elle n'est pas que cela, simplement parce que la préoccupation première d'Aelred n'est pas de codifier l'exercice de l'amitié. Dans *L'Amitié spirituelle*, Aelred veut résoudre, sur le plan de l'éthique monastique cette fois, un problème d'ordre anthropologique identique à celui qu'il abordait à propos de la femme dans *La Vie de recluse* : celui du statut et de la place légitime dans l'être chrétien de la spontanéité affective. Par conséquent, les discours sur l'amitié claustrale ou sur la réclusion doivent être envisagés comme des réponses à ce questionnement sous-jacent dans l'œuvre d'Aelred.

Nous avons montré que le discours anthropologique des cisterciens, et plus particulièrement celui d'Aelred de Rievaulx, qui se présente comme un discours de la tradition, véhicule en réalité une mutation profonde dans la conception du dynamisme sensible de l'homme. L'anthropologie

---

104. Voir AELRED DE RIEVAULX, *DSA*, III, 127, p. 348.

105. Voir P.-A. BURTON, «À propos de l'amitié dans la doctrine spirituelle d'Aelred. Dans un entre-temps qui prépare – dans le Christ – à une charité d'amitié universelle», *Collectanea cisterciensia*, 58 (1996), p. 243-261 et CH. DUMONT, «L'amitié spirituelle dans l'école de la charité», dans ID., *Une Éducation du coeur, op. cit.*, p. 359-373.

106. *AELREDUS. ...cum haec amicitia ad quam hic paucos admittimus, transfundetur in omnes, et ab omnibus refundetur in Deum, cum Deus fuerit omnia in omnibus.* AELRED DE RIEVAULX, *DSA*, III, 134, p. 350; *AS*, p. 98.

augustinienne des moines blancs contient ce gène de la spontanéité affective qui n'est pas une espèce d'incongruité intellectuelle, mais résulte d'une évolution de la société chrétienne et de sa conception de la dignité de l'homme dans l'ordre de la création. La théorie de la spontanéité affective est une réponse au scandale du péché originel et à l'insoutenable dualisme spirituel légué à l'Occident par l'anthropologie augustinienne. Pour autant, il n'y a pas de révolution : quelle que soit la dignité nouvelle que les moines blancs reconnaissent à l'instance affective dans sa spontanéité native, ils s'accordent tous avec leurs aînés et leurs contemporains pour exiger son contrôle étroit. À partir de là, et vu l'immensité de l'enjeu, une grande partie des écrits spirituels des cisterciens participe de cette entreprise de pacification, d'encadrement et d'ordination de l'instance affective. Nous en avons entrevu l'ampleur, qui embrasse en fait une conception spécifique de la spiritualité mais aussi du rapport homme/femme ou encore de la sociabilité masculine. La codification aelrédienne de l'amitié est une pièce supplémentaire de ce décor.

En ce sens, il y a chez Aelred une convergence entre les discours sur l'affect et sur l'amitié spirituelle. L'amitié est par priorité une stratégie horizontale, susceptible de prendre appui sur les manifestations les plus primitives du dynamisme sensible ; à mesure qu'elle se spiritualise au contact de la vertu de l'autre, elle génère sa propre force d'élévation vers le principe divin. À la fin de sa vie au moins, Aelred est convaincu que l'amitié, ancrée originairement dans l'immédiateté de la spontanéité affective possède une capacité d'élévation spirituelle supérieure à celle de la charité.

Cette conception de l'amitié est porteuse d'un enjeu de premier plan dans l'histoire du christianisme. Il concerne la possibilité pour l'homme de faire son salut, du moins d'y contribuer dans la part qui lui revient, *dans* la relation avec autrui. Il y a bien alors une rupture par rapport à l'époque des Pères, à Ambroise, Cassien ou Augustin pour qui l'amitié humaine était certes un sentiment de reconnaissance et de solidarité entre chrétiens, mais non une voie d'élévation spirituelle par elle-même : les amis de Dieu se reconnaissaient naturellement amis les uns des autres mais ce n'était assurément pas l'amitié terrestre qui pouvait produire du lien spirituel. La théologie occidentale, jusqu'au XIIe siècle, a très largement privilégié les stratégies verticales, celles de l'arrachement au monde. Bien que les modèles de perfection aient été majoritairement des modèles collectifs, exprimés dans les expériences cénobitiques, l'idéal spirituel sous-jacent est resté empreint de l'esprit érémitique. Le cadre communautaire, tout comme le rapport vertueux à l'autre, apparaît alors comme un appui, un environnement favorable à l'expression de la relation exclusive entre la créature et le Créateur. Et ce n'est ni l'efficacité symbolique de la prière ou de la parole sacrée dans l'acte liturgique, ni le principe de la société d'ordre qui invalident ce schéma. Au contraire, car si les stratégies de salut proposées par certains clercs des milieux épiscopaux ou par les moines clunisiens sont collectives, le référent ultime en matière de perfection spirituelle demeure individuel. Seul compte, dans la continuité de la spiritualité des premiers Pères, le face-à-face entre l'homme et Dieu. Dans les monastères bénédictins du haut Moyen Âge, certains moines jugés très avancés en matière spirituelle peuvent ainsi être autorisés par leur abbé à se séparer du groupe pour aller tenter l'expérience de la solitude au désert. Même si l'*opus Dei* s'affiche comme la première obligation pour le moine, au-delà de l'implication personnelle qu'il y met [107], même si l'on regarde avec méfiance ceux qui osent se singulariser par des pratiques plus exigeantes, les modèles ascétiques développés durant les premiers siècles du christianisme conservent donc toute leur vivacité et leur efficacité structurante. La spiritualité monastique repose alors sur deux principes fondamentaux qui vont de pair : l'arrachement de l'esprit à la chair et la quête d'une relation privilégiée, porteuse de promesse, avec Dieu. C'est la base même de la mystique occidentale. Qu'on ne s'y trompe pas, les «escouades» de moines clunisiens, qui se succèdent dans le chœur au rythme des offices comme «des bataillons sur la ligne de feu [108]», obéissent au même esprit. Leurs prières sont autant de lances pointées simultanément vers le ciel ; chaque moine mène son combat spirituel tendu dans une relation verticale avec le divin. La force de la voie clunisienne vient de la mise en synergie de toutes ces volontés et individualités, à l'image des rouleaux des morts qui circulent de monastère en monastère, se gonflant progressivement de nouveaux noms cités dans les oraisons et qui unissent dans un même combat spirituel les vivants et les morts [109].

Parallèlement, à peu près au moment où Cluny commence à rencontrer un succès grandissant, à la fin du Xe siècle, l'érémitisme, qui était resté jusque là marginal dans la pratique religieuse en Occident, connaît un essor à partir des régions de l'Italie du Sud fortement marquées par les influences byzantines [110]. Cet érémitisme d'un genre nouveau, développé par exemple par Romuald à Camaldoli ou à Fonte Avellana [111], se manifeste par une volonté de rupture avec le monachisme cénobitique traditionnel et un retour aux sources de ce qu'on imagine être l'idéal apostolique du christianisme primitif. Dans la multitude de ses ramifications, à mesure qu'il se répand vers le grand ouest de la France ou vers la Lotharingie et la Flandre, le mouvement érémitique dégage

---

107. Voir PH. SCHMITZ, «La liturgie à Cluny», dans *Spiritualità cluniacense*, Todi, 1960, p. 83-99.

108. Voir A. VAUCHEZ, *La Spiritualité du Moyen Âge occidental, op. cit.*, p. 39.

109. Voir J. WOLLASCH, «Les obituaires, témoins de la vie clunisienne», *Cahiers de civilisation médiévale*, 14 (1973), p. 149-159.

110. Sur les formes primitives de l'érémitisme médiéval, voir J. LECLERCQ, «L'érémitisme en Occident jusqu'à l'an mil», dans *L'Eremitismo in Occidente nei secoli XI e XII. Atti della seconda settimana internazionale di studio*, Mendola, 30 août – 6 septembre 1962, Milan, 1965, p. 27-44.

111. Sur l'expérience romualdienne, voir en dernier lieu G. TABACCO, «Romualdo di Ravenna e gli inizi dell'eremitismo camaldolese», dans *L'Eremitismo in Occidente nei secoli XI e XII, op. cit.*, p. 73-121 et ID., «*Privilegium amoris* : aspetti della spiritualità romualdina», dans *Spiritualità e cultura nel medioevo. Dodici percorsi nei territori del potere e della fede*, Naples, Liguori Ed., 1993, p. 167-194.

des caractéristiques spécifiques sur le plan spirituel[112]. Les ermites sont des pénitents qui mènent une lutte incessante contre les démons visibles et invisibles, c'est-à-dire aussi contre les impulsions du corps. Ainsi, quoique le système clunisien et la nébuleuse érémitique aient des approches de la spiritualité souvent opposées, ils partagent certaines valeurs, dont le mépris pour les viles réalités charnelles[113]. Chez les ermites, il se manifeste dans l'exigence ascétique et les pratiques pénitentielles. À Cluny, ce mépris du charnel, qui n'a rien à voir avec le détachement des richesses terrestres, est la conséquence de la position semi-angélique de ceux qui pensent appartenir à une «supersociété des morts et des moines[114]», se plaçant naturellement au-dessus du reste des hommes. En outre, les ermites aussi voient leur possibilité de salut dans le primat d'une relation verticale avec Dieu, même si elle passe par un rapport immédiat et personnel et non par la structure collective du service liturgique[115].

Toutes les expériences érémitiques qui ont connu un certain succès se sont conclues par la fondation de communautés conduisant à l'émergence d'un nouveau «cénobitisme à échelle restreinte[116]». C'est à ce modèle semi-érémitique que se rattachent les fondations de Molesmes en 1075 puis de Cîteaux en 1098. L'esprit de Cîteaux, traversé par l'expérience érémitique, s'en démarque cependant sur la question essentielle du statut de la chair. Sur le plan intellectuel, le concept d'affect est le pivot de cette réflexion sur les relations corps/âme et sur la place de la chair dans la condition humaine ; une réflexion qui conduit tout droit à la théorie aelrédienne de la spontanéité affective.

En achevant de conférer à l'amitié une véritable et complète efficacité spirituelle, Aelred participe de ce courant émergent aux XIe-XIIe siècles qui légitime la possibilité d'un accomplissement spirituel dans l'horizontalité de la relation sociale. Désormais, l'autre, le prochain, le frère, n'est plus seulement un soutien spirituel ou l'objet de l'œuvre de la charité, mais il apparaît comme un vecteur privilégié du salut individuel. Non que l'amour de Dieu s'enrichisse,

---

112. Sur cette expansion, voir J. BECQUET, «L'érémitisme clérical et laïque dans l'Ouest de la France», dans *L'Eremitismo in Occidente nei secoli XI e XII, op. cit.*, p. 182-203 et CH. DEREINE, «Ermites, reclus et recluses dans l'ancien diocèse de Cambrai entre Scarpe et Haine (1075-1125)», *Revue bénédictine*, XCVII (1987), p. 289-313.

113. Il existe une vraie fascination pour l'érémitisme chez les clunisiens, voir J. LECLERCQ, «Pierre le Vénérable et l'érémitisme clunisien», dans *Petrus venerabilis 1156-1956*, G. CONSTABLE et J. KRITZECK (éd.), Rome, 1957, p. 99-120.

114. G. DUBY, *Les Trois ordres ou l'imaginaire du féodalisme, op. cit.*, p. 248. Sur l'idéologie sociale des clunisiens, voir l'ensemble du chapitre III, p. 236-251.

115. Cela n'empêche pas d'ailleurs que l'*amicitia* tienne souvent une place importante à l'intérieur des cellules d'ermites, comme contrepartie d'une spiritualité plus personnelle. C'est le cas, par exemple, entre Romuald et ses disciples, voir P. NAGY, *Le Don des larmes au Moyen Âge, op. cit.*, p. 217.

116. Voir A. VAUCHEZ, *La Spiritualité du Moyen Âge occidental, op. cit.*, p. 84. Étude d'ensemble par H. LEYSER, *Hermits and the New Monasticism. A Study of Religious Communities in Western Europe, 1000-1150*, Londres, 1984.

se renforce dans l'amour d'un prochain anonyme, mais que l'amour de l'ami conduit directement au salut en Dieu. Il faut alors mesurer les implications de cette évolution de la spiritualité concernant le statut du corps et de la chair. Le verrou du renoncement à la chair serait-il en train de sauter, y compris dans ce milieu du monachisme cistercien réputé pour son extrême rigueur ? Serait-il possible de faire son salut dans la société des hommes, en la compagnie des hommes ? Certains historiens n'ont pas hésité à franchir le pas, développant alors une théorie fondée sur l'idée de tolérance sociale au XIIe siècle, théorie dans laquelle l'anthropologie aelrédienne joue un rôle clef.

L'homosexualité d'Aelred de Rievaulx : un moment historiographique

Les confessions de la chair

Les écrits d'Aelred sont parsemés de témoignages autobiographiques évoquant l'emprise des tentations charnelles tout au long de sa vie. Ainsi dépeint-il sa jeunesse à la cour d'Écosse à sa sœur recluse :

> Rappelle-toi, te disais-je, mes désordres. Un lourd nuage de désirs montait des marais fangeux de mes ardeurs charnelles et passionnées d'adolescent. Et personne pour m'en tirer, personne pour m'en sauver. Les suggestions des pécheurs l'avaient emporté. Dans la belle coupe de l'amour, c'était le poison de la luxure qu'ils me présentaient. Ce mélange de la douceur de l'affect et de l'impureté du désir emportait ma folle jeunesse sur la pente du vice et m'engloutissait dans un gouffre de débauches [117].

Ailleurs dans le même texte, il parle d'un moine tourmenté par le désir. Dans le contexte autobiographique de *La Vie de recluse*, on peut supposer qu'il s'agit de lui-même. Il conclut :

> Les aiguillons de la chair s'émoussèrent un peu, mais voilà maintenant que les affects défendus envahissaient son cœur. Mon Dieu ! quelles croix, quels tourments le pauvre n'eut-il pas à endurer ! À la fin pourtant, la grâce lui rendit la chasteté si attirante qu'il en délaissa toutes les voluptés charnelles que l'on peut éprouver ou imaginer. Le tentateur le quitta à ce moment, mais pour un temps, et maintenant qu'à la vieillesse vient s'ajouter la maladie, il ne se flatte pas, même ainsi, d'être à l'abri [118].

---

117. *Recole nunc, ut dixi, corruptiones meas cum exhalaretur nebula libidinis ex limosa concupiscentia carnis et scabra pubertatis, nec esset qui eriperet et salvum faceret. Verba enim iniquorum praevaluerunt super me, qui in suavi poculo amoris propinabant mihi venenum luxuriae, convenientesque in unum affectionis suavitas et cupiditatis impuritas rapiebant imbecillem adhuc aetatem meam per abrupta vitiorum atque mersabant gurgite flagitiorum.* AELRED DE RIEVAULX, *VR*, p. 148-149. Voir aussi *DSC*, I, 79, p. 47

118. *Quiescentibus enim paululum carnis stimulis, affectiones illicitae pectus invadunt. Deus meus quas cruces, quae tormenta tunc pertulit miser ille, donec tarda ei infusa est delectatio castitatis, ut omnes quae sentiri possunt vel cogitari carnis vinceret voluptates. Et tunc quoque recessit ab eo, sed usque ad tempus, et nunc senectuti morbus accessit, nec sic tamen sibi de securitate blanditu.* AELRED DE RIEVAULX, *VR*, 18, p. 90-91.

Même son biographe louant sa chatesté à la cour du roi David eut à répondre à ses détracteurs d'une affirmation aussi peu conforme à ce qui était de notoriété publique[119]. Dans ses confessions, Aelred utilise parfois le mot *amicitia* pour évoquer ces «chaînes des mauvaises habitudes[120]». Même s'il n'exclut pas *a priori* la possibilité d'une amitié entre homme et femme, il reste que pour lui l'amitié est un lien essentiellement masculin[121]. Aelred n'utilise jamais le terme d'*amicitia* pour qualifier des relations hétérosexuelles. Lorsque *amicitia* peut évoquer une situation d'ordre sexuel, c'est toujours dans un contexte masculin.

Ces témoignages d'Aelred portant sur les tentations charnelles qui ne le quittent pas jusqu'au seuil de la vieillesse, alliés aux nombreux passages évoquant avec intensité des affections masculines[122], ont alimenté depuis un quart de siècle un débat historiographique sur l'identité sexuelle du moine qui a fini par prendre une certaine ampleur dans le petit monde des spécialistes d'Aelred de Rievaulx…

Aelred de Rievaulx : un abbé gai ?

Dans son introduction à la *Vie d'Aelred*, parue en 1950, M. Powicke mentionne, pour la première fois, un penchant d'Aelred pour le favoritisme et un goût à entretenir des amitiés spirituelles avec de plaisants jeunes hommes («with charming young men»)[123]. Mais c'est seulement dans les années 1970 qu'est posée explicitement la question de l'homosexualité d'Aelred, par D. Roby, dans l'introduction à la traduction américaine de *L'Amitié spirituelle*[124] tout d'abord, puis dans un article intitulé «Early Medieval Attitudes toward Homosexuality[125]». Pour comprendre cet intérêt nouveau, il faut se replacer dans le contexte outre-Atlantique de la contre-culture et de l'essor des mouvements en faveur des minorités sexuelles. Sur le plan de la recherche universitaire, c'est la naissance des *gender studies* qui s'intéressent alors largement à l'histoire de l'homosexualité, comme pratique sexuelle mais aussi comme culture minoritaire[126]. Parce qu'on enquête sur les origines de la répression contre les pratiques homosexuelles en Occident, la médiévistique se trouve aux premières loges. On voit paraître ainsi, surtout à partir de 1975, toute une série d'études portant sur

---

119. Voir WALTER DANIEL, *VA*, p. 4 et ID., *Epistola ad Mauricium*, dans *VA*, p. 76.

120. …*catena pessimae consuetudinis meae*. AELRED DE RIEVAULX, *DSC*, I, 79, p. 47 ; *MC*, p. 90.

121. Voir P. COURCELLE, *Les Confessions de saint Augustin dans la tradition littéraire*, Paris, 1963, p. 265-305 (chapitre III : «Confessions et contemplation au temps d'Ailred de Rievaulx»).

122. Voir par exemple la longue lamentation qui suit l'annonce de la mort de son ami Simon, AELRED DE RIEVAULX, *DSC*, I, 98, p. 57 et 109, p. 61.

123. Voir M. POWICKE, «Introduction», dans WALTER DANIEL, *VA*, p. lxv.

124. Voir D. ROBY, «Introduction», dans AELRED OF RIEVAULX, *On Spiritual Friendship*, traduit par M.E. LAKER, Mowbrays, Cistercian Publications, 1974 (Cistercian Fathers Series, 5), p. 21.

125. Voir D. ROBY, «Early Medieval Attitudes toward Homosexuality», *Gai Saber*, 1 (1977), p. 67-71.

126. Pour une vue d'ensemble de l'état des *gay and lesbian studies*, avec un point de vue sur la France, voir D. ÉRIBON, *Les Études gay et lesbiennes*, Paris, Editions du centre G. Pompidou, 1998.

l'homosexualité au Moyen Âge centrées principalement sur les discours et les modalités de la répression[127]. La parution en 1980 de la volumineuse synthèse de J. Boswell, *Christianisme, tolérance sociale et homosexualité* donne une réelle visibilité au débat sur l'histoire médiévale de l'homosexualité tout en suscitant des réactions passionnées.

J. Boswell prolonge dans son livre la problématique de D. Bailey en soutenant que les sociétés chrétiennes, malgré les anathèmes lancés par les Pères, furent relativement tolérantes envers les homosexuels jusqu'au XIIIᵉ siècle. C'est dans ce climat de tolérance que J. Boswell situe la réflexion d'Aelred autour de l'amitié spirituelle : «Mais c'est saint Aelred de Rievaulx qui a donné à l'amour entre personnes du même sexe son expression la plus profonde et la plus durable dans un contexte chrétien[128]». Prenant pour preuve un certain nombre des textes cités ci-dessus, l'universitaire de Yale n'a aucun doute sur le sens à donner à cette promotion des affections humaines dans le monastère : «Il n'est guère contestable qu'Aelred ait été gai et que l'attirance des hommes sur lui ait tenu dans sa vie une place essentielle[129]». L'exemple d'Aelred est donc exploité par J. Boswell non seulement pour illustrer cette tolérance sociale de l'Église vis-à-vis de l'homosexualité mais aussi pour préciser le contenu de la sous-culture gaie qui s'exprimerait au XIIᵉ siècle au travers de ces amitiés particulières. C'est d'ailleurs dans ces quelques pages consacrées à Aelred que J. Boswell aborde pour la première fois le thème du mariage entre personnes du même sexe qui constitue le sujet de son dernier livre[130].

Une des conséquences de ce nouveau regard porté sur Aelred est de le faire accéder au début des années 1980 à une certaine (et inattendue) notoriété, par delà le cercle restreint des médiévistes et des spécialistes de la théologie chrétienne. La seule évocation du personnage suffit alors pour rendre compte de l'existence dans le christianisme médiéval d'une sous-culture gaie. Ainsi, le livre de J. Boswell a joué un rôle dans l'orientation des recherches de M. Foucault sur l'histoire de la sexualité : «le livre de Boswell m'a servi de guide dans la mesure où il m'a indiqué où chercher ce qui fait la valeur que

---

127. Il faut mentionner l'étude pionnière de D.S. Bailey, *Homosexuality and the Western Christian* Tradition, Londres, Longmans, Green, 1955 ; voir ensuite V.L. Bullough, *Sexual Variance in Society and History*, New York, J. Willey and Sons, 1976 ; M. Goodich, *The Unmentionable Vice : Homosexuality in the Later Medieval Period*, Oxford, Clio Press, 1979. Pour une approche bibliographique concernant les années 1970, voir T. Horner, *Homosexuality and the Judeo-Christian Tradition. An Annotated Bibliography*, Londres, The Scarecrow Press inc., 1981 (ATLA Bibliography Series, 5). Plus récemment, on trouvera une synthèse sur l'historiographie de l'homosexualité au Moyen Âge dans W. Johansson et W.A. Percy, «Homosexuality», *Handbook of Medieval Sexuality*, dans V.L. Bullough et J.A. Brundage (éd.), New York et Londres, Garland Publishing, 1996, p. 155-189 (bonne bibliographie sélective sur le sujet, p. 182-189).

128. Voir J. Boswell, *Christianisme, op. cit.*, p. 284.

129. *Ibid.*

130. Voir J. Boswell, *Christianisme, op. cit.*, p. 288 et Id., *Same-Sex Unions in Premodern Europe*, New York, Villard Books, 1994, p. 259 avec une mauvaise lecture de *thalamus* chez Aelred, la couche nuptiale du Cantique des cantiques abusivement assimilée à un mariage spirituel.

les gens attachent à leur comportement sexuel[131] ». M. Foucault a vu dans le livre de J. Boswell la confirmation qu'il y a une historicité de la sexualité – et donc de l'homosexualité – qui passe par la façon dont l'expérience sexuelle est perçue et conceptualisée par le sujet. Cette étude contribue selon lui à remettre en cause les frontières fixes édifiées entre hétérosexualité et homosexualité, mais aussi bien sûr à faire reculer la chronologie de la répression à la fin de la période médiévale. Le philosophe suit alors J. Boswell pour voir dans Aelred de Rievaulx l'un des porte-parole de la sous-culture gaie chrétienne qui culmine au xiie siècle[132].

Parmi les universitaires familiers d'Aelred de Rievaulx, le plus influencé par les thèses de J. Boswell fut assurément B.P. McGuire. Ce spécialiste de l'histoire et de la spiritualité cisterciennes a publié, à partir de 1981, plusieurs articles sur le thème de l'amitié chez les cisterciens. En 1988, il fait paraître sa synthèse *Friendship and Community* dans laquelle un chapitre entier est consacré à Aelred de Rievaulx. Pour lui non plus, il ne fait aucun doute qu'Aelred était sexuellement attiré par les garçons. Pour autant, B.P. McGuire rejette les termes d'homosexuel ou de gai pour rendre compte de l'identité sexuelle d'Aelred, considérant que ce sont des réalités inadaptées à la façon dont ces hommes vivaient leur sensibilité. Il faut éviter selon lui de projeter des concepts modernes et se contenter de dire qu'Aelred *aimait les hommes*. Les lois de l'amitié codifiées dans ses écrits seraient une tentative pour sublimer les tentations de sa sexualité et les accorder avec les exigences de la vie claustrale. B.P. McGuire s'entend avec J. Boswell pour reconnaître dans les positions aelrédiennes une forme tout à fait exceptionnelle de tolérance, manifestée par exemple dans l'autorisation faite aux moines de Rievaulx de se rendre aux offices en se tenant par la main[133]. Aelred apparaît aussi dans le paysage du xiie siècle comme une figure limite. C'est ainsi que dans la chronique commandée par son successeur l'abbé Ernald à Guillaume de Newburgh, pas un mot sur Aelred n'est écrit. B.P. McGuire y voit la confirmation que c'en était terminé, à la fin du xiie siècle, avec le régime de tolérance voulu par Aelred et que le personnage lui-même était alors considéré comme encombrant, ainsi que le montrent également les reproches faits à son biographe Walter Daniel.

En 1994, B.P. McGuire a repris l'ensemble de ce dossier, dans sa biographie d'Aelred[134], mais surtout dans un long article paru la même année dans

---

131. M. FOUCAULT, «Sexual Choice, Sexual Act»; entretien avec J. O'HIGGINS, *Salmagundi*, 58-59 : *Sacrilege, Vision, Politics*, 1982, p. 10-24, traduit par F. DURAND-BOGAERT, «Choix sexuel, acte sexuel», dans M. FOUCAULT, *Dits et écrits II, 1976-1988, op. cit.*, p. 1139-1154 (ici, p. 1140).

132. Voir «Entretien avec M. Foucault», mené par J.-P. JOECKER, M. OVERD et A. SANZIO, *Masques*, 13 (1982), p. 15-24, cité dans M. FOUCAULT, *Dits et écrits II, 1976-1988, op. cit.*, p. 1105-1114 (ici, p. 1110).

133. Voir WALTER DANIEL, *VA*, p. 40.

134. Voir B.P. MCGUIRE, *Brother and Lover, op. cit.*, p. 92-118.

The American Benedictine Review[135]. En préambule de cet article, l'auteur précise qu'il n'a jamais été satisfait par le chapitre consacré à Aelred dans *Friendship and Community*. Il souhaite le réviser, d'abord pour tenir compte des nouvelles publications sur le thème de l'homosexualité au Moyen Âge[136], mais aussi en réaction contre les nombreuses attaques dont le livre de J. Boswell fut l'objet, même si lui dit se situer davantage dans la continuité de la réflexion de D. Roby que sur le terrain des «certitudes» de J. Boswell[137]. Son hypothèse de départ est que l'entrée d'Aelred au monastère fut motivée par ses penchants homosexuels et son souhait de les sublimer sous une forme qui soit socialement et spirituellement en accord avec la culture de son temps. B.P. McGuire interprète ainsi les passages à coloration autobiographique déjà cités du *Miroir* et de *La Vie de recluse* comme des confessions, sur le mode augustinien, concernant les expériences homosexuelles de sa jeunesse. Cependant, la prise de conscience de son orientation sexuelle (*sexual awareness*) aurait suscité en lui une profonde angoisse de la damnation. En effet, il ne fait aucun doute pour B.P. McGuire, références à l'appui, qu'Aelred ait toujours condamné les pratiques homosexuelles. La conscience qu'aurait Aelred de son homosexualité aurait provoqué en lui une première crise existentielle qui serait à l'origine de sa prise d'habit. Une fois entré au monastère, il aurait renoncé à toute relation homosexuelle tout en cultivant un modèle alternatif légitimant l'expression d'une sensibilité amoureuse intense tournée vers les garçons. L'œuvre d'Aelred serait donc marquée par cette *physical awareness* et l'abbé aurait choisi de faire de sa vie même un *exemplum* montrant que l'amitié spirituelle pouvait se substituer à la sexualité. Cependant, B.P. McGuire identifie une seconde crise existentielle, révélée notamment dans la complainte qui suit la mort du moine Simon : le choix de la vie claustrale n'a visiblement pas été suffisant pour étouffer la tentation sexuelle. L'auteur analyse les confessions tardives d'Aelred dans *La Vie de recluse* comme le signe que la lutte s'est poursuivie tout au long de sa vie. Ainsi, tout en condamnant fermement toutes formes de relations sexuelles hors mariage, Aelred serait fasciné par la possibilité d'une amitié intime sans sexualité génitale. Comment vivre cet impératif sans détruire le corps? Aelred y répondrait par la codification d'une spiritualité centrée à la fois sur la légitimation de l'amitié claustrale et sur une dévotion charnelle tournée vers l'incarnation. L'harmonie claustrale serait donc à rechercher dans l'attachement spirituel à la personne du Christ et dans l'amitié avec d'autres moines. De la sorte, B.P. McGuire refuse de voir en

---

135. Voir B.P. McGuire, «Sexual Awareness And Identity in Aelred of Rievaulx (1110-1167)», *The American Benedictine Review*, 45 (1994), p. 184-226.

136. Il cite alors J. Brundage, *Law, Sex and Christian Society in Medieval Europe*, Chicago et Londres, The University of Chicago Press, 1990, p. 80-113; J. Jochens, «The Illicit Love Visit : an Archeology of Old Norse Sexuality», *Journal of the History of Sexuality*, 1 (1991), p. 357-392; C.N.L. Brooke, *The Medieval Idea of Marriage*, Oxford, 1989 et J.W. Baldwin, «Five Discourses on Desire : Sexuality and Gender in Northern France around 1200», *Speculum*, 66 (1991), p. 797-819.

137. Voir B.P. McGuire, «Sexual Awareness», art. cité, p. 186.

Aelred de Rievaulx, comme le fit J. Boswell, le promoteur d'un *life style*, d'un mode de vie homosexuel ; en revanche, il considère que ses choix de vie et d'écriture sont largement déterminés par la conscience de son homosexualité.

La sexualité rêvée d'Aelred de Rievaulx

Dès sa parution en 1980, le livre de J. Boswell a suscité tout à la fois l'admiration, devant l'ampleur de la tâche accomplie, la somme des sources brassées ou les perspectives nouvelles qu'il ouvrait à la recherche historique, et la critique, parfois vive, en raison de certains choix méthodologiques. Sans revenir sur l'ensemble de ces critiques, qu'on peut approcher au travers des nombreuses recensions du livre[138], sans même faire la distinction entre les remises en cause partielles et les rejets complets, on peut souligner la récurrence d'un reproche fait à J. Boswell : celui d'interpréter des sources, de nature souvent très différente, en dehors de leur contexte (historique, doctrinal, linguistique…) voire de projeter sur celles-ci, malgré un soin attentif en introduction pour définir les concepts utilisés, des catégories propres au xxᵉ siècle et peu transposables à la réalité médiévale[139]. Ce fut notamment le cas à propos de sa lecture de l'amitié spirituelle selon Aelred ou encore des déclarations de l'abbé cistercien sur son passé à la cour d'Écosse[140]. B.P. McGuire lui-même reproche à J. Boswell de mal interpréter la source aelrédienne en y plaquant une conception moderne de la notion d'identité sexuelle[141]. On notera néanmoins qu'au sein des études aelrédiennes, les contradicteurs de la thèse de l'homosexualité ont dirigé leur réquisitoire principalement contre B.P. McGuire, comme si finalement les positions tranchées de J. Boswell, jugées outrancières, ne méritaient même pas qu'on s'y attarde sérieusement[142]. En revanche, les analyses de B.P. McGuire ont appelé, surtout après ses publications de 1994, des réponses extrêmement détaillées et précises dans une série d'articles due principalement à M.L. Dutton et K.M. TePas[143].

---

138. Voir par exemple G.W. OLSEN, «The Gay Middle Ages : a Response to Professor Boswell», *Communio : International Catholic Review*, été 1981, p. 119-138 ; J. DuQ. ADAMS, «[Review of] J. Boswell, *Christianity, Social Tolerance, and Homosexuality*», *Speculum*, 56 (1981), p. 350-355 ; M.M. SHEEHAN, «Christianity and Homosexuality», *Journal of Ecclesiastical History*, vol. 33, 3 (1982), p. 438-446.

139. Voir par exemple M.M. SHEEHAN, «Christianity and Homosexuality», art. cité, p. 445.

140. Voir J. DuQ. ADAMS, «[Review of] J. Boswell, *Christianity*», art. cité, p. 353-354.

141. Voir B.P. McGUIRE, «Sexual Awareness», art. cité, p. 199-200.

142. À notre connaissance, il faut attendre les premières réactions au livre de B.P. McGUIRE, *Friendship and Community*, paru en 1988, pour voir les spécialistes d'Aelred se positionner publiquement par rapport à J. Boswell. Voir ainsi M.L. DUTTON, «A Scholarly Scandal : Aelred of Rievaulx, John Boswell, and Homosexuality», communication présentée au Cistercian Studies Congress en 1989.

143. Voir M.L. DUTTON, «Aelred of Rievaulx on Friendship, Chastity and Sex. The Sources», *Cistercian Studies*, 29 (1994), p. 121-196 ; EAD., «The Invented Sexual History of Aelred of Rievaulx : a Review Article», *The American Benedictine Review*, 47 (1996), p. 414-432 ; K.M. TePAS, «Sexual Attraction and the Motivations for Love and Friendship in Aelred of Rievaulx», *The Americane Benedictine Review*, 46 (1995), p. 283-307 ; EAD., «Aelred's Guidelines for Physical Attractions», *Cîteaux*, 46 (1995), p. 339-351.

Les arguments de M.L. Dutton et de K.M. TePas sont complémentaires, même si les intentions affichées des deux auteurs divergent assez nettement. La réponse de M.L. Dutton à B.P. McGuire est assurément la plus convaincante. M.L. Dutton se détermine non pas sur la question de l'homosexualité d'Aelred, qu'elle juge peu intéressante en soi et largement anachronique dans la façon dont elle est posée, mais dénonce – vigoureusement d'ailleurs – le manque de rigueur de l'argumentation, les interprétations hâtives et les raccourcis analytiques. Son entreprise de déconstruction de l'argumentation de B.P. McGuire est souvent implacable. Ainsi, elle remarque que ce dernier, tout en prétendant ne pas se focaliser sur la question de l'identité sexuelle d'Aelred, qu'il considère comme une interrogation actuelle et non opératoire pour le XIIe siècle, sous-entend à de nombreuses reprises dans son article «Sexual Awareness» que l'attraction sexuelle d'Aelred pour les garçons est un fait avéré. Par ailleurs, elle dénonce le mélange des registres lorsque B.P. McGuire utilise indistinctement dans un même raisonnement une herméneutique fondée sur l'intentionnalité de l'auteur et une approche psychanalytique où il est question de contenu inconscient et de substitution hystérique. M.L. Dutton récuse aussi l'image d'un univers aelrédien strictement masculin où la femme ne brillerait que par son absence. Nous avons déjà eu l'occasion d'émettre des réserves quant à la validité sur un plan spirituel d'une amitié homme/femme chez Aelred, non que le principe lui soit impensable mais parce qu'il ne tient qu'une place secondaire dans son système. En revanche, M.L. Dutton a tout à fait raison de dénoncer l'extrême simplification qui consiste à voir dans le peu d'égard et d'intérêt d'Aelred pour les figures féminines, ou dans sa conception essentiellement masculine de l'amitié, une confirmation de sa préférence sexuelle pour les garçons. M.L. Dutton et K.M. TePas s'inscrivent en faux par ailleurs contre le principe même d'une quelconque tolérance de l'abbé cistercien à l'encontre des désirs ou des pratiques sexuels hors du sacrement du mariage. Les deux auteurs multiplient les références concernant notamment la condamnation par Aelred de l'homosexualité, par exemple :

> Que [la recluse] contemple la très heureuse Marie en tête du chœur des vierges, entonnant sur le tambourin de la virginité le cantique que seuls peuvent chanter ces vierges des deux sexes, dont il est écrit : «Ceux-ci ne se sont pas souillés avec les femmes, car ils sont vierges» [Apoc., 14, 14]. Ne va pas interpréter ce texte en ce sens qu'un homme ne pourrait perdre sa pureté sans le commerce d'une femme, ni une femme sans le commerce d'un homme : ne considère-t-on pas comme la pire des infamies cette faute détestable où l'homme se porte vers l'homme, la femme vers la femme [144] ?

---

144. *Contempletur beatissimam Mariam cum virginitatis tympano choros virginum praecedentem et praecinentem dulce illud canticum, quod nemo potest canere nisi utriusque sexus virgines de quibus scriptum est : Hi sunt qui cum mulieribus non sunt coinquinati, virgines enim sunt. Nec sic hoc dictum aestimes, quasi non vir sine muliere, aut mulier sine viro possit foedari,*

L'apport complémentaire de K.M. TePas à la réfutation de M.L. Dutton concerne la mauvaise lecture que B.P. McGuire ferait de la notion aelrédienne d'*affectus carnalis* et par conséquent d'*amicitia carnalis*. Il n'aurait en effet pas perçu la double acception d'*affectus carnalis*, l'une désignant tout affect dans la mesure où il est non spirituel et l'autre, plus spécifique, qualifiant explicitement le désir sexuel[145]. En opérant une collusion, B.P. McGuire aurait abusivement «sexualisé» le discours d'Aelred, alors que souvent il n'est question que d'élans sans connotation sexuelle. En outre, plus encore que M.L. Dutton, K.M. TePas rejette l'idée qu'Aelred donnerait la priorité dans son enseignement aux attractions masculines. Au contraire, l'abbé cistercien serait très attentif à prévenir ses lecteurs et auditeurs contre toute forme de relation qui ne serait pas fondée sur la vertu. Aelred inscrit en fait son discours dans la tradition de l'ordonnancement de l'amour où l'attirance homosexuelle, qualifiée d'*affectus vitiosus*, est plus fortement condamnée[146], et où la sexualité ne trouve une justification que dans le cadre du mariage.

Parmi les niveaux de critiques adressés à la thèse de J. Boswell, il faut retenir celui qui porte sur les faiblesses méthodologiques et les interprétations arbitraires dues à une lecture rapide, partielle voire anachronique de la source. On peut cependant rappeler que J. Boswell s'est efforcé dans l'introduction à *Christianisme, tolérance sociale et homosexualité* de définir les concepts de gai et d'homosexuel en évitant justement de les enfermer dans des acceptions trop restrictives[147]. Pour lui, la théorie aelrédienne de l'amitié relève d'une culture gaie qui repose sur la conscience d'une préférence sexuelle sans pour autant en revendiquer la pratique ; l'auteur estime d'ailleurs qu'une fois fait le choix de la vie monastique, Aelred «considéra désormais que toute relation de caractère sexuel lui était interdite[148]». Il n'est donc pas question de faire d'Aelred le défenseur d'une identité ou d'une culture homosexuelles au sens où cette identité ou cette culture découleraient essentiellement de sa sexualité. Cette mise au point cependant ouvre la porte sur une autre interrogation : comment faut-il entendre alors l'identité gaie d'Aelred ? Quelle est la nature spécifique de cette sensibilité masculine promue par le moine cistercien ? J. Boswell n'offre pas de réponse

---

cum detestandum illud scelus quo vir in virum, vel femina furit in feminam, omnibus flagitiis damnabilius judicetur. AELRED DE RIEVAULX, *VR*, 15, p. 82-85. Voir aussi *DSC*, III, 64, p. 135 ; «Sermon XIV» *De Oneribus*, *PL* 195, col. 413 B-C et «Sermon XXIX», *De Oneribus*, *PL* 195, col. 484 C ou «Sermon XXVIII», *CCCM* IIA, p. 237.

145. Voir K.M. TePas, «Aelred's Guidelines for Physical Attractions», art. cité, p. 341-347 et Ead., «Sexual Attraction», art. cité, p. 287-291.

146. L'argument est aussi dirigé contre J. Boswell qui juge qu'Aelred considérait que les désirs sexuels se portaient indifféremment vers les deux sexes, voir *Christianisme*, *op. cit.*, p. 285-286 et p. 286, note 1.

147. *Ibid.*, p. 72. Il faut préciser d'ailleurs que l'édition américaine n'utilise *homosexual* que comme adjectif, le terme de *gay* étant largement préféré. La traduction française utilise quant à elle très souvent homosexuel comme substantif, parfois comme synonyme de *gay people*.

148. *Ibid.*, p. 285.

satisfaisante à ces questions, il entretient même la confusion dans sa justification introductive du terme gai :

> «Gai» laisse le lecteur libre de tirer ses propres conclusions sur la place relative qu'occupent l'amour, l'affection, l'attachement, le goût de l'aventure romanesque, l'érotisme ou la franche sexualité dans la vie des personnes ainsi désignées[149].

S'il est une notion que J. Boswell aurait dû verrouiller, c'est pourtant celle-ci dans la mesure où elle apparaît comme le principal outil conceptuel de son étude! En outre, il n'est pas plus ferme quant à l'interprétation de la notion d'amitié au Moyen Âge :

> *Amicus* («ami») et *amans* («amant») dérivent du même verbe – amo («aimer») – et sont largement interchangeables. [...] *Amicitia* («amitié») se réfère certainement à un sentiment différent à certains égards d'*amor* («amour»), mais il n'est pas possible de déterminer de quelle manière précise et dans quelle relation à la dichotomie moderne «amitié»/«amour». Surtout chez les auteurs latins sensibles aux idéaux grecs, *amicitia* peut être en fait plus proche d'«aventure romanesque» que d'«amitié»[150].

On ne peut que partager la prudence de J. Boswell ici, mais il aurait fallu y voir une invitation supplémentaire à caractériser précisément, sur le plan de la sensibilité, la nature de l'amitié dont parle Aelred. Le fait que ces notions puissent éventuellement se substituer l'une à l'autre ne signifie pas que leur contenu soit systématiquement vague et adaptable à l'envi. Malheureusement, les deux notions de «gai» et d'«amitié» se reflètent dans un flou définitionnel, empêchant de fait toute évaluation du discours de J. Boswell sur des bases scientifiques, indépendamment du fond.

La position de B.P. McGuire apparaît finalement très proche de celle de J. Boswell, même s'il fait appel à la théorie psychanalytique de la sublimation pour rendre compte du renoncement aelrédien à la sexualité au cloître et à son réinvestissement spirituel. Le problème de cette hypothèse psychanalytique est qu'elle est stérile pour rendre compte de la biographie et de la psychologie intime du personnage. Elle ne saurait s'appliquer, le cas échéant, qu'aux règles intrinsèques d'un discours et encore faudrait-il tenir compte des catégories spécifiques dans lesquelles ce même discours s'inscrit. Or, B.P. McGuire jongle avec des registres d'analyse incompatibles et, en les confondant, il ne livre à son lecteur qu'une interprétation strictement subjective de la vie et de la pensée d'Aelred. Il devient dès lors difficile d'argumenter face à celui qui n'y adhère pas spontanément[151].

Au-delà de ces discours apologétiques, une autre hypothèse de lecture, en sus de celle proposée par M.L. Dutton, mérite une attention particulière :

---

149. J. Boswell, *Christianisme, op. cit.*, p. 73.

150. *Ibid.*, p. 75.

151. Voir le compte-rendu de ce débat dans P.-A. Burton, «Aelred face à l'histoire et à ses historiens. Autour de l'actualité aelrédienne», *Collectanea cisterciensia*, 58 (1996), p. 161-193.

il s'agit de la théorie élaborée par S. Jaeger autour de la notion d'«amour ennoblissant».

L'amitié spirituelle comme miroir de l'idéologie aristocratique

Dans l'introduction à son livre *Ennobling Love. In Search of a Lost Sensibility*, paru en 1999, S. Jaeger émet la thèse selon laquelle ces discours touchant l'amour et les émotions en général seraient une forme maîtrisée, publique, d'auto-représentation aristocratique. Ils auraient donc une fonction sociale ennoblissante liée à la mise en lumière de la vertu et de la hauteur d'âme du groupe qui les revendique [152]. S. Jaeger se positionne ainsi dans la ligne de la théorie de la construction sociale pour laquelle des notions comme celles d'homosexuel ou d'hétérosexuel, pour qualifier la nature des relations amoureuses entre personnes du même sexe ou de sexes opposés, n'ont aucun sens s'agissant de la réalité médiévale, contrairement à celles d'amours charnel ou spirituel qui résonnent d'un véritable écho [153]. Pour l'auteur, la question de l'homosexualité d'Aelred participe d'une certaine conception d'une *gay history*, dans la mouvance des *gender studies* dominées par l'idée que la sexualité est le principal élément constitutif de l'identité de l'homme [154].

S. Jaeger stipule que nombre de discours, d'origine laïque ou ecclésiastique, traitant des relations interindividuelles sur un mode sentimental voire érotique, doivent être appréhendés non comme des manifestations privées, ainsi que notre sensibilité post-romantique nous conduit à le faire spontanément, mais comme des gestes sociaux, à caractère public, qui participent d'une intentionnalité auto-représentative des milieux aristocratiques. Ces discours ont une fonction ennoblissante, *a fortiori* quand ils s'expriment sous des formes passionnées qui confinent à l'illicite et peuvent potentiellement conduire au scandale. Ils prouvent alors la supériorité morale de cette élite qui se situe bien au-dessus des passions vulgaires et les réprime de façon héroïque. Pour comprendre cette sensibilité, il est nécessaire selon S. Jaeger de se départir du paradigme freudien qui conditionne notre lecture et d'emblée «situe l'explication réelle des motifs, des actions et de la culture elle-même dans la libido dont l'exploration devient une obligation et une tâche intellectuelle majeure» [155]. Par exemple, il avance que l'amour passionné du jeune Philippe Auguste pour Richard Cœur de Lion, rapporté par le chroniqueur Roger de Howden, est un amour public et supra-personnel, traversé d'une intentionnalité politique, qu'il faut donc considérer comme un «geste social». La

---

152. Voir S. Jaeger, *Ennobling Love*, *op. cit.*, p. 6.

153. S. Jaeger rejette ainsi les thèses de J. Boswell : «l'amour entre hommes était largement admiré, ce qui n'était pas le cas des relations sexuelles entre hommes», voir *Ennobling Love*, *op. cit.*, p. 242, note 7.

154. *Ibid.*, p. 25.

155. S. Jaeger, «L'amour des rois», art. cité, p. 551. S. Jaeger renvoie à *La Volonté de savoir* de M. Foucault montrant l'hypertrophie du discours sur la sexualité à la fin du XIXe siècle dont la psychologie freudienne est un élément constitutif, voir *Ennobling Love*, *op. cit.*, p. 16.

difficulté pour le lecteur contemporain face à ce genre de source provient de ce que notre époque a largement perdu la familiarité avec cette vocation publique de l'émotion. Aux yeux donc de S. Jaeger, le discours médiéval sur l'amitié aristocratique doit être interprété selon le nouveau paradigme d'une structure émotive publique. Issu du discours hellénique sur la vertu, l'amitié aussi fonctionne comme un geste social où l'élitisme de la sensibilité traduit une proximité naturelle avec l'excellence morale.

S. Jaeger rappelle l'enracinement aristocratique des discours antiques sur l'amitié, notamment chez Cicéron qui demeure la principale référence sur ce thème durant tout le Moyen Âge. Cette amitié aristocratique combine les exigences individuelles du contrôle de soi, de l'élévation morale par un amour de la vertu et le besoin de tisser des alliances. En ce sens, elle contribue à définir les contours d'une éthique de classe, celle des *aristoi*. Ce discours se communique à la société médiévale et, dans le cadre chrétien, l'une de ses ramifications est l'amitié monastique. On remarquera dans cette lecture les influences des travaux de P. Brown et de M. Foucault, notamment dans l'importance attribuée aux pratiques ascétiques de soi, même si S. Jaeger rectifie l'idée de M. Foucault qui pensait que le Moyen Âge chrétien avait largement discrédité le discours antique sur l'amitié. Pour S. Jaeger, sur ce plan, il y a une réelle continuité.

De fait, le paradigme jaegerien de l'amour ennoblissant ouvre des perspectives très fructueuses concernant les bases nouvelles d'une anthropologie médiévale des catégories de la sensibilité. Précisons que l'auteur ne réduit pas ces discours publics à leur fonctionnalité politique ou autre ; tout en étant des gestes sociaux, ils demeurent pleinement des expressions d'attachement. L'amour n'est pas soluble dans l'intentionnalité ni dans le calcul politique. Dès lors, c'est bien une forme originale (et aujourd'hui perdue) de sensibilité qu'il met au jour. Cela signifie que pour la saisir, nous devons renoncer à nos grilles de lecture actuelles. Par exemple, et pour commencer, S. Jaeger propose, plutôt que de transposer ou d'essayer d'adapter la notion d'homosexuel au Moyen Âge, de l'abandonner complètement et de chercher à éclairer cette *lost sensibility* à partir des catégories spécifiques dans lesquelles elle se présente à notre regard. Face à ce défi, la première obligation réside donc dans le renoncement au paradigme freudien, lui-même historiquement déterminé, qui pose d'autorité qu'un discours contient plusieurs niveaux de lecture et voit dans le sens caché la véritable motivation du sujet agissant, ou écrivant en l'occurrence. On ne doit pas oublier que l'attachement de l'amour à la sexualité aussi a une histoire.

Il est un point sur lequel S. Jaeger a raison : le paradigme freudien et plus largement la projection sur les sources médiévales de nos propres catégories de la sensibilité conduisent à une impasse. Il est évident que nos outils psycho-analytiques, utilisés tels quels, ne sont pas pertinents et nous laissent devant des contradictions insurmontables. C'est ce à quoi on a pu assister dans les années 1980-1990 avec l'interprétation de la notion aelrédienne d'amitié spirituelle. La tentative de J. Boswell pour transposer au Moyen Âge l'idée d'une identité gaie ne pouvait aboutir qu'au prix d'un forçage des sources. Comment concilier, en ce qui concerne Aelred, la thèse de la tolérance sociale avec les préventions de l'abbé contre les tentations (homo)sexuelles et les condamnations virulentes des comportements «efféminés» ou des pratiques «sodomites»? Pour réduire la contradiction, B.P. McGuire s'est trouvé obligé d'avoir recours aux catégories de la psychanalyse, en parlant alors de sublimation, donc de réinvestissement social des désirs homosexuels conscients ou latents. Là encore, cette interprétation fait figure d'argument d'autorité, puisque aucune configuration extérieure ne peut venir confirmer ou infirmer cette lecture psychologique strictement individuelle. D'ailleurs, le discours inverse, celui de la non-homosexualité d'Aelred de Rievaulx fonctionne largement selon les mêmes types de projection anachronique [156]. Un des premiers acquis (le principal?) de la théorie de S. Jaeger appliquée au discours monastique sur l'amitié spirituelle, est donc de libérer définitivement l'historien du concept encombrant et complètement inadéquat d'homosexualité. Il est clair qu'au XIIᵉ siècle l'homosexualité, comprise comme une construction sociologico-culturelle centrée sur l'orientation des désirs et des pratiques sexuels de l'individu vers des personnes de même sexe, n'existe pas. Si l'on veut accéder aux représentations des contemporains sur tout ce qui touche la construction de l'identité émotive ou sentimentale, la seule voie possible est de partir des catégories propres des discours, dans lesquelles cette sensibilité s'exprime ou se pense elle-même [157]. Or c'est peut-être sur ce point que la théorie de S. Jaeger trouve ses limites. En effet, signifier l'univocité stricte de ces discours ne revient-il pas à remplacer le paradigme freudien par son opposé, mais d'une façon tout aussi injustifiée? S. Jaeger pose un certain nombre de postulats qu'on est en droit de ne pas admettre spontanément, comme par exemple l'idée que le langage produit par les sociétés aristocratiques pour exprimer leurs valeurs sociales ne laisse place à aucun jeu sémantique. Comment justifie-t-il ce rejet *a priori* de l'équivoque? Par l'argument de l'intentionnalité auto-représentative de la société aristocratique, sa volonté de signifier son excellence qui est au fondement même de son positionnement social. Or, comment cette revendication d'excellence est-elle préservée du soupçon quand elle s'exprime au travers de discours érotiques qui donneraient lieu en d'autres circonstances à des réprobations véhémentes? L'historien américain répond en alléguant le principe d'univocité et d'intentionnalité maîtrisée... On est bien là face à un cercle.

---

156. C'est l'erreur commise par P.-A. Burton, «Aelred face à l'histoire et à ses historiens...», art. cité, p. 161-193 (voir particulièrement p. 187-193 avec une accumulation de jugements de valeur).

157. Rappelons que c'est exactement ce qu'ont fait P. Nagy s'agissant du don des larmes dans les discours religieux ou Y. Carré à propos du «geste social» du baiser dans *Le Baiser sur la bouche au Moyen Âge. Rites, symboles, mentalités. XIᵉ-XVᵉ siècles*, Paris, Le Léopard d'Or, 1992.

Mais pourquoi surtout refuser l'idée même de l'équivoque alors que de nombreux discours médiévaux, notamment religieux, montrent une nette propension à voir sinon à traquer l'équivoque? Cette traque n'est-elle pas l'un des fondements de la pratique monastique du déchiffrement de soi? À partir du XIIᵉ siècle en outre, ne voit-on pas ostensiblement l'amour courtois se complaire dans l'équivoque, qui apparaît en soi comme un jeu aristocratique? Il reste que S. Jaeger utilise en plus un argument issu de la critique textuelle (et non plus seulement d'une modélisation archétypique de l'aristocratie) pour rejeter le principe de la sublimation :

> La meilleure preuve peut-être que nos textes ne fonctionnent pas selon ce paradigme est qu'ils ne contiennent pas de signaux subtils, d'allusions à des motifs sexuels sous-jacents, de «lapsus» ou d'ambiguïtés. Ils sont directs et francs [158].

Une fois encore, n'est-ce pas une pétition de principe? Au lieu de s'extraire de l'alternative univoque *vs* équivoque, puisqu'il s'agit d'un modèle herméneutique largement codifié par une approche post-freudienne de l'exercice de la parole, et donc potentiellement anachronique, S. Jaeger érige une sorte de paradigme anti-freudien dont on peut douter qu'il soit plus opératoire que le paradigme freudien lui-même.

L'amitié spirituelle : à la recherche d'une sensibilité monastique

Au commencement – entendons au XIXᵉ siècle – était la force mystérieuse de la passion. L'historien qui avait épuisé toutes les ruses de la raison invoquait alors, comme ultime recours pour rendre compte des comportements individuels et collectifs, l'emprise de la passion, destin des profondeurs de l'âme humaine, démiurge des entrailles. Impérieuse, viscérale, la passion présidait à l'aventure des princes et des peuples. Dans les années 1930-1940, les fondateurs de l'école des Annales, M. Bloch et L. Febvre, ont amorcé la grande mutation épistémologique en faisant entrer l'émotion dans le champ de l'histoire sociale [159]. Progressivement, les bases d'une anthropologie médiévale de la sensibilité ont été posées. On en connaît toute la richesse et aujourd'hui nul ne remet en cause sa légitimité scientifique. Cependant, il faut attendre les années 1970-1980, grâce aux travaux notamment d'A. Rousselle, de J. Boswell, de M. Foucault ou encore de P. Brown pour qu'une historicité soit reconnue à la sexualité, jusque-là considérée comme un seuil infranchissable au contact immédiat avec l'invariant biologique. Une fois forcé ce verrou de l'intangible, l'anthropologie médiévale a pu envisager l'existence de structures émotionnelles originales, profondément différentes de celles que nous connaissons aujourd'hui :

---

158. S. Jaeger «L'amour des rois», art. cité, p. 552.

159. Pour mesurer les différences d'approche entre les deux hommes, voir A. Burguière, «La notion de 'mentalités' chez Marc Bloch et Lucien Febvre : deux conceptions, deux filiations», *Revue de Synthèse*, 3ᵉ série, 111-112 (1983), p. 333-348.

Y. Carré, P. Nagy ou S. Jaeger ont été parmi les premiers à explorer quelques-unes de ces voies nouvelles[160].

Tout se passe comme s'il existait, dans l'Occident médiéval chrétien, non pas une superstructure socio-culturelle façonnant un moule sensible unique mais un système complexe, composé de plusieurs modèles de sensibilité, distincts et qui cependant interagissent entre eux. Ces modèles ne doivent pas être pensés comme de simples variations autour d'une base commune, étant donné l'ampleur des distorsions. Il serait tout aussi erroné de chercher à résoudre cette diversité en recourant au principe de la fonctionnalité, qu'elle soit sociale, religieuse, symbolique, etc. Il faut envisager la cohabitation dans les sociétés médiévales, marquées par la culture chrétienne, de plusieurs modèles de sensibilité, avec leurs catégories propres, leurs fonctions propres, leurs langages propres, leurs symboles propres, etc. À partir des XIe-XIIe siècles, on pourrait ainsi parler au moins d'une sensibilité religieuse ou spirituelle, d'une sensibilité courtoise ou seigneuriale et peut-être aussi d'une sensibilité urbaine ou bourgeoise. L'important n'est pas alors de fixer des contours définitifs à ces différents modèles de sensibilité – cela n'aurait pas de sens dans la mesure où ils n'existent pas à l'état pur – mais bien de donner la priorité à une démarche inductive, en évitant la projection de schémas d'interprétation anachroniques.

En ce sens, le discours et la pratique aristocratiques de l'*amicitia* au Moyen Âge participent simultanément de plusieurs modélisations sensibles, laïque et religieuse, guerrière et monastique, politique et spirituelle, etc. C'est sans doute l'un des discours les plus complexes à reconstruire et à interpréter, en raison de sa grande polyvalence. C'est aussi assurément l'un des plus fructueux à analyser. La «transversalité» du discours de l'*amicitia* explique qu'une même situation puisse être interprétée de manière radicalement différente selon qu'elle est perçue depuis telle ou telle sphère de la sensibilité. Ainsi, Y. Carré a parfaitement montré que le baiser sur la bouche dans la société médiévale après l'an mil s'insérait dans plusieurs logiques relationnelles : familiale, chevaleresque, aristocratique. Cela n'empêche pas évidemment que ce geste ait une fonction sociale (baiser du rite vassalique), liturgique (baiser dans le rite de la messe) ou encore mystique (baiser symbolique de l'expérience extatique). Ces différents cadres d'expression possèdent chacun leur cohérence propre. Pour autant, ils ne sont pas hermétiques les uns par rapport aux autres. Ainsi

---

160. Actuellement, l'une des réflexions les plus stimulantes menées sur les émotions au Moyen Âge est celle de Barbara Rosenwein. Outre les réflexions historiographiques déjà citées, voir B.H. ROSENWEIN, «Pouvoir et passion. Communautés émotionnelles en Francie au VIIe siècle», *Annales HSS*, 58 (2003/6), p. 1271-1292 et EAD., *Emotional Communities in Early Middle Ages*, à paraître. Portant sur une période plus récente, les XVIIIe et XIXe siècles en France, on doit également signaler W.R. REDDY, *The Navigation of Feeling. A Framework for the History of Emotions*, Cambridge, Cambridge University Press, 2001. En revanche, le récent essai de R. MACMULLEN, *Les Émotions dans l'histoire, ancienne et moderne*, Paris, Les Belles Lettres, 2004 [éd. originale 2003] (coll. Histoire, n° 64) est plus brillant que convaincant, voir mon compte-rendu dans *Bryn Mawr Classical Review*, avril 2004, http://ccat.sas.upenn.edu/bmcr/2004/2004-04-19.html.

la dimension émotive du baiser demeure présente, de façon plus ou moins prégnante, dans les baisers vassalique, liturgique ou mystique[161].

Puisque les modèles de la sensibilité ne sont accessibles qu'au travers des discours qui les disent, il est impératif de les inscrire dans les catégories qui sont celles des locuteurs. Dès lors, la lexicologie sémantique apparaît comme l'une des méthodes d'investigation les moins «invasives». Ainsi, en suivant cette stratégie de lecture et en se plaçant sous l'angle d'une anthropologie médiévale de la sensibilité, qu'apprenons-nous du discours aelrédien sur l'amitié spirituelle? Ce discours appartient à un modèle de sensibilité monastique, relevant à la fois du religieux et de la sociabilité aristocratique masculine. Il réalise la synergie entre deux discours, qui s'enracinent chacun dans la longue durée et le substrat commun du christianisme latin : d'une part, le discours issu de l'anthropologie monastique sur le concept d'affect et d'autre part le discours philosophico-religieux sur l'amitié. On observe alors une articulation originale entre ces deux discours. En effet, le discours principal que nous avons suivi, celui sur l'affect, contient en puissance, nous l'avons montré, une remise en cause de la modélisation d'inspiration augustinienne de la sensibilité. Face à ce potentiel déstabilisateur, un certain nombre de *contre-discours* interviennent et jugulent les risques d'éclatement. Ainsi, on perçoit deux logiques imbriquées : celle, centrifuge, de la spontanéité affective qui *libère* l'individu du cadre augustinien et celle, centripète, de l'amitié chrétienne qui assure une cohésion collective selon une armature à la fois horizontale (élévation spirituelle) et verticale (harmonie communautaire). La mise au jour de cet ordre discursif, qui se trouve au fondement de la modélisation de la sensibilité monastique, est assurément l'acquis le plus solide auquel cette étude sur l'amitié permet d'accéder. Il reste à en tirer les enseignements.

Le discours sur l'amitié spirituelle est un discours pacificateur d'affect, mais il est dans le même temps infléchi par la dynamique de la spontanéité affective. Il en résulte un nouveau regard sur l'homme chrétien et sa dignité dans sa condition charnelle. La dialectique de l'amitié explique ainsi certaines tensions dans les écrits d'Aelred à propos des relations interindividuelles au cloître. En ce sens, l'*amicitia carnalis*, par exemple, possède un statut intrinsèquement ambigu dans la mesure où elle est traversée par la double polarisation de l'*affectus carnalis*, condamnable lorsqu'il aboutit à rendre l'homme esclave de ses passions charnelles, et tolérable lorsqu'il sert de base pour l'ascension vers la vertu. La cohérence du discours d'Aelred tient dans cette tension. Une fois encore, si le concept d'homosexualité, affichée ou sublimée, n'est pas pertinent pour exprimer cette sensibilité, on voit néanmoins émerger, du fait du statut nouveau reconnu à l'homme charnel, une forme originale de sensibilité masculine dans laquelle la sexualité est condamnée comme illicite sans être pour autant l'élément ultime qui fonde l'identité de l'individu. Peut-être pourrait-on parler, si l'on veut accoler un

---

161. Voir Y. Carré, *Le Baiser sur la bouche, op. cit.*, p. 329.

concept actuel à la notion d'amitié spirituelle, d'homosociabilité ou d'homo-sensibilité pour traduire cette réalité[162]. L'homosensibilité monastique qu'Aelred théorise repose sur l'attrait des qualités spirituelles reconnues chez l'ami, qualités qui ont leurs reflets corporels tout aussi aimables; elle s'exprime alors aussi bien par des sentiments et des vertus (affection, bienveillance, charité, loyauté, fidélité, etc.) que par des démonstrations physiques d'atta-chement (embrassements, pleurs). Dans cet exercice claustral de l'amitié, où le corps a sa part, la *pratique sexuelle* est exclue, moins pour elle-même qu'en raison de sa proximité avec les forces d'aliénation de l'esprit. Car n'oublions pas que si la chair n'est pas le corps, elle demeure de connivence avec le corps, toujours prompte à se servir de lui contre l'esprit.

Aelred et les cisterciens, concernant cette revalorisation de la chair, sont donc restés au milieu du gué, partagés entre leur fidélité à la tradition augus-tinienne et leur perméabilité à la modernité des temps. Si la théorie de la spontanéité affective est porteuse d'un système anthropologique complète-ment nouveau, ce système n'émerge pas complètement. Aelred et ses compagnons ne refondent pas l'anthropologie chrétienne. En revanche, ils rompent le cercle de la malédiction de la chair. Pendant des siècles, dans le christianisme occidental, la ligne de partage en l'homme entre le versant de la damnation et le versant du salut, se superposait à l'articulation entre la chair et l'esprit, l'homme extérieur et l'homme intérieur. Désormais, cette ligne s'est déplacée plus en amont vers la chair. L'articulation chair/esprit demeure, mais tout se passe comme si l'homme en quête du salut se trouvait autorisé à faire quelques pas sur les berges de la chair. C'est une *terra incognita* encore mais qui n'est ni stérile, ni empoisonnée.

Les conséquences de cette modeste conquête sont importantes. La première a été, on l'a vu, de conférer un nouveau statut, plus noble, à l'ancienne brisure de l'âme puisqu'elle est désormais au cœur de la dynamique de l'image et de la ressemblance. Pour autant, elle ne se résorbe pas : quoique partiellement apprivoisée, la chair reste une menace… De plus, un nouveau danger se profile puisque les repères qui bornent le versant de la dissemblance sont maintenant moins visibles. Le paysage intérieur de l'homme est devenu plus complexe. L'optimisme cistercien se double d'une inquiétude face à cet inconnu. C'est pourquoi il convient de fixer de nouvelles règles de séparation entre le licite et l'illicite, notamment en ce qui concerne la place du corps. Ainsi, dans l'environnement monastique, il ne fait pas de doute pour Aelred que la pratique sexuelle est du côté de l'illicite. Malgré tout, les discours sur l'affect charnel et sur l'amitié charnelle montrent qu'il y a un certain jeu. Jusqu'à quel niveau peut-on descendre dans l'ordre de la chair tout en espérant faire son salut? Où se trouve le point d'appui le plus bas à partir duquel l'homme charnel peut encore entreprendre son élévation spirituelle?

---

162. Sur la notion d'homosociabilité, voir E. Sedgwick, *Between Men : English Literature and Male Homosexual Desire*, New York, Columbia University Press, 1985.

Ces questions traversent la spiritualité aelrédienne et expliquent certaines hésitations. Elles montrent aussi, et surtout, que les enjeux majeurs de cette codification de l'amitié sont d'ordre religieux et c'est à l'aune du critère spirituel qu'il faut les évaluer.

L'amitié chrétienne selon Aelred reflète ainsi les bases d'une nouvelle disposition religieuse, où l'investissement sensible comme orientation globale de l'être désirant tient une place prépondérante, qui affirme la possibilité pour l'individu (masculin) de participer activement à son salut en cultivant les affinités électives.

Conclusion

« À l'histoire sèche, froide, impassible,
je préfère l'histoire passionnée.
Je ne suis pas loin de penser qu'elle est plus vraie. »

GEORGES DUBY,
L'Histoire continue.

D<small>ES ORIGINES</small> du christianisme jusqu'au XIIᵉ siècle, la notion d'affect se place au cœur de la théorie religieuse de l'homme en Occident. Avant d'être une donnée existentielle, l'état de désir est en effet une réalité ontologique de l'homme créé. Entre le IIIᵉ et le Vᵉ siècle, les termes d'*affectus* et d'*affectio* s'imposent parmi les principaux outils conceptuels pour exprimer dans toute sa complexité cette composante majeure de l'identité chrétienne. Notion connexe à celles de désir (*desiderium*), d'appétit (*appetitus*), d'amour (*amor*), de dilection (*dilectio*) ou de volonté (*voluntas*), l'affect tisse un réseau sémantique étendu et rigoureusement structuré. Deux significations peuvent y être clairement identifiées : un registre général où l'affect traduit la diversité des dispositions psychiques, et un registre spécialisé qui prend sa source dans la philosophie morale de l'époque impériale, où l'affect est défini par rapport aux élans de l'âme, momentanés ou durables, accompagnés de plaisir ou de déplaisir. D'emblée, cette seconde acception nourrit le débat sur les relations entre l'affect et les puissances du jugement et de l'intentionnalité. L'affect traverse ainsi l'histoire de la pensée occidentale : malgré des évolutions importantes entre l'époque impériale, la phase de genèse de l'anthropologie chrétienne du IIIᵉ au Vᵉ siècle, et le tournant des XIᵉ-XIIᵉ siècles, on perçoit aisément la permanence de cette armature sémantique qui s'adapte aux différents discours de la représentation de l'homme païenne puis chrétienne.

Néanmoins, la polysémie du mot affect explique en partie que cette notion centrale de l'anthropologie chrétienne ait été finalement peu étudiée : puisque l'affect peut correspondre aussi bien à l'appétit animal, à la volonté rationnelle, à l'amour qu'à la charité, pourquoi ne pas s'intéresser directement à ces concepts-là, qui disposent d'une assise sémantique apparemment plus stable ? Par ailleurs, l'analyse scientifique de l'affect chrétien a sans doute pâti de l'origine philosophique de la notion : comment soutenir que le christianisme opère une rupture profonde avec le paganisme et faire reposer dans le même temps pour partie la théorie chrétienne de l'homme sur un concept issu de la philosophie hellénistique ? D'autres concepts, tel que celui d'*agapè*/*caritas*, en raison de leur christianisation précoce, ont bénéficié quant à eux d'une attention plus soutenue. Cependant, la polysémie de l'affect, tout comme son origine philosophique, sont des éléments essentiels pour mieux saisir à la fois les évolutions sur la longue durée et l'organisation des pratiques discursives selon l'axe synchronique.

Ainsi, à l'intérieur du discours anthropologique des auteurs cisterciens du XIIe siècle, la théorie de l'affect met en lumière un changement dans la représentation de l'homme chrétien, qui ne repose plus totalement sur les fondements de l'anthropologie augustinienne dominante depuis le Ve siècle, mais qui ne construit pas encore un nouveau socle comme le fera la scolastique universitaire au XIIIe siècle. Au Ve siècle, la dimension naturaliste de l'affect, qui existe dans la théorie stoïcienne des premiers mouvements voire chez Lactance, est absorbée par la dialectique de la chair et de l'esprit portée par la « génération de saint Paul » dont parle P. Brown, avec Ambroise, Jérôme ou Augustin. Cette dialectique oppose le corps et l'âme, mais elle définit surtout deux pôles antagonistes dans l'être, l'un penchant vers l'ordre naturel et l'autre vers l'ordre surnaturel, pour le malheur ou le salut de l'homme. La peine du péché originel est de transformer cette dualité intérieure en un combat permanent. Plus que jamais dès lors l'affect se trouve au centre de la personne et de sa subjectivité, mais il devient aussi l'objet de toutes les méfiances et de tous les soupçons. L'anthropologie cistercienne au XIIe siècle est toujours profondément influencée par cette conception : l'homme chrétien est un être brisé par le péché, déchiré entre la chair qui perd l'âme et l'esprit qui contribue à son salut avec l'appui de l'Esprit de Dieu. L'affect exprime toute la dimension dynamique de l'âme : c'est par ses affects que l'homme s'épuise dans les désirs de la chair et c'est encore par ses affects qu'il se hisse jusqu'aux confins des réalités célestes.

Pourtant, à côté de ce schéma historique, on voit se profiler dans l'anthropologie cistercienne la silhouette d'une autre conception de l'affect, où la spontanéité de l'élan est identifiée comme un mouvement surgissant des profondeurs de l'âme, là où la raison et l'intentionnalité volontaire n'ont aucune prise. Ce mouvement-là échappe alors à toute sanction morale : sa naturalité prend la forme d'une neutralité. Ce regard transparaît essentiellement chez Aelred de Rievaulx, même s'il est porté par la forte valorisation de l'affect chez les autres cisterciens. Malgré tout, l'approche aelrédienne relève d'un important mouvement aux XIe-XIIe siècles, touchant aussi bien les milieux monastiques que scolaires, qui confère une légitimité à une puissance d'appétition infra-rationnelle. On pense ici à la théorie des premiers mouvements de l'âme. Cependant, il serait réducteur de parler d'une résurgence de la théorie antique de l'affect ou d'une restauration due par exemple à la redécouverte de la philosophie de Sénèque au XIIᵉ siècle. Ce n'est évidemment pas la lecture des auteurs classiques qui provoque une remise au goût du jour du concept antique de préaffect, mais on voit une nouvelle conception de l'homme se révéler au travers d'un concept qui est, du fait de son histoire, particulièrement réceptif et disponible pour accueillir le sens nouveau. En outre, il est intéressant de suivre cette émergence au XIIᵉ siècle à l'intérieur d'un milieu culturel reconnu pour sa fidélité à la tradition augustinienne, loin des expérimentations de la théologie naturaliste des écoles urbaines. Or, l'originalité même de la théorie cistercienne de l'homme fait qu'elle participe à la fois de l'anthropologie augustinienne traditionnelle et de l'optimisme naturaliste qui apparaît à partir de la fin du XIᵉ siècle. L'anthropologie d'un Aelred de Rievaulx se trouve à l'intersection de ces deux mondes, entre un christianisme historique qui pense l'homme à partir de la dialectique intérieure des deux ordres, naturel et surnaturel, et un christianisme qui sépare pacifiquement ces deux ordres, libérant ainsi un espace de vie où les axes structurants sont d'abord horizontaux[1]. De cet entre-deux naît une représentation originale, où le conflit entre la chair et l'esprit dans l'homme post-adamique n'est pas résolu mais adouci. Le statut de la chair a changé : ordonnée, elle n'est plus systématiquement une menace mais peut être un outil au service de la spiritualisation. L'homme peut concourir à son salut malgré la chair, en prenant appui sur cette berge de la chair qui a été purifiée, rendue à sa naturalité. Cette représentation de l'homme qui s'exprime collectivement dans la modélisation cistercienne de l'affect se prolonge au XIIIᵉ siècle de façon éclatée dans plusieurs courants de pensée.

Ainsi, certains éléments de l'affect cistercien transparaissent, dans les milieux universitaires, dans le courant «augustinisant» qui affirme que la connaissance de Dieu passe d'abord par l'amour de charité. Ce courant, incarné par le victorin Thomas Gallus (mort en 1246) ou le franciscain Bonaventure (1217-1274), est l'héritier de la théologie de Bernard de Clairvaux et plus encore de celle de Guillaume de Saint-Thierry. Bonaventure expose cette idée dans une célèbre formule inspirée de Bernard : «Là où l'intellect échoue, l'affect réussit[2]». La puissance affective possède une capacité de conformation mystique qui unit

---

1. Voir M. GAUCHET, *Le Désenchantement du monde. Une histoire politique de la religion*, Paris, Gallimard, NRF, 1985 (coll. Bibliothèque des Sciences Humaines), p. 111-112, note 1.

2. *Ubi deficit intellectus, ibi proficit affectus.* BONAVENTURE, *Commentaire sur les Sentences*, II, d. 23, a. 2, q. 3, ad 4 dans *Opera omnia*, Collegium S. Bonaventurae (éd.), Ad Claras Aquas, Quarracchi, 1882-1902, tome II, p. 545. Voir une formule similaire chez BERNARD DE CLAIRVAUX : *...eo magis affectus vigeat, quo deficit intellectus.* «Sermo 4 in Ascensione Domini», *SBO*, V, 14, p. 148. Sur le primat de l'*affectus* chez Bonaventure, voir E. DREYER, «*Affectus* in St. Bonaventure's Theology», *Franciscan studies* 42, n° 20 (1982), p. 5-20 et A. DE LIBERA, *La Mystique rhénane d'Albert le Grand à Maître Eckhart*, Paris, Seuil, 1994 (coll. Points Sagesses), p. 34-35.

Dieu et l'âme dans l'acte de dévotion[3]. Cette référence à l'affect comme faculté mystique ne correspond qu'à une facette de l'affect cistercien. Néanmoins, c'est principalement cette acception d'*affectus-affectio* qui se diffuse à partir du XIIIᵉ siècle. La notion continue de désigner, dans un sens général, une disposition de l'âme mais elle devient pour ainsi dire synonyme d'amour, par distinction avec ce qui relève de l'intellect. En revanche, le sens spécialisé issu de la philosophie des passions fait le choix du terme *passio* dans la langue de l'école, même si *affectus* ou *affectio* sont parfois utilisés encore au XVIIᵉ siècle comme en témoigne Spinoza (1632-1677) dont la troisième partie de l'*Éthique* constitue un traité sur l'origine et la nature des *affectus*[4], identifiés tantôt comme des actions (*actiones*), tantôt comme des passions (*passiones*) de l'âme[5].

Dans la théorie scolastique de la passion, on retrouve des aspects qui étaient sous-jacents dans l'affect cistercien, notamment dans l'identification de deux principes distincts du désir. Cette séparation dans l'ordre des appétits apparaît clairement par exemple chez Thomas d'Aquin (1225-1274) qui identifie en l'homme un appétit sensitif (*appetitus sensitivus*) et un appétit intellectuel (*appetitus intellectivus*) ou volonté[6]. Les mouvements affectifs relèvent de l'appétit sensitif, et Thomas montre sa préférence pour le terme *passio* par rapport à *affectus* ou *affectio* en prenant appui sur le célèbre passage du livre IX de *La Cité de Dieu* où Augustin récapitule le vocabulaire antique de la passion :

> Augustin écrit : «Les mouvements de l'âme que les Grecs nomment *pathè*, certains des nôtres, comme Cicéron, les appellent *perturbationes*; d'autres *affectiones* ou *affectus*; d'autres enfin, et avec plus de rigueur, les appellent *passiones*, comme les Grecs.» Ce texte montre bien que passions de l'âme et affects sont identiques. Or les affects appartiennent manifestement à l'appétit et non au pouvoir de connaître[7].

---

3. Voir Bonaventure, *Commentaire sur les Sentences*, III, d. 26, a. 2, q. 1, ad 2 et E. Dreyer, «*Affectus* in St. Bonaventure's Theology», art. cité, p. 18. On est ici au cœur du grand conflit scolastique qui anime l'Université dans la seconde moitié du XIIIᵉ siècle, voir J. Verger, *Les Universités au Moyen Âge*, Paris, PUF, 1999 [1ʳᵉ édition 1973] (coll. Quadrige), p. 79-103.

4. Voir Spinoza, *Éthique*, traduit par Ch. Appuhn, Paris, GF-Flammarion, 1965, p. 133-216. Pour une étude de la notion d'affect chez Spinoza, voir *Spinoza et les affects*, F. Brugère et P.-F. Moreau (éd.), Paris, Presses de l'Université de Paris-Sorbonne, Groupe de recherches spinozistes, 1998 (Travaux et documents, n° 7) et P. Macherey, *Introduction à l'Éthique de Spinoza*, Paris, PUF, 1985.

5. Voir Spinoza, *Éthique*, op. cit., III, p. 135.

6. Sur la distinction entre l'appétit sensitif et l'appétit intellectuel, voir Thomas d'Aquin, *Summa theologica*, P. Caramello (éd.), Turin-Rome, Marietti, 1952-1956, Ia, q. 80. Désormais abrégé en *ST*. Pour une analyse, voir É. Gilson, *Le Thomisme. Introduction à la philosophie de saint Thomas d'Aquin*, Paris, Vrin, 1997 [6ème édition originale 1964] (Études de philosophie médiévale, I), p. 297-310.

7. *Augustinus dicit quod* motus animi, quos Graeci pathè, nostri autem quidam, sicut Cicero, perturbationes, quidam affectiones vel affectus, quidam vero, sicut in Graeco habetur, expressius passiones vocant. *Ex quo patet quod passiones animae sunt idem quod affectiones. Sed affectiones manifeste pertinent ad partem appetitivam, et non apprehensivam.* Thomas d'Aquin, *ST*, Ia-IIae, q. 22, a. 2, s.c. Pour la traduction, voir Thomas d'Aquin, *Somme théologique*, tome 2, Paris, Cerf, 1984.

Une des conséquences de l'influence de la pensée aristotélicienne sur la scolastique universitaire est donc d'imposer le terme *passio*, décalque latin du grec *pathos*, pour traduire tout ce qui renvoie à la théorie philosophique des passions alors que, pendant plus d'un millénaire, les penseurs païens et chrétiens lui avaient préféré les termes d'*affectus* et d'*affectio*. La conception hylémorphique de Thomas permet de comprendre sa théorie de la passion, qui renvoie à plusieurs phénomènes psycho-somatiques[8] : au sens strict, la passion désigne une altération corporelle perçue par l'âme, comme c'est le cas dans la maladie[9], mais, plus généralement, les passions de l'âme qualifient des modifications psychologiques ressenties passivement par l'âme[10]. Thomas répartit les passions de l'appétit sensitif en deux catégories, séparant celles qui relèvent du concupiscible, défini comme la puissance de l'appétit sensitif qui regarde le bien ou le mal en soi (joie, tristesse, amour, haine, etc.), de celles qui relèvent de l'irascible, puissance qui regarde le bien ou le mal en tant qu'ils sont difficiles à atteindre ou à rejeter (audace, crainte, espérance, etc.)[11]. Surtout, la passion chez Thomas est totalement délestée du caractère angoissant que revêtait l'affect chez Augustin, qui pouvait abriter une volonté charnelle, fût-elle inconsciente. Thomas ne doute pas quant à lui que la raison et la volonté puissent avoir directement ou indirectement un ascendant sur la passion[12]. Si la passion a une cause entièrement corporelle, alors l'homme ne saurait être accusé de péché. Thomas suit Aristote en ce qu'il assimile la passion à un trouble de l'âme uniquement si elle échappe au contrôle de la raison[13]. Les passions sont neutres moralement car elles participent de l'ordre naturel des choses et elles sont soumises à un jugement dans la mesure où elles relèvent du volontaire et du rationnel. L'homme est donc responsable de ses passions parce qu'il dispose des moyens de les contrôler. Cet ascendant rationnel est évident lorsque la passion suit la délibération, mais il est encore possible quand la passion la précède parce que l'homme possède la capacité d'anticiper une telle situation. Pour tout ce qui sort de ce cadre, la responsabilité morale ne saurait être impliquée[14]. On trouve ainsi des points de ressemblance entre l'affect selon Aelred et la passion selon Thomas, principalement dans l'idée qu'il s'agit d'un mouvement qui échappe dans son principe à toute qualification morale[15]. En revanche, le fossé qui sépare Augustin et Thomas sur la question des affects-passions est profond.

---

8. Voir Thomas d'Aquin, *ST*, Ia-IIae, q. 22, a. 1, r.

9. *Ibid.*, Ia-IIae, q. 77, a. 7, r.

10. Voir Cl. Eisen Murphy, «Aquinas on our Responsability for our Emotions», *Medieval Philosophy and Theology*, 8 (1999), p. 167.

11. Voir Thomas d'Aquin, *ST*, Ia-IIae, q. 23, a. 1, r.

12. *Ibid.*, Ia-IIae, q. 77, a. 7. Sur cette question de la responsabilité, voir Cl. Eisen Murphy, «Aquinas on our Responsability for our Emotions», art. cité, p. 163-205.

13. Voir Thomas d'Aquin, *ST*, Ia-IIae, q. 24, a. 2, r.

14. *Ibid.*, Ia-IIae, q. 77, a. 7, r.

15. *Ibid.*, Ia-IIae, q. 24, a. 4, r.

L'anthropologie hylémorphique de Thomas offre en effet une vision pacifiée du composé humain. On est loin du soupçon permanent instillé au cœur de la nature humaine par le dualisme spirituel d'Augustin.

Les cisterciens au XIIe siècle sont collectivement dans une position intermédiaire : s'ils s'inscrivent largement dans la perspective augustinienne, on perçoit aussi chez eux une tendance à identifier un double principe appétitif. Entre Augustin et Thomas d'Aquin, une mutation profonde s'est opérée dans l'anthropologie occidentale qui concerne la relation entre les ordres naturel et surnaturel. Avec Augustin, l'imbrication des ordres naturel et surnaturel dans l'homme produit un véritable déchirement intérieur. Thomas d'Aquin quant à lui propose une vision plus apaisée de l'homme mais qui s'accompagne d'une séparation nette entre l'ordre naturel et l'ordre surnaturel.

L'anthropologie cistercienne élabore au XIIe siècle un modèle original, et paradoxal, qui tend vers une pacification des deux ordres à l'intérieur même de leur rapport dialectique. On comprend alors que cette solution contient potentiellement les ingrédients d'une implosion des fondements historiques de l'anthropologie chrétienne : la fusion pacifiée des ordres naturel et surnaturel engendre une configuration révolutionnaire où la naturalisation et la déification de l'homme ne sont qu'une seule et même chose. La pacification que porte en puissance l'anthropologie cistercienne aura bien lieu, mais dans la scolastique universitaire, qui l'accomplira au prix d'une disjonction en l'homme entre les deux ordres naturel et surnaturel.

Enfin, sur le plan des relations interindividuelles, l'efficacité spirituelle de l'amitié théorisée par Aelred de Rievaulx en étroite relation avec sa psychologie affective définit certes un modèle de sociabilité monastique mais prépare aussi les conditions d'une sortie du cloître. On doit en effet rapprocher l'amitié spirituelle d'Aelred de l'idéal de vie des fraternités et des confréries qui se développent en Occident dès les XIIe et XIIIe siècles. Le modèle communautaire aelrédien correspond davantage à l'esprit des fraternités qu'à celui des cercles piétistes des amis de Dieu qui se diffusent dans la mouvance de la mystique rhéno-flamande où c'est la relation privilégiée entre l'individu et Dieu qui fonde les affinités interindividuelles[16]. Comme le souligne C. Vincent, les mouvements confraternels se placent quant à eux dans le prolongement de l'idéal de la *vita apostolica*, avec la conviction nouvelle que les individus peuvent être directement les instruments de leur salut[17]. Dès lors, le rempart du monastère ne s'impose plus avec la même nécessité impérieuse. Entre la possibilité de faire son salut par l'affect d'amitié, comme l'affirme Aelred de Rievaulx, et l'idée qu'il n'est plus indispensable de quitter le monde pour sauver son âme, il n'y a qu'un pas que les fraternités laïques n'hésitent pas à franchir.

---

16. Voir A. CHIQUOT, «Amis de Dieu», *Dictionnaire de spiritualité*, I, col. 493-500.

17. Voir C. VINCENT, *Les Confréries médiévales dans le royaume de France XIIIe-XVe siècle*, Paris, Albin Michel, 1994 (coll. Histoire), p. 73 et A. VAUCHEZ, *Les Laïcs au Moyen Âge. Pratiques et expériences religieuses*, Paris, Cerf, 1987 (coll. Histoire), p. 95-122.

Ainsi, l'ordre de l'affect, au-delà de la multiplicité des lignes de force qui le traversent et le structurent, laisse apparaître au travers de l'expérience cistercienne au XIIe siècle les contours d'un modèle anthropologique original, héritier d'une tradition fixée aux IVe-Ve siècles, mais fort déjà d'une nouvelle conception de l'homme. Ce modèle annonce assurément la *via affectiva* de la mystique des derniers siècles du Moyen Âge, mais il contient aussi des éléments du processus conduisant à une autonomie de l'ordre naturel dans la culture occidentale et apporte une légitimité au principe d'une sociabilité spirituelle hors le cloître.

Bibliographie

SOURCES

Bases de données informatisées

Cetedoc Library of Christian Latin Texts (*CLCLT*), CD-Rom, version 3, Université catholique de Louvain-La-Neuve, *Centre de Traitement Electronique des Documents*, 1996.

Patrologia Latina Database, CHADWYCK-HEALEY (éd.), Bell & Howell, 2000.

Sources cisterciennes

AELRED DE RIEVAULX, *Opera omnia, 1,* A. HOSTE et C.H. TALBOT (éd.), Turnhout, Brepols, 1971 (*CCCM* I).

—, *De Speculo caritatis, CCCM* I, p. 1-161.
Traductions : *Le Miroir de la charité,* texte traduit par CH. DUMONT et G. DE BRIEY, Abbaye de Bellefontaine, 1992 (Vie Monastique, n° 27).

The Mirror of Charity, texte traduit par G. WEBB et A. WALKER, London, A.R. Mowbray, 1962.

—, *Quand Jésus eut douze ans,* texte établi par A. HOSTE et traduit par J. DUBOIS, Paris, Cerf, 1987 (Sources Chrétiennes, n° 60).

—, *De Spiritali amicitia, CCCM* I, p. 279-350.
Traductions : *L'Amitié spirituelle,* texte traduit par G. DE BRIEY, Abbaye de Bellefontaine, 1994 (Vie Monastique, n° 30).

On Spiritual Friendship, texte traduit par M.E. LAKER, Mowbrays, Cistercian Publications, 1974 (Cistercian Fathers, n° 5).

—, *La Vie de recluse. La Prière pastorale,* texte édité et traduit par CH. DUMONT, Paris, Cerf, 1961 (Sources Chrétiennes, n° 76).

—, *Dialogus de anima, CCCM* I, p. 683-754 et C.H. TALBOT (éd.), Londres, Warburg Institute, 1952 (Medieval and Renaissance Studies, Suppl. I).

—, *Sermones I-XLVI. Collectio Claraevallensis prima et secunda,* G. RACITI (éd.), Turnhout, Brepols, 1989 (*CCCM* IIA).
Traduction : *Sermons pour l'année. Première collection de Clairvaux,* texte traduit par G. DE BRIEY, Abbaye Notre-Dame-du-Lac, 1997-2002 (coll. Pain de Cîteaux, série 3, n° 11, 12 et 18).

—, *Sermones XLVII-LXXXIV (Collectio Dunelmensis – Collectio Lincolnensis),* G. RACITI (éd.), Turnhout, Brepols, 2001 (*CCCM* IIB).

—, *Sermones de Oneribus, PL* 195, col. 361-500.

—, *Sermones inediti,* C.H. TALBOT (éd.), Rome, 1952 (Series *Scriptorum S. Ordinis Cisterciensis,* I).
Traduction : *Homélies pour l'année liturgique,* 1re partie, texte traduit par P.-G. TRUDEL, Abbaye Notre-Dame-du-Lac, 1997 (coll. Voix Monastiques, n° 10).

—, *De Sanctimoniali de Watton, PL* 195, col. 789-796.
Traduction : BOSWELL J., *Au bon cœur des inconnus. Les enfants abandonnés de l'Antiquité à la Renaissance,* Paris, Gallimard, NRF, 1993 (coll. Bibliothèque des Histoires), p. 320-328.

—, *Treatrises I : On Jesus at the Age of Twelve; Rule for a Recluse; The Pastoral Prayer*, Kalamazoo, Cistercian Publications, 1971 (Cistercian Fathers, n° 2).

ALCHER DE CLAIRVAUX (PSEUDO), *De spiritu et anima*, PL 40, col. 779-832.

BERNARD DE CLAIRVAUX, *Sancti Bernardi Opera*, 8 volumes, J. LECLERCQ, H.-M. ROCHAIS et C.H. TALBOT (éd.), Rome, Editiones Cistercienses, 1957-1977.

—, *Sermones super Cantica canticorum*, SBO, vol. I, 1957 et vol. II, 1958.

—, *Sermons sur le Cantique des cantiques*, texte traduit par P. VERDEYEN et R. FASSETTA, Paris, Cerf, 1996 (Sources Chrétiennes, n° 414), 1998 (Sources Chrétiennes, n° 431), 2000 (Sources Chrétiennes, n° 452) et 2003 (Sources Chrétiennes, n° 472).

—, *Tractatus et opuscula*, SBO, vol. III, 1963.

—, *Sermones per annum*, SBO, *Sermones I*, vol. IV, 1966 et *Sermones II*, vol. V, 1968. Traduction : *Sermons pour l'année*, texte traduit par P.-Y. ÉMERY, Brepols, Les Presses de Taizé, 1990.

—, *Sermons pour l'année*, tomes I.1 et I.2, introduction par M. LAMY, traduction par M.-I. HUILLE et notes par A. SOLIGNAC, Paris, Cerf, 2004 (Sources Chrétiennes, n° 480-481).

—, *Sermones varii*, SBO, *Sermones III*, vol. VI-I, 1970, p. 1-55.

—, *Sermones de diversis*, SBO, *Sermones III*, vol. VI-I, 1970, p. 59-406. Traduction : *Sermons divers*, texte traduit par P.-Y. ÉMERY, Paris, *Cisterciensia*, I-II, 1982.

—, *Sententiae*, SBO, *Sermones III*, vol. VI-II, p. 1-255.

—, *Parabolae*, SBO, *Sermones III*, vol. VI-II, p. 257-303.

—, *Epistuale*, SBO, vol. VII, 1974 et vol. VIII, p. 1977.

—, *Lettres*, tomes 1 et 2, texte traduit par H. ROCHAIS, Paris, Cerf, 1997 (Sources Chrétiennes, n° 425) et 2001 (Sources Chrétiennes, n° 458).

—, *L'Amour de Dieu. La Grâce et le libre arbitre*, texte édité et traduit par F. CALLEROT, J. CHRISTOPHE, M.-I. HUILLE, P. VERDEYEN, Paris, Cerf, 1993 (Sources Chrétiennes, n° 393).

—, *À la louange de la Vierge Marie*, texte établi et traduit par M.-I. HUILLE et J. REGNARD, Paris, Cerf, 1993 (Sources Chrétiennes, n° 390).

Dulcis Jesu memoria, texte édité par CH. DUMONT et traduit par M. COUNE dans *Saint Aelred de Rievaulx. Le Miroir de la charité*, Journées d'études – abbaye de Scourmont (5-9 octobre 1992), Hommage au P. Charles Dumont, *Collectanea Cisterciensia*, 55-1 et 2 (1993), p. 239-243.

Einmütig in der Liebe. Die frühesten Quellentexte von Cîteaux. Antiquissimi Textus Cistercienses, H. BREM. et A.M. ALTERMATT (éd.), Turnhout, Brepols, 1998.

GILBERT DE HOYLAND, *Sermones in Canticum Salomonis*, PL 184, col. 11-252. Traduction : *Sermons sur le Cantique des cantiques*, texte traduit par P.-Y. ÉMERY, Abbaye Notre-Dame-du-Lac, 1994 (coll. Pain de Cîteaux, série 3, n° 6) et 1995 (n° 7).

GUERRIC D'IGNY, *Sermons*, I et II, texte établi par J. MORSON et H. COSTELLO, traduit par PL. DESEILLE (s.d.), Paris, Cerf, 1970 (Sources Chrétiennes, n° 166) et 1973 (Sources Chrétiennes, n° 202).

GUILLAUME DE SAINT-THIERRY, *La Contemplation de Dieu*, texte édité et traduit par J. HOURLIER, Paris, Cerf, 1999 (Sources Chrétiennes, n° 61 bis).

—, *La nature et la dignité de l'amour*, dans *Deux Traités de l'amour de Dieu*, M.-M. DAVY (éd.), Paris, Vrin, 1953, p. 70-136.

—, *De Natura corporis et animae*, texte édité et traduit par M. LEMOINE, Paris, Les Belles Lettres, 1988 (coll. auteurs latins du Moyen Âge).

—, *Deux traités sur la foi. Le Miroir de la foi. L'Énigme de la foi*, texte établi et traduit par M.-M. DAVY, Paris, Vrin, 1959 (Bibliothèque des textes philosophiques).

—, *Oraisons méditatives*, texte édité et traduit par J. HOURLIER, Paris, Cerf, 1985 (Sources Chrétiennes, n° 324).

—, *Lettre aux frères du Mont-Dieu (Lettre d'or)*, texte édité et traduit par J. DÉCHANET, Paris, Cerf, 1985 (Sources Chrétiennes, n° 223).

—, *De Sacramento altaris*, PL 180, col. 345-366.

—, *Commentarius in Cantica canticorum e scriptis sti Ambrosii*, PL 15, col. 1947-2060.

—, *Excerpta ex libris sti Gregorii papae super Cantica canticorum*, PL 180, col. 441-474.

—, *Disputatio adversus Petrum Abaelardum*, PL 180, col. 249-282.

—, *De Erroribus Guillelmi de Conchis*, PL 180, col. 333-341.

Traduction: *L'École de Chartres (Bernard de Chartres, Guillaume de Conches, Thierry de Chartres, Clarembaud d'Arras). Théologie et cosmologie au XIIe siècle*, textes traduits et présentés par M. LEMOINE et CL. PICARD-PARRA, Paris, Les Belles Lettres, 2004 (coll. Sagesses médiévales), p. 183-197.

—, *Vita Bernardi Claraevallensis (vita prima), liber primus*, PL 185, col. 225-268.

—, *Exposé sur le Cantique des cantiques*, texte édité par J. DÉCHANET et traduit par M. DUMONTIER, Paris, Cerf, 1998 (Sources Chrétiennes, n° 82).

—, *Expositio super epistulam ad Romanos*, P. VERDEYEN (éd.), Turnhout, Brepols, 1989 (*CCCM* 86).

ISAAC DE L'ÉTOILE, *Sermons*, I, texte établi par A. HOSTE, traduit par G. SALET, Paris, Cerf, 1967 (Sources Chrétiennes, n° 130) et II-III, texte établi par A. HOSTE et G. RACITI, traduit par G. SALET et G. RACITI, Paris, Cerf, 1974 (Sources Chrétiennes, n° 207) et 1987 (Sources Chrétiennes, n° 339).

—, *Epistula de anima*, PL 202, col. 1083-1098.

WALTER DANIEL, *The Life of Ailred of Rievaulx*, texte latin traduit par F.M. POWICKE, Londres, Thomas Nelson and sons Ltd, 1950.

Traductions: *The Life of Aelred of Rievaulx*, traduction et notes par F.M. POWICKE, introduction par M. DUTTON, Kalamazoo, Cistercian Publications, 1994 (Cistercian Fathers, n° 57).
La Vie d'Aelred, abbé de Rievaulx, introduction, traduction, notes et index par P.-A. BURTON, Abbaye Notre-Dame-du-Lac, 2003 (coll. Pain de Cîteaux, série 3, n° 19).

Autres sources

ALEXANDRE DE CANTERBURY, *Memorials of Saint Anselm*, dans *Auctores Britannici Medii Aevi*, I, R.W. SOUTHERN et F. SCHMITT (éd.), 1969.

AMBROISE DE MILAN, *Traité sur l'Évangile de saint Luc*, tomes 1 et 2, texte traduit par G. TISSOT, Paris, Cerf, 1971 (Sources Chrétiennes, n° 45 bis) et 1976 (Sources Chrétiennes, n° 52 bis).

—, *Les Devoirs*, 2 tomes, texte établi et traduit par M. TESTARD, Paris, Les Belles Lettres, (tome I, 1984; tome II, 1992).

—, *De Abraham*, C. SCHENKL (éd.), Vienne, F. Tempsky, 1896 (*CSEL* 32, 1).

ANSELME DE CANTORBÉRY, *L'Accord de la prescience, de la prédestination et de la grâce de Dieu avec le libre choix. Prières et méditations*, texte établi par F. SCHMITT, traduit par M. CORBIN et H. ROCHAIS, Paris, Cerf, 1988 (L'Œuvre d'Anselme de Cantorbéry, tome V), p. 149-243.

APULÉE, *Les Métamorphoses*, tomes I-II, texte établi par D.S. ROBERSTON et traduit par P. VALLETTE, Paris, Belles Lettres, 1940.

ARISTOTE, *Éthique à Nicomaque*, Introduction, notes et index par J. TRICOT, Paris, Vrin, 1987.

—, *De l'Âme*, traduction de R. Bodéüs, Paris, GF-Flammarion, 1993.

Arnobe l'Ancien, *Contre les Gentils*, Paris, Les Belles Lettres, 1982.

Augustin, *De Musica*, PL 32, col. 1079-1194.

—, *Confessions*, 2 tomes, texte établi et traduit par P. de Labriolle, Paris, Les Belles Lettres, (tome I, livres I-VIII, 1998; tome II, livres IX-XIII, 1994).

—, *Les Confessions. Dialogues philosophiques*, Œuvres I, L. Jerphagnon (éd.), Paris, Gallimard, 1998 (coll. Bibliothèque de la Pléiade).

—, *La Cité de Dieu*, 3 tomes, traduit par G. Combès, Paris, Institut d'études augustiniennes, Nouvelle bibliothèque augustinienne, (tome I, livres I-IX, NBA 3, 1993; tome II-1, livres XI-XVIII, NBA 4, 1, 1994; tome II-2, livres XIX-XXII, NBA 4, 2, 1995).

—, *De Sancta virginitate*, J. Zycha (éd.), Vienne, F. Tempsky, 1900 (CSEL 41).

—, *In Johannis Evangelium tractatus CXXIV*, A. Mayer (éd.), Turnhout, Brepols, 1954 (CCSL 36).

—, *La Trinité*, livres VIII-XV, traduction par P. Agaësse, Institut d'études augustiniennes, 1997 (Œuvres de saint Augustin, Bibliothèque Augustinienne, n° 16).

—, *De Diversis questionibus octoginta tribus*, A. Mutzenbecher (éd.), Turnhout, Brepols, 1975 (CCSL 44A).

—, *Quaestiones Evangeliorum*, A. Mutzenbecher (éd.), Turnhout, Brepols, 1980 (CCSL 44B).

—, *Enarrationes in Psalmos*, D.E. Dekkers et J. Fraipont (éd.), Turnhout, Brepols, 1956 (CCSL 38-39-40).

—, *De Genesi ad litteram libri duodecim*, J. Zycha (éd.), Vienne, F. Tempsky, 1894 (CSEL 28, 1).

—, *De Gratia Christi et de peccato originali*, C.-F. Urba et J. Zycha (éd.), Vienne, F. Tempsky, 1902 (CSEL 42).

—, *Epistolae*, A. Goldbacher (éd.), Vienne, F. Tempsky, 1895-1923 (CSEL 34,1; 34,2; 44; 57; 58).

—, *Sermones*, C. Lambot (éd.), Turnhout, Brepols, 1961 (CCSL 41) et PL 38-39.

Aulu-Gelle, *Les Nuits attiques*, tome I, livres I-IV, texte établi et traduit par R. Marache, Paris, Les Belles Lettres, 1967 et tome IV, livres XVI-XX, texte établi et traduit par Y. Julien, Paris, Les Belles Lettres, 1998.

Basile de Césarée, *Regulae fusius tractatae*, PG 31, col. 889-1052.

Benoît de Nursie, *La Règle de saint Benoît*, texte établi par A. de Vogüé, Paris, Cerf, 1971-1972 (Sources Chrétiennes, n° 181-186).

Biblia sacra juxta vulgatam versionem, R. Weber, B. Fischer, J. Gribomont, H.F.D. Sparks, W. Thiele (éd.), Stuttgart, 1975.

Boèce, *Philosophiae Consolatio*, L. Bierler (éd.), Turnhout, Brepols, 1957 (CCSL 94). Traduction: *Consolation de la Philosophie*, traduit par C. Lazam, Paris, Rivages poche, 1989.

Bonaventure, *Commentaire sur les Sentences*, dans *Opera omnia*, tomes II et III, Collegium S. Bonaventurae (éd.), Ad Claras Aquas, Quarracchi, 1882-1902.

Cicéron, *L'Amitié*, texte établi par R. Combès, Paris, Les Belles Lettres, 1993 et Paris, Les Belles Lettres, 1996 (coll. Classiques en Poche).

—, *De l'Invention*, texte établi et traduit par G. Achard, Paris, Les Belles Lettres, 1994.

—, *Du Destin*, texte établi et traduit par A. Yon, Paris, Les Belles Lettres, 1991.

—, *Tusculanes*, tome II, texte établi par G. Fohlen et traduit par J. Humbert, Paris, Les Belles Lettres, 1931.

Claudien Mamert, *De Statu animae*, A. Engelbrecht (éd.), Vienne, F. Tempsky, 1885 (CSEL 11).

Clément d'Alexandrie, *Les Stromates*, tome II, texte édité et traduit par Cl. Mondésert, Paris, 1954 (Sources Chrétiennes, n° 38)

et tome VI, texte établi et traduit par
P. Descourtieux, Paris, Cerf, 1999 (Sources
Chrétiennes, n° 446).

Diogène Laërce, *Vies et opinions des
philosophes*, dans *Les Stoïciens*, I,
P.-M. Schuhl (éd.), *op. cit.*, p. 11-83.

Évagre le Pontique, *Traité pratique*, I-II,
texte édité et traduit par A. Guillaumont
et Cl. Guillaumont, Paris, Cerf, 1971
(Sources Chrétiennes, n° 170-171).

Galien, *L'Âme et ses passions*, introduction,
traduction et notes par V. Barras,
T. Birchler, A.-F. Morand, Paris, Les
Belles Lettres, 1995 (coll. La Roue à
Livres).

Grégoire de Nazianze, *Discours*, PG 35,
col. 395-1252.

Grégoire de Nysse, *Traité de la virginité*,
texte édité et traduit par M. Aubineau,
Paris, Cerf, 1966 (Sources Chrétiennes,
n° 119).

—, *De Hominis opificio*, PG 44, col. 123-
256.

—, *L'Image*, dans « Le *De Imagine* de
Grégoire de Nysse traduit par Jean Scot
Érigène », M. Cappuyns (éd.), *Recherches
de théologie ancienne et médiévale*, 32
(1965), p. 205-262.

Grégoire le Grand, *Moralia in Job*,
livres I-X, M. Adriaen (éd.), Turnhout,
Brepols, 1979 (*CCSL* 143).

—, *Homélies sur Ézéchiel*, I et II, texte
établi par Ch. Morel, Paris, Cerf, 1986
(Sources Chrétiennes, n° 327) et 1990
(Sources Chrétiennes, n° 360).

Guibert de Nogent, *Autobiographie*, texte
établi et traduit par E.-R. Labande, Paris,
Les Belles Lettres, 1981.

—, *Moralia in Genesin*, PL 156, col. 31-
337.

—, *Tropologiae in Osee, Amos et Jeremiam*,
PL 156, col. 337-489.

Homère, *Iliade*, texte traduit par F. Mugler,
Paris, Actes Sud, 1995 (coll. Babel,
n° 171).

Hugues de Saint-Victor, *De Sacramentis
christianae fidei*, PL 176, col. 173-618.

—, *De Unione corporis et animae*, PL 177,
col. 285-295.

Jean Cassien, *Institutions cénobitiques*, texte
établi et traduit par J.-Cl. Guy, Paris,
Cerf, 1965 (Sources Chrétiennes, n° 109).

—, *Conférences*, texte établi et traduit par
E. Pichery, Paris, Cerf, 1966 (Sources
Chrétiennes, n° 42 et 54) et 1971 (Sources
Chrétiennes, n° 64).

Jérôme, *Lettres*, 8 tomes, texte établi et
traduit par J. Labourt, Paris, Les Belles
Lettres, (tome I, 1982 ; tome II, 1951 ;
tome III, 1953 ; tome IV, 1957 ; tome
V, 1955 ; tome VI, 1958 ; tome VII, 1961 ;
tome VIII, 1963).

—, *Commentaire sur saint Matthieu*, tome
I, texte établi et traduit par É. Bonnard,
Paris, Cerf, 1977 (Sources Chrétiennes,
n° 242).

Kant E., *Anthropologie du point de vue
pragmatique*, texte traduit par
M. Foucault, Paris, Vrin, 1994.

La Règle du Maître, texte établi par A. de
Vogüé, Paris, Cerf, 1964-1965 (Sources
Chrétiennes, n° 105-107).

Lactance, *Institutions divines*, introduction,
texte critique, traduction et notes par
P. Monat, Paris, Cerf, livre I, 1986 (Sources
Chrétiennes, n° 326) ; livre II, 1987
(Sources Chrétiennes, n° 337) ; livre IV,
1992 (Sources Chrétiennes, n° 377) ;
livre V-I, 2000 (Sources Chrétiennes,
n° 204) et livre V-II, 1973 (Sources
Chrétiennes, n° 205). Livre VI, PL 6, col.
629-732.

—, *Épitomé des* Institutions divines, texte
édité et traduit par M. Perrin, Paris, Cerf,
1987 (Sources Chrétiennes, n° 335).

—, *L'Ouvrage du Dieu créateur*, tome I,
texte édité et traduit par M. Perrin, Paris,
Cerf, 1974 (Sources Chrétiennes, n° 213)
et tome II, index par M. Perrin, 1974
(Sources Chrétiennes, n° 214).

—, *La Colère de Dieu*, texte édité et traduit par CH. INGREMEAU, Paris, Cerf, 1982 (Sources Chrétiennes, n° 289).

—, *De la Mort des persécuteurs*, texte édité et traduit par J. MOREAU, Paris, Cerf, 1954 (Sources Chrétiennes, n° 89).

—, *Opera omnia*, S. BRANDT et G. LAUBMANN (éd.), Vienne, F. Tempsky, 1893 (*CSEL* 27, 1).

LÉON LE GRAND, *Sermons*, II-IV, texte établi par R. DOLLE, Paris, Cerf, 1969 (Sources Chrétiennes, n° 49) ; 1961 (Sources Chrétiennes, n° 74) ; 1973 (Sources Chrétiennes, n° 200).

Les Stoïciens, 2 tomes, P.-M. SCHUHL (éd.), Paris, Gallimard, TEL, 1997 [1re édition 1962].

MACAIRE (PSEUDO), *Œuvres spirituelles. 1, Homélies propres à la collection III*, texte édité et traduit par V. DESPREZ, Paris, Cerf, 1980 (Sources Chrétiennes, n° 275).

ORIGÈNE, *Commentaire sur l'Évangile selon saint Matthieu*, tome I, livres X et XI, introduction, traduction et notes par R. GIROD, Paris, Cerf, 1970 (Sources Chrétiennes, n° 162).

—, *Traité des principes*, tome III, livres III et IV, introduction, texte critique de la *Philocalie* et de la version de Rufin, traduction par H. CROUZEL et M. SIMONETTI, Paris, Cerf, 1980 (Sources Chrétiennes, n° 268).

OVIDE, *Les Métamorphoses*, tome II, texte établi et traduit par G. LAFAYE, Paris, Les Belles Lettres, 1970.

PHILON D'ALEXANDRIE, *De Specialibus legibus*, introduction, traduction et notes par A. MOSÈS, Paris, Cerf, 1970 (Les Œuvres de Philon d'Alexandrie, n° 25).

—, *De Abrahamo*, introduction, traduction et notes par J. GOREZ, Paris, Cerf, 1966 (Les Œuvres de Philon d'Alexandrie, n° 20).

PIERRE DE BLOIS, *Un Traité de l'amour du XIIe siècle : Pierre de Blois*, M.-M. DAVY (éd), Paris, de Boccard, 1932.

PIERRE LOMBARD, *Commentaria in Epistolas Pauli*, *PL* 191, col. 1297-1696.

—, *Commentaria in Psalmos*, *PL* 191, col. 61-1297.

PIERRE ABÉLARD, *Éthique*, dans *Peter Abelard's Ethics*, D.E. LUSCOMBE (éd.), Oxford, Clarendon Press, 1971 (Oxford Medieval Texts, 6).

PLATON, *Le Banquet. Phèdre*, texte traduit par É. CHAMBRY, Paris, GF-Flammarion, 1964.

—, *Timée*, texte traduit par É. CHAMBRY, Paris, GF-Flammarion, 1969.

—, *La République*, texte traduit par R. BACCOU, Paris, GF-Flammarion, 1966.

PLINE L'ANCIEN, *Histoire naturelle*, texte établi, traduit et commenté par A. ERNOUT, Paris, Les Belles Lettres, livre VIII (1952) et livre X (1961).

PLINE LE JEUNE, *Panégyrique de Trajan*, texte établi et traduit par M. DURRY, Paris, Les Belles Lettres, 1947.

—, *Lettres*, tome II, texte établi et traduit par A.-M. GUILLEMIN, Paris, Les Belles Lettres, 1962 et tome IV, texte établi et traduit par M. DURRY, Paris, Les Belles Lettres, 1964.

PLUTARQUE, *Contradictions des stoïciens*, dans *Les Stoïciens*, I, P.-M. SCHUHL (éd.), *op. cit.*, p. 85-134.

QUINTILIEN, *Institution oratoire*, 7 tomes, texte établi et traduit par J. COUSIN, Paris, Les Belles Lettres, (tomes I et II, 1975 ; tome III, 1976 ; tome IV, 1977 ; tome V, 1978 ; tome VI, 1979 ; tome VII, 1980).

RICHARD DE SAINT-VICTOR, *De Statu interioris hominis post lapsum*, *PL* 196, col. 1115-1159.

—, *Liber exceptionum*, publié par J. CHÂTILLON, Paris, Vrin, 1958 (Textes philosophiques du Moyen Âge, n° 5).

—, *Les Quatre degrés de la violente charité*, texte édité et traduit par G. DUMEIGE, Paris, Vrin, 1955 (Textes philosophiques du Moyen Âge, n° 3).

—, *Les Douze patriarches ou Benjamin minor*, texte établi et traduit par J. CHÂTILLON et M. DUCHET-SUCHAUX, Paris, Cerf, 1997 (Sources Chrétiennes, n° 419).

SALLUSTE, *Catilina*, texte établi et traduit par A. ERNOUT, Paris, Les Belles Lettres, 1964.

SÉNÈQUE, *Dialogues*, I, *De la colère*, texte établi et traduit par A. BOURGERY, Paris, Les Belles Lettres, 1971.
—, *Dialogues*, IV, *La Constance du sage*, texte établi et traduit par R.I. WALTZ, Paris, Les Belles Lettres, 1959.
—, *Lettres à Lucilius*, 5 tomes, texte établi par F. PRÉCHAC et traduit par H. NOBLOT, Paris, Les Belles Lettres, 1959-1964.
—, *Entretiens. Lettres à Lucilius*, Paris, Robert Laffont, 1993 (coll. Bouquin).

SPINOZA, *Éthique*, texte traduit par CH. APPUHN, Paris, GF-Flammarion, 1965.

STACE, *Silves*, tome I, texte établi par H. FRÈRE et traduit par H.J. IZAAC, Paris, Les Belles Lettres, 1944.

TERTULLIEN, *De Anima*, J.H. WASZINK (éd.), Amsterdam, J.-M. Meulenhoff, 1947.
—, *Les Spectacles*, texte édité et traduit par M. TURCAN, Paris, Cerf, 1986 (Sources Chrétiennes, n° 332).

THOMAS D'AQUIN, *Summa theologica*, P. CARAMELLO (éd.), Turin-Rome, Marietti, 1952-1956.
Traduction : *Somme théologique*, Paris, Cerf, 1984.

VIRGILE, *Énéide*, livres I-VI, texte établi par H. GOELZER et traduit par A. BELLESSORT, Paris, Les Belles Lettres, 1925.

TRAVAUX

ALEXANDRE J., *Une Chair pour la gloire : l'anthropologie réaliste et mystique de Tertullien*, Paris, Beauchesne, 2001 (coll. Théologie historique, n° 115).

Anger's Past. The Social Uses of an Emotion in the Middle Ages, B.H. ROSENWEIN (éd.), Ithaca et Londres, Cornell University Press, 1998.

AVERILL J.R., « A Contructivist View of Emotions », dans R. PLUTCHIK et H. KELLERMAN (éd.), *Emotion, Theory, Research, and Experience : Theories of emotions*, vol. 1, New York, Academic Press, 1980, p. 305-340.

BAILEY D.S., *Homosexuality and the Western Christian Tradition*, Londres, Longmans, Green, 1955.

BALADIER CH., *Erôs au Moyen Âge. Amour, désir et « delectatio morosa »*, Paris, Cerf, 1999 (coll. Histoire).

BALDWIN J.W., « Five Discourses on Desire : Sexuality and Gender in Northern France around 1200 », *Speculum*, 66 (1991), p. 797-819.

BANATEANU A., *La Théorie stoïcienne de l'amitié. Essai de reconstruction*, Paris, Cerf, 2001 (Vestigia, n° 27).

BARNES T.D., *Tertullian*, Oxford, Clarendon Press, 1971.

BARON R., « Hugues de Saint-Victor », *Dictionnaire de spiritualité*, VII, col. 901-939.

BASCHET J., *Le Sein du père. Abraham et la paternité dans l'Occident médiéval*, Paris, Gallimard, 2000 (coll. Le Temps des Images).

BAUDELET Y.-M., *L'Expérience spirituelle selon Guillaume de Saint-Thierry*, Paris, Cerf, 1986.

BECQUET J., « L'érémitisme clérical et laïque dans l'Ouest de la France », dans *L'Eremitismo in Occidente nei secoli XI e XII. Atti della seconda settimana internazionale di studio*, Mendola, 30 août – 6 septembre 1962, Milan, 1965, p. 182-203.

BELL D.N., «The Tripartite Soul and the Image of God in the Latin Tradition», *Recherches de théologie ancienne et médiévale*, 47 (1980), p. 16-52.

—, *The Image and Likeness. The Augustinian Spirituality of William of Saint-Thierry*, Kalamazoo, Cistercian Publications, 1984 (Cistercian Studies, n° 78).

BÉRENGER-BADEL A., «Les critères de compétence dans les lettres de recommandation de Fronton et de Pline le Jeune», *Revue des études latines*, 78 (2000), p. 164-179.

BERMAN C., *The Cistercian Evolution : The Invention of a Religious Order in the Twelfth-Century Europe*, Philadelphie, University Press, 2000.

Bernard de Clairvaux. Histoire, mentalités, spiritualité, Colloque de Lyon-Cîteaux-Dijon, Paris, Cerf, 1992 (Sources Chrétiennes, n° 380).

BLANPAIN J., «Langage mystique, expression du désir dans les *Sermons sur le Cantique des cantiques* de Bernard de Clairvaux», *Collectanea cisterciensia*, 36 (1974), p. 45-68 et 225-247 ; 37 (1975), p. 145-166.

BLOCH M., *La Société féodale*, Paris, Albin Michel, 1994 [1re édition 1939] (coll. Bibliothèque de l'«Évolution de l'Humanité»).

BLONDEL CH., *Introduction à la psychologie collective*, Paris, Armand Colin, 1928.

BOQUET D., «De l'enfant-Dieu à l'homme-enfant : regards sur l'enfance et la psychologie de l'adulte chez Aelred de Rievaulx (1110-1167)», *Médiévales*, 36 (printemps 1999), p. 129-143.

—, «Le sexe des émotions. Principe féminin et identité affective chez Guerric d'Igny et Aelred de Rievaulx», dans *Au Cloître et dans le monde. Femmes, hommes et sociétés (IXe-XVe siècle)*, P. HENRIET et A.-M. LEGRAS (éd.), Paris, Presses de l'Université de Paris-Sorbonne, 2000 (Cultures et civilisations médiévales, n° XXIII), p. 367-378.

—, *L'Ordre de l'affect au Moyen Âge. Autour de la notion d'*affectus*-*affectio *dans l'anthropologie cistercienne au XIIe siècle*, thèse de doctorat, s.d. P. L'Hermite-Leclercq, Paris IV – Sorbonne, 2002, 2 vol. (dactyl.).

—, «Le libre arbitre comme image de Dieu : l'anthropologie volontariste de Bernard de Clairvaux», *Collectanea cisterciensia*, 65 (2003/3), p. 179-192 ou http://www.citeaux.net/collectanea/Boquet.pdf.

—, compte-rendu de R. MacMullen, *Feelings in History, Ancient and Modern*, Claremont, Regina Books, 2003, *Bryn Mawr Classical Review*, avril 2004, http://ccat.sas.upenn.edu/bmcr/2004/2004-04-19.html.

BOSWELL J., *Christianisme, tolérance sociale et homosexualité. Les homosexuels en Europe Occidentale des débuts de l'ère chrétienne au XIVe siècle*, Paris, Gallimard, NRF, 1985 [édition originale 1980] (coll. Bibliothèque des Histoires).

—, *Au bon cœur des inconnus. Les enfants abandonnés de l'Antiquité à la Renaissance*, Paris, Gallimard, NRF, 1993 [édition originale 1988] (coll. Bibliothèque des Histoires).

—, *Same-Sex Unions in Premodern Europe*, New York, Villard Books, 1994.

BOULARAND E., «Désintéressement», *Dictionnaire de spiritualité*, III, col. 550-591.

BOUREAU A., «Propositions pour une histoire restreinte des mentalités», *Annales ESC*, 44 (1989/6), p. 1491-1504.

—, «Un royal individu», *Critique*, 52 (1996), p. 845-857.

—, *La Loi du royaume. Les moines, le droit et la construction de la nation anglaise (XIe-XIIIe siècles)*, Paris, Les Belles Lettres, 2001 (coll. Histoire).

BREDERO A.H., *Bernard of Clairvaux. Between Cult and History*, Grand Rapids, W.B. Eerdmans Publishing Company, 1996.

BRÉHIER É., *Chrysippe et l'ancien stoïcisme*, Paris, PUF, 1951.

BRÉSARD L., «Aelred de Rievaulx et Origène», *Recherches et tradition, mélanges patristiques offerts à Henri Crouzel*, vol. XVI, Paris, Beauchesne, 1992, p. 21-46.

BROOKE C.N.L., *The Medieval Idea of Marriage*, Oxford, 1989.

BROOKE O., *Studies in Monastic Theology*, Kalamazoo, Cistercian Publications, 1980 (Cistercian Studies, n° 37).

BROWN P., *La Vie de Saint Augustin*, Paris, Seuil, 1971 [édition originale 1967 ; nouvelle édition française augmentée 2001 (coll. Points Histoire)].

—, *Genèse de l'Antiquité tardive*, Paris, Gallimard, 1983 [édition originale 1978] (coll. Bibliothèque des Histoires).

—, *Le Renoncement à la chair. Virginité, célibat et continence dans le christianisme primitif*, Paris, Gallimard, NRF, 1995 [édition originale 1988] (coll. Bibliothèque des Histoires).

BRUNDAGE J.A., *Law, Sex and Christian Society in Medieval Europe*, Chicago et Londres, The University of Chicago Press, 1990.

BULLOUGH V.L., *Sexual Variance in Society and History*, New York, J. Willey and Sons, 1976.

BURNABY J., Amor Dei : *A Study of the Religion of Saint Augustine*, Londres, Hodder and Stoughton, 1938.

BURTON P.-A., «Aelred face à l'histoire et à ses historiens. Autour de l'actualité aelrédienne», *Collectanea cisterciensia*, 58 (1996), p. 161-193.

—, *Bibliotheca Aelrediana Secunda. Une bibliographie cumulative (1962-1996)*, Louvain-la-Neuve, Fédération Inter-nationale des Instituts d'Études Médiévales, 1997 (Textes et études du Moyen Âge, n° 7).

BYNUM C.W., *Jesus as Mother : Studies in the Spirituality of the High Middle Ages*, Berkeley-Londres, University of California Press, 1982.

CANNING R., «The Augustinian *uti/frui* Distinction in the Relation between Love for Neighbor and Love for God», *Augustinia*, 33 (1983), p. 165-231.

CANTIN S., «Les puissances et les opérations de l'âme végétative dans la psychologie d'Aristote », *Laval théologique et philosophique*, 2 (1946), p. 25-35.

—, «L'âme sensitive d'après le *De Anima* d'Aristote », *Laval théologique et philosophique*, 3 (1947), p. 149-176.

—, «L'intelligence selon Aristote», *Laval théologique et philosophique*, 4 (1948), p. 252-288.

CARRÉ Y., *Le Baiser sur la bouche au Moyen Âge. Rites, symboles, mentalités. XIᵉ-XVᵉ siècles*, Paris, Le Léopard d'Or, 1992.

CARRUTHERS M., Machina memorialis. *Méditation, rhétorique et fabrication des images au Moyen Âge*, Paris, Gallimard, NRF, 2002 (coll. Bibliothèque des Histoires).

CASEY M., *Athirst for God : Spiritual Desire in Bernard of Clairvaux's Sermons on the Song of Songs*, Kalamazoo, Cistercian Publications, 1988 (Cistercian Studies, n° 77).

—, «Le spirituel : les grands thèmes bernardins», dans *Bernard de Clairvaux. Histoire, mentalités, spiritualité, op. cit.*, p. 605-635.

CHÂTILLON J., «Les quatre degrés de la charité d'après Richard de Saint-Victor», *Revue d'ascétique et de mystique*, 20 (1939), p. 3-30.

—, «L'influence de saint Bernard sur la pensée scolastique au XIIᵉ et au XIIIᵉ siècles», dans *Saint Bernard théologien*, Actes du congrès de Dijon, 15 au 15 septembre 1953, *Analecta Sacri Ordinis Cisterciensis*, 9 (1953), p. 268-288.

CHÂTILLON J., GUILLAUMONT A. et LEFÈVRE A., «*Cor* et *cordis affectus*», *Dictionnaire de spiritualité*, II, col. 2278-2307.

CHENU M.-D., *L'Éveil de la conscience dans la civilisation médiévale*, Montréal, Institut d'Études Médiévales, Paris, Vrin, 1969.

—, *La Théologie au douzième siècle*, Paris, Vrin, 1976 (Études de Philosophie Médiévale, XLV).

—, «Les catégories affectives dans la langue de l'école», dans *Le Cœur*, Paris, Desclée de Brouwer, 1950 (Études Carmélitaines, vol. 29), p. 123-128.

CHIQUOT A., «Amis de Dieu», *Dictionnaire de spiritualité*, I, col. 493-500.

CHRISTOPHE V., *Les Émotions. Tour d'horizon des principales théories*, Villeneuve d'Ascq, Presses Universitaires du Septentrion, 1998.

CLANCHY M., *Abélard*, Paris, Flammarion, 2000 [édition originale 1997] (coll. Grandes Biographies).

Concordantiae Senecanae, BUSA R. et ZAMPOLLI A. (éd.), 2 vol., Hildesheim-New York, Georg Olms Verlag, 1975.

CONNOR E., «Saint Bernard's Three Steps of Thruth and Saint Aelred's Three Loves», *Cîteaux*, 42 (1991), p. 225-238.

CONSTABLE G., «Aelred of Rievaulx and the Nun of Watton : an Episode in the Early History of the Gilbertine Order», dans *Medieval Women*, D. BAKER (éd.), Oxford, 1978, p. 205-226.

—, *Religious Life and Thought (XIIth-XIIIth Centuries)*, Londres, Variorum Reprints, 1979.

—, *The Reformation of the Twelfth Century*, Cambridge, University Press, 1998.

COOPER L., *A Concordance of Boethius : the Five Theological Tractates and the Consolation of Philosophy*, Cambridge, Massachussetts, 1935.

DE CORTE M., «La définition aristotélicienne de l'âme», *Revue thomiste*, 45 (1939), p. 460-508.

COSNIER J., *Psychologie des émotions et des sentiments*, Paris, Retz, 1994.

COSTELLO H., «Gilbert de Hoyland», *Cîteaux*, 27 (1976), p. 109-121.

COURCELLE P., *Les Confessions de saint Augustin dans la tradition littéraire*, Paris, Études augustiniennes, 1963.

—, *Recherches sur les* Confessions *de saint Augustin*, Paris, de Boccard, 1968.

DAGENS CL., *Saint Grégoire le Grand. Culture et expérience chrétiennes*, Paris, 1977.

DARAKI M., «Les fonctions psychologiques du *logos* dans le Stoïcisme ancien», dans *Les Stoïciens et leur logique*, Actes du colloque de Chantilly 18 au 18 septembre 1976, Paris, 1978, p. 87-119.

DARWIN CH., *L'Expression des émotions chez l'homme et les animaux*, Paris, Rivages poche, 2001 [1re édition 1872] (coll. Petite Bibliothèque).

DAVY M.-M., *Théologie et mystique de Guillaume de Saint-Thierry*, Paris, Vrin, 1954.

DÉCHANET J.-M., «*Amor ipse intellectus est* : la doctrine de l'amour-intellection chez Guillaume de Saint-Thierry», *Revue du Moyen Âge latin*, 1 (1945), p. 349-374.

—, *Guillaume de Saint-Thierry. Aux sources d'une pensée*, Paris, Beauchesne, 1978 (coll. Théologie historique, n° 49).

DELFGAAUW P., *Saint Bernard. Maître de l'amour divin*, Paris, FAC-Éditions, 1994.

DELHAYE PH., «Deux adaptations du *De Amicitia* de Cicéron au XIIe siècle», *Recherches de théologie ancienne et médiévale*, 15 (1948), p. 304-331.

DEMOUSTIER A., «Le sens du mot *volonté* dans la tradition chrétienne», *Christus*, 36 (1989), p. 439-443.

DEREINE CH., «Ermites, reclus et recluses dans l'ancien diocèse de Cambrai entre Scarpe et Haine (1075-1125)», *Revue Bénédictine*, XCVII (1987), p. 289-313.

Dictionnaire historique de la langue française, A. REY (s.d.), Paris, Le Robert, 1992.

DILLON J. et TERIAN A., «Philo and the Stoic Doctrine of *Eupatheiai*», *Studia Philonica*, 4 (1976-1977), p. 17-24.

DREYER E., «*Affectus* in St. Bonaventure's Theology», *Franciscan studies* 42, n° 20 (1982), p. 5-20.

DUQ. ADAMS J., «[Review of] J. Boswell, *Christianity, Social Tolerance, and Homosexuality*», *Speculum*, 56 (1981), p. 350-355.

DUBY G., *Les Trois ordres ou l'imaginaire du féodalisme*, Paris, Gallimard, NRF, 1978 (coll. Bibliothèque des Histoires).

—, «La *Renaissance* du XIIᵉ siècle, audience et patronage», dans ID., *Mâle Moyen Âge*, Paris, Champs Flammarion, 1990, p. 180-202.

DUMEIGE G., *Richard de Saint-Victor et l'idée chrétienne de l'amour*, Paris, PUF, 1952.

DUMONT CH., «L'hymne *Dulcis Jesu memoria*. Le *Jubilus* serait-il d'Aelred de Rievaulx?», *Collectanea cisterciensia*, 55 (1993), p. 233-238.

—, *Une Éducation du cœur. La spiritualité de saint Bernard et de saint Aelred*, Abbaye Notre-Dame-du-Lac, 1996 (coll. Pain de Cîteaux, série 3, n° 10).

DURING E. (textes choisis et présentés par), *L'Âme*, Paris, GF Flammarion, 1997 (coll. Corpus).

DUTTON M.L., *An Edition of Two Middle English Translations of Aelred's* De Insitutione Inclusarum, Ph. D. dissertation, University of Michigan, 1981 (dactyl.).

—, «Getting Things the Wrong Way Round : Composition and Transposition in Aelred of Rievaulx's *De Institutione Inclusarum*», dans *Heaven on Earth*, E.R. ELDER (éd.), Kalamazoo, Cistercian Publications, Studies in Medieval Cistercian History IX, 1983 (Cistercian Studies Series, n° 68), p. 90-101.

—, «A Scholarly Scandal : Aelred of Rievaulx, John Boswell, and Homosexuality», communication présentée au Cistercian Studies Congress, en 1989.

—, «The Conversion of Aelred of Rievaulx : a Historical Hypothesis», dans *England in the Twelfth Century*, D. WILLIAMS (éd.), Woodbridge, Boydell and Brewer, 1990, p. 31-49.

—, «Aelred of Rievaulx on Friendship, Chastity and Sex. The Sources», *Cistercian Studies*, 29 (1994), p. 121-196.

—, «The Invented Sexual History of Aelred of Rievaulx : a Review Article», *The American Benedictine Review*, 47 (1996), p. 414-432.

EDELSTEIN L., «The Golden Chain of Homer», dans *Studies in Intellectual History Dedicated to Arthur O. Lovejoy*, Baltimore, 1953, p. 48-66.

EISEN MURPHY CL., «Aquinas on our Responsability for our Emotions», *Medieval Philosophy and Theology*, 8 (1999), p. 163-205.

ELDER E.R., «William of Saint-Thierry : Rational and Affective Spirituality», dans *The Spirituality of Western Christendom*, ID. (éd.), Kalamazoo, Cistercian Publications, 1976, p. 85-105.

—, «The Christology of William of Saint-Thierry», *Recherches de théologie ancienne et médiévale*, 58 (1991), p. 79-112.

ELIAS N., *La Civilisation des mœurs*, Paris, Calman-Lévy, Pocket, 1973 (coll. Agora).

ELKINS S., *Holy Women of Twelfth-Century England*, Chapell Hill-Londres, 1988.

Entretiens sur la renaissance au XIIᵉ siècle, M. de GANDILLAC et E. JEANNEAU (éd.), Paris-La Haye, Mouton, 1968.

ESLIN J.-CL., *Saint Augustin. L'homme occidental*, Paris, Michalon, 2002 (coll. Le bien commun).

ÉRIBON D., *Les Études gay et lesbiennes*, Paris, Editions du centre G. Pompidou, 1998.

EVANS G.R., «*Interior Homo* : Two Great Monastic Scholars on the Soul : Saint Anselm and Aelred of Rievaulx», *Studia Monastica*, 19 (1977), p. 57-73.

—, *A Concordance to the Works of Saint Anselm*, vol. I, New York, Krauss International Publications, Millwood, 1984.

—, *Bernard of Clairvaux*, New York-Oxford, Oxford University Press, 2000 (coll. Great Medieval Thinkers).

FASSETTA R., « Le mariage spirituel dans les sermons de saint Bernard sur le *Cantique* », *Collectanea cisterciensia*, 48 (1986), p. 155-180 et 251-265.

FEBVRE L., « La sensibilité et l'histoire. Comment reconstituer la vie affective d'autrefois? », *Annales ESC*, 3 (1941), p. 221-238.

FILLION-LAHILLE J., *Le De Ira de Sénèque et la philosophie stoïcienne des passions*, Paris, Klincksieck, 1984 (coll. Études et commentaires, n° 94).

FISKE A., « Saint Bernard of Clairvaux and Friendship », *Cîteaux*, 11 (1960), p. 5-26 et 85-103.

—, « William of Saint-Thierry and Friendship », *Cîteaux*, 12 (1961), p. 5-27.

—, « Saint Anselm and Friendship », *Studia Monastica*, 3 (1961), p. 259-290.

—, « Aelred of Rievaulx Idea of Friendship and Love », *Cîteaux*, 13 (1962), p. 5-17 et 97-132.

FOLLON J. et McEVOY J., *Sagesses de l'amitié. Anthologie de textes philosophiques anciens*, Paris, Cerf, 1997 (coll. Vestigia, n° 24).

—, *Sagesses de l'amitié II. Anthologie de textes philosophiques patristiques, médiévaux et renaissants*, Paris-Fribourg, Cerf-Editions Universitaires, 2003 (coll. Vestigia, n° 29).

FOUCAULT M., *Histoire de la sexualité. I. La volonté de savoir*, Paris, Gallimard, TEL, 1994 [1re édition 1976].

—, *Histoire de la sexualité. II. L'usage des plaisirs*, Paris, Gallimard, TEL, 1997 [1re édition 1984].

—, *Histoire de la sexualité. III. Le souci de soi*, Paris, Gallimard, TEL, 1997 [1re édition 1984].

—, *Dits et écrits II, 1976-1988*, D. DEFERT et F. EWALD (éd.), Paris, Gallimard, 2001 (coll. Quarto).

—, « Sexual Choice, Sexual Act », entretien avec J. O'Higgins, *Salmagundi*, 58-59 : *Sacrilege, Vision, Politics*, 1982, p. 10-24, traduit par F. DURAND-BOGAERT, « Choix sexuel, acte sexuel », dans M. FOUCAULT, *Dits et écrits II, op. cit.*, p. 1139-1154.

—, « Sexualité et solitude », traduit par F. DURAND-BOGAERT dans M. FOUCAULT, *Dits et écrits II, op. cit.*, p. 987-997.

—, « Le combat de la chasteté », *Communications : Sexualités occidentales*, n° 35 (mai 1982), p. 15-25 ; repris dans M. FOUCAULT, *Dits et écrits II, op. cit.*, p. 1114-1127.

—, *L'Herméneutique du sujet. Cours au Collège de France. 1981-1982*, Paris, Gallimard – Seuil, Hautes études, 2001.

FRAISSE J.-C., *Philia. La notion d'amitié dans la philosophie antique*, Paris, Vrin, 1974.

FREDE M., « The Stoic Doctrine of the Affections of the Soul », dans *The Norms of Nature. Studies in Hellenistic Ethics*, C. M. SCHOFIELD et G. STRIKER (éd.), Cambridge-Paris, 1986, p. 93-110.

FREUD S., *Métapsychologie*, Paris, Folio essais, 1968.

FRIEDMAN L.J., « Jean de Meun and Ethelred of Rievaulx », *Esprit créateur*, 2 (1962), p. 135-141.

FUMAT Y., « Apprendre à aimer : les gestes de la tendresse dans l'iconographie de la Vierge », dans *Éducation, apprentissages, initiation au Moyen Âge*, Montpellier, 1994, p. 165-172.

GASPAROTTO P.M., « De Cicerón a Cristo : la amistad espiritual en Elredo de Rieval », *Cuadernos Monásticos*, 23 (1988), p. 437-449.

GAUCHET M., *Le Désenchantement du monde. Une histoire politique de la religion*, Paris, Gallimard, NRF, 1985 (coll. Bibliothèque des Sciences Humaines).

GAUDEMET J., *Le Mariage en Occident*, Paris, Cerf, 1987.

GELSOMINO R., «S. Bernardo di Chiaravalle e il *De Amicitia* de Cicerone», *Studia anselmiana*, 43 (1958), p. 180-186.

GHISLAIN G., «À la recherche de la réponse juste : un novice interroge son père maître», *Collectanea cisterciensia*, 55 (1193), p. 78-109.

GILSON É., *La Philosophie au Moyen Âge*, Paris, Payot, 1999 [1re édition 1922].
—, *Introduction à l'étude de saint Augustin*, Paris, Vrin, 1969 [1re édition 1929].
—, *L'Esprit de la philosophie médiévale*, Paris, Vrin, 1978 [1re édition 1932].
—, *La Théologie mystique de saint Bernard*, Paris, Vrin, 1986 [1re édition 1934].
—, *Le Thomisme. Introduction à la philosophie de saint Thomas d'Aquin*, Paris, Vrin, 1997 [6e édition originale 1964] (Études de philosophie médiévale, I).

GLIBERT-THIRRY A., «La théorie stoïcienne de la passion chez Chrysippe et son évolution chez Posidonius», *Revue philosophique de Louvain*, 28 (1983), p. 393-435.

GOBRY I., *Guillaume de Saint-Thierry. Maître en l'art d'aimer*, Paris, François-Xavier de Guibert, 1998.

GOLDING B., *Gilbert of Sempringham and the Gilbertine Order, ca 1130 - ca 1300*, Oxford, Clarendon Press, 1995.

GOODICH M., *The Unmentionable Vice : Homosexuality in the Later Medieval Period*, Oxford, Clio Press, 1979.

GOUREVITCH A.J., *La Naissance de l'individu dans l'Europe médiévale*, Paris, Seuil, 1997.

GOURINAT J.-B., *Les Stoïciens et l'âme*, Paris, PUF, 1996 (coll. Philosophies).

GRAVER M., «Philo of Alexandria and the Origins of Stoic *Propatheiai*», *Phronesis*, 44 (1999), p. 300-325.

GREEN A., *Le Discours vivant. La conception psychanalytique de l'affect*, Paris, PUF, 2001 [1re édition 1973] (coll. Le fil rouge).

GRÉLOIS A., *«Homme et femme il les créa»* : *l'ordre cistercien et ses religieuses des origines au milieu du XIVe siècle*, thèse de doctorat, s.d. J. Verger, Université Paris IV – Sorbonne, 2003 (dactyl.).

GRIMAL P., *Sénèque ou la conscience de l'Empire*, Paris, Fayard, 1991.
—, «Le vocabulaire de l'intériorité dans l'œuvre philosophique de Sénèque», dans *La Langue latine, langue de la philosophie : actes du colloque de l'École Française de Rome*, n° 161, 1992, p. 141-160.

GROSSE M., «Dialog», dans *Der Neue Pauly. Enzyklopädie der Antike*, Stuttgart/Weimar, J.-B. Metzler, 1999, col. 829-836.

GUERREAU A., *L'Avenir d'un passé incertain. Quelle histoire du Moyen Âge au XXIe siècle?*, Paris, Seuil, 2001.

GUILLAUMONT A., «Un philosophe au désert : Evagre le Pontique», *Revue de l'histoire des religions*, 91 (1972), p. 28-56.

HAGENDAHL H., *Augustine and the Latin Classics*, Göteborg, Almqvist och Wiksell, 1967.

VAN HECKE L., *Le Désir dans l'expérience religieuse. L'homme réunifié, relecture de saint Bernard*, Paris, Cerf, 1990.

HENGELBROCK J. et LANZ J., «Examen historique du concept de passion», *Nouvelle revue de psychanalyse*, 21 (1980), p. 77-91.

HENRY P., *Plotin et l'Occident*, Louvain, Spicilegium Sacrum Lovaniense, XV, 1934.

HERRERA R.A., «Saint Augustine's *Confessions*. A prelude to psychoanalytic theory», *Augustiniana*, 39 (1989/4), p. 462-473.

HISS W., *Die Anthropologie Bernhards von Clairvaux*, Berlin, Quellen und Studien zur Geschichte der Philosophie 7, 1964.

HORNER T., *Homosexuality and the Judeo-Christian Tradition. An Annoted Bibliography*, Londres, The Scarecrow Press inc., 1981 (ATLA Bibliography Series, 5).

HYATTE R., *The Arts of Friendship. The Idealization of Friendship in Medieval and Early Renaissance Literature*, Leiden, E.J. Brill, 1994.

Index in S. Hieronymi epistulas, SCHWIND J. (éd.), Olms-Weidmann, Hildersheim, Zürich-New York, 1994.

INWOOD B., *Ethics and Human Action in Early Stoicism*, Oxford, Clarendon Press, 1985.
—, «Seneca and Psychological Dualism», dans *Passions and Perceptions : Studies in Hellenistic Philosophy of Mind. Proceedings of the Fifth Symposium Hellenisticum*, J. BRUNSCHWIG et M. NUSSBAUM (éd.), Cambridge-New York, Cambridge University Press, 1993, p. 150-183

VON IVANKA E., «L'union à Dieu : la structure de l'âme selon saint Bernard», dans *Saint Bernard théologien*, Actes du congrès de Dijon, 15 au 15 septembre 1953, *Analecta Sacri Ordinis Cisterciensis*, 9 (1953), p. 202-208.

JAEGER C.S., «L'amour des rois : structure sociale d'une forme de sensibilité aristocratique», *Annales ESC*, 3 (1991), p. 547-571.
—, *Ennobling Love. In Search of a Lost Sensibility*, Philadelphia, University of Pennsylvania Press, 1999.

JAVELET R., «Psychologie des auteurs spirituels du XIIᵉ siècle», *Revue de sciences religieuses*, 33 (1959), p. 18-64, 97-164, 209-268.
—, «Intelligence et amour chez les auteurs spirituels du XIIᵉ siècle», *Revue d'ascétique et de mystique*, 37 (1961), p. 273-290 et 429-450.
—, *Image et ressemblance au douzième siècle. De saint Anselme à Alain de Lille*, tome I : texte, tome II : notes, Paris, Letouzey & Ané, 1967.

JOCHENS J., «The Illicit Love Visit : an Archeology of Old Norse Sexuality», *Journal of the History of Sexuality*, 1 (1991), p. 357-392.

JOECKER J.-P., OVERD M. et SANZIO A., «Entretien avec M. Foucault», *Masques*, 13 (1982), p. 15-24, repris dans M. FOUCAULT, *Dits et écrits II, op. cit.*, p. 1105-1114.

JOHANSSON W. et PERCY W.A., «Homosexuality», dans *Handbook of Medieval Sexuality*, V.L. BULLOUGH et J.A. BRUNDAGE (éd.), New York et Londres, Garland Publishing, 1996, p. 155-189.

JONSSON E.M., «Le sens du titre *Speculum* aux XIIᵉ et XIIIᵉ siècles et son utilisation par Vincent de Beauvais», dans *Vincent de Beauvais : Intentions et réceptions d'une œuvre encyclopédique au Moyen Âge. Actes du colloque de l'Institut d'Études Médiévales (27-30 avril 1988)*, Paris, Bellarmin-Vrin, 1990 (Cahiers d'Études Médiévales, Cahier spécial, n° 4), p. 11-32.

KELLY J.N.D., *Jerome : His Life, Writings, and Controversies*, Peabody, Hendrickson Publishers, 2000 [1ʳᵉ édition 1975].

KNUUTTILA S., «Medieval Theories of the Passions of the Soul», dans *Emotions and Choice from Boethius to Descartes*, H. LAGERLUND et M. YRJÖNSUURI (éd.), Dordrecht/Boston/London, Kluwer Academic Publishers, 2002 (Studies in the History of Philosophy of Mind, vol. 1), p. 49-83.

KONSTAN D., *Friendship in the Classical World*, Cambridge, University Press, 1997.

KÖPF U., *Religiöse Erfahrung in der Theologie Bernhards von Clairvaux*, Tubingen, 1980 (Beiträge zur historischen Theologie 61).

KRISTEVA J., «*Ego affectus est*. Saint Bernard : l'affect, le désir, l'amour», dans EAD., *Histoires d'amour*, Paris, Folio essais, 1983, p. 190-215.

L'Apport freudien : éléments pour une encyclopédie de la psychanalyse, P. KAUFMANN (éd), Paris, Bordas, 1993.

L'HERMITE-LECLERCQ P., «Le reclus dans la ville au Moyen Âge», *Journal des savants*, juillet-décembre 1988, p. 219-262.

—, «Aelred de Rievaulx, la recluse et la mort d'après le *De Vita inclusarum*», dans *Moines et moniales face à la mort. Actes du colloque de Lille, 2-4 oct. 1992*, Paris-Lille, 1993 (Histoire médiévale et archéologie, n° 6), p. 63-82.

—, «La recluse, la femme et l'amour de Dieu chez Aelred de Rievaulx», *Georges Duby. L'Écriture de l'Histoire*, dans C. DUHAMEL-AMADO et G. LOBRICHON (éd.), Bruxelles, 1996 (Bibliothèque du Moyen Âge, n° 6), p. 379-384.

—, *L'Église et les femmes dans l'Occident chrétien. Des origines à la fin du Moyen Âge*, Paris, Brepols, 1997.

—, «La réclusion dans le milieu urbain français au Moyen Âge», dans *Ermites de France et d'Italie (XIe-XVe siècle)*, A. VAUCHEZ (dir.), École Française de Rome, 2003 (collection de l'École Française de Rome, n° 313), p. 155-173.

LALANDE A., *Vocabulaire technique et critique de la philosophie*, 2 vol., Paris, PUF, 1999 [1re édition 1926] (coll. Quadrige).

LANCEL S., *Saint Augustin*, Paris, Fayard, 1999.

LARDREAU G., «Amour spirituel, amour philosophique», dans *Saint Bernard et la philosophie*, R. BRAGUE (éd.), *op. cit.*, p. 27-48.

LAVAUD L. (textes choisis et présentés par), *L'Image*, Paris, GF-Flammarion, 1999 (coll. Corpus).

LE GOFF J., *Les Intellectuels au Moyen Âge*, Paris, Seuil, 1985 [1re édition 1957] (coll. Points Histoire).

—, *Saint Louis*, Paris, Gallimard, NRF, 1996 (coll. Bibliothèque des Histoires).

Le Grand Robert de la langue française, P. ROBERT (éd.), tome I, deuxième édition revue par A. REY, Paris, Le Robert, 1992.

LECLERCQ J., «Les méditations d'un moine au XIIe siècle», *Revue Mabillon*, XXXIV (1944), p. 1-19.

—, «L'humanisme bénédictin du VIIIe au XIIe siècle», *Analecta monastica*, 1re série, 1948, p. 1-20.

—, «Pierre le Vénérable et l'érémitisme clunisien», dans *Petrus venerabilis 1156-1956*, G. CONSTABLE et J. KRITZECK (éd.), Rome, 1957, p. 99-120.

—, *L'Amour des lettres et le désir de Dieu. Initiation aux auteurs monastiques du Moyen Âge*, Paris, Cerf, 1957.

—, «L'érémitisme en Occident jusqu'à l'an mil», dans *L'Eremitismo in Occidente nei secoli XI e XII. Atti della seconda settimana internazionale di studio*, Mendola, 30 août – 6 septembre 1962, Milan, 1965, p. 27-44.

—, «L'humanisme des moines du Moyen Âge», *Studi Mediaevali*, 1969, p. 69-113.

—, «The Exposition and Exegesis of Scripture : From Gregory to Saint Bernard», dans *The Cambridge History of the Bible. The West from the Fathers to the Reformation*, 3 volumes, G.W.H. LAMPE (éd.), Cambridge, 1976, volume 1, p. 183-197.

—, «À propos de la «renaissance du XIIe siècle» : nouveaux témoignages sur la "théologie monastique"», *Collectanea cisterciensia*, 40 (1978), p. 65-72.

—, *L'Amour vu par les moines au XIIe siècle*, Paris, Cerf, 1983 [édition originale 1979].

—, *La Femme et les femmes dans l'œuvre de saint Bernard*, Paris, Éditions Pierre Tequi, 1982.

—, *Le Mariage vu par les moines au XIIe siècle*, Paris, Cerf, 1983.

LEMOINE M., «L'homme comme microcosme chez Guillaume de Saint-Thierry», dans *L'Homme et son univers au Moyen Âge, 7e Congrès international de philosophie médiévale*, Louvain-la-Neuve, 1982 (éd. 1986), p. 341-346.

—, «La triade *mensura-pondus-numerus* chez Guillaume de Saint-Thierry», *Miscellanea mediaevalia*, 16 (1983), p. 22-31.

—, «Filosofici e fisici nell'opera di Guglielmo di Saint-Thierry», dans *Questioni neoplatoniche*, F. ROMANO et A. TINÈ (éd.), Catania, 1988 (coll. Symbolon, 6), p. 83-106.

—, «Guillaume de Saint-Thierry et Guillaume de Conches», dans *Signy l'abbaye et Guillaume de Saint-Thierry*, Actes du colloque international d'études cisterciennes 9, 10, 11 septembre 1998, Les Vieilles Forges, N. BOUCHER (éd.), Association des amis de l'abbaye de Signy, Signy l'abbaye, 2000, p. 527-539.

LEONARDI C., «Bernard de Clairvaux entre mystique et cléricalisation», dans *Bernard de Clairvaux. Histoire, mentalités, spiritualité, op. cit.*, p. 703-710.

LÉVÊQUE P., Aurea catena Homeri, *une étude sur l'allégorie grecque*, Paris, 1959 (Annales littéraires de l'Université de Besançon, 27).

Lexikon der Antiken Christlichen Literatur, S. DÖPP et W. GEERLINGS (éd.), Freiburg im Breisgau, Herder, 1999.

LEYSER H., *Hermits and the New Monasticism. A Study of Religious Communities in Western Europe, 1000-1150*, Londres, 1984.

DE LIBERA A., *Penser au Moyen Âge*, Paris, Seuil, 1991 (coll. Points Essais).

—, *La Philosophie médiévale*, Paris, PUF, 1993 (coll. Premier Cycle).

—, *La Mystique rhénane d'Albert le Grand à Maître Eckhart*, Paris, Seuil, 1994 (coll. Points Sagesses).

LILLA R.C., *Clement of Alexandria : a Study in Christian Platonism and Gnoticism*, Oxford, University Press, 1971.

LOCATELLI R., «L'expansion de l'ordre cistercien», dans *Bernard de Clairvaux. Histoire, mentalités, spiritualité, op. cit.*, p. 103-140.

LOTTIN O., «Les mouvements premiers de l'appétit sensitif de Pierre Lombard à saint Thomas d'Aquin», dans ID., *Psychologie et morale aux xii* et *xiii* siècles*, t. II, Gembloux, Duculot, 1948, p. 493-589.

Lucius Annaeus Seneca Opera Index Verborum, listes de fréquence, relevés grammaticaux, I, A-O, L. DELATTE, E. EVRARD, S. GOVAERTS, J. DENOOZ (éd.), Georg Olms Verlag, Hildesheim-New York, 1981.

MACHEREY P., *Introduction à l'Éthique de Spinoza*, Paris, PUF, 1985.

—, «Le *Lysis* de Platon : dilemme de l'amitié et de l'amour», dans *L'Amitié. Dans son harmonie, dans ses dissonances*, S. JANKÉLÉVITCH et B. OGILVIE (dir.), Autrement, Série Morales, n° 17, février 1995, p. 58-75.

MACMULLEN R., *Les émotions dans l'histoire, ancienne et moderne*, Paris, Les Belles Lettres, 2004 [éd. originale 2003] (coll. Histoire, n° 64).

MADEC G., *Saint Ambroise et la philosophie*, Paris, Études Augustiniennes, 1974.

MAGNARD P., «Image et ressemblance», dans *Saint Bernard et la philosophie*, R. BRAGUE (éd.), *op. cit.*, p. 73-85.

MALAVEZ L., «La doctrine de l'image et de la connaissance mystique chez Guillaume de Saint-Thierry», *Recherches de science religieuse*, 22 (1932), p. 178-205 et 257-279.

MARKUS R.A., «Augustine - Man : body and soul», dans *The Cambridge History of Later Greek and Early Mediaeval Philosophy*, Cambridge, University Press, 1967, p. 354-361.

MARROU H.-I., *Saint Augustin et la fin de la culture antique*, Paris, de Boccard, 1958.

MAURY L., *Les Émotions de Darwin à Freud*, Paris, PUF, 1993 (coll. Philosophies).

MAUSS M., «L'expression obligatoire des sentiments», *Journal de psychologie*, 18 (1921), p. 80-89.

MCEVOY J., «Les *affectus* et la mesure de la raison dans le livre III du *Miroir*», *Collectanea cisterciensia*, 55 (1993), p. 110-125.

McGinn B., *The Golden Chain. A Study in the Theological Anthropology of Isaac of Stella*, Washington DC, Cistercian Publications, 1979.

—, *Three Treatises on Man, A Cistercian Anthropology*, Kalamazoo, Cistercian Publications, 1977 (Cistercian Fathers, n° 24).

—, «Freedom, Formation and Reformation : the Anthropological Roots of Saint Bernard's Spiritual Teaching», dans *La Dottrina della vita spirituale nelle opere di san Bernardo di Clairvaux. Atti del Convegno internazionale*, Rome, 11 au 11 septembre 1990, *Analecta cisterciensia*, 46 (1990), p. 91-114.

—, *The Presence of God : a History of Western Christian Mysticism*, vol. I : *The Foundation of Mysticism. Origins to the Fifth Century*, Londres, SCM Press, 1991.

—, *The Presence of God : A History of Western Christian Mysticism*, vol. II : *The Growth of Mysticism*, New York, The Crossroad Publishing Company, 1993.

McGuire B.P., «The Cistercians and the Transformations of Monastic Friendship», *Analecta cisterciensia*, 37 (1981), p. 1-63.

—, «Monastic Friendship and Toleration in the Twelfth-Century Cistercian Life», dans *Monks, Ermits and the Ascetic Tradition*, W.J. Sheils (éd.), Oxford – Londres – New York, B. Blackwell, 1985, p. 147-160.

—, *Friendship and Community. The Monastic Experience (350-1250)*, Kalamazoo, Cistercian Publications, 1988 (Cistercian Studies, n° 95).

—, «Was Bernard a Friend ? », dans Id., *The Difficult Saint. Bernard of Clairvaux and his Tradition*, Kalamazoo, Cistercian Publications, 1991 (Cistercian Studies, n° 136), p. 43-73.

—, «Sexual Awareness And Identity in Aelred of Rievaulx (1110-1167)», *The American Benedictine Review*, 45 (1994), p. 184-226.

—, *Brother and Lover. Aelred of Rievaulx*, New York, Crossroad, 1994.

—, *Friendship and Faith : Cistercian Men, Women, and Their Stories, 1100-1250*, Variorum Collected Studies Series, 2002.

Méhat A., *Études sur les* Stromates *de Clément d'Alexandrie*, Paris, Seuil, 1966 (*Patristica Sorbonensia*, 7).

Merguet H., *Lexikon zu den Philosophischen Schriften Cicero's*, I, Hildesheim Georg Olms Verlag, 1961.

Michel B., «La philosophie : le cas du *De Consideratione*», dans *Bernard de Clairvaux. Histoire, mentalités, spiritualité, op. cit.*, p. 579-603.

Migneault Y., *Aelred de Rievaulx, théologien de l'amitié au xiiᵉ siècle*, Ph.D. en sciences médiévales, Montréal, Institut d'Études Médiévales, Faculté de Philosophie, Université de Montréal, 1971 (dactyl.).

Mikkers E., «De vita et operibus Gilberti Hoylandia», *Cîteaux*, 14 (1963), p. 33-43 et 265-279.

von Moos P., «Le dialogue latin au Moyen Âge : l'exemple d'Evrard d'Ypres», *Annales E.S.C.*, 44 (1989), p. 993-1028.

—, «*Occulta cordis*. Contrôle de soi et confession au Moyen Âge. II. Formes de la confession», *Médiévales*, 30 (printemps 1996), p. 117-137.

Morris C., *The Discovery of the Individual, 1050-1200*, Londres, SPCK, 1972.

Morson J., *Christ the Way. The Christology of Guerric of Igny*, Kalamazoo, Cistercian Publications, 1978 (Cistercian Studies, n° 25).

Motto A.L. et Clark J.R., «Seneca on Friendship», *Atene e Roma*, 38 (1993/2-3), p. 91-98.

Munier Ch., «Tertullien», *Dictionnaire de spiritualité*, XV, col. 271-295.

Nagy P., *Le Don des larmes au Moyen Âge. Un instrument spirituel en quête d'institution (vᵉ-xiiiᵉ siècle)*, Paris, Albin Michel, 2000.

—, «Individualité et larmes monastiques : une expérience de soi ou de Dieu ? », dans *Das Eigene und das Ganze. Zum*

Individuellen im mittelalterlichen Religiosentum, G. MELVILLE et M. SCHÜRER (éd.), Université de Dresde, 2002, p. 107-129.

NEDERMAN C., «Aristotelian Ethics before the *Nichomachean Ethics* : Alternate Sources of Aristotle's Notion of Virtue in the Twelfth Century», *Parergon*, new series, 7 (1989), p. 55-75.

NOONAN J.T., «Marital Affection in the Canonists», *Studia Gratiana*, 12 (1967), p. 479-509.

NOUZILLE PH., *Expérience de Dieu et théologie monastique au XIIe siècle. Étude sur les sermons d'Aelred de Rievaulx*, Paris, Cerf, 1999 (coll. Philosophie & Théologie).

NUSSBAUM M.C., *Upheavals of Thought. The Intelligence of Emotions*, Cambridge, Cambridge University Press, 2001.

O'DALY G.J.P. et ZUMKELLER A., «*Affectus (passio, perturbatio)*», dans *Augustinus-Lexikon*, vol. 1 (*Aaron-Conversio*), C. MAYER (éd), Bâle, Schwabe, 1994, col. 166-180.

OLSEN G.W., «The Gay Middle Ages : a Response to Professor Boswell», *Communio : International Catholic Review*, été 1981, p. 119-138.

PACAUT M., *Les Moines blancs. Histoire de l'ordre de Cîteaux*, Paris, Fayard, 1993.

PAUL J., *L'Église et la culture en Occident*, 2 tomes, Paris, PUF, 1986 (coll. Nouvelle Clio).

PERRIN M., *L'Homme antique et chrétien : l'anthropologie de Lactance (250-325)*, Paris, Beauchesne, 1981 (coll. Théologie historique, n° 59).

POHLENS M., «*De Posidonii Libris Peri pathon*», *Jahrbuch für classische Philologie*, supplément 24 (1898), p. 535-635.

POIREL D., *Hugues de Saint-Victor*, Paris, Cerf, 1998.

POWICKE F.M., «The Dispensator of King David I», *Scottish Historical Review*, 22 (1925), p. 34-41.

PRICE A.W., *Love and Friendship in Plato and Aristotle*, Oxford, Clarendon Press, 1989.

PUECH H.-CH., *Le Manichéisme, son fondateur et sa doctrine*, Paris, Publications du musée Guimet, 1949.

QUASTEN J., *Initiation aux Pères de l'Église*, 2 volumes, Paris, Cerf, 1957.

RACITI G., «Isaac de l'Étoile», *Dictionnaire de spiritualité*, VII, col. 2011-2038.

—, «L'apport original d'Aelred de Rievaulx à la réflexion occidentale sur l'amitié», *Collectanea cisterciensia*, 29 (1987), p. 77-99.

—, «L'option préférentielle pour les faibles dans le modèle communautaire aelrédien», *Collectanea cisterciensia*, 55 (1993), p. 186-205.

RAMBAUX CL., *Tertullien face aux morales des trois premiers siècles*, Paris, Les Belles Lettres, 1979.

REDDY W.M., «Against Constructionism. The Historical Ethnography of Emotions», *Current Anthropology*, 38/3 (1997), p. 327-351.

—, *The Navigation of Feeling. A Framework for the History of Emotions*, Cambridge, Cambridge University Press, 2001.

REITER J., «Bernard de Clairvaux, philosophe malgré lui entre cœur et raison?», dans *Saint Bernard et la philosophie*, R. BRAGUE (éd.), *op. cit.*, p. 11-25

Renaissance and Renewal in the Twelfth Century, R.L. BENSON et G. CONSTABLE (éd.), Oxford, Clarendon Press, 1982.

RENUCCI P., *L'Aventure de l'humanisme européen au Moyen Âge*, Paris, Belles Lettres, 1953.

REYNOLDS L.D. et WILSON N.G., *D'Homère à Érasme : la transmission des classiques grecs et latins*, Paris, CNRS, 1984.

RICOEUR P., *De l'Interprétation. Essai sur Freud*, Paris, Seuil, 1995 [1re édition 1965] (coll. Points Essais).

RIST J.M., *Augustine. Ancient Thought Baptized*, Cambridge, University Press, 1994.

ROBY D., «Early Medieval Attitudes toward Homosexuality», *Gai Saber*, 1 (1977), p. 67-71.

ROBY R., «Chimera of the North : the Active Life of Aelred of Rievaulx», dans *Cistercian Ideals and Reality*, J.-R. SOMMERFELDT (éd.), Kalamazoo, Cistercian Publications, 1978 (Cistercian Studies, n° 60), p. 152-169.

RONQUIST E.C., «Learning and Teaching in Twelfth-Century Dialogues», *Res Publica Litterarum*, 13 (1990), p. 239-256.

ROSENWEIN B.H., «Controlling Paradigms», dans *Anger's Past. The Social Uses of an Emotion in the Middle Ages*, EAD. (éd.), *op. cit.*, p. 233-247.

—, «Worrying about Emotions in History», *American Historical Review*, 107 (juin 2002), p. 821-845 ou http://centri.univr.it/rm/biblioteca/scaffale/r.htm#Barbara%20H.%20Rosenwein.

—, «Pouvoir et passion. Communautés émotionnelles en Francie au VIIᵉ siècle», *Annales HSS*, 58 (2003/6), p. 1271-1292.

—, *Emotional Communities in Early Middle Ages*, à paraître.

ROUGÉ M., *Doctrine et expérience de l'eucharistie chez Guillaume de Saint-Thierry*, Paris, Beauchesne, 1999 (coll. Théologie historique, n° 111).

ROUSSET P., «L'émotivité à l'époque romane», *Cahiers de civilisation médiévale*, 2 (1959), p. 53-67.

ROUSSELLE A., Porneia, Paris, PUF, 1983 (coll. Les chemins de l'Histoire).

RUYPENS L., «Âme», *Dictionnaire de spiritualité*, I, col. 433-469.

SABERSKY D., «*Nam iteratio affectionis expressio est*. Zum Stil Bernhards von Clairvaux», *Cîteaux*, 36 (1985), p. 5-20.

—, «*Affectum Confessus sum, et non Negavi* : Reflexions on the Expression of Affect in the 26th Sermon on the Song of Songs of Bernard of Clairvaux», dans *The Joy of Learning and the Love of God. Studies in Honor of Jean Leclercq*, E.R. ELDER (éd.), Kalamazoo, Cistercian Publications, 1995 (Cistercian Studies, n° 160), p. 187-216.

SAGE A., «Le péché originel dans la pensée de saint Augustin de 412 à 430», *Revue des études augustiniennes*, 3 (1965), p. 75-112.

Saint Aelred de Rievaulx. Le Miroir de la charité, Journées d'études – abbaye de Scourmont (5-9 octobre 1992), Hommage au P. Charles Dumont, *Collectanea cisterciensia*, 55-1 et 2 (1993).

Saint Bernard et la philosophie, R. BRAGUE (éd), Paris, PUF, 1993 (coll. Théologiques).

Saint Bernard théologien, Actes du congrès de Dijon, 15 au 15 septembre 1953, *Analecta Sacri Ordinis Cisterciensis*, 9 (1953).

SANSEN R., *La Doctrine de l'amitié chez Cicéron*, thèse, Paris IV – Sorbonne, 1975 (dactyl.).

SCHACHTER S. et SINGER J.E., «Cognitive, Social and Physiological Determinants of Emotional State», *Psychological Review*, 69 (1962), p. 379-399.

SHEEHAN M.M., «Christianity and Homosexuality», *Journal of Ecclesiastical History*, vol. 33, 3 (1982), p. 438-446.

—, «*Maritalis Affectio* Revisited», dans *The Olde Daunce : Love, Friendship, Sex and Marriage in the Medieval World*, R.R. EDWARDS et S. SPECTOR (éd.), Albany, N.Y., 1991, p. 32-43.

SHERIDAN M., «The Controversy over *Apatheia* : Cassian's Sources and his Use of them», *Studia monastica*, 39 (1997), p. 287-310.

SCHMITT J.-C., *Le Corps, le rites, les rêves, le temps. Essais d'anthropologie médiévale*, Paris, Gallimard, NRF, 2001 (coll. Bibliothèque des Histoires).

—, «La "découverte de l'individu" : une fiction historiographique?», dans ID., *Le Corps, les rites, les rêves, le temps, op. cit.*, p. 241-262.

SCHMITZ PH., «La liturgie à Cluny», dans *Spiritualità cluniacense*, Todi, 1960, p. 83-99.

SEDGWICK E., *Between Men : English Literature and Male Homosexual Desire*, New York, Columbia University Press, 1985.

SOLIGNAC A., « Passions et vie spirituelle », *Dictionnaire de spiritualité*, XII[1], col. 339-357.

—, « Mémoire », *Dictionnaire de spiritualité*, X, col. 991-1002.

—, « Volonté », *Dictionnaire de spiritualité*, XVI[1], col. 1220-1225.

SORABJI R., *Emotion and Peace of Mind. From Stoic Agitation to Christian Temptation*, Oxford, University Press, 2000 (The Gifford Lectures).

SOUTHERN R.W., *Medieval Humanism and Other Studies*, Oxford, 1970.

—, *Saint Anselm. A Portrait in a Landscape*, Cambridge, University Press, 1993.

SPANNEUT M., *Le Stoïcisme des Pères de l'Église, de Clément de Rome à Clément d'Alexandrie*, Paris, Seuil, 1957 (*Patristica Sorbonensia*, 1).

—, *Tertullien et les premiers moralistes africains*, Paris-Gembloux, P. Lethielleux-J. Duculot, 1969.

—, « Le stoïcisme et saint Augustin », dans *Forma futuri*, Mélanges M. Pellegrino, Turin, 1975, p. 896-914.

—, « L'impact de l'*apatheia* stoïcienne sur la pensée chrétienne jusqu'à saint Augustin », dans *Christianismo y aculturación en tiempos del Imperio Romano*, A. GONZÁLEZ BLANCO et J.-M. BLÁZQUEZ MARTÍNEZ (éd.), Murcia, Universidad de Murcia, Antigüedad y Cristianismo, VII, 1990, p. 39-52.

—, « *Apatheia* ancienne, *apatheia* chrétienne », dans *Aufstieg und Niedergang der römischen Welt*, W. HAASE et H. TEMPORINI (éd.), Berlin-New York, 2.36.7 (1994), p. 4641-4717.

Spinoza et les affects, F. BRUGÈRE et P.-F. MOREAU (éd.), Paris, Presses de l'université de Paris-Sorbonne, Groupe de recherches spinozistes, 1998 (Travaux et documents, n° 7).

SQUIRE A., *Aelred of Rievaulx. A Study*, Kalamazoo, Cistercian Publications, 1981 (Cistercian Studies, n° 50).

STACPOOLE A., « The Public Face of Aelred », *The Downside Review*, 85 (1967), p. 183-199 et 318-325.

STANDAERT M., « Le principe de l'ordination dans la théologie spirituelle de saint Bernard », *Collectanea Ordinis Cisterciensium Reformatorum*, 8 (1946), p. 178-216.

—, « La doctrine de l'image chez saint Bernard », *Ephemerides theologicae lovanienses*, 23 (1947), p. 70-129.

STEIN R., *Psychoanalytic Theories of Affect*, New York, Praeger, 1991.

STERCAL CL., *Bernard de Clairvaux, intelligence et amour*, Paris, Cerf, 1998 (coll. Initiations au Moyen Âge).

STEWART C., *Cassian the Monk*, Oxford, Oxford University Press, 1998 (Oxford Studies in Historical Theology).

STRAW C., *Gregory the Great, Perfection and Imperfection*, Berkeley, University of California Press, 1988.

TABACCO G., « Romualdo di Ravenna e gli inizi dell'eremitismo camaldolese », dans *L'Eremitismo in Occidente nei secoli XI e XII. Atti della seconda settimana internazionale di studio*, Mendola, 30 août – 6 septembre 1962, Milan, 1965, p. 73-121.

—, « *Privilegium amoris* : aspetti della spiritualità romualdina », dans *Spiritualità e cultura nel medioevo. Dodici percorsi nei territori del potere e della fede*, Naples, Liguori Ed., 1993, p. 167-194.

TEPAS (YOHE) K.M., « Spiritual Friendship in Aelred of Rievaulx and Mutual Sanctification in Marriage », *Cistercian Studies*, 27 (1992), p. 63-76 et 153-165.

—, « *Amor, Amicitia* and *Misericordia* : a Critique of Aelred's Analysis of Spiritual Friendship », *The Downside Review*, 112 (1994), p. 249-263.

—, «Sexual Attraction and the Motivations for Love and Friendship in Aelred of Rievaulx», *The American Benedictine Review*, 46 (1995), p. 283-307.

—, «Aelred's Guidelines for Physical Attractions», *Cîteaux*, 46 (1995), p. 339-351.

TESTARD M., *Saint Augustin et Cicéron*, Paris, Études Augustiniennes, 1958.

The Social Construction of Emotions, R. HARRÉ (éd.), Oxford, Blackwell, 1986.

Thesaurus Linguae Latinae, I, Stuttgart, B.G. Teubner, 1988, col. 1176-1180 pour «*affectio*» et col. 1185-1192 pour «*affectus*».

THONNARD F.-J., «Les fonctions sensibles de l'âme humaine selon Augustin», *Année théologique*, 12 (1952), p. 335-345.

—, «La vie affective de l'âme selon saint Augustin», *Année théologique*, 13 (1953), p. 33-55.

Trésor de la langue française. Dictionnaire de la langue du XIXᵉ et du XXᵉ siècles, P. IMBS (éd.), tome I, Paris, CNRS, 1971.

TURNER D., *Eros and Allegory. Medieval Exegesis of the Song of the Songs*, Kalamazoo, Cistercian Publications, 1995 (Cistercian Studies, n° 156).

ULLMANN W., *The Individual and Society in the Middle Ages*, Baltimore, John Hopkins University Press, 1966.

VACANDARD E., *Vie de Saint Bernard, abbé de Clairvaux*, 2 tomes, Paris, V. Lecoffre, 1895.

VANSTEENBERGHE E., «Deux théoriciens de l'amitié au XIIᵉ siècle : Pierre de Blois et Aelred de Riéval», *Revue des sciences religieuses*, 12 (1932), p. 572-588.

VAN'T SPIJKER I., *Fictions of the Inner Life. Religious Literature and Formation of the Self in the Eleventh and Twelfth Centuries*, Brepols, 2004.

VAUCHEZ A., *Les Laïcs au Moyen Âge. Pratiques et expériences religieuses*, Paris, Cerf, 1987.

—, *La Spiritualité du Moyen Âge occidental VIIIᵉ-XIIIᵉ siècle*, Paris, Seuil, 1994 (coll. Points Histoire).

VERBEKE G., «Augustin et le stoïcisme», *Recherches augustiniennes*, 1 (1958), p. 66-89.

VERDEYEN P., *La Théologie mystique de Guillaume de Saint-Thierry*, Paris, FAC-éditions, 1990 (coll. «Spirituels»).

—, «Un théologien de l'expérience», dans *Bernard de Clairvaux. Histoire, mentalités, spiritualité, op. cit.*, p. 557-577.

—, *Guillaume de Saint-Thierry. Premier auteur mystique des anciens Pays-Bas*, Turnhout, Brepols, 2003 [édition originale 2000] (coll. Témoins de notre Histoire).

VERGER J., *Les Universités au Moyen Âge*, Paris, PUF, 1999 [1ʳᵉ édition 1973] (coll. Quadrige).

—, «Le cloître et les écoles», dans *Bernard de Clairvaux. Histoire, mentalités, spiritualité, op. cit.*, p. 459-473.

—, *La Renaissance du XIIᵉ siècle*, Paris, Cerf, 1996 (coll. Initiations au Moyen Âge).

VERGER J. et JOLIVET J., *Bernard, Abélard, ou le cloître et l'école*, Paris, Fayard, 1982.

Veteres Librorum Ecclesiae Cathedralis Dunelmensis, J. RAINE (éd), Surtees Society, vol. 7, 1838.

VIDAL A., *Apologétique et philosophie stoïcienne : essai sur la permanence de Sénèque chez les Pères latins de Tertullien à Lactance*, Thèse de Philosophie (Paris IV), s.d. P. Aubenque, Lille 3 : ANRT, 1986 (dactyl.).

Vies et légendes de saint Bernard de Clairvaux. Création, diffusion, réception (XIIᵉ-XXᵉ siècles). Actes des rencontres de Dijon, 7-8 juin 1991, P. ARABEYRE, J. BERLIOZ et P. POIRRIER (éd.), *Cîteaux, Commentarii Cistercienses*, 1993.

VINCENT C., *Les Confréries médiévales dans le royaume de France XIIIᵉ-XVᵉ siècle*, Paris, Albin Michel, 1994 (coll. Histoire).

VOELKE A.-J., *Les Rapports avec autrui dans la philosophie grecque d'Aristote à Panétius*, Paris, Vrin, 1961 (Bibliothèque d'Histoire de la Philosophie).

VÖGTLE A., «Affekt», dans *Reallexikon für Antike und Christentum*, I, Stuttgart, A. Hiersemann, 1950, col. 160-173.

DE VOGÜÉ A., «Monachisme et Église dans la pensée de Cassien», dans *Théologie de la vie monastique. Études sur la tradition patristique*, Paris, Aubier, 1961 (coll. «Théologie», n° 49), p. 213-240.

DE VRÉGILLE B., «L'attente des saints d'après saint Bernard», *Nouvelle Revue de Théologie*, 70 (1948), p. 225-244.

VUILLAUME C., «La connaissance de Dieu d'après Guillaume de Saint-Thierry», *Collectanea cisterciensia*, 57 (1995), p. 249-270.

VUONG-DINH-LAM J., «Gilbert de Hoyland», *Dictionnaire de spiritualité*, IV, col. 371-374.

WALLON H., *Psychologie et dialectique*, Paris, Messidor, 1990.

WHITE C., *Christian Friendship in the Fourth Century*, Cambridge, Cambridge University Press, 1992.

William, Abbot of Saint-Thierry, colloque à l'abbaye de Saint-Thierry, Kalamazoo, Cistercian Publications, 1987 (Cistercian Studies, n° 94).

WILMART A., *Le «Jubilus» dit de saint Bernard (étude avec textes)*, Rome, Edizioni di «Storia e letteratura», 1944.

WOLLASCH J., «Les obituaires, témoins de la vie clunisienne», *Cahiers de civilisation médiévale*, 14 (1973), p. 149-159.

ZERBI P., «Les différends doctrinaux», dans *Bernard de Clairvaux. Histoire, mentalités, spiritualité, op. cit.*, p. 429-458.

ZIOLKOWSKI J.M., «Twelfth Century Understandings and Adaptations of Ancient Friendship», dans *Mediaeval Antiquity*, A. WELKENHUYSEN, H. BRAET et W. VERBEKE (éd.), Louvain, Louvain University Press, 1995 (Mediaevalia Lovaniensia Series I, Studia 24), p. 59-81.

ZUNDEL E., *Clavis Quintilianea. Quintilians Institutio oratoria (Ausbildung des Redners) aufgeschlüsselt nach rhetorischen Begriffen*, Darmstadt, Wissenschaftliche Buchgesellschaft, 1989.

ZWINGMANN W., «*Ex affectu cordis* : Über die Vollkommenheit menschlicher Handelns und menschlicher Hingabe nach Willhelm von St. Thierry», *Cîteaux*, 18 (1967), p. 5-37.

—, «*Affectus illuminatus amoris* : Über die Offenbarwerden der Gnade und die Erfahrung von Gottes», *Cîteaux*, 18 (1967), p. 193-226.

ABRÉVIATIONS

AF	*Aenigma fidei*	GUILLAUME DE SAINT-THIERRY, M.-M. DAVY (éd.), 1959.
AS	*L'Amitié spirituelle*	AELRED DE RIEVAULX, 1994 (Vie Monastique, 30).
BA	Bibliothèque Augustinienne	Paris, Desclée de Brouwer.
BM	*Benjamin Minor*	RICHARD DE SAINT-VICTOR, 1997 (SC 419).
CCCM	*Corpus Christianorum Continuatio Mediaevalis*	Turnhout, Brepols.
CCSL	*Corpus Christianorum Series Latina*	Turnhout, Brepols.
CD	*La Cité de Dieu*	AUGUSTIN, 1993-1995 (BA 3 ; 4, 1 ; 4, 2).
CLCLT	*Cetedoc Library of Christian Latin Texts*	Louvain-La-Neuve, Centre de Traitement Electronique des Documents, 1996.
CM	*Commentaire sur saint Matthieu*	JÉRÔME, 1977 (SC 242).
Conc.	*De Concordia*	ANSELME DE CANTERBURY, F. SCHMITT (éd), 1988.
CSEL	*Corpus Scriptorum Ecclesiasticorum Latinorum*	Vienne.
DA	*De Amicitia*	CICÉRON, Les Belles Lettres, 1993.
DAT	*De Anima*, édition Talbot	AELRED DE RIEVAULX, C.H. TALBOT (éd.), 1952.
DCD	*De Contemplando Deo*	GUILLAUME DE SAINT-THIERRY, 1999 (SC 61bis).
DDA	*Dialogus de anima*	AELRED DE RIEVAULX, 1971 (*CCCM* I).

DDD	*De Diligendo Deo*	BERNARD DE CLAIRVAUX, 1993 (SC 393).
DGLA	*De Gratia et libero arbitrio*	BERNARD DE CLAIRVAUX, 1993 (SC 393).
DI	*De Inventione*	CICÉRON, Les Belles Lettres, 1994.
DNCA	*De Natura corporis et animae*	GUILLAUME DE SAINT-THIERRY, M. LEMOINE (éd.), 1988.
DNDA	*De Natura et dignitate amoris*	GUILLAUME DE SAINT-THIERRY, M.-M. DAVY (éd.), 1953.
DSA	*De Spiritali amicitia*	AELRED DE RIEVAULX, 1971 (*CCCM* I).
DSAn	*De Spiritu et anima*	PSEUDO-ALCHER DE CLAIRVAUX, *PL* 40.
DSC	*De Speculo caritatis*	AELRED DE RIEVAULX, 1971 (*CCCM* I).
ECC	*Exposé sur le Cantique des cantiques*	GUILLAUME DE SAINT-THIERRY, 1998 (SC 82).
EDA	*Epistola de anima*	ISAAC DE L'ÉTOILE, *PL* 202.
EIP	*Enarrationes in Psalmos*	AUGUSTIN, 1956 (*CCSL* 38-39-40).
ESEAR	*Expositio super epistulam ad Romanos*	GUILLAUME DE SAINT-THIERRY, 1989 (*CCCM* 86).
ID	*Institutions divines*	LACTANCE, 1986 (SC 326) ; 1987 (SC 337) ; 1992 (SC 377) ; 2000 (SC 204) ; 1973 (SC 205) ; *PL* 6.
IJET	*In Johannis Evangelium tractatus CXXIV*	AUGUSTIN, 1954 (*CCSL* 36).
IO	*Institution oratoire*	QUINTILIEN, Les Belles Lettres, 1975-1980.
LC	*La Colère*	SÉNÈQUE, Les Belles Lettres, 1971.
LCD	*La Colère de Dieu*	LACTANCE, 1982 (SC 289).
LD	*Les Devoirs*	AMBROISE DE MILAN, Les Belles Lettres, 1984.
LL	*Lettres à Lucilius*	SÉNÈQUE, Les Belles Lettres, 1959-1964.
LO	*Lettre d'or*	GUILLAUME DE SAINT-THIERRY, 1985 (SC 223).
MC	*Le Miroir de la charité*	AELRED DE RIEVAULX, 1992 (Vie Monastique, 27).
OM	*Oraisons méditatives*	GUILLAUME DE SAINT-THIERRY, 1985 (SC 324).

PC	Pain de Cîteaux	Abbaye Notre-Dame-du-Lac.
PG	*Patrologie grecque*	J.-P. Migne.
PL	*Patrologie latine*	J.-P. Migne.
QDVC	*Quatre degrés de la violente charité*	Richard de Saint-Victor, G. Dumeige (éd.), 1955.
QJEDA	*Quand Jésus eut douze ans*	Aelred de Rievaulx, 1987 (SC 60).
SA	*Sermons pour l'année*	Bernard de Clairvaux, Presses de Taizé, 1990.
SBO	*Sancti Bernardi Opera*	Bernard de Clairvaux, J. Leclercq, H.-M. Rochais et C.H. Talbot (éd.), Rome, 1957-1977.
SC	Sources Chrétiennes	Paris, Cerf.
SCC	*Sermons sur le Cantique des cantiques*	
SD	*Sermones de diversis*	Bernard de Clairvaux, *SBO*, VI-I, 1970.
SF	*Speculum fidei*	Guillaume de Saint-Thierry, M.-M. Davy (éd.), 1959.
SI	*Sermones inediti*	Aelred de Rievaulx, C.H. Talbot (éd.), 1952.
ST	*Summa theologica*	Thomas d'Aquin, P. Caramello (éd.), 1952-1956.
TEL	*Traité sur l'Évangile de saint Luc*	Ambroise de Milan, 1971 (SC 45bis) et 1976 (SC 52bis).
VA	*Vita Aelredi*	Walter Daniel, F.M. Powicke (éd.), 1950.
VR	*La Vie de recluse*	Aelred de Rievaulx, 1961 (SC 76).

Index analytique

Index des noms de personnes

(noms bibliques, antiques et médiévaux)

Table des matières

Conception – Réalisation

Publications du CRAHM
Esplanade de la Paix
F-14032 Caen Cedex

Tél. 02 31 56 56 09
Fax 02 31 56 54 95

Courriel : crahm.publications@unicaen.fr
http://www.unicaen.fr/crahm/publications